△ 16세기의 캘리컷. 이 항구는 이슬람 및 중화제국과 교역하는 유럽 상인에게 가장 중요한 곳 중 하나였다.

◁ 900년 만에 세상에 모습을 드러낸 둔황의 석굴. 프랑스 학자 폴 펠리오(Paul Pelliot)가 고문서 수천 점을 분석하고 있다. 1908년에 촬영한 사진.

△ 둔황에서 발견된 티베트 와족 전기의 한 부분.

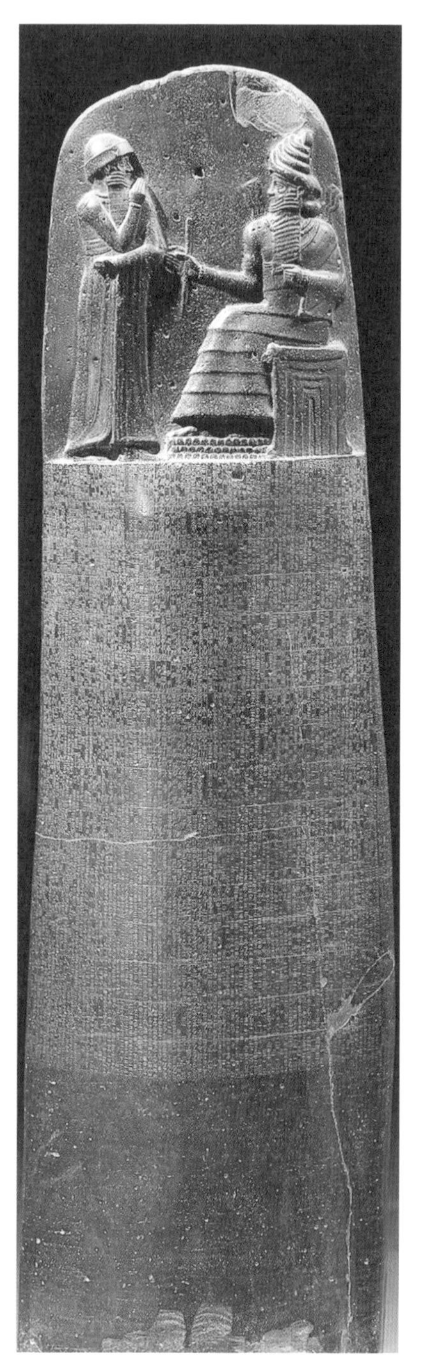

◁ 기원전 1770년경 바빌론의 함무라비 왕을 위해 만들어진 법을 새긴 화강암 석판. 왕은 태양의 신 샤마시 앞에 서 있고, 석판 하단은 법조문을 담은 설형문자로 덮여 있다.

△ 아시리아의 왕 아슈르바니팔(Ashurbanipal, 재위 기원전 669~기원전 631)은 점토판에 새겨진 문헌을 많이 수집했다. 당대의 그림에서는 그를 사자와 싸울 때도 허리띠에 철필을 끼워놓고 있는 모습으로 묘사했다.

△ 2세기 인도 서부 사카의 통치자 루드라다만. 산스크리트어로 자신의 업적을 기록하기 위해 긴 비문을 의뢰했다. 이 비문은 브라만과 그들의 법적 문헌에 권위를 부여했다.

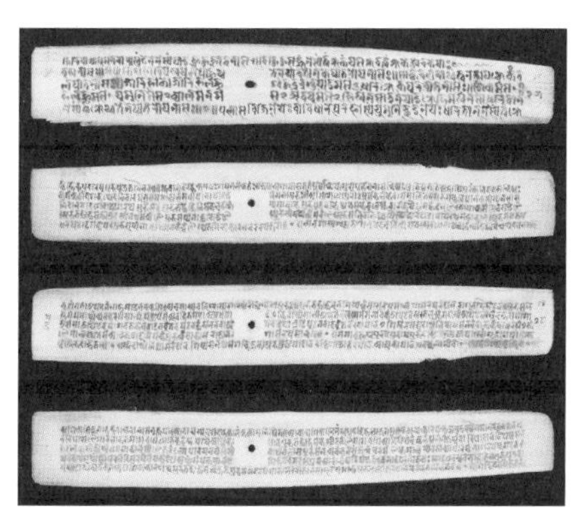

△ 15세기 나라다 법전(Naradasmrti)의 사본. 히말라야 말라 왕을 위해 만들어졌으며, 법적 문제에 중점을 둔 다르마샤스트라 문헌이다.

△ 17세기 라지푸트 군벌이었던 시바지는 왕족으로서의 지위를 확인하기 위해 유명한 브라만에게 법적 의견을 의뢰해야 했다.

△ 당 태종(재위 626~649)이 티베트제국의 대사 가르 통첸 율숭(Gar Tongtsen Yülsung)을 궁정에서 맞이하고 있다. 641년에 그려진 원본의 사본.

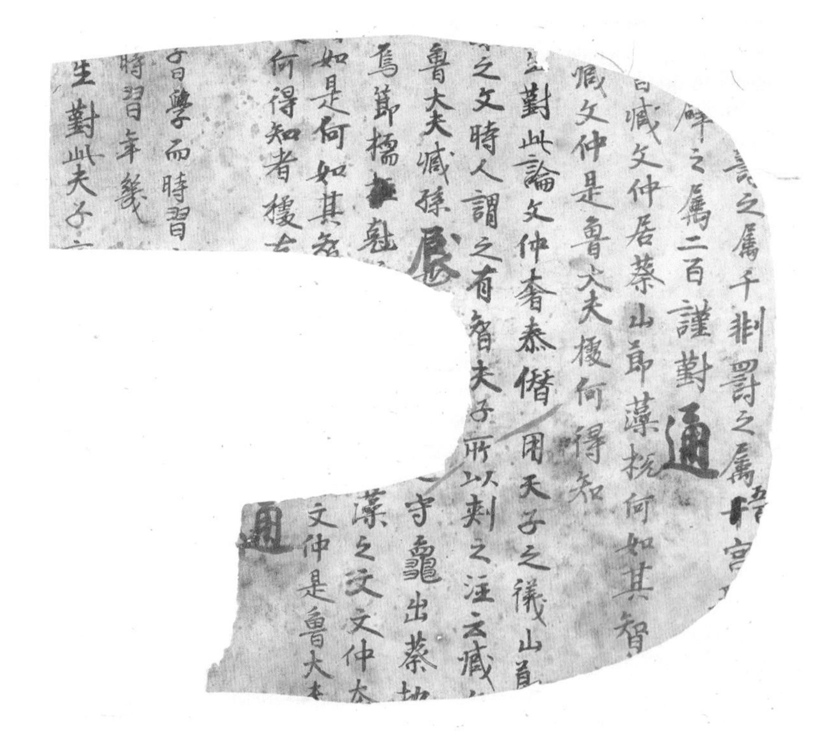

△ 투루판 또는 둔황의 당나라 과거 시험지. 장례용 신발로 재활용됐다.

△ 로마의 상류층은 프레스코화법으로 장식된 우아한 빌라에서 살았다. 이 폼페이 여성들은 소녀에게 독서를 권하고 있다.

△ 위대한 법학자이자 웅변가인 마르쿠스 툴리우스 키케로.

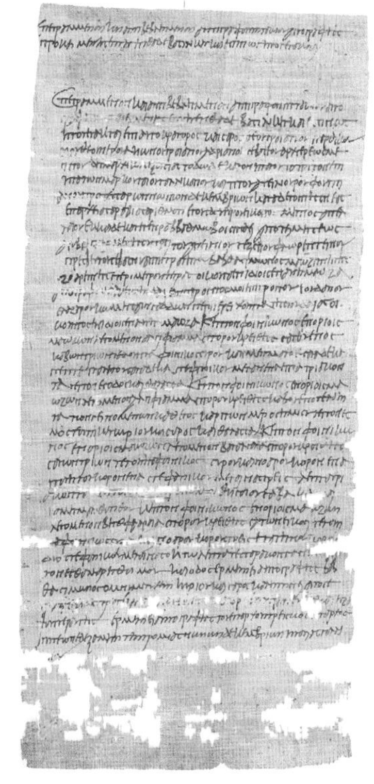

▷ 127년 로마의 아라비아 인구를 조사하기 위해 준비된 파피루스로, 등록 재산이 기록돼 있다. 바르 코크바의 반란(Bar Kokhba revolt) 이후 로마인들에게서 도망친 유대인 여성이 동굴에 숨겨두었다.

△ 아바스 칼리파국에서는 학문과 문학이 번성했다. 13세기 문서에서 발췌한 바그다드도서관 학자들을 그린 그림.

△ 고위 유대인 학자들은 바그다드를 학문의 중심지로 만들었으며, 이는 20세기까지 존속했다. 1910년에 촬영한 사진.

△ 카스티야의 알폰소 10세는 1265년 유스티니아누스의 『로마법대전』에서 영감을 받아 『칠부전서』로 알려진 법률 문서를 의뢰했다.

△ 800년 샤를마뉴가 즉위한 후 로마 황제로서 샤를마뉴를 새긴 동전, 데나리온.

△ 이 지시봉은 9세기에 앨프리드 왕이 왕국 전역에 배포한 문서를 사람들이 따라 읽을 수 있도록 돕기 위해 제작됐다.

Si quis filiolu alteri' occidat. l patrinu. sit simile cognationi & crescat em
datio sedm were ei' regi sic cognationi. Si de parentela ipsi' sit q occidit
eu: tc excidat emdatio patrni. sic manbota dni. Si epi filiol' sit. sit
dimidiu hoc; Incipiunt leges Aethelstani regis;
.i. De decimis. .ii. De cyricsceattis;
.iii. Quas uouit deo elemosinas.
Ego Aethelstan' rex consilio Wlfelmi archiepi mei & alior' episcopor' meor'.
mando ppositis meis omnib; in regno meo. & pcipio in noie dni & scor'
omniu. & sup amiciciam mea. ut inprimis reddant de meo ppo deo decimas.
tam in uiuente capitali & mortuis frugib; terre. & epi mei simili' fa
ciant de suo ppo. & aldremanni mei. & ppositi mei. Et uolo ut epi & ppo
siti mei h' indicent omnib; q eis parere debent. & h' ad terminu expleant
que eis ponim'. i. de collo sci iohis baptiste. Cognoscam' qd iacobus [illegible]
dixerit deo. Decimas & hostias pacificas offeri t & dns dic in euangelio.
Omni habenti dabit' & habundabit. Recolendu e q; nob qm terribilit' in
libris positu e. si decima dare nolum'. ut auferant' nob .ix. partes. &
decima sola relinquat'. Et uolo ut cyricsceatta reddant' ad eu
locu cui recte pertinent. & inde gaudeant in ipsis locis q h' digni sunt dn̄
nos nolunt deseruire. Hortat' nos sermo dnī eterna cu terrenis. celestia cu
caducis pmeri. Nunc audiatis que deo pcipio. & qd oplere debeatis.
Facite etia ut ri mei ppa capiatis. que ri recte poteritis acquirere.
& Nolo ut aliqd in iniuste conquiratis. Si omia uia condedo nob. eo te
nore quo in me simili' excepietis. eatenus sunt & nob' & eis q̄s ammonere de
beatis. ab irradi & transgressione mea. Ego Aethelstan' rex notifico
ppositis meis omnib; in regno meo qd consilio Wlfelmi archiepi mei. &
omniu epor' meor' & di ministror' ad remissione peccator' meor' & ad [illegible]
tione uite eterne. uolo ut pascatis oi tpe pauperem unu anglicu indigen

◁ 10세기에 쓰인 앵글로색슨 왕 애설스탠의 법은 왕실의 확대된 영향력을 반영했다. 출처는 후대의 영국 법.

△ 싱벨리어(Thingvellir). 아이슬란드 사람들이 매년 모여 새로운 법을 듣고 공포하는 알팅이 세워진 곳이다.

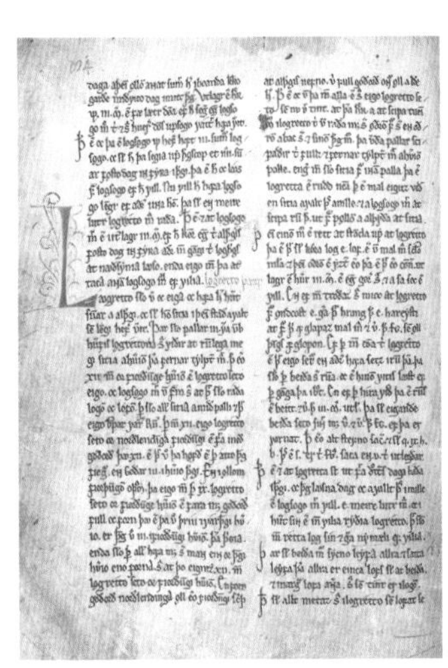

◁ 12세기에 만들어진 아이슬란드 법률 모음집 『그라가스』.

△ 아르메니아의 사제이자 교사인 메키타르 고쉬는 1184년에 법문을 쓰기 시작했다. 타테브(Tatev)에 있는 이 수도원은 당시 이미 300년이 됐다.

◁ 15세기 『루스 원초 연대기』에 묘사된 10세기 류리크 가문의 블라디미르 대공의 세례. 이 사건으로 루스에서 법 제정 시대가 시작됐다.

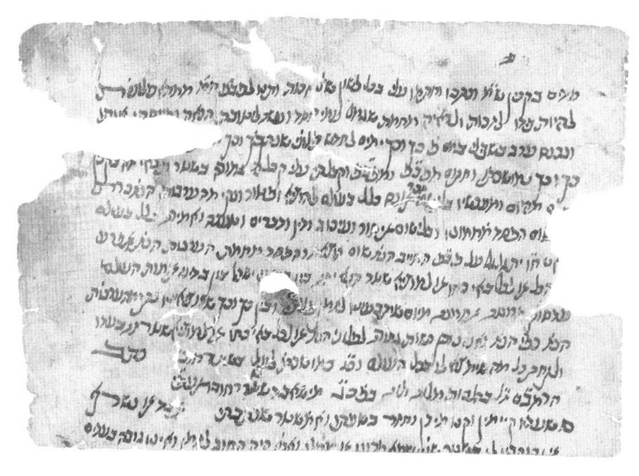

△ 채무 계약의 조건을 명시한 법률 소책자. 11세기 또는 12세기 이집트 푸스타트 회당의 창고인 게니자에서 발견됐다.

△ 투아트 지역 북쪽에 있는 알제리 중부 오아시스의 관개수로. 마을 사람들은 이곳에 이슬람의 법적 형식을 사용한 문서 수천 건을 보관했다.

◁ 1890년대 후반 다게스탄의 틴디(Tindi) 마을.

△ 송나라 황제 휘종(1082~1135)은 사대부들을 위해 우아한 연회를 열었다.

△ 북송(960~1127) 시대에 중국인들은 수력을 이용하여 방앗간을 가동하는 등 수많은 기술 혁신을 이뤘다.

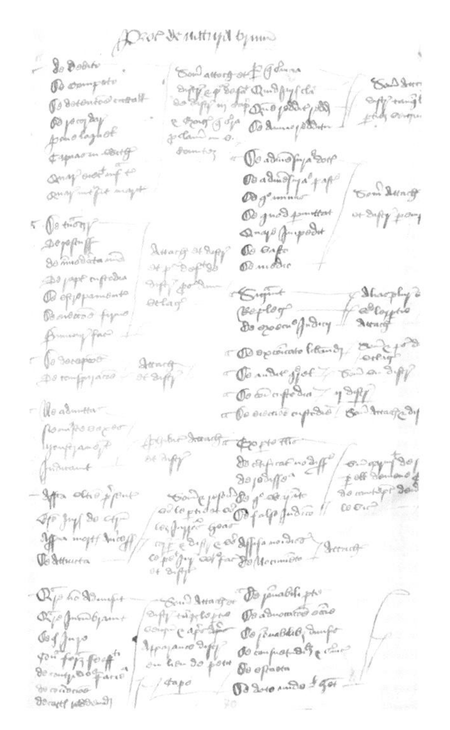

◁ 영국 법학도들은 중요한 법률 문서와 판결을 베낀 비망록을 보관했다. 15세기 또는 16세기에 쓰인 이 비망록은 소송 개시 공문의 적용에 관한 주해인 '나투라 브레비움(Natura Brevium)'을 포함하고 있다.

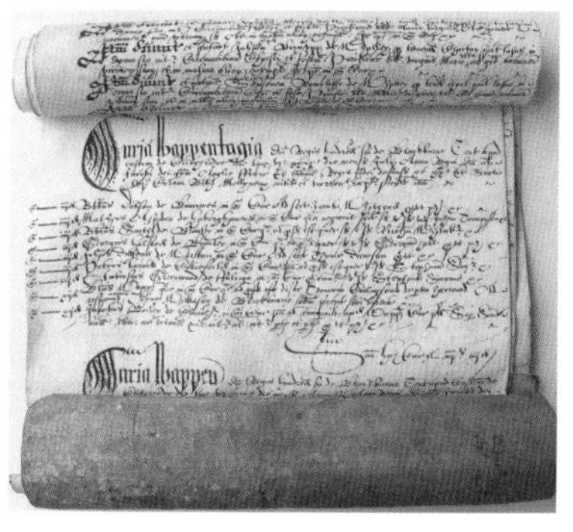

△ 블랙번(Blackburn) 소구(小區, wapentake)에 있는 다운넘(Downham)의 애슈턴(Assheton) 장원 기록(1621~1622).

△ 콘월에 있는 로스트위시얼 궁전(Lostwithiel Palace). 13세기 후반에 콘월 백작이 주석 광산을 관리하기 위해 건설했다. 이 건물에는 평의회실, 제련실, 주화실, 주석광산법원과 교도소 등이 들어섰다. 18세기 판화.

△ 1470년 한스 헤겐하임(Hans Hegenheim)이라는 소년이 절도죄로 유죄 판결을 받았다. 사람들은 그를 밧줄에 묶은 뒤 로이스강에 던져 배로 끌고 갔다. 이 형벌을 받고도 그가 살아남자 속죄한 것으로 여겨졌으며, 실제로 그는 장수했다.

△ 신성로마제국 황제 하인리히 2세의 아내인 룩셈부르크의 쿠니군데(Kunigunde)는 1010년경 간통죄로 기소됐다. 밤베르크 대성당 (Bamberg Cathedral)의 이 조화에 묘사된 것처럼, 그녀는 결백을 증명하기 위해 빨갛게 달아오른 쟁기 날 위를 걸었다.

△ 12세기 유럽의 한 문서에 묘사된 뜨거운 철을 활용한 시죄.

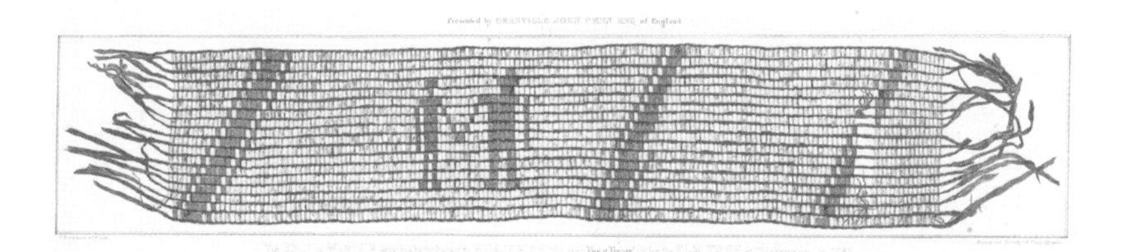

△ 1682년 레나페족(Lenape)은 윌리엄 펜(William Penn)과 섀커맥슨조약(Treaty of Shackamaxon)을 체결했을 때, 중요한 합의를 확인하기 위해 아메리카 원주민이 사용하는 상징적인 물건인 조가비 구슬 벨트를 그에게 선물했다.

ARTICLES
OF
PEACE
Between
The Most Serene and Mighty PRINCE
CHARLES II.
By the Grace of God,
King of *England*, *Scotland*, *France* and *Ireland*,
Defender of the Faith, &c.
And Several
Indian Kings and Queens, &c.
Concluded the 29th day of *May*, 1677.

Published by His Majesties Command.

LONDON,
Printed by *John Bill*, *Christopher Barker*, *Thomas Newcomb* and *Henry Hills*, Printers to the Kings Most Excellent Majesty. 1677.

◁ 영국 왕의 대리인들은 자신들만의 방식으로 조약을 확인하고 기록했다.

△ 1765년 윌리엄 블랙스톤 경이 『영국 법 주해』의 첫째 권을 출판했다.

△ 19세기 후반에 법과 법조인들은 잡지 《펀치(Punch)》 등의 출판물에서 풍자 대상이 됐다.

△ 영국의 식민지 통치자인 워런 헤이스팅스(1732~1818)는 영국령 인도제국의 창시자 중 한 명으로 여겨졌다. 조슈아 레이놀즈(Sir Joshua Reynolds)가 그린 이 초상화에서 그는 페르시아 문자가 적힌 종이 더미와 도장을 가지고 있다.

△ 1884년 베를린회의를 풍자한 만평. 벨기에 왕 레오폴드 2세가 콩고를 상징하는 호박을 자르고 양옆에 독일 황제 빌헬름 1세와 러시아제국의 왕관을 쓴 곰이 앉아 있는 모습이 묘사돼 있다.

◁ 송달관들과 법원 서기. 영국의 식민지 통치자들은 현지 나이지리아인을 관리로 고용했다. 1914년 10월에 촬영한 사진.

◁ 오스만제국의 주요 신학자 중 한 명인 아부 알사우드(Abu al-Sa'ud, 1490~1574)가 법을 가르치고 있다. 16세기 문서의 삽화.

△ 1960년 아프가니스탄에서 일하던 중 휴식을 취하며 카디와 무프티(왼쪽)가 다과를 즐기고 있다.

△ 로즈섬의 튀르키예(터키)인 무프티인 세이흐 술레이만 카슬리오글루(Seyh Suleyman Kaslioglu). 1957년에 촬영한 사진.

◁ 2021년 3월 이라크에서 90세의 그랜드 아야톨라 알리 알시스타니(Grand Ayatollah Ali al-Sistani)와 프란치스코 교황이 만났다.

△ 티베트고원의 반대편 끝에 있는 라다크 마을 주민들은 21세기에도 법과 법적 기록을 외면하고 있다.

△ 티베트 동부 암도에서는 존경받는 중재자들이 문화대혁명이 끝난 후 갈등을 해소하기 위한 작업을 재개했다.

법, 문명의 지도

일러두기

— 책, 법전 및 법령집 등은 겹낫표(『 』), 논문은 홑낫표(「 」), 정기간행물, 잡지는 겹화살괄호(《 》)로 묶었다.
— 저자의 주석은 미주로 실었으며, 역자의 주석은 본문 내에 '옮긴이'로 표시하고 괄호로 묶었다.
— 외래어 표기는 국립국어원의 외래어표기법을 따랐으나 관용적으로 굳어진 일부 용어는 예외를 두었다.

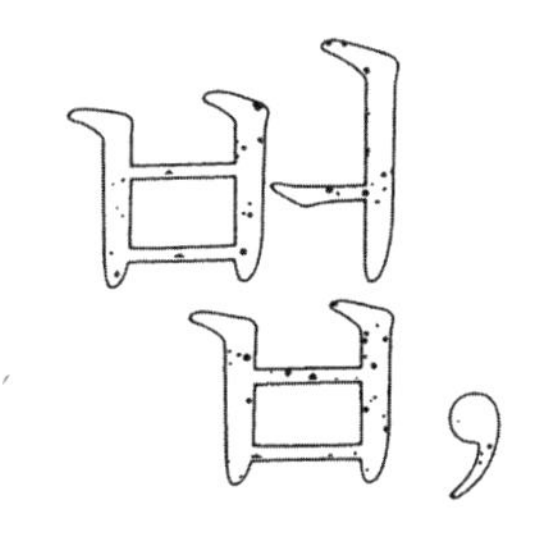

세계의 질서를 만든 4000년 법의 역사

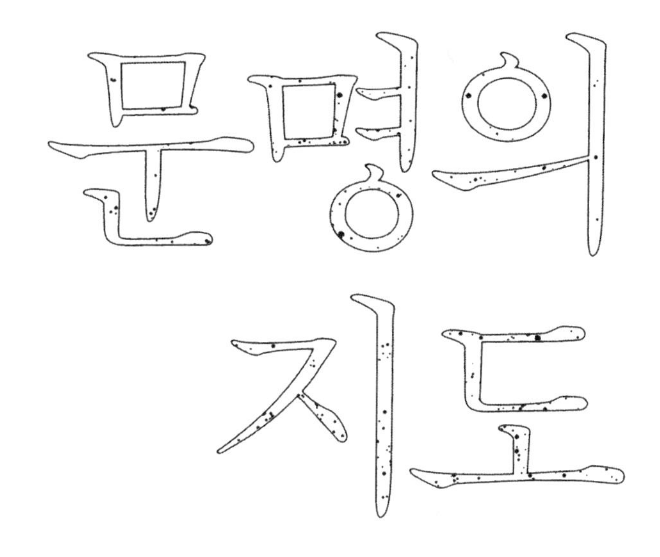

퍼난다 피리 지음 | 이영호 옮김

arte

추천의 글

이 책은 고대부터 현대까지, 동양과 서양을 넘나들고, 기독교, 이슬람교, 힌두교 등 세계의 종교들을 가로지르며 법이 역사 속에서 어떻게 기능하고 발전해왔는지를 추적한다. 법은 통치의 도구였지만, 다른 한편으로 정의를 추구하는 등 사회적 비전을 담기도 했고, 무엇보다 시민들의 권리를 지키는 저항의 수단이 되기도 했다. 법은 무려 4000년이 넘는 세월을 인류와 함께했다. 하지만 법을 둘러싼 논점은 예나 지금이나 크게 달라지지 않았다. 정치권력은 법을 통치 수단화하려는 유혹에서 자유롭지 못하지만, 세계 곳곳에서는 법을 이용하여 정의와 인권을 지켜내고 있다는 소식이 끊임없이 들려온다.

오늘날 한국 사회에서의 사회적 · 정치적 갈등의 중심에도 법이 놓여 있다. 이 소모적인 극한 대립을 극복할 단초를 동서고금의 법의 역사를 훑어보며 찾을 수 있지 않을까? 인류의 방대한 역사를 '법과 법치의 관점'에서 추적한 이 노작을 읽어야 할 이유가 여기에 있다.

— 홍성수 숙명여자대학교 법학부 교수, 『법의 이유』 저자

이 책은 메소포타미아, 인도, 중국을 중심으로 법의 시작을 설명하면서 그 각각의 사례들을 정확하게 정의, 합목적성, 법적 안정성이라는 3대 '법이념(Rechtsidee)'에 맞추어 서술한다. 정의를 이루는 제왕의 권력, 각종의 의무 규정들을 통한 미래에의 전망, 그리고 형벌을 통한 질서와 평화. 그 법이 점토판이나 돌기둥, 동물의 가죽, 혹은 대나무 조각 등에 쓰이는 순간 그 권력은 제왕이나 법학자, 법 관료가 아닌 민중들의 손으로 이전된다. 법은 실천의 약속이고 객관적 의무를 부과하는 수단이기에, 사람들이 법의 본질을 알게 되는 순간 법을 만든 사람이나 보다 지위가 높은 사람에게도 법 규율에 복종할 것을 요구할 수 있게 된다. '법의 지배'는 바로 이 지점에서부터 시작된다. 이 책의 마지막 문장인 "승리는 우리에게 있다"라는 구절은 이를 설명한다. '법의 지배'는 애초에 우리를 위한 것이기에 우리는 법을 알고 이해해야 하며, 세상을 더 나은 곳으로 만들기 위해 법의 약속과 잠재력을 어떻게 이용할 수 있을지 알아야 한다.

그래서 이 책의 메시지는 우리 시민 모두를 향한다. 우리의 승리를 위해 법을 전유하는 방법을 제시한다. "대한민국은 민주공화국이다"라고 광장에서 외쳤던 헌법 제1조 제1항이 단순히 법의 약속이 아니라, 우리 대한국민의 '단호하고도 엄숙한 명령'이 되게 만드는 힘 또한 그 속에 있을 듯하다.

— 한상희 건국대학교 법학전문대학원 교수, 『감시사회』 공저자

* * *

'법의 시간'은 인간이 사는 세상의 각 영역에서 피어나는 문화다. 개인과 단체의 활동은 초, 교류·거래의 결과, 유행, 경향, 정치적 사건 등은 분, 국면의 전환은 시가 된다. 그렇게 날이 가고 달이 바뀌는 양상이 문화

로 쌓이고 문명으로 형성되며 확산하는 것이 인류의 우주다. 법은 국가의 한 시대 또는 특정 시기의 시간표이며, 미래를 가늠하게끔 방향을 제시하는 표지다.

이러한 은유를 배경 삼아 '법으로 본 인류의 역사'를 기술한 것이 『법, 문명의 지도』다. 퍼난다 피리는 법을 통해서 더 질서 있고 문명화된 세계가 가능하리라는 믿음을 가지고 이 책을 썼다. 현대 국가의 권력과 구조보다 더 높은 가치와 힘을 지닌 '법의 가능성'을 검증하는 데 호기심을 자아내는 담론이다. 저자는 간명한 결론에 도달하기 위하여 기원전의 메소포타미아, 중국, 인도에서 출발하여 인류의 궤적을 법을 도구 삼아 훑는다. 법체계는 살아가는 방식이며 삶의 전통이라는 고유성을 만들어내는데, 그것은 다양성을 받아들이는 토대가 된다는 사실을 보여준다.

본문에서 언급했듯 "휘황찬란한 바다"이면서 "미묘한 것들의 보고이자 정원"인 '인류의 법'을 저마다의 방식으로 독해하여, 법이라는 이름의 "다면적인 보석"을 반짝이게 할 의욕이 조금이라도 발동한다면 이 책을 펼쳐야 한다.

— 차병직 변호사, 『헌법의 탄생』 저자

* * *

『법, 문명의 지도』는 2021년 영국에서 출간한 『The Rule of Laws: A 4000-Year Quest to Order the World』를 우리말로 옮긴 것이다. 원저의 제목에서 유추할 수 있듯 이 책은 '법의 지배를 통해 인류의 4000년 역사'를 조명한 것이니, 번역서의 제목도 원저의 취지를 잘 살렸다고 말할 수 있다.

보통 서양 학자들이 법을 통해 문명사를 살필 때 언제나 중심에 둔 것은 로마법이었다. 그러나 이 책은 그런 통념을 깨고 메소포타미아, 인도,

중국, 이슬람 세계를 두루 아우른다. 가히 '법치를 통해 본 인류의 역사'라 말할 수 있다. 이 책이 폭넓은 시간적, 공간적 범위를 확보할 수 있는 것은 저자 퍼난다 피리가 옥스퍼드 법인류학 교수로서 인도와 중국에서 티베트인들에 대한 현장연구를 수행했던 학자이기 때문이다.

오늘날의 국제법까지 이어지는 법의 지배의 다양한 곁가지 형태를 살펴봄으로써, 올바른 법의 지배가 이 땅에서도 자리 잡을 수 있는 계기가 마련되기를 기대해본다.

— 조한욱 한국교원대학교 역사교육과 명예교수, 『조한욱 교수의 소소한 세계사』 저자

* * *

'법 없는 사회는 성립 불가능한가?'라는 질문에 이 책은 "그렇다면 문명은 없었을 것입니다"라고 답한다. '과연 법이 정의를 구현해주는가?'라는 질문에 이 책은 "정의가 '질서의 부여'에 말미암은 것이라면 맞습니다"라고 답한다. 고로 우리가 사는 문명사회의 질서를 이해하고 싶다면, 법이라 부를 수 있는 세상의 거의 모든 이야기를 담고 있는 이 책은 최적의 길라잡이가 된다.

로마법에서 시작된 대륙법과 영미법이 법 문명사의 주인공처럼 보이지만, 실제 묘미는 이와 경쟁하는 메소포타미아 성경의 법, 인도의 우주적 질서, 이슬람의 종교와 법, 그리고 중국 황제의 법에 대한 균형 잡힌 비평과 비교의 관점에 있다. 오늘날 현대 중국을 비롯한 몇몇 지역의 '법치'가 왜 '법의' 지배가 아니라 '법에 의한' 지배로 귀결되고 있는지 궁금했다면, 이 책은 그 궁금증의 대부분을 풀어줄 것이다.

— 조영헌 고려대학교 역사교육과 교수, 『대운하 시대 1415~1784』 저자

* * *

인류 문명과 사회는 늘 법과 함께해왔다. 아무리 극단적인 사회를 상상하더라도, 법이 없거나 전혀 작동하지 않는 사회는 상상하기조차 어렵다. 이 책은 인류 역사 속에서 법이 때로는 보통 사람들을 위한 규칙이었고, 때로는 우주의 원리를 담은 질서였으며, 때로는 도덕적 기준이나 정의의 약속이었음을 매우 구체적으로 보여준다. 이를 통해, 여전히 법이 우리의 삶 속에 얼마나 깊숙이 들어와 있는지, 나아가 우리의 미래를 열어젖히는 데 얼마나 중요한 역할을 하는지 깊이 이해하게 한다.

피상적인 법조문을 아는 것을 넘어, 법의 근원에 접근하여 인간과 사회, 법의 상호작용을 매우 근접한 거리에서 이해하도록 돕는다. 법과 정의, 공정성을 둘러싸고 여전히 온갖 논란과 눈물, 기쁨과 희망이 교차하는 시대에 이 책은 법의 핵심 '한가운데'로 들어가 성찰할 수 있게 한다. 그런 점에서 법을 다루고 공부하는 사람뿐만 아니라, 법과 함께 살아가는 모든 시민이 법과 사회, 나아가 인생과 역사를 이해하는 데 중요한 역할을 할 것이다.

— 정지우 변호사, 문화평론가, 『분노사회』 저자

* * *

메소포타미아 문명에서부터 현대에 이르기까지 4000년에 걸친 법의 역사를 책 한 권에 담았다고 하면 그저 피상적인 수준의 통사이거나 특정 이론에 역사적 사실을 부조적(浮彫的)으로 추출해 짜 맞춘 그저 그런 내러티브가 아닐까 생각하기 쉽다. 그런 선입관은 책을 읽어가면서 감탄과 지적 흥분으로 바뀌게 된다. 저자는 법률가이자 인류학자로서 법에 대한 전문적 지식과 현장연구로 다져진 높은 사회과학적 안목을 가지고 책을 집필했다. 글로벌한 연계들과 소공동체 내부의 미시적 행위들을 하나의 그림에 넣는 방법론적 경험을 바탕으로 무수한 사실들로 구성된 인류의 법사를 적절한 시·공간적 분류를 통해 전달한다. 어렵게 느껴질 법한 법의 요모조모와 낯선 문화권의 역사적 경험들을 누구라도 이해하기 쉬운 어법으로 이야기해준다.

'자문화중심주의'를 경계하는 인류학자의 태도와 '자시대중심주의'를 넘어서려는 역사 연구자의 자세에 입각해, 법을 만들고 공포한 통치자의 의도와 법을 통해 저항하고 이익을 지키려는 피치자의 전략이 상이한 문화적 세계관과 전통을 통해 어떻게 전개되어왔는가를 보여줌으로써 '글로벌한 법의 사회사'라는 장르를 개척한다. 이 책의 원제목이 나타내듯이, 저자는 법치(법의 지배)가 서구 근대에 특유한 것이 아니며 단일한 기획도 아니라는 점을 강조하는 한편 법은 국가에 독점된 것이 아니라 사회 속에 다원적으로 존재할 수 있다는 점을 시사한다. 이 책의 번역자는 지나치리만큼 조심스럽게 선택한 표현과 용어로 정확하면서도 가독성 높은 번역을 선사하고 있다. 그간 번역되지 않았거나 혼란스럽게 번역된 용어에 대한 새로운 번역을 제시한 것도 주목된다.

— 이철우 연세대학교 법학전문대학원 교수

* * *

이 책은 문명의 역사적 궤적 속에서 법이 고유한 생명력을 갖고 문명의 복잡한 지도를 어떻게 그려왔는지, 인간이 법을 통해 그들의 삶을 어떻게 조직해왔는지를 생생한 사례를 통해 규명하고 있다. 오늘날 전 세계적으로 대부분의 법체계가 취하는 형태에서 필연적인 것이 없다는 저자의 견해는, 원저의 제목인 '법들'의 지배(The Rule of Laws)에서 드러난다. 메소포타미아, 중국, 인도, 로마 등 고대 문명사회와 미국, 유럽 등 현대 문명사회, 그리고 아프리카, 티베트 등 소규모 부족사회에 이르기까지 각기 다른 시간과 공간, 그리고 문화적 맥락에서 '법들'이 만들어지고 발전해온 과정을 돌아보면, 현대 국가에서 적절하다고 여겨지는 법과는 매우 다른 양상을 보인다는 것이다.

이 책에서는 인간의 초기 문명으로부터 법이 종교와 어떻게 관련되는지, 통치와 억압을 위해 어떤 법적 기술을 사용했는지, 통치자의 자의적인 권력을 제한하고 정의를 실현하기 위해 보통 사람들은 법에 어떻게 의지했는지를 살펴볼 수 있다. 저자는 번뜩이는 인류학적 통찰력으로 법이 질서 유지와 분쟁 해결이라는 본연의 역할을 넘어서서, 공동체 의식을 고양하고 사회 구성원의 정체성을 유지하는 등 인간의 삶을 의미 있게 영위하는 데 기여하는 모습을 곳곳에서 제시한다. 이 책은 법이란 무엇인가, 법은 왜 중요한가에 대해 깊이 생각하게 하고, 결과적으로 인간이란 어떤 존재인가에 대해 성찰하게 한다.

— 이재협 서울대학교 법학전문대학원 교수

* * *

1896년에 옥스퍼드대학 최초의 인류학 교수로 임명된 에드워드 타일러는 '법'이 '문화'의 핵심 요소라고 했다. 125년 후 같은 대학에서 법인류학을 가르치는 퍼난다 피리 교수는 문명과 법의 밀접한 관계를 흥미롭게 서술한 책을 내놓았다. 기원전 3000년경 메소포타미아의 점토판 법전을 시작으로 중국, 인도, 유럽 등에서 문명이 생겨나고 사회가 복잡해지는 과정에서 법 제도가 어떻게 사용되었는지를 이 책은 다양한 사례를 통해 이야기한다. 법이 단순한 규칙이 아니라 '문명의 지도'를 만들었다고 저자는 주장한다.

통치자들이 사회질서를 유지하고 권력을 강화하기 위해 법을 사용한 사실은 잘 알려져 있다. 그런데 이 책은 법의 다른 얼굴을 보여준다. 통치자들은 백성들에게 정의를 약속하고 사회의 비전을 제시하는 수단으로 법을 사용했다. 어떤 특정 시기와 지역에서 소수의 통치자가 그렇게 한 것이 아니다. 수천 년간 세계 곳곳에서 수많은 통치자들이 법을 그렇게 사용했음을 이 책을 통해 알 수 있다. 이러한 법의 양면성 때문에 법은 권력을 제한하는 수단도 되었고, 종종 불의와 불공정에 저항하는 근거가 되었다. 근대 유럽 법학에 편중되어 법 해석에 몰두하는 법률가들과 법학도들이 반드시 읽어야 할 책이다. 우리 사회가 대립과 혼란을 극복하여 정의롭고 공정한 사회가 되기를 바라는 시민들에게도 일독을 권한다.

— 김재원 성균관대학교 법학전문대학원 교수, 유튜브 〈미국사회와 법〉 운영

차례

III 세계의 질서

서론

법의 약속

1497년, 포르투갈의 탐험가 바스쿠 다가마(Vasco da Gama)는 선단을 이끌고 희망봉을 거쳐 인도양으로 나아갔다. 그는 동양의 발전된 무역망에 합류하기 위해 항로를 개척하는 임무를 수행하고 있었다. 그런데 이 여행은 상업과 기술이 광범위하게 발전하고 복잡한 통치 구조 및 법률이 존재하는 풍요롭고 세련된 아시아 세계에 유럽인들이 눈을 뜨는 계기가 됐다.

포르투갈인들은 인도 서부 해안의 캘리컷(Calicut)에 정박했는데 그곳에서는 매일 향료제도(Spice Islands), 인도 대평원, 동아프리카, 아라비아만을 오가는 선박을 통해 곡물, 설탕, 향신료, 커피, 직물, 금속, 말 등의 교역이 이뤄졌다. 바스쿠 다가마는 이 거래에 참여하고자 캘리컷의 통치자인 자모린(Zamorin)의 궁정을 찾아가 무역을 청했는데, 선물이 그다지 눈에 차지 않았던 자모린은 그의 선단을 쫓아냈다. 그럼에도 포르투갈은 계속해서 인도행 선단을 보냈고, 현지인과 마찰을 겪는 등 우여곡절 끝에 인도 해안에 교역소를 설치하기에 이르렀다.[01]

바스쿠 다가마와 동행했던 상인들과 모험가들은 중국 상인들이 가져온 물품에 깊은 인상을 받았다. 또한 이스파한과 델리에 있는 이슬람 궁정의 호화로움과 세련미에 매료됐으며, 기록으로 남겨진 고대 아시아 법률에 흥미를 느꼈다. 머나먼 중국의 수도 베이징에서 중국 통치자들은 기원전 3세기로 거슬러 올라가는 법체계를 유지하고 있었다. 자모린은 다른 힌두교 통치자들과 마찬가지로 종교학자와 브라만에게 조언을 받았는데, 이들은 다르마샤스트라(Dharmashastra)라는 법전을 기반으로 했다. 이 수백 년 된 법률 텍스트는 인도 베다(Vedas) 시대의 철학과 의식 전통에서 기원한 것이었다. 이슬람 법률 전문가들은 7세기에 무함마드(Muhammad)의 계시에 근거한 광범위한 문언적 법체계를 따랐다. 술탄의 법정에서는 숙련된 판관들이 재판했고, 학자들은 법적 의견을 제시했으며, 법학자들은 고대 법률 텍스트를 두고 심오한 논쟁을 벌였다. 당시 유럽은 법적 정교함에서 이들과 비교가 될 수 없었다. 그들의 법은 여전히 로마 법학의 잔재가 남아 있는 이질적인 지역 관습과 법원의 집합체에 불과했다.

그런데 18세기 초에 이르자 모든 것이 변하기 시작했다. 중국에는 청나라라는 강력한 새 왕조가 들어섰고, 무굴제국의 황제인 샤자한(Shah Jahan)은 타지마할을 건설하고 인도 전역에 도로망을 확장했으며, 오스만제국은 오스트리아 지역의 빈을 위협했다. 그러나 이와 같은 아시아 체제는 이미 흔들리고 있었다. 프랑스의 법철학자 몽테스키외(Montesquieu)는 중국의 정교하고 안정적인 법 제도에 감탄하면서도 이를 '전제주의적'이라고 비판했다. 계몽주의 철학자들은 유럽 통치자들에게 그들의 정치체제는 가장 합리적인 원칙을 따르고 그들의 법은 사적 소유권의 우월한 체제를 장려한다고 믿게 했다. 그리고 산업적·군사적 성취가 아시아를 능가하면서 유럽의 통치자들은 자신들의 정치, 교육, 법률 체계가 세계 최고임을 확신하게 됐다. 그들은 이슬람 법률가들과 힌두교 브라만들의 복잡한 학문과 중국의 정교한 법전을 퇴보한 동양의 비합리적이고 시대에 뒤떨어진 제도로 간주했다.

현재 전 세계적으로 존재하는 법체계 대부분은 18세기와 19세기에 유럽 국가들이 개발한 제도를 본뜨고 있다. 200년의 식민 통치 기간에 유럽 국가들은 자신들의 법을 전 세계에 전파하고 시행했으며, 국가 단위의 새로운 국제질서를 촉진했다. 오늘날 국제사회를 주도하는 국가들은 민주주의, 인권, 법치주의를 옹호할 뿐만 아니라 법과 재판 체계를 유지해야 한다. 그러나 인류 문명의 긴 역사 속에서 국가와 국가법(state laws) 질서가 출현한 것은 아주 최근의 일에 불과하다. 유럽인들은 바스쿠 다가마가 인도에 도착했을 때 이미 오래된 법체계를 폐기했으며, 로마인들 역시 판례에 따라 판단하기도 했다. 즉, 오늘날 전 세계적으로 법체계 대부분이 취하는 형태에서 필연적인 것은 아무것도 없다.

역사를 통틀어 법 대부분은 현대 국가에서 적절하다고 여겨지는 법과는 매우 달랐다. 우선, 법이 항상 영토의 경계를 인정한 것은 아니다. 종종 법은 상인이나 종교학자를 통해 새로운 땅으로 전파됐으며, 그곳에서 일반적으로 지역 관습 및 규칙과 공존했다. 더욱이 법과 종교가 구별되지 않는 경우도 흔했다. 특히 힌두교, 유대교, 이슬람교 전통에서 법적 규칙은 도덕적·종교적 지침과 차이가 없을 정도로 융합됐다. 그러다 보니 고대의 많은 법, 심지어 아주 최근의 법도 효율성·권위·효능이라는 명백한 기본적 요건을 무시하기도 했고, 역사적으로 많은 판관이 통치자들의 법을 무시했으며, 많은 법이 집행되지 않았다. 이처럼 사회를 원활히 운영하는 데 이바지하는 바가 거의 없었던 매우 비현실적인 규칙들도 값비싼 양피지에 조심스럽게 쓰이거나 석판에 새겨졌다. 역사가들은 고대법이 의도한 바가 무엇인지 계속해서 의아해했는데, 때때로 고대법은 더 오래되거나 더 큰 문명을 모방하려는 시도에 불과해 보이기도 했다. 그러나 바스쿠 다가마가 마주친 중국 무역상, 인도반도 지역의 왕, 이슬람 술탄은 고대 법체계의 규칙을 존중했다. 그들의 법은 4000년 전에 처음 등장한 이래 반복적으로 채택된 기술의 최신 예일 뿐이었다.

가장 오래된 법은 지금의 이라크 지역인 티그리스강과 유프라테스강 사이에 있는 비옥한 땅인 메소포타미아에서 만들어졌다. 기원전 3000년 우르(Ur)의 왕은 백성들에게 정의를 약속하는 선언을 하고, 서기관들에게 점토판에 법전을 기록하라고 명령했다. 몇 세기 후 중국 중부 지역의 호전적인 지도자들은 대나무 조각과 청동 그릇에 표의문자를 새겼는데, 여기에는 범죄와 처벌에 대한 긴 목록이 적혀 있었다. 그들의 후계자들은 팽창하는 제국의 관리들과 백성들에게 규율을 부과하기 위해 같은 방법을 채택했다. 한편 갠지스 평원에서는 인도 학자들이 베다의 고대 지혜를 바탕으로 의례에 관한 문서를 만들었다. 기원후 초창기에, 브라만은 힌두법의 기본 텍스트인 다르마샤스트라를 만들기 위해 야자수 잎에 산스크리트 문자를 새겼다. 그들의 후계자들은 남아시아 전역을 여행하면서 캘리컷의 자모린과 같은 통치자들에게 자신들의 의례를 따르고 다르마샤스트라를 법전으로 채택하라고 설득했으며, 신도들을 도덕적인 길로 인도하고자 했다.

메소포타미아, 중국, 인도에서 발전한 기본 법체계는 언어, 논리, 목적 면에서 각각 다르다. 메소포타미아 왕들은 적어도 이론상으로는 보통 사람들이 신뢰할 수 있는 규칙을 제시하면서 백성들에게 정의를 약속했고, 중국 통치자들은 확장되는 영토에서도 규율과 질서를 세우기 위해 범죄와 형벌 체계를 확립했으며, 힌두교 브라만은 종교적 전통의 우주적 질서인 다르마(dharma)의 길로 사람들을 인도하고자 했다. 이 세 가지 법체계는 각각의 고유성에도 불구하고 후대의 모든 법이 채택한 형식에 영향을 줬다. 오늘날 세계를 주도하는 법체계들은 이 세 가지 법이 가진 요소를 모두 결합하고 있는데, 이는 현대 국가의 큰 성과라고 할 수 있다.

그러나 수 세기 동안은 이런 성과가 일어나지 않았다. 그 기간에 법적 기술은 세계 곳곳에서 왕들과 통치자들에게 제각기 다른 야망을 심었다. 그리고 군주, 회의, 마을 사람들, 부족민들에게는 법석 기술이 훨씬 더 지역적인 맥락에서 받아들여졌다.

초기의 법은 실용적이고 일상적인 규칙에 불과했다. 법 대부분은 표면상으로는 복잡한 사회를 관리하려는 통치자들을 위한 것으로, 사람들이 사는 곳에서 발생하는 다양한 갈등, 예컨대 살인, 상해, 절도, 간통의 결과를 다뤘다. 법 대부분이 인류 역사를 통틀어 그랬던 것처럼 초기의 법은 재산의 사용과 소유권, 상속, 가족관계, 자녀에 대한 책임을 규제하려고 했다. 또한 오랫동안 널리 퍼져 있던 노예제도의 결과를 다뤘고, 사실에 대한 분쟁을 해결하기 위해 서약과 시죄(ordeal: 피고에게 신체적 고통이나 시련을 가하여, 그 결과에 따라 죄의 유무를 판단함—옮긴이)를 사용하는 것에 관한 규칙을 제공했다.

수 세기에 걸쳐 통치자들은 법이 주민들을 관리하는 데 유용한 도구임을 발견했다. 중국 황제·인도 왕자·이슬람 칼리프 들은 모두 인구조사를 하고 밭과 목초지를 측량하고 지도를 작성했으며, 법을 사용하여 가구를 분류하고 세금을 부과하고 군대를 양성했다. 마을 모임과 부족 회의에서도 사회적 행동을 규제하고 분쟁을 해결하기 위한 규약을 만들었다.

그러나 초대 입법자들의 목표가 실용적이기만 한 것은 아니었다. 메소포타미아 왕들은 신들의 은총을 빌면서 거창한 진술로 백성들에게 사회적 정의를 약속함으로써 자신들의 법을 포장했다. 중국 황제들은 법을 시행함으로써 우주의 질서를 유지하고 있다고 주장했다. 힌두교의 브라만들은 세상의 이상적인 질서인 다르마의 조건에 따라 사람들을 인도하는 규칙을 제정한다고 설명했다. 구약성경의 저자들이 만든 법을 포함하여 권위 있는 법들 대다수는 상당히 당혹스러울 정도로 비실용적이었다. 법이 왕의 업적이었던 메소포타미아 전통에서 영감을 받았음에도 이스라엘의 제사장들은 뚜렷한 종교적 프로젝트를 추구했다.

성경의 처음 5권인 모세오경[또는 토라(Torah)]은 대략 기원전 9세기에서 5세기 사이에 오늘날 우리가 알고 있는 형태를 취했을 것으로 보인다.[02] 모세오경은 모세가 백성을 안전한 곳으로 인도한 후 어떻게 그들에게 예배, 의식, 제물에 관한 율법과 복잡한 식사 규칙들을 제시했는지를 보여준다. 이 규정은 이스라엘 사람들이 '가증한 것', 즉 부정한 동물·물고기·새를 먹는 것을 금지했는데, 후대의 학자들은 이런 음식물에 관한 구별에서 혼란스러움을 느꼈다.[03] 그리스 철학자들은 그 규칙들에 유대인들이 안전하지 않은 고기를 먹지 않게 하려는 의학적 목적이 있었던 것이 아닐까 하는 의문을 품었다. 하지만 과연 건강이나 맛을 위해 카멜레온, 두더지, 악어, 메뚜기 대부분(전부는 아니다) 등을 피해야 했을까? 또 토끼에게 무슨 문제가 있기라도 한가? 위대한 유대 신학자 마이모니데스(Maimonides)는 율법에서 의미를 찾는 것을 단념하면서 "이런 세부적인 규칙의 원인을 찾기 위해 애쓰는 사람은 분별력이 없다"라고 선언했다.

혹자는 율법이 원래 위생적·미학적·종교적 목적을 가진 이전 규칙들의 혼합이라거나 심지어는 경건한 유대인들의 징계, 복종 및 무분별한 규칙 준수를 요구하는 일련의 명령이라고 생각했다. 그러나 레위기의 저자들은 질서 정연한 사회를 장려하는 데 열심이었는데, 왜 그들이 그렇게 비논리적인 목록을 작성해야 했을까?[04]

그 대답은 율법의 넓은 목적에서 찾아야 한다. 유대인의 법 중 상당 부분은 신체적 완전성을 장려했는데, 예를 들어 장애인은 제사장이 될 수 없었다. 그리고 유대인의 법은 의식의 순수성을 요구했다. 유대인들은 올바른 방식으로 먹고, 자고, 옷을 입고, 성관계를 해야 했다. 진영은 불결한 것을 피할 수 있도록 전쟁 사업과 분리되어야 했다. 그리고 유대인들은 소와 나귀를 함께 멍에로 묶거나 세마포와 양털을 같이 짜서는 안 됐다. 이것은 별개의 범주를 혼동하지 않게 하기 위한 것이었다. 즉, 율법은 이스라엘 사람들에게 육체적·영적 측면에서 범주의 질서를 만들고 정한 것과 부정한 것을 분리하여 거룩한 삶을 사는 방법을 알려줬다.

이스라엘 법의 이런 더 큰 목적은 정함과 부정함의 구분을 명확히 해준다는 것이다. 이 지역에서 기본적인 양식을 제공했던 소, 양, 염소는 굽이 갈라진 쪽발이면서 새김질도 하는 유제류이기 때문에 제사장들은 정한 동물이 이런 특징으로 정의되어야 한다고 결정했다. 그 결과 산양이나 야생 염소와 같은 일부 야생동물이 정한 동물에 포함됐지만, 가축임에도 포함되지 않는 돼지와 같은 동물도 있었다. 또한 비늘과 지느러미가 없는 물고기, 네 발로 걷는 날개 달린 생물, 걷는 데 손을 사용하는 동물, 날기도 하고 기어 다니기도 하는 모든 것은 가증하다고 선언했다. 제사장들이 생각하기에 동물들은 걸어야 하고, 물고기는 헤엄쳐야 하며, 새는 날아야 마땅했다. 깡충깡충 뛰는 것은 걷는 것에 아주 가까웠기 때문에 제사장들은 방아깨비, 귀뚜라미, 일부 메뚜기는 '정하다'고 선언했다. 하지만 날기도 하고 기어 다니기도 하는 것은 그렇지 않았다.

제사장들의 결정에 어떤 근거가 있든지 간에 규칙들은 부정한 음식으로부터 유대인들을 구하는 기능보다 그 규칙 자체가 상징하는 것, 즉 정한 것과 부정한 것을 나누는 지침으로서의 의의가 더 중요했다. 그리고 이런 규칙은 이스라엘 백성을 이방 사람들과 구별하여 하나님의 율법을 좇는 백성으로 세웠다. 즉, 이스라엘의 법 뒤에는 선택된 사람들을 위한 종교적 비전이 있었다.

힌두교, 유대교, 이슬람교, 기독교의 학자들은 모두 자신들의 전통을 발전시키면서 상세하고 광범위한 법을 만들었다. 그러다가 중세 유럽에서 교회와 국가 사이에 균열이 발생함에 따라 오늘날의 법을 종교와 구별된 것으로 간주하게 됐다. 아마도 세계 주요 종교의 초기 입법자들은 이런 변화를 이해하기 힘들 것이다.

명백히 정치적인 프로젝트를 추구하는 다른 입법자들은 더 큰 문명에서 영감을 받아 똑같이 비현실적으로 보이는 법들로 사회질서에 대한 비전을 제시했다. 7세기와 8세기에 중국 서부의 광활한 고원에 거주했던 티베트인들은 여전히 호전적인 부족민이었다. 강력한 지도자들은 충성을 맹세할 것을 요구하면서 중국과 중앙아시아로 떠나는 군사 원정에 그들을 동원했고, 가장 성공적인 지도자들은 스스로 왕이 됐다. 왕조는 법원과 관료제를 설치하고 관료들의 직위와 계급을 두었다. 지도자들은 또한 중국 황제의 정교한 행정에서 영감을 받아 법을 만들었다.

우리가 이 시대에 대해 알게 된 것은 1900년에 현지 학자들이 발견한 문서 덕분이다. 이 문서는 티베트 북쪽 실크로드의 한 지점에 있는 교역소인 둔황(Dunhuang)의 석굴에 빽빽이 들어차 있었다. 둔황의 석굴은 11세기부터 봉인되어 있었는데, 헝가리 탐험가 아우렐 스타인(Aurel Stein)이 1907년에 이곳에 와서 중국어와 티베트어, 그 밖의 아시아 언어로 쓰인 4만 개 가까운 문서를 발견했다.[05] 스타인은 자신에게 접근 권한을 주도록 현지 학자들을 설득하면서, 촛불과 등불에 의지해

부서지기 쉬운 두루마리를 훑어보며 며칠을 보냈다. 결국 그는 가장 중요한 문서를 가져갔고, 그 문서들은 파리와 런던의 박물관에 보관됐다. 이 매장물에서 역사가들은 고대 티베트 법의 일부를 발견했다.

티베트 법은 사냥터에서 다쳤을 때 지급해야 할 배상금을 명시하고, 가해자와 피해자의 등급에 따라 지급해야 할 금액의 긴 목록을 제시했다.[06] 대신 네 명 가운데 한 명을 죽인 사람은 금화 1만 냥을 내야 했다. 이어 청록색 직급은 6000냥, 금색 직급은 5000냥, 도금색 직급은 4000냥, 은색 직급은 3000냥, 황동색과 적갈색 직급을 죽이면 각각 2000냥과 1000냥이었다. 평민의 두 계급을 죽이면 각각 300냥과 200냥을 내야 했다. 자신보다 훨씬 더 높은 지위에 있는 사람을 죽였거나, 피해자가 단순히 상처를 입었다면 또는 그 상처가 사고였다는 것을 증명할 수 있다면 액수는 달라졌다. 신분 구분의 논리는 분명한데, 귀족의 생명이 하인의 생명보다 더 가치가 있다는 것이다.

그러나 둔황이 번성할 당시 금화는 흔한 화폐가 아니었고, 계층에 따른 배상금 차이가 너무 컸으며, 세부 사항이 비현실적으로 복잡했다. 중국의 국가들을 모방하고자 하는 왕들의 욕망에도 불구하고 티베트 사회는 그렇게 명확히 계층화될 수 없었다. 광활한 고원에서 왕들은 지역 부족 지도자들에게 의존하여 주민들을 관리했고, 기병을 통해 장거리로 명령과 편지를 보내고 받았다. 법은 티베트 왕이 만들고자 하는 상상된 위계질서를 상징했다. 그들은 더 웅장하고 통일된 문명을 구상하고 있었는데, 기존 사회질서의 지도가 아니라 문명을 위한 지도였다.[07]

고대 세계에서든 현대에든, 기능적인 법의 이면에는 종종 더 큰 야망과 목표가 있다. 미국 헌법은 연방 주 사이를 실질적으로 조정하고 정부를 수립하려는 초기 목표가 있었기에 연합의 이상과 열망의 상징이라는 신화적인 명성을 얻었다. 미국 '시민 종교'의 근간으로 묘사되기도 하는 최초의 헌법은 일부 사람들이 성역에 비유한 워싱턴의 정교한 보관실에 조심스럽게 보존되고 전시되어 있다.[08] 이 헌법은 미국의 기초와 질서를 상징하며, 이 텍스트는 다른 곳에서도 유사한 프로젝트에 영감을 줬다.

독립투쟁에 성공해 식민지에서 벗어난 국가 대부분은 신생 민주주의국가를 위한 완전히 새로운 헌법을 만들었다. 각 국가는 새 정부의 자격과 현대 세계질서에 참여하려는 자신들의 주장을 보여줬다. 새로운 국가들은 종종 헌법의 조건을 집행하기 위한 법원 구조나 전문적인 자원, 정치적 의지가 부족했다. 그렇지만 법률 텍스트는 자신들이 정치적으로 충분히 발전했다는 점과 국가적 지위를 가진다는 점, 국제사회에서 제 역할을 다할 수 있다는 점을 드러낸다. 그들의 프로젝트는 아무도 적용하지 않은 것으로 보이는 긴 법률 목록을 석판에 휘갈기고 다녔던 고대 왕들이나 읽고 쓰는 능력을 갖춘 사람이 드물고 종잇값이 비쌌을 때 비현실적으로 상세한 배상금 목록을 쓰도록 서기관들에게 명령했던 중세 통치자들의 그것과 별반 다르지 않았다. 이는 더 큰 질서에 대한 열망이었다.

심지어 사회문제에 대응하여 만들어진 현대의 법들도 정부가 주장하는 것만큼 항상 실용적이지는 않다. 권총이나 위험한 개와 관련된 비극이 발생하거나, 언론이 정의를 회피하는 범죄자들에 대해 지나치게 흥분하면 정치인들은 서둘러 새로운 법을 만든다. 하지만 새로운 법은 한결같이 비현실적이거나 집행하는 데 제약이 있다. 예컨대 영국에서 혐오 표현과 관련된 법제는 많은 평론가가 거의 집행될 수 없을 것으로 생각했다.[09] 하지만 정부는 뭔가를 하는 것처럼 보여야 한다. 법을 통과시키는 것은 시민들에게 정치인들이 상황을 통제하고 있다는 인상을 준다. 덜 냉소적으로 말하자면, 법을 통과시키는 것은 또한 사회 전반에 퍼져 있는 도덕적 혐오감을 표현한다. 법은 통치자들이 만들 수 있다고 주장하는 문명사회의 도덕적 기준을 모두가 볼 수 있도록 제시한다. 그들은 정의와 질서를 모두 약속한다.

모든 사회가 법을 만든 것은 아니다. 역사를 통틀어 어떤 이들은 사회집단을 형성하고, 주민들을 관리하며, 어떤 법도 없이 분쟁을 해결했다. 수렵인과 채집인의 무리는 대립보다는 회피 전술을 썼다. 부족들은 적에 대항하여 결집하면서도 배상금을 통해 불화를 해결하게 하는 복수의 관계를 추구했다. 동족 사회는 모든 당사자를 만족시키는 타협점을 찾으려고 노력하면서 협조적 조정을 선호했다. 그리고 신흥 지도자들은 권력을 중앙집권화해서 명령을 내리고, 복종하지 않는 사람들을 처벌했다. 패턴이 반복되기는 했으나 그 변형은 끝이 없었고, 어떤 명시적 법칙 없이도 안정적이고 지속적인 질서의 형태를 만들어냈다.

심지어 복잡하고 정교한 몇몇 사회도 법을 만들지 않았다. 고고학자들이 지금까지 파악한 바에 따르면 고대 이집트 왕국, 중남미의 아스텍과 잉카제국, 사하라 이남의 아프리카에서 번성했던 왕국들은 일련의 규칙을 만들거나 법적 판단을 판례로 기록하지 않고도 질서를 유지했다. 고대 이집트의 문서와 비문에 따르면 파라오는 2000년 동안 관리들에게 부동산, 신전, 재단, 수입에 대한 상세한 기록을 보관하게 하는 복잡한 재정 시스템을 관장했다. 서기관들은 왕의 법령과 명령을 기록했으며, 판관들은 법적 사례를 심리하고 범법자들에게 징역형을 내렸다. 이는 모두 일반적인 법 없이 이루어졌다.[10] 고왕국, 중왕국, 신왕국은 기원전 3000년대 중엽부터 6세기까지 작고 비효율적이며 당장이라도 무너질 듯한 관료제를 갖고도 번성했다.[11] 고위 관료들은 후원을 통해 임명되거나 직위를 물려받았고, 왕의 요청에 따라 광범위한 임무를 수행해야 했다. 한 비문은 마치 자비로운 스승인 왕이 제자에게 개인적인 지혜를 전수하는 것처럼 고관의 의무를 묘사하기도 했다. 어떤 일을 하고 사건을 결정하는 데에는 인정된 방법이 있을 터이지만, 이집트의 기록들은 판관 역할을 하는 사람들의 개인적인 재량권을 강조한다. 페르시아 황제 다리우스 1세가 이집트에서 법을 성문화하도록 명령한 것은 기원전 6세기의 일이었다.

최초의 입법자들은 뭔가 다른 것을 하고 있었다. 그들의 법은 형벌, 배상금, 계약과 이혼에 관한 기본 규칙의 단순한 목록이었을지 모르지만, 행정의 기술이나 사례를 재판하는 수단 이상이었다. 메소포타미아 왕들은 정의를 약속했고, 중국 황제들은 자신들이 우주의 질서를 지키고 있다고 주장했으며, 힌두교 브라만들은 자신들의 법이 시행한 다르마를 설명했다. 초기부터 그들의 법은 문명화된 세계를 나타냈다. 문자를 가지지 않은 공동체의 관습이나 부족 간 갈등의 조정 또는 이집트 파라오의 지시와 달리 새로운 법은 객관적인 기준, 즉 다른 사람들이 참조하고 인용할 수 있는 명확한 규칙의 집합을 만들었다. 이런 법은 저절로 운용됐다. 초기 메소포타미아 입법자 중 일부는 법을 완전히 지속시키려는 의도로 석판에 새겼다. 그리고 점토판이 부서지거나 청동 그릇이 녹거나 종려나무 잎이 변해도 사람들은 규칙을 기억하고 다시 쓸 수 있었다. 그들의 법은 입법자들의 권위보다 오래갈 수 있었고 실제로도 그러했다.

법은 통치자들이 사회를 관리하고 통제할 수 있는 도구를 제공한다. 또한 사람들이 정의를 추구하고 자의적인 권력 행사에 저항할 때 의지할 수 있는 자원을 제공하기도 한다. 법이 기록되면 사람들은 그것을 읽고 참조할 수 있다. 예컨대 중국의 통치자들은 정부의 실용적인 도구로 법을 만들었다. 그런데 서기관들이 긴 대나무 조각에 법을 새겨 관문의 기둥이나 시장에 게시하면, 일반인들은 이 규칙을 인용해 권력남용에 관해 주장하거나 불공정한 형벌에 대해 상소함으로써 지방 관리들에게 저항할 수 있었다. 인도에서는 학자들, 판관들, 소송 당사자들이 법적 소송을 진행하면서 법 문헌을 참고하고 재산이 어떻게 분배되어야 하는지에 관해 토론했다. 판관들은 무엇이 부당한 행위에 해당하는지 그리고 무엇이 정의를 가져올지를 단순히 결정할 수 없었으며, 규칙을 적용해야 했다. 그들의 법은 객관적이고 권위적이었다.

이처럼 법 제정이라는 간단해 보이는 기술은 평범한 사람들에게 강력한 논거를 제시해준다. 법은 현실적으로 국제적 상인들이 오랫동안 경험해온 것처럼 복잡한 관계를 보다 예측할 수 있게 만드는 방식으로 행동을 유도한다. 즉 법은 계급·직업·사회적 관계를 정의하고, 행동을 허용되는 것과 금지되는 것 또는 유효한 것과 무효한 것으로 분류한다. 한편 법은 도덕적 행위에 대한 규칙을 제공하며, 사람들이 참조할 수 있는 표준과 의사결정 수단을 제공한다. 법을 참고함으로써 판사는 변호사가 판사에게 요구하는 것처럼 같은 사건을 똑같이 다룰 수 있다. 즉 판사는 분쟁의 결과가 어떠해야 하는지 분명하게 말할 수 있고, 이전 판결에서 나온 원칙을 설명함으로써 영미법의 핵심이라고 할 수 있는 판례 체계를 만들어갈 수 있다. 성문법과 판례는 준비된 집행수단이 없더라도 규칙의 질서와 범주를 만든다. 또한 세계를 물리적으로만이 아니라 개념적으로 관리한다. 이것은 본질적으로 모든 법이 하는 일이다. 그리고 일단 종려나무 잎에 쓰이거나 점토판에 새겨짐으로써 법은 객관화된다. 법은 권력을 행사하는 도구가 될 수 있고 권력을 합법화하는 수단이 될 수 있을 뿐만 아니라, 이에 저항하는 사람들에게도 자원이 될 수 있다.

왕과 정부는 권력을 강화하고 영역을 넓히고 주민들을 규율하기 위해 법을 사용해왔다. 메소포타미아법은 사형 규정을 많이 두고 있었다. 중국 황제들은 법적으로 승인된 징역형을 사용하여 국가 노예를 양산했다. 브라만들은 인도 왕의 정치적 프로젝트를 지원했다. 그리고 이슬람 칼리프들은 이슬람법의 지시와 일치한다고 주장하며 가혹한 형사처벌을 시행했다. 법은 통치자가 세금을 인상하고 군대를 양성하며 토지와 자원을 징발하고 제국을 확장하는 데 도움이 된다. 법을 복잡한 관료제를 만들고 확장되는 영토를 관리하는 데 사용한 것은 중국 통치자들만이 아니다. 유럽 열강 또한 식민지 프로젝트의 중심에 법이 있었다. 페르시아·무굴·오스만제국이 18세기와 19세기에 무너지고 프랑스와 영국 군대가 이슬람 술탄과 힌두 왕을 몰아냈을 때, 식민지 관리자들은 자신들의 법이 '전제주의적인' 동양에 문명을 가져다줄 것이라고 선언했다. 법은 그들의 정복 프로젝트를 정당화했다.

그러나 법은 결코 강자를 위한 도구가 아니었다. 사람들은 정부 결정에 이의를 제기하고 권력남용에 저항하며 정의를 추구하기 위해 법을 인용하기도 했다. 4000년이 넘는 시간 동안 사람들은 세상을 더 나은 곳으로 만들기 위해 반복적으로 법을 믿어왔다. 사제, 마을 회의, 부족 지도자 들은 개혁가 및 운동가와 함께 도덕적 질서를 세우고 갈등을 해결하고 정의를 실현하기 위한 야심 찬 프로젝트를 추구하며 법을 제정했다. 메소포타미아 왕들, 중국 황제들, 힌두교 브라만들의 혁신은 걷잡을 수 없는 규칙을 만들었다는 것이다. 일단 이런 법이 기록되고 공개되면 사람들은 정의를 위해 법에 호소할 수 있다. 강력한 독재자라면 규칙이 적힌 문서를 찢을 수도 있겠지만, 사람들이 눈치채지 못하게 찢을 수는 없다. 현대의 인권법은 권력의 부당한 사용을 억제하기 위해 고안된 여러 법적 수단 중 가장 최신의 것이며, 때때로 목적을 달성한다. 이것이 법치주의이며, 이는 법 자체만큼이나 오래됐다.

법은 결코 단순한 규칙이 아니다. 법은 문명의 복잡한 지도를 만들었다. 역사 전반에 걸쳐 법은 단순히 구체적이거나 일상적인 것이 아니라 사회적 비전을 제시하고 정의를 약속했으며, 신이 정해준 도덕적 세계를 환기하고 민주주의와 인권의 원칙을 담아왔다. 또한 법은 분명히 권력의 도구였으나, 종종 권력에 저항하는 수단이 됐다.

그러나 법의 지배는 보편적이거나 불가피한 것이 아니다. 일부 통치자는 중국 황제들이 2000년 동안 그랬던 것처럼 법의 제약에 굴복하지 않았다. 법의 지배에는 역사가 있다. 법이 무엇인지, 법이 무엇을 하는지, 법의 지배가 어떻게 세상을 더 좋거나 나쁘게 할 수 있는지 이해하려면 먼저 그 역사를 이해해야 한다.

The Rule of Laws

PART

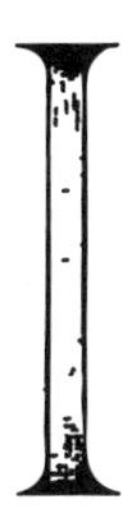

질서의 비전

Chapter

1

메소포타미아와 성경의 땅

기원전 2112년, 야심 찬 군사 지도자 우르남무(Ur-Namma)가 메소포타미아의 도시 우르에서 권력을 잡았다. 성공적이지만 무자비했던 군벌을 축출한 새 왕은 빈곤에 빠진 농민, 노동자, 장인을 구제하는 조치를 도입했고 사회적 불평등을 시정하겠다고 약속했다. 그는 담대하게 말했다.

> 나는 고아를 부자에게 넘겨주지 않았다. 나는 과부를 용사에게 넘겨주지 않았다. 나는 1세겔 가진 사람을 1미나[60세겔] 가진 사람에게 넘겨주지 않았다. 나는 양 한 마리 있는 사람을 소 한 마리 있는 사람에게 넘겨주지 않았다. (……) 나는 적개심, 폭력, 정의를 위한 외침을

제거했다.[01]

많은 전임자와 마찬가지로 우르남무는 서기관들에게 정의에 대한 자신의 거창한 주장을 점토판에 기록하도록 명령했다. 다만 그는 새로운 것, 즉 일련의 규칙으로 그 주장을 뒷받침했다. 오늘날의 관점에서 그 규칙은 배상 지급 및 처벌에 대한 실용적인 지침에 불과하고 다소 평범해 보인다. 하지만 고고학자들이 세계에서 발견한 최초의 법이며, 그로부터 2000년에 걸쳐 발전을 거듭한 법률 전통의 기원이 됐다. 매우 다른 질서에 대한 비전을 추구하면서 다양한 나라의 입법자들에게 모범으로 작용했다. 메소포타미아 문명이 결국 페르시아 침략자들에게 정복된 후에도 그들의 법적 전통은 계속 이어져 현재 우리 세계를 지배하고 있는 법에 간접적으로 영감을 줬다.

우르남무가 최초의 법을 만들었는지 아닌지는 누구도 모른다. 그가 훨씬 더 이른 왕의 본을 따랐을 수도 있다. 그러나 확실한 것은 티그리스강과 유프라테스강 사이의 비옥한 땅에서 돌에 새겨지고 점토판에 압착된, 글의 최초 유물인 설형문자가 건조한 기후 덕에 잘 보존됐다는 것이다. 그 글은 기원전 3000년경에 메소포타미아 왕들이 법을 만들었다는 증거를 제공한다.

관개는 기원전 4000년 비옥한 초승달 지대에 번영을 가져왔다.

현재의 이라크를 가로지르는 거대한 강 사이의 평지에 물을 공급함으로써 농부들은 보리와 밀을 경작할 수 있었고, 수확물을 가루로 만들고 삶고 볶아 주식인 빵과 맥주를 만들 수 있었다. 더 멀리 떨어진 주변 목초지에서는 가축이 우유와 고기와 양털을 제공했다. 여성들은 양털에서 실을 뽑아 고운 천으로 짠 뒤, 북서쪽으로 몇 주 동안 이동하여 아나톨리아(Anatolia)에서 가장 정교한 은 조각으로 교환했다. 번창하는 농업과 성공적인 무역으로 마을이 성장했으며, 장인들은 도기 및 금속 세공에 능숙하여 사원과 궁전의 기둥에 섬세한 보석과 세세한 상감 문양을 만들었다. 기원전 4000년대 말경 우루크(Uruk)에는 2만 5000명이 살았으며, 그들의 집은 중앙 사원 주위에 모여 있었고 10킬로미터 성벽으로 둘러싸여 있었다.[02]

아마도 제사장들이 여신 이난나(Inanna)에게 바친 많은 기부금을 기록하기 위해 설형문자를 처음 개발했을 것이다. 사람들은 제사장들이 성전에서 행하는 정교한 의식에 자금을 대기 위해 가축, 버터, 곡식을 곳곳에서 가지고 와 제물로 바쳤다. 상인들은 철필을 사용하여 점토판에 자국을 찍는 기술을 사용했는데, 이런 방법으로 재고를 기록하고 먼 나라에서 온 무역상들과 맺은 약정도 기록했다. 도시의 관리자들은 공공건물을 장식하는 장인과 도시의 성벽을 견고하게 다지는 노동자를 관리하고, 이들에게 급료를 지급하는 데 같은 방법을 사용할 수 있다는 사실을 깨달았다. 그들은 금속 세공인, 방적공, 직조공, 도공, 상인에 대해 서로 다른 상징을 사용하여 그들이 받게 될 배급품을 적었다.

제사장들은 초기 메소포타미아 도시 대부분에서 엘리트 그룹이었는데, 기원전 2900년경에 라가시(Lagash)시의 한 가족이 왕족으로 자리 잡았다. 새로운 왕은 백성을 위해 신에게 탄원할 수 있다고 주장했다. 머지않아 메소포타미아의 모든 주요 도시에서 야심 찬 사람들이 그 뒤를 따랐다. 새로운 통치자들은 백성에게 합법성을 얻기 위해 자신들의 헌신과 성취에 대해 거창한 주장을 펼쳤다. 사원에 새겨진 정교한 헌정사에서 그들은 신들과 그 후손들을 거론했다.[03] 새로운 통치자들은 사원 건축과 관개 프로젝트를 기록했을 뿐만 아니라, 정의를 약속했다. 기원전 2450년경 라가시의 점토 원뿔에 새겨진 비문에는 우루이님기나(Uruinimgina) 왕의 개혁이 기록되어 있다. 왕은 장례를 포함하여 상상할 수 있는 대부분 활동에 세금을 부과하는 탐욕스러운 관리들 때문에 평범한 사람들이 고통을 겪고 있음을 깨닫고, 부패한 자들을 해고하고 세금을 줄이며 가난한 이들에 대한 착취를 중단시켰다고 주장했다. 그는 "결코 고아나 과부가 권력자의 손에 고통당하도록 내버려두지 않겠습니다"라고 신들에게 약속했다.[04] 글쓰기는 왕이 정의에 대해 거창한 진술을 하는 수단이 됐다.

통치자들이 토지와 수자원의 통제권을 놓고 경쟁하는 바람에 메소포타미아의 도시들은 종종 전쟁에 휘말렸다. 우루크와 라가시가 쇠퇴한 후에는 우르의 통치자가 집권하여 놀라운 왕릉을 남겼다. 그 후에는 아카드(Akkad)의 장군 사르곤(Sargon)이 새로운 규모의 제국을 건설하기 위해 도시를 군사적으로 정복하면서 부상했다. 그의 상인들은 아라비아반도를 비롯해 멀리 떨어진 인더스 계곡의 사람들과 무역하여 구리, 홍옥수, 청금석을 수입했다. 수량이 엄청난 가축과 원자재가 배로 옮겨졌다. 사르곤은 행정조직을 확대했다. 많은 서기관이 관공서에 고용되어 세금 영수증을 작성하고, 인구조사 결과를 기재했으며, 배급품과 임금을 기록하고, 왕의 칙령을 새겼다.

도시는 성장했고 직업은 더욱 전문화됐지만, 재분배 시스템이 없었기 때문에 어려운 처지의 사람들은 곡식이나 식량을 빌려야 했다. 채권과 채무의 패턴이 발달하여 부유한 사람들이 가난한 사람들의 재산을 압류할 수 있게 됐다. 이런 관습이 빈부격차를 만들어냈고, 라가시의 왕은 이를 바로잡겠다고 주장했다. 사실상 모든 새로운 통치자는 불균형을 바로잡기 위해 채무면제를 사용했으며, 신들의 예언자들은 누군가가 판결을 요청할 때마다 정당하게 행동하도록 왕에게 직접적인 지시를 내리기까지 했다.[05]

기원전 2000년대 후반에 우르남무는 우르를 정복하고 주변 마을을 '해방'했다. 세금 제도를 도입하고 도량형을 표준화하고 사람들에게 정의를 약속하면서 옛 아카드제국 대부분을 지배했다. 그는 서기관들에게 자신의 정의 프로젝트를 점토판에 기록하도록 명령하고, 일련의 법을 통해 그 프로젝트를 따랐다. 이 법은 '만약 ~한다면'이라는 사안법적[事案法的, casuistic: 추상적 형태의 법 규정 형식과 대조되는 개념으로, 사례 해결 중심의 규정 형식을 의미함. 서울대학교 최병조 교수의 논문(「15세기 후반 조선의 법률논변: 私婢 斤非 사건을 중심으로」, 『서울대학교 법학』 52(1), 서울대학교 법학연구소, 2011. p. 42)을 참고함—옮긴이] 형식을 사용하여 범법 행위를 처리하는 방법을 명시했다. '타인을 (부당하게) 가둔 자는 징역에 처하거나 은 15세겔을 지급해야 한다'라는 규정이 그 예다. 규칙은 미래의 관계를 규제하기 위한 것이었다. 우르남무는 단지 자신에게 청원하러 온 사람들을 정당하게 대우하는 데 그치지 않고 지속되어야 하는 규칙을 수립했다.

우르남무의 법은 37개 조항이 남아 있다. 이 조항들은 포괄적이지 않고, 이후의 기준으로 보면 확실히 정교하지도 않다. 조항들은 살인, 상해, 거짓 구금 및 성범죄에 대한 처벌 또는 배상을 규정한다. 또한 주인과 성적 관계를 맺거나 나쁘게 행동하는 노예에 대해서도 규정하며 이혼과 결혼, 서약과 고발, 농업 분쟁에 대한 규칙을 두고 있다. 이 모두는 재판관이 법정에서 적용할 수 있는 규칙이다. 그러나 어떤 재판관도 법정에서 위 조항들을 적용했다는 증거가 없으므로 누가 실제로 이 규칙을 사용할 수 있었는지 파악하기 어렵다.

우르에는 법정이 있었고 남아 있는 서판에는 그 법정에서의 판결이 기록되어 있지만, 이 판결들은 결코 우르남무의 법을 언급하지 않는다. 법은 아마도 기존 관행, 즉 사람들이 재판관에게 제기한 문제와 그 문제가 해결된 방식을 반영했을 것이다. 사람들이 타인, 특히 잘 모르는 타인과 사회적·직업적 관계를 형성하는 모든 복잡한 사회에는 분쟁 해결 수단이 필요하다. 아마도 우르의 재판관은 알려진 관습을 기반으로 잘 확립된 노선에 따라 합의에 이르도록 사람들을 설득하거나 압력을 가하는 중재자이자 조정자였을 것이다. 그리고 왕은 강력한 관리들이 집행할 수 있는 범죄자에 대한 처벌을 결정하기 위해 전문 재판관을 몇 명 임명했을 것이다. 우르남무는 자신의 법을 제정하면서 아마도 이런 관행을 합법화하려고 노력했을 것이며, 심지어 새롭고 더 정의로운 전통을 확립하려고도 했을 것이다. 그러나 우르남무의 법은 여전히 시행되어야 할 규칙이라기보다는 원칙에 대한 진술, 좋은 관행의 예에 더 가까웠다.

그렇다고 해서 이것이 법이 공허한 약속이었다는 것을 의미하지는 않는다. 비록 왕의 성공이 전쟁, 약탈, 노예제도를 기반으로 했을지라도 신의 재가를 받은 왕은 백성을 위해 정의를 보장해야 한다는 점이 확고히 자리 잡았다. 법을 제정함으로써 우르남무는 잘못 투옥되거나 빚더미에 올라앉은 사람은 누구나 구제받아야 한다고 약속했다. 그는 우르 사회를 새로운 기반 위에 올려놓으려고 했다. 그리하여 모든 사람이 볼 수 있도록 법을 공표함으로써 사람들이 관리에게 책임을 묻기 쉽게 만들었다. 이제 누구든지 왕이 선포한 법을 인용할 수 있게 됐다. 그것은 사실상 법치주의의 시작이었다.

우르남무가 최초의 입법자라고 가정하면, 이후의 모든 메소포타미아 법이 취하는 패턴인 사안법적 형식의 규칙 목록을 만든 것은 그가 이룬 혁신이라고 할 수 있다. 이는 대다수 현대 법률이 입안되는 형식이기 때문에 현대인의 눈에는 그다지 놀랍지 않게 보일지도 모른다. 심지어 우리 형법에서도 단순히 사람들에게 범죄를 저지르지 않도록 지시하기보다는 범죄에 대한 처벌을 명시하고 있다. 그러나 그것은 메소포타미아의 혁신이었다. 최초의 법전은 선전을 위한 진술이었지만, 그뿐 아니라 후대에 계속해서 채택되고 다양하게 사용될 기술을 확립했다. 이혼과 농업 분쟁에 대한 우르남무의 규칙은 중요해 보이지 않을 수도 있지만 법적 형식은 그 자체의 권위를 주장한다. 법적 규칙은 잘 인용되거나 잘못 인용될 수 있고, 통치자들이 과시할 수도 있으며, 정의를 위한 탄원의 핵심이 될 수 있다. 법적 규칙은 좋은 쪽으로든 나쁜 쪽으로든 인간관계의 모습을 빚어낼 수 있다.

기원전 1000년대에 들어서면서 우르가 엘람(Elam) 침략자들에게 함락되자 메소포타미아에는 지배적인 왕이 없어졌다. 다음 몇 세기에 걸쳐 여러 도시국가의 통치자들이 동맹을 맺으며 권력을 놓고 경쟁했다. 통치자들은 때때로 서로의 영토를 습격하고 노예를 빼앗았지만, 보통 사람 대부분은 농부와 목자, 상인, 사원 관계자, 장인, 선원, 노동자의 삶을 살았다. 그리고 새로운 왕들도 우르남무의 예를 따라 법을 만들었다. 예를 들어, 이신(Isin)의 통치자인 리피트-이슈타르(Lipit-Ishtar)는 기원전 1930년경에 새로운 법전을 만들었다. 이 법전은 비슷한 주제를 다루긴 했으나 더 자세히 규정했고, 법전을 끝맺는 후기에서 리피트-이슈타르는 자신의 법을 존중할 미래의 왕에게 축복을 빌었다. 그는 자신의 법이 지속되기를 원했다.

기원전 1800년경으로 거슬러 올라가는 글씨 연습용 서판의 조각에 배상금 지급에 대한 자세한 규정이 기록되어 있는 것으로 미루어 다른 왕들도 이를 따랐을 것이다. 서기관들은 기술을 배울 때 법을 예로 사용했고, 비록 불완전했지만 자신들의 작업을 신들에게 바쳤다. 고고학자들은 서기관들이 계약서를 작성할 때 사용했던 안내서의 잔해도 발견했다. 문해력을 갖춘 사람이 많아졌다는 증거다. 메소포타미아 시민들은 건축 프로젝트를 의뢰하고, 가족 내 분쟁을 해결하고, 결혼 및 상속 계약을 체결하고, 농업 임대료를 합의하고, 항해 및 선박 사용을 준비하고, 가축 매매 계약을 확정하기 위해 서면 약정을 사용했다. 안내서에는 '대항하여(against)', '~에 대항하여(against him)', 'A가 B에게 청구한다(he has a claim against him)', '아무도 그에게 대항하지 못한다(no one shall have a claim against him)'와 같은 문법적 변형이 있는 유용한 문구들의 목록이 포함되어 있다. 기록자들은 용어를 표준화하고 상인들, 심지어 일반 시민들의 상호작용을 규제하는 일종의 약정에 특수성을 부여했다. 통치자들이 시민 앞에 공포한 법처럼 서기관들의 관습은 복잡한 사회에 질서를 가져오는 데 도움이 됐다.

이 시기에 아모리인들(Amorites)이 메소포타미아에 도착했다. 지금의 팔레스타인과 시리아에 해당하는 땅에서 온 이 유목민들은 점차 유프라테스강을 건너 동쪽으로 이동했고, 이 지역의 정치적 분열을 틈타 새로운 목초지를 차지했다. 어떤 이들은 소 떼를 팔아 성읍을 세웠는데, 그중 가장 중요한 성읍이 도시 바빌론으로 성장했다. 기원전 1880년경, 바빌로니아인들은 자신들만의 왕조를 세우고, 도시를 강화하고, 웅장한 궁전을 세웠으며, 운하와 관개수로를 사막까지 확장했다.

1세기가 넘도록 바빌론 시민들은 안정적이고 안전한 삶을 살며 번영했다. 그러나 기원전 1793년, 젊은 왕자 함무라비(Hammurabi)는 아버지가 죽자 더 큰 야망을 추구하기로 결심했다. 그는 재빨리 주변 왕들과 전략적 동맹을 맺고 더 멀리 떨어져 있는 경쟁자들의 영토를 공격하기 시작했다. 그리고 당시 메소포타미아에서 가장 강력한 군사력을 보유하고 있던 엘람인과 맞서 싸웠고 에스눈나(Eshnunna)를 정복했다. 그런 다음 번성하는 도시 라르사(Larsa)를 자신의 제국에 통합하기 위해 남쪽으로 방향을 틀었다. 마침내 그는 군대를 이끌고 북쪽으로 진격하여 이 지역에서 가장 크고 정교하게 건설된 도시이자 이전 동맹이었던 짐리-림(Zimri-Lim)이 있는 마리(Mari)를 공격했다. 저항을 잠재운 함무라비의 병사들은 도시의 부를 약탈하고, 기념비적인 궁전을 불태우고, 사람들을 노예로 삼았다. 이제 모든 메소포타미아 지역을 압도적으로 제패하게 된 바빌론으로 돌아온 함무라비는 정교한 궁전과 화려한 사원으로 도시를 장식하면서 새로운 건축 프로젝트로 눈을 돌렸다. 동시에 백성들에게도 눈길을 돌려, 다음 세대를 위해 이 지역의 정의를 보장할 법을 제정했다.

함무라비의 조상은 불과 몇 세대 전에 이민자였을지 모르지만, 그는 자신을 메소포타미아 전통의 지배자로 여겼다. 그는 법의 서문에서 자신을 신들의 은총으로 군사적 성공을 거둔, 신성한 영감을 받은 통치자로 묘사했다.[06] 자신을 백성에게 봉사하고 그들에게 정의를 보장하는 자비로운 사람이라고 썼다. 실제로, 그는 이미 전임자들과 마찬가지로 불평등한 상황을 재조정하기 위해 여러 번 채무면제를 명령했다.[07] 함무라비는 자신의 법을 큰 돌에 새기고 영토 곳곳에 세워 누구나 보고 읽을 수 있게 하라고 명령했다. 석공들은 그중 가장 거대한 화강암 석판에 왕이 태양의 신인 샤마시(Shamash) 앞에 서서 신의 권위를 받는 모습을 새겼다. 그 아래에 있는 석판은 거의 300개 법조문을 담은 섬세한 설형문자로 덮여 있다.

『함무라비법전(Hammurabi's legal text)』은 왕이 법의 효과에 대해 웅장한 약속을 하는 긴 맺음말로 끝난다.

> 정의의 율법, 함무라비, 지혜의 왕이 세운 바가 이러하다. (……) 율법을 어기는 반대자를, 나 정의의 왕의 상으로 보내 그 앞에 세우라. 그리고 그에게 새겨진 바를 읽게 하라. 나의 아름다운 말을 이해시키라. 그 새겨진 바가 그가 어떤 짓을 저질렀는지 설명할 것이다. (……) 공의의 왕 나 함무라비는 샤마시에게 공의를 받은 자이다.[08]

『함무라비법전』의 규칙은 우르남무의 다소 초보적인 법보다 훨씬 더 상세하고 정교하지만, 같은 사안법적 형식을 취한다. 규칙들은 바빌론 사회에서 갈등을 일으켰음이 틀림없는 다양한 문제를 분명하게 반영하고 있다. 공물과 무역이 바빌론 부의 많은 부분을 차지했지만, 바빌론은 여전히 근본적으로 농업사회였다. 그에 따라 규칙은 경작, 관개 및 그 밖의 농업 활동에서 발생했음이 틀림없는 많은 문제를 다뤘다. 목초지 및 과수원과 관련된 몇 가지 규칙도 있다. 예를 들어, 경작지에 물을 줄 때 잘못해서 이웃의 농토를 침수시킨 농부들은 피해를 당한 농작물에 대해 배상금을 지급해야 했다. 규칙 대부분은 간단하다.

허락 없이 타인의 과수원에서 나무를 베면, 은 30세겔을 내야 한다.

과수원 소유자가 과수원을 원정(園丁)에게 주어 경영하게 했으면, 원정은 그것을 4년 동안 경작해야 한다. 다섯 번째 해에 소유자와 원정은 수확량을 같은 몫으로 나누고 소유자가 먼저 자신의 몫을 선택한다.[09]

지역사회에서는 아마도 이런 관행을 따랐을 것이다. 그럼에도 이를 기록하는 것은 평범한 사람들을 속이려고 하는 사람들로부터 그들을 보호하는 수단이 됐을 것이다. 위대한 황제의 법을 인용하는 것은 부주의한 이웃에 대해 단순히 불평하는 것보다 확실히 훨씬 더 강력했다.

이 시기에 농부들의 토지는 매매, 임대, 저당 대상이 될 수 있는 상업적 자산이 됐고 이에 따라 새로운 문제가 발생했다. 어떤 규칙은 궁전으로부터 임차한 토지를 점유한 사람들의 노무 제공 의무를 규정했고(왕은 도시에서 광범위한 부동산을 소유하고 있었다), 사적 임대차 및 차임을 다루는 규칙도 있다. 함무라비는 또한 빚을 지거나 대출을 받아야 하는 농부들을 어느 정도 보호하려고 했다.

> 사람이 빚을 지고 있는데 폭풍우의 신이 경지를 물에 잠기게 했거나 홍수가 작물을 휩쓸어 갔거나 물이 없어 곡물이 자라지 못했으면, 그 해에는 채권자에게 곡물을 주지 않아도 된다. 계약관계를 중지하고, 그해의 이자는 지급할 필요가 없다.[10]

채무면제와 함께 이런 법은 무자비한 대부자가 기본적인 식량조차 빼앗아가지 못하게 하는 데 도움이 됐을 것이다.

많은 시민이 무역과 상업에 관여했기 때문에 법은 이자율, 수익, 채무, 물건의 압류 및 보관에 대한 긴 규칙을 포함하고 있다. 상인들은 복잡한 계약을 체결하고 정교한 금융상품을 사용했으며, 규칙은 상대방을 속이려는 사람들에게 가혹한 처벌을 규정했다. 이 모든 상업 활동에서 발생하는 수익과 세금은 바빌론의 기반 시설과 건축적 화려함의 상당 부분을 충당할 수 있었겠지만, 이 역시 약탈적이었다.

그리고 한편으로 전쟁은 그 자체로 문제를 초래했다. 함무라비가 법을 제정했을 때도 끝나지 않은 군사작전은 간단한 연락 수단조차 없이 사람들이 집과 가족으로부터 몇 달 또는 몇 년 동안 멀리 떨어져 있게 했다. 일련의 법은 군인이 예기치 않게 돌아왔을 때 발생할 수 있는 상황을 다룬다. 예를 들면, '어떤 사람이 포로가 됐고 그의 집에 먹을 것이 없어서 아내가 다른 남자의 집에 들어가서 자녀를 낳았는데 그 후에 남편이 돌아왔다면, 그녀는 처음 남편에게 돌아오되 자녀들은 각기 자기의 아버지로부터 상속받아야 한다.'[11] 가족관계와 상속도 마찬가지로 복잡한 문제였으며 법은 지참금, 신붓값, 과부 부양 및 자녀 상속에 대한 자세한 규정을 두었다.

함무라비의 법은 사람들이 군인, 공무원, 의사, 판사, 상인과 같은 고유한 직업을 따랐던 계층화된 사회를 반영한다. 법은 사람들을 자유민, 일반 평민, 노예 등 세 부류로 나누었다. 이들은 서로 다른 권리와 특권을 가지고 있었고, 상해를 입었을 경우 각기 다른 금액의 배상을 받을 자격이 있었다. 바빌론 사회에 편입된 노예, 특히 첩들은 특별한 어려움을 일으켰다. 노예와 자유민 사이의 접촉은 금지되지 않았지만, 사망이나 이혼 시 문제를 일으킬 수 있으며 자녀를 정성 들여 부양해야 했다. '만약 어떤 남자의 아내가 그의 자녀를 낳고 그의 노예도 그의 자녀를 낳는다면, 아버지는 살아 있는 동안 노예가 낳은 자녀들을 자기 자녀로 대하며 자녀의 숫자에 그들을 포함하여야 한다. 아버지가 죽으면 아내와 노예의 자녀가 아버지의 재산을 동등하게 나누어야 한다. 아내의 자녀들이 먼저 몫을 택하여 차지할 것이다.'[12]

함무라비의 법은 대면 조정으로 모든 것이 해결될 수 없는 복잡한 사회에서 발생하는 문제를 다뤘다. 그러나 법은 판사를 위한 지침 이상으로 사람들이 속할 수 있는 다양한 계층과 직업, 그리고 구성원들이 서로 어떻게 관계를 맺을 수 있고 또 맺어야 하는지를 명시함으로써 사회적 관계에 구조를 부여했다. 법은 바빌론 시민들을 위한 일련의 권리, 의무, 활동 및 사회구조를 계획했다.

그렇다면 함무라비의 법이 실제로 바빌론 사회에 평화와 정의를 가져올 수 있었을까? 함무라비는 이전 통치자들에게 영감을 얻었든 판사에게 자문을 구했든 간에, 진정으로 시민들이 정의를 추구할 수 있게 하는 법을 만들려고 노력한 듯하다. 그러나 우르남무의 법과 마찬가지로 그의 규칙은 법적 소송에서 언급된 적이 없는 것으로 보인다. 법적 분쟁에 따른 합의 및 약정과 관련하여 남아 있는 기록은 법을 직접적으로 언급하지 않는다. 사실, 기록들은 규정된 규칙과 직접적인 일치를 거의 보여주지 않는다.[13] 또한 법은 포괄적이지 않다. 예를 들어 목축 활동이 농작물 파종 및 수확만큼 중요했고 아마도 많은 분쟁으로 이어졌을 터인데도, 목축에 관한 규칙은 농업에 관한 규칙보다 훨씬 적다. 이런 분쟁은 기록되지 않은 전통적 조정 과정을 통해 해결됐다. 일부 조항은 상해에 대해 명시하는 배상 금액에 일관성이 없으며, 어떤 조항들은 비현실적으로 가혹하다. 살인 및 절도, 귀족의 자녀 유괴, 간통에 대해서는 사형이 규정됐다.[14] 또한 절단형도 존재했다. 자유인의 눈을 멀게 했다면 자기 눈알을 빼고, 그의 이를 부러뜨렸다면 자신의 이를 부러뜨려야 한다.[15] 그러나 진정한 절도 피해자가 자기 재산을 확인해줄 사람을 찾지 못했거나, 악의적인 이웃이 마지막 순간에 배신한 경우라면 어떨까? 만약 바빌론의 판사들이 우리가 현대 세계의 법원에 대해 기대하는 것과 같은 정확성을 가지고 이 법을 적용했다면, 극도로 엄격한 형태의 판결을 했을 것이다. 바빌론 시민들은 이 '정의'의 가혹함에 분개하지 않았을까?

우리는 노예로 이루어진 군대를 만들어 전쟁을 벌이는 포악한 왕이 자신의 친숙한 모습을 법을 통해 보여주려 한 것보다 백성을 위한 정의를 확립하려는 함무라비의 주장을 진지하게 받아들여야 한다. 법은 아마도 가장 심각한 것으로 간주되는 범죄 유형을 명확히 하고자 했을 것이다. 함무라비는 사형을 명시함으로써 납치 및 무고를 살인 및 절도와 동등한 수준으로 두었다. 이 법은 바빌론 사람들에게 도둑질에 대해 허위의 사실을 신고하는 것은 도둑질 자체만큼이나 나쁜 일이라고 선언했다. 결국 무고는 죄 없는 남성이나 여성의 죽음으로 이어질 수 있기 때문이다. 의심할 여지 없는 살인자, 도둑, 인신매매범 또는 그 밖의 악당들은 종종 처형되기도 했다. 군대가 서로의 도시를 약탈하고 패배한 사람들이 노예로 끌려가는 사회에서, 강력한 관리들은 아마도 가혹한 처벌을 가했을 것이다. 그러나 정복당한 사람들에게 가해진 물리적 잔학 행위가 바빌론의 시민들에게도 적용된다면 바빌론은 불안정해졌을 것이다.

우리는 법이 사형을 규정한 모든 경우에 판사가 실제로 사형을 선고했거나 함무라비가 사형을 의도했다고 가정해서는 안 된다. 그는 법을 사용하여 그 법을 적용하는 것이 타당한 경우, 즉 평화롭고 정의로운 사회에서 가장 억제되어야 할 행동의 종류를 나타냈다. 법은 과거 사례를 반영하여 바빌론 사람들에게 이미 정의가 어떻게 행해졌는지를 알려줬다. 또한 우르남무의 사안법적 형식을 사용하여 미래에 대한 원칙을 수립했다. 법은 정의의 기본 원칙이 모두에게 알려진 바탕에서 예시를 제공하고, 한계를 명시하고, 예외를 설정했다.

함무라비는 다양한 사회계층과 직업으로 나누어진 사회에서 사람들이 복잡한 사회적 관계를 탐색하는 데 도움이 되는 규칙을 제공했다. 그는 맺음말에서 규칙이 '사법적 결정'이고 분명히 실제 사건의 기록이라고 주장했다. 그리고 그(또는 그의 고문)가 특정 원칙을 보여줄 수 있는 예시를 선택했음이 분명하다. 그중 하나는 바빌론 시민의 세 가지 지위 간 구별이다. 다소 감동적이기까지 한 일련의 법은 청동칼을 사용하여 사람의 생명을 구한 의사는 보상받아야 한다고 규정한다. 자유민의 생명에 대해서는 은 열 조각, 일반 평민의 생명에 대해서는 은 다섯 조각, 그리고 노예의 생명에 대해서는 노예의 주인으로부터 은 두 조각을 받아야 한다.[16]

이런 지시가 항상 정확하게 이행될 수는 없었다. 예컨대 화폐 가치가 변하면 규칙이 순식간에 무용지물이 됐을 것이다. 그러나 이 지시는 세 계급의 시민들 간 차이를 상징했다. 자유민은 일반 평민보다 두 배 더 가치가 있고, 노예는 자유민의 절반 이하이며, 노예는 주인의 재산이기 때문에 주인이 빚을 갚을 책임이 있었다. 또 다른 법은 부주의한 의사가 지급해야 하는 비용을 명시함으로써 계층 간에 유사한 구분을 제시한다.[17] 이런 법은 의료 과실 사례에서 규정되는 처벌 자체만큼이나 법이 계층과 관련해서 무엇을 보여주느냐의 측면에서 중요한 것으로 보인다. 따라서 규칙은 판사와 조정자에게 매우 다양한 사건에서 적절한 보상을 협상할 수 있는 출발점을 제공했음이 틀림없다. 이는 보상에 관한 구체적인 규칙이라는 측면에서 지위와 동등성에 대한 일반 원칙을 표현한다.

『함무라비법전』의 또 다른 조항에 따르면 노예를 산 지 한 달 이

내에 노예가 간질에 걸리면 주인은 그를 돌려보내고 자신이 지급한 금액을 되찾을 수 있어야 한다.[18] 이것은 실제 사례를 반영하는 것일 수도 있지만, 이 원칙이 간질에만 적용된다면 이상한 일이다. 이 규칙은 판매자가 합리적인 기간에 노예의 건강을 보장해야 한다는 일반 원칙을 표현한다. 마찬가지로 의사에 대한 규칙에는 청동 칼을 사용한 치료만 명시되어 있는데, 다른 성공적인 치료법에도 같은 원칙이 적용됐을 것이다. 상해 후 처벌 및 배상에 관한 규정에는 고의로 폭행을 가하지 않았다고 맹세하면 상당한 배상금을 지급하는 것이 아니라 의사의 진료비만 부담하면 된다는 조항이 있다.[19] 이 규칙은 판사와 조정자가 의도하지 않은 상해를 고의적인 상해보다 덜 심각하게 다루어야 한다는 중요한 원칙을 확인시켜준다. 또 다른 규칙에는 양치기가 부주의하게 우리 안에 질병이 퍼지게 한 경우, 그것이 전염병이나 사자의 공격에 의한 것이 아닌 한 가축의 소유자에게 배상해야 한다고 명시되어 있다.[20] 법은 매우 구체적이며, 실제 사례에서의 결정을 반영하고, 바빌론의 양치기들을 위협하는 포식자의 종류도 제시한다. 그런 한편으로, 의도하지 않은 부상 및 피할 수 없는 손실은 고의적인 타격 및 부주의에 의한 손상과 다르게 취급되어야 한다는 기본 원칙을 보여준다. 우리가 현대 법률에서 기대하는 것처럼, 함무라비는 판사들이 그 규칙을 문자 그대로 적용하기를 의도하지 않았음이 거의 확실하다.

실제로 법적 분쟁 대부분은 조정이나 관리, 지역 우두머리 또는 존경받는 장로의 개입을 통해 현지에서 해결됐을 것이다.[21] 농부들은 만약 대금업자가 너무 많은 이자를 부과한다고 느낀다면 지역 관리에게 호소했을 것이다. 도시의 자유민은 정부 관리에게 가출한 노예를 찾는 것을 도와달라고 요청할 수 있었다. 그리고 장인은 친구와 이웃을 모아 자신이 사기 혐의로 부당하게 고발당했다며 조정자를 설득했을 수도 있다. 조정자들은 개별 사건 각각을 고유한 사실에 근거하여 처리했겠지만, 함무라비법에 표현된 일반 원칙을 고려했을 것이다.

지역 재판정의 전통적인 사법 관행을 배경으로, 모든 사람이 알고 있는 내용은 굳이 분명히 설명할 필요가 없었을 것이다. 살인, 상해, 도둑질은 잘못이며 이를 행한 사람들이 배상해야 한다는 점을 부인할 사람은 없었을 것이다. 법이 해야 할 일은 증인이 모순된 증거를 제시했을 때, 죄가 있는 당사자가 자기 행동이 사고였다고 주장할 때, 도둑이 난폭한 재산 소유자에게 잡혀 살해당했을 때와 같은 어려운 경우에 모범 사례를 명확히 하는 것이었다. 아버지가 재산을 자식들에게 물려주어야 한다는 것은 누구나 알고 있지만, 그에게 정부나 해방된 노예의 자녀가 있다면 어떻게 될까? 법은 더 어려운 상황을 다루며 더 기본적인 원칙을 가정한다. 이것이 명백한 차이와 모순의 많은 부분을 설명한다.

함무라비는 맺음말에서 자신의 법이 "분별력이 있고 자신의 땅을 위한 정당한 방법을 제공할 수 있는" 통치자에게 영감을 주어야 한다고 요구한다. 미래의 왕들은 함무라비가 자기 백성을 위해 했던 것처럼, 법을 백성들에게 정의를 제공하는 본보기로 삼아야 한다. 그리고 함무라비는 법을 존중하지 않는 미래의 왕에게 무서운 저주를 내린다. 일상언어로 쓰인 그의 법은 글을 아는 모든 사람이 읽을 수 있을 뿐만 아니라 소리 내어 읽을 때 들을 수 있는 거리에 있는 모든 사람이 접근할 수 있었고, 사람들을 속이거나 억압하려는 이에 대항하여 누구든 인용할 수 있었다. 법은 모두를 위한 정의의 약속을 지켰다. 법은 또한 영원히 지속되어야 했다. 함무라비는 법의 지배를 약속했다.

메소포타미아와 그 주변의 통치자들은 이 새로운 기술의 잠재력을 빠르게 인식했다. 함무라비와 그의 후계자들이 바빌론에서 권좌에 있던 기간에 입법 관행은 아나톨리아로 퍼져서, 기원전 17세기부터 12세기까지 통치한 히타이트 왕들이 이를 채택했다. 비록 메소포타미아 왕들의 위대한 서문은 없었지만, 그들의 광범위한 법은 여러 세대에 걸쳐 복제됐다.[22] 함무라비의 법은 이 지역에서 오랜 유산을 남겼고 그의 후계자들이 대부분 채택했다. 법은 또한 뒤이은 왕조들에 영감을 줬다. 함무라비왕조가 기원전 1595년에 멸망한 후, 동쪽에서 아시리아 침략자들이 이주하여 기원전 1400년경 바빌론에 정착해 그들만의 제국을 건설했다. 그들이 한 첫 번째 일 중 하나는 자신들이 모방한 초기 메소포타미아법과 유사한 사안법적 형식을 사용하여 법을 만드는 것이었다. 그들의 제국은 기원전 950년경까지 지속됐으며, 그 기간에 그들은 계속해서 원래의 법을 베껴 썼다.[23] 함무라비의 텍스트는 처음부터 끝까지 글쓰기 연습용으로 사용됐으며, 서기관들이 기술을 배우는 법적 글쓰기 모델이었다. 초기 메소포타미아 왕들이 만든 법의 장구함은 1000년 후에 그들의 후계자들이 성취했다.

기원전 538년, 상승세를 탄 페르시아군은 지도자 키루스 대왕(Cyrus the Great)의 지휘 아래 메소포타미아를 침공했다. 경쟁자 메소포타미아 왕들이 그들에게 했던 것처럼 지역 문명 대부분을 휩쓸고 도시를 파괴하고 궁전을 불태웠으며, 많은 인구를 노예로 만들었다. 그러나 어떤 정복자도 힘만으로는 통치할 수 없다. 키루스는 곧 자신이 바빌론 사람들에게 정의를 가져다주고 도시와 기념물을 복원할 것이라고 주장했다. 그는 새로운 법을 만들진 않았지만, 엘람 침략자들을 통해 서부 페르시아로 옮겨진 비석을 기반으로 『함무라비법전』의 사본을 만들도록 명령했다. 그 사본은 바빌론 근처의 도서관에 보관됐다. 그는 또한 왕실 재판관을 임명하는 전통을 유지했다. 아들 캄비세스(Cambyses)가 누이 중 한 명과 결혼하기를 원했을 때 그가 재판관에게 이를 승인할 것을 요청했지만, 적어도 1세기 후에 그리스 역사가 헤로도토스(Herodotus)에 따르면, 재판관들은 이를 승인하지 않았다. 캄비세스는 결국 재판관의 의견을 무시했지만, 그들의 권위는 인정했다.

캄비세스의 후계자인 다리우스(Darius)는 자신을 입법자로 여기고 메소포타미아의 법 형식을 자신의 목적에 맞게 조정했다.[24] 다리우스는 제국의 행정을 발전시키면서, 지역 지도자들이 자신에게 충성심을 보여주고 조공을 바치게 하고자 했다. 메소포타미아의 선조들처럼 그는 평범한 사람들도 보호하기를 원했다. 그는 사람들이 법을 두려워해야 강자가 약자를 공격하지 않는다고 설명했다. 그는 또한 정복당한 사람들이 그들만의 전통을 유지할 필요가 있다는 것을 깨닫고, 서기관들에게 거의 기록으로 남아 있지 않은 이집트 관습을 성문화하도록 명령했다. 그리고 그의 후계자들은 재판관들에게 이스라엘의 예후드 지방 주민들에게 유대법을 가르치라고 명령함으로써, 향후 세계의 주요 종교적 법의 전통 중 하나로 성장할 수 있게 했다.

한편 메소포타미아의 법 기술은 더 멀리 퍼졌다. 기원전 1770년대 함무라비 시대 이래로 바빌론은 무역과 상업의 중심지였으며, 인도·중앙아시아·페르시아·아라비아·이집트·아르메니아·그리스에서 온 무역상과 방문객을 맞이했다. 상인들은 법적 양식을 사용하는 것의 이점을 높이 평가하고 법적 방법을 고국으로 전달했다. 기원전 7세기에서 6세기로 접어들 무렵 아테네에 소요가 있었는데, 폭정에 대한 대중의 반란이 일어났을 때 시민들은 미래의 폭군으로부터 자신을 보호할 법을 요구했다.[25] 그러나 아테네의 입법자였던 드라콘(Draco)이 만든 법은 내용이 가혹했고 부자와 빈자 사이의 긴장을 해결하는 데 실패한 것으로 보인다. 이것은 인기 있는 지도자 솔론(Solon)에게 더 나은 헌법을 약속하도록 자극했다. 그는 부채 탕감을 명령했으며, 드라콘의 법 대부분을 폐지하고 가난한 농민을 구제하고 부채를 해결하겠다고 약속하는 새로운 법으로 대체했다. 법의 내용은 특히 아테네 문제를 해결하기 위해 고안됐을지도 모르지만, 솔론은 메소포타미아 법에서 영감을 받은 사안법적 형식을 채택했다. 이 기술은 사치품, 장식예술, 알파벳과 함께 서쪽으로 이동했다.[26]

후대의 그리스인들은 석판에 일부 법을 새기긴 했으나 열성적인 입법자는 아니었다. 그럼에도 자신들의 법적 전통을 자랑스러워했다. 그리고 150년 후, 같은 법적 전통이 이탈리아반도의 작은 도시 로마에서 온 서기관들에게 영감을 줬다. 비슷한 기간의 불안과 대중의 반란 이후에 헌법 개혁을 담당한 그들은 나중에 세계에서 가장 영향력 있는 법 전통 중 하나의 기초가 되는 법을 제정했다.

한편 메소포타미아의 법적 전통은 매우 다른 집단의 사람들, 즉 지금의 이스라엘과 팔레스타인 땅에서 가축을 방목하는 이스라엘 부족에게도 영감을 줬다.

메소포타미아 도시의 통치자가 훌륭한 궁전을 세우고, 복잡한 운하 시스템을 정비하며, 정교한 관료제를 개발하는 동안 서쪽으로 약 1000킬로미터 떨어진 곳에서는 목동들이 지중해 동부와 접한 초원에서 양과 염소를 돌보고 있었다. 구약성경에 따르면 기원전 2000년대에 그들은 12개 부족으로 나뉘었는데, 여러 집단이 확장·축소·결합·소멸함에 따라 실제 숫자는 계속 달라졌다. 많은 사람이 유목 생활을 했으며, 그 밖의 사람들은 밭과 과수원 옆에 정착하여 집을 짓고 그곳에서 곡식·포도·올리브를 재배했다.[27]

이스라엘 지파를 통일한 최초의 왕인 사울(Saul), 다윗(David), 솔로몬(Solomon)이 기원전 1000년대에 출현하기 전까지 이 땅의 통치자에 대해서는 어떤 기록도 남아 있지 않다. 구약성경에 따르면 이는 이스라엘 백성이 모세의 인도 아래 이집트에서 돌아와 여러 해 동안 광야를 떠돈 후의 일이다. 이 위대한 여정에 대한 역사적·고고학적 증거는 드물며, 우리가 성경의 초기 책에서 발견한 기록은 몇 세기 후에 편찬된 것이 거의 확실하다. 이집트 탈출을 포함하여 이런 기원에 관한 이야기가 최종적인 형태로 기록된 것은 아마도 왕들의 시대가 되어서였을 것이다. 그러나 저자들은 더 오래된 자료들을 사용하여 서면과 구두로 된 기록을 재현했을지도 모른다. 저자들이 설명하는 율법을

포함한 세부 사항 대부분은 이스라엘 부족민의 생활 방식과 사회조직에 기원을 두고 있었을 것이다.[28]

모세오경, 즉 토라 5권은 예배, 의식, 제물에 관한 법을 기술하고 있다. 모세오경의 도덕적 지침 대부분은 잠언의 형태를 취하고 있으며, 선한 행실을 위한 동기를 제공한다. 예컨대 레위기는 정교하기로 유명한 식단 규칙을 제시하며, 출애굽기에서는 모세가 하나님의 지시를 받기 위해 산에 올랐고 십계명과 그의 백성을 위한 실천적인 율법을 가지고 돌아온 이야기를 전한다.[29] 계명은 이스라엘 사람들이 유일신을 예배해야 한다는 것을 확인하고, 그들이 지켜야 할 가장 중요한 도덕적 규칙을 나열했다. 그 뒤를 이은 법은 사회적 관계에 관해 규정하고 부족민이 살인과 폭행, 가축으로 인한 부상, 절도, 유혹 등에 대처하는 방법을 명시했다. 농업과 무역의 기본 형태를 규제하는 규칙들이 있는가 하면, 이스라엘 사람들에게 종들을 준비하는 방법을 알려주기도 한다. 사실 하나님이 모세에게 명한 규례에서 하나님은 먼저 종에 관하여 말했다.

> 네가 백성 앞에서 공포하여야 할 법규는 다음과 같다. 너희가 히브리 종을 사면, 그는 여섯 해 동안 종살이를 해야 하고, 일곱 해가 되면 아무런 몸값을 내지 않고서도 자유의 몸이 된다. (……) 그러나 주인이 그에게 아내를 주어서 그 아내가 아들이나 딸을 낳았으면, 그 아내와 아이들은 주인의 것이므로 그는 혼자 나가야 한다.[30]

처음 11개 구절은 폭행과 상해로 넘어가기 전 노예, 실제로는 채무노예화를 통한 착취에 관해 규정한다.

출애굽기의 법은 21개 조문 정도로 바빌론의 법보다 훨씬 짧다.[31] 소수의 기본적인 문제만을 다루며, 바빌론의 법전에서 발견되는 미세한 구별이나 예외 같은 것은 없다. 분쟁 대부분은 예루살렘(Jerusalem)과 다른 마을의 장로들이 사건을 '성문 안에서', 즉 성문 바로 안쪽에 있는 시장에서 결정했던 왕들의 시대 이후에 지역적으로 조정됐다고 보는 것이 타당하다.[32] 규칙에는 관습을 관통하는 가장 중요한 원칙 중 일부만 포함되어 있었다. 함무라비법과 마찬가지로 많은 규칙이 노예제도, 빈번한 사형 집행, 폭력적인 보복을 용인한다.[33]

이스라엘 부족의 세계는 바빌론의 세계와 매우 달랐다. 함무라비는 안정적이고 관료적인 정부, 복잡한 재정, 번창하는 상업으로 문명사회를 이끈 강력한 통치자였다. 이스라엘 민족은 기원전 10세기와 11세기에 사울과 다윗이 왕국을 세우기 전까지 중앙집권화된 국가와 같은 것이 없었고, 이 시기 이후로도 도시 기반 시설에 대해 고고학적으로 밝혀진 바가 거의 없다. 그 이전에는 부족의 지도자들이 국가의 원수라기보다는 조정자에 가까웠을 것이다. 그들은 아마도 다툼 후에 평화를 이루도록 요청받았을 것이다. 또는 싸움이 부족의 안정을 위협할 때 유목민의 이동과 목초지 사용에 관한 전략적 결정을 내리기 위해 회의를 소집했을 것이다. 법이 명시한 분쟁의 종류, 소규모 싸움으로 인한 부상, 방목지나 떠도는 가축을 둘러싼 다툼, 절도와 간통 혐의, 소를 야생으로 내몰게 한 자들에 대한 불만 등 모든 것이 현지에서 구두로 해결됐을 것이다.

이스라엘인들은 메소포타미아인과 유사한 사안법적 형식을 자신들의 법에 사용했다. 세부 사항은 다르지만 많은 조항이 노예를 다루는 방법, 상해나 도둑질에 부과되는 처벌, 간통하거나 처녀를 유혹한 결과 등과 같은 유사한 주제를 다뤘다. 예를 들어 법에 따르면 매복이나 배신을 통한 살인은 사형에 처하지만, 공격에 대응한 것이라면 가해자는 안전한 피난처를 찾을 수 있어야 한다. 부상을 입히면 시간 손실과 치료 비용에 대한 배상을 해야 한다. 훔친 양 1마리는 양 4마리로, 소 1마리는 소 5마리로 배상해야 하는데 도둑이 훔친 동물을 여전히 가지고 있으면 해당 동물을 포함해 돌려줄 수 있다. 처녀를 유혹한 사람은 신붓값을 지불하고 그녀와 결혼해야 한다. 처녀의 아버지가 거부할 때는 신붓값만 지급하면 된다. 이런 것들이 이스라엘 백성이 유목민이던 시절 삶을 잘 형성할 수 있었던 일종의 관습과 원칙이었다.

모세오경의 법은 보복을 상당히 강조한다. 싸움 중 상해를 입히는 것에 관한 구절은 '목숨은 목숨으로, 눈은 눈으로, 이는 이로, 손은 손으로, 발은 발로, 화상은 화상으로, 상처는 상처로, 멍은 멍으로 갚아야 한다'로 유명하다.[34] 보복의 원칙은 현대 세계에서 야만적으로 보일 수 있고, 더 중앙집권적이고 도시화한 사회를 위해 고안된 함무라비의 법에서는 훨씬 덜 두드러진다. 그러나 유목민들 사이에서 분쟁은 매우 일반적으로 일어난다. 중앙아시아의 대초원과 북아프리카의 사막에서, 그리고 오늘날에도 동부 티베트의 탁 트인 초원에서 복수의 관습은 의미가 있다. 이곳에서는 순진한 주인이 천막에서 잠들어 있는 동안 유목민들의 야영지로 올라가서 소 몇 마리나 양 떼를 몰아내는 것이 쉬웠고 지금도 그렇다. 동물은 들판처럼 고정되어 있지 않으니 말이다. 습격을 막고자 애쓰는 유목민들은 보복이 신속하고 가혹할 것이며 상해를 당한 당사자뿐만 아니라 모든 친척이 결집하여 복수할 것임을 분명히 했다. 불화 또는 불화의 위협 역시 방어의 한 형태다. 부족민들은 지도자에게 충성을 다해야 한다. 잘못에 대한 복수를 하기 위해 하던 일을 멈추고 즉시 떠날 준비가 되어 있어야 한다. 모세오경에서는 하나님과 모세 모두 이스라엘 부족들 사이의 충성심과 이방인과 적들이 저지른 잘못에 대해 그들이 할 수 있거나 취해야 하는 복수에 대해 자주 이야기한다. 민수기에는 여러 이스라엘 지파와 그들의 땅이 세심하게 묘사되어 있는데, 하나님은 또한 그 지파가 연합하여 과거의 잘못에 대한 복수를 위해 적 미디안과 전쟁을 벌여야 한다고 명령한다. 그리고 오직 이스라엘 지파의 적들로부터만 진정한 노예를 얻을 수 있다.[35]

그러나 갈등 관계로 형성된 어떤 사회도 무차별적인 보복을 용납하지 않는다. 복수는 항상 비례성을 갖추어야 하므로, 불화 때문에 양측 모두에게 끔찍한 결과가 발생하지 않게 해야 한다. 모세가 (하나님의 지시에 따라) '목숨은 목숨으로'라고 선언했을 때 의미한 바가 이것임이 거의 확실하다. 그의 백성이 항상 잘못된 것에 대해 복수해야 한다는 명령이 아니라 보복을 제한하기 위해 고안된 법이었다. 그 법은 불화가 걷잡을 수 없게 되는 것을 방지하도록 설계됐다. 사람들이 반목하는 세계 각지, 즉 동아프리카, 서아시아(중동), 지중해 연안 등에는 항상 정교한 조정 관행이 있다. 숙련된 조정자들은 보상의 지급과 수락을 통해 평화를 달성하기 위해 전쟁 중인 파벌 사이에서 협상을 한다. 이것은 모세가 계속해서 '눈은 눈으로, 이는 이로'라고 선언했을 때 무엇을 의미했는지 설명해준다. 장기간에 걸친 불화의 혼란스러운 여파에 대해 협상 타결의 출발점인 동등성의 규칙을 제시한 것이었다. 법은 주기적으로 분쟁이 발생하는 지역에서 평화를 만드는 올바른 방법을 강조한다는 점에서 완벽하게 논리적이었다. 몇 세기 후, 예수가 "네 이웃을 사랑하라"라고 선언함으로써 이스라엘 사람들의 사회적 역동성에 큰 변화를 가져왔다.

그러나 예수가 서아시아와 세계에 혁명을 일으키기 전에 이미 이스라엘과 유다 땅에 많은 변화가 일어났다. 이스라엘 사람들의 법을 기록한 최초의 사람들은 기원전 8세기에 다윗과 솔로몬을 계승한 왕들의 궁정에서 일하는 전문 서기관이었을 것이다. 그 무렵 인구가 증가하고 도시가 건설됐으며, 중앙집권화를 시작한 왕을 중심으로 도시 엘리트가 형성됐다. 유다왕국과 이스라엘왕국은 남북으로 분리된 국가가 됐다. 출애굽기의 법은 왕을 언급하지는 않지만 적절한 형벌을 결정하는 재판관에 관하여 이야기하는데, 이는 어려운 사건을 처리할 수 있는 전문가가 있었음을 시사한다. 민수기와 신명기에서 하나님은 이스라엘 백성이 복수를 피해 도망치는 자들의 피난처가 될 도시를 건설하고, 그들의 사건을 제대로 심판할 수 있게 하라고 명한다. 우발적 살인이 상호의 죽음을 초래해서는 안 된다는 법을 이용하려면 보호된 공간이 필요했다. 출애굽기보다 신명기에서 더 자세히 설명된 채무노예화에 관한 법은 이 시기부터 존재했을 것이다. 메소포타미아 도시들에서처럼, 이스라엘 사람들은 중앙집권화된 사회, 화폐, 대출 관행이 채무와 채무노예화를 더 많이 초래한다는 사실을 알게 됐다. 그러나 신명기에서는 이스라엘 사람들에게 자신들을 다스릴 왕을 선택하라고 말하지만 이 시대에도 부족 방식이 거의 확실하게 지속됐으며, 사람들은 오래된 가족 집단에 계속 충성을 바쳤을 것이다. 복수의 본능은 여전했고, 부족의 충성이 중요한 집단들 사이에서는 상해에 대한 기본적인 배상 패턴이 유지됐을 것이다.

출애굽기의 법은 이 시기에 단계적으로 기록됐고, 계속 수정되고 결합되고 보완됐다. 그러나 서기관들이 마침내 율법을 구약성경에서 현재 취하는 형태로 만들 때, 함무라비가 자신의 율법에 사용한 것과 매우 유사한 단어와 구절을 선택했다.

> 다른 사람의 눈을 빠지게 하면, 그의 눈도 뽑힐 것이다.
> 다른 사람의 뼈를 부러뜨리면, 그의 뼈도 부러질 것이다. (……)
> 자기와 같은 계급인 사람의 이를 뽑으면, 그의 이도 뽑힐 것이다.[36]

노예제도에 관한 몇몇 법은 바빌론 왕이 작성한 규칙과 현저하게 유사하며, 성서학자들은 더 미묘하게 일치하는 부분에 주목했다.[37] 이스라엘 사람들은 도시의 바빌론 사람들과 생활 방식이 매우 달랐고 서로 이해할 수 없는 언어를 사용했다. 함무라비의 법을 새긴 석판의 설형문자는 첫 1000년대 동안 이스라엘 사람 대부분이 읽을 수 없었을 것이다. 그러나 그들은 메소포타미아인의 법적 기술과 법적 실질의 많은 부분을 채택했다.[38] 물론, 몇몇 문제는 사람들이 함께 사는 장소 대부분에서 발생한다. 모든 사회는 우발적 살인에 대응하는 방법, 재산 손실과 관련하여 상반된 증거를 처리하는 방법, 강간에 적용할 처벌을 결정해야 하며 서로 다른 사람들이 유사한 해결책을 제시하더라도 놀라운 일이 아니다. 그러나 일부 세부 사항은 우연의 결과라고 하기에는 너무나 구체적이다. 수 세기 동안 상인과 군인은 먼 거리를 여행했으며, 노예나 아내 또는 조수를 함께 데리고 갔을 것이다. 메소포타미아인들은 새로운 장소에서 중요한 구전 규칙을 인용할 수 있었는데, 이 규칙을 여러 사람이 채택하여 자기 것으로 만들었다. 마찬가지로, 이동 경험이 많았던 이스라엘 사람들은 여러 세기에 걸쳐 함무라비의 법을 베껴놓은 많은 석판과 서판 중 일부를 봤을 것이며, 그리스 입법자들처럼 읽거나 들은 내용에 깊은 인상을 받았을 것이다. 방법이 무엇이든, 메소포타미아법은 매우 다른 맥락, 즉 여전히 부족의 역학에 따라 형성되는 사회로 이동했다. 그곳에서는 무엇보다 주변 이방인들과 자기 민족을 구별하기 위해 종교 지도자들이 이 법을 채택했다.

수 세기 동안 아시리아 왕들은 이스라엘과 유다 땅을 지배했다. 한 학문적 이론에 따르면, 아시리아의 지배 아래 출애굽의 법은 학식 있는 몇몇 이스라엘 엘리트가 썼고, 이는 부분적으로는 자신들의 역사와 전통을 거의 존중하지 않는 통치자들의 횡포한 관행에 저항하기 위해서였다고 한다. 법전을 만드는 것은 이스라엘이 독립 부족으로서 오랜 역사가 있다는 것을 정복자, 그리고 실제로는 그들의 백성들에게 보여주는 한 가지 방법이었다. 그들은 부족의 법과 관습뿐만 아니라 기원 이야기, 설화, 잠언, 고대 지혜를 모아 자신들이 누구인지에 대한 영구적인 기록을 만들기 시작했다. 글을 아는 이스라엘 사람들은 아시리아가 지배하는 땅을 이동하면서 함무라비법의 예를 보거나 들었을 것이며, 자신들의 법을 만들 때 이를 본보기로 삼겠다고 결심했을 것이다. 그들은 하나님이 모세에게 준 계명에 관한 서술에서 일부를 베끼고, 자신들의 상황과 관습에 맞게 규칙을 단순화하고 개선하고 적용하는 것으로 시작했다.[39] 이는 고대 바빌론 문명에 대한 존경의 표시인 동시에 자신의 통치자에 대한 반항의 몸짓이었다.

가장 초기 성경의 기록은 시간이 지나면서 대부분 사라졌고, 학자들은 여전히 그 출처와 기원에 대해 논쟁하고 있다. 이 시기 또는 그 이전 시기의 저자들이 시간이 지남에 따라 발전하고 변화한 오래된 텍스트와 구전 전통을 모아 함무라비의 법칙에서 영감을 받은 형식으로 법전을 만들기 위해 몇 가지 새로운 구절과 법 조항을 추가한 것일까? 또는 아시리아 왕 시대 도시 서기관들의 작품이었을까? 아니면 네부카드네자르(Nebuchadnezzar) 왕이 바빌론에서 권력을 잡고 예루살렘을 포위하고 이스라엘 사람 수십 명을 포로로 잡아간 후에, 이스라엘 엘리트들이 바빌론의 지배하에서 오래된 텍스트, 구전 전통 등 여러 자료를 한데 모은 것일까?

법을 실제로 어떻게 사용했는지는 말할 것도 없고, 언제 누가 만들었는지를 확실히 말하기는 매우 어렵다. 그러나 법은 이스라엘 사람들이 중요하게 생각했던 사회조직의 기본 원칙인 동등성과 정당한 보상에 대한 개념에 뿌리를 둔 것으로 보인다. 이는 생활과 사회구조가 끊임없이 변화하더라도 정의에 대한 공통의 희망을 품은 부족민들을 위한 원칙이었다. 복수는 비례성을 갖추어야 하고, 의도하지 않은 살인은 죽음으로 복수해서는 안 되며, 상해는 적절하게 보상되어야 하고, 여성과 어린이는 존중받고 보호되어야 하며, 노예는 공정한 대우를 받아야 한다. 이것은 규칙이 약속한 것이며, 이런 원칙을 달성하는 데 규칙이 실제로 도움이 됐을 수도 있다. 규칙은 지혜의 문제로 여겨지면서 여러 세대에 걸쳐 반복됐고, 마침내는 제국의 지배 아래에서 글을 잘 아는 서기관이 기록했다. 이제 전문 재판관의 작업에 더 익숙해지고 채무노예화라는 현재 당면한 문제에 직면하여 저자는 고대 전통과 정의의 관행을 메소포타미아 통치자가 개발한 법 및 법적 형식, 즉 지역 전체에서 명성을 얻은 법들과 결합했다.

그들의 역사가 어떻든, 이스라엘 저자들은 법적 기술을 사용하여 자신들이 누구인지를 분명히 설명했다. 즉 독립적이고, 부족에 충성하고, 조국을 자랑스럽게 생각하고, 가난한 사람들을 배려하고, 유일신을 숭배하는 사람들이라는 것이다.

법은 정의의 프로젝트로 시작됐다. 초기 입법자들은 자신들의 업적과 종교적 헌신, 정의로운 사회에 대한 헌신에 관하여 거창한 진술에 동반되는 규칙을 작성했다. 부자가 가난한 사람들을 부채노예로 만들고 관리들이 착취라고 할 만한 세금을 부과하는 사회에서 우루이님기나와 같은 포퓰리즘 통치자들은 자신을 개혁가로 내세웠다. 그러나 우르남무는 범죄를 억제하고 정당한 보상을 하는 규칙을 만들면서 미래를 약속했다. 그의 개혁과 명성은 지속되어야 했으며, 그의 텍스트는 신들뿐만 아니라 후대에도 깊은 인상을 남겨야 했다.

메소포타미아의 역대 왕들은 성문 규칙의 잠재력을 높이 평가하고, 이를 사용하여 사회를 규제하고 상인을 위해 예측 가능성을 창출하며 사회문제를 해결했다. 그 내용이 기본 범죄에 대한 처벌, 상해에 대한 배상, 계약 및 가족관계에 대한 규칙을 명시하는 등 일상적이긴 했지만 새로운 형태의 질서를 만들었다. 상업 관계의 표준 양식을 개발한 서기관처럼 메소포타미아 왕들은 계급과 직업, 권리와 의무를 정의함으로써 규칙의 질서와 범주를 만들었다. 사람과 사물을 분류하고, 그들 사이의 관계를 구체화하고, 사회에 더욱 영구적인 구조를 부여했다. 메소포타미아법의 단순한 사안법적 형태는 누구나 참조할 수 있는 객관적인 기준이 됐다.

초기의 법은 단순히 도시 생활을 규제하고 개별 청구인의 문제를 해결하기 위한 실용적인 도구가 아니었다. 재판관과 조정자는 분쟁을 해결하기 위해 법이 필요한 것이 아니었다. 또한 왕들은 관리들에게 세금을 올리고 범죄를 진압하고 바람직하지 않은 사람들을 거리에서 쫓아낼 방법을 제공하려는 의도도 없었다. 법이 있어야 하는 이들은 정의를 위한 자원으로 그리고 자신들을 억압하려고 하는 모든 사람을 상대로 인용할 수 있는 기준으로 법이 필요했던 사람들이며, 이것이 바로 함무라비가 그들에게 준다고 주장한 것이었다. 왕은 자신의 법에 대한 긴 맺음말에서, 법적 정의를 존중하지 않는 미래 통치자에게 가해질 끔찍한 저주와 불행에 대해 묘사했다. 그런 사람을 처벌하기 위해, 즉 '그의 왕권을 무너뜨리고', '그의 운명을 저주하고', '기근과 궁핍으로 그의 땅을 파괴하고', '그의 무기를 부수고', '그의 전사들을 쳐부수기' 위해 신들을 불렀다. 함무라비는 자신이 신들의 은총을 누리는 중요한 통치자일 뿐만 아니라 자신의 법이 미래에 정의를 보장할 것이라고 세상에 말했다. 이것이 법의 지배였다.

실제적인 질서를 만들고 정의를 향한 길을 제시하는 것과 같은 가능성을 포착한 이들은 메소포타미아의 법 기술이 매우 다른 야망을 품은 종교 지도자들에게 채택된 먼 나라의 사람들이었다. 이스라엘 제사장들은 흩어진 지파들을 모아 한 민족을 이루려고 했다. 그들의 법은 권리보다 의무를 더 구체화하여 선하고 의례적으로 올바른 삶을 영위하는 것이 무엇인지 명시했으며, 또한 이스라엘 사람들에게 강력한 왕과 경쟁 부족에 맞서 자신과 자신들의 종교를 옹호하는 방법도 알려줬다.

메소포타미아에서 확립된 법의 사안법적 형태는 로마 시민들이 채택하고 적용한 이래 오랜 역사를 가지게 됐다. 그러나 그동안 법 기술은 더 먼 동쪽에서 독립적으로 발명됐다. 인도의 브라만과 중국의 통치자들도 세계질서를 열망했지만, 그들의 비전은 근본적으로 달랐고 그들이 발전시킨 법은 상당히 다른 형태를 취했다.

Chapter

2

인도 학자들
: 우주의 질서를 작동시키다

인도 대평원에서 만들어진 법은 종교 전문가인 브라만이 썼으며, 그들의 임무는 고대 산스크리트어 문헌인 베다에 계시된 우주적 질서를 유지하는 것이었다. 그들은 권리보다 의무를 더 많이 명시했는데, 이는 사람들이 세상의 이상적 질서인 다르마를 지키기 위해 수행해야 하는 것이었다. 힌두교 전통에서는 법과 종교 사이에 명확한 구분이 없었다. 법 문헌인 다르마샤스트라는 의식, 순결, 상업 활동 및 증거 규칙에 대한 지침과 함께 사람들이 자신의 카스트에 따라 어떻게 살아야 하는지를 명시하면서 일상생활의 규칙을 제시했다. 그리고 브라만은 법이 심지어 왕도 인도해야 한다고 주장하면서 항상 최고의 법적 권위를 유지했다. 수 세기 동안 브라만은 보호와 지원을 받기 위해 강력한 통치자들에게 의존했지만, 적어도 이론상으로는 훌륭한 힌두 왕이라면 브라만의 법을 따라야 했다. 왕은 법을 시행할 수 있었지만 제정할 수는 없었다.

브라만은 기원후 2세기에 최초의 법 문서를 만들었는데, 그들의 규칙과 원칙은 1000여 년 전 베다의 기원으로 거슬러 올라가는 전통에 뿌리를 두고 있다. 이때는 의례 전문가들이 처음으로 구전 텍스트와 지식의 체계를 구축하여 대대로 전수하던 시기였다.

남아시아 최초의 위대한 문명인 하라판(Harappan)제국은 아리아(Arya) 부족이 인도 북부를 휩쓸었을 때 이미 쇠퇴하고 있었다. 이 호전적인 기병의 기원에 대해서는 수십 년 동안 격렬한 논쟁이 이뤄졌지만, 그들의 말은 그들이 중앙아시아에서 기원했음을 암시한다. 그들은 기원전 1500년에서 1300년 사이에 갠지스강 평야에 도착하여 토착민들을 주변의 숲과 습지로 몰아냈다.[01] 아리아인들은 서로의 가축을 습격하며 자주 전투를 벌였고, 우두머리인 라자(raja)는 국가 원수라기보다는 장군에 가까웠다. 그들은 빠른 이륜 전차를 타고 다니며 활과 화살을 사용하고, 술을 마시고, 습격 원정을 이끌었다.[02] 아리아인들은 동물과 동물 제품에 의존하여 음식물과 생활용품을 공급받았지만 은·구리·청동도 가지고 있었으며, 이를 사용하여 장식품·의례 용품·무기를 만들었다.

라자들은 종종 동물을 바쳐 제사를 지내는 성대한 의식에서 많은 것을 분배했다. 신의 은총을 직접 받는 자로서 신적 권위를 주장했던 메소포타미아 왕들과 달리, 아리아 통치자들은 이런 제사를 행하기 위해 의례 전문가에게 의존했다. 이들은 원래 예언자, 신탁자, 성가신 혼령을 달래줄 수 있다고 주장하는 떠돌이 주술사 또는 단순히 전투나 장마 등의 상황에서 행운을 보장하기 위해 의식을 행하는 지역 제사장이었을 것이다. 출신이 무엇이든 간에, 의례 전문가들은 사람들에게 어떤 일을 하는 데 옳은 방법이 있다는 느낌을 줬다고 가정하는 것이 타당하다. 그들은 내세에 대해 이야기했을 것이며, 자연재해의 위협에 확실히 대처하겠다고 약속했을 것이다. 라자의 지원을 받은 이 제사장들은 깊은 묵상 후에 가장 학식 있는 자신들에게 계시됐다고 주장하면서 만트라와 기원문을 만들어 구전했다. 이것이 베다의 가장 초기 형태다.

기원전 1000년대가 시작될 무렵, 아리아인들은 동쪽의 갠지스강과 자무나강 사이의 습지와 계절풍림(monsoon forest: 우기에 푸른 잎이 나고 건기에 낙엽이 지는 삼림 — 옮긴이) 지역인 도압(Doab)으로 이동했다. 이곳에서 새로운 철기 도구를 사용하여 경작할 수 있는 땅을 찾았고, 많은 사람이 정착하여 농부가 됐다. 그들은 쌀을 재배하고 관개 기술을 개발했다. 농업기술이 발전하면서 잉여 농산물을 생산할 수 있게 되면 소수의 사람이 부를 축적하고 전체 인구의 통치자와 보호자로 자처하는 일이 흔하다. 아리아인도 마찬가지였다. 매년 주사위 던지기로 할당됐던 공동 목초지는 이제 축적하고 임대하고 매매할 수 있는 소유 대상인 토지가 됐다. 이후 문헌에는 100에이커에 달하고 쟁기 500개, 소 4만 마리가 있는 농장이 언급되어 있다.[03] 물론 이 수치가 과장된 것일 수 있지만, 농장은 적어도 소규모 수준은 넘어섰음을 보여준다. 우두머리는 잉여 동물·쌀·버터기름을 축적했으며, 성공한 농부는 부를 활용하여 무역에 종사함으로써 섬세한 꽃무늬와 기하학적 무늬가 있는 고급 도자기를 구입할 수 있었다.

아리아인들은 결국 마을과 도시로 모여들었고, 도시 문명의 모든 측면을 발전시켰다. 여전히 대부분은 시골 문화였지만 일부는 군인, 무역상, 상인, 장인, 코끼리 및 말 조련사, 라자 의식의 무대감독으로 전문화됐다. 상인들의 네트워크는 아마도 서쪽으로는 바빌론까지, 남쪽으로는 지금의 스리랑카까지 확장됐을 것이다. 무역과 함께 화폐와 은행업이 발달했고, 문맹이 퇴치됐다. 1000여 년 전 메소포타미아에서처럼 무역 관계의 복잡성은 처음에는 회계 목적으로 사용되는 표시 형태로, 그리고 기원전 6세기경에는 기록하고 메시지를 보내고 계약서를 작성하는 데 사용될 수 있는 글자의 형태로 문자의 발전을 촉진했다.

가장 성공적인 통치자들은 이제 여러 지역에서 사람들이 모여든 도시를 통치했다. 재산이 늘어남에 따라 라자들은 여러 아내, 군 지휘관, 마부, 시인, 도살업자, 요리사 그리고 전투에서 그를 안전하게 지키기 위해 마차에 올라타 만트라를 외치는 푸로히타(purohita)를 포함하여 상당한 수행원을 확보했다.[04] 그들은 이제 씨족의 지도자가 아니라 정의된 영토의 왕이었고, 자신들의 지위를 아들들에게 물려주겠다고 했다. 라자들은 자기가 없으면 사람들이 무정부 상태에 빠지고 말거라고 주장했다. 그러나 각각의 새로운 통치자는 사제가 봉헌했으며, 왕들에게는 그들의 축복이 필요했다.

아리아인 사회는 갈수록 더욱 계층화됐다. 농민에 대한 전사의 역사적 우월감은 이제 크샤트리아(kshatriya, 라자·권력자)와 바이샤(vaishya, 농민·상인·장인) 사이의 계급 구분으로 굳어졌다. 라자의 씨족들은 오래된 충성심을 유지하며, 아마도 자신을 다른 누구보다 우월하다고 여겼을 것이다. 성공적인 농부들과 무역상들은 하인을 고용하기 시작했고, 이들은 하층계급인 수드라(shudra)를 형성했다. 수드라는 땅 없는 소작농, 임금노동자 그리고 정복한 땅의 주민과 채무 때문에 노예가 된 사람들을 아우르는 노예를 포함했다.

사회적 계층화가 심해지자 제사장들은 제물로 바친 동물의 고기를 먹을 수 있는 사람은 자신들뿐이라고 주장하면서 이런 의례 행사에서 수드라를 아예 배제했다. 그들은 점차 세습 계급을 형성하며 자신들을 '브라만'이라고 불렀다. 브라만들은 의례가 가진 효능의 비밀을 알았고 베다의 지혜를 보존할 임무가 있었다. 이 지혜는 대부분 일반인이 이해할 수 없는 고대 산스크리트어로 된 만트라와 기원으로 구성됐다. 한편 가장 정교한 의례는 긴 의식으로 발전했고, 라자는 자신들의 힘과 정당성을 입증하기 위해 광범위한 자원을 아낌없이 사용했다.

시간이 지남에 따라 계급은 엘리트 브라만에서 크샤트리아, 바이샤, 마지막으로 가장 덜 순결한 수드라에 이르기까지 의례적인 순결의 계층을 형성했다. 이들은 네 가지 바르나(varna)로, 베다의 지혜는 이를 각각 고유한 특성이 있는 인체의 일부와 같다고 설명했다. 실제로, 이런 구별은 민족적 기원이 다르고 서로 다른 직업에 종사하는 사람들의 이질적인 집단들이 하나의 사회적·의식적 구조를 형성할 수 있게 했다. 이것이 오늘날까지 지속되는 인도 카스트제도의 뿌리다.

기원전 1000년대 중반인 이 시기는 '인도 문화 형성기'로 알려져 있다.[05] 만트라와 수트라(sutra: 의식에 대한 지침—옮긴이)를 통해 구두로 지혜를 전하던 브라만들은 점점 더 정교해지고 난해해진 텍스트로 그 지혜를 적었다. 이 텍스트는 제사 의식에 대한 주석인 브라마나(Brahmanas), 더 난해한 철학적 논술인 우파니샤드(Upanishads)와 함께 주요 베다 4개로 합쳐졌다. 정치와 행정 문제는 고사하고 일상생활에서의 행동 규칙보다 의례적인 올바름에 관심을 두었던 브라만은 일반인들에게 의례 질서에 대한 의식을 제시했다. 그들은 세상을 이상적인 상태로 유지하기 위해 사람들이 준수해야 하는 신비하고 변하지 않는 법칙인 다르마가 삶의 전부를 지배한다는 사상을 장려했다. 다르마는 윤리적 행동, 사회적 행동 및 사법절차에 대한 표준을 제공했다. 다르마의 요구사항은 나중에 힌두법을 형성하게 되는 문헌인 다르마샤스트라에서 설명된다.[06]

기원전 6세기 중반 갠지스 평원에 작은 국가들이 등장했고, 가장 강력한 라자가 도시를 요새화했다.[07] 도시 경제가 성장하고 동전이 널리 보급됐으며, 통치자는 도량형을 표준화했고, 도공은 새로운 기술로 혁신했다. 벼 재배가 확대됨에 따라 인구가 증가했고, 소규모 집단은 새로운 땅을 찾아 이동했다. 브라만들이 지배하는 바르나 체계는 이제 평원의 도시 전체로 퍼져나갔고, 점차 주변부로 확장됐다.

일부 브라만은 의례 질서 수호자의 지위를 유지하면서 상당한 부와 영향력을 획득했다. 그러나 기원전 5세기에 이르자, 새로운 도시 중심지의 많은 개혁가가 그들의 지배력에 도전하기 시작했다.[08] 가우타마 붓다(Gautama Buddha)는 동시대 자이나교 창시자인 마하비라(Mahavira)와 함께 브라만에 반발했다. 그들은 전통적인 브라만 의례와 제사에 등을 돌렸고 더 엄격한 형태의 종교적 실천, 비폭력 원칙, 의례의 순수성을 장려했다. 자이나교가 극단적인 형태의 금욕주의를 장려한 반면, 붓다는 중도를 장려하며 일상적인 윤리적 실천과 구원의 길을 강조했다. 필연적인 고통으로부터의 해방을 약속하는 붓다의 길은 신분과 관계없이 모든 사람에게 동일했다. 비록 불교도와 자이나교도는 서로 다른 스타일의 윤리적·종교적 관습을 옹호했지만, 둘 다 바르나 체계의 위계질서를 거부했다.

다음 세기에는 여러 통치자가 권력을 놓고 다투는 한편, 다양한 의례 전문가를 후원했다. 브라만교도·불교도·자이나교도는 점차 별개의 집단으로 분리됐으며, 이들 중 누구라도 인도에서 지배적인 법을 제정할 수 있었다. 현재의 비하르(Bihar)에 있는 마가다(Magadha)의 통치자는 무장 병거와 투석기의 도움으로 넓은 영토를 병합하면서 이웃 국가들에 전쟁을 선포했다. 그다음으로 난다(Nanda)왕조가 등장했다. 그리스인들의 보고에 따르면, 그 통치자인 마하파드마(Mahapadma)는 최소한 보병 20만 명, 기병 2만 명, 병거 2000대, 코끼리 3000마리로 구성된 군대를 이끌고 인도 북부 대부분을 정복했다. 그리스인들이 과장해서 설명했다고 하더라도, 마하파드마의 통치가 대규모로 이루어졌음은 분명하다. 그러나 그의 아들들이 서쪽에서 나타난 찬드라굽타(Chandragupta)에게 전복되면서 짧은 수명을 마쳤다. 찬드라굽타는 서쪽에서 알렉산더의 퇴각군 전초부대에 대항하여 전투를 벌였으며, 기원전 320년에 마가다의 왕좌를 차지하고 인도 북부를 정복하여 마우리아(Maurya)제국을 세웠다. 이 제국은 150년 동안 지속됐다.

이 정도 규모의 제국에 대한 통제를 유지하기 위해 마우리아의 통치자들은 새로운 행정 기법을 요구했고, 이에 따라 찬드라굽타의 최고 관료인 카우틸리아(Kautilya)는 통치자를 위해 국정 기술에 관한 조언을 고안했다.[09] 이것이 '아르타샤스트라(Arthashastra)'의 기초가 됐는데, 아르타샤스트라는 관료가 왕에게 권력을 강화하고 적의 세력을 약화하며 제국의 번영을 유지하는 방법에 대해 조언하는 새로운 형식의 텍스트였다. 왕에게 세금을 올리라고 말하기도 했지만, 카우틸리아는 통치자가 백성의 복지를 돌보아야 한다는 것을 깨달았다. 또한 증인과 증거를 위한 규칙, 전문 판사를 제안하며 사법절차에 대한 지침을 제공했다. 아르타샤스트라는 처음에는 기록되지 않았지만, 이후의 법적 기록에 영향을 미쳤다.[10] 메소포타미아 왕들과 마찬가지로 마우리아의 통치자들은 자신들의 정복기를 남기기 위해 석판과 기둥에 비문을 새겼다.

그러나 기원전 268년경부터 통치한 가장 유명한 왕인 아소카(Ashoka)는 모든 전쟁을 포기하겠다고 극적으로 선언했다. 신하들에게 이 새로운 정책을 지지하도록 설득한 그는 제국 전역에 돌기둥을 세워 사람들에게 육식을 피하고 모든 외국인에게 호의를 베풀도록 지시했다. 나중에 불교도들이 아소카를 불교의 가장 위대한 왕실 후원자라고 주장했는데, 그는 사실 브라만도 후원했다. 그가 동물 제사를 금지한 일은 브라만의 지위를 위협했지만, 어쨌거나 브라만은 왕실의 중요한 말 제물을 담당했다.[11] 또한 왕은 불교신자들에게 증가하는 신자들을 수용하기 위해 수도원을 세우도록 권장했으며, 이 일은 사람과 자원을 모두 끌어들였다.

종교 전문가들이 집권하게 될지는 여전히 확실하지 않았으며, 아직 법을 제정한 사람도 없었다. 기원전 185년, 마우리아의 마지막 통치자가 군대가 행진하는 도중에 한 장군에게 암살된 후 권력은 다시 이동했고 새로운 정권들이 생겨났다. 쿠샨(Kushan)의 통치자들은 예수가 탄생할 무렵에 북쪽에서 권력을 잡았고, 중앙아시아에서 갠지스강까지 이어지는 제국을 세웠다. 그들의 후원 아래 상업, 예술, 고급문화가 계속해서 번창했고 무역망도 바다를 건너 멀리까지 확장됐다. 먼 지역의 사람들은 문화와 사상, 공예품을 교환했으며 페르시아로부터 새로운 예술 기법을 받아들였다. 인도 작가들이 위대한 서사시인 라마야나(Ramayana)와 마하바라타(Mahabharata)를 영웅시대의 이야기와 함께 엮은 것도 이 시기다.

통치자들은 또한 세속적인 시와 희곡으로 눈을 돌렸고, 궁정에서 수혜를 누렸다.[12] 그러나 쿠샨인들은 마우리아 통치자들과 마찬가지로 아리아인이 아니었으며, 더 접근하기 쉬운 불교의 사상과 의식을 후원하는 것을 선호하며 브라만을 경계했다. 이것이 브라만들에게 위협이 됐고, 브라만 중 일부가 지식을 모으고 새로운 글을 쓰도록 영감을 줬을지도 모른다.[13] 여기서 브라만들은 바르나의 중요성을 다시 강조하면서 뚜렷한 브라만 중심의 다르마 이론을 발전시켰다. 이스라엘 제사장들이 그랬듯이 그들은 사람이 무엇을 먹어야 하는지, 누구와 결혼할 수 있는지 등 자신들의 지도를 의례에서 나머지 삶의 영역으로 확대했다. 이것이 그들 법의 시작이었다.

이전에는 새로운 도시 중심지의 혁신과 불교신자들의 보편주의적 메시지를 불신하며 작은 학계끼리 뭉쳤던 브라만 학자들이 이제는 힘을 모으기 시작했다. 그들은 모든 곳의 힌두교도들이 같은 원칙에 따라 살고 같은 규칙을 따라야 한다는 의식을 만들기 위해 지혜와 의례의 관행을 구축하면서 점차 다르마에 대한 견해를 발전시켰다. 학자들은 고대 산스크리트어 문헌에 대한 존경과 함께 공통된 신들의 집단과 의례 기법을 중심으로 매우 다양한 믿음과 실천이 집대성된 '힌두교'의 기초를 닦았다. 브라만은 또한 다르마수트라(Dharmasutra)라는 새로운 양식의 의례 문헌을 창안했다.[14] 다르마수트라는 다르마의 의미와 철학에 대한 생각을 제시하기 위해 짧고 대개 신비로운 격언인 아포리즘을 사용했다.

수트라는 개인들에게 의례적으로 올바른 삶을 따르는 법에 대한 규칙을 제시했다. 예를 들어, 제사 의례가 쇠퇴하거나 이단성이 분명한 곳으로 여행을 다녀온 사람은 부정해져 정화가 필요한 상태가 될 수 있다. 다만 수트라는 엘리트들, 즉 브라만 자신들에게 초점을 맞춰 일상생활에 대한 지침을 줬다. 수트라의 지시에 따르자면, 청년은 학생으로서의 형성기를 보내며 베다와 올바른 의례의 의미와 실천, 올바른 행동의 규칙과 원칙 등을 배워야 한다. 그런 다음 결혼해서 가정을 꾸려야 하며, 확장된 가족과 측근에 대한 광범위한 의례적·실질적 의무들뿐만 아니라 관련된 사업적 의무들도 떠맡아야 한다. 생애가 끝날 무렵, 브라만은 사회에서 물러나 은둔자가 되어 방랑하는 수행자로 살아야 한다. 물론 실제로 모든 브라만이 동굴로 이주한 것은 아니지만, 텍스트는 이상을 제시했다. 수트라는 고대의 베다에 뿌리를 두고 있다고 주장됐고, 이는 수트라에 시대를 초월한 권위를 부여했다. 실제로 수트라는 아마도 동시대의 관습에서 많은 내용을 끌어왔을 것이다. 사실상 수트라는 상류층의 관행을 더 높은 도덕성의 관점에서 다시 기술하여 앞으로 수 세기 동안 인도의 사회사상을 지배할 이데올로기를 창조했다.[15]

주로 의례에 관한 것이긴 했지만, 이 새로운 텍스트는 정치적 지배계층인 크샤트리아의 역할에 관해서도 다뤘다. 왕의 의무는 적들과 사회의 질서를 어지럽히는 사람들, 즉 사회의 '가시'로부터 백성을 보호하는 것이라고 선언했다. 브라만이 나쁜 행동에 대한 올바른 속죄를 지시할 수 있을지는 모르지만, 왕은 범죄자들이 반드시 처벌받도록 했다. 그리고 어느 시점, 아마도 2세기 말쯤에, 확신에 찬 학자 혹은 학자들의 집단이 창조주의 조언을 제시하는 글을 쓰기로 했다. 이것은 창조신 브라마(Brahma)의 아들인 마누(Manu)의 것으로 여겨지며, 최초의 다르마샤스트라다. 수트라가 현대의 법률가들을 위해 쓰인 교과서처럼 학문적인 저작물이라면, 샤스트라는 구체적인 규칙을 제시했다. 샤스트라가 담고 있는 것은 법, 즉 법적인 규칙의 형태로 된 베다의 지혜였다.

마누의 다르마샤스트라는 그것이 불멸의 존재인 브라마의 작품임을 알려준다. 이 책은 두 줄로 된 구절 2694개를 포함하고 있으며, 지침 대부분이 일상생활의 규칙을 제시한다.[16] 다르마샤스트라는 한층 구체적인 규칙을 제시하기는 하지만, 수트라와 마찬가지로 많은 지침이 상류층에 초점을 맞추고 있다. 첫 번째 부분은 브라만들이 아이에서 학생, 남편, 부모, 그리고 마지막으로 그것을 선택한 사람들을 위한 것으로서 쾌락 자제의 상태에 이르기까지 삶의 단계를 진행하면서 수행하는 규칙을 포함한다. 이 부분은 브라만들에게 배움과 의례와 순결의 삶을 사는 방법을 알려준다. 다음 부분에는 왕 또는 크샤트리아 계급에 대한 규칙이 포함되어 있는데, 브라만을 지원하고 백성을 보호해야 한다는 것이 골자다. 이 긴 부분에서는 왕에게 분쟁을 처리하고 처벌을 내리는 방법, 다양한 범죄에 대한 적절한 처벌 및 법적 절차에 대한 규칙을 설계하는 방법을 자세히 알려준다. 또한 바이샤가 어떻게 행동해야 하는지, 주로 부지런할 것과 자신의 특정 직업을 적절하게 학습할 것에 대한 짧은 구절이 있으며, 단순히 브라만의 종노릇을 하는 것이 의무인 수드라에 대해서는 가장 간단한 지침이 있다. 그들은 다음 생에 더 나은 지위로 태어나기를 기대해야 했다.

텍스트는 카스트, 가족, 삶의 단계에 따른 개인의 올바른 행동을 압도적으로 강조하며, 권리를 규정하기보다는 의무를 명시한다.[17] 또한 개인이 사회적 관계와 의무의 그물망에서 태어난다는 사실을 반영하고 강조한다. 젊은 브라만은 스승들에게 빚을 지고, 아들은 아버지에게 의무를 지며, 신들에게 제사를 드릴 의무가 있다. 개인은 평생에 걸쳐 사업 상대, 재산 소유자, 저당권자, 조합원, 남편 또는 아버지와 같은 추가 역할을 맡을 수 있다. 다른 지위와 역할에는 다른 의무가 따랐다. 텍스트는 특히 사망이나 이혼 시에 브라만 가정의 중요성과 가장의 역할을 강조한다. 텍스트는 먹고 목욕하는 것에서부터 자고, 결혼하고, 성관계를 하고, 사업을 하고, 학생이 되는 것까지 대부분 일에 올바른 방법이 있다는 느낌을 준다.

법적 규칙, 즉 행동에 대한 일반적인 지침은 텍스트에 제시된 보다 일반적인 권고와 사례에 흩어져 있다. 마누의 다르마샤스트라에서 가장 법률주의(legalism)적인 부분은 왕에게 사법 사건에 접근하는 방법을 알려주는 것으로, 18개로 나누어져 있다. 형벌을 내리는 방법, 상업을 규제하는 방법, 결혼 및 그 밖의 가족관계에 관한 분쟁을 처리하는 방법에 대한 규칙이 포함되어 있다. 처음 여덟 부분은 채무 미지급, 매매계약, 조합 형태, 적절한 임금, 사단 및 법인의 규칙 시행을 포함한 사업 문제에 관한 것이다. 이어 두 부분은 목축 활동 및 마을 재산과 관련하여 발생할 수 있는 분쟁에 관한 것이다. 이어 여섯 부분은 폭행, 절도, 모욕, 간통 등 범죄라고 생각할 수 있는 것을 설명한다. 그리고 결혼, 상속, 도박에 대한 부분이 있다. 주제 자체는 의외의 것이 아니며 거의 1000년 전에 바빌론 사람들을 위한 규칙을 만들 때 함무라비가 우려했던 것과 크게 다르지 않다. 둘 다 무역, 재산 및 가족관계 때문에 분쟁이 발생하고 사람들이 자신의 이익을 위해 싸우기 쉬운 도시화한 사회였다.

마누의 텍스트는 분쟁 중인 채무를 처리하는 방법, 이자율을 결정하는 방법, 질권을 설정하고 실행하거나 보증채무를 성립시키고 보증인에게 이행을 청구하는 방법, 조합의 사무를 집행하는 방법, 경계와 관련된 분쟁을 해결하는 방법, 판사가 절도범을 처리하는 방법 등에 대한 매우 구체적인 규칙을 제공한다.[18] 일부 문장은 사안법적이다. 예를 들어 '질권이 이익과 함께 제공되면 채권자는 차용액에 대한 이자를 받을 수 없다'라고 되어 있다. 저자들은 일반적으로 명령의 형식으로 규칙을 표현했는데, 이 부분은 다음과 같이 이어진다. '채권자는 질권의 대상이 되는 물건을 강제로 사용해서는 아니 된다. 그럼에도 이를 사용하는 경우 그 이익을 상실한다.'[19] 텍스트의 나머지 부분과 일치하도록 권리보다는 의무에 초점을 맞췄다.

마우리아와 쿠샨 시대에 분쟁 대부분은 협상과 합의를 통해 지역적으로 해결됐겠지만, 마누의 텍스트에는 더 다루기 어려운 분쟁이 있는 사람들이 왕실에서 따라야 하는 공식적인 절차가 기술돼 있다. 마우리아 황제는 이미 백성의 복지를 보호하는 조치를 도입했고, 법원도 거의 확실히 설치했다.[20] 4~5세기에 이르자 사법 관행은 공식적이고 규칙적인 것이 됐고, 청구인들은 조합이나 지역공동체의 법원뿐 아니라 왕의 법원에까지 불복할 수 있었다.[21] 여기서 각 당사자는 아르타샤스트라의 전통에 기반한 규칙에 따라 자신의 사건을 제시해야만 했다.[22] 후대의 힌두교 주석자 중 한 명이 "법적인 절차에서 한 사람은 이기고 다른 한 사람은 진다"라고 말했듯, 이는 명백한 당사자 대립 구조였다.[23] 그 이면에는 왕이 다르마샤스트라에 명시된 다르마의 상위법을 적용하여 무엇이 옳고 정확한지를 결정해야 한다는 생각이 깔려 있었다.

마누 텍스트의 브라만 저자들은 자신들의 사회적·의례적 특권을 옹호하고 인도 사회계층의 최상층에 있는 왕과 사제 사이의 특별한 관계를 강조하는 데 열심이었다. 동시대의 한 작가가 논평했듯이, 그들의 의제는 브라만에게 진정한 브라만으로서 행동하는 방법과 왕에게 진정한 왕으로서 행동하는 방법을 알려주는 것이었다. 전자는 베다식 학문과 미덕에 전념해야 하고, 후자는 브라만과 백성을 정당하게 다스리는 것에 전념해야 했다.[24] 북부 인도의 경쟁적인 종교 환경에서 브라만은 더 높고 영원한 진리에 대한 지식을 주장했는데, 브라만이 이를 왕과 왕자들을 위해 해석함으로써 불확실한 경우에 무엇이 옳은지 법이 선언할 수 있었다. 왕들과 신하들은 법을 시행해야 할 뿐 제정할 수는 없었다. 그들은 다르마의 종이었다.

쿠샨의 통치자들은 불교를 후원했고, 왕 카니슈카(Kanishka)는 자신의 영토에 스투파(stupa, 불교 기념물)를 배치했다. 그러나 150년경에 쿠샨의 남쪽 땅을 지배했던 사카(Saka) 왕조의 루드라다만(Rudradaman) 왕은 브라만적 지혜에 헌신했다. 그는 자신이 문법, 음악, 샤스트라, 논리를 알 뿐만 아니라 훌륭한 검객, 권투 선수, 말 기수, 마부, 코끼리 기수, 시인이었다고 주장하며 자신의 업적을 기록하기 위해 거대한 바위에 시를 새기라고 명령했다. 그는 자신의 업적을 산스크리트어로 새겼는데,[25] 이로써 브라만들이 보존한 고대 의례 언어가 왕권의 상징과 표현으로 자리 잡았다. 오래지 않아 인도 전역의 통치자들이 그 뒤를 따라 이 복잡한 언어로 자신을 우아하게 표현하기 위해 많은 노력을 기울였다. 이는 훌륭한 왕, 정의롭게 통치할 수 있는 자의 표지가 됐다.[26] 이는 또한 브라만들의 권위를 확인시켜줬고, 그들은 열의를 가지고 문집 및 주석과 더불어 새로운 텍스트를 쓰기 시작했다.

다르마샤스트라 텍스트 중 남아 있는 것은 10편에 불과하지만, 학자들은 인도의 작가들이 다르마샤스트라를 적어도 100편을 썼으리라고 본다. 역사학자들에게는 실망스럽게도, 인도의 열대기후에서는 천이나 야자수 잎, 심지어 동판에 쓰인 필사본조차 빠르게 변질한다. 가장 인기 있는 것들, 그러니까 수 세기에 걸쳐 다시 복사되고 다시 쓰인 것들만이 살아남는다. 그런데 8~9세기부터는 학자들이 이전 텍스트와 그에 대한 주석 중 가장 중요하다고 생각되는 내용의 요약본을 작성하기 시작했고, 이는 전통과 학문을 보존하는 데 도움이 됐다. 10세기부터 인도를 침략한 이슬람 정복자들이 힌두교 저자들에게 자신들의 법적 전통을 공고히 하고 증진하기 위한 또 다른 동기를 제공했을 것이고, 중세 인도 왕들은 아마도 이 편집물의 많은 부분을 주문하고 후원했을 것이다.

다르마샤스트라의 창조자이자 해석자로서 브라만은 강력한 힌두 왕 앞에서 의례의 권위를 주장할 수 있었다. 그러나 인도는 16세기에 무굴이 제국을 건설할 때까지 정치적으로 통일되지 않았으며, 브라만들이 의례적 권위를 견제 없이 행사하도록 모든 왕이 내버려두지는 않았다.[27] 굽타(Gupta)제국이 북쪽 대부분을 차지했던 4세기부터 많은 브라만이 자신들의 의례와 법을 가지고 제국의 경계를 넘어 남쪽으로 이동했다. 6세기경에는 모험적인 장인들을 따라 캘리컷을 비롯하여 서부 해안의 부유한 지역인 케랄라(Kerala)로 가서 지역 통치자들에게 새로운 사상을 소개했다. 지역 왕들과 강력한 씨족 지도자들은 틀림없이 브라만들의 정교한 의례, 그들이 숭배하는 신들의 자질, 다르마의 규칙에 따라 살아가는 삶에서 얻을 수 있는 이익에 대한 약속에 깊은 인상을 받았을 것이다. 또한 당시 저명한 종교 전문가들을 후원함으로써 자신의 지위를 높이고자 했을 것이다. 브라만들은 현지 주민들과 통치자들을 힌두교의 의례 방식과 믿음으로 전향시키면서 자신을 스스로 종교적 권위자로 세우고 사원을 설립하며 상당한 부를 쌓았다.

굽타제국이 6세기 후반에 붕괴한 후, 많은 이슬람 지도자가 인도 북부에 침입하여 술탄의 나라를 세웠다. 그러나 대부분은 힌두 왕이 충성을 대가로 권위를 유지하고 자신의 영토와 백성을 계속 관리하도록 허용했다. 더 경건한 사람들은 브라만의 권위와 다르마샤스트라 텍스트 및 전통의 지침을 계속 존중했다.

다르마샤스트라의 규칙은 범위가 상대적으로 제한적이었지만 후대의 학자들은 지역 통치자, 조합, 협의회와 함께 사회적 규제 및 법적 절차에 대한 보다 자세한 규칙을 마련했다. 그렇게 함으로써 사법절차에 대한 샤스트라의 규칙과 대여금 반환청구의 요건이 어떻게 증명될 수 있는지 등에 관한 지침을 따랐다. 규칙은 각기 다른 서류의 가치를 명시했고 법적 사건에서 증인으로 부를 수 있는 사람은 누구인지, 증인을 어떻게 신문해야 하는지, 증거를 어떻게 평가해야 하는지, 판사가 서약과 시죄를 언제 어떻게 사용해야 하는지, 위증죄에 부과해야 할 처벌은 무엇인지를 명시했다.[28]

다르마샤스트라에 따르면, 법이 무엇인지 선언하는 사람은 브라만이고 왕은 이를 시행해야 한다. 실제로는, 많은 통치자가 주로 권력을 유지하고 경쟁자들과 맞서며 세금을 올리고 서비스를 제공할 수 있는 안정적인 경제기반을 구축하는 데 주로 관심을 뒀을 것이다. 그리고 더 강하고 더 호전적이며 무자비한 왕들은 지역 브라만들이 뭐라고 조언하든 아마도 권위주의적인 명령을 내렸을 것이고, 관리들에게는 반항하는 모든 사람을 처벌하도록 지시했을 것이다. 그러나 힌두 왕들이 쓴 연대기와 돌과 기둥에 새긴 비문에서 그들은 지방법을 선포하고 청원을 듣고 다르마의 요구사항에 따라 분쟁을 해결한다고 주장했다.

사건 기록이 소수만 남아 있지만, 중세 이야기와 시인들의 시에 분쟁을 다루는 왕이 묘사돼 있다. 실제로 왕들은 텍스트 및 법 해석의 어려운 점에 대해 브라만협의회인 요감(yogam)과 상의할 수 있었고 종종 그렇게 했다. 16세기경 캘리컷은 자모린이 통치했지만, 지방의 브라만들은 요감을 형성했다.[29] 요감은 주요 법적 분쟁에서 판결을 내렸고, 가장 심각한 범죄에 대한 고발을 접수했으며, 처벌을 집행하기 위해 그 결정과 판결을 자모린에게 넘겼다. 이런 방식으로 브라만은 옛 문헌을 해석하고 자신들의 사상을 새로운 맥락에 적용할 책임을 지면서 법적 전통의 수호자라는 지위를 유지했다. 다르마샤스트라가 규정한 대로 브라만은 법이 무엇인지 선언했고, 통치자는 그것을 시행할 책임이 있었다.

수 세기에 걸쳐 인도의 여러 지역에 있는 브라만들의 협의회는 지역 규칙을 관리하고 새로운 텍스트와 주석에서 규칙의 의미를 설명했다. 예를 들어 18세기 케랄라에서는 간통이 특별한 관심사가 된 것으로 보이는데, 일부 브라만은 왕에게 간통 혐의를 어떻게 다루어야 하는지 상세하게 설명하는 법 문헌을 제작했다.[30] 해당 문헌에 따르면, 아내의 간통을 의심한 남자는 '다르마를 보호하고 보존'해달라고 군주에게 간청하면서 자신의 사건을 왕에게 직접 가져가야 한다. 그러면 왕은 또 다른 브라만인 법전 전문가가 수행할 조사에서 그 사람을 대표할 브라만을 임명해야 한다. 조사에는 조사관 네 명이 있어야 하며, 이들은 아마도 원고의 대표자로서 전문가에게 사건 내용을 알려줬을 것이다. 전문가는 왕의 브라만과 함께 원고의 집에 가서 벽 뒤에 숨어야 했다. 그는 벽 뒤에서 고발당한 아내를 신문하곤 했다. 왕의 브라만은 베일로 머리를 가린 채 조용히 들어야 했으며, 전문가가 실수하면 베일을 떨어뜨려야 했다. 이 조사를 끝낸 후, 전문가는 왕에게 보고해야 했다. 한편 왕의 브라만들은 이 과정을 계속 감시했고, 필요하다면 베일을 통해 더 많은 불만을 표시했다. 다르마샤스트라 텍스트에 기술된 과정은 비현실적으로 정교해 보이지만 브라만이 중심적 위치에 있음은 분명하다. 그리고 아마도 이 연극은 혐의의 심각성과 범죄혐의, 거짓말을 하거나 법을 왜곡하려는 모든 시도의 도덕적·영적인 결과에 대해 모든 사람에게 깊은 인상을 남겼을 것이다. 이것이 간통혐의에 대한 판결이라는 보편적인 문제에 대한 힌두식 답변이었다.

식민지 시대에 들어서도 힌두 왕들은 브라만의 조언과 다르마샤스트라에 규정된 법적 절차를 계속 따랐다. 예를 들어, 18세기에 부자 두 명이 미틸라(Mithila, 현재의 비하르) 지역에서 노예와 그 자손의 소유권을 주장했다. 이 사건은 현지 라자인 마두 싱(Madhu Sing)이 소집한 법원으로 넘어갔는데 판사들은 그 청구가 어떻게 제기되어야 하는지, 어떻게 기각될 수 있는지, 법원이 휴회와 증거 수집을 위해 얼마나 많은 시간을 할애할 수 있는지를 지시할 때 반복적으로 다르마샤스트라 텍스트를 언급했다. 그들은 샤스트라를 언급하며, 피고가 실제로 소지한 증거와 다른 노예가 청구인에게 제공한 증거의 상대적 강도를 어떻게 비교했는지 설명했다. 결국 서기관이 사건 기록에 남긴 바와 같이 법원은 주저 없이 청구를 기각했고, 서기관은 사건 기록을 작성할 때 다르마샤스트라 텍스트의 지침을 꼼꼼히 따랐다.[31]

왕, 브라만, 지역 집단 간의 관계는 모두 특정 가문 및 개인의 지역적 역학과 상대적 힘에 의존했다. 많은 경우 브라만은 종교적 범죄뿐만 아니라 살인, 절도, 방화 사건들을 심리하는 판사 역할을 했다. 때로는 강력한 브라만 가문들이 법과 질서를 직접 책임질 수 있었다. 12세기에 마르와르(Marwar, 현재 라자스탄의 조드푸르) 출신의 강력한 마하라자(maharaja: 과거 인도 왕국 중 하나를 다스리던 군주—옮긴이)가 지역 은행가들 및 상인들과 함께 자기 영토의 8개 지역에서 온 브라만 무리를 모아 음유시인, 웅변가, 왕의 문지기, 순례자, 물품 운송인 들에 대한 강도 사건들을 조사해달라고 요구했다. 이것은 마치 왕이 자신의 수행원을 보호하기 위해 자원을 제공한 것처럼 보인다. 브라만은 지역 협의회에 이 사건들을 조사하도록 지시하는 데 동의했고, '이 지역의 관습에 따라' 조사하겠다고 말했다. 만약 지역 협의회가 실패한다면, 그들은 '개처럼 죽을 것'이라고 합의문에 표현됐다.[32] 실제로 브라만들이 범법자를 조사하고 확인하고 처벌하기 위해 강력한 지역 가문, 직업 단체, 카스트에 의존하긴 했지만 브라만은 왕들보다 법과 질서를 더 잘 시행할 수 있었다.

지역 라자의 후원 아래 몇몇 브라만 가문은 강력한 지주가 됐다. 케랄라에는 서쪽 해안의 말라바르(Malabar)에 정착한 사람들이 있는데, 이 지역은 아대륙의 나머지 지역과 긴 산맥으로 나뉘어 독특한 지역 전통을 발전시켰다. 16세기 무렵, 캘리컷의 힌두 자모린은 해상무역을 장려하기 위해 이 지역의 몇몇 라자와 함께 해안가에 정착한 포르투갈과 네덜란드 상인들을 환영했다. 브라만은 다르마샤스트라와 그 외 문헌들의 사본을 가지고 갔는데, 이후 학자들이 이를 연구하고 현지 언어로 번역했다. 일부 지역 학자는 모계 풍습과 같은 지역적 규칙과 관습을 본문에 썼고, 점차 사람들은 이런 복합적인 본문을 자신들의 법으로 생각하게 됐다.

말라바르의 남쪽 지역에서는 브라만 반제리(Vanjeri) 가문이 거의 자치적인 영토를 사실상 통치했으며, 그곳에서 이 가문은 중요한 시바 사원의 수탁자였다.[33] 이들은 의례적 실천에 관해 조언할 뿐 아니라 사람들이 특히 토지를 사고, 팔고, 저당 잡힐 때와 같은 법적 거래와 사업 회계에서 표준 양식을 따르라고 요구했다.[34] 이런 양식 대부분은 다르마샤스트라의 언어와 밀접한 관련이 있는 문구 및 용어를 사용했다. 예를 들어 돈을 모을 필요가 있는 사람의 경우, 샤스트라 텍스트에 기술된 담보의 유형을 사용하여 토지를 저당 잡힐 수 있을 뿐만 아니라 쌀, 코코넛, 망고, 버터기름, 후추를 포함한 생산물과 소작인에게 받아야 하는 세금에 대해서도 질권을 설정할 수 있었다. 토지가 팔릴 때 당사자들은 물을 쏟아부어 거래 성사를 표시했는데, 이는 고대 문헌에서 선물을 주는 신호이자 토지 매도에 대한 기술적 금지를 우회하기 위한 수단이었다. 이런 방식으로 다르마샤스트라로부터 파생된 법적 양식이 지역 전체에 퍼졌다.

브라만은 또한 사람들에게 지역 관습에 대해서도 조언했다. 예를 들어 밭, 정원, 집, 가축의 적절한 가격을 결정하는 것이었다. 또한 브라만은 자신의 지역에서 일어난 범죄에 관한 조사와 판결에 관한 책임을 맡았다. 살인 혐의로 고발당한 사람을 재판하기 위해 반제리 가문의 우두머리가 자모린으로부터 협의회 소집 허가를 받은 사례도 있다. 그러나 브라만은 일반적으로 다르마샤스트라에서 규정하는 대로 처벌을 위해 범죄자를 지역 라자에게 넘겼다.

이런 방식으로 브라만의 영향, 의례의 의무와 순결성에 대한 브라만의 생각, 다르마샤스트라가 규정한 법적 형태, 그리고 다르마샤스트라 텍스트로 표현된 전체 계급은 의례 전문가로부터 실제 일상생활에까지 스며들었다. 브라만은 주로 토지를 두고 벌어지는 다툼에 대해 소송을 제기할 수 있는 형식을 명시함으로써 다르마샤스트라의 해석과 성문화되지 않은 지방법의 관행을 통제했다. 규칙, 협약, 법령, 다르마에 따른 행위(종교 기부금), 왕실 훈령을 지칭하기 위해 샤스트라에서 사용된 용어들은 모두 지방법과 텍스트에 적용됐다.

일부 브라만은 왕궁에서 세속적인 삶을 즐겼으며, 그곳에서 왕실 후원자들을 찬양하는 긴 추도사를 낭독했다. 저명한 족보, 상서로운 결혼, 전쟁터에서의 영웅적인 위업을 찬양하는 내용이다. 그러나 모든 브라만이 부를 추구하지는 않았다. 이런 화려한 시인들과는 대조적으로, 많은 저명한 브라만은 보다 금욕적인 삶의 방식으로 전향했다.[35] 11세기에 남부 인도의 찰루키아(Chalukya) 황제는 중요한 다르마샤스트라 텍스트에 대한 확장된 주해를 수십 년에 걸려 편찬한 비즈냐네시바라(Vijnyaneshvara)라는 이름의 현자를 후원했다. 양산과 부채를 들고 장군들과 경비병, 왕비와 아이들, 상인 조합 대표들, 그리고 먼 나라에서 온 외교관들과 함께 다니던 브라만의 눈에는 몹시 마르고 동냥 그릇과 갈대 3개를 묶어 만든 지팡이를 들고 다니는 그의 행색이 힌두 왕궁에 어울리지 않는다고 느껴졌을 것이다. 그럼에도 비즈냐네시바라는 다른 금욕주의자들처럼 힌두 사회의 도덕적 토대를 대표하는 사람으로 존경받았다.

이 모든 의례 전문가는 적어도 이론적으로는 불변의 베다 전통에 대한 수호자이자 해석자였으며, 궁극적인 권위를 주장하는 법을 시행하고 적용하는 것은 왕의 의무였다. 그러나 이런 생각들은 특히 브라만의 영향력이 아리아인의 심장부 너머로 확장되고 새로운 집단의 사람들이 그들의 문화적 영역으로 이끌려 들어오면서 긴장을 일으켰다. 학자들은 아리아인이 아닌 족장과 군벌이 바르나 체계에 어떻게 통합될 수 있을지 토론했고, 일부는 타협하지 않았다. 엄밀히 말하면, 외부인들은 수드라일 수밖에 없었다. 한 브라만은 서부 인도의 규모가 크고 호전적인 씨족의 지도자인 라지푸트(rajput)조차도 혼혈이므로 수드라로 취급되어야 한다고 주장했다.

이 의견이 라지푸트들의 힘을 약화하지는 않았지만, 그들을 괴롭힌 건 사실이다. 17세기 중반, 라지푸트의 군벌 중 한 명인 시바지(Shivaji)가 명성을 얻었다.[36] 그는 전투, 정복, 요새 건설, 전략적 동맹을 통해 점차 이 지역을 지배하고 있던 이슬람 족장들과 경쟁할 힘을 얻었고, 1674년에는 왕이라는 칭호를 받기로 했다. 그러나 라지푸트라는 그의 지위가 문제가 됐는데, 그마저도 허구였을지 모른다. 그가 지역의 악명 높은 정통 브라만들의 존경을 받고 무굴 황제 아우랑제브(Aurangzeb) 옆에서도 당당히 행동할 수 있으려면 군사적 · 정치적 권력뿐만 아니라 크샤트리아의 지위가 필요했다. 그래서 시바지는 라지푸트의 지위에 대해 중요한 의견을 쓴 저자의 조카이기도 한 유명한 브라만이자 힌두법 전문가에게 눈을 돌렸다. 수 킬로미터 떨어진 바나라시(Varanasi)에서 그를 소환한 왕은 크샤트리아 유산을 확인시켜줄 족보를 기대한다고 분명히 밝혔다. 브라만은 시바지가 크샤트리아로 구성된 상위 계층의 라지푸트 씨족 후손이라는 취지의 의견을 전달했다.

그런 전문가가 쓴 의견에 대해서는 누구도 이의를 제기할 수 없었고, 시바지는 브라만에게 눈에 띄게 많은 양의 금으로 보상했다(나중에 그 브라만은 자신이 보상에 관심이 있었던 건 아니라고 선언했다). 그 후에는 불행히도 소멸한 시바지의 크샤트리아 지위를 회복하기 위해 화려한 의식이 열렸다. 시바지는 베다 의례에 따라 아내(또는 아내들)와 재혼하고 왕족의 상징을 받아 '왕실의 우산을 쓴 군주'가 됐다. 이레 동안 신하, 사제, 음악가, 시찰 나온 고관, 많은 관중이 대관식, 즉위식, 개선 행렬에 참여했다. 행사에는 목욕과 의례 식사가 포함됐고, 새로운 왕에게 소·말·코끼리·보석·비단 등을 선물하기 위해 모든 지역에서 사람들이 도착했다. 브라만은 산스크리트어로 만트라를 외쳤고, 관찰자들은 후세를 위해 그 사건들을 기록했으며, 왕이 새로 임명한 관료들과 장군들은 충성심과 지지를 보여주기 위해 왕 주위에 모였다. 의식이 끝나자, 왕은 순회하며 선물을 나눠주고 호화로운 잔치를 후원했다. 결국 이 비용은 일반인들이 부담하게 될 것이었지만, 사람들은 무척 감명을 받았다. 의식은 전 세계에 왕의 부와 권력을 보여줬다. 그러나 먼저 그는 법적으로 자신의 지위를 누릴 자격이 있다는 것을 증명해야 했다. 그러려면 저명한 브라만의 확인이 필요했다.

브라만들은 카스트에 대한 생각을 변함없이 고수했다. 부도덕한 행동, 특히 살인, 음주, 절도, 간통을 통해 카스트 지위를 잃을 수도 있지만 각 카스트에 고유한 직업이 있다고 주장했다.[37] 그러나 직업들은 최초의 샤스트라가 쓰이는 동안에도 급증했고, 새로운 부계급들이 끊임없이 형성됐다. 직업과 카스트의 궁합은 절대 완벽하지 않았지만, 점차 직업이 세습됐다. 새로운 집단은 여러 면에서 오늘날까지 지속되는 의례와 경제적 계층을 형성했다.[38] 기본적으로 평등주의적인 붓다의 메시지와 달리 브라만은 자신들의 모든 법을 카스트, 생애 단계, 성별, 가족 상황, 직업과 연결했다. 이런 방식으로 다르마샤스트라가 만트라, 금식, 명상, 공양을 강조하는 것은 그들 계급의 구성원들이 따라야 할 이상적인 생활 방식의 이미지와 함께 엄격한 카스트 계층을 공고히 하고 강화했다.[39] 이 제도는 여성이 술을 마시고, 잘못된 사람들과 어울리고, 방황하고, 다른 사람들의 집에 사는 등의 부패한 행위를 하기 쉽다고 보는 것이기도 했다.[40]

당연히 하위 카스트의 많은 사람이 자신의 범주에 도전하거나 그 의미에 이의를 제기하려고 했으며, 일부는 특히 브라만적 구조와 더 오래된 가족적·직업적·지역적 구분이 조화를 이루어야 했던 인도 남부에서 복잡하고 교착된 법적 소송을 시작했다.[41] 12세기에 캄말라(Kammala) 장인들은 사원 건축의 호황 덕분에 번성했다.[42] 일부는 상당한 수입을 얻었고 자신이 라타카라(Rathakara) 카스트의 일원으로서 높은 지위에 있다고 주장할 만큼 자신감도 얻었다. 전차와 마차를 만들고 목공, 금속 세공, 주택 건축 및 관련 기술을 수행한 라타카라는 이미 높은 지위의 집단으로 자리 잡았으며 때로는 브라만과도 경쟁했다. 그래서 종교 전문가들은 걱정했다. 그들은 이 문제를 논의하기 위해 협의회를 소집했고 논쟁을 요청했으며, 항상 일관된 의견을 제공하지는 않는 학문적 문서를 참조했다. 결국 서로 다른 두 평의회가 비슷한 결론에 도달했는데, 후손을 위해 이를 돌 비문에 기록했다. 평의회는 더 하찮은 일을 하는 캄말라가 라타카라의 공예와 전문적인 건축 활동을 선택할 자격은 없지만, 더 숙련된 일을 이미 하고 있다고 합리적으로 주장할 수 있는 사람들은 자신들의 영업을 계속할 수 있다고 결정했다. 그러나 사람들은 카스트를 바꿀 수 없었기 때문에 그들 사이의 구분은 그때부터 영구적이었다. 한 평의회는 조각과 공학을 실습하고, 과학 기구를 제작하고, 동상·궁전·저택·고푸람(gopuram, 기념비적인 탑)을 제작하고, 왕궁의 왕관·팔찌·실을 제작하고, 우상과 형상을 그릴 라타카라의 권리를 확인했다.

이런 도전을 고려하여 브라만들은 자신들의 권위를 끊임없이 위협하는 실천적·경제적·도덕적 힘에 맞서 수드라의 불변하는 다르마를 확인하고, 카스트제도를 확고히 하고, 그 안에서 자신의 위치를 확고히 하는 더 많은 전문 서적을 썼다.

인도의 왕국이 흥망성쇠하고, 이슬람 침략자들이 제국을 건설했다가 잃고, 유럽 상인들이 인도 남부와 동부에 발판을 마련하는 동안 브라만들은 계속해서 자신들의 텍스트를 읽고, 다시 읽고, 복사하고, 논평하고, 대조했다. 특히 종파적 긴장이 고조되면 더 많은 학문적 활동을 추구하는 사람들이 상의하고 의견을 모으곤 했다. 마하라슈트라(Maharashtra)의 의회와 개인은 바나라시에 있는 상대방과 편지, 법적 판단 및 의견을 교환하여 광범위한 학습 네트워크를 구축했다. 그러는 동안 그들은 샤스트라의 규칙에 설명된 대로 이상적인 다르마 모델에 따라 의례적으로 순수한 삶을 살았던 브라만 가장의 이상을 장려했다. 하위 카스트는 비록 같은 규칙을 따를 순 없더라도, 다음 생에 더 높은 지위로 태어나기를 갈망할 수 있었다. 이런 방식으로 샤스트라와 다른 힌두교 문헌의 학습은 한 명의 힌두 왕 아래 절대 통합된 적이 없는 사람들 사이에 공통점을 만들었다.

일상생활을 규제하고 정의를 실현하며 분쟁을 해결하기 위한 실용적인 규칙을 만드는 것은 주로 훨씬 더 작은 사회집단의 왕과 협의회에 맡겨졌다. 샤스트라는 어떤 공동체가 언제 그들만의 규칙을 만들어야 하는지를 규정했고, 이단자(불교도와 자이나교도)에게도 법적 자율성의 수단을 부여했다. 전통에 뿌리를 둔 지방법은 농부, 장인, 상인의 집단을 통합하고 구성원에게 기대되는 행동을 정의했지만 다르마샤스트라는 사회구조와 관계에 대한 공통의 비전을 제공했다. 한 학자가 말했듯이, 다르마샤스트라는 인도 사람들이 매우 다른 장소에서 다양한 방식으로 사용할 수 있는 사상과 장치의 원천인 메타 수준의 법이었다.[43] 따라서 카스트 계층의 최상위에 있는 사람들은 전근대 인도를 구성하는 제각각의 왕국과 공동체 전반에 걸쳐 비교적 통일된 사상과 규칙을 유지했다.

다르마샤스트라는 힌두교도들이 어떻게 살아야 하는지, 왕이 어떻게 사회질서를 유지해야 하는지에 대한 자세한 규칙을 모두 바르나의 계층에 따라 정했지만, 다르마샤스트라는 작동하는 법체계를 생성하지는 않았다. 더 중요한 것은 다르마샤스트라가 법관이 정의를 실현하는 데 무엇이 법적 관행과 사상과 원칙을 통합하는지에 대한 의식을 제공했다는 것이다. 샤스트라는 힌두법의 본질과 그것을 시행할 책임을 진 사람들의 의무를 보여줬다. 결국 생계와 전통이 매우 다른 다양한 도시 및 농촌 마을, 조합, 사원에 흩어져 있던 인도인들은 다르마샤스트라에 명시된 바와 같이 자신들의 카스트에 적합한 역할, 의무, 책임의 관점에서 좋은 힌두교도로 사는 것을 정체성이자 의무라고 생각하게 됐다.

브라만의 학문과 텍스트는 왕과 사람들이 이미 다른 종교로 개종한 동남아시아의 매우 다른 지역에서 활동하는 입법자들에게도 영감을 줬다. 예를 들어 힌두교 브라만들이 마누의 다르마샤스트라를 만든 지 약 700년 후, 버마(미얀마)에 있는 몽족(Mon) 사제들은 왕이 법문을 만들라고 요청했을 때 다르마샤스트라를 예로 들었다.[44] 왕들은 불교를 받아들였고 수도 바간(Bagan)에 멋진 스투파를 짓고 있었다. 그러나 벵골만을 가로지르는 인도의 세련된 문명에 영감을 받아 왕들은 이제 학자들에게 그들 자신의 법 문서를 만들도록 지시했다. 몽족 사제는 동남아시아 불교의 언어인 팔리어(Pali)로 글을 써서 담마사타(Dhammasattas)라고 하는 텍스트를 만들었다. 담마사타는 다르마샤스트라의 형태를 따랐고, 법적 분쟁도 똑같이 18개 부분으로 나누었다. 하지만 몽족 사제들은 다른 기원의 이야기를 만들어내야 했다. 사제들은 최초의 불교 왕은 자신들의 땅에서 발생한 혼란을 종식하기 위해 백성들이 선택했고, 그는 은둔자 마누에게 눈을 돌려 천상에서 배운 법을 읊었다고 말했다. 실제로 몽족 학자들은 지역의 많은 관습을 텍스트에 소개하면서도, 인도의 브라만처럼 보편적인 법에 따라 통치되는 이상적인 사회의 이미지를 창조했다. 그리고 그 사회에서 불교의 왕들은 법을 해석할 뿐이지 만들지는 않았다. 담마사타족의 지혜가 지역적 맥락으로 스며들 무렵 관습에 맞게 실질적으로 재작업이 이뤄졌지만, 텍스트는 이 번영하는 왕국을 통합하는 중요한 힘이었다. 2세기 후에 몰락할 때까지 몽족은 텍스트를 100개 이상 생산했다.

다르마샤스트라는 또한 몇 세기 후에 태국 불교에 도달했고, 마침내 캄보디아와 자바에 도달했다. 태국의 텍스트는 더 많은 부분으로 나뉘었지만, 많은 세부 사항에서 저자들이 베낀 게 분명한 바간(Bagan) 법과 유사했다. 이론적으로 왕들은 칙령을 공포할 수 있었지만, 공식적으로 새로운 법을 만들 수는 없었다. 태국 국왕은 법을 구체화해야 했으며, 현대의 한 작가가 표현했듯이 "국왕의 명령은 그것이 타당한 것이었을 때, 법으로 명시됐다".[45] 질서를 어지럽히는 자들을 처벌함으로써 사회의 질서를 유지하는 것은 왕의 의무였지만, 통치자 자신도 다른 모든 사람과 마찬가지로 다르마의 원칙에 종속됐다. 이것은 힌두교 브라만이 수 세기 전에 만든 왕과 사제 관계의 본질이었다. 이는 법치의 한 형태였다. 그럼에도 인도의 왕들과 마찬가지로 태국과 버마(미얀마)의 많은 통치자는 절대적이고 권위적이었으며 법 문서에 명시된 의무와 원칙에서 쉽게 벗어났다. 하지만 적어도 이론적으로는 법이 그들의 힘을 제한하고, 행동을 형성했다.

힌두법은 불변의 전통에 뿌리를 둔 정치적 프로젝트라기보다는 항상 종교적인 프로젝트였다. 그 이면에는 베다에 대한 고대의 불분

명한 계시들에 담긴 우주적 질서라는 관념이 있었다. 모든 인간의 의무는 그들이 어떻게 행동해야 하는지를 명시한 다르마의 규칙을 준수함으로써 그 질서를 유지하는 것이었고, 브라만들이 자신들의 법적 텍스트에서 수행한 것이 바로 이것이었다. 의무와 사건 및 활동의 결과에 대한 단순하고 일상적인 진술은 메소포타미아법처럼 고정성을 가진 규칙과 범주의 질서를 만들었다. 그러나 메소포타미아 왕들이 사회정의를 설계한 데 반하여 브라만은 우주적 질서를 염두에 두고 개인의 의무를 규정했다.

실제로 힌두교 전통은 세계에서 가장 엄격한 사회적 위계질서를 확립하고 확고히 했다. 그러나 종교법이 정치적 권력을 초월한다는 개념이 항상 있었기에 브라만은 왕에게도 어떻게 행동해야 하는지 말할 수 있었다.

Chapter 3

중국 황제들 : 법률, 처벌, 관료제

위대한 법체계가 세 번째로 등장한 곳은 중국이다. 이 역시 규칙과 범주에 따라 질서를 세웠지만, 의무의 질서나 사회정의의 프로젝트라기보다는 규율의 질서였다. 2000여 년에 걸쳐 중국의 법체계는 징벌적이고 규율적이며 탄력적이었다. 비록 각 왕조가 집권할 때 법을 개정하고 개혁하긴 했지만, 중국의 법체계가 형성한 전통의 수명은 놀라울 정도다. 더 놀라운 건, 그 체계가 20세기의 아주 짧은 기간에 완전히 사라졌다는 사실이다.

중국에서 법은 항상 권력과 통제의 도구였다. 긴 대나무 띠에 형벌 목록을 처음으로 새긴 통치자들의 야망은 몇 세기 전 메소포타미아 왕들의 야망과 크게 다르지 않았다. 그리고 그들의 작업 이면에는 인도 브라만의 사상과 유사한 우주론적 질서 의식이 자리 잡고 있었다. 그러나 중국인은 메소포타미아의 왕이나 힌두교의 종교 전문가와는 전혀 다른 법체계를 만들어냈다. 황제들은 사제 계급이나 그 외 전문가들이 입법자로서 자신의 권위에 도전하는 것을 절대로 허용하지 않았다. 그들은 스스로 법의 지배를 받는 것을 성공적으로 피했다. 질서에 대한 그들의 비전은 징계와 처벌 중 하나였다.

기원전 7000년 무렵에 중국 북부의 농부들은 황하를 따라 제방을 쌓았다.[01] 이를 통해 강둑을 따라 경작할 수 있는 비옥한 땅이 펼쳐졌다. 그곳에서 기장을 심고 돼지를 키웠다. 정착지가 성장함에 따라 그들은 옥으로 장식품을 조각하고 구리와 청동 도구를 만들었다. 또한 통치자들은 갑골을 사용하여 미래를 예언했고, 정교한 매장 의례를 발전시켰다. 기원전 2000년경에는 넓은 지역에 걸쳐 사람들이 공통된 믿음과 관습을 공유했고 최초의 작은 국가가 등장할 무대가 마련됐다. 최초의 왕조인 하(夏)나라의 통치자에 대해서는 마지막 왕이 기원전 1600년에 은나라라고도 알려진 상(商)나라의 첫 번째 왕에게 전복됐다는 점을 제외하고는 거의 알려지지 않았다.

상나라는 공통 조상을 가진 씨족으로 구성된 인구를 관리해야 했다.[02] 일부는 유목민이었고 일부는 정착지를 형성했는데, 시간이 지남에 따라 양쪽이 결합하여 작은 성벽으로 둘러싸인 마을을 세웠다. 상나라 왕들은 막대한 부를 축적하여 거대한 지하 저장 구덩이가 있는 궁궐과 사원을 건설했다. 그 후 500년 동안 작업장에서는 토기, 도자기, 칠기, 무기, 악기와 함께 청동, 옥, 석조 공예품이 만들어졌다. 상인들 사이에서는 개오지(cowrie) 조가비가 화폐로 쓰였으며, 미래를 예측하고 중요한 행사를 치르는 데 가장 상서로운 날을 확인하기 위해 거북 등딱지와 소뼈를 사용하는 점쟁이가 모든 정착지에 있었다. 왕 자신도 점쟁이였다. 왕은 강력한 군대를 이끌 뿐만 아니라 중국 역사 전체에 걸쳐 이어진 양식으로 의례적 지위와 정치권력을 결합하면서 조상과 신들에게 가장 화려한 제물을 바쳤다.

상나라는 몇 세기 동안 비교적 큰 손해를 입지 않은 중국 북부를 지배했지만, 기원전 1027년에 주(周)나라의 침략자들이 서쪽에서 중원을 휩쓸었다. 그들은 상나라를 무너뜨리고, 일련의 군사작전을 통해 다양한 인구가 있는 넓은 지역을 지배했다. 다양한 사람들을 통치하기 위해 그들은 중세 유럽의 봉건적 양식과 다르지 않은 분권화된 시스템을 구축했다. 왕들은 충직한 장군과 관리들에게 토지로 보상했고, 아들·형제·친척들을 전략적인 요충지와 국경 도시들에 파견했다. 초대 왕이 형제를 새로운 제후국의 제후로 임명하면서 충고의 기록인 강고(康誥,『서경(書經)』의 편명)를 썼는데, 이 기록은 오늘날까지 남아 있다.[03] 왕은 기록에서 형제에게 이전 왕들의 활동을 조사하고, 그들로부터 백성들을 보호하고 통제하는 방법을 배우라고 지시했다. 또한 상나라 사람들이 자신에게 법적인 사건을 가져온다면, 특히 사형이나 절단형이 필요할 경우 이전의 규칙을 알고 올바르게 적용할 수 있는 특별 임명된 관리들에게 의뢰해야 한다고 말했다. 주나라 사람들이 저지른 죄에 대해서는 제후가 직접 처벌해야 한다. 다만, 더 가혹한 처벌을 받아야 하는 고의적이고 지속적인 범죄자들과 의도치 않게 또는 일회성으로 위반한 사람들을 구별하여 관용을 베풀고 절제해야 한다. 그리고 제후는 가사사건을 특별히 심각하게 다루어야 한다. 왕은 아들이 아버지를 공경하지 않고 아랫사람이 손윗사람을 공경하지 않으면 "하늘이 우리 백성에게 준 규범이 문란해질 것"이라고 말했다. 왕들은 형벌을 부과하는 것이 질서를 유지하는 길이라고 생각했다. 이들은 관리들이 직무를 제대로 수행하지 않고 올바른 처벌을 내리고 있지 않다며 때때로 불만을 토로했다. 인도 평원의 아리아인들처럼, 그들도 사회가 번영하려면 사람들이 존중하고 왕이 지지해야 한다고 믿는 신성한 이상인 우주론적 질서에 대한 의식이 있었다.

주나라의 왕들은 또한 법적인 청원을 받아들였고, 결정을 내릴 재판관을 임명했다.[04] 군 관리와 그 밖의 관리들은 귀족 가문과 함께 상업적 거래와 절도 또는 위증 혐의와 토지 양도에 관하여 소를 제기했다. 그리고 많은 이들이 혈통에 대한 제사를 지낼 때 제물이나 음식을 바치는 데 사용한 청동기에 대한 결정 사항을 기록하여 사원에 보관하고 중요한 회의와 군사행동에 대한 기록을 남겼다. 기원전 10~8세기에 주나라가 서쪽으로 도망갈 때 묻힌 그릇들은 이런 과정에서의 양식과 형식을 보여준다. 재판관들은 사건을 종결하기 위해 소송당사자들에게 서약을 하도록 요구했다. 예를 들어 토지에 관하여 배임한 혐의로 유죄판결을 받은 한 사람은 밭을 돌려주겠다고 맹세하고, 그렇게 하지 않을 경우 신들에게 징벌을 청하겠다고 맹세해야 했다. 광(鄺)이라는 사람의 신하들이 호(胡)에게서 많은 양의 곡식을 훔쳐 가자, 호가 왕의 신하들에게 불만을 제기했다. 임명된 재판관은 광에게 곡식을 두 배로 갚으라고 명령했지만, 하인들은 도망쳤고 안타깝게도 광은 그 명령에 따를 수 없었다. 일련의 추가 심리에서 재판관은 집요한 호를 만족시키지 못한 채 배상으로 점점 더 많은 밭과 인력을 제시했다. 재판관은 규칙의 엄격한 적용을 요구했다.

관리들은 또한 화폐에 관한 규정을 만들었다. 상인들은 개오지 조가비와 더불어 비단과 옥판, 사슴과 호랑이 가죽, 심지어 하인들까지도 지급수단으로 사용했다. 그런데 새 규정을 위반했기 때문에 노동력의 사용에 대해 지급하기로 동의한 액수를 말과 비단으로 바꿀 수 없다고 채권자가 주장한 경우도 있었다. 이런 결정들 사이에서 패턴이 나타났을 것이며, 이 패턴은 이미 주나라 체제가 쇠퇴하고 있을 때 나타난 최초 성문법의 선례를 만들었다.

기원전 771년, 오랑캐들이 주나라의 수도를 습격하여 왕을 죽이자 후계자들은 동쪽의 낙읍(洛邑)으로 이주했다. 그러나 주나라는 중국 중부의 많은 지역에 대한 권위를 계속 주장했다. 주나라의 왕은 의례를 행하고, 집회를 소집하고, '복종하지 않는' 왕국을 공격하기 위해 때때로 군대를 소집했다. 다음 세기는 춘추시대로 알려져 있다. 주나라 왕들은 주민들을 거의 통제하지 않고 지방 통치자들에게 많은 활동을 위임했는데, 그 덕에 주나라 사람들은 과학기술을 크게 발전시켰다. 철의 도입 이후 농업기술을 개발했고, 청동 동전을 만들었고, 무역을 확장했으며, 장식품과 사치품을 제작했다. 또한 사람들은 특히 마을에서 옛 씨족보다 가족 단위와 더 일체감을 가지게 됐다. 학자들

은 이런 방식으로 그들이 중국인이라는 공통의 정체성을 형성하기 시작했다고 믿는다.[05]

주나라의 왕들은 계속해서 대규모 회의를 소집했는데, 이 회의에서 영주들은 서약서로 충성을 맹세하고 이를 희생 동물과 함께 묻었다.[06] 즉, 왕들이 무너져가는 왕국을 하나로 묶기 위해 법적 문서를 사용한 것이다. 한편 영주는 평화와 안정을 유지하기 위해 정부와 형벌을 확대했다. 기원전 7세기에 제(齊)나라의 재상인 관중(管仲)은 정치에 관한 책을 써서 왕을 설득하여 새로운 정책을 시행하게 했다. 그는 통치자는 인구 증가를 촉진해야 하고, 소금·철·포도주를 독점해야 하며, 세금 체계를 중앙집중화해야 한다면서 강력한 통치자는 강력한 군대와 강력한 규칙을 사용하여 평화를 강요할 수 있다고 선언했다. 그의 책은 광범위한 행동을 규제하는 정치체계를 설명한다. 그 밖의 통치자들은 관료제를 확립하고 법을 기록하기 시작했다. 진(晉)나라의 새로운 제후는 기원전 620년에 광범위한 행정개혁 계획을 세워 관직을 체계화하고, 법을 통해 죄를 '교정'하고, 법적 절차를 표준화하고, 계약의 사용을 확립하고, 작위를 회복하고, 가장 유능한 개인을 관직에 올릴 것을 제안했다. 그는 자신의 계획을 주나라의 최고위급 관리들에게 알려 주나라 전역에서 시행할 수 있도록 했다. 그들이 작성한 문서나 법에 대해 우리는 거의 알지 못하지만, 제후의 계획은 처벌을 체계화하기 위한 많은 새로운 법을 도입함으로써 질서를 확립할 수 있다고 가정했음이 분명하다.

이것은 하향식 개혁이었다. 제후는 왕에게 법을 올바르게 정리하도록 조언했다. 정돈된 법체계는 정돈된 국가의 기반이 될 것이었다.

다른 통치자들도 형벌 관행을 체계화했고, 서기를 고용하여 한 글자 너비의 긴 죽간에 명령과 규칙을 모두 적어 일반 대중이 볼 수 있도록 큰 판에 고정했다. 이 죽간은 마을, 역, 시장, 관문의 기둥, 여행자를 위한 숙소에 전시되어야 했다. 그러나 죽간은 부패하기 쉽고 화재의 위험이 있었기 때문에 자원을 가진 사람들은 휴대하기는 어렵지만 더 내구성이 좋은 청동 가마솥에 새겨 텍스트를 만들었다. 기원전 536년에 정(鄭)나라의 재상이 『형서(刑書)』를 청동 그릇에 새겨 넣었고, 진(晋)나라의 재상도 513년에 그 법을 따랐다. 이 관행은 곧 널리 퍼졌다.

이 시기의 원본 문헌은 남아 있지 않지만 『형서』가 사사(왕이 죄인에게 독약을 내려 자결하게 하는 일—옮긴이), 추방, 귀족에 대한 투옥 등 다양한 범죄와 범죄자의 계급에 대한 형벌을 제시했다는 증거가 있다.[07] 힌두교 브라만과 마찬가지로 중국 관리들도 사회질서를 유지하기 위해서는 적절한 행동양식이 중요하며, 무질서한 사회를 질서 있는 사회로 만들기 위해서는 사람·활동·범죄를 범주로 구분해야 한다고 확신했다. 중국 통치자들은 자신들의 사회를 설계하는 법의 힘을 주장했지만, 의례적 순결을 위한 규칙보다는 형벌 체계를 통해 질서를 확립해야 한다고도 생각했다. 그들은 당대에 정치적으로 분열되어 있던 인도와 이스라엘 통치자보다 훨씬 더 야심 차고 법의 힘에 더욱 확신이 있었다. 중국의 많은 국가가 분파와 반란 탓에 분열됐지만, 통치자들은 법을 통해 사회 전체에 질서를 가져오기 시작했다.

그러나 모든 사람이 주나라 왕과 그 동맹국의 활동에 만족한 것은 아니다. 영향력 있는 많은 사상가는 그들의 가혹한 통치 방식에 심각한 의구심을 나타냈으며, 그중에는 일반적으로 공자로 알려진 공부자(孔夫子)가 있었다. 기원전 551년에서 479년까지 살았던 공자는 근본적으로 새로운 국가관을 제시했다.[08] 그는 사회적 안정은 강하고 권위적인 왕을 필요로 하기보다는 임금과 신하, 부모와 자식, 어른과 어린이, 친구 사이, 남편과 아내의 기본적인 관계에 달려 있다고 주장했다. 그는 능력과 노력에 따라 자기 운명을 결정하는 교양 있고 도덕적인 개인인 '군자'의 중요성을 강조했다. 군자는 통치자가 되기에 가장 적합한 사람이었다. 왕은 법과 형벌을 통해 질서를 확립하는 것이 아니었다. 오히려 사회질서는 도덕규범을 따르고, 의례와 의식을 올바르게 행하고, 학문을 계속하며, 무엇보다 부모에게 충성해야 하는 개인의 행동에서 비롯됐다. 공자는 여러 면에서 기본적 가족의 확장처럼 보이는 국가를 묘사했는데, 가장을 중심에 두는 브라만들의 주장과 다르지 않았다. 공자는 법이 사회적 위계를 어지럽힐 것이라는 근거로 법을 공표하는 관행을 비판한 것으로 유명하다. 그는 새로운 법전 중 하나, 아마도 진나라의 법전 중 하나를 언급하면서 "사람들은 가마솥에 대해서만 생각할 것이다. 그들이 어떻게 귀족을 존경하겠는가? 귀족들은 어떻게 자신들의 재산을 보존할 것인가? 귀천의 구분 없이 어떻게 왕국이 있을 수 있겠는가?"라는 질문을 던졌다.[09] 그의 견해에 따르면 질서는 통치자가 모든 사람에게 적용하는 법이 아니라 안정된 사회계층에서 나와야 한다.

공자의 사상은 많은 현대 학자에게 상상력을 불러일으켰다. 『춘추좌씨전』으로 알려진 주석서에서 공자의 제자 중 한 명으로 추측되는 저자는 정(鄭)나라 법전에 대해 장황한 비난을 퍼부었다. 그는 이전의 통치자들이 법을 만들지 않은 것은 사람들이 툭하면 소송을 하도록 부추기지 않기 위해서였다고 지적했다.[10] 오히려 이전의 통치자들은 "사람들을 의(義)로 억제하고, 훌륭한 통치로 결합하고, 인(仁)으로 양성했다." 저자는 모든 형태의 처벌에 반대하는 것은 아니지만, 보상과 아울러 처벌은 글로 환원되지 않고 자비롭고 확고하게 시행되어야 한다고 생각했다. 왕은 길잡이와 본보기가 되어야 하고 슬기로운 관리, 믿음직스러운 어른, 자비로운 스승은 질서의 지배를 확신해야 한다. 저자는 사람들이 법적 텍스트를 알게 되면 윗사람에 대한 존경심을 잃고 논쟁을 벌이고 법에 호소하며 목표를 달성하기 위해 공모하게 된다고 주장했다. 그러면 그들은 다스릴 수 없다. 광적인 소송이 난무하고 뇌물이 통용될 것이다. 그는 국가가 몰락하려 할 때만 입법을 도입한다고 결론지었다.

이것이 대체로 법에 대한 유교적 관점이었다. 위대한 철학자와 그 추종자들에게 문제가 된 것은 보상과 처벌의 체계가 아니었다. 『춘추좌씨전』의 작가는 강력하고 권위적이기까지 한 통치자 또는 관리와 귀족의 위계를 명시적으로 비판하지 않았다. 오히려 그는 법을 작성하고 공개하는 행위를 비판했다. 최근의 역사는 분명히 그를 법에 대한 불신으로 이끌었지만, 결과적으로 그는 법이 권력자로부터 독립적으로 존재하고 집행되어야 한다는 사상, 즉 법의 지배를 거부했다. 유교 학자들은 새로운 정치 계급에 의한 권력의 집중화를 분명히 반대했음에도 자의적 권력을 제한하거나 관리들이 자신을 기쁘게 하는 사람들에게 조력하는 것을 막는 법의 능력에 대한 믿음이 없었다.

성문법의 위험성에 대해 단호했지만 『춘추좌씨전』의 저자는 때때로, 특히 사회 변화의 기간에 통치자가 평화와 안정을 촉진하기 위해 성문법을 만들어야 할 수도 있음을 인식했다. 그는 중국 관리들에게 명백해 보이는 것, 즉 통치자가 규칙과 처벌 체계를 통해 인구를 통제하고 질서를 확립해야 한다는 점에 전적으로 반대하지는 않았다.

반란을 일으키려는 사람들을 위협하여 복종하게 하려는 주나라 통치자들의 노력에도 불구하고, 기원전 403년에 심각하고도 오랜 기간에 걸친 전쟁이 발발함으로써 전국시대가 도래했다. 많은 지역에서 힘이 센 관리들은 권력을 찬탈하기 위해 궁정 파벌을 동원하고 제후를 암살하기까지 했다. 덕의 모범을 통해 평화를 유지할 수 있는 도덕적 통치자의 사상은 먼 꿈처럼 보였을 것이다. 자신의 위치를 계속 유지할 수 있었던 사람들은 새로운 형태의 통제가 시급히 필요하다는 것을 알았다. 질서와 중앙집권화된 권력을 유지하기 위해 그들은 명확하고 보편적이며 일관되게 적용되는 법에 의존했다.

유학자들이 사상적 지혜로 지역 통치자들을 설득하지는 못했지만, 정치 지도자들은 여전히 학자들의 조언을 중요하게 여겼다. 주나라의 서쪽에 있는 진(秦)나라는 수십 년 동안 행정을 마비시키는 권력 투쟁에 시달렸다. 기원전 361년에 권력을 잡은 새로운 통치자는 관리로 봉사할 '군자'들을 초대했다. 많은 학자가 통치자를 찾아와 자신의 생각을 실행에 옮기면 틀림없이 부와 권력을 얻을 것이라고 약속하면서 특권을 위해 경쟁했다. 당시 다른 나라의 관리였던 상앙(商鞅) 역시 진나라 군주를 여러 번 알현한 끝에 자신의 정책을 시행하도록 설득했다.[11] 상앙은 사회문제가 법과 현실의 괴리로부터 발생하며 이는 일관성 없는 관행, 부패한 행정, 관리들의 무책임을 초래했다고 봤다. 따라서 명확하고 일관된 법적 규범이 필수적이었다. 그는 진나라가 농부들이 열심히 일하고 군인들이 충성하도록 보장하기 위해 보상과 처벌을 사용하는 새로운 성문 법령으로 구법을 대체해야 한다고 조언했다. 이것이 군주가 장려해야 할 유일한 목표였다. 상앙은 학문, 의례, 음악과 더불어 상인, 예술가, 장인의 관행을 대부분 경멸했다. 그가 보기에 백성들은 이전에는 어떤 정부도 필요 없이 평화롭게 살았지만, 무질서가 만연한 시대에는 왕이 효과적으로 통치할 수 있도록 학자들이 나서서 무거운 처벌이 있는 성문법을 만들어야 했다. 처벌이 모든 계층에서 균일하게 시행된다면 범죄를 막을 수 있을 것이다. 상앙의 관점에서 법은 전적으로 실용적인 문제였다. 정의는 법과 관련이 거의 없었고, 고대 전통을 따르는 것 역시 아무런 장점이 없었다.

일부 유교 학자는 이런 정책을 비판하며 중앙집권화의 위험을 경고했으나, 새로운 군주들은 이들을 무자비하게 쓸어버리고 모든 유교 문헌을 불태우라고 명령했다. 진나라는 상앙의 권유에 따라 정부를 재구성하여 중앙정부가 권한과 의무를 정의하고 통제하는, 봉급을 받는 관리들로 이루어진 공적인 관료제도를 만들었다. 상앙은 관료들에게 기록보관과 인구조사를 요구했고, 사람들을 5~10가구 단위로 조직하여 통치자가 임명한 관리 아래 현으로 통합했다. 각 가구의 가장이 구성원을 등록해야 했기 때문에, 전쟁이 벌어지면 관료들이 그들을 소환해 공공사업에 노동력을 제공할 수 있었다. 그들은 허가 없이 거주지를 바꾸는 것이 금지됐고 심지어 여행하는 것도 금지됐다.

통치자들은 약 150년에 걸쳐 점진적으로 이런 개혁을 도입했다.

또한 관료제 구성원들을 통제하기 위해 고안된 수많은 법을 도입했고, 관리들에게 이를 정확히 적용할 것을 요구했으며, 그렇게 하지 않은 부하가 있을 경우 징계할 것을 고위 관리들에게 명령했다. 왕들은 징집에 관한 명령과 같은 가장 중요한 명령을 금속 물체에 새겨 넣었고, 덜 중요한 규칙과 명령은 쉽게 운반할 수 있는 비단 끈으로 묶은 죽간에 새겼다. 그들은 도량형을 표준화했고, 심지어 승인된 용어와 어구의 목록을 발행하며 행정 언어를 통제하려고 했다.

이런 엄격한 통제체계를 통해 진나라는 권력과 부를 빠르게 늘렸고, 마침내 경쟁자들을 물리치고 기원전 221년에 일반적으로 최초의 중화제국으로 여겨지는 국가를 세웠다.

기원전 207년에 제국이 갑자기 붕괴할 때까지 지속한 진나라 법체계에 대해 우리가 알고 있는 대부분은 진나라 관리의 무덤에서 발견된 필사본에서 유래한다.[12] 무덤에는 달력, 점술 문서, 수학에 관한 저작만이 아니라 공무에 대한 지침도 들어 있었는데 대부분은 법에 관한 것이었다.[13] 기원전 244년 열아홉 살에 서기로 임명된 희(喜)라는 인물은 9년 후 법적 사건을 심리하기 시작했다. 그와 함께 묻힌 문서는 그가 매일 수십 가지 법령을 참조했음을 보여준다.[14] 공동 곡물 창고 관리, 군주의 사냥터 보호, 도로 수리, 말 및 소 사육 감독, 작물 수확량 기록과 같은 행정 사항이 가장 많았다. 그 밖에는 통화, 시장, 국경 통제 지점, 노동력 징발 및 등록, 관리 임명, 계급 체계, 보발꾼을 위한 식량 배급, 상급 지시의 전달에 관한 것이 있었다. 희는 또한 처벌에 관한 법과 적용 방법에 대한 주석서를 참고하고 자신의 조사와 신문을 기록으로 남겼다. 그중 한 사례는 직무를 제대로 수행하지 못한 현의 관리에 관한 것으로,[15] 병역의무 부과 명령을 전달받아야 하는 사람들에게 이를 전달하지 않았다. 그 밖에 감귤 나무를 재배할 예정이었으나 방랑자가 된 사람에게 군 복무를 강요하지 않은 사례도 있었다. 그가 근무하는 현에 있는 곡창의 채광창은 새가 들어올 수 있을 만큼 넓다는 사실, 어떤 사람은 관리가 임명장을 제대로 등록하기 전에 일을 시작했다는 사실, 정부의 무기고에서 석궁 100개가 사라졌다는 사실 등도 적혀 있었다.

문서들은 광범위한 형사처벌 체계를 통해 질서가 유지되어야 했다는 것을 보여준다. 문제가 발생하면 일반적으로 누군가가 다른 사람을 비행으로 기소하고 그 사건은 수사관 역할을 하는 서기 중 한 명에게 넘어갔다. 그러면 서기는 죄질에 따라서 올바른 형벌을 적용하게 되어 있는 현령에게 보고서를 보냈다. 그들의 형벌 체계에서 가장 낮은 형벌은 벌금이었다.[16] 그다음은 추방이었고, 그다음은 경비원이나 파수꾼 또는 하인으로서 가벼운 강제 노동을 하는 것이었다. 이 경우 낙인의 표시로 범죄자의 수염을 깎았다. 다음으로는 남성과 여성에게 각각 '땔감 줍기'와 '쌀 선별하기'라는 더 가혹한 강제 노동형이 있었다. 그다음은 코를 베는 것과 같은 가시적 절단형이 뒤따르는 '달구질' 또는 '곡물 탈곡'과 같은 가장 가혹한 형태의 강제 노동형이었다. 다만, 이 형벌은 지위가 높은 사람이라면 벌금으로 바꿀 수 있었다. 마지막으로 사형제도가 있었다. 실제로 현령은 특히 신체 절단형의 경우 범죄자의 지위 때문에 감형하는 경우가 많았다. 현령은 범죄의 다양한 범주와 살인 상황과 같은 요소에 따라 적절한 처벌을 결정할 수 있는 정교한 시스템을 탐색해야 했는데, 예컨대 범죄를 단지 알선하거나 공모한 사람들에 대해서는 더 가벼운 처벌을 해야 했다. 또한 가해자가 자신의 범죄를 신고한 경우 감형해야 했으며, 아동에 대해서는 기소가 가능한 최소 연령에 대한 규칙이 있었다. 한편 상앙의 조언에 따라 진나라는 연대책임 제도를 도입했는데, 이는 가족이나 같은 5가구 단위에 사는 사람들도 주범보다는 관대하지만 처벌을 받을 수 있음을 의미했다.

모든 활동에서 관리들은 신고를 받고 고려하는 것부터 피의자를 체포하고 가장 심각한 범죄자의 재산을 몰수하고 평가하는 것에 이르기까지 올바른 절차를 따라야 했다. 피의자를 신문할 때 더 많은 규칙이 적용됐고, 거짓 자백이 나오지 않도록 고문을 가하는 데 특히 신중해야 했다. 현령이 정확한 절차, 증거 평가, 적절한 범죄나 처벌에 대해 확신할 수 없을 때는 사건을 상급 기관에 회부할 수 있었다. 이 중 상당수가 희의 무덤에서 나온 죽간에 기록되어 있다. 그때마다 현령은 먼저 여러 동료와 상의했고 의견이 갈리면 사실, 증거 및 다른 견해를 군 단위의 관리들에게 보고했다. 그러나 군 관리가 현령의 결정이 잘못됐다고 판단하고 판단 착오에 대해 벌금을 부과할 수 있기 때문에 이것은 위험한 과정이었다. 사법 관리는 누구도 독립적인 전문가가 아니었다. 그들은 모두 고위 관청에 대해 주된 의무를 지는 공무원이었다. 정부와 사법부의 권력분립은 존재하지 않았다.

적어도 오늘날의 시각에서 가장 놀라운 것은 전체 법체계가 범죄와 처벌에 기반을 두고 있다는 것이다. 일부 사건은 상속이나 재산소유권을 둘러싼 '민사' 분쟁과 관련이 있지만, 중국 당국은 이를 범죄로 간주했다. 한 예로 결혼하고 자녀가 없었던 지위가 매우 높은 부유한 상인이 자신의 여성 노비 중 한 명과 두 자녀를 낳았는데, 이는 아마도 이 시대에는 흔한 일이었을 것이다.[17] 아내가 죽자 그는 그 상황을 받아들인 가문의 구성원들과 상의한 후, 노비를 풀어주고 그녀를 아내처럼 대했다. 그러나 상인이 죽었을 때 그녀는 상인의 모든 재산을 당국에 보고하지 않았고, 자녀들을 위해 그의 돈 일부를 숨기려고 했다. 그녀는 나중에 누군가가 자신을 신고할까 봐 두려워 자백하기로 했다. 사법 관리가 직면한 문제는 그녀를 어떻게 처벌할 것인가였다. 미보고죄는 중대했고 석방된 노비는 곡물 탈곡이라는 가장 가혹한 형태의 노동형을 선고받았다. 그러나 5급 상인의 아내는 쌀 선별로 감형을 받을 수 있었다. 또 그녀가 자백했기 때문에 처벌이 한 단계 더 낮아졌다. 관리들이 망설였던 문제는 상인이 혼인신고를 제대로 하지 않은 상황에서 그녀를 아내로 대해야 하는가였다. 정부가 결혼을 승인하는 책임을 졌지만, 많은 사람은 여전히 승인을 위해 혈통을 찾았다.

이것이 어려움의 끝이 아니었다. 또 다른 하인은 상인이 자신의 재산 일부를 주겠다고 약속했지만 유언장에 기록하지 않았다고 주장했다. 한편 상인의 아내는 하인이 자신에게 재산을 양도하라고 협박하려 했다고 주장했다. 1차 면담이 끝난 후 상반되는 증거에 직면한 관리들은 상인에게 유리한 증거를 제시하며 하인을 다시 신문했다. 그러자 하인은 주장을 철회했다. 관리들은 여전히 공갈에 해당할 만큼 증거가 명확하지 않아 판결을 받기 위해 사건을 군으로 보냈다. 이 사건의 쟁점은 상인의 아내와 하인 사이에 누가 상인의 재산에 대한 자격이 있는지에 대한 것이었다. 그런데 진나라 법제에서는 보고와 독직에 대한 형사사건이 되어 쌍방이 모두 처벌을 받았다.

상업 분쟁이 있는 상인과 토지 사용에 대해 논쟁하는 농민을 포함한 모든 중국 소송당사자는 자신의 주장을 형법 범주에 포함해야 했다. 사건을 법원에 가져간 사람들에게는 잘못에 대해 처벌을 받을 위험이 항상 있었을 터이므로 분쟁 대부분이 현령에게까지 가지 않았을 것이다. 재산, 부채, 계약, 경미한 싸움 및 폭행 사건은 어쩌면 오늘날에도 그러는 것처럼 마을이나 이웃 또는 친족이 지역적으로 처리했을 것이다. 그러나 분쟁이 법원까지 가면, 그 분쟁은 범죄와 처벌의 광범위한 목록과 비교해서 평가됐다.

희를 비롯한 진나라 관리들과 함께 묻힌 사건들은 공공사무에 대해 세심한 통제가 있었음을 보여준다. 관리들은 군대, 국경, 도로, 수로뿐만 아니라 공공 곡물창고, 창고 및 시장을 관리했다. 그들은 결혼과 상속 제도를 통제할 뿐만 아니라 적절한 고용에서 벗어난 사람들과 방랑자들을 추적했다. 정부의 긴 팔은 대부분 중국인의 일상생활에 깊숙이 침투했다. 진나라 사람들은 이제 시안(西安)의 고분군에 묻힌 엄청난 테라코타 전사로 기억되고 있지만, 그들은 제국 북쪽에 큰 성벽을 세우고 정교한 도로체계를 구축하는 등 다양한 공공사업을 수행한 이들이다. 이 모든 일에는 상당한 양의 강제 노동이 필요했다. 이것이 농민에게 큰 부담을 줬을 것이기에 징집, 강제 노동형, 방랑 및 도주 범죄에 관한 법이 왜 그리 많은지를 알 수 있다. 황제는 조직적으로 소수 엘리트의 손에 권력을 집중시켰고, 이는 지역 귀족의 지위와 권위를 약화했다. 결국 소수의 귀족이 불만을 품은 많은 농민을 선동하여 반란을 일으키게 할 수 있었다. 진나라가 제국을 세운 지 20년도

채 되지 않은 기원전 207년, 반란군은 황제의 죽음을 기회로 수도를 공격하고 정부를 무너뜨렸다.

반란군의 야심 찬 지도자는 자신을 고조(高祖)라고 칭하고 한(漢)나라를 세웠다.[18] 법의 가혹함을 이유로 진나라와 그 통치 체제를 강하게 비판했으면서도, 고조는 중국을 통일하려는 이전 왕조의 정책을 계승하여 정부의 구조를 확장하고 많은 법적 제도를 유지했다. 그는 현대의 시안 근처에 새로운 수도를 세우고, 시장을 설립하고, 실크로드를 따라 무역을 발전시켰으며, 관리들의 채용을 위한 시험을 시행했다. 공자의 철학에 이끌려 고조와 그의 후계자들은 자신을 '천자(天子)'와 '동양의 지도자'라고 칭했고, 제사를 지내고 점을 치고 조상숭배를 계속했다. 이제 박해를 면한 유교 학자들은 고전에 대한 광범위한 주석서를 썼고 황제들에게 좋은 교육이 모든 관직에 선임되는 데 필수적이라고 설득했다. 이런 생각은 관료제의 법률주의적 제도 및 관행과 충돌했는데, 관리 대부분은 기존 제도와 관행을 바꿀 이유가 없다고 봤다. 한나라 시대 내내 부패와 빈부격차를 경고하고 도덕적 모범을 통한 리더십을 옹호하는 유교사상에 동조하는 사람들과 정부의 독점을 강화하고 인구를 통제하며 엄격한 법을 강요하려는 사람들 사이의 논쟁이 계속됐다.

한나라의 황제들은 자신들의 정권과 법들이 선조보다 더 자비롭고 덜 복잡하다는 사실을 중시했지만, 가장 가혹한 진나라 법들을 차츰차츰 완화해나갔을 뿐이다. 그들은 농업, 공적 기록의 감사, 명령의 전송, 용역 제공, 관청 설치, 식량 배급, 시장에 관한 진나라의 법령을 유지하거나 베꼈다. 전임자들과 마찬가지로 그들은 경제를 관리하고, 관리들을 통제하고, 중요한 정보의 흐름을 유지하고, 노동력을 징발하며, 이념과 종교 관행을 통제하고, 가족구조를 감시하고, 상속과 재산 관계를 관리하는 데 법 제도를 이용했다. 국가의 통제에 저항하고자 하는 개인들은 도주하거나, 밀수를 하거나, 불법행위를 하거나, 반란을 조직하거나 아니면 법체계 자체를 이용하는 식으로 전략했다.

한나라 치하에서 계급이 상당히 낮은 사법 관리들이 계속해서 큰 권력을 행사했다. 그들은 어려서부터 훈련을 시작했고, 수많은 법령과 어려운 법률 용어, 문서의 종류에 익숙해졌다. 누군가가 고발을 하면 초동 조사를 하고, 고발 내용을 기록하고, 당사자와 증인을 신문·힐문하며, 자백을 받아낼 필요가 있다고 판단되면 직접 고문을 가하거나 감독하기도 했다. 그런 다음 증거를 수집하고 사안을 정리하여 현령에게 보내 결정을 내릴 수 있게 했다. 진나라 때와 마찬가지로 현령들은 정확한 절차를 따랐고, 지나간 사건, 특히 상급자에게 의뢰한 사건들을 기록으로 남겼다. 죽간에 자세하게 기록된 사건들은 영국 코먼로(common law: 주로 대륙법에 대립되는 '영미법'을 의미하고, 성문법에 대립되는 '불문법' 또는 '판례법'을 의미하기도 한다. 지역마다 각기 다른 법이 적용되던 13세기 영국을 노르만족이 지배하게 되면서 과거의 선례나 관습에 구속되어 모든 지역에서 통일적으로 적용되는 법체계를 구축했는데, 이것이 영국의 모든 지역에서 공통적으로 적용된다는 뜻에서 공통의 법을 뜻하는 '코먼로'로 불리게 되었다. 이 용어는 오늘날까지 사용되고 있으며, 현재는 주로 '영미법' 또는 '판례법'이라는 의미로 쓰인다 — 옮긴이)와 다르지 않은 선례 체계를 확립했다. 후베이성의 한 무덤에서 발견된 사례의 약 절반은 직무를 게을리하거나, 장부를 위조하거나, 절도나 뇌물공여죄를 저지르거나, 고문을 통해 부당한 유죄판결을 받은 관리들에 관한 것이었다.[19] 그리고 나머지는 도주하거나 석방되거나 매를 맞아 죽임을 당한 포로 또는 죄수와 관련이 있었다. 한 사건에서는 새로 정복한 영토의 지배 가문 출신 여성이 수도로 가는 길에 공식적인 호위를 받으며 달아났다. 또 다른 사건에서는 한 남성이 도망 중인 노비라는 사실을 모른 채 한 여성과 결혼했다. 일반적으로 이 사건들은 여러 차례 정교하게 정의된 범죄가 해당 사실에 적용될 때 정확한 처벌 수위가 어느 정도인지에 대한 의문을 제기했다.

후베이의 무덤에서 발견된 다음의 사례들은 법정 드라마에 대한 생생한 이야기를 제공하며, 이는 법적 목적은 물론 문학적 목적도 있었을 것이다. 한 문서에는 기원전 241년에 메뚜기 떼가 수도의 농장을 황폐화했고, 건장한 사람들이 모두 메뚜기 떼를 박멸하기 위해 밭으로 보내지면서 거리와 시장이 비워졌다고 기록되어 있다.[20] 이날 어떤 강도가 한 여성을 공격해 거액의 현금을 가로챘는데, 그 자리에서 비단 상인의 계약서 파편을 떨어뜨렸다. 기록에 따르면 대낮에 자행된 이 폭력적인 범죄로 그 도시의 주민들은 공포에 떨었고, 관리들이 조사를 위해 서기를 보냈다. 초기 작업에서는 단서가 나오지 않았으므로 현령은 거려(擧旅)라는 서기에게 조사를 요청했다. 신중한 질문에도 불구하고, 계약서 파편에 대해 무엇인가를 알고 있을지도 모를 비단 상인들 사이에서 답을 얻을 수 없었기 때문에 거려는 비행 청소년, 시장 상인의 하인, 남성 노예, 노복(남의 집에서 대대로 일하는 천한 신분의 남자—옮긴이), 외국인 임금노동자를 포함하는 '사회의 하층계급'

으로 이동하여 그들의 행동과 의심스러운 활동의 징후를 관찰했다. 이어 암시장 상인, 노숙자, 궁핍한 사람, 남창 등 훨씬 더 어두운 인물까지 찾았다. 마침내 공(孔)이라는 이름의 용의자를 찾아냈는데, 힐문 과정에서 공의 진술은 모순되고 신빙성이 없었다. 그런데 결정적으로, 폭행에 사용된 흉기가 공이 한때 소유했던 칼집과 일치했다. 이제 피의자는 자백했고, 거려는 '우수하고, 청렴하고, 성실하고, 충실한' 공직자로서 승진 후보로 지명됐다. 서기는 사건의 법적 세부 사항보다 자신의 영웅적 업적을 기록하고 미화하는 데 더 관심이 있었던 것으로 보인다.

또 다른 죽간은 외간 남자와 함께 성관계를 맺었다는 이유로 고발된 과부의 사례를 묘사하고 있다.[21] 설상가상으로, 두 사람은 시어머니 집에 있는 죽은 남편의 관 옆에서 발견됐다. 현령들은 명백히 논란의 여지가 없는 이유로 그녀를 시어머니에 대한 불효 혐의로 기소했고, 막 선고를 내리려던 참에 하급 서기가 돌아왔다. 그는 이 판결에 이의를 제기하면서 과부가 이제는 전 시어머니에게 효 의무를 지고 있지 않다는 것을 증명하면서 과부와 현령의 논리에 반하여 사건을 뒤집었다. 이 사건들을 편찬한 서기들은 극적 효과를 높이고 동료들의 영웅심을 기리기 위해 서사를 꾸몄다.

후베이성 무덤에서 발견된 또 다른 문헌에는 고위 재판관이 승인을 위해 제출한 사건에 대해 통치자와 고위 재판관 사이의 대화가 기록되어 있다. 재판관은 항상 판결로 이어진 법령과 사실관계를 발췌하는 것으로 시작하고, 각 사건에서 통치자는 처음에 당혹감과 불만을 나타낸다. 재판관은 자신의 판결 이유를 자세하고 설득력 있게 제시하며 용감하게 버티고, 결국 통치자는 그의 결정을 승인할 수밖에 없게 된다. 서기들이 이 기록을 교훈적인 선례로 삼거나 수습 관리들을 교육하기 위해 편찬한 것일 수도 있지만, 일부는 사법 관리를 영웅으로 묘사하는 방식 때문에 문학작품에 더 가깝다. 유족들은 기록을 무덤에 묻음으로써 사후에도 서기에게 계속해서 재미와 만족감을 제공하기를 바랐을 것이다.

이후 400년 동안 한나라 정부는 유교사상에서 영감을 받은 정책과 불안과 무질서의 시기에 더 적절해 보이는 엄격한 법 사이를 번갈아 오갔다.[22] 그리고 그동안 정부는 새로운 법령과 규정을 통과시켰다. 서기 94년에는 사형에 처할 범죄 610건, 징역에 처할 범죄 1698건, 기타 범죄 2681건이 있었다. 한 황제는 '지나치게 많은' 법과 장황한 제도에 대해 불평했다.[23] 이처럼 유교적 비판으로 어려움을 겪으면서도, 한나라 정부는 결코 능률적이고 조정된 법전을 만들지 않았으며 법이 늘어날수록 더욱 무질서해졌다.

한나라의 후기인 1세기와 2세기는 궁중의 음모와 부패, 황실 섭정, 아내, 어머니, 환관의 책략으로 얼룩졌다. 문학은 철학, 예술, 과학기술 혁신과 함께 계속 번성했으나 사회질서는 무너지고 많은 이들이 유교의 약속에 대한 믿음을 잃었다. 사회는 안정될 수 없을 것 같은 상태였다. 일부는 도교로, 또 일부는 기원전 2세기에 중국에 들어온 불교로 눈을 돌렸고 한나라 왕조는 결국 220년에 멸망했다. 이제 중국은 3개 왕국으로 나뉘었고, 수 세기 동안 정치적 혼란이 뒤따랐다. 정치적 혼란에도 불구하고 한나라의 많은 법령이 살아남았다. 통치자들은 행정적 필요에 맞게 법령들을 계속해서 만들고 수정하고 폐지했으며, 용감한 몇몇 학자는 법령들을 좀 더 일관성 있는 무리로 정리하려고 시도했다.

581년, 북주(北周)의 장군 양견(楊堅)이 왕위 계승자를 몰아낸 후 왕자 59명을 죽이고 수(隋)나라를 건국했다. 몇 년 안에 남쪽의 진나라도 정복함으로써 중국 전역에 대한 통치를 공고히 했다. 국가의 통일을 기념하기 위해 그는 새로운 법전을 공포했다. 이전의 통치자들처럼, 그는 자신의 의도가 더 정의로운 제도를 도입하고 전임자들의 가장 잔인한 형벌을 폐지하는 것이라고 선언했다. 그러나 실제로 그의 서기들은 한나라의 1735개 조항 중 많은 부분을 단순히 베꼈는데, 그중 몇몇은 700~800년 전 주나라와 진나라에 뿌리를 두고 있었다. 제도의 기본 형태 또한 극도로 형사적이었으며, 비록 감형 가능성으로 완화되기는 했지만 많은 범죄에 대해 중형을 요구했다. 중국을 통일하고 남북을 잇는 대운하를 건설하려는 양광(楊廣, 수양제)의 야심찬 계획과 그의 지속적인 군사작전에는 과도한 노동력과 군 징집이 필요했고, 백성은 이를 감당하기 위해 고군분투해야 했다. 이 때문에 불과 몇십 년 후, 억압에 지친 백성들이 반란을 일으켜 왕조를 전복했다.

권력의 경쟁자 중 한 귀족이 등장하여 618년에 당(唐)나라를 세웠다. 그의 아들 태종은 626년에 자신의 두 형제와 그들의 아들 열 명을 모두 죽임으로써 왕위를 계승했다. 이처럼 폭력적으로 출발했지만 후대의 당나라 황제들은 신중한 통치자였고, 훌륭한 고문들을 선택했다. 그들의 통치하에서 중국은 번영했다. 이후 150여 년 동안 수도 장안(현재의 시안)은 주민 약 100만 명이 거주하는, 동아시아에서 가장 훌륭한 도시이자 세계 최대의 도시가 됐다. 사절단이 도착하여 이제 '천자'라는 칭호를 가진 통치자들에게 조공을 바쳤고, 학생들은 불교 사원으로 몰려들었으며, 중국의 순례자들은 중앙아시아를 거쳐 멀리 인도까지 여행했다. 장안의 시장과 거리에는 자바와 이란에서 온 상인들과 상품들이 유입됐고 외국인들로 북적였다. 뛰어난 시인과 예술가들이 궁정에 몰려들어 부자들의 후원을 구했고, 장인들은 섬세한 도자기를 생산했다. 최초의 인쇄본이 이 시대에 등장했는데, 승려들의 경전을 복제하기 위한 것이었다.

새로운 통치자들은 서서히 제국의 정부를 통합했으며, 도시의 시장을 통제하고 곡물·옷감·노무에 대한 세금을 표준화했다. 농민에게 토지를 배분하는 균전제를 정비하고 조세 장부도 확장했는데, 이를 통해 5000만에 가까운 인구를 나타내는 900만 가구를 기록했다. 황제는 또한 공직자를 뽑을 때 혈연이나 군사적 업적보다는 개인적인 능력을 강조했다. 고위 관리 후보들은 시험을 준비하면서 유교 고전을 공부했는데 유교 고전은 충성심, 특히 황제에 대한 충성심을 가르쳤다. 그 후 인사 담당 행정기관이 합격자를 관직에 배치했는데, 여기에는 제국의 먼 곳에 있는 지방관청을 이끌던 현령들이 포함됐다. 당나라 정부 제도는 지역 가문들이 권력을 축적하는 것을 막기 위해 고안됐다.

황제는 또한 법 초안을 작성하기 위해 법률 전문가들을 임명했다. 유서 깊은 전통에 따라 황제는 자신의 법이 이전 법보다 더 관대할 것이라고 선언했지만, 초안 작성자는 새로운 법전을 수나라 법에 확고히 기초했다.[24] 관리들은 질의와 답변의 형태로 많은 조항, 주석 및 하위 주석이 포함된 실질적인 형법을 만들 때까지 30년 동안 계속해서 법을 개발하고 개선했다.[25] 이런 법은 종종 정확하고 미묘한 방식으로 서로 구별되는 복잡한 일련의 범죄를 만들어내기 위해 수 세기에 걸쳐 결정된 사례의 지혜를 통합하면서, 기본적 규칙을 검증하고 확장했다. 『당률(唐律)』은 여러 종류의 형벌, 즉 각종 체형, 노동형, 사형으로 시작됐다. 나아가 사형선고를 받을 만한 중대한 범죄, 즉 모반(謀反: 내란 행위—옮긴이), 모대역(謀大逆: 종묘, 능묘, 궁궐 등을 파괴하는 행위—옮긴이), 모반(謀叛: 다른 나라와 몰래 통하여 반역을 꾀하는 행위—옮긴이), 가족·스승·고용주·관리에 대한 주요 범죄들, 독살, 주술로써 속이는 행위, 황제를 제대로 섬기지 않는 행위 등을 묘사했다. 그런 다음 황제의 친족, 장기근속자, 공로를 인정받은 사람들과 같이 감형을 받을 자격이 있거나 신체형을 벌금으로 대신할 수 있는 사람에 관해 설명했다. 또한 범죄를 공모하거나 조력한 사람의 기소를 다뤘고 관리가 여러 범죄를 처리하거나 청소년, 연령, 장애 및 자백 여부에 따라 형을 감경하는 방법을 설명했다. 이 규정에 따르면 많은 사람이 감형을 주장할 수 있는데, 이는 기본 규칙이 제시하는 것보다는 처벌이 훨씬 덜 가혹하다는 것을 의미한다.

다음 부분에서는 재산 범죄, 납치, 사기, 황제의 사면에 따른 효과, 집단적 책임에 대해 논의하고 하인과 노예에 대한 규칙을 설명했다. 다음은 구체적인 범죄 유형에 대한 열두 부분, 황실 근위병이 저지를 수 있는 실수, 관청에서의 경범죄, 호적 및 가구 구성, 결혼, 공공 마구간 및 곡창에 대한 규정, 절도 및 강도, 폭행 및 고발에 관한 규정, 체포·판결·수감에 관한 다양한 절차적 규칙이 뒤따랐다. 이 형법과 더불어 관리들은 행정 법령, 규정 및 조례를 작성했다. 이전의 모든 왕조에서와 마찬가지로 법은 무엇보다 국가 운영, 세금 인상, 토지 관리, 농민 간의 결혼 규제, 군대 징집, 농장과 창고 유지, 변조 및 위조 방지와 관련이 있었다.

법전의 도입은 당나라 통치자들과 관리들과 고문들이 그들의 법 체계를 어떻게 보는지에 대해 많은 것을 드러낸다. 그들은 과거의 위대한 통치자들은 사람들이 선택했으며 통치자들은 최고의 도덕적 기준에 따라 법을 만들었다고 주장했다. 도덕만으로 질서를 유지할 수 있었던 최초의 황금기 이후, 통치자들은 어리석고 생각이 없고 완전한 범죄자들에게 경외심과 두려움을 불러일으키기 위해 형벌을 도입해야 했다. 그러나 그들은 '하늘의 큰 규례'를 인정하면서 형벌을 합당하게 했다. 『당률』은 '규정이 사라지지 않고 크고 작은 모든 것이 보존된 옛 성현들의 양식'을 따랐다고 주장한다. 힌두교의 브라만과 마찬가지로 중국 입법자들은 법의 기초로서 우주론적 질서의 의식을 불러일으켰다. 그들의 법은 인간의 창조물이었지만 도덕과 정의의 원칙을 지켰다. 그리고 『당률』은 황제를 중심에 두고 그의 '넓고 큰 자비'를 선포했다.

당나라 법전은 유교의 이상적인 도덕 질서와 진나라의 법률주의적 접근을 모두 불러일으키며 '덕과 의례는 국가의 가르침이지만 형벌과 징벌은 그 도구다'라고 주장했다. 그러나 이 법전은 규칙과 범주의 질서를 강조한다는 점에서 메소포타미아나 인도의 법보다 훨씬 더 나아갔다. 저자들은 잣대나 저울처럼 동그라미와 네모를 구별하는 것 같은 간결하고 견고한 법으로 범죄의 종류와 정도를 구별하는 것이 얼마나 중요한지를 강조했다. 그리고 이는 미세한 구별과 철저한 제한을 갖춘 조항의 구조로 입증됐다.

『당률』은 이전의 많은 법을 모방하여 만들어졌을 뿐만 아니라 이후 대부분 중국 법전의 배경이 됐다. 송나라(960~1279), 명나라(1368~1644), 청나라(1644~1911) 체제에서 주로 채택됐다. 시간이 지남에 따라 사법 관리들은 변화하는 사회문제를 다루기 위해 새로운 법을 도입하여 법전을 점점 더 복잡하게 만들었다. 그들은 또한 현령이 종종 지략 있는 영웅으로 등장하는 탐정 문학은 말할 것도 없고 사건 모음집과 함께 주석서와 법률 서적을 쏟아냈다. 결과적으로 법은 교육받은 시민, 상인, 장인, 일반 대중 등 글을 읽을 수 있는 사람들에게 잘 알려졌다. 많은 부분이 개편됐지만 그 내용의 상당 부분은 20세기 초 마지막 청나라 황제가 유지한 법전에도 여전히 남아 있었다.[26]

지배 왕조의 변화와는 상관없이 중국 법전은 계속해서 극도로 형사적이었다. 정부가 통제하고 규제하기를 원하는 것은 무엇이든 형사적 제재 대상이 됐다. 지방 관리들이 자신의 지역 전역에 징집 명령을 전달하거나 새를 곡창에 들이지 못하게 해야 하는 경우, 그렇게 하지 않는 것이 범죄가 됐다. 재산을 아들들에게 공평하게 분배해야 한다면, 다르게 하라고 지시하는 것은 범죄였다. 그리고 관리, 군인, 상인, 장인 사이의 사회적 위계는 같은 범죄에 대해 각기 다른 형벌을 받는 것으로 명확히 드러났다. 이것은 사람들이 상업적 계약이나 재산 청구권을 집행하기 위해 서로 직접 소송을 제기하거나 이혼이나 사망으로 가족 분쟁이 발생했을 때 친척에게 이의를 제기할 수 없다는 것을 의미했다. 그들이 공식 법체계를 사용하려면 누군가를 범죄로 고발해야 했기 때문이다. 물론 적절한 범죄도 있었다. 예를 들어 일시적인 부동산 매입으로 사실상 일종의 저당권을 설정받은 사람이 채무자가 상환하지 못하게 하는 것은 범죄였다. 이것은 민법이 다른 곳에서 그러하듯이 부동산 소유자의 권리를 보호했다. 그러나 다른 경우에는 법이 그다지 유용하지 않았다. 재산 분쟁에 휘말린 사람들은 종종 '도둑질, 매도, 교환, 거짓 주장, 거짓 가격 책정 및 증서 작성, 조건부 토지 매도 또는 점유'에 대한 일반 조항에 의존해야 했다.[27] 이것은 아무에게도 도움이 되지 않았다.

실제로 많은 사람이 자신이 어떤 규칙을 위반한 것으로 밝혀질 수 있는 위험과 더불어 공식 제도의 형식상 절차와 지연을 피하려고 노력했다.[28] 그 후 몇 세기 동안 우리가 '민사'라고 부를 수 있는 분쟁 대부분은 지역, 마을 및 조합협의회 또는 친족과 같은 존경받는 지도자 또는 도교 사제가 조정했다. 사실 적어도 한나라 시대부터 통치자들은 조화, 화해, 관용이라는 유교적 가치를 옹호한다는 이유로 이런 비공식적 관행을 명시적으로 장려했다. 이런 관행은 보다 '인간적' 또는 '미니멀리즘적' 정부의 측면이었고, 통치자들은 가혹한 '법치'와 반대되는 도덕적 '인간의 지배'를 제시하기를 좋아했다. 현대사회에서도 중국 정부는 보다 '조화로운 사회'를 만들기 위해 지역적 조정과 준형식적 사법 제도에 계속 의존해왔다.[29] 그럼에도 고전적 법전은 시민들에게 서로에 대해 청구할 권리를 부여하기보다는 규칙을 따르지 않는 사람들에 대한 처벌을 규정하는 형태로 남아 있다.

중국 법은 관리가 올바른 행동을 유도하도록 보상과 처벌을 제공하는 규율 체계를 형성했다. 한 중국 학자의 표현대로 법체계는 그물과 같다. 구멍이 너무 작으면 모든 것을 잡아서 감당할 수 없지만, 너무 크면 물고기가 다 빠져나갈 것이다. 전문가들은 균형을 제대로 맞추기 위해 그물의 줄을 어떻게 조작해야 하는지 알고 있었다.[30] 하지만 사람들은 유교적인 용어로 중국 법에 대해 계속 이야기했고, 법은 친척·스승·고용주·관리 들에 대한 존경을 포함한 유교적 가치를 강조했다. 이런 면에서 중국의 법은 힌두 브라만의 법과 어느 정도 유사하다. 그러나 다르마샤스트라가 개인의 의무와 올바른 의례 행동을 강조한 반면, 중국인들은 법을 통치자들이 위대한 제국에 질서를 가져오기 위해 만든 규범체계로 생각했다. 그들은 당나라 통치자가 자신의 법전이 보편적이고 변하지 않는 도덕적 원칙을 구현할 수 있도록 '하늘의 원리에 대한 존경과 인간 연민의 고려'에 의존했다고 한 선언을 내면화한 것으로 보인다. 그는 모든 법의 근원이었다. 이는 또한 그가 법으로 구속되지 않는다는 것을 의미했다. 역설적이게도, 유학자들의 법치주의에 대한 경고에 힘입어 황제들은 자신들의 법에 따라 판단될 수 있는 가능성인 '법치'에 저항했다. 이것은 세계의 주요 법적 전통들 사이에서 독특한 업적이라고 할 만하다.

적어도 역사적 기록이 암시하는 한 법은 메소포타미아, 인도, 중국에서 상당히 독립적으로 발전했다. 각각의 경우 입법자들은 처벌과

보상을 명시하고 가족관계와 계약을 규제하며 증거에 대한 규정을 제공하는 기본 규칙을 만들었다. 규칙들의 실체는 복잡한 사회 곳곳에서 조정자들이 직면한 사회적 문제를 반영했다. 그들의 법은 적어도 원칙적으로 재판관이나 중국의 현령들이 적용할 수 있었지만, 초기 입법자들은 모두 더 높은 열망을 가지고 있었다. 메소포타미아법은 행동·사건·상황의 결과를 명시하는 사안법이었고, 브라만은 의무를 명시했으며, 중국인들은 적절한 처벌을 정의했다. 각 법체계 뒤에는 질서에 대한 다른 비전이 있었다. 그들의 텍스트는 그것이 실제로 만들어낸 사회질서보다 그것이 대표하는 것, 즉 정의에 관한 진술, 사회 계층구조에 대한 지도, 규율 체계에 더 중요했다.

이 세 가지 법적 전통이 수 세기에 걸쳐 발전하고 확산함에 따라 다양한 입법자가 각 전통 모두의 형태와 기술을 사용했고, 그들의 규칙이 일상생활을 규제하고 예측 가능성을 창출하고 분쟁을 해결하기 위한 실용적인 도구를 제공한다는 것을 발견했다. 그러나 메소포타미아 전통의 먼 자손인 로마, 서아시아, 서유럽에서 등장한 위대한 전통의 입법자들은 모두 그들만의 질서에 대한 비전을 가지고 있었다. 여기서 정의, 의무, 규율이라는 이상이 한데 결합하여 현대 세계를 지배하는 뚜렷한 새 전통을 형성했다.

Chapter
4

변호사들과 법학자들 : 고대 로마의 지적 추구

로마법은 로마 시민들의 숙원 사업이었다. 불과 몇십 년 전 아테네 사람들처럼 그들 역시 정의를 추구했는데, 메소포타미아의 법과 그들의 약속에 대해 들은 것에서 영감을 받은 것으로 보인다. 로마 역사 대부분을 통틀어 시민들의 민회는 새로운 법을 승인하기 위해 열렸다. 법은 지배 엘리트나 사제 계급의 선물이 아니었다. 그러나 시간이 지남에 따라 법학자들이 법의 실체를 발전시켜 지적 운동으로 취급하고 학문적 의견을 제시했다. 이것들은 결국 법학도들이 오늘날에도 여전히 공부하고 있는 로마법의 위대한 개론으로 합쳐졌다. 궁극적으로, 강력한 황제들은 판사와 학자 모두를 통제할 수 있었지만 중국 황제와 같은 입법 권한을 완전히 얻지는 못했다.

법은 로마 시민들에 의해 그리고 로마 시민들을 위해 만들어졌으며, 모두를 위한 정의의 약속을 담고 있었다.

기원전 7세기와 6세기에는 테베레강 어귀에서 세계에서 가장 강력한 고대도시 중 하나가 될 장소를 구별할 수 있는 사람이 거의 없었다. 지역 주민들은 여전히 성문 규칙이나 규율에 구애받지 않고 가축 무리를 돌보고 밭을 가꿨고, 언덕 꼭대기에 모여 있는 정착촌 토벽집에서 살았다. 그러나 지중해 전역에서 사람들은 새로운 무역 가능성을 모색하고 있었다. 모험적인 그리스인들은 남부 이탈리아에 정착촌을 세웠고, 북부 이탈리아인들 사이에서 엘리트 계층이 나타났다. 성공한 전사 가문들은 부를 굳건히 하고, 자신들의 마을을 도시로 통합하고, 사치품과 문화적 영감을 찾아 바다 너머로 사절단을 보냈다.[01]

이 시기에 살았던 로마인에 대해서는 거의 알려지지 않았지만 로마 북쪽의 에트루리아(Etruria)에서는 고고학자들이 화려한 무기, 연회 의식, 상아 장식품, 보석, 타조알 등을 발견했다. 이 중 많은 것이 그리스에서 수입됐다. 엘리트들은 행진과 운동경기, 경마, 연회에서 부를 과시했고 섬세한 벽화로 무덤을 장식했다. 로마인들은 그 뒤를 따르면서 마을에 큰 신전을 짓기 시작했다. 7세기의 어느 시점에 그들은 언덕 사이에 공공공간을 만들었고, 후에 포럼(Forum)으로 알려진 새로운 도시 중심지의 기초를 건설했다.[02]

다음 세기의 대부분 기간에는 에트루리아 출신으로 여겨지는 왕들이 로마를 통치했다. 그들은 대규모 군대를 지휘해 이웃을 습격했으며, 주변 인구의 많은 부분을 통제권 안으로 끌어들였다. 야심 찬 세르비우스 툴리우스(Servius Tullius)는 광범위한 정치 및 군사 개혁에 착수하여 인구조사를 도입하고 인구를 새로운 집단으로 재편성하며 군사 민회를 설립했다. 그가 귀족들의 권력을 제한하려고 했는지도 모른다(그 자신도 노예 출신이었던 것으로 보인다). 그러나 부유층은 달가워하지 않았고, 기원전 509년에 툴리우스의 후계자인 타르퀴니우스 수페르부스(Tarquinius Superbus)에 저항해 쿠데타를 일으켰다. 포퓰리즘적인 폭군을 제거한 그들은 로마에 더는 왕이 없어야 한다고 결정했다. 이것이 로마 공화국의 시작이었고, 여기서 로마법의 이야기가 시작된다.

후대의 로마 역사가들은 로마 왕정의 전복을 둘러싼 사건을 오만한 왕이 덕망 높은 루크레티아(Lucretia)를 극적으로 강간한 사건과 20년 후 로마 밖에서 일어난 큰 전투에서의 마지막 패배와 관련된 이야기로 묘사하고 장식했다. 초기 로마 역사와 관련된 일반적인 문제인 신화와 현실의 분리는 이제 사실상 불가능하다. 그러나 아마도 기원전 510년에 폭압적인 통치자를 폐위한 아테네인들로부터 영감을 얻었을 로마 엘리트는 과두정치를 확립했다. 그들은 국내 문제와 군사작전을 관리하기 위해 집정관 두 명을 선출했으며, 이 사람들은 중요한 문제에 대해 더 큰 민회와 상의해야 했다. 집정관들은 임시 고문단을 구성하기도 했는데, 이는 나중에 로마의 원로원으로 발전하게 된다.

그러나 로마 엘리트들은 끊임없는 전쟁으로 자원이 심각하게 고

갈된 가난한 사람들의 생계에는 무관심했다. 한 무리의 평민들은 기원전 494년에 자신들만의 의회인 '평민회(consilium plebis)'를 결성하고 지도자인 호민관(tribune)을 선출했다. 그들은 마을의 한 신전을 점거하고 군복무를 거부했다. 이것은 기아와 부채 모두로부터 구제를 요구하는 일련의 파업 중 첫 번째 사건이었다. 로마 경제는 대출과 신용체계를 발전시켰고, 메소포타미아의 경제와 마찬가지로 많은 가난한 사람들이 채무노예화에 얽매여 있었다. 그래서 우르에서와 마찬가지로 부채와 사회적 불평등이 법의 출현을 요구했는데, 다만 로마에서는 입법이 사람들 자신의 주도로 이루어지는 것이었다.

기원전 5세기 중반에 평민회는 투표 절차를 확립했고, 호민관들은 고위 관직을 독점하고 있던 파트리키(Patrici)로 알려진 부유층에게 더 나은 대우를 요구했다.[03] 또한 새로 정복된 영토들이 자신들에게도 공평하게 분배될 것을 요구했다. 그들은 모든 사람에게 적용되는 법, 모든 사람이 볼 수 있도록 쓰인 법을 원했다. 플레브스(plebs: 고대 로마의 평민—옮긴이)들의 요구에 따라 기원전 451년경 집정관들은 정상적인 정무를 정지했고, 일련의 법을 수집·입안·공포하기 위해 열 명으로 구성된 위원회에 '데켐비리(decemviri)'를 임명했다. 후대의 전설에 따르면 그들은 1세기 전에 쓰인 솔로몬의 텍스트를 공부하기 위해 아테네로 여행을 떠났다고 한다. 또 다른 학자들은 로마인들이 페니키아 무역상들과 외교관들을 접해 알고 있던 메소포타미아법에서 직접적으로 영감을 받았을 가능성이 더 크다고 생각한다. 확실히 로마의 법들은 비슷한 기본 형식을 따르고 있으며, 사안법적 형식을 사용한다.[04] 어쨌든, 로마인들이 데켐비리에게 법을 작성하도록 위임하게 된 것은 정치적 위기 때문이었다.

십이표법(Twelve Tables)의 주제와 내용은 수십 년 후의 학문으로 세심하게 재구성됐지만, 사실 다소 평범했다.[05] 십이표법은 법정 소송에 대한 절차적 규칙을 만들었고, 로마인의 정상적인 삶의 과정에서 거의 확실히 분쟁을 일으키는 주제들, 즉 상해, 절도, 그 밖에 사소한 범죄들에 대한 배상, 유언과 상속, 부채, 의무, 재산 피해와 같은 것들을 다뤘다. 일부 조항은 가장인 '가부(家父, paterfamilias)'의 지위를 확인했고, 또 일부 조항은 눈에 띄는 소비를 피하려고 장례비를 제한했다. 또 다른 조항들은 채무노예가 될 수 있는 상황을 특정했다. 몇 개 조항이 도시계획을 다뤘지만, 대부분 법은 사적관계에 대한 것이었다. 그 규칙 중 하나는 사형과 관련된 사건을 의미하는 중요한 사건은 '최대한의 집회', 즉 플레브스 '평민회'의 승인을 받아야 한다고 지시했다. 이 법은 모든 로마 시민이 사법에 참여하기를 원했다.[06]

역사가들은 로마의 계급 간 갈등의 본질에 대해 오랫동안 논쟁해 왔다.[07] 십이표법을 만든 것은 확실히 후대 로마의 전설이 주장하는 위대한 평민의 승리가 아니었고, 귀족 엘리트들이 정부의 고위 관직을 계속 장악했다. 또한 새로운 법은 심지어 표면상으로는 시민들 간의 평등이나 부채로부터의 일반적인 구제를 요구하지도 않았다. 그럼에도 새로운 법은 이후의 로마 작가들에게 기초적인 것으로 보였는데, 아마도 법이 모든 시민이 공정하게 대우받을 권리를 보장하지는 못하더라도 약속을 했기 때문일 것이다.

약간의 긴장 속에 마지막 두 법의 초안을 작성한 후, 데켐비리는 은퇴하고 새로운 집정관 두 명이 정부를 다시 세웠다. 그들은 평민들과 협의하여 기원전 449년에 평민회를 인정하는 추가적인 '법률(lex)'을 만들었다. 처음에는 원로원 의원들이 거부권을 행사할 수 있었지만, 평민회의 결정은 이제 법적 효력을 갖게 됐다. 집정관들은 또한 호민관의 지위를 인정했고 모든 시민이 호소할 권리가 있다는 것을 확인했다. 그들은 십이표법을 청동판에 새겨 마을의 공공 중심지인 포럼에 못 박는 데 동의했다. 비록 글을 읽고 쓸 줄 아는 시민은 소수에 불과했지만, 단순히 법을 쓰고 눈에 띄게 전시하는 것만으로도 모든 로마 시민에게 자신들의 법을 참조할 권리가 있다는 사실을 알릴 수 있었다. 평민들은 또한 정부의 결정에 접근할 수 있어야 한다고 생각했고, 원로원이 두 명의 관리인 조영관(aedile: 공공건물, 시장, 도로 등을 관장하는 공무원—옮긴이)에게 사적인 결정을 공개하라고 요구했다.

로마의 사무를 효과적으로 관리하던 집정관들은 이제 새로운 법을 도입하려면 회의를 소집해야 했다. 로마에는 지지층이 다르고 관할권이 겹치는 평민회를 비롯한 세 가지 회의체가 있었다. 처음에 집정관들은 법을 거의 도입하지 않았고, 주로 참전·화해·법적 절차 변경과 같은 헌법적 문제에 관해서만 제정했다.[08] 그러나 새로운 법을 만드는 기본 체계는 로마 공화국이 존속한 4세기 동안 계속됐고, 회의의 소집은 정부의 결정이 시민들 사이에서 전반적으로 논의되고 확인되어야 한다는 중요한 사실을 확인시켜줬다.

다음 세기에 걸쳐 로마에서는 정치적 긴장이 계속됐다. 경제는 어려웠고, 기근은 평민들에게 지속적인 불안을 야기했다. 기원전 396년에 로마군은 에트루리아의 베이(Veii) 마을을 파괴하고 농경지를 점령하여 로마 시민에게 분배했다.[09] 이후 기원전 380년대와 370년대에 걸쳐 호민관들은 평민에게 더 많은 땅을 할당해주라고 요구했다.[10] 식량난은 감소했지만, 결과적으로 가난한 시민들은 부채 때문에 계속해서 노예가 됐고, 호민관들은 그 문제를 해결하기 위해 추가적인 법을 제정하도록 의회를 설득했다.[11] 그들은 또한 평민들도 고위직에 오를 자격이 주어져야 한다고 요구했다. 그 결과 기원전 367년에 승인된 리키니우스-섹스티우스법(Lex Licinia-Sextia)에 따르면 매년 선출된 집정관 두 명 중 한 명은 평민이어야 했다. 한동안 귀족들이 원로원을 장악할 수 있었지만, 기원전 339년에 오비니아법(Lex Ovinia)이 통과됨으로써 평민들은 또 다른 승리를 얻었다.[12] 이 법은 선출직 공무원인 검열관에게 새로운 원로원 의원을 제거하고 등록할 수 있는 권한을 평민에게 부여하는 것을 골자로 한다. 그러나 오히려 원로원은 정치적 문제에 관해 토론하고 정부 관료들에게 영향력을 행사하면서 중요성이 커졌고, 여전히 그 의원 수는 매우 적었다.[13]

기원전 387년, 갈리아 부족이 알프스산맥을 넘어 이탈리아 북부로 쳐들어와 로마의 많은 부분을 파괴했다. 그러나 침입자들은 곧 다시 떠났고, 도시는 회복됐다. 이 재앙은 로마의 지도자들에게 군사력을 유지하는 것이 얼마나 중요한지를 일깨워줬다. 로마군은 이탈리아 남부로 이동하여 더 먼 곳의 통치자들과 동맹을 맺었고, 기원전 3세기에는 이탈리아반도의 절반 이상을 지배하게 됐다. 로마 역사가 리비우스(Livius)의 말에 따르면 로마는 여전히 '아직 장식되지 않은' 도시였다. 그러나 무역은 팽창하고 있었고, 부유한 평민들을 포함하기 시작한 새로운 귀족 계급인 '노빌리타스(nobilitas)'의 부도 함께 확장됐

다.[14]

호민관들은 정치개혁을 위해 계속 투쟁했고, 기원전 287년에 원로원은 의회에 대한 통제권을 포기했다.[15] 그 후 곧 평민회는 살인, 부상, 재산 피해를 다루는 체계적인 규칙인 아킬리아법(Lex Aquilia)을 승인했다. 이 법안의 가장 중요한 조항 중 하나는 부패한 공직자에 대한 시민들의 심판권이었다. 누군가가 심각한 범죄로 의심되거나 기소되면 고위 관료, 일반적으로 호민관이 용의자를 불러서 조사하는데, 이는 야외의 포럼에서 공개적으로 개최될 가능성이 컸다. 포럼에서는 사건에 관심 있는 사람이라면 누구나 듣고 논평할 수 있었다. 만약 혐의가 인정된다면, 호민관은 증거를 듣고 최종 결정을 내리기 위해 의회를 소집할 수 있었다.

사소한 분쟁의 경우 시민들은 로마의 거리 및 시장을 담당하는 관리인 조영관에게 갈 수 있었으며, 고리대금업, 곡물 투기, 성매매 등 상업 및 그 밖의 불법행위에 대한 고발 등이 그 예다.[16] 더 심각한 경우에는 시민이 고위 관리에게 청원서를 보내야 했다. 이때 시민은 귀족 종교 전문가인 '교황(pontiff)'이 규정한 정확한 형태의 단어를 사용해야 했다. '법률 소송(法律訴訟, legis actiones)'과 관련된 단어들은 상당히 복잡하며, 잘못 작성된 청원서는 자동으로 폐기됐다.[17] 법적 소송은 모두가 이용할 수 있지만, 시작하기가 간단한 일은 아니었다. 만약 사건이 부채와 관련된다면 채권자가 채무자의 재산을 직접 압류하는 것을 관리가 허락할 수 있지만, 다른 사건들의 경우에는 심판인 또는 '심판인 집단(iudices)'에게 보내야 했다. 이때 심판인은 청원자에게 주장에 대한 서약을 요구했다. 심판인들은 법률 전문가가 아니라 단순한 관리들이었다. 그리고 십이표법은 청원자들에게 피고를 심판인 앞에 데려오도록 요구했는데, 이는 대체로 쉬운 일이 아니었다.

십이표법의 규정은 상당히 빈약했다. 함무라비의 법처럼, 십이표법은 다양한 경우에 적용될 수 있는 일반적인 원칙을 제시한 것이었다. 예를 들어, 한밤중에 자기 집에서 도둑을 죽인 사람은 살인 혐의에 대해 방어할 수 있다고 명기했다. 달리 말하면, 낮에는 도둑이 들더라도 좀 더 자제력을 발휘해야 한다는 의미였다. 이 법은 또한 채권자들이 채무자를 노예로 만들기 전에 따라야 할 복잡한 절차를 제시했는데, 적어도 법을 인용할 만큼 교육받은 채무자들에게는 보호의 수단이 됐을 것이다. 그리고 법은 결혼과 상속을 위한 기술적 요건을 확립했다. 의회는 지속적인 문제의 원인이었던 계약과 보증, 미성년자와 사생아의 지위, 상속과 승계 관행을 규제하기 위한 몇 가지 법을 추가로 통과시켰다.[18] 일반 시민들이 더 복잡한 법적 절차를 기피하더라도, 이런 법의 이면에 있는 원칙들은 확실히 지역 분쟁을 조정하는 사람들의 사고에 영향을 미쳤다. 로마는 작은 곳이었고, 가장 중요한 법들은 모두에게 알려졌을 것이다.

로마는 이제 부유한 계층인 노빌리타스의 구성원들이 효과적으로 통치했다. 그들은 원로원을 결성하여 일반 정책을 논의하고 재정을 통제했지만, 원로원의 사업은 대개 집정관들이 통제했고 이들은 군대에 대한 권한도 행사했다. 집정관들은 다른 모든 고위 관료와 마찬가지로 의회에서 선출됐다.[19] 시민들은 이런 모임을 통해 새로운 법을 거부하거나 승인할 권한을 가지고 있었다. 의회는 표결할 때뿐만

아니라 임명이나 결정이 내려지기 전에 올바르게 수행되어야 하는 수많은 의례와 절차를 따랐다.[20]

집정관이나 호민관이 새로운 법을 제안하고 싶다면, 17세에서 60세 사이의 모든 투표권 있는 시민에게 통지서를 보내 포럼에 모이라고 요청해야 했다. 의회가 열리기 전 며칠 동안, 법안의 발의자들은 회의를 소집하여 사람들을 자기편으로 끌어들이기 위해 열심히 노력했다. 투표일은 일반적으로 로마의 장날 중 하루와 일치하도록 선택됐으며, 공식 참관인들은 투표용 바구니를 포럼의 나무 연단에 조심스럽게 설치하고 연설가가 제안된 법을 낭독했다.

한편 시민들은 이런 경우에 투표하기 위해 형성된 역사적 집단인 부족(tribus)으로 모였으며, 투표 순서는 제비뽑기를 통해 정해지곤 했다. 첫 번째 부족의 구성원들이 투표용지를 받기 위해 연단에 차례차례 올라가면 각 바구니에서 '찬성'과 '반대'에 해당하는 투표용지가 하나씩 주어졌고 그중 하나를 투표함에 넣었다. 부족의 모든 사람이 투표를 마치면, 공식 계수자들이 용지를 세고 그 부족이 법에 찬성하거나 반대한다고 선언했다. 그러면 다음 부족이 투표한다. 이 과정은 35개 부족 중 과반수인 18개 부족에 이르러 결과가 공표될 수 있을 때까지 계속됐다. 이 모든 과정은 몇 시간이 걸리기도 했다. 포럼과 주변 거리에는 여성, 어린이, 상인, 외국인, 노예 들이 몰려들었다. 이들은 투표권이 없었지만 구경거리 삼아 모여들었고, 사람들 사이를 돌아다니는 노점상들의 음식과 음료를 즐기며 결과가 발표될 때를 기다렸다. 특히 새 법이 논란의 여지가 있으면 분위기가 한층 고조될 수도 있었다.

노빌리타스는 의회, 심지어 평민회에서도 불균형한 영향력을 행사했으며 의회의 복잡하고 번거로운 과정도 민주적이지 못했다. 그러나 의회가 주요 공직에 대한 연례 선거제도와 결합됨으로써 개인의 권력을 효과적으로 제한할 수 있었다. 고위직에 있으면서 변화를 도입하기를 원하는 사람이라면 대다수 로마인이 직면한 문제들을 어느 정도는 이해해야 했다. 의회는 또한 모인 시민들의 감정을 불러일으키기 위해 노력하는 웅변가들에게 명성을 확립할 기회를 줬다. 무엇보다 법은 시민들의 토론 내용을 들은 후 모두가 볼 수 있도록 작성된 공적 성명이었다.[21] 노빌리타스는 정부와 군대, 고위직, 경제적 자원을 장악했지만 로마를 마음대로 통치할 수는 없었다.[22]

이런 정부 구조와 절차는 공화국 전역에서 계속됐으며 집정관과 원로원, 민중 간의 견제와 균형 시스템이 갖춰졌다. 그리스인 인질이었다가 기원전 2세기에 로마에 정착한 폴리비오스(polybius)라는 역사가는 로마의 섬세한 정치구조를 칭찬했다. 로마 국가의 중심에 있었던 그는 부유한 사람들이 가장 중요한 직책과 기관을 장악할 수도 있지만, 가난한 사람들의 표는 중요했고 그 표를 얻어야 했다고 말했다.[23]

로마 군대는 기원전 3세기부터 2세기까지 이탈리아반도와 그 너머에서 지속적으로 전쟁을 벌였다. 가장 극적인 것은 카르타고에 대한 포에니전쟁이었는데, 제2차 전쟁은 기원전 218년 한니발의 영웅적인 알프스 횡단으로 시작되어 로마군을 사실상 전멸시키는 것으로 끝났다. 이 전투는 로마의 재정을 고갈시켰고 카르타고는 로마의 권력을 제거하는 데 매우 가까워졌다. 그러나 기원전 202년 북아프리카에서의 승리가 전세를 역전시켜 지중해에서 가장 강력한 세력으로서 로마의 지위를 확고히 했다. 로마는 이제 북아프리카와 스페인 남부에서 수많은 전리품을 이용할 수 있게 됐다.

아마도 로마 성인 남성 인구의 4분의 1이 군대에 고용됐을 것이고, 군인들은 성공적인 전투에서 화려한 전리품을 가져왔다. 정복은 또한 포로 수천 명이 농장과 광산에서 일할 뿐만 아니라 가정부가 되는 것을 의미했다. 로마의 국고에서 동전을 주조하는 데 사용했던 스페인 은을 추출하기 위해 노예가 무려 4만 명이 일했을 것이며, 이로써 경제가 더욱 활성화됐다.[24] 부유한 시민들은 농업기술을 전문화했고, 많은 이들이 지중해 연안으로 수출하기 위해 올리브유와 포도주를 생산할 수 있는 광대한 토지를 취득했다. 그들은 새로운 식품(예를 들어, 이제 죽을 대체한 빵)을 생산했으며, 콘크리트와 같은 새로운 건축자재를 개발하여 기념비적인 건물로 도시를 장식할 수 있었다. 그곳에는 승리의 군사 행진과 공개적인 잔치가 벌어졌다. 정부는 심지어 기원전 167년까지 로마 시민에게 세금을 걷지 않을 만큼 여유가 있었다.

로마의 극적인 확장은 관리들에게 새로운 법적 문제를 제기했다. 예를 들어, 많은 군인이 스페인에 정착하여 자녀를 낳았는데 원로원은 그들을 어떻게 대우할지 결정해야 했다. 그들은 로마 시민인가, 아닌가?[25] 십이표법은 이제 300년이 넘었고 대부분 로마인의 마음속에 여전히 중요한 것으로 남아 있었지만, 동시대의 문제들을 다루기에는 충분하지 않았다. 그래서 집정관과 호민관들이 새로운 법을 제정했고, 의회가 승인했다.[26] 개혁파 호민관 가이우스 그라쿠스(Gaius Gracchus)

는 기원전 127년에 곡물 가격을 동결하고 가난한 시민들에게 곡물을 공급하기 위해 곡물창고를 지었다. 또한 식민지에 새로운 세금을 도입했다. 관리들은 의회가 개별적인 사건, 특히 시민의 지위나 권리와 관련된 사건에 관해 결정을 내리도록 요청할 수 있었다. 예를 들어, 기원전 186년에 한 창녀가 자신이 목격한 바쿠스제의 향연(Bacchanalian orgies: 신화 속 술과 황홀경의 신인 바쿠스 신을 숭배하는 자들이 술을 마시고 쾌락을 추구하는 향연—옮긴이)에 대해 귀족 애인에게 말했다. 그 남자는 문제의 사이비종교에 입문하는 것을 거부했고, 공포에 빠진 그의 가족은 그를 집에서 쫓아냈다. 그래서 그는 정보를 집정관에게 가져갔다. 집정관은 창녀를 위협적으로 신문하여 정보를 끌어냈고, 사이비종교를 억압하는 조처를 했다. 집정관은 또한 제보자들에게 보상해야 한다고 제안했고, 무엇보다 창녀에게 새로운 지위와 권리를 부여해야 할지 어떨지를 결정해달라고 평민들의 집회에 요청했다.[27]

십이표법은 로마인들 사이의 평등을 보장하기 위한 것이었고, 법은 그들에게 일정한 자유와 보호를 보장했다. 그러나 부의 불균형과 지위 및 권리의 복잡한 구별은 여전히 계층구조를 만들었고 도시가 성장함에 따라 인구는 더욱 복잡한 방식으로 나뉘었다. 가정 단위를 예로 들면, 가장인 가부는 가족 구성원에 대해 현저하게 광범위한 권리를 가졌다. 반면 여성들은 투표하거나 정부에 참여할 권리가 없었다. 노예화된 인구가 엄청나게 증가했으며, 일부는 자유민이 되고서도 이전 주인에 대한 의무를 유지했지만 다수가 자유를 허락받았다. 시민권의 본질도 바뀌었는데, 특히 기원전 89년 이후 시민권이 이탈리아반도의 나머지 지역으로 확대됐다. 모든 사람이 의회에서 투표하기 위해 로마로 갈 수는 없었지만, 로마법에 호소할 수 있는 권리는 그들이 시민에 포함된다는 중요한 표시였다.

로마법은 시민에게만 적용된 것이 아니었다. 단연코 의회에서 논의된 문제 대부분은 공무원의 행동에서 정치적·절차적 문제와 관련되어 있었다. 로마가 성장함에 따라 부유한 사람들이 채우고 싶어 했던 공직의 수도 늘어났다. 야심 찬 젊은이는 일반적으로 재정 문제에 대한 책임을 맡을 수 있는 하급 관리인 '재무관(quaestor)'으로 시작했다. 그 후 원로원에 입회한 뒤 1년 임기의 조영관으로 이동하기를 희망했다. 따라서 그에게는 도시의 일상적인 운영, 건물과 거리의 유지, 시장과 상점의 감독, 경기와 축제의 시행, 법과 질서의 유지에 관한 책임이 있었다. 또 '법무관(praetor)'으로 선출되면, 그곳에서 가장 성공한 사람들은 집정관이 되기를 바랐다. 법무관은 처음에 집정관 대리인으로 활동하며 군사명령을 내리고 집정관 부재 시 그들을 대신하고 원로원 회의를 소집했다. 새로운 해외 정복으로 통치가 필요한 식민지가 생겨남에 따라 기원전 227년에는 시칠리아와 사르데냐를 관리하기 위해 새로운 법무관 두 명이 임명됐다. 기원전 198년에는 스페인을 관리하기 위해 두 명이 추가로 임명됐다.[28]

기원전 2세기 동안, 로마 시민의 문제와 관련된 도시의 법무관은 민사 법원을 감독하는 임무를 맡았다. 이 관리들은 법적으로 훈련을 받지는 않았지만, 로마법의 발전과 확장에 막대한 영향력을 미쳤다. 도시가 성장하고 시민의 문제가 더욱 복잡해짐에 따라 심판인 또는 심판인 집단은 신청자가 법적 소송을 시작하기 위해 교황이 규정한 복잡한 법률 소송 대신 특정 형태의 단어가 기재된 '방식문(formula)'

사용을 요구함으로써 방식문 소송을 도입했다. 이제 도시 법무관은 어떤 경우에 어떤 방식문을 사용할 수 있는지 결정하여 신청자가 청구에 성공하려면 무엇을 증명해야 하는지 효과적으로 정해줬다. 다른 정부 관리와 마찬가지로 각 법무관은 임기가 시작될 때 자신의 직무를 어떻게 수행할 것인지에 대한 칙령을 발포했다. 회칠한 커다란 칠판에 로마 시민과 가장 관련이 있다고 생각하는 법과 명령 그리고 그들이 사용해야 하는 방식문을 붉은 글씨로 적었다.[29] 이 판은 모든 사람이 볼 수 있도록 포럼에 설치됐다.[30] 이런 식으로 법무관은 로마 민법을 의도적으로 발전시켜 새롭고 혁신적인 소송 방식을 만들 수 있었다.

이제 법적인 문제가 있는 로마 시민은 명령을 즉시 내릴지 말지를 결정할 도시의 법무관에게 접근했다.[31] 법무관은 예를 들면 무력 사용을 금지하는 금지명령과 같은 특시 명령(interdict)을 내리거나 매장(埋葬), 수리권(水利權) 또는 그 밖의 긴급한 문제에 대한 명령을 내릴 수 있었다. 사건이 적절하게 공식화됐다고 생각하면 판결을 위해 심판인에게 보냈다. 법무관과 심판인 모두 포럼에 참석해 사건에 대한 얘기를 들었는데, 그들은 주변 신전의 그늘에 앉았다. 소송당사자 또는 변호사는 관심 있는 구경꾼을 끌어들일 수 있는 현장에서 사건에 관해 설명하곤 했다. 소송당사자와 변호사 모두 비공식적인 일상복보다는 토가(toga: 고대 로마의 남성이 입던 헐렁한 겉옷—옮긴이)를 입고 적절한 라틴어로 말해야 했다. 로마의 정치가이자 학자인 마르쿠스 툴리우스 키케로(Marcus Tullius Cicero)가 나중에 설명했듯이 변호사들은 화를 내거나 편파적인 태도를 드러내지 않아야 하고, 술에 취해 구토해서도

안 되며, 열렬한 추종자들의 입맞춤에 질식되어서도 안 됐다.[32]

위조·음모·반역과 관련된 중대한 혐의는 평민회로 보내지며, 평민회는 신체형을 부과하거나 부패한 관리의 공직을 박탈할 수 있었다. 그런데 기원전 149년에 의회 의원들이 법무관인 세르비우스 술피키우스 갈바(Servius Sulpicius Galba)에게 무죄를 선고하는 일이 있었고, 집정관과 원로원은 분개했다. 갈바는 이베리아반도에서 반란이 일어난 후 평화 회담에 루시타니아인 8000명을 초대한 후 배신한 인물이다. 이에 개혁적 호민관 가이우스 그라쿠스는 새로운 법적 절차를 도입할 기회를 포착했다.[33] 그는 공식적인 공갈 사건에서 법무관이 그 혐의가 재판에서 다툴 가치가 있다고 판단할 경우 배심원단을 구성해야 한다고 제안했다. 그러려면 먼저 고발인에게 100명을 지명하도록 요청해야 하며, 피고인은 그중에서 사건을 심리할 50명을 선택할 수 있었다. 추가 규칙에서는 양 당사자와 관련 있는 배심원은 자격을 박탈했다. 법무관은 또한 고발인이 증인을 소환하고, 문서를 작성하고, 변호인을 지정하고, 증인을 조사하는 것을 도와야 했다. 유죄평결 후에는 잘못 취한 금액의 두 배에 해당하는 벌금이 회수되도록 도왔다. 이 규칙은 일반 민사소송을 제기한 사람들보다 부패 혐의로 공무원을 고발한 사람에게 훨씬 더 많은 도움을 줬다. 민사소송은 원상회복에 도움을 제공하지 않은 단독판사가 심리했다. 소송의 위험은 기원전 3세기와 2세기에 쓰인 플라우투스(Plautus)와 테렌티우스(Terentius)의 희극에서 조롱의 대상이 됐다.[34]

기원전 2세기에 이르자, 매년 선출된 도시 법무관은 로마의 법원을 책임지고 시민들이 법체계에 접근하는 방법을 결정하게 됐다. 그러나 십이표법은 여전히 로마의 집단적인 상상 속에서 커 보였다. 원래의 청동판은 폭정의 종식을 대표하며 도시 건설과 시민들의 자유에 토대가 됐다. 남학생들은 십이표법을 외워야 했고 그 규칙이 자신들의 권리에 기초가 된다고 배웠다. 그러나 보다 야심 차고 창의적인 법무관들의 칙령이 계속해서 소송의 범위를 확장했고, 학자들은 근본적인 법적 원칙에 관심을 두기 시작했다. 그들은 전문 법학자를 자처하며, 법정 소송을 고려 중이거나 법정 소송에 휘말린 심판인들과 일반인들 모두에게 조언을 제공했다.[35]

기원전 1세기 무렵, 법학자들은 법무관들이나 심판인들로부터 고문단에 합류하라는 초청을 받아 재판에 참석했다. 그들은 키케로의 표현대로 '신중한 변호인에게 무기를 제공'했다.[36] 그들은 심판인들에게 동업자·대리인·남편·아내의 지위와 의무에 대해 조언하고, 어떤 행동이 '선의로' 이루어졌는지 또는 '선량한 사람들 사이에서 마땅히 행해야 하는 것처럼' 행해졌는지에 대한 지침을 제공했다. 절도 사건에서는 '더 낫고, 더 공정한' 것이 무엇인지에 대한 지침을 제공했다. 이것들은 모두 법이 심판인에게 내리도록 요구하는 판단이었다.[37]

기원전 95년경, 집정관 퀸투스 무키우스 스카이볼라(Quintus Mucius Scaevola)는 로마의 법에 대한 포괄적인 주해를 쓰면서 십이표법을 출발점으로 삼았다. 같은 시기, 위대한 웅변가 키케로는 초기 연설에서 십이표법을 로마법의 근원으로 언급했다.[38] 그러나 법무관의 손에서 법이 너무 빨리 바뀌고 있어 이 생각이 유지될 수 없었다. 기원전 1세기 중반에 이르자 십이표법은 법적 권위보다는 도덕적 권위를 갖게 됐고, 결국 학교 교육과정에서 삭제됐다.[39]

법원의 직원을 고용하고 법원을 이용하던 사람들은 이제 복잡성과 부패의 문제에 직면했다. 법무관은 법률 전문가가 아니라 고위 공직으로 가는 야망 있는 사람들이었고, 어떤 이들은 지위를 개인적인 이익을 위해 이용했다. 키케로는 기원전 74년 가이우스 베레스(Gaius Verres) 법무관을 부정행위로 기소하는 데 도움을 줬다.[40] 키케로에 따르면, 베레스는 전임자들의 칙령을 무시하고 자신에게 호의를 베풀 수 있는 개인을 만족시키기 위해 상속 소송에서 낮은 증명 기준을 받아들였다. 설상가상으로, 베레스는 자신의 칙령에서 말한 것을 무시하고 임의로 결정을 내렸다. 키케로는 후배 동료 중 한 사람의 용감한 개입을 통해서야 여러 소송당사자가 구제받았다고 주장했다. 이제 매년 법무관 여덟 명이 있었지만, 그들의 역할은 제비뽑기로 결정됐기 때문에 로마의 법원을 책임지는 도시 법무관으로 임명되는 사람이 꼭 법적 지식을 갖춘 사람일지 어떨지는 확실하지 않았다. 기원전 67년에 키케로와 같은 영향력 있는 변호사들과 법학자들이 압력을 가한 결과, 호민관 코르넬리우스(Cornelius)가 각각의 신임 법무관이 취임하기 전에 칙령을 발포하고 법을 준수할 것을 요구하는 새로운 법을 제안했다. 베레스 같은 사람의 부패로 이익을 얻었을지 모르는 다수의 원로원 의원이 반대했지만, 호민관은 끈질기게 버티며 법을 통과시켰다. 이로써 뇌물수수 및 부패의 기회를 효과적으로 제한하는 동시에 법의 적용을 더 쉽게 예측할 수 있게 됐다.

기원전 1세기 말에, 또 다른 집단인 웅변가들이 로마의 법적 절차에 관여했다. 포럼에서 열린 많은 회의와 집회는 가장 설득력 있는 연설가들이 상당한 영향력을 행사할 수 있는 원로원의 모임과 마찬가지로 변호할 기회를 제공했다.[41] 어떤 소송당사자들은 친구와 친척 또는 존경받는 법학자들에게 자신의 법적 사례를 제시하도록 요청했고, 웅변술이 발전함에 따라 수사학 훈련을 받은 사람들이 이런 역할을 맡았다. 그들은 법을 이해하고, 사용된 방식문과 증명되어야 하는 사실에 대해 길고 기술적인 논쟁에 참여해야 했다. 다만 그 사실은 승소할 수 있는 방식으로 제시되어야 했고, '형평'과 정의의 문제가 심판인의 결정에 근본적일 수도 있었다. 이런 사항들은 분명히 중대한 사건이나 부패 혐의와 관련된 것이었다. 바로 여기에서 웅변가들이 나타났다. 특히 키케로는 자신의 연설을 자랑스럽게 기록했으며 그중 몇 개가 오늘날까지 남아 있다. 이 사건 중 많은 수가 고위 정치와 관련됐는데, 관료들은 다른 사람들을 부정행위로 고발하고 야심 찬 사람들은 경쟁자들을 부패로 고발하면서 종종 재판에서 다투었다. 이 사건들은 많은 논쟁에서 중요한 자질인 신의 성실과 정직의 문제를 제기했다.

키케로의 연설은 법에 대한 양면성을 드러낸다. 법무관 무레나(Murena)를 변호할 때 키케로는 그를 '현명한' 사람, 심리에서 공정하고 사려 깊은 사람, 공평성·성실성·접근성을 발휘한 사람으로 묘사했다. 그리고 또 다른 사례에서는 법무관의 진지함과 성실함이 필요하다고 말했다. 하지만 그는 법에 대한 지식에 대해서는 언급하지 않았다.[42] 법적 절차와 학문적 논쟁은 매우 복잡해졌으며 키케로는 법의 기술을 초월하는 자신의 웅변술에 자부심을 느꼈다. 그가 법학자 가이우스 아퀼리우스 갈루스(Gaius Aquilius Gallus)의 말을 인용하기도 했는데, 갈루스는 아마도 깎아내리려는 의도로 어떤 사건에 대해 "법과 관련이 없으므로 키케로에게 가라(nihil hoc ad ius, ad Ciceronem)"라고 말했다.[43] 한편 키케로는 법의 위대한 옹호자이기도 했는데, 특히 그의 맹렬한 기소 연설 이후 변호를 시도하지 않고 로마에서 도망친 부패한 베레스에 대한 비난에서 이 점이 돋보였다.

부유한 지주이자 홀아비인 아울루스 카에치나(Aulus Caecina)는 기원전 69년에 로마 북쪽의 에트루리아 영토에 있는 귀중한 올리브나무 농장의 소유권에 대해 키케로의 조언을 구했다.[44] 로마 시민권은 기원전 90년에 이탈리아 전역으로 확대됐으며, 그에 따라 로마법에 호소할 권리가 생겼다.[45] 카에치나는 죽은 아내의 친구이자 고문인 젝투스 아이부티우스(Sextus Aebutius)와 분쟁을 벌였는데, 카에치나의 아내가 생전에 소유하던 농장을 그녀가 죽기 직전에 샀다는 것이 아이부티우스의 주장이었다. 카에치나가 아내의 유언에 따라 농장을 요구한다는 사실을 알게 되자마자 아이부티우스는 농장으로 가서 거주했다. 그래서 카에치나는 점유 명령을 받기 위해 법무관에게 갔다. 일련의 복잡한 절차적 과정에서 카에치나는 아이부티우스에게 자신이 농장에 들어가고 '예전의 방식으로 시작'할 수 있다는 데 동의하도록 요청했다. 이것은 그런 분쟁의 당사자들이 자신의 땅에서 강제로 추방된 사람을 위해 고안된 방식문을 사용하여 적절한 법적 소송을 시작하는 정해진 연극인 것으로 보인다. 이는 편리한 과정이었다. 대부분 상대가 이에 협력했으며, 이 사건에서도 아이부티우스는 규약을 따르겠다고 밝혔다. 그러나 몇몇 친구를 대동하고 농장으로 가던 카에치나는 한 무리에게 폭력적인 위협을 받았다. 돌 세례를 받은 카에치나와 그의 동료들은 혼란에 빠져 후퇴했다. 위협하던 무리는 아이부티우스의 전·현직 하인인 것으로 밝혀졌다.

그 후 카에치나는 어려운 법적 문제에 직면했다. 엄밀히 말하면 그가 그 땅에서 쫓겨난 것은 아니기 때문에(그는 농장에 발을 들이지 못했다) 아이부티우스는 카에치나의 소송이 시작될 수조차 없다고 주장할 수 있었다. 카에치나를 대변하는 키케로는 이 기술적 장애물을 극복하기 위해 모든 독창성을 발휘해야 했다. 첫째, 그는 한 법학자로부터 확보한 유리한 법적 의견을 심판인에게 제시했다. 그런 다음 법에 대한 열렬한 논쟁에 착수하여 법, 즉 '시민법(ius civile)'이 '유용성과 공동생활의 유대'를 형성하는 규칙과 제도의 독립된 조직이라고 주장했다. 법은 소유권 및 법적 관계에 대한 권리의 기초였다. 그는 법이 이런 권리의 '부패할 수 없는 보증 제도'이며, 법의 규칙은 '모든 사람에게 평등하고 모든 경우에 똑같아야' 한다고 주장했다. 그는 계속해서 법학자의 중요성을 강조했다. 키케로는 "그들은 법과 법원 사이에 서 있다"라고 말하며 이것이 가장 잘못되기 쉬운 법적 기관이라고 주장했다. 법학자들은 법의 해석자로서 법 자체의 권위를 가지고 있었고 그들을 공격하는 것은 법 자체를 공격하는 것이나 마찬가지였다. 키케로는 심판인이 그들의 의견을 존중해야 한다고 단호하게 결론지었다.

키케로는 의뢰인의 소송에 유리한 법학자의 의견을 무시해보라고 심판인을 충동질했다. 또 다른 연설에서 그는 법학자에 대해 양면적인 모습을 보이기도 했지만,[46] 카에치나의 소송에서 자기 말이 적어도 설득력이 있으리라고 확신했을 것이다. 로마 공화국에서 엘리트들은 법의 독립성과 법의 해석자로서 법학자의 권위를 확신하게 됐다. 즉, 그들은 법치주의를 지지했다. 역사는 키케로가 카에치나의 소송에서 이겼는지 졌는지 이야기하지 않는다. 그러나 이것이 그의 수집된 연설에 포함됐다는 것은 역경을 극복하고 승리했음을 암시한다.

법학자들이 로마법에 대한 전문성을 발전시키면서 심판인, 법무관, 일반 시민들은 모두 그들의 권위를 존중하게 됐다.[47] 공화정 후기에 야심 찬 젊은 로마인들은 고위 법학자로부터 교육을 받을 기회가 있는 한, 군대 대신 법조계에서 직업을 찾을 수 있었다.[48] 키케로는 기원전 90년에 나이 열여섯 살에 어떻게 저명한 법학자이자 전 집정관인 퀸투스 무키우스 스카이볼라와 함께 공부하게 됐는지 설명한다.[49] 그는 2년 동안 스카이볼라와 함께 지냈다. 이 법학자는 키케로가 설명한 바와 같이 법정에 출두하지 않고 자신의 법적 지식을 사용하여 의견을 제시하는 다소 구식의 솔직한 사람이었다. 어린 학생 키케로는 스카이볼라의 집에 찾아오는 저명한 방문객들의 박식하고 재치 있는 대화를 주의 깊게 경청했고, 깊은 인상을 받았다. 때때로 그들은 스카이볼라의 사냥터나 시골 별장으로 여행을 갔지만, 대부분은 포럼 위의 팔라티노 언덕(로마의 일곱 언덕 중 하나—옮긴이)에 있는 그의 웅장한 집에 모였다. 화려한 모자이크 바닥으로 채색되고 소유자의 세련된 취향을 보여주기 위해 조각품과 예술품으로 세심하게 장식된 아트리움에서 스카이볼라는 법적 자문을 제공했으며 상원의원, 집정관, 법무관, 장군, 그 밖의 저명한 사람들은 국정을 논의했다. 스승은 자신의 가장 친한 친구와 가장 귀한 손님을 서재 같은 안방으로 맞이하곤 했다. 그곳에서 그들은 그리스 철학을 토론하고 최신 로마 뉴스와 가십에 대해 논평했는데, 많은 사람이 친구들 사이의 지적인 대화가 공

적 생활의 혼란과 정치적 음모 이후에 위안이 됐다고 말했다.[50]

법학자들이 로마법에 대한 견해를 발전시키고 키케로의 동시대인들이 법적 지식을 습득한 곳이 바로 이 희귀한 환경이었다. 그들이 손에 든 법은 학문적이고 엘리트적인 추구 대상이었다. 평범한 사람들은 딸의 결혼 준비, 부동산 매수, 밭 경작과 같은 사회적 문제에 대해 법학자에게 조언을 구하고, 키케로는 시민이 걸어 다닐 때 학자에게 접근하여 조언을 구할 수 있는 방법을 설명한다. 법학자들은 또한 유언장, 계약서, 그 밖에 법적 문서의 초안을 작성하여 사람들이 상속을 위해 복잡한 준비를 할 수 있게 하거나 규정을 위반하지 않는 방식으로 가축을 살 수 있게 했다.[51]

그러나 법률가들은 시민들 개인에게 조언하는 것뿐만 아니라, 법이 무엇인지를 토론하는 데 몇 시간을 보냈다. 어떤 상황에서 재산을 회수하기 위한 조치는 다른 법률의 농지 사용에 관한 규칙과 어떤 관련이 있는가? 개인이 법적으로 두 마리 토끼를 쫓다가 한 마리도 못 잡았을 때 어떤 일이 발생해야 하는가? 법무관의 방식문은 때때로 제한적이었고 법학자는 의뢰인이 원하는 구제책을 찾아내기 위해 창의적이어야 했다. 법학자들은 법이 어떻게 적용될 수 있는지, 그 한계가 무엇인지 등 모든 법적 요건을 최대한 활용하기 위해 소송을 말로 표현하는 방법을 시험하기 위해 가상 사례를 구성했다. 또한 법이 작동하게 하려고 의제(擬制)를 사용해야 했다.[52] 법적 소송이 원활하게 진행될 수 있도록 무언가를 '마치 다른 것처럼' 처리해야 할 수도 있다. 예를 들어, 태어나지 않은 아이는 상속법에 따라 상속받기 위해 이미 존재하는 사람으로 취급되어야 할 수도 있다.[53] 법학자들은 법적 자문을 위해 찾아온 시민들에게 제공한 의견인 '회답서(responsa)'에서 이런 모든 사항을 설명했다.

법학자들은 법적 지식, 즉 '법(ius)'을 발전시키려고 노력했지만, 이론상 이것은 고대의 불변하는 지식이었다. 그들은 법을 인민의 의지를 대변하는 의회의 결정인 법률(leges)과 구별했다.[54] 그러나 법학자들의 논쟁은 점점 더 난해해졌다. 그들은 분류와 정의를 고르는 데 몇 시간을 보냈고, 세부 사항에 대해 더 많이 토론하고 가상 사례가 더 흥미로워질수록 전체 법적 체계를 통합하기 위해 만든 규칙, 원칙, 예외는 더 복잡해졌다.[55] 이미 공화국 후기에 키케로는 법학자와 그들의 의견이 지나치게 복잡하다고 비판했다.[56] 그리고 중요한 비문에서는 '악의와 법학자는 멀리하라'라고 선언했다.[57] 복잡성과 모호성은 발달한 법체계에서 반복되는 문제다.

로마의 법은 본질적으로 실용적인 제도로 시작됐다. 십이표법의 법, 의회가 통과시킨 법안 및 법무관이 규정한 방식문은 모두 동시대의 문제를 염두에 두고 만들어졌다. 로마 시민들의 삶을 규제하기 위해 고안됐으며 재판 중에 논쟁과 의사결정의 기초가 됐다. 그리고 법적 사건을 다투어야 하는 사람들을 위한 자원이었다. 그것들은 또한 아주 초기부터 법 앞의 평등에 대한 모든 시민의 권리를 상징했다. 그러나 법학자들의 손에서 법은 학문적 실천이 됐다. 학식 있는 사람들은 귀족 저택의 희귀한 환경에서 토론했는데, 거기서 그들은 지적 관심을 자유롭게 발전시킬 수 있었다. 로마법은 성벽 밖에서 복잡하게 얽힌 사회적·정치적 압력으로부터 격리된 엘리트들의 추구 대상이 됐다.

이것이 기원전 1세기 초반 로마법의 상태였다. 이 시기에는 폼페이우스(Pompeius), 율리우스 카이사르(Julius Caesar), 마르쿠스 안토니우스(Marcus Antonius)의 흥망성쇠를 초래한 공화국의 종말과 정치적 음모 및 내전을 둘러싼 격동의 사건이 있었다. 기원전 27년 가이우스 옥타비우스 투리누스(Gaius Octavius Thurinus)는 자신을 아우구스투스(Augustus)라고 칭하면서 황제 자리에 올랐다. 이제 제국의 인구는 적어도 4000만 명이었고, 시민 수는 500만 명 이상으로 증가했다.[58]

처음에는 아우구스투스와 그의 후계자들이 공화국의 정치제도, 즉 집정관, 호민관, 원로원, 민회를 유지했다. 얼마 동안은 법체계의 구조와 관리들도 유지했다. 아우구스투스는 많은 종교 문헌을 불태웠지만, 법학자들의 전문성을 인정해 그중 다수에게 회답서를 제시할 수 있는 권한을 정식으로 부여했다.[59] 서기 37년부터 41년까지의 황제 칼리굴라(Caligula)는 법학자들이 너무 많은 불리한 의견을 제시하면 그 직업을 없애겠다고 위협했다. 그러다가 서기 125년에 하드리아누스(Hadrianus) 황제는 법무관의 칙령을 영구화하고 법학자들 의견의 권위를 인정했다. 이 발표는 그들의 지위를 확인해줬고, 그 후 수십 년 동안 법학자의 숫자가 크게 늘어났다.[60] 이때가 법학자와 그들 법의 전성기로 가이우스(Gaius), 파피니아누스(Papinianus), 울피아누스(Ulpianus), 파울루스(Paulus), 모데스티누스(Modestinus)의 시대였다. 하지만 전성기가 오래가진 않았다.

왕위 계승을 위한 투쟁에서 경쟁자들에 대한 음모를 꾸미거나 군대를 이끌고 이방인과 싸우지 않을 때 황제 대부분은 행정권을 공고히 하기 위해 열심이었다. 아우구스투스는 원로원과 시민의 주장에 따라 '국부(pater patriae)'라는 칭호를 받아들였고, 황제들은 메소포타미아의 전임자들이 그랬던 것처럼 자신들이 정의의 기원이라는 생각을 점점 더 장려했다. 황제는 이 임무를 심판인에게 위임할 수 있지만 자신이 법적 문제의 궁극적인 중재자라고 주장하곤 했다.[61] 동시에 법학자들은 더 복잡한 의견을 내놓았고, 이는 법정 소송의 실제 현실에서 더 멀리 떨어져 있었다. 서기 160년경에 법학자 가이우스는 체계적인 방법으로 법을 제시하기로 하고, 『법학제요(Institutes)』로 알려진 문헌을 작성하여 법학자들의 법과 의견을 정리하고자 했다. 그는 주제를 개인의 지위, 재산권, 유언과 상속, 법적 절차, 의무(우리가 계약이라고 생각하는 것)에 대한 부분으로 나누었다. 그러나 법학자들의 학문이 계속 확산하면서 개인적인 경쟁이 의견 불일치와 반대의견으로 이어졌다. 이 때문에 서기 193년부터 235년까지 통치했던 세베루스(Severus) 황제들은 많은 학자를 선택하여 궁정에 통합시키고 쉽게 독립을 훼손할 수 있었다.

한편 로마 장군들은 먼 땅의 통치자들과 전쟁을 계속하여 영토를 확장했다. 이 먼 지역의 주민 대부분은 시민권을 부여받지 못했는데, 이는 그들이 계약을 맺거나 재산을 취득하거나 결혼하거나 유언을 남길 때 로마법에 호소할 수 없다는 것을 의미했다. 또한 제국 권력이 커지면서 중요성이 줄어들긴 했지만, 실제로 그들은 로마 의회에서 투표할 권리가 없었다. 로마인들은 법을 이방인에게는 거의 허용하지 않는 특권이라고 생각했다. 키케로가 말했듯이, 법은 국가의 기초였다.[62] 새로운 속주와 그 도시 중 일부는 로마 문명을 적극적으로 열망했고 '키비타스(civitas)'의 지위를 추구했는데, 이는 로마 조직과 시민 규정을 채택하는 것을 의미했다. 그러나 다른 도시들, 특히 그리스 도시들은 이미 잘 확립된 법적 구조로 되어 있었다. 이곳에서 그들은 자신들만의 법을 유지하려고 노력했고, 상인들은 전통적인 상업과 해상 무역의 관행이 지속되기를 바랐다.[63]

그런데 놀랍게도, 서기 212년에 황제 카라칼라(Caracalla)가 갑자기 로마 시민권을 모든 영토의 자유로운 거주자들에게 확대했다. 그는 모든 사람이 자신의 안전에 대해 신들에게 감사하는 일에 동참할 수 있도록 종교 관습을 통합하고 싶다고 주장했지만, 한 냉소주의자는 황제가 세수를 늘리려고 노력한다고 말했다.[64] 이유가 무엇이든, 고위 공직에 들어갈 자격을 갖춘 사람들이 늘어남과 함께 로마법의 혜택이 크게 확대됐다. 먼 지역 사람들과 지방 관리들이 새로운 절차에 익숙해지고 로마법의 가능성을 깨달음에 따라 변화는 점진적으로 일어났다.[65] 시간이 지날수록 많은 사람이 로마법을 참조하고 로마의 법적 형식과 절차를 따르기 시작했다.

세베루스 황제가 법적 절차에 대해 더 많은 통제권을 행사하게 되면서 로마 사법의 행정도 점차 바뀌었다. 황제들은 가장 저명한 법학자들을 궁정에 끌어들여 그들을 독립적인 사법 당국이 아닌 고문으로 만들었다. 서기 3세기 후반의 정치적 격변기가 이어졌고, 많은 야심찬 인물이 연달아 권력을 장악했다가 순식간에 몰락했다. 284년, 마침내 군대는 디오클레티아누스(Diocletianus)를 황제로 선포했다. 새로운 황제는 20년 동안의 통치 기간에 걸쳐 행정부를 성공적으로 안정시켰다. 그는 로마의 넓은 영토를 동서로 나누는 여러 가지 개혁을 도입했다. 또한 심판인에게 자문을 제공할 법조인, 즉 법률 전문가를 임명하여 법적 절차를 전문화하는 조처를 했다. 이로 인해 법학자들은 제국의 행정부에 더 밀접히 묶이게 됐고, 그러다 보니 자연스럽게 황제들에게 충성을 드러내고 싶어 했다.[66] 디오클레티아누스는 전임자들의 '답서(答書, rescript)', 즉 법적 의견을 발행하는 관행을 유지했는데, 이는 법학자들의 회답서보다 점점 더 중요해지고 권위가 높아졌다.[67]

로마법은 속주로 천천히 흘러들었고, 지방행정관들은 칙령과 법적 결정을 발표했으며, 아주 평범한 시민들도 법적 절차를 개시하게 됐다.[68] 많은 사람이 개선된 건축 기술과 수로, 목욕탕과 함께 법체계를 로마 점령의 이익으로 여겼으며, 이는 영국 북부의 황야에까지 도달한 혁신이었다. 그러나 일부 작가는 로마 관리들이 법을 통제의 도구로 사용한다고 생각했다. 타키투스(Tacitus)는 브리튼(Britain) 행정부에 대한 논평에서 브리튼인들이 '문명화'라고 착각한 것이 실제로는 노예제도의 한 측면이라고 선언했다.[69] 그리고 2세기에 한 작가는 독일에서 로마인들의 어려움에 대해 논하면서, "그들은 무력으로 정복당하지만 법에 따라 유지되어야 하므로 속주를 통치하는 것이 속주를 획득하는 것보다 더 어렵다"라고 말했다. 2세기 후 또 다른 작가는 아라비아에서 로마가 성공한 공을 '주민들의 오만함을 짓밟고 우리 법을 따르도록 강요한' 황제 트라야누스(Traianus)에게 돌렸다.[70] 명목상으로는 혜택이자 문명의 한 측면이긴 하지만, 법은 또한 정치적 통제의 도구가 됐다.

5세기에 이르자, 동·서로마의 황제들과 행정가들은 복잡한 로마법을 합리화하기 위해 노력했다. 426년 서로마 황제 발렌티니아누스 3세(Valentinianus III)는 의견에 권위가 있는 법학자들을 지정했고, 438년 동로마 황제 테오도시우스 2세(Theodosius II)는 지난 세기 동안 제정된 제국법 모음을 편찬했다.[71] 1세기 후 그의 후계자인 유스티니아누스 1세(Justinianus I)는 제국법과 법학자의 의견을 모두 담도록 포괄적인 성문화를 명령했다. 중국 황제들처럼 유스티니아누스는 『로마법대전(Corpus Iuris Civilis)』이 제국 전체에 법과 질서를 가져다줄 것이고, 그 법이 영원히 유효할 것이며, 더는 법적 해석이 법적 영역을 흐리게 하지 않을 것이라고 선언했다. 그러나 이는 이미 법이 획득한 지위를 무시하는 무모한 진술, 즉 도전할 수 없는 법적 권위에 대한 열망이었다.

1000년 동안 로마의 법은 아주 다양해졌고 또 다양한 것을 의미하게 됐다. 십이표법 당시 청동판에 새겨진 법은 로마 시민들에게 어떻게 대우받고 처벌받아야 하는지, 어떻게 소송을 제기하고 채무를 면제받을 수 있는지에 대한 일련의 기본 규칙을 제공했다. 그리고 이 권리는 훌륭한 의사결정 집회에 참여하는 것에 동반됐다. 그들의 법률은 시민들이 공공의 문제와 관리들의 활동에 영향을 줄 수 있는 정부의 도구였다. 법적 절차가 더욱 정교해짐에 따라 심판인과 법무관은 법적 사건에 대한 정확한 방식문을 규정했다. 그 후 이것들은 법학자들에게 논쟁과 학문의 대상이 됐다. 그들은 법을 지적 운동으로 만들었다. 중세 유럽 학자들에게 깊은 인상을 심어준 것은 그들의 의견이 정교하다는 점이었다. 그러나 로마 역사 대부분에서 법은 또한 문명의 표시였다. 이 법은 원래 로마 시민들이 정의를 추구하는 데 사용하는 도구였지만, 키케로 시대에는 모든 시민이 누릴 수 있는 혜택으로 간주됐다. 그리고 카라칼라는 법을 자유로운 제국 신민 모두에게 아낌없이 확장했다.

후대의 황제들은 "황제는 법에서 자유롭다"라고 주장했다. 그러나 유스티니아누스의 『로마법대전』은 황제가 자신의 권위에 대한 표시로 법에 구속된다고 선언해야 한다고 말했다. 그리고 이 법전은 법률 지식을 "인간에 관한 것과 신성한 것에 대한 지식"이라고 했다.[72] 유스티니아누스의 절대적인 법적 권위에 관한 주장은 기껏해야 잠정적이었다. 법이 시민들에게 자원을 제공하고 통치자를 구속해야 한다는 더 높은 원칙을 나타냈다는 인식은 가장 독재적인 황제의 시기에도 흐려지지 않았다.

수 세기 후 재발견된 유스티니아누스의 『로마법대전』은 중세 유럽 학자들에게도 문명을 대표하게 됐고, 결국 세계를 지배하게 된 법에 영감을 줬다. 그러나 또 다른 곳에서 입법자들은 질서에 대한 보다 우주론적인 비전을 추구했는데, 특히 아라비아사막에서 세워진 새로운 종교가 최근의 위대한 법적 전통을 형성하면서 더욱 그러했다.

Chapter

5

유대교와 이슬람 학자들

: 세속에서 신의 길을 구하다

기원전 538년, 페르시아 황제 키루스는 군대를 이끌고 메소포타미아로 쳐들어가서 도시를 파괴하고 고대 문명을 대부분 말살했다. 그러나 메소포타미아의 법적 기술은 쉽게 사라지지 않았다. 이런 법적 기술은 확고한 종교적 목적의 법을 만든 이스라엘 제사장들에게 이미 본보기가 됐고, 하나님이 택한 백성들에게 주는 규칙을 만들어냈다. 제사장들은 메소포타미아 양식을 채택하여 종교적 비전을 실현하면서 일상적인 정의를 보장하기 위해 고안된 사회적 규칙과 더불어 기도, 의례와 의식 및 청결에 대한 규칙을 만들었다. 이런 규칙은 수 세기에 걸쳐 유대법의 위대한 작품으로 발전했다.

유대법은 결과적으로 완전히 별개의 종교적 법 전통, 즉 이슬람의 전통에 영감을 줬다. 종교 전문가들은 오늘날에도 여전히 그런 것처럼 신법의 해석자였으며, 일반 유대인과 이슬람교도들에게 신의 길을 따르는 규칙을 설명했다. 힌두 세계에서와 마찬가지로, 이런 법은 정의나 규율보다 의무에 훨씬 더 초점을 맞췄다. 그리고 인도의 힌두 브라만처럼 법학자들은 자신들이 항상 왕, 칼리프, 술탄에 관해 판단을 내릴 수 있다고 주장했다.

모세오경에 나오는 법은 이스라엘 사람들에게 어떻게 유일신을 올바른 방식으로 숭배하고, 깨끗한 음식만을 먹고, 동족에게 바르게 행동하며 의례적으로 순결한 삶을 살 수 있는지를 지시했다. 이 법은 하나의 민족을 위한 법이었다. 그러나 종교 지도자로서 제사장들은 그리스와 로마 시민들, 실제로 자신들에게 영감을 준 메소포타미아 입법자들의 법과 매우 다른 목적과 성격의 법을 만들었다. 힌두교 브라만과 마찬가지로 그들은 사울, 다윗, 그 밖에 초기 왕들의 정치적 권력으로부터 상당히 독립적인 종교적 권위를 가지고 있었다. 그러나 이스라엘 입법자들은 힌두교 입법자들과는 매우 다른 사회적·정치적 맥락에서 법을 만들었고, 사회적 계층구조를 주장하는 것은 그들의 목표가 아니었다. 많은 이스라엘인이 여전히 유목민이었고, 종종 이웃 부족들과 대립했으며, 그 땅에는 아시리아·바빌로니아·페르시아·로마와 같은 강력한 정복자들에게 점령당하기 전에 왕이 몇 명 존재했다. 이처럼 권력이 변화하는 내내 이스라엘의 법은 멀리 떨어진 땅으로 붙잡혀 간 사람들을 포함하여 흩어져 있는 지파들 사이에서 단결과 정체성을 형성하는 데 도움이 됐다.

아시리아와 신아시리아는 이스라엘과 유다의 땅을 기원전 6세기까지 지배했으며 가장 초기의 이스라엘 입법에 영감을 줬을 것이다. 신바빌로니아 네부카드네자르는 예루살렘을 포위하여 많은 이스라엘인을 바빌론으로 다시 데려갔고, 이들은 그곳에서 적어도 처음에는 노예로 일했다. 페르시아 정복자인 키루스가 그들의 고향을 재건하는 것을 허락했을 때조차도 일부는 번성하며 그 도시에 머물렀다. 한편 다른 사람들은 초기의 혼란 기간 이후 이집트에 식민지를 형성했다. 즉, 유대인들은 기원전 63년에 로마가 팔레스타인을 점령했을 때 이미 뿔뿔이 흩어져 있었다.[01] 서기 70년에 제국의 점령에 반대하는 유대인들의 반란이 일어난 후 로마가 예루살렘에 있는 성전을 파괴하자, 많은 유대인이 고국을 떠나 이집트의 오랜 식민지에 합류했다. 나머지 사람들은 지중해 주변 스페인 등으로 가거나 이집트에서 북아프리카로 이동했다. 이것이 전에 없는 이주의 홍수를 일으키지는 않았지만, 성전의 두 번째 파괴로 유대인들은 자신들과 현재 사는 곳의 다수를 차지하는 이방인들 간 구별을 더 의식하게 됐다. 그들은 하나님과의 독특한 관계와 '온 이스라엘(all Israel)'에 대한 책임, 즉 자신들이 어디에 살든지 모든 유대인에 대한 책임을 주장하는 것이 더욱 중요하다고 느꼈다.

성전 제사장들 대신에 랍비라는 새로운 종교학자들이 등장했는데, 그들은 민족의 정체성과 신앙 체계에 대한 위협을 우려했다. 예루살렘에 있는 성전을 폭력적으로 파괴한 후, 로마 당국은 유대인에 대한 태도를 누그러뜨리고 그들의 지도자였던 랍비를 왕자인 나시(nasi)로 인정하여 그가 궁정을 세울 수 있게 했다.[02] 페르시아인들은 또한 바빌론에 있는 유대인 학교들을 보호하고 예후드 지방에서 유대인의 법을 인정했다. 아마도 로마 총독과 행정관이 인용한 성문법에서 영감을 받은 것으로 보이는 랍비들은 이제 모세오경의 다소 빈약한 법을 중심으로 성장한 사람들의 불문율과 의례 관행을 통합하기로 했다. 그들은 모든 사람이 헌신할 수 있는 체계적인 계획을 만들 필요가 있다는 것을 깨달았다. 전통에 따라 그들은 팔레스타인의 포도원에 모여 미래 세대를 위해 토라의 가르침을 기록하기로 했다.

성문의 토라는 히브리어 성경의 첫 번째 책들, 특히 출애굽기·레위기·민수기·신명기에서 발견됐는데, 여기에는 의례와 식생활에 관한 상세한 규칙이 포함됐다. 그리고 구전 토라에는 수 세기에 걸쳐 발전한 이스라엘 사람들의 관습과 전통이 새겨져 있었다. 학자들은 이제 관습으로 받아들여진 것을 통합하기 위해 규칙을 해석하고 확장하면서 문헌 작업을 했다. 200년경 힌두 학자들이 최초의 다르마샤스트라를 썼던 것처럼, 랍비였던 유다 왕자(Judah the Prince)는 이 저작물을 '미슈나(Mishnah)'라고 부르는 개론서로 만들 수 있었다. 학문 언어인 히브리어로 쓰인 문헌에는 씨앗(농경), 절기(제례), 여자(약혼, 결혼, 이혼, 간음), 손해배상(형사·민사 청구 및 절차), 성물(희생제), 정결법(정결함) 등 여섯 부분으로 구성된 간결한 법이 포함되어 있었다. 이 문헌은 실용적인 규칙과 종교법을 하나의 체계로 결합했다.

다음 세기에도 랍비들은 토라를 계속 해석했고, 널리 사용되는 아람어로 주석을 썼으며 팔레스타인과 바빌론에 학교를 설립했다. 여기서 5세기와 6세기에 학자들은『예루살렘 탈무드』와『바빌론 탈무드』라는 위대한 두 작품을 제작했다. 귀중한 양피지에 조심스럽게 기록한 이 정교한 책에서 그들은 히브리어 토라의 한 부분을 한 페이지의 중앙에 놓고 더 작은 문자로 된 아람어 주석으로 이를 둘러쌌다. 이탈리아의 주석가들은 몇 세기 후 유스티니아누스의 작품에 대한 주석에서도 같은 형태를 취했다. 이 시기에 유대인의 중요한 분파인 카라이트파(Qaraite)는 이미 랍비들을 따르는 사람들인 라반파(Rabbanite)와 갈라져 있었고 이들은 탈무드의 권위를 거부했다. 그러나 '할라카(halakha)'로 알려진 랍비들의 법과 종교에 관한 집단적 작업물은 대다수 유대인에게 권위를 갖게 됐고 오늘날까지도 인정받고 있다.

유대인 디아스포라(diaspora: 고국을 떠나 다른 나라에서 일하며 사는 유대인 — 옮긴이)가 정착한 곳이면 거의 어디에서든 랍비들은 탈무드에 대해 더 많은 학문적 결과물을 쏟아냈다. 대부분은 예루살렘과 바빌론의 랍비 학교를 인정하고 주요 학자인 게오님(Geonim)에게 질문을 보냈다.[03] 그들은 성경이나 탈무드 해석의 까다로운 점이나 유대인들이 현재 다양한 맥락에서 매우 어려운 삶을 살아가면서 맞닥뜨리는 실제적인 문제에 대해 조언을 구했고, 게오님은 서면으로 대답했다. 히브리어로 쓰인 회답서에는 학문적 조언이 포함되어 있었는데, 로마 법학자들이 제시한 의견이나 더 먼 동쪽의 인도 브라만들이 제안하는 의견과 비슷했다. 실제로 게오님은 종종 유대인 장로들과 상인들이 소집한 법정의 결정을 승인하는 방식으로 언급하며, 디아스포라 사이에서 출현한 랍비 법정의 작업을 지원하고 장려했다.[04]

서아시아에 대한 로마의 지배력은 결국 약해졌다. 비잔티움군은 7세기에 아라비아에서 쳐들어온 무슬림 우마이야(Umayyads)왕조의 맹공을 견디지 못했다. 우마이야왕조는 서쪽으로 이동하면서 팔레스타인을 빠르게 정복하고 중요한 이슬람 사원을 세웠다. 그러면서도 유대인을 '책의 사람들(people of the book)', 즉 일신교 경전을 가진 사람들로 인정하고, 유대인들의 학교가 문화 활동과 상업적 사업과 함께 계속되도록 허용했다. 그때부터 서아시아와 북아프리카 유대인들의 삶은 이슬람교도들의 삶과 얽혔고, 법과 언어도 마찬가지였다.

이슬람은 7세기에 아라비아사막의 변두리에서 탄생했다. 예언자 무함마드는 작은 무역도시인 메카(Mecca)와 메디나(Medina)에서 살았다. 그는 가장 중요한 베두인족(Bedouin) 중 한 명이었는데, 이들은 원래 낙타 목축을 했고 여전히 일상적으로 유혈 다툼에 탐닉했다. 아라비아반도의 북쪽에서 비잔티움 군대는 메소포타미아와 시리아의 비옥한 땅과 동서를 연결하는 무역로를 장악하기 위해 경쟁하면서 사산족(Sassanian)과 주기적으로 전쟁을 벌였다. 알렉산더의 정복은 페르시아와 그리스 사이에 벌어진 일련의 전쟁 중 하나에 불과했으며, 그동안 양측의 군대와 용병과 상인 들이 왔다가 떠나기를 반복했다. 후대의 통치자들은 기념비적인 건물, 광범위한 관개시설, 확장된 무역 네트워크를 가진 도시를 설립했으며 그리스어, 아람어, 페르시아어를

사용하는 이교도, 기독교도, 유대교도, 조로아스터교도가 이곳에서 함께 살았다.[05]

비잔티움과 사산 군대는 무함마드가 아라비아반도에서 종교 운동을 시작한 시기인 7세기에 마지막 큰 전쟁을 벌였다. 이곳에서 베두인족은 광활하고 텅 빈 사막에서 비교적 문제없이 목가적인 삶의 방식을 이어갔다. 그들은 떼를 지어 편안하게 살았고, 필요한 것을 약탈전으로 보충했고, 지역 무역로를 지배했다. 그 영향으로 이들의 언어와 시가 반도 전역에 퍼졌다. 무역도시인 메디나와 메카에 정착한 사람들조차 부족의 정체성을 유지했다. 그들은 일신교 신자인 기독교도, 유대교도, 조로아스터교도 들이 이 지역을 거쳐 가거나 정착하는 것을 관용하면서 주로 지역 신들을 숭배했다.

610년경, 마흔 살이 된 무함마드는 메카에서 종교적 계시를 받기 시작하면서 자신이 예언자로서 말해야 한다고 확신하게 됐다. 그는 지역 신을 초월하여 존재하는 창조신 알라를 나머지 모든 신과 구별하여 숭배해야 한다고 선언했다. 그는 사적인 야망이라는 조롱과 비난을 무시하고, 사람들에게 이전의 종교적 관행을 거부하고 자신의 가르침을 따르라고 요구하면서 자신의 메시지를 널리 알렸다.[06] 그는 무엇보다 인간의 도덕적 책임과 하나님께 복종해야 할 의무에 관해 주장했다. 빈부의 격차가 커지면서 불리한 상황에 처한 메카의 가난한 계층 사람들이 그의 메시지에 쉽게 끌렸지만, 무함마드는 또한 자신의 일을 지원하기 위해 영향력과 자원을 사용한 부유한 상인들과 유력한 가문의 구성원들 사이에서도 추종자들을 확보했다.

622년에 무함마드는 메디나로 이주하여 한동안 중재자로 활동했다. 그는 추종자들의 공동체인 '움마(umma)'를 계속해서 건설했고, 그들의 지원으로 자신의 생각에 반대하는 모든 사람에 맞서기 시작했다. 결국 그는 가장 강력하고 적대적인 메카의 부족민들과 마주할 수 있었다. 숫자가 늘어남에 따라 움마는 경쟁자들과 전쟁을 벌이면서 마치 부족처럼 행동하기 시작했고, 630년에는 가장 적대적인 적들조차도 굴복시켰다. 632년 무함마드가 죽을 때까지 2년에 걸쳐 움마는 그의 지도하에 아라비아의 대부분 주요 부족을 하나로 묶었다.

메카에서 무함마드의 원래 메시지는 그가 쿠란에 기록한 신에 대한 믿음, 경건, 도덕적 책임에 관한 것이었다. 그러나 메디나에 정착하고 움마가 확장됨에 따라 무함마드는 더 균일한 사회질서를 확립해야 한다는 것을 깨달았다. 부족 간의 불화를 금지한 후 그는 가난한 사람들을 지원하기 위해 세금을 올리고 가족관계에 대한 새로운 규칙을 만들었다. 결혼 형태를 규정하고, (그가 사실상 금지한) 입양 규칙을 정하고, 아내를 위한 재정적 보장 수단을 도입하고, 상속 관행을 체계화했다. 그러나 그가 쿠란에 기록한 규칙과 지시는 근본적으로 새로운 사회제도를 도입하기보다는 기존 의무를 가장 잘 이행하는 방법에 대한 도덕적 지침을 제공했다. 무함마드가 만든 규칙은 사람들에게 어떻게 중재하고 계약을 체결해야 하는지, 어떤 적과 싸워야 하는지, 어떤 전리품이 어떻게 분배되어야 하는지를 알려줬다. 또한 남성에게 노예를 포함한 여성, 어린이, 고아, 친척과 그 밖의 부양가족을 어떻게 대해야 하는지도 알려줬다.[07] 그러나 이런 규칙은 총독이 분쟁을 해결하는 방법에 대한 규칙이나 행정관이 질서를 유지하기 위해 사용할 수 있는 법에 대한 규칙이라기보다는 기껏해야 개인을 위한 비체계적인 지시였다. 무함마드는 범죄행위에 관한 조항을 거의 만들지 않았다. 그는 절도에 대해 절단을 포함한 처벌을 명시하고, 추종자들이 술을 마시거나 운을 노리는 게임을 하거나 이자를 부과하는 것을 금지했다. 쿠란은 또한 보복, 살해된 피해자의 가족에 대한 보상, 노상강도·간통·무고에 관한 규칙, 다툼이 있는 경우에 따라야 할 절차에 대한 지침을 포함했다. 그러나 형사절차에 관한 법은 전혀 포함되지 않았다.

쿠란의 이런 일반적인 원칙은 새로운 공동체를 통합하는 데 도움이 됐을 수도 있지만, 무함마드는 수 세기 동안 아랍 부족들 사이의 사회적 관계를 형성해온 뿌리 깊은 부족 전통과 중재 형태를 훼손하려고 하지 않았다. 초창기에 그의 혁명은 정치적 통제나 사회개혁보다 경건, 신앙, 도덕적 책임에 더 중점을 두었다. 그러나 그는 더욱 중앙집권적인 사회질서를 위한 길을 닦고 있었다.

632년 무함마드가 사망한 후에도 추종자들은 계속해서 권력을 장악했다.[08] 그들은 곧 아랍인들을 새로운 공동체에 통합하면서 비잔티움제국과 사산제국에 도전했다. 매우 성공적인 일련의 전투를 통해 점차 서쪽의 이집트와 지중해에서 북쪽의 카스피해에 이르는 광대한 지역으로 세력을 확장했으며, 656년에는 현대 이란의 대부분을 점령했다. 당시에 메디나를 중심으로 한 단일 정치 영역인 칼리파국(caliphate)이 형성되고 있었고, 661년에 최초의 우마이야 칼리프가 권력을 장악하고 수도를 서쪽의 시리아로 옮겼다. 시아파(Shi'i)가 다른 움마와 갈라지게 된 내전으로 매우 어렵게 출발한 후, 이 강력한 가문은 1세기 이상 통치했다. 우마이야는 알안달루스(Al-Andalus, 스페인 남부)를 정복하고 영토를 마그레브(Maghreb, 아프리카 북부) 전역으로 확장했고, 중앙아시아의 더 많은 지역을 통합했다. 무함마드의 메시지가 퍼지자 아라비아 부족들은 일제히 이슬람으로 개종했다. 비잔티움과 사산의 신민들도 점차 이슬람으로 개종했고, 다수가 아라비아의 문화적 관행을 채택했다. 곧 아랍인들은 점령에 종지부를 찍고 더 통일된 인구의 지배 엘리트 계층이 됐다. 우마이야는 예를 들어 다마스쿠스에 웅장한 대사원을 짓고 종교학자 '울라마(ulama)'를 지원하기 위해 이 지역 전역에 멋진 이슬람 사원과 종교학교를 건설했다. 1세기도 채 안 되는 기간에 이슬람은 서아시아의 광범위한 인구를 통일했다.

새로 설립된 학교에서 울라마는 예배의 형태를 지도하고, 신학·문법·역사·문학비평에 관한 연구를 해나갔다. 그들은 공공질서, 정부 및 법 관리에 관해 새로운 통치자들에게 영향을 미치기 위해 자신들의 지위를 이용했다. 칼리프들은 정복한 땅에 더 정교한 행정 체계를 수립하고자 했다. 더 먼 지방의 주둔지를 운영하기 위해 지역 부족을 임명하고, 동전을 주조하고, 새로운 글쓰기 방법을 도입하고, 오래된 부족 중재자를 대신하여 재판관인 '카디(qadi)'를 임명하여 분쟁을 해결했다. 그들은 페르시아인과 로마인의 사례를 적용했는데, 이 민족들은 정교한 정부를 세웠고, 특히 로마인들은 법을 정부의 실용적인 도구로 사용했다. 그러나 카디는 사법행정에서 그들을 지도할 수 있는 것이 거의 없었다. 무함마드는 도덕적 규범에 집중했고, 쿠란은 실제 분쟁, 특히 상업적 문제에 대해 재판관이 적용할 수 있는 규칙을 거의 제시하지 않았으며 범죄와 처벌에 대해서는 간단히 언급했을 뿐이다. 그래서 새로운 통치자들과 재판관들은 일반적으로 자신들이 정복한 영토의 규범과 관습을 채택했다. 예를 들어 간통에 대해 투석형(投石刑)을 도입한 것은 모세의 율법에서 영감을 받은 것이 거의 확실하다. 이슬람교도들은 오랫동안 법과 행정의 전통을 확립한 영토를 점령했고, 특히 상업과 과세 관리에 관한 한 그 전통 중 가장 실용적이고 존경받는 것을 인정하고 채택하는 것이 타당했다. 카디는 아마도 자신의 지식과 종교적 성향에 따라 쿠란 규범을 최대한 고려했을 것이다. 그러면서도 정의를 실현하기 위해 관행을 인정하고 지지했다.[09]

시간이 지나면서 카디는 더욱 전문화됐다. 더 경건한 사람들은 분명히 이슬람적인 삶의 방식을 채택하고 종교적·윤리적 사상을 자신들의 결정에 포함함으로써 신자들 사이에서 존경을 받았다. 동시에 종교학자 울라마는 칼리파국의 행정 관행과 카디들이 적용한 규범을 성찰했고, 그것이 쿠란의 계시와 얼마나 일치하는지 토론하기 시작했다.[10] 힌두 브라만과 이스라엘 제사장들처럼 그들은 법적 관행이 종교적 원칙을 따라야 한다고 봤으며, 학자 집단은 쿠란에 명시된 법적 규범과 그것이 실제로 무엇을 의미할 수 있는지를 논의했다. 울라마는 바스라·메디나·쿠파에 교육기관을, 시리아·이집트·호라산(Khurasan, 옛 사산 영토로 현재의 이란 동부)에 소규모 시설을 설립했다. 각 학자 집단은 자신만의 이론을 발전시켰지만, 사상은 이 지역 전역에서 쉽게 전해졌고 상대적으로 일관된 원칙이 발달했다. 모든 학자는 쿠란에 충분히 관심을 기울이는 것을 중시했고, 무함마드 시대로 거슬러 올라가는 당대의 전통을 신중하게 찾았다. 가장 금욕주의적인 사람들의 눈에는 카디의 보다 실용적인 규칙과 원칙이 무함마드의 가르침에서 너무 멀리 떨어져 있는 것으로 비쳤다. 학자들은 재판관들의 추론이 엄밀하고 정확해야 하며, 지역 관습에 너무 많은 무게를 두거나 자신의 판단과 생각에 의존하지 않아야 한다고 주장했다. 결국 더 현실 지향적인 카디조차도 자신들이 적용한 법적 원칙이 가능한 한 무함마드의 것이라고 해야 했다.[11]

울라마는 법적 관행과 사상을 체계화하고 무함마드의 종교적 계시와 일치시키기 위해 의식적인 노력을 기울였다. 그럼에도 그들은 결정적인 법적 문헌이나 심지어 모세오경의 율법과 같은 권위 있는 일련의 법을 쓰려고 하지 않았다. 무함마드는 이미 쿠란에서 신의 계시를 설명했고, 그들의 의무는 그것을 해석하고 설명하는 것이지 새로운 법을 만드는 것이 아니었다. 이슬람법에는 기본적인 법 문헌이 없었다.

우마이야 칼리프들은 거의 1세기 동안 통일된 영역을 지배했고, 무함마드의 계시는 무한정 확장될 것으로 보였다. 그러나 법사상 학파들 사이에 분열이 나타났고, 이는 더 심각한 종교적·정치적 분열을 반영했다. 이즈음 시아파들이 알려지면서 660년대까지 추종자들이 늘어났는데, 이들이 우마이야에 반대하기 시작했다. 가장 전통적인 학자 중 몇 명은 향락적인 칼리프에 반대하여 목소리를 냈고, 아랍 전통이 없다는 것을 고려할 때 통치자들에겐 선택의 여지가 거의 없었음에도 그들이 그리스 선조들의 행정 구조·경제질서·법적 기준·예술성을 채택했다고 비난했다. 불만을 품은 종교 지도자들은 불만과 부족 간의 경쟁을 이용하여 반란을 조장했다. 결국 750년에 그들은 경쟁 가문인 아바스(Abbasids)왕조를 지지했고, 이 가문이 우마이야로부터 권력을 빼앗았다.

수도를 동쪽으로 약 800킬로미터 떨어진 바그다드로 옮긴 아바스왕조는 역사가들이 말하는 이슬람 세계의 고칼리파국(High Caliphate: 692년경부터 칼리파국은 잘 확립된 농업 기반 제국이었고 이런 상태는 칼리파국 정부가 다른 세력에 종속된 945년경까지 계속됐다. 이 시기의 칼리파국을 692년 이전 및 945년 이후의 칼리파국과 구별하여 '고칼리파국'이라고 칭한다—옮긴이)을 관장했다. 거의 2세기 동안 그들은 주요 전쟁을 대부분 피했고, 엄청난 경제적·문화적·상업적 성장을 이뤘다. 우마이야왕조보다 더 국제적이었던 아바스왕조는 정복한 국가들을 이슬람교도가 단지 지배계급만이 아닌 다수를 차지하는 제국으로 변화시켰다. 캐러밴들은 순례자, 외교사절, 학자, 군인, 상인 들과 그들의 상품을 지중해에서 옥수스(Oxus)까지 실어 날랐다. 상품, 사람, 사상은 스페인, 남부 유럽, 북아프리카, 중앙아시아, 중국과 인도로 물리적·문화적 분열을 통해 퍼져나갔다. 통치자들은 매우 생산성이 높은 메소포타미아의 농경지에서 많은 세금을 거둘 수 있었고 군대, 외교사절, 화려한 궁정의 비용을 무역 수익으로 보충하여 충당했다. 그들은 중앙아시아의 소그드인(Sogdia) 무역상들로부터 설탕 생산과 제지 기술도 받아들였다.[12] 종이가 더 비싼 파피루스와 양피지를 대체하면서 사람들의 문해력을 높였고, 그 덕에 그리스어로 된 철학·과학·역사 서적과 신학서, 시집 등을 번역할 수 있었다. 행정관과 카디들은 일상적으로 자신들의 명령과 결정을 서면으로 기록하고 활동을 꼼꼼히 기록했다. 사회질서, 안정, 정의를 구현한 군주에 대한 사산인들의 이상에 영감을 받은 칼리프들은 바그다드에 거대한 궁전을 지었다. 이곳에서 그들은 문학, 시, 노래를 후원하면서 사치와 궁중 예절의 소용돌이에 빠져들었다. 그들은 자기 앞에 온 모든 사람에게 개인적인 복종을 기대했고, 자신의 말을 사실상 법으로 취급할 것을 요구했다.

울라마가 누리는 존경을 의식한 아바스왕조는 그들 중 가장 영향력 있는 사람들, 가장 경건하다고 여겨지는 사람들의 법적 계획을 인정하기로 약속했고 새로운 모스크와 종교 재단을 후원했다. 공식적인 인정과 함께 따라온 지위를 누리면서 울라마는 이제 별개의 계급을 형성했으며 자신들의 지식 체계를 제도화하기 시작했다. 그들의 계획은 백성들을 위한 신의 법인 샤리아(shari'a)를 설명하고 모든 이슬람교도가 이해하고 받아들일 수 있는 종교적인 프로그램을 개발하는 것이었다. 그들이 영감을 얻었음이 틀림없는 유대 학자들의 글처럼, 그들의 글은 실용적인 사회 규칙인 피크흐(fiqh)와 의례의 준수 및 도덕적 원칙에 대한 지침을 결합했다. 울라마는 이런 작업을 통해 이슬람의 원칙을 모든 일상적인 문제에 적용하고 수천만 인구의 통일된 사회질서를 만들 수 있기를 희망했다.

더 전통적인 수니파(Sunni) 학자들은 무함마드 시대에 존재했던 메디나의 이미지와 각각의 개인이 신 앞에서 자기 행동에 책임을 지는 공동체의 이상을 바탕으로 사상을 구축했다. 학자들은 무함마드 시대의 전통인 순나(sunna)를 당대 법적 관행의 적절한 근거로 여겼고, 무함마드가 한 말과 행동에 대한 기록과 함께 그 전통에 대한 정보를 수집하여 하디스(hadith)를 편찬했다. 실제로 이런 말과 이야기 대부분은 이후 시기에 발전된 전통을 반영했지만, 학자들은 무함마드 자신이 아니더라도 애초 메디나의 대가 중 한 명으로부터 그 말을 듣고 계속 전해 내려온 교사들과 학생들의 계통을 통해 그들의 말을 추적하기 위해 애썼다. 학자들은 오직 이것들만이 적절한 권위를 가지고 있다고 주장했다.[13]

학자들은 이 시기에 작성한 글에서 이슬람법의 규칙인 피크흐를 도출했다. 인도의 힌두교도와는 완전히 대조적으로, 모든 이슬람교도는 세습적인 계급구조를 인정하지 않고 수도원, 금욕주의, 심지어 독신주의의 이상을 유지하지 않는 샤리아의 요구사항에 똑같이 종속되어야 했다. 그러나 힌두교도들과 마찬가지로 전형적인 이슬람교도는 가장이었으며, 친척들과 신 앞에서 부지런히 자신의 의무를 수행하는 대가족의 중심이었다. 이슬람 학자들은 브라만과 마찬가지로 칼리프의 정치와 사회행정에서 사용될 수 있는 법이나 공공 생활에 대한 규범을 규정하기보다는 개인의 의무를 규정하는 데 초점을 맞췄다. 모세오경의 저자들처럼, 그들은 무엇보다 아주 세세한 부분까지 규제하고 오래도록 학문적인 논쟁이 되어온 숭배 행위에 관심을 가졌다.[14] 또한 그들은 가족관계, 상속 그리고 종교 재단인 '와크프(awaqf 또는 waqf)'의 유지를 위한 정교한 규칙을 만들었다.

힌두와 유대 학자들은 처음에 기본 텍스트, 즉 후대의 해석과 설명으로 보충되는 일반적인 원칙에 대한 글을 썼지만, 이슬람 법학자들은 사람들이 준수할 수 있는 규칙인 개별적인 문제에 대한 상세한 지침을 제공함으로써 보다 실용적으로 접근했다. 로마의 법학자들처럼, 그들은 주변에서 본 사회적 문제들에서 영감을 받았다. 그러던 중복혼(複婚)의 효력, 전쟁 중에 붙잡혀 첩으로 잡혀간 여성의 지위, 노예해방 등 쿠란에서 고려되지 않은 문제들에 직면했다.[15] 쿠란이나 순나는 계약과 상업적 의무에 대해 별로 언급하지 않았기 때문에 학자들은 상인들이 지속해서 확장되는 상업 영역에서 사용할 수 있는 재산 관계에 유용한 규칙들을 정교하게 만들기 위해 노력했다. 이 작업은 창조적으로 이뤄졌지만, 무함마드의 원칙에 확고하게 기초한 것으로 여겨졌다. 이런 지침을 개발하면서 학자들은 법적 의제(擬制) 또는 책략, 즉 '히얄(hiyal)'이라는 개념에 의존했는데, 이는 불편하지만 부인할 수 없는 쿠란의 규칙, 예컨대 이자 금지와 같은 규칙을 우회하는 데 사용됐다. 그들이 개발한 한 책략은 이중 매각이었다. 즉 재산을 팔았다가 즉시 더 높은 가격으로 다시 사들임으로써 그 차액이 이자가 되게 하는 것이다. 이슬람의 법적 책략은 로마의 의제와 다르지 않았고, 이슬람 학자들이 사업가들이 국제 상거래에 참여할 방법을 개발하면서 20세기에 엄청나게 중요해졌다.[16]

학자들에게 또 다른 문제가 되는 분야, 특히 법률 사무에 종사하는 카디에게 더 큰 문제였던 분야는 증거에 대한 일련의 규칙이었다. 아마도 피고인의 존엄성을 보호하기 위해 발전했을 베두인족의 규범을 인정하면서, 카디는 범법 행위에 해당하는 모든 것을 증명하기 위해 신뢰할 수 있는 증인 여러 명을 요구했다.[17] 쿠란과 순나는 서면 증거보다 구두 증거를 우선시했는데, 이는 문해력이 확산하고 문서가 대부분 상업 거래의 기초가 되면서 점점 비실용적인 원칙이 됐다. 그래서 학자들은 문서의 증인(witnessing of documents: 서면 자체가 증거로 제시되는 대신, 서면을 목격한 사람이 재판에 출석해 '내가 서면을 목격했고, 서면의 내용은 이러하다'와 같은 진술을 하면 그 진술을 증거로 활용한다는 의미—옮긴이)에 대한 이론을 개발했는데, 서면 텍스트를 증거로 바꿀 수 있는 구두 행위였다. 이 개념은 결국 상인들과 비상인들이 적절한 법적 형식을 따르는 거래를 체결하도록 도울 전문적인 증인들의 단체를 탄생시켰다. 학자들은 매매나 증여와 같은 법적 범주와 정의, 다양한 유형의 재산을 놓고 그 특성과 법적 의미에 대해 광범위한 토론을 벌였다. 점차 그들은 '이슬람 법학(usul al-fiqh)'이라고 알려지게 된 법학을 확립했다. 그 목적은 법적 규칙과 관행이 적절한 법적 추론을 통해 무함마드, 그리고 그와 가장 가까운 사람들의 관행과 말에 확고히 기초하게 하는 것이었다. 예를 들어 인정된 법리에 기초하는 한 '키야스(qiyas, 유추)'를 사용하는 것은 적절했다. '라이(ra'y, 의견)'에 따른 것은 일부 상황에서 받아들여질 수 있지만, 개인적인 판단에 따른 것은 일반적으로 받아들여지지 않았다. 피크흐는 곧 엄격한 추론을 요구하는 고도로 기술적인 프로젝트가 됐고, 일부 학자는 한 작가의 표현대로 '법 구축의 작은 걸작'을 만든다는 데 자부심을 가졌다.[18]

학자들은 또한 자신을 개별 대가와 연관시키는 경향이 있었으며, 이런 방식으로 '법학파(madhhabs)'로 알려진 독특한 전통이 형성됐다. 아바스 칼리프의 처음 2세기 동안 이라크에서 아부 하니파(Abu Hanifa)를 따랐던 사람들은 하나피파(Hanafi)를 형성했으며 곧 시리아로, 나중에는 아프가니스탄, 인도 및 중앙아시아로 퍼졌다. 처음에는 메디나에 기반을 뒀던 말리크 이븐 아나스(Malik ibn Anas)의 추종자들은 이집트로 퍼졌고 그곳에서 북아프리카와 서아프리카, 스페인으로 퍼졌다. 가장 영향력 있는 학자 중 한 사람은 카이로에서 거주하는 전형적 전통주의자인 알샤피이(al-Shafi'i)였다. 그는 학교를 설립했으며 이 학교는 나중에 아라비아 남부, 스와힐리 해안, 동남아시아 일부 지역으로 퍼졌다.[19] 알샤피이는 전통의 권위를 다른 사람들보다 훨씬 더 강하게 주장했다. 법적 해석 작업이 적절하고 엄격하고 체계적인 추론을 통해 쿠란이나 순나에서 결론을 도출하는 것 이상이라면 불법이라고 강조했다. 수니파 학자들이 권위 있는 하디스를 모아 엮어 법적 규범과 같은 형태를 형성하고 카디의 출처를 제공하고 법적 관행을 통합하는 데 도움을 준 것은 대체로 알샤피이의 영향 아래에서 일어난 일이다. 알샤피이의 제자 중 한 명인 아흐마드 이븐 한발(Ahmad ibn Hanbal)은 원문에 더욱 충실하고 전통적인 접근방식을 옹호하는 또 다른 학파를 형성했는데, 이 학파는 현재 아라비아반도를 지배하는 한발리파(Hanbali)로 통합됐다. 그러나 모든 이슬람의 법적 전통은 신 앞에서 개인의 책임이라는 이상을 강조하면서 유사한 목표를 추구했으며 일반적으로 서로에게 관대했다. 일반 무슬림 대부분은 자기가 사는 지역에서 우세한 법학파의 권위를 받아들이고 학자에게 자신의 법적 문제와 윤리적 딜레마에 대한 지침을 구했다.[20]

피크흐에 대한 샤피이파(Shafi'i)의 접근방식은 시간이 지나면서 널리 받아들여졌다. 학자들은 명시적으로 말하지도 인식하지도 못한 채, 법적 사상의 확산과 그 사상 간 모순의 위험을 우려하게 됐다. 이것은 로마 법학자들이 제국 후기에 직면한 문제이기도 했다. 적어도 이론상으로 이슬람 학자들은 법의 네 가지 근원, 즉 네 가지 법원(法源)만을 인정했다. 법에 대해서는 거의 말하는 바가 없었던 쿠란 자체, 무함마드의 순나 또는 그의 활동에 대한 기록으로 받아들여진 것, 유추에 의한 추론의 결과, 확립된 출처에서 올바르게 추론했다는 가정에 따라 확립된 학자 공동체의 결론이 그 네 가지다. 관습과 관행은 필연적으로 학자와 재판관 모두의 추론에 많은 기여를 했지만, 이것들은 공식적 법원으로 인정되지 않았다.[21] 학자들은 수 세기 동안 법리에 대한 새로운 이론과 해석을 계속 발전시켰지만, 이는 엄격하게 제한되고 적절한 출처에 확고하게 기초해야 한다는 생각이 유지됐다.[22]

샤리아 학문은 공적 의무보다 개인의 의무를 강조했기에 피크흐 학자들은 형사절차, 과세, 정치구조에 대해 거의 할 말이 없었다.[23] 그들은 칼리프의 입장을 인식하고 공공정책의 문제를 대부분 그들에게 맡겼다.[24] 칼리프는 카디 임명에 관한 학자들의 권고를 수용하고 카디에게 샤리아를 따르도록 요구했으며, 많은 학자가 이런 역할을 맡도록 설득했다. 칼리프는 도시에서 일상적인 공공 생활의 규제를 시장 조사관인 무흐타시브(muhtasib)에게 위임했는데, 이들은 지역 규칙을 만들고 상인·장인·일반 세대주 사이의 사소한 분쟁을 다뤘다. 동시에 대부분 칼리프는 개인의 잘못을 다루는 법정을 열었고, 일반적으로 범죄행위에 대한 고발이나 부패한 관리에 관한 주장에 귀를 기울였다.[25]

더 경건한 학자들은 칼리프가 너무 많은 권위를 갖는 것을 꺼렸다. 그들은 자신들, 즉 울라마가 무함마드의 진정한 후계자이며 법은 칼리프의 법령이 아니라 자신들의 추론에서 찾을 수 있다고 생각했다. 사람들이 기도와 의례를 수행하는 방법, 시장과 상업적 사업에서 행동하는 방법, 선량한 무슬림으로서 윤리적으로 행동하는 방법을 결정하는 것은 바로 자신들이었다. 칼리프와 관리들의 임무는 사원을 관리하고 시장의 질서를 유지하며 왕국의 국경을 지키는 것이었다.[26] 울라마는 법의 지배, 특히 권위 있는 신의 말이 지배해야 한다고 주장했다. 가장 강력한 칼리프조차도 이에 반하는 행동은 심판받아야 했다.

아바스왕조의 칼리프는 8세기에 집권하여 이후의 종파 간 분쟁에 맞서 싸울 때 주로 군사력에 의존해왔지만, 그들은 항상 이슬람의 원칙에 대한 헌신을 공언해왔다. 이것은 주요 종파의 충성을 확보했지만, 학자들의 관점에서 칼리프가 순나의 원칙을 제대로 지키지 않으면 그들의 활동을 비판할 수 있는 권한을 울라마에게 부여했다.[27] 종교는 항상 법 위에 있었고, 이 삶의 영역에서 학자들은 자신들이 칼리프로부터 독립적이라고 생각했다.[28] 이후 1000년 동안 이런 생각은 종교학자들과 칼리프, 이슬람 세계의 사제와 왕 사이의 갈등으로 이어졌다. 제국과 칼리파국이 융성했다가 쇠퇴했고, 새로운 개종자들과 권력을 노리는 사람들이 나타나 오래된 정치 질서에 도전했다.

8세기 중반부터 10세기 중반까지 아바스왕조의 통치 초기 2세기는 이슬람 칼리파국의 절정기로 상대적 평화, 경제적 성공, 법적 번영을 누렸다. 그러나 정치적 팽창은 그 자체로 문제를 야기했고, 9세기에 동아프리카의 노예들은 아바스왕조의 궁정이 기본 식량의 대부분을 가져오고 세금을 받던 지역인 바스라(Basra)에서 반란을 일으켰다. 10세기 초, 아바스왕조의 궁정은 더 멀리 떨어진 지역에 대한 통제권을 유지하기 위해 고군분투했다. 오늘날 스페인과 포르투갈 지역에 있는 토후국인 알안달루스를 시작으로 우마이야왕조의 붕괴와 함께 서부 제국의 많은 부분이 이미 무너졌다. 모로코의 한 지방 통치자는 40년 만에 무너졌고, 북아프리카 전역의 다른 통치자들이 뒤를 이었으며, 마지막으로 이집트가 뒤따랐다.

대부분의 경우 새로운 통치자들은 울라마를 지원하고 이슬람 기관과 학습 센터, 도서관, 마드라사(madrasa, 종교학교), 수니파와 시아파 학자들을 위한 법학 학교를 후원하면서 아바스왕조의 궁정을 모델로 삼았다. 더 성공적인 통치자 중에는 북아프리카에서 권력을 잡고 969년에 이집트를 정복한 시아파의 파티마(Fatimids)왕조가 있었는데, 이들은 그 후 200년 동안 칼리파국의 기반을 이집트에 두었다. 이때쯤 이란 북부의 침략자 부예(Buyids)왕조가 바그다드로 쳐들어왔다. 그들은 아바스왕조의 통치자들이 왕좌를 유지할 수 있게는 했지만, 명목상의 우두머리에 지나지 않게 만들었다. 그 후 11세기에 중앙아시아에서 튀르크(Turk) 부족이 나타났다. 이즈음 수니파 이슬람으로 개종한 셀주크(Seljuks)왕조는 부예왕조를 몰아내고, 이후 1세기 동안 중부 이슬람 지역을 통치했다. 이 기간에 그들은 서쪽으로 꾸준히 침입하여 흔들리던 비잔티움 정부에 도전했고, 마침내 1071년에 비잔티움 군대를 물리쳤다. 경각심을 느낀 기독교 지도자들은 무슬림 '이교도'들에 대항하여 첫 십자군원정을 시작했지만, 초기 성공을 거두고 많은 찬사를 받은 후에는 주춤해졌다. 2세기 안에 이슬람 세력이 다시 거룩한 땅(Holy Lands: 요르단강 동쪽과 지중해 사이의 지역—옮긴이)을 장악했다. 한편 셀주크왕조는 아이유브(Ayyubid)왕조의 술탄들에게 함락됐고, 아이유브왕조는 1250년에 자신들의 노예병 부대였던 맘루크(Mamluk)왕조에 전복됐다.

알안달루스에서 무라비트(Murabit, 알모라비드Almoravid)왕조 통치자들은 십자군 기독교인들에게 비교적 영향을 받지 않았다. 그러나 12세기 중반에 그들은 유대인과 기독교인 모두를 박해하기 시작한 새로운 베르베르(Berber) 세력, 즉 청교도적인 알모아데(Almohads)왕조로 대체됐다. 이처럼 정치체제가 변화하는 동안 유대인들은 이슬람 통치자들이 지배하는 지역에서 자신들만의 공동체를 형성했다. 때로는 잔인하게 박해를 받았지만, 주변 무슬림 주민들 및 통치자들과 특히 상업적 영역에서 조화롭게 교류했다(이들의 이야기는 마그레브에 살았던 평범한 무슬림들의 이야기와 함께 8장에서 다룬다).

13세기 몽골인들은 중앙아시아의 많은 지역을 휩쓸었고, 남쪽과 서쪽의 이란 북부로, 그리고 다시 이라크로 이동해 복잡한 관개 시스템과 도서관, 이슬람 사원을 파괴하고 1258년에 마침내 바그다드를 점령했다. 이슬람 세계는 이제 서부의 알모아데, 중부의 맘루크, 동부의 몽골 등 세 지역으로 나뉘었다. 이후 다시는 정치적으로 통일되지 않았다.

이 모든 정치적 격변 속에서도, 특히 칼리프 중 누군가가 보장한 평화의 시기에 법학자들은 여전히 마드라사(종교학교)에서 일하면서 피크흐에 관한 이론을 두고 지속적으로 토론했다.[29] 수니 법학파들은 제각각 자신들이 쿠란과 무함마드의 기본 가르침에 정통하다고 주장했음에도, 각자의 중심 텍스트와 권위의 체계를 가지고 비교적 잘 정착했다. 실질적으로 그들의 원칙은 서로 별반 다르지 않았다. 법학자들은 아바스왕조 시대에 확립된 기본적인 법리를 배우고 재작성하여, 대체로 같은 주제에 집중하고 유사한 규칙과 용어를 사용했다. 그들은 기본적 법리는 이미 정착됐으며 일반 무슬림들을 위해 그 법리를 해석하는 것이 자기 세대 법학자들의 일이라고 봤다. 법학파가 발전시킨 추상적인 형태의 법을 실생활의 실질적인 문제에 적용하는 것은 카디의 임무였다.

많은 법학자가 자신이 쓴 글을 세심하게 보존했고, 그중 일부는 살아남았다. 이런 글들은 이슬람 법학자들이 어떻게 생각하고 썼는지를 보여주고, 그들이 어떤 주제에 관심을 가졌는지를 드러낸다. 예를 들어 야흐야 이븐 샤르프 무이 알딘 알나와위(Yahya ibn Sharaf Muhyi al-Din al-Nawawi, 약칭 나와위)는 1233년부터 1277년까지 맘루크 술탄의 통치 아래 다마스쿠스에서 살았다.[30] 그는 하나피파의 다양한 마드라사에서 훈련을 받은 후 교사가 되어 이전 텍스트에 대한 주석의 형태로 피크흐에 대한 많은 글을 작성했다. 그리고 언어, 하디스, 전기에 관한 글도 썼다. 경건하고 금욕적인 나와위는 필요하다면 술탄과 맞서는 것도 두려워하지 않았다. 그는 법학자의 임무는 무함마드의 계시로부터 파생되는 보편적 법리를 발견하는 것이라고 주장했다. 여러 세대의 학자들과 경건한 무슬림들이 이미 이런 원리들을 탐구하긴 했지만, 나와위는 인간의 노력은 필연적으로 불완전하다고 설명했다. 따라서 후세는 이전의 학문을 다듬고 종합해야 한다고 주장했다. 나와위는 의무적으로 내는 자선금인 자카트(zakat)에 관한 전문 서적을 썼는데 얼마를 내야 하는지, 언제 누구에게 자선을 베풀어야 하는지, 자카트의 액수가 숨겨진 부를 기초로 계산되어야 하는지 등에 특히 초점을 맞췄다. 이런 질문들은 재산의 성격과 소유권에 관한 더 큰 문제를 제기했다. 나와위는 노예의 다양한 계급만이 아니라, 공동 소유되던 노예의 주인 중 한 명이 그에게 자유를 허락하여 노예가 부분적으로만 자유로워졌을 때 발생하는 복잡한 문제에 대해서도 논의했다. 나와위는 또한 자신의 자유를 사는 것에 동의한 노예의 지위를 고민했다.[31] 또한 무함마드 시대의 목축 경제에서 이슬람법의 기원을 착각하게 했던 주제인 자카트로 지급될 수 있는 동물의 종류에 대해서도 논의했다.

또 다른 곳에서 나와위는 반음양(hermaphrodites)을 남성 또는 여성으로 간주해야 하는 근거에 대한 광범위한 토론에 몰두했다. 13세기 다마스쿠스에서 반음양이 특히 널리 퍼져 있거나 실용적인 문제였기 때문이 아니라, 성별 사이의 경계에 있는 사람들의 지위를 고려하는 것이 이슬람 가족법에 매우 중요한 성 구별을 명확히 할 수 있기 때문이었으라고 추정된다. 로마의 법학자들과 마찬가지로 나와위도 범주와 규칙을 명확히 하고 구별하기 위해 가상의 예를 제시함으로써 법을 지적으로 발전시켰다. 당시 나와위 외의 많은 학자도 부모가 이혼했을 때 자녀들의 지위나 어머니가 양육권을 유지할 수 있는지와 같은 주제들을 고려하면서 성별에 관심을 가졌다. 이런 질문들은 이전의 학자들이 사용했던 범주를 세분화하고 그 중요성을 설명하는 데 도움이 됐다. 학자들의 목적은 표면적으로는 실용적이지만, 진짜 목표는 지적 프로젝트였다. 그들은 또한 권위의 문제, 자신들이 의지할 수 있는 하디스와 그 밖의 문헌들, 어떤 학자들이 올바른 형태의 추론을 사용했는지, 같은 주제에 대해 다양한 학자가 말한 것을 어떻게 조화시킬 수 있는지에 대해 걱정했다. 때때로 이들 주장의 세부적인 수준과 복잡성은 로마 법학자들의 더 복잡한 의견과 마찬가지로 난해한 게임에 가까웠다.[32]

이슬람 법학자들의 글 중 일부는 너무 전문적이어서 비전문가나 심지어 카디에게도 유용하기는커녕 이해하기조차 힘들었다. 가장 박식한 학자들의 손에서 피크흐는 예술이 됐다. 피크흐는 격식적이고 복잡했으며, 그 정교한 언어는 건조한 법률 논문의 무거운 산문이라기보다는 무굴 세밀화의 정교한 세부 사항에 더 가까웠다. 그리고 이것이 학자들 자신이 피크흐를 보는 방식이었다. 나와위는 피크흐를 '곤경'이자 '기쁨'이라고 표현했다. 법을 분석하는 것은 "신에 대한 가장 고귀한 접근, 가장 높은 순종 행위, 가장 절박한 선의 범주, 가장 안전한 예배 행위, 가장 가치 있는 일"이었다. 법은 "휘황찬란한 바다, 미묘한 것들의 보고이자 정원"이었고, 학자들의 임무는 이 '다면적인 보석'을 반짝이게 하는 것이었다.[33]

칼리프 대부분은 마드라사의 후한 후원자들이었고, 마드라사 중 다수는 일반인들의 기부금도 받았다. 가장 큰 특권을 가진 학자들은 아마도 우아한 환경에서 살면서 도서관의 방대한 자료를 뒤져 항상 도전적인 토론을 할 준비가 되어 있을 동료 법학자들과 어깨를 나란히 했다. 나머지 학자들은 '무프티(muftis)'나 카디의 역할을 하면서 법의 실질적인 관리에 더 관여했다. 이들은 법률고문과 재판관이었다. 수니파와 시아파는 법률 노동을 병렬적으로 분담했다. 나와위의 설명에 따르면, 법학자들은 주로 법의 추상적이고 보편적인 원칙에 관심을 가졌던 반면 무프티의 임무는 이런 법적 규칙과 원칙을 실생활과 관련된 의견에 적용하는 것이었다.[34] 무프티는 일반인들의 청원을 듣고 특정 상황에서 할 수 있는 것과 할 수 없는 것을 설명하는 짧은 법적 의견인 파트와(fatwa)로 응답했다. 상속의 올바른 절차나 문제가 있는 계약의 집행과 같은 것들을 조언했고, 법정에서 제기된 증거나 법과 관련된 까다로운 질문들에 대해 카디에게 의견을 제시하기도 했다. 법학자들은 종종 무프티 역할도 했지만, 이 두 역할을 수행할 때는 임무를 구별했다. 나와위의 말처럼, 무프티의 파트와는 법의 추상성에서 일상의 현실로 내려가는 세세한 사항들에 관한 것이었다.

법학자들은 자신들의 지혜와 배움의 혜택을 직접 법정에 가져다 놓는 카디의 역할을 할 수도 있었다. 그런 법학자 중 한 명이 알리 이븐 아브달카피 알수브키('Ali ibn 'Abd al-Kafi al-Subki, 약칭 수브키)로, 한동안 다마스쿠스의 수석 카디를 지냈다.[35] 이집트 맘루크 출신의 총명한 젊은 학자로서 널리 여행하며 알렉산드리아, 시리아, 서부 아라비아에서 법을 가르쳤다. 맘루크 술탄은 1339년 수브키를 다마스쿠스의 수석 카디로 임명했는데, 당시 수브키는 이미 50대가 되어 당시로서는 꽤 나이가 많은 노인이었다. 그는 열정과 에너지를 가지고 일을 수행했다. 수브키에 관한 전기작가들은 그를 경건하고 금욕적이며 유능하고 의지가 강하다고 묘사했다. 특히 까다롭고 치열한 상속 분쟁을 비판 없이 해결할 수 있는 재판관으로 정평이 나 있었다. 법적 사건을 심리하는 것뿐만 아니라 모든 부류의 사람들(사법 대리인, 개별 청원인, 엘리트, 일반 시민)에게 파트와 형태로 조언과 의견을 제시했고, 공개 토론에 개입하거나 개인의 문제를 해결하기도 했다. 한 동시대인은 "기병들은 그의 글을 싣고 다녔고 그의 파트와는 온 땅에 퍼졌다"라고 했다.[36]

수브키는 수석 카디로서의 직무 수행에 자부심을 가지고 있었지만, 법학자·무프티·카디 사이에 위계가 있다는 것을 분명히 했다. 글을 통해 그는 법학자가 최고 권위자라고 설명했다. 왜냐하면 학자들은 보편적인 것들을 다루므로 신법에 가장 근접했기 때문이다. 그에 비해 무프티의 작업은 세부 사항을 고려하므로 복잡했고, 카디는 일상의 지저분한 현실에 더욱 가까웠다. 한때 수브키는 젊은 학자들에게 사법 직책을 맡지 말라고 충고하기도 했다. 그는 울라마의 의견은 받아들여지지만 카디의 의견은 '의심으로 오염된' 것이라고 말했다.[37] 다른 곳에서 그는 카디가 무함마드의 후계자로서 신의 판결을 설명하고 명확히 할 수 있는 무프티에 종속된다는 점을 분명히 했다.[38] 이것은 특정한 법적 판단의 질을 비방하기 위한 것이 아니었다. 훌륭한 카디들이 있을 수 있고, 수브키 자신과 같은 많은 학자가 여러 역할을 했기 때문이다. 오히려 이것은 법 지식의 위계를 주장하기 위한 것이었고, 그 꼭대기에서 법학자는 신법을 직접적으로 다뤘다. 이슬람법은 쿠란과 순나에서 발견되는, 신이 인류를 인도하는 것에 기원을 두고 있으며 모든 사람을 위해 이를 해석하는 것이 법학자들의 임무였다.

이후 몇 세기 동안 이슬람 학자들은 이슬람법의 법리와 절차에 관하여 토론을 계속했고 이슬람 통치자, 관리, 재판관, 개인 들은 모두 무프티에게 법적 조언을 구했다. 무프티와 카디는 분쟁을 해결할 뿐 아니라 의무를 확인하고자 하는 개인에게 조언하느라 바빴다. 그러나 궁정에서는 때때로 경쟁하는 종파와 정치 가문 간의 갈등이 벌어졌다. 이슬람 통치자 대부분은 자신의 경건함에 대해 진지했고, 적어도 명목상으로는 샤리아에 기반을 두려고 노력하며 이슬람법을 적용할 카디를 임명하고 마드라사를 후원했다. 그동안 종교학자들 및 법학자들은 정치 지도자들과 권력 및 권위에서 미묘한 균형을 이뤘다.

유대법과 마찬가지로 이슬람 피크흐도 종교적인 프로젝트였다. 두 법 모두 일반인에게 지침을 제공할 때 사안법적 형식을 채택했고 재판관이 분쟁 해결과 사회관계 규제에 활용할 수 있는 규칙, 상인이 계약 형성에 활용할 수 있는 규칙 등을 포함했다. 그러나 힌두 브라만처럼 학자들은 권리보다는 의무에 더 관심을 가졌고, 가장 강력한 통치자들은 종교적 권위의 위계에 결코 진지하게 도전하지 않았다. 이에 따라 게오님과 무프티는 재판관과 카디 위에 확고히 자리 잡았다.

유대와 이슬람의 법체계는 지속적인 중심적 권위를 가진 적이 없었으며, 심지어 샤리아는 기초적인 법적 텍스트도 없었다. 법학자들이 자신만만한 술탄들과 침략하는 군벌에 대항하여 자기 뜻을 관철하면서, 법체계는 거듭된 정치적 혼란의 시기를 거치며 지속하고 발전했다. 세상에 대한 도덕적 비전을 바탕으로, 유대와 이슬람의 법체계는 회복력을 반복해서 증명했다. 오늘날까지 유대와 이슬람 법학자들은 우리 세계를 지배하는 국가법과는 매우 다른 형태의 법과 법적 추론을 연구하고 발전시켜 보급하고 있다. 그러나 유럽의 국가들이 강력한 이슬람 칼리프에게 도전할 수 있게 되기 전에 많은 일이 일어났다.

Chapter 6

유럽의 왕들
: 로마 멸망 이후의 궁정과 관습들

로마 군대는 서기 5세기에 북유럽에서 철수할 때 자신들의 정부 체계와 법을 다시 가져갔다. 갈리아족, 켈트족, 앵글로색슨족은 복잡한 법적 규칙을 거의 사용하지 않았다. 476년 서로마 제국이 멸망한 후 남유럽에는 로마의 행정 체계가 한동안 남아 있었지만, 이곳에서도 법정 절차는 잊히고 도서관은 난장판이 됐으며 귀중한 양피지가 불에 타거나 훼손됐다. 인상적인 도시, 웅장한 기념물, 정교한 문학 기법은 사람들에게 여전히 과거의 영광을 상기시켰고 동로마 황제는 콘스탄티노플에서 궁정과 궁전, 군대를 유지했다. 그러나 서로마 영토의 새로운 총독은 유목민족의 지도자였으며, 소수의 신뢰할 수 있는 귀족들과 함께 이동하며 경쟁 부족들과 장기간에 걸친 불화를 겪었다. 그들 역시 정부의 정교한 절차를 거의 사용하지 않았다. 반면 서로마 총독은 로마 황제의 위엄에 감명받아 독자적인 법전을 만들기로 했다. 처음에는 손해와 배상의 기본적인 목록을 작성하는 것에 지나지 않았지만, 로마인들이 그랬던 것처럼 정의를 약속했다. 결국 서로마 총독이 정리한 다양한 규칙, 관습, 사상은 세계를 지배하게 된 정교한 유럽의 체계로 발전했다. 그러나 그들이 일관된 법체계와 같은 것을 만들기까지는 여러 세기가 걸렸다.

로마제국이 전성기였을 때 북아프리카, 이집트, 서아시아, 아르메니아, 남유럽의 심판인, 법학자, 소송당사자 들은 모두 로마의 법문과 사상을 언급했다. 그러나 로마제국에도 한계가 있었다. 바빌론의 동쪽, 사하라의 남쪽, 라인강 북쪽에는 로마의 군대와 행정관의 통제를 벗어난 사람들이 남아 있었다.[01]

북유럽에서는 게르만족이 로마의 전초기지를 위협했으며, 5세기 초에는 그들의 지도자 중 한 명인 알라리크(Alaric)가 부족 연합군을 모아 이탈리아를 침공하고 로마를 약탈했다. 몇 년 후, 그의 후계자는 서고트족(Visigoth)과 함께 아키텐(프랑스 남서부)으로 이주했다. 한편 훈족(Huns)은 무시무시할 정도로 효과적인 기병을 이끌고 동아시아 대초원에서 출현하여 점차 서쪽으로 이동하면서 많은 게르만족을 밀어냈다. 그 후 406년에는 얼어붙은 라인강을 건너 갈리아(오늘날의 프랑스), 부르고뉴, 이베리아반도로 이동했다. 439년에는 한 파견대가 바다를 건너 모로코로 가서 카르타고를 점령했다. 놀란 동로마 황제는 북아프리카의 모든 지방을 탈환하기 위해 군대를 보냈지만, 아틸라(Attila)가 훈족 군대와 함께 발칸제국을 침략하자 로마 군대는 서둘러 동쪽 땅을 방어하고 아프리카를 새로운 통치자에게 맡겼다. 갈리아에서 로마의 장군 아에티우스(Aetius)는 새로운 부족들과 연합을 형성하면서 얼마 동안 로마의 영토를 방어했다. 그러나 아에티우스가 살해되자 군대는 혼란에 빠졌다. 476년, 게르만 지도자 중 한 명인 오도아케르(Odovacar)는 마지막 로마 황제를 폐위하기로 했다. 황실 예복을 콘스탄티노플의 궁정에 보낸 오도아케르는 제노(Zeno)에게 서로마에 더는 황제가 필요하지 않다고 통보했다.

이런 격변기 동안 로마법은 황제가 잘 발달한 정부 구조를 관장하는 동로마에서 계속 번성했다. 테오도시우스 2세는 자신의 이름을 딴 법전을 만들기 위해 법 편찬을 명령했고, 이 법전은 438년에 완성됐다. 한편 서로마 장군들은 이방인을 진정시키기 위해 법을 사용하는 전임자들의 정책을 계속하려고 했다. 아에티우스는 최근에 정복한 브르타뉴인들과 프랑크족을 위한 일련의 법을 편집하도록 명령했다.[02] 이런 계획은 모든 새로운 시민에게 로마법을 확장하던 이전의 관행과는 매우 달랐다. 이방인을 위해 특별히 새로운 법을 제정한 것이다. 남아 있는 기록에 따르면 브르타뉴의 법은 복수를 금지하고, 특정한 보상금을 지급하며, 군인과 민간인의 관계를 규제하고, 탈세·살인·간통·절도·불법 방목 등을 형사화했다.

5세기 후반까지 메로빙거(Merovingian)왕조의 프랑크족은 현재의 프랑스 북부에 있는 갈리아의 비옥한 농지에 정착했다. 한편 지도자 에우리크(Euric)가 이끄는 서고트족은 스페인 대부분을 장악하고 있었다. 동쪽에서 출현한 새로운 고딕(Gothic) 부족의 연합인 동고트족(Ostrogoths)은 490년대에 이탈리아를 정복하고 오도아케르를 폐위했다. 비슷한 시기에 프랑크왕국의 왕 클로비스(Clovis)는 남쪽으로 이동하여 갈리아의 대부분을 차지하던 서고트 영토를 장악한 다음 부르고뉴 땅으로 눈을 돌렸다.

475년, 서고트족의 지도자 에우리크는 제국군과의 오랜 관계를 통해 부분적으로 로마화되고 동로마제국의 인상적인 문명을 모방하기를 희망하면서 백성을 위한 법전의 편찬을 명령했다. 그 법은 지역의 관심사, 특히 귀족 계급 간의 관계를 분명히 반영했지만, 에우리크의 보좌관인 레오(Leo)는 로마 법률가로서 훈련을 받았기에 확실히 로마식으로 보이는 법전이 만들어졌다. 법이 영토가 아니라 민족을 기준으로 적용됐기 때문에 새로운 통치자들은 그들 자신과 로마인이 다른 법을 가져야 한다고 생각했다. 에우리크의 아들 알라리크(Alaric)는 로마인을 위해 일련의 로마법과 법학적 견해를 정리하여 『알라리크 초전(Breviarium Alaricianum)』[또는 『알라리크의 적요(Breviary of Alaric)』]을 발행했다. 부르고뉴 왕들은 같은 접근방식을 취하여 옛 로마 엘리트를 보좌관과 필경사로 고용했다. 교육받은 로마인들은 어쩔 수 없이 이방인 침략자의 신민이라는 새로운 지위를 받아들이면서, 새로운 통치자들에게 로마법의 전통을 존중하도록 장려했다. 로마인들은 자신들의 언어와 법을 유지하는 한 문명이 완전히 사라지지는 않는다는 것을 느낄 수 있었다.[03]

한편 이탈리아에서는 동고트의 왕 테오도리쿠스 대왕(Theodoric the Great)이 자신을 로마 황제의 후계자로 여기고 로마 고위 관리를 고용하여 행정부를 운영했다. 사람들이 여전히 로마법에 의존할 수 있다고 선언하면서, 심판인들과 관리들을 위해 테오도리크 칙령(Edictum Theodoric)으로 법률을 집대성했다. 그가 제노바 유대인들에게 보낸 편지에서 확인할 수 있듯이, "시민적(civilitas)이라는 진정한 표지는 법을 지키는 것이다. (……) 이것이 인간과 짐승을 구분한다."[04] 법은 새로운 통치자들 사이에서 문명, 심지어 경쟁의 중요한 지표로 남아 있었다.

라틴의 영향이 더 적었던 북쪽의 프랑크 왕 클로비스는 수십 년 전에 아에티우스 아래에서 작성된 법률과 전임자들이 만든 규정 및 절차 규칙을 통합한 법전 발행을 지시했다.[05] 이것이 『살리카법전(Lex Salica)』으로, 서문에서 신의 도움으로 프랑크인이 평화를 확립하고 소송을 방지하기로 했기 때문에 그들 자신은 정의의 우수함과 무력 면에서 이웃을 능가할 수 있다고 선언한다. 첫 번째 조항은 법정에서 소환했으나 출석하지 않은 사람에 대한 처벌을 규정하는데, 아마도 로마 십이표법의 첫 번째 법을 모방했을 것이다. 유사한 것은 그뿐이고, 나머지는 부족 간의 역학 관계에서 전형적인 쟁점인 보상금 지급으로 이어진다. 돼지 또는 그 밖의 동물 절도부터 시작하여 다양한 유형의 절도, 상해, 살인, 성적 위법행위, 무고, 혼인 합의, 노예제도에 관한 조항이 뒤따랐다. 법전은 관습을 기록한 것처럼 보이기도 하는데, 아마도 실제로 관습이 큰 영향을 미쳤을 것이다. 범죄가 사적인 문제였던, 강력한 국가가 없는 반목하는 사회의 관행을 반영한 것이다.

이런 규정들이 분쟁 해결에 직접적인 영향을 미쳤다는 증거는 없다. 라틴어로 쓰인 이 규정들은 갈등을 해결하는 심판인을 돕기 위해 고안된 실용적인 도구라기보다는 로마에 대한 몸짓, 문명의 표시, 부족 집단의 새로운 연합 사이에서 공통된 정체성을 만들려는 시도에 더 가깝다.

새로운 통치자들의 입법 시도에도 불구하고, 잃어버린 서로마 영토를 회복하기 위해 끊임없이 노력하던 동로마 황제의 눈에 그들은 여전히 이방인이었다. 유스티니아누스는 530년대에 이탈리아반도를 되찾기 위해 군대를 보내 30년 동안 유혈 충돌을 계속했다. 그는 잠시 성공을 거두었을 뿐이고, 군대의 일부는 568년에 북부 이탈리아를 휩쓴 또 다른 게르만 침략자 롬바르드족(Lombards)에게 패배했다. 유스티니아누스는 로마제국의 위대함을 회복하기 위해 서기관 수십 명에게 세 가지 새로운 법 문헌을 작성하게 했다. 첫째는 『유스티니아누스 법전(Codex Justinianus)』으로, 테오도시우스의 칙법을 새로운 법과 칙령을 통합하여 최신의 것으로 만들었다. 둘째는 법학자 가이우스(Gaius)의 2세기 문헌을 기반으로 한 『법학제요』로, 초학자를 위한 교과서로 사용됐다. 셋째는 『학설휘찬[Digesta, 판덱텐(Pandekten)]』으로, 수백 명에 달하는 법학자의 견해를 모았다.[06] 533년, 유스티니아누스는 『로마법대전』으로 알려진 이 책 세 권에 로마의 모든 법이 포함되어 있다고 대대적으로 선전하면서 제국 전체에 걸쳐 영원히 유효할 것이라고 선언했다. 그러나 서로마 대부분은 이미 로마법을 무시하는 이방인 왕들의 손에 넘어갔고, 그리스어를 사용하는 비잔티움 법률가들은 라틴어로 된 법 언어를 쉽게 이해할 수 없었다. 10세기에 이르러, 번역을 하기 위해 어마어마한 노력을 기울였음에도 『로마법대전』이 당시의 법적 관행에 영향을 미쳤다는 증거는 거의 없다.

서로마제국이었던 곳은 이제 3개의 주요 세력, 즉 갈리아에 기반을 둔 프랑크족, 이탈리아 북부의 롬바르드족, (떠오르는 우마이야가 지중해를 건너 안달루시아를 칼리파국으로 흡수한 711년까지 스페인에서 왕국을 유지한) 서고트족이 지배했다. 그러나 게르만 침입자들은 일반적으로 자신들의 새로운 영토에서 소수 집단으로 남아 있었고 대부분은 로마의 행정 체계를 유지했다. 이 행정 체계는 그들이 당시 수립하려고 했던 중앙집권적 정부에 매우 적합했다. 라틴어를 사용하는 남부에서는 동고트와 서고트 지도자 모두 자신이 로마 통치를 재건하고 있다고 주장했고 이곳에는 로마의 법사상과 관행, 제도가 잘 자리 잡았다. 교회는 법정을 설립했으며 심판인들은 여전히 로마 시민법과 절차를 따랐다.[07] 교황은 점차 영향력을 확대하여 결국 서고트족과 롬바르드족을 '이단' 아리우스파(Arianism) 기독교에서 개종시켰다.[08]

더 먼 북쪽에서는 아마도 프랑크족 엘리트들 사이에서 한동안 복수의 관계가 계속됐을 것이다. 그러나 클로비스는 랭스(Rheims)의 주교로부터 정책 문제를 논의하기 위해 공의회를 소집하도록 설득당했고, 그의 후계자들은 동쪽으로 영토를 확장하면서 서기들에게 새로운 신민을 위한 법전을 작성하도록 명령했다. 이 법전은 지역 관습을 반영하고자 했다. 왕들은 가장 중요한 소송사건을 심리했지만, 로마의 조세제도는 크게 무너졌고 광범위한 중앙집권적 행정도 무너졌다. 따라서 도시 의회와 지역 지주들이 갈등 대부분을 해결할 책임을 지게 됐다.[09] 공증인은 토지 매매나 증여와 같은 중요한 거래, 이혼, 입양,

노동분쟁을 기록하기 위해 계속해서 로마법 형식을 사용하며 로마법 전통의 일부를 유지했다.[10] 그러나 심판인들은 대부분 자기 실력으로 개별 사건을 결정하고, 확립된 전통에 따라 적절한 배상금을 결정하고, 법에서 인정된 선서와 시죄를 통해 유죄와 무죄를 결정했다.[11]

프랑크왕국의 왕들은 새로운 관행을 도입하고자 할 때 '포고령(capitularies)'으로 알려진 칙령을 즉시 발포했다. 확인된 이런 결정 중 일부는 주교 공의회에서 내린 것이다. 나머지는 지역 의회에서 낭독되는 전체 인구를 위한 규칙이었다. 대다수는 단순히 행정관에 대한 지침을 포함했다. 이런 지침은 관리들에게 공정하게 사법 정의를 실현하고 뇌물을 피하라고 반복적으로 명령했다. 클로비스의 법전인 『살리카법전』은 실제 사용되지는 않았지만 프랑크 왕에게는 여전히 중요했으며, 프랑크 왕들은 이후 2세기에 걸쳐 법전에 조항을 추가했다. 일부는 사회적 지위에 관한 분쟁, 교회의 토지 거래, 노예해방, 보증인, 부채와 같은 새로운 주제를 다뤘다. 763년에 피핀 3세(Pippin III)가 이 조항들을 100개 조항으로 이루어진 법전으로 모았는데, 이것도 여전히 다소 무계획적이었다. 몇 년 후 샤를마뉴(Charlemagne)가 왕위에 올라 또 한 번 개정을 명령했다. 802년에 발포한 법령에서 샤를마뉴는 심판인들에게 개인적인 의견이 아니라 성문법에 따라 판단할 것을 요구했다. 그러나 거의 동시에 그는 『살리카법전』의 개정법을 만들었으며, 대부분 클로비스의 법전으로 되돌아갔다. 샤를마뉴의 서기들은 언어는 바꿨지만, 보상 지급을 위한 통화는 그대로 뒀다. 그들은 후대의 왕들이 추가한 것을 무시했고, 사실상 그사이의 개정법들이 제거한 모순과 불일치를 다시 도입했다.[12] 이 때문에 샤를마뉴는 심판인들이 자신의 법령에 주의를 기울이고 정직하게 통치하며 자신의 이름으로 통치해야 한다는 것에 신경을 썼지만, 심판인들은 그의 법을 구체적으로 적용할 수 없었다.

샤를마뉴와 그의 후계자인 카롤링거(Carolingian) 왕은 왜 이 모든 시간과 자원을 입법에 투입할 가치가 있다고 생각했을까? 774년 서고트족과 부르군트족(Burgundians)에 대한 성공적인 원정 후 샤를마뉴는 이탈리아로 건너가 롬바르드 왕을 폐위했다. 그런 다음 교황 레오 3세(Leo III)와의 협상 끝에 황제 자리에 올랐다. 동로마의 제국주의적 음모에 환멸을 느끼고 생명의 위협을 감지한 교황은 800년에 샤를마뉴에게 황제관을 씌웠다. 이제 샤를마뉴는 제국의 위엄을 갖춰야 했다. 그에게는 원로원, 관리, 심판인, 법정과 같은 로마의 통치 체계를 재현할 행정 장치가 없었지만 법을 만들 수는 있었다. 『살리카법전』은 형벌과 부족적 관습의 목록으로 시작했을지 모르지만, 라틴어로 된 본문은 더 장엄하고 권위 있는 왕의 작품으로 제시될 수 있었다. 법은 통치자가 그 이전의 로마 황제들과 마찬가지로 적절하게 통치하고 있음을 보여줬다. 한 학자가 말했듯이 입법은 이미지 구축을 위한 과정이었다.[13]

북쪽의 영국제도에서는 410년 로마군이 퇴각함에 따라 로마인들의 영향력이 더욱 약해졌다. 이후 유럽 대륙에서 이주자가 몰려들어 지역 인구의 구성과 조직을 변화시켰고, 앵글로색슨족은 이제 브리튼족·켈트족·픽트족과 권력을 놓고 경쟁했다. 대부분 사람은 부족에 속해 있었으며, 그들에게는 복수·보상·살인 배상금의 전통이 있었다. 정착과 토지 보유의 더 안정적인 형태가 나타난 것은 6세기 중반이었다. 6세기 말에 켄트·웨섹스·머시아에 작은 왕국이 형성됐고, 켄트 왕 애설버트(Aethelberht)가 기독교인 프랑크 공주와 결혼하자 교황 그레고리오(Gregory)는 영국 복음화를 위해 베네딕토회 수도원장 아우구스티누스(Augustine)를 영국으로 파견했다. 597년 캔터베리에서 이 수도승은 애설버트에게 기독교를 받아들이도록 설득했고, 대규모 개종 프로젝트에 착수했다.

또한 애설버트는 아우구스티누스의 영향 아래 일련의 법을 만들었는데, 영어로 쓰인 것으로 알려진 최초의 문서다.[14] 이 법전의 90개 조항은 자유민의 명예에 대한 물질적 해악과 모욕, 예를 들어 집안의 지위가 높은 여성과 동침하는 것과 같은 명예에 대한 '모욕(affronts)'에는 배상금을 지급해야 한다고 명시했다. 이 법은 왕과 신하들을 위한 특권을 명시하고, 성직자들을 다양한 측면에서 보호하며, 자유민과 노예를 구별하는 등 신분을 인정했다. 애설버트는 새 교회와 백성을 보호할 의무를 인정하면서 종교적 부당 행위에 관한 몇 가지 조항을 추가했다. 그러나 이 법전은 다양한 피해에 대한 금전적 등가물 목록에 지나지 않았다. 애설버트의 법전은 켄트의 부족들 사이에서 흔히 볼 수 있는 배상 관행을 반영했고, 클로비스의 법전과 완전히 다르지는 않았다. 실용적인 측면에서 보면, 이 법은 왕이 복수심에 가득 찬 사람들이 평화를 이루도록 설득하는 데 도움이 되도록 만들어졌을 것이다.

애설버트는 또한 자신의 권위에 관해 주장했는데, 다른 앵글로색슨족 왕들과 마찬가지로 그 역시 위대한 자유민에 지나지 않았다. 그러나 그는 집회를 소집하여 귀족들 및 주교들과 전쟁을 비롯한 중요한 문제들을 논의하고 새로운 법령에 대한 승인을 구할 수 있었다.[15] 그의 법률은 켄트 자유민들 사이에서 무엇이 중요한 문제인지를 정의했는데, 가장 중요하게는 그들이 평화롭게 공존하고 명예롭게 받아들일 수 있도록 배상 수준을 규정했다.

점차 왕들은 더 많은 범죄를 정의하고 보다 복잡한 법적 절차를 개발하면서 공공 생활의 더 많은 영역을 통제하기 시작했다. 후대의 켄트 왕 흘로스헤레(Hlothhere)와 에아드리치(Eadric)의 이름으로 만들어진 법전은 켄트인들이 런던에서 부동산을 사들일 방법을 설명한다. 7세기 말에 쓰인 위흐트레드(Wihtred) 왕의 법은 교회 재산을 보호하기 위한 조항과 성적 위법행위, 금식, 악마 숭배, 절도에 관한 규칙, 그리고 서약과 고발이 어떻게 이루어지고 시험되어야 하는지에 대한 지침을 포함하고 있다. 초기 잉글랜드 왕은 남쪽에 있는 상대국의 입법 활동을 알고 있었을 것인데, 웨섹스의 이네(Ine) 왕은 거의 같은 시기에 76개 조항으로 이루어진 실체적인 법전을 만들었다. 이 조항들은 법정에서 사법절차를 밟지 않고 복수를 시도한 사람에게 처벌을 가했다. 이네의 법전은 앨프리드(Alfred) 왕이 2세기 후에 다른 법전을 편찬할 때까지 유효했다.

앨프리드는 바이킹과의 전투에 주로 집중했지만, 왕국의 통치에도 큰 관심을 보였다. 대관식 선서(coronation oath)에서 그는 평화를 유지하고, 강도와 그 밖의 부정행위를 금지하며, '자신을 판단하는 데 공정하고 자비로울 것'을 약속했다.[16] 아마도 주교들의 조언에 따랐을 테지만 앨프리드는 실질적인 새로운 법령을 만들라고 명령했고, 긴 서론에서 십계명·출애굽기·사도행전을 인용했다. 모세가 백성들의 독립과 종교적 헌신을 확인하는 법을 만들었듯이, 앨프리드는 자신도 왕국을 위해 그렇게 하고 있다고 믿었다. 그리고 게르만인과 마찬가지로 앨프리드는 자신의 법에 권위 있는 로마의 양식을 사용했지만, 내용에서는 기존의 전통을 반영했다. 모든 왕은 배상에 대한 중요한 관행을 명시적으로 밝힘으로써 새로운 왕국의 핵심인 부족의 질서를 확인하곤 했다. 앨프리드는 한 걸음 더 나아가 성경의 율법을 인용할 뿐만 아니라 자신의 위원회가 내린 여러 가지 판단도 기록했다.

앨프리드의 법에 따르면, 누군가가 창을 어깨에 메고 걸어가다가 부주의하게 방향을 틀어 지나가는 사람을 다치게 했을 경우 창의 각도에 따라 조금씩 다른 배상을 해야 한다. 법의 특수성을 고려할 때 창과 관련된 사고에만, 그리고 창을 어깨에 메고 다니는 경우에만 적용되는 이 조항은 실제 사례를 반영한 것임이 분명하다. 그러나 이 조항은 우발적인 부상과 창의 각도처럼 평범한 요소가 의미하는 부주의의 정도에 대한 중요한 원칙을 나타내기 때문에 법에 포함됐을 것이다. 프랑크족과 롬바르드족의 법 그리고 2000년 전 함무라비의 법과 마찬가지로, 앨프리드의 입법자들은 일반적인 원칙을 표현하기 위해 실제 사례를 사용했고, 널리 적용될 수 있는 규칙을 만들기 위해 사안법적인 형태를 채택했다. 그의 법은 관습에 근거한 규칙과 실제 사례의 기록을 결합했는데, 이 때문에 다소 두서없는 법이 됐다. 그러나 앵글로색슨 토착어로 쓰였기에 지역 주민들이 비교적 쉽게 접근할 수 있었다.[17]

다른 앵글로색슨 왕들과 마찬가지로 앨프리드는 하나님이 제정한 질서를 유지하는 것이 자신의 의무임을 잘 알고 있었다. 왕들은 재앙을 피하고 적을 극복하려면 기독교 의식의 최소 기준을 지켜야 했다. 평화를 보장하는 것이 그들의 의무였고, 이는 주로 절도를 통제하는 것을 의미했다. 앨프리드의 법전은 폭력 자체를 금지하지는 않았지만, 복수가 허용되는 시기와 대상이 될 수 있는 사람을 제한함으로써 복수의 가능성을 제한하려 했다. 법전은 또한 모든 사람이 도둑들을 고발하고 도난당한 재산을 되찾도록 도울 의무가 있음을 강조했다. 앨프리드의 아들 에드워드 장형왕(Edward the Elder)은 10세기 초에 법적 절차, 담보, 증인을 주로 다루는 또 다른 법전을 만들었다. 그의 후계자인 애설스탠(Aethelstan)은 주교들의 조언에 따라 6개 이상의 법전 제정을 지시했다. 새로운 법은 마법, 시죄, 상업, 주화, 집회 참석, 노예와 하인에 관한 책임, 지방행정관(reeve)의 의무, 담보, 성역 그리고 도둑을 추적해야 하는 모든 사람의 의무를 다뤘다. 이 조항들은 왕실의 확대된 영향력을 반영했다.

927년 군대를 이끌고 섬 북쪽으로 진격한 애설스탠은 자신이 '브리튼의 왕(King of Britain)'임을 선언했다.[18] 후계자들도 그의 뒤를 따랐다. 애설레드(Aethelred)는 요크 대주교 울프스탄 2세(Wulfstan II)에게 자신의 왕국 전체를 위한 새로운 법을 만들어달라고 요청했다.[19] 주교는 이전의 여러 법전을 모아놓고, 살인자가 이 중대한 죄에 대해 행해야 하는 기독교적 참회를 강조하면서 법전들의 내용을 매우 도덕적인 언어로 포장했다. 복수에 대한 새로운 제한도 도입했는데, 사제는 복수의 좋은 대상이었지만 수도사는 그렇지 않았다. 11세기 초, 1016년부터 1035년까지 덴마크와 노르웨이는 물론 잉글랜드를 통치했던 덴마크 침략자 크누트(Cnut)도 울프스탄에게 자신의 왕국을 위한 새로운 법을 제정해달라고 요청했다. 영국 법은 이제 웨일스 국경의 동쪽과 티스강 남쪽에 사는 모든 사람에게 적용되어야 했다.

앵글로색슨의 왕들이 잉글랜드왕국을 위한 법을 쓰는 동안 이탈리아반도에서는 또 다른 이야기가 전개되고 있었다.[20] 568년, 롬바르드가 남아 있던 비잔티움 군대를 물리침으로써 로마제국의 재통일에 대한 황제들의 희망은 마침내 사라졌다. 이후 게르만족 롬바르드는 자신들만의 관습을 도입했다. 북쪽과 서쪽의 프랑크족과 서고트족처럼 롬바르드족도 별개의 부족을 형성했다. 그들은 여러 문제 중에서 살인과 침해에 대한 배상이라는 가장 큰 문제에 직면했다. 로타리(Rothari) 왕은 643년에 사실상의 법전인 로타리 칙령(Edictum Rothari)을 반포하여 배상금 지급에 대한 긴 목록을 제시했다. 이 법은 반역·배반·탈영으로 시작했고, 다양한 유형의 개인적 침해와 관련된 목록을 만들었다. 이 법의 388개 조항은 유죄와 무죄를 증명하기 위한 복잡한 서약 과정을 규정했다. 로타리는 이 법이 리구리아(Liguria)로 대규모 원정을 떠날 때 자신의 군대에 깊은 인상을 주어 충성심이 강화되기를 바랐을지도 모른다. 그는 또한 경쟁 영주들의 권력을 제한하려고 노력했고, 혈투를 막기 위해 배상금 지급 수준을 높였다. 프랑크족과 마찬가지로 로타리는 라틴어를 사용하는 서기를 고용했지만, 라틴어에 상응하는 게르만어 단어를 찾을 수 없어 본문은 매우 혼란스러워졌다.

서고트와 부르고뉴 영토에서와 마찬가지로, 새로운 통치자들은 로마 시민들이 로마법에 계속 의존할 것으로 기대했다. 그러나 행정

계급은 지난 수십 년간의 혼란으로 황폐해졌으며 복잡한 로마의 규칙과 관행은 곧 부적절해 보이게 됐다. 이탈리아반도의 남쪽과 라벤나와 로마의 주변 지역은 롬바르드의 통제를 벗어나 있었고, 이 지역의 사람들은 한동안 비잔티움과 접촉을 유지했다. 학자들은 유스티니아누스의 『로마법대전』 사본을 수입했고 학생들에게 유스티니아누스의 『법학제요』를 배포했다. 그러나 로마법은 엄청나게 복잡했다. 더 난해한 법률적 의견을 효과적으로 적용할 수 있는 지점은 고사하고, 법 자체를 이해하려면 몇 년간의 연구가 필요했다. 이 지역에서도 로마의 법적 영향력은 점차 희미해졌다.

한편 연이은 롬바르드 왕들이 로타리 칙령을 보완하고 내용을 추가했는데, 그중 많은 부분이 소송사건의 기록처럼 읽혔다. 프랑크와 앵글로색슨의 법처럼, 법률 내용에 일관성이 있는 것도 아니었다. 유스티니아누스 문헌의 예에도 불구하고 왕들은 학자들을 고용하여 법의 기초가 되는 원칙을 찾아내고 체계화하는 것이 중요하다고 생각하지 않았다. 롬바르드 마을의 공증인들은 로마의 법적 전통 중 일부를 계속 유지했다. 그들은 노예해방·토지 매매·임대·혼인과 같은 중요한 거래를 기록하기 위해 협약서(charter) 초안을 작성할 때 정확한 단어와 문구를 고집했는데, 이것이 법적 분쟁에서 문서에 권위를 부여하는 역할을 했을지도 모른다. 이런 방식으로 로마의 법적 형식은 계속해서 사회적 관계를 형성했다. 그러나 로마법의 '재발견'으로 이어진 일련의 우연한 사건이 없었다면 이런 관행조차 사라졌을지도 모른다.

롬바르드 왕들은 파비아(Pavia)를 수도로 선택했는데, 774년에 샤를마뉴가 군대를 이끌고 알프스를 가로질러 점령한 후 파비아의 궁전을 차지했다.[21] 샤를마뉴는 공증인이 훈련할 수 있는 학교를 설립했다. 일부 공증인은 이미 법적 분쟁에 개입하여 기록된 문서의 정확성과 해석에 대해 상담했으며, 일부 소송당사자는 더욱 복잡한 사건에서 공증인에게 재판관 역할을 하도록 요청하기 시작했다. 9세기 중반 카롤링거 황제들은 공증인을 임명하여 '신성한 궁전의 심판인(iudices sacri palatii)'으로 활동하게 했다. 가장 심각한 사건을 검토할 때는 심판인 열여섯 명이 모였고, 특히 수도원 재산이 위태로워지면 최대 서른 명까지 모이곤 했다.

카롤링거왕조의 통치자들이 몰락한 후, 교황 요한 12세(John XII)는 951년 작센 왕 오토 1세(Otto I)를 황제로 추대했다. 새로운 황제는 롬바르드의 법을 크게 바꾸려고 하지 않았으며, 로마의 관료주의 관행에도 별로 관심을 두지 않았다. 그는 결투재판(trial by battle)의 관습을 선호했는데, 이것은 법적 논쟁을 육체적 기술의 재판으로 축소했다. 그는 또한 수도를 파비아에서 먼 곳으로 옮겼다.

심판인들은 이제 왕실의 후원을 잃었지만, 자신들의 일을 포기하지 않았다. 그들은 이탈리아 북부를 여행하기 시작했고, 그곳의 여러 마을에서 사건을 심리해달라는 요청을 받았으며, 휴대할 수 있는 현지 롬바르드법률 모음집인 『롬바르드법서(Liber Legis Langobardorum)』의뢰도 받았다. 그들은 포켓판 책에 메모와 주석을 갈겨썼는데, 여기에는 로마의 원칙에 대한 언급이 흩어져 있었다. 심판인들은 일을 계속하면서 학생들을 훈련했고, 법이 무엇이고 또 무엇이 되어야 하는지를 토론했다. 로마 법학자들의 작업에서 영감을 얻어 어떤 법이 모든 사람에게 적용되어야 하는지, 어떤 법이 소년보다는 남성과 관련이 있거나 노예가 아닌 자유민과 관련이 있는지 등도 논의했다. 롬바르드법상 문자 그대로의 단어를 고수해야 하는지 아니면 그 범위를 넓히기 위해 근본적인 원칙을 찾을 수 있는지에 대해서도 논쟁을 벌였다. 로마 법학자들과 마찬가지로, 일부는 이제 다양한 법의 단어를 비교해서 도출한 가상의 사례와 일반적인 원칙을 사용하여 규칙을 확장할 수 있다고 주장했다. 즉 심판인은 법을 나름의 논리를 가진 체계로 봤다. 어떤 이들은 심지어 법에 공백이 있는 경우 로마의 법과 원칙을 직접 적용할 수 있다고 주장하기도 했다. 그들은 롬바르드법에 대한 주해를 작성하기 위해 유스티니아누스 『법학제요』의 사본을 찾아냈고 11세기 후반에 파비아 문헌의 해설(Expositio)을 완성했다.

유스티니아누스가 『로마법대전』을 쓴 지도 400년이 지났고 그의 가장 광범위한 저서인 『학설휘찬』은 사실상 잊혔기에, 복잡하고 추상적인 의견의 모음집은 현대 이탈리아에서 거의 사용되지 않는다. 심판인들은 실제적인 문제를 가진 청원인을 앞에 두고 있을 때는 지적 걸작을 탐구할 시간이 거의 없었다. 이탈리아어 문헌은 분실되거나 훼손되거나 잊혔으며, 비잔티움 도서관은 11세기 셀주크의 정복으로 파괴됐다. 그러나 주의 깊은 사서들이 『학설휘찬』의 사본을 피사의 도서관에 보관했고, 그들 중 한 명이 호기심 많은 학자를 초대하여 본문을 조사하게 했다. 더 지적인 야망이 있는 사람들은 이 법적 추론의 보고를 재발견하게 되어 기뻐했다. 파비아, 만토바, 모데나, 볼로냐의 학자들은 『학설휘찬』을 조사하기 위해 피사로 여행했으며 로마 법학자들의 주장을 연구하기 위해 페이지를 샅샅이 뒤졌다. 그 일부는 자신의 도서관에 사본을 비치할 수 있게 후원자를 설득하기도 했다.

볼로냐 출신의 법학자 이르네리우스(Irnerius)는 그런 학자 중 한 명이었다. 그는 마틸데 디 카노사(Matilde di Canossa)의 강력한 후원을 받았는데, 마틸데는 그가 볼로냐에서 일을 계속하도록 격려했던 것으로 보인다. 여기에서 이르네리우스는 이탈리아 역사상 가장 유명한 법학원이 될 학교를 발전시키는 데 도움을 줬다.[22] 이르네리우스는 『학설휘찬』의 밀도 높은 학문적 내용을 다루면서 각 책에 주석을 달았고, 이를 사용하여 학생들에게 새로운 분석 기법을 가르쳤다. 로마법은 곧 그 자체로 연구 대상이 됐다. 롬바르드법은 잊히지 않았으며 실용적인 목적을 위해 학교는 계속해서 그 규칙을 가르쳤다. 한편 학자들은 새로운 법사상을 모색했다.

당시 교회와 국가 사이에서 '서임권투쟁(Investiture Crisis)'이라고 알려진 격렬한 갈등이 벌어졌다. 이 갈등은 1072년 교황 그레고리오 7세(Gregory VII)와 황제 하인리히 4세(Henry IV) 간의 대치로 이어졌고, 파문된 하인리히가 눈 속에서 참회한 곳은 카노사의 마틸데 성 밖이었다. 이 논란은 교회와 세속 지도자 사이의 긴장으로 파급됐다. 한편 상업 활동의 증가는 그 자체의 기회, 도전 및 힘의 원천을 가져왔다. 또한 다양한 계층의 사람들 사이에서 증가하는 다양성은 많은 오래된 법과 법적 범주에 의문을 품게 했다. 사람들은 토지 분배 방식, 거래 관행, 상속 전통에 의문을 품었고 법정에 더 많은 문제를 제기하기 시작했다. 이 모든 것은 심판인들이 롬바르드법 너머를 바라보게 하고 로마 문헌의 사상과 원칙 그리고 그것을 연구하던 법학자들의 저술에서 영감을 얻게 했다.

볼로냐 법학원은 법학자들이 로마 문헌을 뒤져가며 연구함으로써 번성했다. 그들은 로마의 조상들이 거의 1000년 전에 했던 것처럼 새로운 법과학인 시민법의 지적 도전을 즐겼다. 주교가 유학 보낸 교목들(chaplains)은 희망에 찬 다른 젊은이들과 함께 가장 저명한 이탈리아 거장들의 발치에서 배우기 위한 힘든 여정에 동참했다. 1155년 황제 프리드리히 바르바로사(Frederick Barbarossa)가 대관식을 거행하러 가던 중 볼로냐에 들러서 법학 교수들에게 새 법령에 대한 승인을 구했는데, 이때 그는 법학도들을 '학업을 위한 순례자'라고 불렀다. 학생들은 강력한 단체를 결성하고 교황이 개입해야 할 정도로 시 정부에 많은 요구를 했다.[23] 그 후 150년 동안 학자들은 『로마법대전』에 대한 주해·견해·주석을 쏟아냈고, 1240년에 법학자 아쿠르시우스(Accursius)가 이것을 모았을 때 그의 저서에는 주석 9만 6000개가 포함됐다. 수세기 동안 왕, 심판인, 학자, 서기 들은 시민법이 무엇인지 알아내기 위해 이 책을 펼쳤다. 학자들은 다시 한번 법의 권위자로 자리매김했다.

볼로냐의 성공은 이탈리아와 그 너머에서 법학원과 학자들의 확산으로 이어졌으며, 법률 교사들은 『학설휘찬』의 요약집을 사용하고 다른 언어로 번역했다.[24] 동시에 교회는 로마의 자료에 기반을 둔 자체적인 규칙과 법적 관행을 개발했다. 교회 법정은 간통, 위증, 문서 위조, 가족법, 심지어 대차계약 및 이자 약정을 포함하여 죄와 관련된 모든 문제에 대한 권한을 주장했다. 처음에 볼로냐 학자들은 교회법[canon law: 기독교 교회 내부의 법체계로, 세속법(civilian laws)과 대별된다. 기독교가 창발하고부터 현재에 이르기까지 교회 내부의 사안은 교회법으로 규율되며, 특히 교회의 힘이 강했던 중세 유럽에서는 그 의의가 컸다—옮긴이]을 구성하는 다소 잡다한 성직자의 규칙과 관행을 경멸하고 무시했지만,

1140년에 수도승 그라티아누스(Gratianus)가 이에 관한 텍스트들이 포함된 저술을 발간했다. 그의 『법령집(Decretum)』은 교회법을 훨씬 더 체계적으로 보이게 했고, 학자들은 이 저술을 진지하게 받아들이면서 시민법과의 관계에 대한 끝없는 논쟁을 시작했다. 대학교 대부분은 이제 두 법을 모두 가르쳤다. 영국에서 캔터베리 대주교는 분쟁 해결을 지원하기 위해 롬바르드 학자를 영입했으며, 이 학자가 학생들을 위해 편찬한 책은 옥스퍼드에 있는 새 대학교에서 법을 교육하는 교재로 사용됐다. 시민법은 이제 어느 유럽 대학교에서도 국가 법원이나 지방법원에서 실제로 적용되는 법을 가르치는 것이 가치 있다고 생각하지 않을 만큼 명성을 얻었으며, 이는 17세기까지 변하지 않았다.[25]

유럽 대부분은 이제 세 부분으로 나뉘었다. 교황의 승인을 받아 황제로 즉위한 오토 1세의 후계자들 아래 신성로마제국이 있었고, 그 다음으로 프랑스 왕국과 앙주가의 잉글랜드(Angevin England)가 있었다. 그리고 세 곳 모두에서 왕과 보좌관들은 법의 관점에서 왕실의 권력과 권위의 본질에 대해 논쟁했다. 통치자는 단순히 권력을 가지고 있는가, 아니면 합법적인 것을 선언할 수 있는 권한만 가지는가? 아니면 사람들이 그런 권력을 가지고 있는가? 이런 논쟁의 이면에는 종종 법이 왕권과 분리되어 왕이 합법적인 것을 단순히 선언할 수 없다는 의식이 있었다. 그리고 사방의 논쟁 참가자들은 자신들의 주장을 정당화하기 위해 로마 자료에 의존했다. 시민법은 고대의 역사와 지적인 정교함을 바탕으로 황제들도 존중하는 권위를 가지고 있었다.

동시에 통치자와 심판인은 유스티니아누스의 예에서 영감을 받아 수많은 요약이나 주해 중 하나를 통해 『로마법대전』의 본질을 찾거나 서고트 또는 부르고뉴 법전의 자료를 베껴서 사람들을 위한 새로운 법전을 만들었다. 신성로마제국 황제 프리드리히 2세(Frederick II)는 1231년 시칠리아에 있는 신민들을 위해 『아우구스투스 헌장(Liber Augustalis)』의 편찬을 의뢰했고, 스페인에서는 페르디난트 3세(Ferdinand III)와 알폰소 10세(Alfonso X)가 수십 년 후 서고트 양식을 바탕으로 『칠부전서(Siete Partidas)』를 만들었다. 프랑스에서 필리프 2세(Philip Augustus)는 작은 봉건국가를 유럽에서 가장 번영하고 강력한 국가 중 하나로 탈바꿈시켰다. 정치 및 사법 위원회인 파를르망(Parlement)은 교회 법정이 개발한 법적 절차를 채택했는데, 이는 로마의 선례를 기반으로 했다. 파를르망에 소를 제기할 만큼 여유가 있던 사람들은 이제 자신들을 대리할 숙련된 사람들을 찾았고, 얼마 지나지 않아 심판인들이 판결에 로마 시민법의 내용을 채택하게 됐다.

그러나 사람과 사건이 우연히 잘 겹쳐 고전 로마법의 영향에 저항한 곳이 하나 있었다. 영국에서 앵글로색슨 왕들은 주로 관습과 그들 자신의 칙령에 근거하여 법전을 제정했다. 1066년 정복 이후 제1대 노르만 왕이 된 윌리엄 1세(William I)는 몇 가지 새로운 칙령을 발포했지만, 그는 새로운 법보다는 '둠즈데이 북(Domesday Book)'이 된 위대한 조사에 행정 자원을 투입했다. 그의 아들 헨리 1세(Henry I)는 앵글로색슨의 마지막 왕인 참회왕 에드워드(Edward the Confessor)의 법으로 제시한 저작을 의뢰했다. 이 법이 잉글랜드 귀족들이 윌리엄 1세를 위해 설명했던 법을 포함하고 있다는 헨리의 주장은 사실에 근거하지는 않았지만, 잉글랜드가 통일 왕국이며 그 법이 고대 전통에 기반을 두고 있다는 생각을 나타냈다. 또 어떤 저자는 같은 왕에게 귀속된 또 다른 지방의 법인 헨리 1세의 법(Leges Henrici Primi)을 편찬했다. 이 법은 앨프리드와 그의 후계자가 만든 웨섹스의 법, 북쪽에서 적용된 머시아의 법, 바이킹의 법인 데인법(Danelaw) 등 별개의 세 가지 체계를 기술함으로써 현실을 더욱 밀접하게 반영했다. 노르만의 심판인과 행정관이 사용할 수 있도록 누군가가 이 법을 라틴어로 번역하기도 했다.[26]

이 무렵 노르만인은 잉글랜드 귀족들로부터 땅 대부분을 넘겨받았고, 헨리 1세는 새로운 토지 소유자들이 주기적으로 궁정 모임에 참석해야 한다고 지시했다. 이 모임은 왕과 귀족들이 집단적인 결정을 내리고, 조언을 주고받고, 거래에 입회하고, 공동의 의무를 이행하고, 법적 소송사건을 심리하는 정치적이고 사회적인 모임이었다. 색슨의 왕들은 주(shire)와 군(hundred)마다 비슷한 양식의 법정을 설립했고, 지역 문제를 논의하고 조직하기 위해 많은 사람을 모았다. 헨리는 이런 형태의 지방정부에 대한 자신의 통제권을 확장하고 싶어 했고, 이를 위해 어떻게 지방정부를 조직해야 하는지에 대한 지시를 내렸다. 그는 주교, 백작, 보안관, 군수, 주지사, 시종장, 지방행정관, 남작, 배신(陪臣), 마을 행정관, 모든 토지 소유자를 포함한 모든 중요 인사가 참석해야 한다고 말했다. 법뿐만 아니라 사법의 중앙집권화를 위한 길을 닦은 것이다.

노르만인인 헨리는 여전히 프랑스에서 많은 시간을 보냈다. 다만 잉글랜드에 있을 때는 지방 법정의 업무를 점검하고 법적 소송을 심리하기 위해 돌아다녔다.[27] 그는 대관식 헌장(Coronation Charter)에서

"내 모든 왕국에 강력한 평화를 가져다주겠다"라고 맹세하면서 자신의 재판 의무를 진지하게 수행했다. 자리를 비울 때는 이 일을 관리들에게 위임했는데, 그들 중 일부가 점차 법과 법적 절차의 전문가가 됐다. 관리들은 심판인으로 활동하면서 가장 중요한 법적 사건들을 심리했다. 그들은 또한 행정가로서 점점 더 복잡해지는 토지 소유 제도를 통합해야 했다. 부유한 남녀가 유언으로 수도원에 기부금이나 보조금을 지급하면서 수도원의 수와 소유 토지 면적은 점점 확대됐고, 이는 소유권과 토지임대료를 받을 권리에 대한 법적 논쟁으로 이어질 수밖에 없었다. 왕의 신하들은 수도원들의 주장을 고려하고, 재산을 분류하고, 권리를 명시해야 했다. 관리들은 헨리를 위해 작성된 법을 언급했을 것이며, 확실히 영국의 전통을 인정해야 한다고 의식했던 것으로 보인다. 이런 점에서 이들의 절차는 교회와 가족 문제에 교회법을 적용했던 주교들이 소집한 교회 법정과는 사뭇 달랐다. 주와 군의 법정은 살인, 절도, 강간, 위조, 방화 등의 혐의를 포함한 지역 분쟁의 심리를 계속하면서 무죄와 유죄에 대한 까다로운 문제를 결정하기 위해 서약, 시죄, 결투재판이라는 전통적인 절차를 사용했다.

12세기 중반 스티븐 시대의 혼란 이후, 새로운 왕 헨리 2세(Henry II)는 정치적·법적 개혁의 물결을 일으켰다. 그는 채무, 술 판매와 그 밖의 상무(商務), 무기 소지에 관한 규정을 만들었다. 그리고 가장 신뢰할 수 있는 몇몇 보좌관을 법정의 재판관으로 임명했고, 그들의 절차를 관리하기 위한 새로운 규칙을 도입했다. 여기에는 증인의 사용, 관리 임명, 결투재판의 대안 등이 포함됐다. 신임 재판관들은 최근 사건들을 검토하고, 지역 관리에 대한 민원 사항을 조사하고, 법적 소송을 심리하는 대규모 모임인 순회 법정(eyre)을 열면서 전국을 돌았다. 순회 법정의 절차를 안내하기 위해 헨리는 새로운 소송 개시 공문(writ)을 도입했다. 로마의 방식문이 그랬던 것처럼, 소송 개시 공문은 법적 청구가 이루어져야 하는 서면 양식을 명시했다.

이런 방식으로 왕과 재판관 들은 법적 관행과 그들이 적용하는 원칙을 체계화했고, 점차 새로운 코먼로를 확립했다. 헨리의 재판관 중 절반 정도는 성직자였으며, 그들은 왕실 순회 법정뿐만 아니라 교회 법정에도 앉았기 때문에 교회법에 익숙했다. 1164년에 있었던 캔터베리 대주교 토머스 베켓(Thomas Beckett)의 재판과 같은 예외적인 경우, 법률가들은 심지어 로마법에 근거한 논증을 사용할 수도 있었다. 이 사건은 간접적으로 헨리가 토지에 대한 권리를 주장하기 위한 절차를 관장하는 중요한 새 소송 개시 공문인 침탈 부동산 '점유 회복(novel disseisin)' 소송을 도입하게 했다.[28]

이런 과정을 통해 로마 시민법의 사상과 원칙들이 영국의 관습에 스며들었다. 그러나 그 영향력은 제한적이었다. 새로운 소송 개시 공문과 절차는 재산, 임대료, 상속과 관련하여 분쟁을 겪고 있는 지주들의 당면한 문제와 실질적인 필요에 대응하여 대체로 단편적으로 발전했고, 오랜 관습과 전통을 반영했다.

아마도 법에 대한 헨리의 관심에 자극받은 듯, 12세기 후반에 한 젊은 학자가 후원자인 재판관 레널프 데 글랜빌(Ranulf de Glanvill)의 이름을 딴 '영국 왕국의 법과 관습'에 관한 책을 만들었다. 유스티니아누스의 『로마법대전』에서 분명히 영감을 얻어 그는 자신의 저작이 대륙법(civil law: 독일과 프랑스를 중심으로 발달한 유럽 대륙의 법. 로마법의 직접적인 영향을 받았으며 '성문법'을 중심으로 한다. 영미법과 더불어 주요 법계를 이룬다—옮긴이)에 더 익숙한 사람들에게 영국 국왕 법정의 관행을 설명하리라고 봤다. 어쩌면 자신의 저작이 옥스퍼드의 새 대학교에서 교재로 채택되기를 바랐을지도 모른다.[29] 그는 자신이 '영국 법'을 기술했다고 선언했는데, 이 법은 비록 기록되지는 않았지만 왕의 법정에서 적용된다고 설명했다. 그는 볼로냐에서 개발되고 파리 법원이 적용한 로마법과 마찬가지로 영국 코먼로가 독자적인 체계를 구성한다고 주장했다.

실제로 헨리의 재판관들은 새로운 소송 개시 공문을 인정하면서 토지 소유권, 상속, 후견, 과부의 지위, 그 밖에 지주계급의 관심사에 대한 표준 접근법을 개발했다. 점차 그들의 작업은 임차인을 포함하여 덜 부유한 시민들의 법률문제로 확대됐으며, 임차인들은 영주의 요구를 저지하기 위해 새로운 소송 개시 공문을 사용할 수도 있었다. 13세기 초, 헨리 더 브랙턴(Henry de Bracton)이 이끄는 여러 왕의 재판관들은 이 일반적인 영국 코먼로를 통합하고 체계화하기 위해 더 많은 시도를 했고, 왕의 법정에서 적용되는 법을 설명하는 긴 책을 만들었다. 그러나 왕이 왕국의 법에 완전한 관할권을 행사한다고 선언했지만, 헨리의 후계자 중 누구도 포괄적인 법전을 만들려고 시도하지는 않았다. 그들은 대륙법의 예를 무시했으며, 소송 개시 공문 제도를 통해 영국 법을 발전시키는 데 만족했다. 영국 코먼로가 고대 관습에 근거하고 있다는 강한 의식이 존재했고, 존(John) 왕의 권력에 도전하던 남작들은 왕의 권력을 제한하는 법적 문서인 마그나카르타(Magna Carta)를 만들 자격이 있다고 느꼈다.

그럼에도 왕들은 법정의 관행을 보완하기 위해 법령을 발포할 수 있었다. 마그나카르타와 같은 주요 법안은 모든 영역에서 법적 개혁을 도입했다. 마그나카르타는 국왕의 권력을 제한한 유명한 조항 외에도 후견과 지참금·대부업자의 규제·도량형·왕실림(王室林)의 관리를 다뤘으며, 외국 상인·용병·인질에 관한 규정을 만들고, 법정 절차를 개선하기 위해 고안된 수많은 절차적 조치에 관한 규정을 수립했다. 이 규정 중 일부는 토지 불법 점유의 경우를 포함하여 사람들에게 새로운 권리를 효과적으로 부여했다. 그러나 코먼로를 발전시킨 사람은 주로 왕궁의 판사들이었다. 다음 수 세기 동안 그들은 더 전문성을 갖춰 소송 개시 공문 제도를 개발하고 다듬었으며, 지방법원이 전통적으로 심리하던 사건으로 관할권을 점차 확장했다.

학자들은 많은 재판관이 훈련한 영국 대학교에서 로마법을 계속 가르쳤지만, 유럽 대륙의 재판관들과 달리 변호사들은 실무와 수습을 통해 법을 배웠다.[30] 변호사들은 처음엔 웨스트민스터의 일반 청구 재판소(court of the Common Bench)에 모여 사례를 듣고, 가장 흥미로운 사례를 기록하고, 법령을 공부했으며, 변호 연습도 했던 것으로 보인다. 1340년대경부터 그들은 지금의 플리트가(Fleet Street)에 있는 성전기사단(Knights Templar)의 방으로 옮겨가기 시작했고, 곧 왕의 법정과 가까운 다른 기숙사로 퍼졌다. 얼마 지나지 않아 그들은 법률 전문직 협회를 설립했으며, 새로운 기관들은 변호사 지망생들을 위한 훈련 프로그램을 도입하기에 이르렀다. 그와 동시에 재판관들은 이전 사건의 기록을 찾아보고 참조하기 시작했다. 그들은 법적 문제에 대한 접근 방식을 차츰차츰 조정했고, 과거의 사례를 참조하는 관행은 결국 판례 체계로 이어졌다.

물론 실질적으로 잉글랜드와 웨일스에서 적용되는 법 대부분은 유럽 대륙의 국가에서 출현한 법과 크게 다르지 않았으며, 옥스퍼드대와 케임브리지대의 법학자들은 대륙법을 가장 권위 있는 과목 중 하나로 굳혔다. 그러나 영국의 대리인들과 그들이 훈련한 기관이 사용하는 판례와 절차에서 영국 코먼로는 다른 길을 따랐고, 그 길은 여전히 뚜렷했다. 18~19세기에 법전편찬운동(movement for codification)이 유럽 대륙을 휩쓸었을 때 영국에는 영향력 있는 변호사가 거의 없었다. 이런 상황에서 재판관들과 법률가들은 과거의 사례에 의존하여 그들만의 법을 계속 발전시켰다.

이처럼 서유럽에서의 비교적 화려하지 않은 사건들은 궁극적으로 현재의 세계를 지배하는 법체계의 발판을 마련했다. 하지만 필연적인 것은 없었다. 또한 서유럽에서 만들어진 법에 본질적으로 합리적이거나 우월한 것도 없었다. 게르만 법전 대부분은 규칙과 판결의 임의적인 목록이었고, 관습은 무작위로 성문화됐으며, 로마의 법과 사상은 명백하게 관련이 없는 맥락에 도입됐다. 그러나 서유럽 전역의 왕들은 로마 전통의 웅장함과 정교함에서 영감을 얻었고 역사적인 황제들의 권위를 열망하면서 그 형태를 채택했다. 궁극적으로 더 야심 찬 왕들은 발전하는 정부의 관심사를 반영하기 위해 법을 확대하여 더욱 실용적인 목적을 가진 규칙을 만들었다.

대륙법과 코먼로의 주요한 차이는 신성로마제국과 프랑스 왕국, 스페인 왕국 내에서 대륙법에 지위와 권위를 부여한 『로마법대전』의 재발견 이후 더 벌어졌다. 이는 또한 법학자들을 존경받는 위치에 다시 올려놓았다. 영국에서는 통치자들이 자신들이 상상했던 것이 대륙법의 채택이라기보다는 고대 영국의 법적 전통임을 확인하면서 다른 길을 따르기로 했다. 로마법이 그랬던 것처럼 시간이 지날수록 영국법도 발전했는데 이는 소송 개시 공문, 법령 및 기록된 사례의 조합으로부터 기인했다.

이런 법적 계획은 메소포타미아 왕들의 계획과는 거리가 멀었지만, 메소포타미아 왕들처럼 유럽 통치자들은 자신들의 법이 사람들에게 평화와 질서를 가져다줄 것이라고 약속했다. 또한 법이 더 높은 질서, 대관식 선서에서 호소된 신의 질서, 로마법의 지적 질서, 정의의 질서를 대표한다는 의식이 있었다. 그리고 이것은 통치자들이 제정하고 존중해야 한다고 사람들이 생각하는 질서였다. 이는 법치주의에 대한 사상의 토대를 마련했다.

위대한 법체계로 발전한 규칙을 만든 초기 입법자들은 모두 자신의 주변 세계를 질서 있게 만들려고 했다. 하지만 저마다 아주 다른 비전을 추구했다. 메소포타미아 왕들은 백성들에게 정의를 가져다줄 것을 약속했다. 힌두 브라만은 종교적 추종자들을 인도하기 위해 다르마의 원리를 설명했다. 그리고 중국 통치자들은 불안정한 시기에 평화와 질서를 확립하기를 원했다. 정의·의무·규율에 대한 이런 계획은 상당히 독립적으로, 처음에는 꽤 소박하게 나타났다. 그러나 이스라엘 성직자들과 그리스 시민들은 메소포타미아법의 사안법적 형태를 채택했다. 브라만은 문헌을 가지고 동남아시아 전역을 여행하며 힌두 왕뿐 아니라 불교도에게도 영감을 불어넣었다. 그리고 후대의 중국 통치자들은 광대한 제국의 사람들에게 자신들의 법을 적용했다. 한편 로마 시민들은 세계에서 가장 영향력 있는 법체계 중 하나의 토대를 마련하고 있다는 사실을 거의 알지 못한 채, 아테네 시민을 따라 정의를 추구하면서 법을 제정했다. 그리고 유대법은 이슬람 법학자들에게 본보기를 제공하면서 신흥 종교와 함께 새로운 법적 전통을 세웠다.

뒤의 3부에서는 유럽 군주들이 어떻게 정의·의무·규율이라는 서로 다른 야망을 결합하여 현재 세계를 지배하는 법체계를 형성했는지 살펴본다. 그러나 그사이의 시기에 왕, 황제, 학자, 재판관 들은 모두 자신들만의 법을 만들도록 영감을 받았다. 성직자, 위원회, 농부, 부족민 들은 아주 작은 공동체와 관계에서도 자신들의 목적을 위해 규칙을 만들었다. 어떤 것은 정교한 규칙들이었고, 어떤 것은 위대한 법적 전통 중 하나의 형태를 충실히 따랐으며, 또 어떤 것은 자치에 대해 대담한 주장을 했다. 한편 곳곳에서 재판관들과 조정자들이 진실을 규명하기 위한 복잡한 절차를 개발했다. 모두가 국가나 제국 건설에 대한 야망을 품고 있거나 우주론적 질서에 대한 이상을 가지고 있지는 않았지만, 그들은 모두 문명에 관한 생각을 나타냈다. 일반인들은 자신과 공동체를 위해 자신들이 원했던 사회질서의 윤곽을 나타내고자 법을 만들었다.

The Rule of Laws

PART

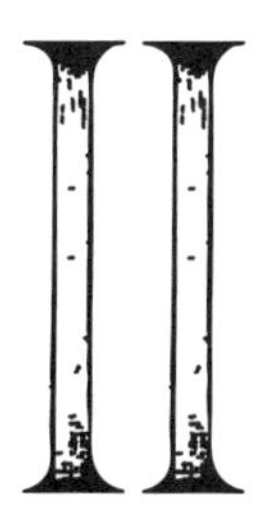

문명의 약속

議之屬千剕罰之屬十五百宮
辟之屬二百謹對 通
曰臧文仲居蔡山節藻梲何如其智
臧文仲是魯大夫擾何得知
生對此論文仲奢泰僭
之文時人謂之有智夫子
魯大夫臧孫辰
爲節梲[illegible]艱
如是何如其智
何得知者擾云
曰學而時習

用天子之儀山節
所以刺之汪云臧
一守龜出蔡地
藻之文文仲奢
文仲是魯大夫
通

Chapter

7

주변부에서

: 기독교와 이슬람교 주변부에서의 입법

왕, 사제, 판사, 학자 들은 세계의 주요 법체계로 발전한 규칙을 만들었지만, 주변부에 있는 사람들도 법이 제공하는 가능성을 파악했다. 군주, 성직자, 서기관 들을 비롯해 부족민, 마을 주민, 상인 들은 저마다 계획과 야망을 품고 법으로 눈을 돌렸다. 주요 법적 전통의 창시자들만큼 거창한 목표를 가지고 있지는 않았지만, 모두가 자신들의 세계에 질서를 부여할 새로운 방법을 모색했다. 중세 유럽의 서쪽 가장자리에서는 초기 아일랜드의 작은 왕국들과 중세 아이슬란드 연방의 서기관들이 복잡한 법률들을 작성했다. 동쪽에서는 유럽과 비잔티움의 법이 초기 러시아 공국들의 주교, 군주, 상인 들에게 영감을 줬고, 아르메니아의 한 성직자는 이슬람이 팽창하는 가운데 자신의 법을 만들었다. 대체로 실용적이었던 이 법들은 관습과 전통으로 형성됐다. 그들은 사회정의, 종교적 규율, 그리고 법이 통치자를 구속해야 한다는 의식에 대한 비전을 품고 있었다.

기원후 초기, 아일랜드해를 처음 항해한 로마의 선박들은 농부들이 곡식을 재배하고 소 떼를 돌보는 푸른 목초지와 흩어져 있는 삼림지를 발견했다.[01] 언덕 꼭대기의 요새에서 살며 드루이드(Druid: 고대 켈트인의 사제 계급—옮긴이)를 후원하던 부유한 사람들은 새로운 형태의 무역이 어떤 이점을 가지고 있는지를 재빨리 깨달았다. 곧 그들은 영국과 갈리아에서 술, 고급 천, 유리제품, 도자기, 보석류를 사들였고 그 대가로 사냥개, 식료품, 노예를 보냈다. 그들은 로마인들의 농업기술을 채택하고, 물레방아를 건설하고, 새로운 곡물을 심었다. 생산성은 향상됐고, 인구는 증가했으며, 부자들은 더 많은 부를 축적했다.

또한 상인들과 선교사들이 아일랜드에 기독교 사상을 가져왔다. 5세기에 로마인들이 영국에서 물러간 후, 교황 첼레스티노(Celestine)는 주교를 파견하여 '그리스도를 믿는' 아일랜드인들을 섬기게 했다. 얼마 후, 노예 상인들이 한 영국 농부의 교육받은 아들을 붙잡아 아일랜드로 끌고 갔다. 그곳에서 목자로 일하던 그는 결국 탈출했지만, 훗날 기독교를 전파하기 위해 아일랜드로 돌아가기로 했다. 성 파트리치오(St. Patrick)가 된 그는 가난한 사람들의 삶을 이해하면서 쉽게 관심을 끌었다. 그는 로마의 예를 들어 독려하면서 많은 엘리트를 개종시켰다. 부유한 사람들은 정식으로 성직자들을 소집하고 주교들을 후원하고 교회를 세웠으며, 독실한 개종자들은 작은 공동체를 형성하며 독신 생활을 했고, 용감한 사람들은 종교를 멀리 떨어진 해안까지 전하기 위해 배를 타고 험난한 항해를 시작했다.

아일랜드의 씨족 지도자들은 이제 통치자로 자리매김했으며, 6세기에는 섬에 왕이 약 150명 있었다. 왕들 주위에는 투어흐(túatha)로 알려진 수천 명의 '예속 평민(client)' 집단이 모여 있었는데, 왕들은 농산물·봉사·충성에 대한 대가로 가축·토지·보호를 제공했다. 아일랜드의 몇몇 왕은 다른 왕들보다 우월한 지위를 확립하여 소규모 통치자들에게 공물을 요구하고 자유민들을 지역 회의체에 소집했는데, 궁극적으로 다섯 명이 아일랜드의 각 지방에서 우월한 왕으로 자리매김했다.[02] 그러나 누구도 섬 전체에 대한 권위를 얻지 못했다. 대다수 사람에게 중요한 것은 직속 왕과의 관계였다. 모든 자유민은 왕 중 한 명과 예속관계를 맺고 그의 투어흐에 합류했다. 왕들은 조약을 맺거나, 칙령을 발포하거나, 군인을 모집하거나, 법적 분쟁을 해결해야 할 때 공개회의에서 자유민과 상의했다. '반자유민(half free)'은 자치권이 적었고 토지와 가축의 사용을 허가한 왕들과 더 밀접하게 묶여 있었다. 가장 부유한 사람들은 노예, 일반적으로 전쟁포로를 소유했지만 가난한 사람들은 채무 탓에 사실상 부자들의 노예가 되기도 했다.[03]

왕들은 시인, 법률가, 성직자 들도 후원했다.[04] 아일랜드의 오랜 전통을 이어받은 시인들은 노래, 이야기, 족보를 읊어 왕들을 찬미하고 청중을 위해 아일랜드의 역사를 극화했다. 전문가로서 그들은 기술을 연습하기 전에 많은 글을 배워야 했다. 법률가들은 잠언과 격언을 낭송하는 일을 전문으로 했으며, 종종 모호한 말로 선행과 악행, 도덕성, 사회적 관계에 대한 일상적인 지혜를 전달했다. 세습 시인과 법률가의 가족은 아들을 새로운 수도원 학교에 보내 훈련시켰다. 세력을 형성한 성직자 집단은 드루이드를 내쫓았고, 드루이드는 결국 이교 사상 퇴치 운동에서 희생양으로 전락했다.

시인들과 법률가들은 자신들의 땅에 새로운 문맹 퇴치 기술과 학습 기술을 가져온 기독교와 그 전문가들에게 영감과 위협을 동시에 받았다. 그들은 족보와 전통적인 지혜를 기록하기 위해 입석의 가장자리에 새긴 문자인 오검(ogam)문자를 가지고 있었다. 그러나 양피지에 새겨진 라틴어 문어가 훨씬 더 유용했으며, 7세기경에는 시인과 법률가 들이 라틴문자를 모국어에 적용했다. 그 결과로 나온 고대 아일랜드어(Old Irish)는 열네 가지의 명사 어형 변화, 전치사 활용, 접요사나 접미사가 붙은 대명사, 두문자 변이 등의 체계로 극도로 복잡했다. 중세의 시인들과 법률가들은 수도원 학교에서 문법적 복잡성을 배우고 체계화했으며, 경전과 교회법도 공부했다. 그런 다음에는 아일랜드의 전통적인 지혜를 기록하는 일에 전문지식을 적용했다. 시인들이 족보·연대기·성인들의 삶에 관한 이야기를 쓰는 동안, 법률가들은 기독교 교회법의 형태를 모방하여 아일랜드의 전통적인 속담과 지혜를 법으로 발전시켰다.[05] 그들은 7세기 중반부터 8세기 중반까지 약 100년 동안 많은 양의 양피지에 글 수십 편을 남겼는데, 그 분량은 오늘날 출판된 버전으로도 총 6권에 이를 정도다.[06]

아일랜드 법의 많은 부분은 아일랜드 농부들 사이에서 발생한 현실적인 문제들, 즉 상속인들 사이에서 토지를 어떻게 나누어야 하는지, 침해에 대해 배상금을 얼마로 결정해야 하는지, 어떤 범죄를 처벌해야 하는지에 관한 것이었다. 여기서도 명예와 복수의 관계는 사람들이 사회집단에 대해 생각하는 방식을 형성했다. 게르만 부족민들처럼, 배상금 지급은 많은 분쟁을 해결하는 기본적인 방법이었다. 아일랜드 법은 살인과 침해에 대한 배상금을 명시했고, 침입·절도·벌목에 대한 처벌을 규정했으며, 법적 절차를 규율했고, 계약·대출·질권·보증에 대한 규칙을 만들었다. 당연히 많은 법이 농사에 관한 것이었으며, 울타리·도로·오솔길의 유지 관리를 규제할 뿐만 아니라 다양한 유형의 토지에 대해서도 기술했다. 또한 가축의 침입과 나무 훼손에 대한 처벌도 명시했다. 법률가들은 개와 고양이의 범주, 가축의 가치, 사육된 송아지의 대우, 말의 자질 등 놀랍도록 일상적인 주제에 대해 세세하게 다뤘다.[07]

한 서기관은 '양봉'과 관련해서 독특하고 어려운 일련의 문제에 부닥쳤다. 아일랜드인은 꿀을 감미료와 약으로 사용하기에 꿀벌을 소중히 여겼으며, 벌을 잡는 것은 일요일에 허용되는 몇 안 되는 일 중 하나였다. 그러나 벌들은 통제하기 어렵고 가끔 남의 땅으로 떼로 몰려가기도 한다. 그 서기관은 재산 소유 및 가축에 대한 책임에 관한 규칙을 양봉 관행에 적용하려고 했다. 이 방법이 여의찮자 여러 사람의 땅을 가로지르는 물방아용 개울의 관리에 관한 법과 이웃의 땅 위로 자라는 나무 등 농작물에 관한 여러 규칙에서 유용한 유사점을 찾았다. 이것들을 선례로 삼아 그는 양봉가를 위한 복잡한 규칙을 담은 법을 만들었다. 이런 복잡한 법은 들판과 울타리를 가로지르는 벌 떼를 쫓기 위해 바구니와 불붙인 나무 막대를 가지고 서둘러 달려가야 했던 농부들에게는 별다른 도움이 되지 못했을 것이다. 그러나 서기관은 로마 법학자들이 수 세기 전에 그랬던 것처럼 자기 임무에 대한 지적 도전을 즐겼다.[08]

아일랜드 법의 거의 절반은 사회적 지위에 관한 것이었다. 모든 자유민에게는 명예 가격(honour price)이 있었고, 누군가를 모욕하거나 다치게 하거나 풍자하거나, 누군가의 재산이나 친척 또는 부양가족의 재산을 훔치거나, 누군가의 환대를 거절하거나, 누군가의 집을 습격하거나, 누군가의 아내나 딸을 성추행한 가해자는 명예 가격을 치러야 했다. 심지어 축제 의상을 빌려 입었다가 즉시 반납하지 않으면 대여자에게 부적절한 옷차림에 대한 당혹감을 보상하기 위해 명예 가격을 지급해야 한다는 법도 있었다.[09] 명예 가격은 법적 소송에서 할 수 있는 선서의 질과 그에 따른 주장의 증명에 관한 결과에 영향을 미쳤다. 즉, 명예 가격은 사회적 지위를 표시했다. 명예 가격은 세 가지 등급의 왕, 여러 계급의 자유민, 비자유민 등 세 계급으로 구별됐다. 이 법은 또한 성직자, 법률가, 시인과 같은 직업군을 분류하여 각각의 기술과 의무를 규정했다. 법은 의사·대장장이·목수·음악가·연예인에 관해 설명했고, 마술사·광대·곡예사 심지어 전문 방귀꾼에 대해서도 이야기했다.[10] 그 밖에 아내, 아들, 양육을 위탁받은 아동, 더 먼 친척, 임차인, 정신이상자 들의 사회적 위치와 그들이 어떻게 대우받아야 하는지도 논의했다.

아일랜드 법은 사회집단을 명확히 구분했는데, 사회집단 자체가 지나치게 복잡했다. 왕의 등급에 관한 법률은 예속 평민의 정확한 수를 구분 기준으로 정하고, 두 종류의 자유민은 특정 가축 떼와 집의 크기로 구분했다. 하지만 현실은 그렇게 정확할 수 없었다. 법은 판사들에게 아일랜드 법, 시, 교회법의 전문가가 되어야 한다고 요구하면서 직업인들의 자질을 매우 세부적으로 규정했는데 이런 법률주의는 다분히 학문적이었고 실용성은 거의 없었다. 법은 또한 벌금과 명예 가격을 두 가지 추상적인 척도인 '셰드(sét)'와 '큐멀(cumal)'이라는 단위로 명시했다. 셰드는 원래 '부(wealth)'를 가리키다가 나중에는 '소'를 의미했고 큐멀은 '여성 노예'를 의미했는데, 두 용어 모두 '통화 단위'로 이해됐다. 실제로 사람들은 일반적으로 은이나 소, 곡물처럼 쉽게 구할 수 있는 가치 있는 어떤 물건으로 금액을 계산했을 것이다.[11] 일부 게르만 법전과 마찬가지로, 아일랜드 법은 덜 정돈되고 다양한 사회적 관계에 질서를 부여하려고 시도했다.

법 조항은 당사자들의 매우 심각한 분쟁을 다룰 수 있는 재판관의 의무를 아주 자세하게 다뤘다.[12] 훌륭한 재판관은 아일랜드 법, 교회법, 시를 알아야 할 뿐만 아니라 자신의 판단을 지지하는 서약을 하고 진실을 말할 것이라고 복음에 맹세할 준비가 되어 있어야 했다. 재판관은 예컨대 한쪽 말만 듣는 것과 같이 사건을 부적절하게 판단하면 벌금을 내야 했다. 법은 법적 절차와 추론 방식에 대한 복잡한 규칙도 제시했다. 재판관은 자신의 결정이 법적인 시(legal verse), 격언, 성경 본문, 유추, 자연법(natural law) 중 어디에 근거했는지를 명시해야 했다. 선서, 시죄, 결투, 증인과 보증인의 사용에 관한 규칙도 있었다. 사실관계에 대한 논쟁이 있는 경우 진실을 입증하기 위해 진실의 증인이 필요했는데, 이 증인은 시죄를 겪을 수도 있었다. 사건이 구두 합의에 관한 것이면 보증인은 계약 체결을 증명해야 했다. 또한 한 조항에서 설명하는 것처럼, 물건이 생각했던 것보다 가치가 낮은 것으로 판명됐을 때와 같은 사례들은 '정의'의 문제일 수 있었다. 이럴 때는 다른 유형의 증거가 필요했다. 한편 부양가족이나 하층민은 친족이나 왕의 보증을 받아야 했다.[13]

이 모든 복잡한 법률주의에도 불구하고 왕들은 그에 따른 판결을 집행할 수단을 제공하지 않았다. 승소한 당사자는 재판관에게 돈을 지급해야 할 뿐만 아니라 가해자에게 돈을 받아내기 위해 가족에 의존해야 했다. 꽤 먼 친척이 가족 구성원의 잘못과 부채에 책임질 수 있었으며, 가족은 그 친척에게 자신의 사건을 기소하거나 보안을 제공하도록 요청할 수도 있었다. 그래서 친척들은 분쟁의 양쪽 모두에 휘말리기 쉬웠다. 승소한 당사자들은 자신이 받아야 할 것을 '압류', 즉 채무자 또는 보증인 중 한 사람으로부터 직접 가져와야 했다. 법은 이런 관행을 복잡한 규칙으로 둘러쌌다. 채권자는 판결의 권위를 받아들이도록 설득하기 위해 의식적으로 채무자의 땅에 들어갈 수 있었지만, 채무자가 높은 지위에 있다면 그에게 통지하고 며칠 동안 단식을 한 후 압류해야 했다. 이것은 사실상 채무자가 빚을 갚거나 담보를 제공하거나 자신도 단식을 시작하여 채무에 이의를 제기하도록 강요하려는 조치였다. 법문은 아마도 이런 절차를 실제보다 더 깔끔하고 규칙적으로 보이게 하겠지만, 아일랜드인이 법적 소송을 진지하게 받아들이고 절차의 질과 그들이 만들어낸 정의에 대해 걱정했음은 분명하다.

왜 아일랜드인들은 이 모든 법률주의에 그토록 많은 수고와 자원을 쏟아부었을까? 초기 아일랜드 법적 문헌 중 일부는 주로 격언과 시로 구성되어 있는데, 이는 저자가 시인과 법률가의 구전된 지혜를 기록했음을 시사한다. 저자들은 나중에 더 평범한 산문으로 글을 썼고 결국에는 고도로 문학적인 스타일을 발전시켰다. 그러나 많은 법이 질문과 답변의 형식을 취하는데, 법학도와 재판관 지망생을 훈련하는 데 문답을 사용하던 교사의 관행을 본뜬 것이다. 사례의 목록과 어원에 대한 논의도 비슷한 목적을 시사한다.[14] 예를 들어 결혼 분쟁에 관한 법은 이혼으로 이어질 수 있는 다양한 상황과 신붓값에 따른 다양한 결과를 구분하고, 청구를 뒷받침하는 데 필요한 증거에 대해 자세히 설명한다.[15] 그런 다음 여성이 특정 날짜에 생리 중임을 증명할 방법을 포함하여 재판관이 고려해야 할 여러 가지 현실적인 문제를 나열한다. 이 법은 교사가 학생들에게 법적 추론을 요구하는 데 사용할 수 있는 사례를 반영한 것처럼 보인다. 아일랜드 법은 전통적인 지혜를 기록했고, 재판관이 소송사건에 적용할 수 있고 또 적용해야 하는 규칙을 공식화했다. 그러나 저자들은 주로 학생들을 생각하면서, 통치자나 입법기관이 하는 것처럼 권위적인 방식으로 법을 규정하기보다는 그들이 적용해야 하는 법에 대해 논의했다. 결국 이 법은 복잡한 법망을 제시하여 아일랜드 사회를 실제보다 훨씬 더 질서 있어 보이게 했다.

그럼에도 아일랜드 법률가들은 법의 중요성에 대해 대담한 주장을 했다. 한 문헌은 모든 사람의 평등을 주장한 외국의 교회법에 반하여 이 법이 아일랜드에 신분 구분을 도입했다고 주장하기도 했다. 하지만 그다지 설득력이 없다.[16] 학자들은 격언과 시구로 이미 퍼진 생각을 단순히 기록하는 것으로 시작했을 수도 있지만, 재판관이 진실과 정의를 확립하기 위해 법의 규칙을 참조할 필요가 있다는 생각을 장려했다.[17] 이것은 물론 학자들이 법률 전문가로서 그들 자신의 권위를 확인하게 해줬고, 적어도 이론상으로는 왕의 법적 권위를 제한했다. 여러 법이 왕과 신민 사이에 존재해야 하는 상호 관계를 강조한다. 왕을 임명하는 것은 신민이고, 왕은 신민을 부양하고 보호해야 하며, 왕은 자신의 왕국에 재난과 전염병이 닥치지 않도록 정당하게 행동해야 한다고 말한다.[18] 왕은 올바른 음식을 먹고 요새를 제대로 관리하고 올바른 친교 활동을 지속해야 한다. 왕이 환대를 거부하거나 도피자를 법망으로부터 보호하거나 풍자를 용인하거나 훔친 음식을 먹거나 명예를 저버리면 명예 가격을 잃게 될 것이며, 사실상 지위를 박탈당할 것이라고 법은 경고한다. 한 법은 왕이 일주일을 어떻게 보내야 하는지 설명한다. 이에 따르면 일요일에는 에일을 마시고, 월요일에는 소송사건을 심리하고, 화요일에는 보드게임을 하고, 수요일에는 사냥을 하고, 목요일에는 성관계를 하고, 금요일에는 경마를 하고, 토요일에는 더 많은 법적 사건을 심리한다.[19] 이 놀랍도록 도식화된 조항은 왕이 사람들에게 에일을 제공해야 한다는 오래된 전통에 기초했을 것이며, 특히 이 조항은 새로운 기독교 주간의 구조를 설명하기 위해 사용됐다(흥미롭게도, 예배에 대한 언급은 없다). 이 법은 또한 왕이 자기 사람들을 책임져야 한다는 생각을 강조했다. 왕은 법 자체에 구속됐다.

양피지에 고대의 지혜를 새김으로써 입법자들은 아일랜드 사람들에게 역사와 정체성에 대한 강한 의식을 제공했을 것이다. 교회와 성직자들은 땅과 후원과 권위를 얻었을지 모르지만, 시인들의 족보와 이야기와 법은 사람들에게 땅과 역사에 뿌리를 둔 적절한 삶의 방식이 있다고 느끼게 할 수 있었다. 이 법은 아일랜드 사람들을 위한 아일랜드 법이었다. 단 한 명의 왕이 섬 전체를 지배하지 못하게 한 데 대한 공이 법에 있다고 여기는 것은 무리일 것이다. 그러나 법은 사람들에게 권위주의적 행동에 맞서고 마땅히 왕이 해야 하는 행동이라고 생각하는 것을 주장할 수 있도록 자신감을 부여했음이 틀림없다. 법은 사법 관행을 안내할 뿐만 아니라, 적어도 때로는 권력 행사를 견제할 수 있는 법적 구조를 구축했다.

아일랜드 학자들은 약 1세기 동안 치열한 법적 활동을 한 후 자신들의 임무가 끝났다고 생각하고 사실상 새로운 법을 쓰기를 중단한 것으로 보인다. 대신 그들은 유스티니아누스의 법에 상세한 주석을 쓴 중세 이탈리아 학자들처럼 오래된 법을 읽고 해설하는 일을 계속했다. 원저자들은 동시대의 문제들을 다루려고 노력했지만, 수 세기 후 그들에게 권위를 부여한 것은 오래된 고대 아일랜드 법이었다.[20] 한편 12세기에 노르만인에게 정복당하기 전까지 아일랜드를 통일한 국가는 없었지만, 각 지방의 지배 왕조는 권력을 놓고 경쟁했다. 침략자들은 자신들이 통치하는 지역에 영국의 코먼로를 도입했지만, 아일랜드의 많은 지역에 대한 지배력은 미미했고 아일랜드의 재판관들은 전통적인 법을 계속 사용했다. 16세기에 이르러서도 재판관들은 거의 900년이나 된 법들을 인용했다. 그러나 권력과 정치가 우세해지고 아일랜드인들이 결국 영국 법의 관할 아래 놓이게 되자, 그들의 법은 마침내 도서관으로 사라졌다.

아일랜드의 주교들이 수도원을 세우는 동안, 기독교로 개종한 아일랜드인들은 더 극단적인 헌신을 추구하며 부서지기 쉬운 코러클(coracle: 웨일스나 아일랜드 등지에서 전통적으로 사용되는, 버드나무 가지로 짜서 동물 가죽을 씌운 작고 둥근 경량 보트—옮긴이)을 타고 북쪽과 서쪽의 바다를 가로질렀다. 8세기에 그들 중 많은 사람이 아이슬란드에 도착하여 사실상 텅 빈 땅에 초라한 거점을 마련하고 금욕적인 삶을 살았다. 섬의 4분의 3이 화산재와 빙하로 뒤덮여 있고 강 유역조차 너무 추워서 보리와 완두콩 외에는 아무것도 재배할 수 없었지만, 새로운 정착민은 계속해서 늘어났다.

9세기 후반에 노르웨이 롱십(longship: 바이킹으로 알려진 노르드인이 바이킹 시대에 상업, 탐사, 전쟁을 위해 발명하고 사용한 선박—옮긴이)이 섬에 도착했다. 아일랜드 은둔자들을 몰아낸 노르드인들은 집을 짓고 정원을 만들고 작은 밭을 경작했다. 그들은 물고기를 잡거나 양 떼를 키우면서 고기, 우유, 양털에 의존해 생계를 꾸려나갔다. 정착민들은 번창했고, 이후 200년 동안 아이슬란드의 인구는 몇천 명에서 10만 명으로 늘어났다. 이들은 계곡과 해안 저지대에 흩어져 살며 연방을 형성했고, 거의 4세기 동안 어떤 형태의 왕권도 거부했다.[21]

최초의 노르드인 정착민들은 모든 성인 남성이 참석해야 하는 연례 회의인 '알팅(Althing)'을 설립했다. 이곳에서는 매년 한여름 2주 동안 섬의 자유민들이 모여 공개 발표를 듣고, 소환장을 받고, 연설을 듣고, 분쟁을 해결했다. 섬 주민들은 해안 주변으로 멀리 퍼져나가면서 각각 고유한 '팅(Thing)'을 가진 새로운 '구역(quarter)'을 만들었는데, 팅은 지역 족장 세 명이 매년 소집하는 세 가지 지역 팅으로 더 나뉘었다. 각 가족의 가장은 세 족장 중 한 명에게 충성을 맹세하고 지역 팅에 참석해야 했으며, 알팅에도 참석할 수 있었다. 이때 발생하는 비용은 부자들이 부담해야 했다. 이것은 적어도 처음에는 매우 민주적인 형태의 정치체제였다. 족장은 지역의 질서를 유지하고, 목초지 할당과 같은 공동의 문제를 감독하며, 공동의 의무를 회피하는 사람들을 처리하고, 가난한 사람들의 부양 문제를 담당했다. 이들은 법적 분쟁을 심리하기 위해 법정을 설립했고, 절도나 주술 혐의를 검토했으며, 법익 피탈자(outlaw)의 재산을 몰수하기로 했다. 또한 알팅에 참석하고 지역 팅을 소집해야 했으며, 팅이 개최될 땅을 정화해야 했다.

로그마드(lögmaður, 영어로는 lawspeaker)는 알팅에서 섬의 법을 암송하곤 했다. 이 직책은 첫 번째 회의에서 확립됐고 아이슬란드 정치체제의 기본이 됐다. 로그마드가 적어도 3년에 한 번씩 섬의 법을 암송했기에 일반 대중은 이를 듣고 기억할 수 있었다. 그는 또한 젊은이들이 법률 전문가가 될 수 있도록 훈련시켰다. 로그마드는 로그레타(Logretta)로 알려진 위원회에 족장 48명(그리고 나중에는 주교 2명)과 함께 출석했다. 로그레타는 새로운 법을 만들고, 기존 규칙에 관한 질문을 듣고 답변하며, 특정한 법과 의무에 대한 예외나 면제에 대한 청원을 고려했다. 그러나 아일랜드와 마찬가지로 아이슬란드 법 역시 지나치게 복잡해 보인다.

아이슬란드인들이 처음으로 법을 기록하게 된 계기는 문맹을 퇴치하기 위해서였다. 처음에는 아일랜드 기독교인들을 무례하게 대했으나 섬으로 여행 온 선교사들의 가르침을 점차 잘 받아들였고, 100년 후 알팅은 모든 아이슬란드인이 기독교를 받아들여야 한다고 결정했다. 선교사들은 문해력도 향상시켜줬다. 1117년에 알팅이 소수의 서기관에게 섬의 법을 기록하도록 의뢰한 것이 선례가 됐다. 각 알팅에서 로그레타는 다음 겨울 몇 달 동안의 검토와 개정 작업을 의뢰했다. 법적 창의성이 넘쳐났고, 매년 로그레타는 새로운 법을 승인했다. 세기말까지 그들은 너무 많은 법을 만들고 개정하여 3년 주기의 암송 규칙을 실행할 수 없게 됐다. 로그레타는 사람들에게 독피지(vellum) 두루마리에 쓰인 규칙 중 어느 것이 여전히 시행되고 있는지를 알려줄 인용법을 만들어야 했다. 이 법률 문헌들은 수십 년 후에 마침내 법률집 한 권으로 묶였다. 이 법률집은 현대판으로 빽빽하게 인쇄된 700페이지 분량에 이른다.

이미 쓸모가 없어진 법이 일부 포함되어 있다고 해도, 그 법률집은 아이슬란드인들이 얼마나 열성적인 입법자였는지를 보여준다. 법은 농사 관행을 세세하게 규정했다. 농부들은 팅의 비용에 기여할 수 있도록 토지를 최대한 활용하고 가능한 한 많이 경작해야 했으며, 이웃을 철저히 공정하게 대해야 했다. 한 법률은 이웃의 들판에서 자기 땅으로 날아온 건초를 분리해 반환하라고 요구하기도 했다.[22] 법률은 또한 사람들이 오래된 무덤을 새로운 장소로 옮겨야 할 때를 대비하여 무덤을 파서 옮기는 방식을 포함하여 전혀 흔하지 않은 과정에 대한 상세한 지침을 제공했다. 이 특별한 법은 도움을 요청해야 하는 이웃의 수, 사용해야 할 도구, 땅을 파내기 시작할 시간을 명시하고 남자들은 돈을 찾는 것처럼 조심스럽게 뼈를 찾아야 한다고 지시한다.[23]

이상적인 절차를 설명하기 위해 모든 사람이 따라야 할 기본 규칙을 설명한다는 법의 개념을 넘어선 것이다.

다른 법률들은 더 실용적으로 적용된 것으로 보이는데, 그중 하나는 가족 구성원과 부양가족 부양에 관한 법률이었다. 때로는 사람들이 채무를 이행하기 위해 친척에게 자신을 채무노예로 받아들이도록 강요해야 할 수도 있다. 배우자 부양과 친족 부양에 관해서는 서로 다른 의무가 존재했다. 법은 가족의 구성원이 부채 일부를 분담해야 한다고 명시했다. 한참 후인 13세기에 쓰인 위대한 아이슬란드 사가(saga, 산문)는 친족 부양 실패로 인한 분쟁을 종종 묘사했는데, 이것이 아이슬란드인들에게 현실적이고 중요한 문제였음을 보여준다. 더 복잡한 규칙에서는 살인 배상금의 지급을 규율했다. 이 규칙은 배상금의 총액뿐만 아니라 십촌에 이르기까지 광범위한 친족 사이에서 이를 어떻게 나누어 부담해야 하는지 규정했다. 당시 이런 작은 분수는 계산하기가 비현실적일 만큼 복잡했을 것이다. 대개는 동전을 충분히 작은 조각으로 나누는 것조차도 불가능했을 것이다. 그러나 이 규칙은 더 넓은 친족 집단의 구성원 자격을 표시하는 역할을 했다.

아이슬란드에서는 가족이 중요했다. 가난한 사람들은 경제적 지원을 위해 친척에게 의존했고, 중요한 법적 소송을 제기하려면 많은 지지자를 모을 필요가 있었다. 그래서 광범위한 친족이 권력과 지위를 강화했다. 살인 배상금은 아일랜드와 여러 게르만 부족이 그랬던 것처럼 신분의 차이를 표시하는 데 사용되지 않았고, 법에 관한 한 모든 사람은 평등했다. 하지만 실제로는 부가 지위를 가져다줬다. 부자들은 알팅의 비용에 기여하고 가난한 사람들을 부양할 의무가 있었다. 법적 소송을 제기할 수 있는 자원을 갖는 것 또한 명예로 여겨졌다. 힘이 약한 사람들은 수익금 일부를 위해 더 큰 능력을 갖춘 사람에게 사건을 양도해야 했다. 지위는 부와 가족관계를 통해 획득할 수 있었지만 그만큼 쉽게 잃을 수도 있었다.

아이슬란드인들의 성문법은 복잡한 법적 절차를 나타낸다. 심각한 사건을 심리하기 위해 족장들은 36명을 선발하여 법정을 구성해야 했다. 이들은 대부분 농부였기 때문에 밭에 모여 바위 같은 데 앉아서 증거와 주장을 검토했다. 더 복잡한 사건은 구역에서 소집되고 재판관 36명이 심리하는 법정 또는 매년 알팅에서 열리고 각 섬의 족장 48명이 지명한 재판관 36명으로 이루어진 최고 법정으로 갈 수 있었다. 법률집에는 거의 100페이지에 달하는 복잡하고 형식적인 절차적 규칙이 포함되어 있다. 특히 재판관 대부분이 전문가가 아니라 재판하기 위해 모인 농민들이었기 때문에 이 규칙을 항상 따랐을 가능성은 작아 보인다. 그러나 어려운 사건이라면 로그마드를 둘러싼 법률 전문가들에게 지도를 요청할 수 있었다. 모든 사람은 법적 소송이 제대로 진행되어야 한다고 분명히 생각했다.

사건은 관객을 동원하는 스포츠이기도 했다. 많은 사람이 가장 흥미롭고 외설적인 말을 듣기 위해 모였다. 가난한 아이들은 소송을 소재로 연극을 했고, 하인들조차도 모여서 모의재판을 했다.[24] 하지만 족장들은 절차를 지원하거나 판결을 집행할 수 있는 관리 등의 수단을 제공하지 않았다. 주장을 제기하고, 증인의 출석을 확보하고, 심리 절차를 준비하고, 판결이 존중되도록 하는 등의 일이 모두 당사자의 몫이었는데 이는 시간과 자원이 모두 필요한 일이었다. 그러나 섬 주민들은 법정의 판결을 존중한 것으로 보인다. 법정에서는 보통 '3마르크'의 벌금을 내라고 명령했고, 정말 심각한 경우에는 범죄자를 법익 피탈자로 선언하고 3년 동안 섬에서 추방할 수 있었다. 기록에 따르면 법정은 종종 법익 피탈자의 부양가족을 지원하는 조처를 해야 했는데, 이는 섬 주민들이 집단으로 이런 명령을 시행했다는 것을 암시한다.

사가에는 반목·폭력·유혈 사태에 관한 이야기가 등장하는데, 이는 아이슬란드 사회를 실제보다 더 폭력적으로 보이게 할 수 있다. 사실 사가의 많은 이야기가 법적 분쟁과 법정 소송에 관한 것이다. 경쟁, 명예, 복수의 정신이 이 이야기에 스며들어 팅에서 펼쳐지는 드라마로 확장된다. 이 이야기는 주먹과 무기로 싸우는 것뿐만 아니라 사람들이 법적 다툼에서 경쟁하고 지역 및 지방의 재판에서 경쟁자들과 싸웠다는 인상을 준다. 팅과 위원회, 법정은 일반 아이슬란드인에게 지위와 권력을 위해 도전할 기회를 제공했을지 모르지만, 자신들이 단일법에 따라 통치된다는 생각을 강화했다. '우리의 법'이라는 뜻의 '바우르 뢰흐(Vár Lög)'는 아이슬란드 전체를 의미했고, 섬 주민들은 법이 자신들의 공동체만큼 오래됐다고 생각했다.[25] 어떤 사람들은 이 법이 항상 쓰이지는 않았지만 초기 문명에 뿌리를 두고 있다고 주장하기까지 했다. 법은 아이슬란드 사람들이 어떤 왕의 통치에도 저항하는 단일민족이라는 점을 확인시켜줬다.

이것이 북유럽 정착민들이 처음에 건설한 사회였고 그들의 법으로 대표되는 사회였다. 하지만 이 사회는 영원히 지속되지 않았다. 시간이 지남에 따라 일부 족장은 다른 족장들보다 더 많은 권력을 얻고 자기 지역 내의 사람들과 활동에 대해 더 많은 통제권을 행사할 수 있었다. 가부장적 민주주의와 지역 및 지방 팅의 포괄적 구조가 점차 무너졌다. 13세기 중반에 이르러서는 원래 족장 36명 중에 12명만 남았다. 이 소수 엘리트는 더 강력한 군주들과 동맹을 맺는 것이 도움이 되리라고 생각했고, 결국 1260년에 노르웨이 왕들에게 섬의 주권을 넘겨줬다. 이것은 또한 노르웨이 법에 복종하는 것을 의미했다.

그러나 아이슬란드인들은 자신들의 법이 사라지는 것을 허락하지 않았다. 법은 여전히 여러 필사본 사이에 흩어져 있었는데 서기관들이 하나의 법률집으로 모았다. 『그라가스(Grágás)』로 알려진 이 모음집은 아이슬란드인들의 문학과 법률 활동에 대한 기념비적인 기록이다. 그들의 법 중 일부는 그 텍스트가 기록될 때 이미 폐기됐거나 얼마 안 가 폐기됐을지도 모른다. 그러나 아이슬란드인들은 자신들의 법이 무엇인지를 기록하는 것이 중요하다고 분명히 생각했다. 이것은 거대한 프로젝트였고, 곧 잃게 될 자치와 전통을 증명하는 일이었다.

아일랜드와 아이슬란드의 외딴 공동체가 쇠퇴한 로마 전통에서 영감을 얻어 독자적인 법을 만들고 있는 동안, 동유럽 지역에서도 모든 것이 사라지지는 않았다. 여기에서 교회는 비잔티움제국 황제들의 지원을 받는 로마법의 수호자였다.

10세기 후반, 두 장군의 반란에 직면한 황제 바실리우스 2세(Basil

II)는 비잔티움제국 북쪽의 넓은 영토를 다스리는 류리크(Rurikids) 가문의 블라디미르 대공(Prince Vladimir)에게 군사적 지원을 요청했다. 반란군을 진압하는 데 도움을 준 공작에 대한 감사의 표시로 바실리우스는 블라디미르가 자신의 여동생과 결혼하도록 허락했다. 그는 또한 블라디미르가 세례를 받도록 준비했다. 988년 수도 키예프로 돌아온 공작은 열두 아들과 귀족들에게 기독교를 받아들이도록 명령했다. 그런 다음 도시의 주민 4만 5000명 모두가 비잔티움 사제들이 세례를 베풀 드네프르 강둑에 모여야 한다고 선언했다. 대부분은 거절의 결과를 두려워하여 순응했다. 강으로 가는 길에 그들은 블라디미르가 불과 몇 년 전에 세운 노르드, 슬라브, 핀란드, 이란 신들의 나무 조각상이 산산이 조각난 것을 보고 깊은 인상을 받았다.

공작은 다음으로 루스족(Rus) 도시의 제후에게 주민들을 개종시키라고 명령했다. 그는 키예프에 교회를 세웠고 자신의 재원으로 새로운 기관을 재정적으로 지원한다고 선언하는 짧은 법령도 발포했다. 그리고 교회 법정에 법적 소송을 심리할 권한을 자신에게 부여하면서 비잔티움 전통을 따르고 있다고 주장했다. 그는 교회 법정이 이혼, 강간, 납치, 그 밖의 가족문제, 주술과 마술에 대한 고발, 교회 주변에서의 부적절한 행동 등을 검토해야 한다고 말했다. 새로운 주교들은 성직자와 그 가족, 순례자와 방랑자, 의사, 시각장애인과 지체장애인, 수도원과 병원에 있는 사람들에 대한 사법권을 갖게 됐다. 그들은 또한 도량형도 담당해야 했다.[26] 이 사건들은 최초의 러시아 법 제정의 토대를 마련했다.

블라디미르의 가문인 류리크가는 8세기와 9세기에 지금의 러시아

땅으로 이주한 북유럽 상인과 전사의 후손으로 키예프에 온 지 얼마 안 된 이들이었다. 이곳에서 류리크가는 슬라브 부족들과 싸워 결국 그들을 지배했고, 시간이 지나면서 작은 마을에 정착하여 모피와 노예를 거래했다. 907년, 류리크가는 비잔티움의 이웃 국가들과 건설적인 관계를 유지하며 일련의 서면 협정을 맺었다. 이 협정에 따라 황제는 루스 상인에게 콘스탄티노플에 머물며 무역할 수 있도록 허락했다.

한동안 루스 군벌들은 권력을 놓고 서로 경쟁했지만 결국 류리크가가 경쟁자들을 물리쳤고, 블라디미르는 키예프에 수도를 세웠다. 985년에는 적어도 개념적으로는 광대한 영토를 통치하고 있었다.[27] 자신을 왕은 아니더라도 공작으로 생각했고 남쪽의 비잔티움 황제와 서쪽 카롤링거왕조의 세련미를 동경했던 것으로 보인다. 블라디미르는 기독교를 받아들이라는 바실리우스의 제안에 전적으로 순응했다.

1015년 블라디미르가 사망하자 그의 여러 아내와 첩이 낳은 수많은 아들 간에 후계 다툼이 벌어졌다(이런 후계 다툼은 다음 몇 세기 동안 반복됐다). 결국 승리를 거둔 야로슬라프 블라디미로비치(Iaroslav Vladimirovich)는 아버지와 마찬가지로 영감을 얻기 위해 콘스탄티노플로 눈을 돌렸다. 키예프에서 그는 거대한 비잔티움 대성당의 작은 버전인 성 소피아 대성당을 지었고, 그리스어로 된 공공 비문을 후원했으며, 자신의 교회를 위한 새 책을 의뢰했다. 이제 콘스탄티노플은 비잔티움 총대주교에게 책임이 있는 고위 성직자인 키예프의 대주교를 임명했고, 야로슬라프는 여러 루스 마을에 교구를 설치했다. 키예프 근처에 동굴 수도원(Monastery of the Caves)도 설립했는데, 이곳의 수도사들이 콘스탄티노플에 수도원 규칙서를 의뢰했다.

어느 시점에 야로슬라프는 '루스카야 프라브다(Russkaia Pravda)'라는 간단한 법률을 발표했다.[28] 루스인들 사이의 분쟁 사례를 다루기 위해 만들어진 것으로, 살인에 대한 복수를 할 수 있는 사람을 명시한 최초의 법률이다. 복수가 가능한 경우를 가까운 관계로 제한하고, 다른 경우에는 배상으로 해결해야 한다고 규정했다. 다음 규칙은 다양한 종류의 상해와 절도, 모욕, 노예의 은닉에 대한 배상을 명시하고 원고가 가져와야 할 증거의 종류에 대한 지침을 제시했다. 이 기본적인 법은 아마도 여전히 부족의 충성심으로 형성된 사회에서 루스 귀족 사이에 발생하는 문제들을 반영했을 것이다. 야로슬라프는 입법을 기독교 통치자의 속성에 속한다고 여긴 비잔티움과 카롤링거 왕들의 사례에서 동기를 얻었을지도 모른다. 그러나 게르만인들과 달리 그는 서기관들에게 교회의 문어가 아니라 동슬라브어, 실제로는 비잔티움 그리스어로 글을 쓰라고 명령했다. 그래서 그의 규칙에는 로마의 영향력이 흔적조차 보이지 않는다. 야로슬라프는 노브고로드(Novgorod) 시의 소요 이후 이 멀고 잠재적인 경쟁 관계에 있는 도시에 대한 권위를 주장하기 위해 '루스카야 프라브다'를 만들었을 가능성이 있다. 하지만 그는 주요 도시를 통치하기 위해 보낸 몇몇 아들을 포함한 관리들이 그 법을 시행하리라고 기대하진 않았다.[29] 이 법은 기껏해야 안내서였다.

루스 농민, 상인, 장인 등 대부분은 자신의 관습을 따르고 분쟁을 현지에서 해결했다. 그런데 성직자들이 사용하는 법과 문서에 영감을 받은 루스 사람들이 글을 쓰기 시작했다.[30] 그들은 자작나무 껍질이 양피지보다 작기는 해도 완벽하게 좋은 대안이 된다는 것을 발견하고 뾰족한 막대기를 사용해 부드러운 안쪽 표면에 글자를 새겼다. 깃털처럼 가벼운 자작나무 껍질 문서는 장거리를 쉽게 이동할 수 있었다. 곧 상인들은 가격을 기록하거나 먼 도시의 상대에게 지시를 내리기 위해 자작나무 껍질 문서를 사용했다. 그들은 도움을 요청했고, 돈을 지급하지 않은 사람들에게 강하게 불만을 제기했으며, 채무자들을 '도시', 즉 공작의 관리들에게 데려가겠다고 위협했다. 문해력은 곧 상인 계급을 넘어 퍼져나갔다. 아이들은 글을 쓰고 나무껍질 조각에 그림을 그리는 법을 배웠다. 성상 화가는 주문 명세를 기록했다. 한 여성은 중상모략을 당했다고 형제에게 불평했다. 또 어떤 여성은 가정을 꾸리는 것에 대해 조언을 했다. 한 젊은 여성은 남자친구가 자신을 무시한다고 불평했고, 또 다른 여성은 자작나무 껍질 문서로 청혼을 받았다. 한 젊은이의 부모는 중매인과 상담했고, 수도사는 약속을 지키지 못한 것에 대해 변명했고, 수녀들은 수녀원 관리에 관한 메모를 보냈고, 한 관리는 생선을 공급할 수 없다고 사과했고, 누군가는 설교에서 나온 주문과 말을 썼다.[31] 서기관에게 자기가 하는 말을 적어달라고 요청하는 사람들도 있었지만, 많은 사람이 글을 쓸 수 있었다. 그들의 편지에는 법적 합의보다는 지시와 기록이 담겨 있었지만, 더 공식적인 법적 관행을 위해 길을 닦는 과정이었다.

야로슬라프는 새로운 교회에 재정을 지원한다는 추가 법령을 발포하면서 법정의 권한을 강화했다. 상인들은 때때로 완강한 채무자에게 돈을 갚도록 설득할 수 있는 주교와 고위 성직자들로부터 정의를 얻을 수 있다는 것을 알게 됐지만, 법정은 실용적인 수단일 뿐만 아니라 위협이 되기도 했다. 한 상인의 미망인은 남편이 죽기 전에 받을 돈을 언급했고 사제가 그것을 기록했다고 지적하면서 배에 대한 값을 요구하는 편지를 썼다. 그녀는 "루카스에게 주십시오. 그렇게 하지 않으면 공작에게서 관리를 데려올 텐데 그러면 더 큰 비용이 들 것입니다"라고 경고했다.[32]

1054년 야로슬라프의 죽음은 또 다른 후계 경쟁을 촉발했는데, 영향력 있는 아들 세 명이 어느 시점에 타협했다. 그들은 43개 조항으로 이루어진 법전인 '루스카야 프라브다'의 확장판을 의뢰했던 것으로 추정된다.[33] 이 법전은 공작의 수행원들인 마구간지기, 현장 감독관, 계약직 노동자, 농민, 유모, 가정교사 등을 죽인 것에 대해 지급해야 할 배상금에 관한 규칙과 공작의 말이나 가축을 죽인 죄에 대한 벌금에 관한 규칙을 포함했다. 법은 또한 배, 비둘기, 닭, 그 밖의 새, 개, 매, 건초, 장작 절도죄에 대한 처벌도 규정했다. 법은 사람들이 경계선을 넘어 쟁기질하는 것을 금지했고, 낮과 밤에 살해된 도둑들을 구별하여 어둠 속에서 도둑을 기습한 사람들은 사실상 면책했다. 벌집과 벌, 꿀을 훔치는 것에 대해 각기 다른 처벌도 신중히 명시했다. 이 명백하게 무작위적인 법들은 아마도 공작들의 직속 수행원들을 염두에 뒀을 것이고, 일부 법은 재판관들이 결정한 사건들을 반영했을 것이다. 그러나 공작들이 이 법을 널리 보급했다는 증거나 행정관이 일반 대중에게 적용했다는 증거는 없다. 관리들은 십일조를 거두고 세금을 올렸지만 농사, 목축, 가족관계 또는 도시와 마을에서의 장인 활동은 거의 통제하지 않았다. 이 법은 직접적으로 시행되기보다는 류리크가 공작의 권위를 상징했다.

대다수 루스인에게 오비차이(obichay, 관습)는 프라브다(pravda, 통치자의 법)나 사제의 도덕적 지시보다 더 중요했다. 그러나 성직자들은 기독교의 실천을 전파하고 이교도의 관습을 근절하기 위해 계속 노력했고, 더 높은 기독교법인 '자콘(zakon)'의 의식에 호소했다. 12세기 초, 키예프 루스의 역사서인 『루스 원초 연대기(Russian Primary Chronicle)』의 저자는 "어떤 땅에서든, 하나의 세례와 하나의 믿음 안에서 삼위일체를 믿는 우리 기독교인들은 하나의 법(자콘)을 가지고 있다"라고 선언하면서 조상들의 관습이 법이라고 계속 생각하는 사람들을 비판했다.[34]

비잔티움 교회는 사제가 사람들을 기독교 관습으로 인도할 수 있도록 돕는 몇 가지 규칙을 마련했는데, 여기에는 다양한 죄에 대한 속죄 방법이 명시됐다. 루스의 고위 성직자들은 또한 사제들에게 질문을 던지라고 권했다. 1080년경, 키예프 대주교 요한 2세(Ioann II)는 예를 들어 젖을 빨기에는 너무 약한 아기에게 세례를 베풀어야 하는지, 아니면 부정한 어머니가 아이를 먹일 수 있도록 허용해야 하는지와 같은 다양한 문제에 대해 지침을 발표했다. 사람들이 썩은 고기를 먹을 수 있는가? 사제들은 금식하지 않는 자들과 간음한 자들, 마술이나 주술을 행한 자들을 어떻게 다루어야 하는가? 예배를 드리는 동안 평신도들은 언제 앉거나 서 있어야 하고, 손상된 성상은 어떻게 해야 하며, 헤어진 부부나 세례받은 노예를 판 사람들은 어떤 속죄를 해야 하는가? 루스 성직자들은 교회의 규칙을 적용하는 의무를 진지하게 여겼다.[35]

수십 년 후, 노브고로드 출신의 한 수도사는 징계와 의식 관행의 문제에 관해 주교에게 받은 확실한 답변을 기록했다. 그는 잔치 중에 누군가가 주교에게 들꿩을 가져다줬지만 성직자들로부터 담장 너머로 던지라는 명령을 받았다고 이야기했다. 그 이유는 '들꿩을 먹은 후에 영성체를 받는 것은 옳지 않을 것이기 때문'이었다. 수도사는 또한 금요일·토요일·일요일에 잉태된 아이는 강도, 간음하는 사람, 겁쟁이가 될 것이라는 유명한 글을 주교가 어떻게 읽었는지를 설명했다. 주교는 그저 "당신의 책들을 불태워야 한다"라고 반박했다.[36] 한편 주교는 관대한 모습도 보였다. 예를 들어, 일요일 예배와 화요일 예배 사이의 금지된 기간인 월요일에 아내와 성관계를 갖는 것을 자제할 수 없는 젊은 사제를 징계하지 말라고 조언했다.

12세기 초, 고위 성직자들은 비잔티움의 교회법 및 교회 선언의 개요인 『교회 관계 국법집(nomokanon)』을 모방했다.[37] 수도사들은 비잔티움의 방식을 바탕으로 수도원 규약을 만들었는데 그중 많은 규칙, 특히 음식과 의복에 관한 규칙들이 루스 북부의 추운 기후에 적합하지 않았음에도 이 규약은 구성원들에게 어떻게 성무일도를 행하고, 부복하고, 성구를 읽고, 교회에 출석하고, 상에 앉는지, 심지어 어떤 날에 무엇을 먹는지까지 알려줬다.[38] 머지않아 성직자들은 이 모든 법이 무엇을 의미하고 어떻게 적용되어야 하는지를 토론하게 됐다.

류리크 공작들은 교회 법정의 관할권을 확인하면서 교회를 계속 지원했고, 공작들은 야로슬라프의 법을 늘려나갔다. 세기말에 그들은 121개 조항으로 이루어진 '루스카야 프라브다'의 확장판을 발표했다. 공작들은 부채와 이자율, 창고에서 분실된 물건에 대한 책임, 난파선에서 재산을 잃어버린 사람들의 보호에 관한 규칙, 계약직 노동자 및 노예를 관리하는 방법과 그들이 저지른 범죄를 처리하는 방법에 관한 규칙, 상속, 다양한 유형의 노예제도 및 도망자를 다루는 방법에 관한 법, 벌집과 도난당한 벌 떼를 추적하는 공동체의 의무에 관해 많은 규칙을 추가했다. 또한 상인들이 채무 변제 사실이나 시장에서 팔리는 장물의 소유권을 주장할 때 필요한 증거와 증인에 대한 규칙도 있었다.[39] 공작들은 이제 자신들의 측근과 관련된 문제들을 넘어서 더 많은 사람들 사이의 경제활동을 규제하려 했다.

도시 인구의 상당 부분이 글을 읽을 수 있게 됐고, 자작나무 껍질에 짧은 편지를 계속해서 썼다. 13~14세기에 이르자 사람들은 죽음이 가까워졌다고 생각될 때 완성하지 못한 일에 대한 지침을 작성하여 일종의 유언 형태를 만들어냈다. 또 상거래를 추진하면서 구매 영수증을 발행하고 토지 소유권의 증거로 문서에 의존하기 시작했는데, 분쟁이 있을 때 관리에게 이것들을 보여줄 수 있었다.[40] 사람들은 상업적 관계의 가능성과 확실성을 확대하는 방식으로 법적 관행을 발전시켰다. 발트해 연안의 번성한 도시에서는 초기 무역 연맹인 한자동맹(Hanseatic League)이 독일과 스칸디나비아의 도시 상인들을 연결했고, 가장 성공적인 루스 상인들도 무역망에 진입했다. 노브고로드의 상인들은 이 무역에서 특히 활발하게 활동하면서 다람쥐 가죽 수백 영을 외국 상인에게 수출해 수익을 올렸다. 그리고 1229년 스몰렌스크시는 라트비아의 리가시와 조약을 맺어 발트해의 다른 도시들에서 루스 상인들의 행위를 규제했는데, 이 조약은 동맹 내의 관계를 규제하는 보다 체계적인 무역 규칙의 기초를 마련한 협정 중 하나였다.[41]

12세기에는 류리크 공작들 사이에서 승계와 관련한 더 많은 다툼이 있었고, 루스는 1237년에 도착한 몽골 군대의 맹공에 저항할 준비가 되어 있지 않았다. 침략자들은 키예프를 약탈하고 주변 농지를 황폐화했지만, 곧 서쪽으로 이동했고 키예프의 정치구조를 그대로 뒀다. 류리크 공작들은 점차 질서를 회복했는데, 킵차크한국(Golden Horde)의 몽골인들은 루스 공작들을 승인하거나 거부할 수 있어야 한다고 주장했다.

대주교는 키예프에서 자기 자리를 유지했고, 종교학자들은 키릴(Kirill) 대주교가 의뢰한 새로운 『교회 관계 국법집』을 포함하여 새로운 성경과 법률 문서를 번역하고 복사하는 작업을 계속했다.[42] 루스 서기관들은 때때로 지역 관습에 대한 기록을 추가했다. 고위 성직자들은 후배들의 규율에 대해 여전히 걱정했고, 한 시노드(synod, 교회 회의)에서 키릴은 나라의 어려움을 한탄했다. 그는 사람들이 흩어지고, 도시가 함락되고, 강력한 공작들이 칼에 쓰러졌으며, 교회는 경건하지 않고 부정한 이교도들에게 모독당했다면서 이 모든 일은 교회법이 무시됐기 때문에 일어났다고 말했다. 키릴은 시노드에 새로운 규칙을 제시하고 성직자가 이끄는 모든 사람이 더 절제된 생활 방식으로 돌아갈 것을 촉구했다. 키릴의 요구가 얼마나 성공적으로 이뤄졌든지 간에, 류리크의 지배 가문들 사이에서는 승계를 위한 더 많은 분쟁이 일어났다. 13세기 말에 폴란드와 리투아니아의 지배자들은 루스의 서쪽 영토 일부를 장악했고 키릴의 후계자는 키예프를 떠났다. 결국 모스크바의 공작들은 키예프 통치자들을 인정하지 않음으로써 모스크바대공국(Grand Duchy of Moscow)의 길을 열었다.

이 시기 내내 루스인들의 삶을 규제한 것은 엉성한 글과 규칙들의 집합이었다. '루스카야 프라브다'는 부자들에게 노동자와 노예를 관리하는 방법을 알려줬지만, 재산 소유나 일상적인 농업 활동들을 규제하지는 않았다. 시골에서는 사람들이 주로 관습, 즉 오비차이를 따랐고, 도시에서는 당국이 도시문제를 관리했다. 상인들은 자작나무 껍질을 사용하여 설명서를 보내고 표준 양식과 관행을 개발했으며, 그중 일부는 이후 버전의 '루스카야 프라브다'에서 인정됐다. 발트해 무역에 종사하는 사람들은 국제조약과 한자동맹의 규칙에 의존했다. 한편 고위 성직자들은 모두 기독교 자콘을 따를 것을 촉구했고, 수도원 공동체들은 자체 규약과 교회법의 세부 규정을 따랐다.

루스는 아일랜드와 아이슬란드보다 더 복잡하고 이질적인 사회였다. 루스 사람들은 자신이 누구이고 무엇을 하고 있는지에 따라 저마다 다른 목적과 야망을 품고 다양한 법원(法源)을 찾았다. 공작들은 자신들의 법이 실제적인 문제에 기초하고 있음에도 법을 만든 위대한 황제들로부터 영감을 받았으며, 교회는 속죄와 규율을 확고히 염두에 뒀다. 그리고 일반인들은 관습과 자신의 문서에 의존하여 상업적 관계를 규칙화하기 위해 법적 형식을 만들어냈다.

한편 루스의 남쪽 변두리 비잔티움제국의 가장 동쪽 땅을 형성하는 흑해와 카스피해 사이의 산악 지역은 아르메니아인들의 본거지였

다. 비잔티움에 정복당하기 이전에도 그리스인·파르티아인·로마인·사산인 등이 이 나라를 침략했지만, 아르메니아 왕이 민족을 통합하고 자치를 명하면서 잠잠해졌다. 아르메니아인은 콘스탄티누스가 기독교 박해를 끝내기 전인 301년에 기독교를 받아들였고 기독교 세계 최초의 성당 중 하나를 세웠다. 그때부터 아르메니아인들은 사산인들에게 정복돼 우마이야와 아바스 칼리파국에 편입될 때까지도 믿음을 유지했다. 이후 아르메니아는 칼리파국으로부터 해방되어 비교적 독립했지만, 11세기에 이르러서는 작은 국가 여러 개로 분열됐고 1045년에 비잔티움에 정복됐다. 무슬림 셀주크는 이 시점에 이미 비잔티움 동부 영토를 위협하고 있었고, 서쪽으로 이동하면서 1071년에 아르메니아를 침략했다. 이슬람 아미르(emir: 속주의 총독 또는 군사령관—옮긴이)가 아르메니아 왕과 영주들을 폐위했지만, 그중 일부는 탈출에 성공했다. 남쪽과 서쪽의 지중해 연안으로 도망친 그들은 1198년부터 1375년까지 번영한 킬리키아(Cilicia) 아르메니아왕국을 세웠다.

이런 격변을 거치면서도 아르메니아인들은 기독교인으로 굳건히 남았다. 사제와 주교는 민족을 위해 계속 봉사하며 교회와 수도원을 세웠고, 그중 다수가 외딴 협곡의 암석 노두에 자리 잡아 장관을 이뤘다. 성직자들은 4세기 이후 열린 주요 기독교 공의회의 선언문을 번역했다. 점차 그들은 아르메니아 교회 문헌의 규범을 확장했다. 12세기 초, 한 성직자는 셀주크에 맞서 레위기를 바탕으로 아르메니아 사제들에게 고해성사를 듣고 속죄를 배분하는 방법을 조언하는 '참회 고행서(penitential)'라는 설명서를 만들었다. 그러나 주교들은 이슬람의 점령이 사람들의 신앙에 미치는 영향에 대해 당연히 우려했고, 셀주크가 모든 분쟁은 이슬람법이 적용되는 그들 자신의 법정으로 가야 한다고 주장하면서 아르메니아인들의 재판 방식을 받아들이지 않는 것에 대해서도 고민했다. 그래서 주교들은 학자들에게 아르메니아 법전을 만들도록 독려했고, 몇몇 학자가 도전에 나섰다. 일부는 『시리아-로마 법전(Syrio-Roman law code)』을 번역했고, 또 일부는 콘스탄티누스 황제와 레오 황제의 법전과 그리스인들이 만든 군사 규정을 번역했다. 하지만 가장 성공적이고 지속적인 설명서를 만든 사람은 존경받는 사제이자 교사, 즉 고위 사제(vardapet)인 메키타르 고쉬(Mxit'ar Goš)였다. 그는 1184년에 작업을 시작하여 아르메니아인들이 16세기까지 자신들의 법으로 생각한 텍스트를 만들었다.

메키타르 고쉬는 아르메니아 교회법, 동포가 최근에 만든 참회 고행서 그리고 구약의 자료를 바탕으로 글을 썼다.[43] 재판관, 세속 지도자, 성직자의 역할로 시작했고 이어서 결혼, 이혼, 자녀를 다뤘다. 그는 이 부분에 공작과 농민에 관한 조항을 삽입했는데, 251개 조항 대부분은 내용이 다소 뒤죽박죽되어 나타난다. 세심한 연구에 따르면 메키타르가 단순히 여러 출처에서 발췌하여 각 부분의 규칙과 주해를 차례로 옮겼기 때문에, 예컨대 결혼에 관한 조항이 여러 부분에 흩어져 있음이 밝혀졌다. 많은 조항이 교회 문제와 고위 사제의 업무 및 권위에 관한 것이지만, 출애굽기·레위기·민수기에서 농사에 관한 법을 취하고 농장의 동물·잘못된 작물 절단·방화·방앗간·가축 판매에 관한 아르메니아 관습을 반영한 규칙을 추가하는 등 세속적인 문제도 다뤘다. 메키타르는 특히 이혼, 살인에 대한 방어, 친족 간의 결혼에 대한 논의에서 때때로 구두 출처를 사용했음을 인정했다. 그리고 곳곳에 이슬람 관습에 대한 경멸적인 언급이 흩어져 있다. 그는 아르메니아인들이 가장 문제가 되는 규칙을 채택하지 않는 방식으로 이슬람 관습과 싸워야 한다고 밝혔다.

법의 긴 서론에서 메키타르는 아르메니아인들이 자신들의 법전을 마련함으로써 이교도의 법정을 피할 수 있다고 설명했다. 그는 이 책을 통해 어떤 특정한 상황에서도 올바른 법을 기억할 수 있다고 선언했다. 마찬가지로 중요한 것은 외국인들에게 '우리는 법에 따라 살고 있으므로 더는 우리를 비난할 수 없을 것'이라고 천명했다는 것이다.[44] 그는 학식 있는 카디와 학구적인 무프티를 다루는 데 익숙한 이슬람 관리들이 이 법전에 감명을 받고 아르메니아인들이 자신들의 법정을 운영하도록 기꺼이 허락하기를 바랐다. 메키타르는 또한 자신이 법정이 부과하고 통치자가 집행할 처벌을 규정할 뿐만 아니라 종교적 지도를 제공하고 적절한 형태의 속죄에 대해 논의하고 있다고 설명했다. 그는 자신의 종교와 현재 경쟁 관계에 있는 이슬람의 법에서 영감을 받아 실제 상황에 적용되도록 고안된 법뿐 아니라 도덕적·영적 목적을 가진 행동 규칙을 만들기 시작했다. 그는 영적인 관심이 항상 성문화된 법전보다 우선해야 한다고 강조했다. 메키타르는 자신의 글을 확정적인 법전으로 제시하지 않았으며, 이 규칙은 고대 관습의 수정도, 실천에 대한 포괄적인 지침도 아니라고 설명했다. 그러면서도 그는 아르메니아인들이 이슬람 법정에 끌려가는 것을 피할 수 있다고 확신했다.

아르메니아인들은 체계적이지 못하고 뒤죽박죽이며 가정이 많음에도 불구하고 법전을 수용했으며, 다음 세기에는 서로 다른 학자들이 두 가지 개정안을 내놓았다. 예를 들어 메키타르는 주교만이 재판할 것이라고 가정했지만, 후대의 저자들은 법적 관할권을 지역 공작에게까지 확대했다. 그리고 종교적인 내용과 세속적인 내용을 분리하려고 노력했다. 이후 세 번째 개정안에서는 실용적이고 비종교적인 주제에 대한 관습적인 규칙을 추가했다.[45]

한편 킬리키아의 아르메니아왕국은 번영했다. 왕들은 유럽의 많은 운동가를 수용하여 아르메니아 교회의 수장을 위한 기반을 세웠다. 1265년에 왕의 형제이자 고위 관리 중 한 명이 메키타르의 법전을 추가로 개정했다. 이 지역 사람들이 사용하는 언어인 킬리키아 모국어로 글을 썼고 법전을 더 실용적으로 만들기 위해 주제를 다시 정렬했다. 그의 법은 왕과 귀족에 관한 조항으로 시작하여 군사 및 성직에 이어 결혼과 상속, 상업 활동에 관한 규정, 노예의 지위와 관리, 배상에 관한 규정을 차례대로 뒀다. 다소 주춤거리며 시작됐던 메키타르의 법은 이제 훨씬 더 강력한 이웃의 제국주의 야망에 맞서 자치를 유지하려는 사람들을 위한 실용적인 규칙의 집합이 됐다.[46]

아르메니아 킬리키아는 결국 1375년에 이슬람 맘루크에 함락됐지만, 이것이 메키타르 법전의 종말을 의미하지는 않았다. 3세기 전 셀주크의 맹공으로 많은 아르메니아인이 북쪽에 있는 지금의 우크라이나로 피신했다. 1240년에는 몽골군이 키예프를 점령했고 많은 아르메니아인은 다시 서쪽의 갈리치아(Galicia)와 볼히니아(Volhynia)로 이동하여 큰 도시를 형성했다. 여기서 집을 짓고 금세공인과 은세공인, 화가, 직조공으로 일하면서 자신들만의 교회를 세웠다. 이후의 이주 물결 속에서 인구가 더 늘었고, 많은 상인이 성공적인 사업체와 교역소를 건설했다. 1340년에 이 지역을 점령한 폴란드 왕 카지미에시 3세(Kazimierz III)는 아르메니아인의 경제적 중요성을 인식하고 유대인, 우크라이나인과 마찬가지로 아르메니아인에게도 전통을 유지할 권리를 부여했다. 또한 그들이 자신들만의 법을 실천할 수 있다고 선언했다. 이에 아르메니아인들은 리보프(Lvov)와 같은 더 큰 도시에서 선출된 장로들이 재판관과 함께 앉아 법적 소송을 심리하는 법정을 설립했다. 적어도 명목상으로 그들은 메키타르 고쉬의 법을 적용했다. 그들은 법전의 개정안을 만들어 폴란드 왕 지그문트 1세(Sigmund I)가 읽을 수 있도록 라틴어로 번역했다. 왕은 살인, 신체적 상해, 재산 피해, 절도와 관련된 사건은 시의 법정에서 재판을 받아야 한다고 주장했지만, 1519년에 법전의 사용을 승인했다.[47] 각 법정에서 행해진 재판의 양식은 별반 다르지 않았겠지만, 아르메니아인들에게는 자신들의 전통과 법을 유지하는 것이 중요했다.

다음 세기 동안 아르메니아인들은 러시아, 크림반도, 오스만제국, 페르시아, 인도 등을 여행하면서 동방 무역망에서 중요한 역할을 담당했다. 그들은 먼 땅에 수많은 작은 식민지를 세웠고, 그곳에서 메키타르의 법전을 계속 참조했다. 12세기에 성경과 기독교 교회법에서 도출한 규칙은 뭄바이와 콜카타 항구에 사는 아르메니아 상인들에게 별로 실용적이지 않았을지 모르지만, 그들의 법전은 그들 자신의 것이었다. 이 법전은 그들이 법과 관습을 유지하고 있다는 사실을 나타냈다. 경건한 고위 사제가 머뭇거리며 작성한 규칙은 실용적인 목표만큼이나 상징적인 목표하에서 흩어져 있는 사람들의 법이 됐고, 오랫동안 독립 국가의 표지가 됐다.

아일랜드, 아이슬란드, 루스, 아르메니아의 공작, 학자, 공의회, 사제 들이 법을 썼을 때 대륙법과 코먼로 체계는 유럽에서 아직 잠정적으로 형성되고 있었다. 그들은 주로 로마 전통의 사안법적 형태를 채택했지만, 대부분 실용적인 목적을 가지고 있었다. 그들의 법률은 지역 관습과 사회문제를 반영하고 증거 및 분쟁 해결을 위한 규칙을 제공했다. 그러나 법이 더 높은 원칙, 즉 세상이 어떻게 되어야 하는지에 대한 비전을 나타낸다는 의식은 거의 언제나 존재했다. 러시아 공작들은 비잔티움제국과 게르만인들의 입법 관행을 동경했으며, 주교들은 콘스탄티노플에 법률집을 의뢰하고 기독교 참회 고행서의 규율 형식을 채택했다. 메키타르 고쉬는 셀주크의 법에서 영감을 얻어 자기 민족의 기독교적 헌신을 나타내고 싶어 했고, 그의 법전은 흩어진 민족의 독립성을 상징하게 됐다. 좀 더 실용적인 아일랜드와 아이슬란드 법도 더 높은 목표를 가지고 있었다.

법의 복잡성은 사회적 비전, 더 높은 지적 질서를 암시한다. 이 법은 자신을 다스리는 방법을 알고 자신을 위압할 여지가 있는 모든 이들의 힘을 통제할 수 있었던, 독립적이고 공정한 사람들의 법이었다.

Chapter 8

종교법의 수용 : 힌두교, 유대교, 이슬람교 세계

힌두교, 유대교, 이슬람교의 위대한 종교 체계는 권리보다 의무에 더 집중했다. 이들 종교는 다르마에 따라 또는 세상을 위한 신의 길을 따라 어떻게 행동해야 하는지를 설명하면서, 일상생활을 영위하는 개인들을 인도하기 위한 규칙을 만들었다. 결국 수백만 명이 적어도 원칙적으로는 토라의 법이나 힌두교 다르마샤스트라의 지시에 따라 살았다. 그러나 이런 종교적 규칙은 성직자, 학자, 지역 회의 또는 지역사회의 압력이 매개체가 되어 사람들의 삶에 매우 다른 방식으로 영향을 끼쳤다. 또한 많은 이들이 자신들의 실제적인 사회적 문제를 해결하기 위해 먼 시대와 장소에서 개발된 규칙과 기술을 사용하여 종교적 규칙을 현지 상황에 적응시키려 했다.

중세 인도의 농민들은 법적 분쟁이 발생하면 대개 마을 의회와 지역 조정자들에게 가져갔다. 이들은 지역의 관습과 실천에 익숙했다. 그러나 중세 인도 사회는 또한 힌두교 브라만의 사상과 법적 문헌으로 형성됐다. 힌두교의 오래된 법은 2세기경에 쓰인 마누의 다르마샤스트라로, 다르마에 대한 글을 쏟아내는 데 영감을 줬다. 이후 몇 세기 동안 인도 학자들은 브라만과 지배계급을 평민과 하인 계급보다 위에 두는 사회적 지위의 위계를 확인하고 정교화했다. 종교 전문가들은 어떤 통치자의 정치권력으로부터도 거의 독립적인 종교적 권위 체계를 구축했고, 점차 이 체계를 아대륙의 많은 지역으로 퍼뜨렸다.

인도 남부에서는 5~6세기까지 목자와 농부가 부족 집단을 형성했는데, 시간이 갈수록 더 집약적인 농업 체계를 발전시키고 활동을 다양화했다.[01] 부족들은 점차 마을, 도시, 시장 중심지에 자리를 내줬고, 사람들은 더 전문적인 직업들을 가지게 됐으며, 지역 지도자들은 권력을 강화하여 결국 왕의 지위를 차지하게 됐다. 이 통치자 중 다수가 북쪽에서 이주한 브라만을 환영했다. 제사를 지내는 대가로 그들은 토지, 보호, 세금 면제를 받았다. 브라만 가문은 토지를 얻으면서 종교 전문가로 계속 일했고, 통치자와 일반인 모두 의례와 법적 문제에 대해 그들의 조언을 구했다.[02] 브라만의 의례 수행, 순결, 위계에 대한 사상은 그들의 법에 기술된 사회적 규칙과 함께 점차 아대륙 전역으로 퍼져나갔다.

실제로 카스트 지위와 직업 문제는 브라만에게 많은 법적 관심을 요구했다. 그러나 그들은 대개 사소한 다툼에는 신경 쓰지 않았고, 농민과 장인은 무역 관행과 농경 관습에 대한 학식 있는 의견에 관심이 없었다. 모든 인도인은 이웃, 가족, 상대방, 동료에 대한 사회적 의무를 정의하는 일반적으로 하나 이상의 사회집단에 뿌리를 두고 있었다. 다르마샤스트라는 왕이 이런 관습과 법을 인정해야 함을 분명히 했다. 비슷한 시기에 완성된 왕의 지침서인 아르타샤스트라는 왕실 관료가 법과 거래, 관습, 지역과 마을, 카스트, 가족, 기업의 규칙을 기록해야 한다고 지시했다.[03] 다르마샤스트라에 대한 12세기 주석서는 브라만 집단뿐만 아니라 길드, 행상인, 군부대, 카스트, 소몰이꾼, 지역, 마을, 가족도 중요한 문제에 대해 합의할 수 있음을 언급하고 있다. 문헌이 지시한 이 합의들 각각은 자신의 다르마와 관행, 의무를 인식하는 것이었다. 인도 남부의 한 비문은 상인 집단이 장인의 활동을 규제하고 규칙을 위반한 범죄자를 처벌하는 사법권을 인정한다. 심지어 '이단' 종파 집단인 불교도와 자이나교도도 규칙을 만들 수 있었다.[04] 실제로 대다수 통치자는 이처럼 허용하는 것이 편하다고 생각했다.

실제로는 많은 집단이 중첩됐고, 사람들이 동시에 여러 지시에 따라 관리되는 경우가 많았다. 직공은 샤스트라의 지시에 따라 자기가 속한 길드의 규칙, 마을 의회의 지시, 마을 토지를 소유한 사원의 명령, 그리고 카스트의 의무를 인식해야 했다.[05] 길드는 이를 어기는 사람에 대한 제재를 포함하여 작업 관행을 규제하는 규칙에 합의했고, 도공들과 직공들은 제품의 재료·품질·양식을 규제했으며, 상인들은 함께 가격을 책정하고 품질과 무게에 대한 기준을 정했다. 인도 남부 카르나타카(Karnataka)의 비문은 빈랑나무 잎 장수, 기름 장수, 밀가루

장수나 그 밖의 무역상을 포함한 상인 집단을 언급하는데 이들은 폭행, 절도, 탈세, 약탈, 계약위반뿐 아니라 지역 사원에 기여하지 않은 구성원도 처벌했다. 목자와 군인도 집단을 결성했고, 카스트 집단은 구성원들이 의례 수행에 참여할 것을 요구했으며 결혼·식사·복장에 대한 관행을 통제했다. 불교 수도원은 승려들에게 어떻게 먹고, 구걸하고, 속인과 상호작용할지를 알려주는 규칙을 만들었다.

단체 대부분은 분쟁이 발생해서 합의했을 때를 제외하고는 규칙을 기록하지 않았다. 이것들은 거의 법이 아니었다. 때로는 강력한 개인과 지역 단체가 모여 공동의 문제를 관리하는 방법에 합의하기도 했다. 어쩌면 사원을 증축해야 하거나, 저수지·공동 연못·공동 정원이 황폐해지거나, 자연재해로 취약계층 가정이 굶주림의 위기에 처했을 때가 그런 경우였을 것이다. 그들은 또한 궁핍한 고아들이나 이주자들을 위한 통과의례를 포함하여 의례를 관리하고 재정을 마련했다.

대부분의 경우 지역 집단의 규칙은 다르마샤스트라의 법이나 왕의 명령보다 사람들의 일상생활에 훨씬 더 많이 존재했다. 때때로 집단은 왕에게 규칙을 제시하고, 보급하고, 보장해달라고 요청했다. 그리고 장로들이나 카스트 회의 구성원들은 의례적인 의무와 기대를 확인할 수 있었지만, 결혼이나 상속 협의와 같은 까다로운 경우에는 브라만에게 조언을 구할 수도 있었다. 아버지가 딸을 홀아비인 처남과 결혼시킬 수 있을까? 한 브라만의 대답에 따르면 그렇지 않은 것 같다. 범죄가 일어났는지, 특히 비방이나 폭행이 있었는지 확신이 서지 않는다면 전문가들에게 자문할 수도 있었다.[06] 브라만의 조언은 법과 의례 관행을 거의 구분하지 않았다.

16세기, 인도 대평원을 휩쓴 이슬람 무굴제국은 이슬람 법체계를 도입하고 힌두 왕 대부분을 봉신으로 축소했다. 그러나 술탄은 기존 통치자들이 종교적 관행을 유지할 뿐 아니라 백성을 관리하고 분쟁을 해결할 때 고대 법률 문서를 따르도록 허용했다. 다르마샤스트라의 기본 사상, 특히 카스트 계급은 계속해서 사람들의 삶을 형성했다. 때로는 재산 거래, 상속, 증거에 관한 보다 기술적인 규칙도 마찬가지였다. 그러나 브라만의 글은 하층 카스트의 삶을 세세하게 규제해서는 안 됐다. 그 밖에 자기 의지대로 할 수 있었던 사회집단 대부분은 자신의 규칙을 만들었으며 종종 왕과 성직자의 문학적 관행에서 배운 법적 형식을 채택했다.

많은 중세 유대인은 최고 학자인 게오님과의 거리감을 동등하게 느꼈다. 그러나 로마 시대부터 대부분은 긴밀한 공동체에서 살았으며 곧 이슬람이 차지하게 되는 땅에 흩어져 있었고 주변 사람들과 구별되는 의례와 전통을 의식했다. 이는 유대법이 삶에서 중요한 역할을 했다는 것을 의미한다.

우마이야왕조가 나머지 서아시아 지역의 대부분과 함께 팔레스타인을 정복한 7세기부터 많은 유대인은 비록 히브리문자로 쓰기는 했지만 아랍어를 사용하게 됐고, 새로이 정착한 마을과 도시의 관습에 적응했다. 8세기 중반 아바스왕조가 바그다드에 수도를 세웠을 때

게오님은 활동을 계속했지만, 이제 유대인 디아스포라는 북아프리카와 스페인 외의 지역에서도 학습 기관을 설립했고 랍비의 권위와 토라의 법을 계속 존중했다.

귀중한 상품이 동쪽에서 계속 유입됐고, 중세를 거치면서 많은 유대인 상인이 지중해 주변의 활발한 무역에 참여함에 따라 새로운 상업적 기회가 크게 늘어났다. 10세기에는 파티마왕조가 북아프리카를 지배하면서 이집트에서 아바스왕조를 몰아냈다. 이후 서아시아에는 11세기 후반 셀주크인들이 도착하고 기독교 십자군원정이 시작됐으며, 12세기 중반 맘루크가 맹공을 퍼붓는 등 격동의 시기가 이어졌다. 맘루크가 1250년에 시리아와 이집트를 정복하기 전에도 파티마 군대를 괴롭히는 적대 세력이 많았지만 그들의 통치자는 2세기 동안 권력을 유지했다. 이집트는 매우 비옥한 지역이었다. 오랫동안 로마 제국에 밀을 공급해왔는데 이제는 아마(리넨의 원재료인 식물)를 대량으로 수출했다. 파티마왕조는 새로운 도시인 카이로(Cairo)에 수도를 세웠다.[07]

카이로는 남쪽으로 불과 3킬로미터 떨어진 옛 수도인 푸스타트(Fustat)를 대체했지만, 푸스타트는 여전히 중요한 상업 중심지였으며 많은 유대인의 거주지였다. 칼리프와 군벌 모두 지중해 연안을 누비는 상선과 동쪽에서 귀중한 물품을 가져오는 대상들이 얼마나 중요한지 잘 알았다. 갈등이 없는 건 아니었으나 사람들 대부분은 콘스탄티노플, 시칠리아, 지중해 주변의 해상도시를 오가는 상인들을 존중했다. 이집트는 인도와 동아시아에서 출발해 긴 여정 끝에 홍해에 도착한 배들로부터 물품을 받았고, 푸스타트는 외국 물품이 처음 유입됐던 곳으로 외국 땅으로 보낼 위탁 화물에 대해 관세를 납부해야 하는 곳이었다. 이집트의 나머지 지역에 외화와 신발, 의류, 도구, 양피지, 잉크 등의 상품을 공급한 것도 푸스타트의 상인들이었다.

푸스타트 상인 대부분은 유대인이었다. 그들의 공동체는 파티마 칼리프 아래에서 꽃을 피웠고, 파티마 칼리프는 기독교인과 더불어 유대인이 자신의 사무를 조직할 수 있게 재량을 부여했다. 정부에 인두세를 내고 규정을 준수하는 한 유대인들은 기꺼이 받아들여지고 보호를 받았다. 유대인 대부분은 많은 사람이 상당한 부를 축적한 도시 중심, 특히 푸스타트와 알렉산드리아에 밀집했다. 많은 사람이 포도원·과수원·밭을 소유했고, 일부는 장인이나 의사로 일했으며, 일부는 왕실에서 직책을 맡기도 했다. 주요 도시에는 상인이 압도적으로 많았다. 이들은 안식일에 회당으로 걸어서 갈 수 있는 거리의 동네에서 살았다. 그러나 파티마왕조는 게토(ghettos, 유대인 거리)를 만들지 않았고 유대인 가족은 이슬람교도와 기독교도 인근에 있는 공동주택에 거주했다. 파티마왕조는 외국 상인들이 머물고, 그들의 짐을 나르는 동물을 두고 물품을 보관할 수 있는 숙소를 세웠다. 실크로드의 캐러밴서라이(caravanserai: 여행자가 휴식을 취할 수 있도록 길가에 만든 숙소—옮긴이)처럼 숙소의 안뜰에는 항상 건포도 자루, 꿀통, 가죽이나 깔개 꾸러미가 높이 쌓여 있었고 카이로의 유대인 구역은 시칠리아, 피사, 제노바, 세비야, 팔레스타인에서 온 여행자들로 붐볐다. 유대인들은 동포뿐만 아니라 이슬람교도와 기독교도 상인들과도 거래했다.

유대인 지역사회를 정착시킨 것은 회당(시나고그)이었다. 푸스타트에는 유대인 회중이 둘 있었고 카이로에는 하나가 있었는데, 각각 고유한 회당과 랍비가 있었다. 원래 바빌론과 팔레스타인에서 온 이민자들로 구성되어 있던 푸스타트의 두 회중은 11세기까지 회원을 놓고 서로 경쟁하며 명예 칭호를 제공하고 장엄한 토라 두루마리, 고급 융단, 뛰어난 예배를 자랑했다. 그러나 그들의 관계는 일반적으로 좋았다. 각 회당의 본관과 뜰은 토라, 종교적 가르침, 공개 발표를 듣고 공적 문제를 논의하기 위해 모인 그 지역의 모든 사람을 수용할 수 있을 만큼 충분히 넓었다. 집회에서는 회당의 유지, 관리와 위원회의 임명, 가난한 아이들을 위한 교육 제공, 과부 지원, 병자와 장애인 보살핌, 포로 몸값에 관한 결정을 내렸다. 집회는 공식적으로 전체 인구를 구속하는 규칙을 만들 수 없었기 때문에 그들의 결정을 기록한 문서에는 종종 참석한 모든 사람이 서명했다. 다만 실제로는 그들의 결정이 지역사회 전체에서 존중됐다.

지역 유대인 지도자[아랍어로 '무캇담(muqaddam)'이라는 칭호로 알려짐]는 종교적 의무와 법적 의무를 모두 수행했다. 공동체 내에서 평화와 단결을 유지하고, 종교법과 의례에 관한 문제를 결정하고, 종교적 가르침을 주며, 어린이 교육을 감독했다. 그들은 장로 회의의 도움을 받아 계약서에 서명하고 규칙을 발표했으며 정부 관리와의 협상에서 지역사회를 대표했다. 가장 중요한 일은 결혼과 이혼을 승인하고 법적 소송을 심리하는 것이었다. 시간이 지남에 따라 팔레스타인으로 돌아간 학자들의 이집트 유대인에 대한 영향력은 약해졌고, 카이로에서는 모든 유대인 회중을 위한 세속 지도자가 나타났다.[08] 1065년부터 파티마 당국은 이 지도자를 왕, 즉 유대의 나기드(nagid) 또는 라이스(rayyis)로 인정했다. 나기드는 충분한 지지만 있다면 평생 공직을 유지할 수 있었다. 그의 가장 중요한 역할은 정부와 관리들 사이에서 중개자 역할을 하는 것이었다. 예를 들어 트리폴리에서 온 해적들이 게오님과 그의 가족을 태운 배를 나포했을 때 나기드는 인질들을 구출하기 위해 칼리프 함대의 사령관에게 접근했다.[09] 나기드 자신이 세금을 올리지는 않았지만, 유대인의 세금 사정과 징수에 도움이 필요하면 파티마 당국에서 나기드에게 도움을 청했으며, 자선 목적으로 기금을 모으는 일은 여전히 회당 위원회의 책임이었다.

카이로 유대인들은 토라에 따라 살았다. 이것이 랍비들이 회당에서 설명하고 사람들이 아들들에게 가르친 법의 근원이었다. 또한 그들을 주위의 이슬람교도 및 기독교도와 구별하게 하는 것이기도 했다. 풍속과 의복과 음식이 별반 다르지 않더라도 그들은 각자의 수도원에서 예배를 드리며 개인 생활과 종교 생활을 어떻게 해야 하는지 학자들의 조언을 받았다. 사람들 대부분은 랍비와 재판관이 때때로 예루살렘과 바그다드의 더 높은 당국, 즉 랍비들이 기도하는 동안 이름을 공손하게 발음하는 학자들에게 자문했다는 사실을 알고 있었을 것이다.

1896년, 카이로를 여행하던 스코틀랜드 여성 두 명이 희귀한 히브리어 문서를 우연히 발견했는데, 상인은 그 문서가 게니자(Geniza)에서 왔다고 말했다. 게니자는 오래된 문서를 보관하던 중세 회당의 창고였다(회중은 하느님의 이름이 새겨진 어떤 것도 파괴하기를 원하지 않았다). 중국의 무덤 문서나 둔황의 두루마리 문서와 마찬가지로 이 역시 법률 문서였으며, 대체로 11~12세기의 것이었다.[10] 이 게니자 문서로

미루어 보면, 각 회당이 재판관과 위원회의 결정을 기록하고 개인과 가족이 개인 및 상업 생활에 필요한 문서를 작성하는 소규모의 서기관 집단을 고용했음이 명백하다.[11] 그들은 결혼계약서, 이혼 증서, 노예해방 증서의 초안을 작성했는데 대부분 '유대인의 율법' 또는 '모세와 유대인', '모세와 이스라엘'에 따라 만들어졌다고 명시되어 있었다. 법정 문서에도 같은 표기법이 사용됐다. 예를 들어 재판관이 '강령술과 뼈의 덜컹거리는 소리'로 여성을 위협한 기혼 남성을 소환했을 때, 이 남성이 법정 출석을 미루면 재판관이 '모세의 율법에 따라' 조처하겠다고 명시했다.[12]

이론상 최종적인 법적 권한을 유지하는 것은 지역사회였고, 때로는 '장로와 회중' 또는 '이스라엘 자손'에게 탄원서나 합의서가 제출되기도 했다. 사실 전통에 따르면 자신이 부당한 대우를 받았다고 생각하는 사람들은 회당에서 '유대인에게 도움을 청하기 위해' 공동 기도를 방해할 수 있었고, 청원자는 토라 낭독을 막기 위해 독자의 연단에서 있곤 했다. 한 사건에서는 화난 신자가 성궤를 잠그려고 하기까지 했다. 불만이 있는 여성은 이런 일을 하기 위해 남성 친구나 친척을 찾아야 했다. 예를 들어 부모를 잃은 소녀들 중 큰언니가 동생들이 없는 동안 집을 차지하자, 부당한 대우를 받은 소녀들은 남성 친구를 설득하여 바로 다음 날 자신의 사건을 공개적으로 제기하게 했다.[13]

세 무리의 주요 회중은 각각 나기드가 임명한 자체 수석 재판관을 뒀고, 정말로 중요한 사건에서는 함께 법정을 구성했다.[14] 그러나 더 자주 그들은 혼자 재판하거나 자신들이 지명한 재판관들에게 사건을 위임했다. 그들은 더 비공식적인 재판소가 내린 결정을 인정하고 승인하는 일도 했다. 장로나 상인들이 모여 분쟁을 해결하곤 했는데, 아마도 훈련된 서기관에게 적절한 법적 형식으로 합의를 끌어내라고 요청할 수 있었겠지만, 그들은 재판관보다 더 실용적인 방식으로 행동했다. 예컨대 한 상인이 아테네로 떠나기 직전에 품질이 떨어지는 포도주를 팔았다. 구매자가 문제를 발견했을 때 판매자는 이미 사라진 상태였기 때문에 그는 상인의 아버지를 상대로 소송을 제기했다. 판사는 아버지가 아들의 상업적 활동에 법적 책임이 없다는 이유로 신청을 심리하지 않았다. 그러나 '정직한 장로'들은 아버지에게 배상을 하라고 압력을 가했고, 서면합의서에는 아버지가 결국 모든 할부금을 지급했다고 기록되어 있다.[15]

카이로 재판관들은 시장이 열리는 날에 법정을 열던 팔레스타인의 전통을 이어가면서 월요일과 목요일에 법정을 열었다.[16] 이 법정 개정일에 그들은 진술을 듣고 증인을 신문하고 관련 문서를 조사했다. 큰 사건은 수개월에 걸쳐 수십 차례의 법정 기일이 소요되기도 했으며, 특히 수다스러운 소송당사자들을 마주했을 때는 더더욱 그러했다. 한 서기는 "그들은 우리를 멀리까지 끌어갈 만큼 많은 진술을 했다"라고 불평했다.[17] 증거에 대한 논쟁이 벌어졌을 때 재판관은 최후의 수단으로 당사자들에게 진술의 진실성에 대해 선서를 요구하곤 했다. 이것은 감명과 공포를 주기 위해 고안된 의식이었다. 재판관은 궤에서 토라 두루마리를 꺼내 검은 천으로 덮어 공동 상여에 놓았는데, 여기서 의식용 나팔인 쇼파(shofar)는 죽음과 최후의 심판을 상기시켰다. 그런 다음 증인이 하느님과 십계명의 이름으로 종종 놀라운 저주를 포함하는 선서를 했다. 심지어 여자들도 선서할 때 토라를 잡기 위해 회당의 남자 구역에 들어가야 했다. 두 상인이 계약에 대해 이견을 보이면 고소인이 선서했고, 그 후 피고인은 '아멘'이라고 대답하여 그 결과를 스스로 떠안았다. 실제로는 이처럼 공포를 유발하는 과정을 거치기 직전에 장로들이 당사자 간 협상으로 해결할 수 있는 경우가 많았고, 그것이 이 의식의 핵심이었다.

즉각적인 화해가 이루어지지 않은 경우 재판관은 사건의 핵심적 사실관계를 조사하고 결정한 다음, 당사자 또는 재판관 자신이 이를 한 명 이상의 전문가에게 제출하여 법적 의견을 구했다. 때로는 해당 학자가 사건을 선배 학자에게 의뢰하기도 했고, 정말로 중요한 사건이라면 당사자들이 예루살렘이나 바그다드에 있는 게오님에게 조언을 구할 수도 있었다. 의견을 받으면 재판관은 당사자들이 화해하도록 다시 독려했고, 그들은 종종 화해했다. 실제로 잘못된 판단을 내리는 것은 토라의 법을 잘못 적용하는 것에 해당하기 때문에 재판관은 화해를 성사시키기 위해 열심히 노력했고 사건에 대한 판단을 피하려고 애썼다. 화해 시도가 끝내 실패했고 여전히 의심스럽다면 재판관은 윗사람에게 문의할 수도 있었고, 일종의 거꾸로 행해지는 불복 방식으로 당사자들이 나기드에게 접근하여 재판관에게 어떻게 결정할지 지시해달라고 요청할 수도 있었다. 상인들은 상대방에게 압력을 가하기 위해, 특히 당사자 중 한 명이 이슬람교도인 경우 유대인과 관련된 사건을 처리할 수 있는 이슬람 법원에 의뢰하겠다고 위협할 수도 있었다. 그러나 유대인 지도자들은 이 방법을 강력히 반대했다.

잘못이 저질러졌다고 판단되면 유대인 재판관은 벌금을 내라고 명령할 수 있었다. 심각한 경우 사형도 가능했다. 한 피고인은 자신이 예루살렘 학교의 수장을 저주했다는 것이 증명되면 사형을 당할 준비가 되어 있다고 선언했다. 그러나 태형과 추방이 더 일반적이었다. 예컨대 11세기의 사건 기록에 따르면 독실하지만 부주의한 한 도살자는 태형을 당하고 자백을 강요받았으며, 토요일에 이방인 직원을 일하게 한 목수도 마찬가지였다. 유대인 공동체에서 추방당하는 것은 태형보다 더 심각한 형벌이었다. 어떤 유대인도 추방된 사람에게 음식 또는 은신처를 제공하거나 추방된 사람과 사업 거래를 하는 것은 말할 것도 없고 심지어 대화를 나누거나 악수를 하는 등의 교류도 금지됐다. 또한 법익 피탈자는 회당에 들어가거나 매장될 수 없었다. 카이로의 재판관은 채권자에게 채무의 일부를 갚겠다는 엄숙한 약속을 어긴 채무자 한 명을 추방하겠다고 위협했다. 그들은 거짓 서류를 이용해서 형제를 이슬람 법정에 데려온 여성에게도 똑같이 했다.[18] 한 법률 문서에 따르면 추방 명령에는 끔찍한 저주가 수반됐다. 그러나 일단 추방 명령이 내려지면, 당사자는 '자신을 청소'할 일정 시간을 갖게 되는데, 이는 일반적으로 법정의 판단을 받아들이는 것을 의미했다.

추방은 또한 국경을 넘나들 수 있는 제재였다. 카이로의 문서에는 당시 인도에 살고 있던 바그다드 출신의 유대인 상인이 스리랑카로 도망쳐 자신의 의무를 회피하려 했다는 소식이 전해진 후 아덴의 법정이 내린 추방 명령이 포함되어 있다.[19] 이 경우 재판관은 머나먼 땅에 있는 재판관에게 명령을 보낼 수 있었다. 마찬가지로 카이로 재판관은 다른 곳에서 내려진 명령에 따라 행동하거나 스페인 또는 시칠리아에서 작성된 상업적 합의의 효력을 검토하기도 했다. 하지만 아직 작은 세상이었기에 먼 곳에서 온 서류의 서명을 보고 어떤 재판관이 승인했는지 금세 알아보곤 했다.

유대인 재판관은 상속에 관한 법을 포함하여 일부 법을 엄격하게 적용했다. 심지어 법에 대한 원래의 근거가 도시인 푸스타트에서는 거의 적용되지 않았음에도, 형이 죽은 뒤에 동생이 가계를 잇기 위해 형수와 결혼하는 형사취수(levirate marriage, 역연혼)에 관한 법을 적용해야 한다고 느꼈다.[20] 그러나 수 세기에 걸쳐 법률 중 일부를 새로운 경제 상황에 맞게 수정해야 했고, 계약서는 종종 '우리 학자들이 제정하고 세계에서 사용되는' 형태로 작성됐다는 문구로 마무리됐는데 이는 상업 관습을 의미했다. 유대인 법학자들도 실용주의적인 태도를 취했다. 예를 들어 한 상인이 유대법에서 전통적으로 실행될 수 없었던 환어음(bill of exchange: 어음 발행인이 수취인 또는 그가 지시하는 자에게 어음에 기재된 금액을 지급하라고 지급인에게 위탁하는 증권—옮긴이)의 효력에 대해 게오님 중 한 사람과 논의했을 때, 학자는 "우리 학자들은 환어음을 송부해서는 안 된다고 말했지만, 사람들이 실제로 환어음을 사용한다고 봤기 때문에 법정에서 환어음을 인정한다. 그렇지 않으면 상업이 중단될 것이기 때문이다. 우리는 상인의 법에 따라 판단을 내리고 있다"라고 말했다.[21]

카이로의 유대인 학자 중 가장 유명한 사람은 1148년 무라비트(알모라비드)왕조 아래의 이베리아를 탈출하여 파티마왕조의 궁정으로 간 마이모니데스(Maimonides)였다. 그는 술탄의 주치의로 임명됐고 곧 존경받는 학자로 명성을 얻었다. 그 역시 상법에 관한 저서에서 타협을 허용했다. 그는 『취득서(Book of Acquisition)』에서 계약에 관한 전통적인 유대법을 설명했는데, 이 법은 구두 합의가 구속력이 없다는 태도를 취한다. 그는 66개의 긴 단락에서 다양한 유형의 물건을 취득하는 방법을 설명하고, '토지, 노예, 소 및 그 밖의 동산'은 사실상 '상징적 물물교환을 통해 취득할 수 있다'고 인정했다. 그는 구매자가 '목초지, 포도주, 소, 노예'와 교환하는 대가로 아무리 적은 가격이라도 어떤 물건을 주어야 하고, 그렇게 할 경우 가격을 치르기도 전에 그의 것이 된다고 설명했다. 이는 사실상 구두 합의를 승인하기 위한 것이었다. 그는 이것이 지중해 무역의 원활한 운영에 필수적이라고 인정했다.

모든 종파의 이집트 상인은 조합에 가입하고, 대리점 계약을 체결하고, 이익과 손실의 분배에 관한 계약을 체결했다. 또한 다른 사람을 위해 물건을 보관하거나 자신의 물건을 다른 사람에게 맡기는 임치계약을 체결했으며, 언어를 세심하게 사용하여 계약 내용을 특정했다. 대부분 계약은 몇 달 동안만 지속됐고 계약기간이 끝나면 당사자들은 사업을 결산해 남은 상품과 돈을 나눠 받았는데, 사업이 성공하면 계약을 갱신할 수도 있었다. 그들은 일반적으로 적절한 유대 양식을 사용하여 이 모든 거래를 문서화하는 데 주의를 기울였다.[22] 팔레스타인의 농경지에서 수 세기 전에 만들어진 토라의 법은 이런 복잡한 법적 계약에 적용되기에는 충분히 정교하지 않았지만, 상인과 서기관은 가능한 한 토라의 법을 계속 따랐다.

카이로 상인은 종종 해외 파트너와 상업적 관계를 맺었으며, 국제무역은 또 다른 법적 어려움을 발생시켰다. 토라를 인정하지 않고 널리 흩어져 살던 카라이트파(Karaite) 소수민족은 계약을 위한 별도의 법적 형식을 발전시켰는데 이슬람교도들의 것과는 또 달랐다. 한번은 아크레(Acre)에 있는 랍비 법정의 한 서기관이 카이로의 랍비파(Rabbanite) 구매자에게 카라이트 상인이 치즈를 판매하는 것을 승인해야 했다. 양 치즈는 서아시아 식단의 주식이었고 많은 상인이 시칠리아, 크레타섬, 팔레스타인에서 식량을 사서 이집트와 인도로 가져가 팔아 상당한 이익을 얻었다. 이 경우 서기관은 상인의 위탁 화물 품질과 유대인의 소비에 대한 적합성을 인증했지만 구두계약에 대해 서로 다른 규칙을 인정한 랍비파와 카라이트파 상인 모두를 만족시키려면 영리한 법적 기술에 의존해야 했다.[23] 결혼 합의도 유대인 공동체 사이에 차이가 있었기에 랍비파와 카라이트파 사이의 약혼 합의서를 작성할 때 양측의 문구를 모두 사용해야 했다. 일부 11세기 계약서에는 '우리 학자의 법령과 국가의 법률에 따라' 혹은 '이방인의 법'에 따라 계약이 이루어졌다고 명시되고 아람어와 그리스어 문구가 뒤따랐다.[24]

결혼 합의서를 작성할 때 서기관들은 종종 상업적인 계약에서 사용하는 법적 문구에 의존했다. 12세기에 이르러서는 당사자의 의무와 기대를 훨씬 더 구체적으로 제시하기 시작했고, 대체로 이전보다 여성에게 더 많은 권리를 부여했다. 예를 들어 일부 합의서는 남편이 아내에게 새로운 집으로 이사하도록 강요하거나, 아내의 허락 없이 또 다른 아내를 얻거나 여성 노예를 얻는 것을 금지했다. 한 서기관은 나기드에게 새로운 문구를 승인해달라고 요청하며 이슬람교의 선례를 아랍어에서 아람어로 번역해달라고 요구했다. 이슬람 관습의 변화는 유대인 여성과 그 가족이 새로운 보호 조치를 요구하도록 장려했으며 서기관은 이를 전통적인 유대인 계약에 포함하기를 원했다.[25]

11세기와 12세기의 카이로 유대인들은 동시대 사람들보다 더 운이 좋았다. 예멘에서는 이슬람 통치자들이 배교로 유대인들을 위협했고, 이에 따라 마이모니데스는 1172년에 자신의 유명한 서간인 '예멘에 보내는 서한(Epistle to Yemen)'을 쓰게 됐다.[26] 그러나 중세 시대에 스페인과 이탈리아 그리고 북유럽과 동유럽의 많은 지배계급이 유대인 공동체를 중시했다. 유대인들은 이런 지역적 상황에 적응함으로써 다양한 상황에서 번창할 수 있었다. 유대인 지도자, 재판관, 학자 들은 일반적으로 지역 상업 상황에 적응하고 다양한 배경을 가진 파트너와 건설적인 관계를 맺으려는 상인의 필요를 인식했다. 그러나 학자들은 토라와 할라카(halakha)의 계명을 계속 참조했다. 그리고 거래를 할 때 샤스트라 양식을 사용한 힌두 토지 소유자들처럼, 상업적 합의를 신뢰할 수 있고 결혼이 유효하며 주장이 일관되게 하기 위해 기술적인 법적 규칙과 형식을 고집했으며 재판관은 전통적 문헌에 규정된 절차를 따랐다. 이런 규칙과 요구사항은 그들을 더 넓은 종교적 세계와 연결했다. 토라의 경전과 종종 랍비들의 설교 주제를 바탕으로, 유대인의 법은 그들을 이슬람교와 기독교의 이웃과 구별했다.

유대인들과 함께 지중해 남부 해안의 마그레브에 사는 대다수 사람은 이슬람교도였고 자신들의 문헌과 법적 전통을 존중했다.[27] 모든 사람은 '샤리아'가 올바른 행동을 위한 길을 닦았으며 기도, 세정, 종

교 재단 기부, 재산 분할에 옳고 그른 방법이 존재한다는 것을 알고 있었다. 유대인들과 마찬가지로, 그들은 일반적으로 사회적 관계를 지배하는 규칙과 도덕적인 행위에 관련된 규칙을 엄밀히 구별하지 않았다. 이슬람 법률 전문가들도 그 구별을 고집하지 않았다. 이슬람법은 신자들의 도덕적·윤리적 행동을 규정함으로써 이상적인 사회를 촉진하고자 하는 광범위한 도덕적 규범의 일부였다.

실제로 일반인들은 일상생활의 작은 의례에서 의문이 생길 때 지방 법학자 무프티와 상의했다. 또한 부동산 매매, 물을 비롯한 자원에 대한 접근, 결혼과 이혼, 사생아의 지위 등 사람들이 어디에서나 가지고 있는 논쟁의 종류를 해결하고자 할 때도 무프티에게 의지했다. 이 경우 무프티만이 아니라 지역 재판관인 카디 역시 분쟁 해결을 돕도록 요청받을 수 있었다. 카디는 법적 사건에 대한 일차적인 책임을 졌지만, 불확실한 법적 사항에 대해서는 무프티에게 조언을 구할 수 있었다. 우리가 중세 이슬람교도들이 어떻게 살았는지, 그리고 그들이 어떤 법적 문제에 직면했는지에 대해 많이 알고 있는 것은 이런 법률 전문가들의 기록 덕분이다.

12세기에 이르러 오늘날의 모로코에 있는 페스(Fez)는 세계에서 가장 큰 도시 중 하나가 됐다. 베르베르계의 마린(Marinids)왕조는 알모하드(Almohad) 정권의 불안정성을 틈타 북쪽으로 이주했고 마침내 마그레브 지역 대부분을 점령하여 친족과 충성스러운 병사들에게 영토를 분배했다. 그러나 새로운 술탄은 특히 페스에서 도시민들의 많은 반란에 직면했고, 지역 엘리트들을 통제해야 한다는 것을 깨달았다. 그래서 이슬람 사원과 종교학교를 건설하거나 지원하고 북아프리카 최초의 마드라사를 설립하는 종교적 계획에 착수했다. 마린의 정통파 이슬람교는 많은 학생을 끌어들였다. 15세기가 되자 마린왕조의 권력은 약해졌지만 페스는 학문의 중요한 중심지로 남았다. 그리고 1469년에 이곳은 중요한 법학자 아흐마드 알완샤리시(Ahmad al-Wansharisi)의 피난처가 됐다.

완샤리시는 자이얀(Zayyanid)왕조 술탄의 노여움을 사 알제리를 떠났고, 페스로 망명하면서 전 제자 중 한 명과 마주하게 되어 기뻐했다. 이 지역의 중요한 가문 구성원은 선생을 자기 집으로 초대해 가족이 수년 동안 모은 방대한 원고를 보여줬다. 여기에는 수천 개의 사법 문서와 파트와가 포함되어 있었는데, 그들은 완샤리시에게 이에 대한 연구를 권유했다. 학자는 당나귀 두 마리를 빌려서 가장 흥미로운 문서를 실었다. 좁은 길로 조심스럽게 당나귀들을 인도한 뒤 집 안뜰에 거대한 문서 더미를 정리했다. 그 후 11년 동안 그는 문서 약 6000부를 복사해 『키탑 알미야르(Kitāb al-Mi'yār)』로 알려진 책을 만들었다. 완샤리시의 문서는 500년 동안 말리크파(Maliki) 무프티가 발표한 법적 의견을 종합했다.[28]

페스에서는 수석 카디가 분쟁 대부분을 해결하는 책임을 맡았지만, 마린왕조의 술탄도 회의를 열었으며 지역 카디는 지역 문제를 다뤘다. 대부분은 금요일에 이슬람 사원이나 자택에서 법정을 열었는데 시민들은 그들에게 법적 거래를 증명하고, 증인 진술의 진정성을 증명하고, 이전 파트와의 진위를 확인하고, 법적 분쟁을 검토하도록 요청했다. 카디는 증거를 면밀히 검토하고 양 당사자의 말을 들어야 했고, 말리크파의 규칙에 따라 증인의 증언이 신뢰할 수 있어야 판단을 내릴 수 있었다. 여전히 대답해야 할 사건이 남아 있다고 생각하면 카디가 중재자 역할을 할 수 있었다. 그리고 어떤 경우든 카디는 존경받는 학자에게 법적 의견, 즉 파트와를 요구할 수 있었다. 종종 이 파트와는 결과를 받아들이도록 당사자들을 설득하는 데 도움이 됐을 것이다. 카디는 간단한 사건일 때는 평범한 무프티로부터 법적 교리를 확인받고, 복잡한 법률문제에서는 가장 저명한 법학자 중 한 명에게 자문했다.

이 견해들은 완샤리시의 책에서 파트와 수천 개를 형성했다. 법률주의적인 중세 이슬람 세계에서 해상무역, 비이슬람교도의 지위, 종교 기부금, 심지어 기독교 축제에서도 어려운 문제가 제기됐는데 그때마다 사람들은 문제를 무프티에게 가져갔다. 파트와의 대부분은 상속에 관한 것이었는데, 이는 공통된 분쟁의 원인을 반영하는 것이었다. 이슬람법은 재산 소유자가 재산 대부분을 자녀에게 물려주어야 하며, 아들은 딸보다 두 배나 많은 재산을 받아야 한다고 규정했다. 그러나 이 규칙은 종종 논쟁을 불러일으켰는데, 특히 재산 소유자가 재산 중 일부를 가족 기금에 넣으면서 규칙을 우회하려고 할 때 그러했다. 이 조치를 위해서는 문서에 올바른 법적 형식과 적절한 증인의 서명이 필요했다. 그렇지 않으면 상속권을 가지고 있던 친척들이 불만을 품고 문서의 효력에 이의를 제기하기도 했다. 여기에는 단어들과 그 해석 방법에 대한 자세한 논거가 뒤따를 수 있었다. 카디는 양 당사자에게 문서의 효력에 대해 맹세하도록 요청할 수 있었다. '완전하고 구속력이 있고 법적으로 유효한 맹세'는 그 문서의 효력을 확인하는 반면, 맹세의 거절은 그렇지 않았다.

많은 파트와가 다른 유형의 가족관계와 관련이 있었다. 한 예로 살림(Salim)이라는 이름의 젊은이는 자신이 페스에 있는 한 유력 가문의 가장인 알리(Ali)의 친자식이라고 주장했다. 알리가 최근에 사망함에 따라 살림은 그의 재산에 대한 권리를 주장했는데 알리의 다른 자녀들이 이에 이의를 제기했다.[29] 살림은 알리의 딸에게 속한 노예에게서 태어났는데, 알리의 딸은 당시 아버지의 집에서 살고 있었고, 살림도 그곳에서 자랐다. 카디의 주요 질문은 간단했다. 살림이 알리의 아들인가? 직접적인 증거가 없는 상황에서 살림은 친척, 이웃, 친구, 전문적 증인 등 증인을 90명 이상 모아 알리가 살림을 자기 아들이라고 부르는 것을 들었고, 알리의 다른 자식들이 살림을 '우리 형제'라고 지칭했으며, 마을 사람들이 살림을 알리의 아들로 여겼다는 점을 증언하게 했다. 카디는 특히 알리의 자녀들이 살림을 '우리 형제'라고 불렀을 때 그것이 단지 보편적인 사람에 대한 비유적인 언급이 아니라 문자 그대로의 의미였다는 것을 확인하기 위해 신중히 질문했다. 한편 알리의 다른 아들들이 반대되는 진술을 수집했지만, 카디는 반대신문에서 대체로 받아들이지 않았다. 그가 나중에 무프티에게 보낸 문서에서 지적했듯이 살림이 알리의 집에서 자랐음을 그들이 부인하지 않았기 때문이다. 카디는 또한 알리가 살림을 공개적으로 인정하지 않은 것은 증인 중 한 명이 보고한 대로 딸의 노예와 성관계를 맺는 것이 불법이라는 두려움에서 비롯된 것일 수 있다고 생각했다. 물론 실제로는 불법이 아니었다. 그러나 카디는 살림이 당초 진술에서 자신의 어머니가 알리의 딸에게 속해 있다는 사실을 부인했다는 점 때문에 고민에 빠졌고, 이는 분명히 그의 신뢰성을 떨어뜨렸다. 그래서 재판관은 여러 지역 법학자들의 의견을 구했고, 그들은 살림의 주장을 받아들이는 견해를 취했다. 그러나 이 사건이 상당한 관심을 끌었기 때문에 여전히 주의가 필요하다고 느낀 카디는 매우 저명한 무프티에게 의견을 구했다. 이 파트와는 증거에 대한 카디의 평가를 확인하고 세부 사항에 대한 그의 모범적인 관심을 칭찬했다.

완샤리시의 책에는 소문의 증거 가치, 비전문 증인이 제시한 증거의 지위, 전문증거(傳聞證據) 또는 재전문증거(再傳聞證據)(전문증거는 타인에게 전해 들은 사실을 진술하는 것을 말하고, 재전문증거는 전문증거가 전문증거를 포함하는 이중의 전문을 말한다—옮긴이)의 허용 여부 등 법적 절차 및 증거의 질에 관한 많은 파트와가 포함됐다. 재산소유권은 마그레브 주민 사이에 수많은 분쟁을 일으켰는데, 아틀라스산맥에 있는 강을 둘러싼 두 마을 간의 오랜 분쟁에 관한 파트와도 있었다.[30] 수백 년 전에 진취적인 농부들은 다소 황량한 이 지역에 정착했다. 그들은 댐, 수로, 양수 장치를 건설하여 주변 지역에 물을 대서 보리·아마·대마밭과 올리브·무화과·뽕나무 과수원을 만들었다. 마을 간의 분쟁은 1284년부터 계속된 가뭄 때문에 발생했다. 아랫마을인 마즈드가(Mazdgha)는 윗마을인 즈간(Zgane)이 물을 너무 많이 빨아들여서 자신들의 땅과 과수원이 바짝 말랐다고 불평했다. 그들은 물이 부족한 해에 상당한 몫의 물을 차지할 권리가 있다고 주장했다. 카디는 무프티에게 의견을 구했고 무프티는 법적 원칙에 따라 제분소·정원·정착촌을 설립한 첫 번째 마을이 우선해야 한다고 선언했다. 그러나 두 마을 모두 고대 마을이기 때문에 어느 쪽에도 만족할 만한 증거가 없었다. 따라서 물은 계속해서 공유되어야 했다. 그는 그 몫이 어떻게 산정되어야 하는지를 지정하는 일을 카디에게 맡긴 것으로 보인다. 두 번째 무프티가 그의 의견을 확인했고, 얼마 후 자문한 세 번째 무프티는 마을 중 하나가 예를 들어 댐과 수로로 물을 '유용'했느냐 아니냐가 문제라는 견해를 표명했다. 그러나 이번에도 증거가 부족하여 명확한 결정을 내리지 못했다.

37년 후인 1321년 또 한 번 가뭄이 발생하면서 두 마을 사이에 다시 논쟁이 벌어졌다. 페스의 수석 카디는 모든 수원·댐·수로를 포함하여 이 지역을 조사하기 위해 조사관을 보냈다. 그들은 꼼꼼한 보고서를 작성했으나 이번에도 마즈드가에서 주장한 권리를 증명하지 못했다. 20년 후 마즈드가 마을이 다시 카디에게 갔고, 카디는 파트와 두 개를 구했다. 두 무프티는 이제 상류 마을인 즈간이 모든 물을 소유하고 있기 때문에 마즈드가는 즈간이 필요로 하지 않는 것만을 사용할 수 있다는 견해를 표명했다. 이것은 마즈드가에 확실히 문제가 되긴 했지만, 그래도 어쨌든 받아들였음이 분명하다. 왜냐하면 또 다른 가뭄으로 주민들이 다시 법정으로 향한 1421년까지 마을이 여전히 존재했기 때문이다. 이번에는 카디가 이 지역에서 가장 저명한 무프티에게 사건을 보냈고, 무프티는 모든 증거와 보고서, 이전의 의견을 검토하여 광범위한 파트와를 작성했다. 무프티는 마즈드가가 물에 대한 권리를 확립했을 수도 있는 모든 가능한 상황을 신중하게 조사했다. 예를 들어 마을 주민들은 자신들이 수로와 들판을 건설한 최초의 사람이고, 즈간으로부터 명시적·묵시적인 증여를 받았으며, 명시적·묵시적 사용권에 따라 합법적인 청구권을 가진다고 주장했다. 무프티는 이런 주장에 대한 증거가 없다고 결론지었다. 그는 무함마드가 상류 지역사회에 우선순위를 부여한 사례를 간략하게 설명한 무함마드의 삶에 대한 기록을 언급했다. 이를 근거로 무프티는 물이 즈간의 소유라고 선언했다. 마즈드가 주민에게는 비참한 일이었지만, 원래의 이슬람 출처를 인용함으로써 문제를 단번에 해결한 것으로 보인다. 두 마을이 향후 수십, 수백 년 동안 어떻게 지냈는지는 책에 나와 있지 않다.

분쟁이 끓어오르던 150여 년 동안 마을 사람들의 경제와 생계는 가뭄, 홍수, 인구 변화, 기술 발전 등으로 크게 요동쳤을 것이다. 그러나 법 자체는 바뀌지 않았다. 비록 무프티가 마침내 법을 새로운 환경에 적응시켰다고 해도, 법이 환경적 사건과 인간 운명의 흐름 속에서 고정된 요소로 남아 있다는 것을 의심하는 사람은 아무도 없었던 것으로 보인다.[31]

당시 일반 이슬람교도들에게 이슬람법인 피크흐는 학자들이 재산 거래를 위해 개발한 법적 형식과 마찬가지로 안정감을 제공했다. 오랫동안 이슬람 세계의 변두리였던 알제리의 사막 지역인 투아트(Touat)에서는 농부들과 상인들이 작은 오아시스 주변에 작은 무리를 지어 정착했다. 그들은 공동 관개시설을 건설하여 밭과 대추야자 농장에 물을 공급함으로써 생계를 유지했다.[32] 15세기에는 이슬람 카디가 와서 지역 주민들을 더 이슬람적인 삶의 방식으로 인도하면서 종교적 권위자로 자리매김했다. 카디는 부동산 거래 및 관개 계약을 기록하는 방법에 대해 지역 회의에 조언했으며, 곧 지역 주민들은 서기관을 고용하여 가장 일상적인 거래에 대한 문서를 작성하여 기록보관소에 조심스럽게 보존했다. 21세기에 한 인류학자가 연구를 수행하면서 지역 주민들이 바구니에 되는 대로 욱여넣은 종이 수백 장을 발견했다. 흐릿하고 빽빽한 글씨를 해독하면서 그녀는 투아트의 서기관들이 이슬람 법률 형식을 사용하여 아주 일상적인 합의를 기록했다는 사실을 발견했는데, 이는 종종 실용적이지 않은 방식으로 기록됐다. 예를 들어 오아시스의 밭이 종종 사막으로 되돌아가고 관개수로가 막혔음이 명백하더라도, 그들은 토지 또는 물의 공여를 '총체적이고 돌이킬 수 없고 영구적인' 것으로 선언하기 위해 전통적인 이슬람 문구를 채택했다. 몇몇 문서는 혼란스럽고 실행 불가능한 측정 단위를 사용하여 물의 몫을 나누었다. 더욱 곤혹스러운 것은, 어떤 사람들은 당나귀나 뜰 그리고 어떤 경우에는 화장실처럼 정확한 부분으로 부동산을 나누어 팔았다는 것이다. 서기관들은 현명하게 나눌 수 없는 부동산을 분배하기 위해 아라비아에서 토지 거래를 위해 오래전에 고안된 법적 형식을 사용했음이 분명했다.

그렇다면 이 외딴 투아트 농부들에게는 정확한 측정과 표준 이슬람 범주를 사용하는 것이 왜 그렇게 중요해 보였을까? 이슬람 법률 형식은 외딴 사하라사막의 오아시스에서 연약한 삶을 사는 사람들에게 더 큰 세계의 문명을 나타냈음이 틀림없다. 그들은 사막의 가장자리에서 생계를 유지하면서 황무지가 잠식되는 것에 끊임없이 위협을 느꼈을 것이다. 그러나 이슬람교도로서 그들은 신에게 보호를 청할 수 있었다. 이는 곧 신의 길인 샤리아를 따르는 것을 의미했다. 그들은 이슬람의 법적 형식과 언어를 사용함으로써 지역 거래를 어느 정도의 영속성을 약속하는 더 큰 이슬람 문명의 요소로 변형시켰다. 샤리아와 학자들이 페스 사람들에게 보여준 것이 바로 이것이었다.

그러나 모든 이슬람교도가 일상생활에서 이슬람의 법적 형식을 포함하는 데 그렇게 열심이었던 것은 아니며, 일부는 독립의 표시로 자신들의 법적 문헌을 만들었다. 카스피해 서쪽의 건조한 산악지대에 살았던 다게스탄(Daghestan) 사람들이 그랬다. 수 세기 동안 민족적으로 구분된 여러 집단이 이 험한 지형에 거주하면서 평지의 작은 지역에 물을 공급하기 위한 복잡한 관개 시스템을 구축하고 고지대의 목초지에서 소, 양, 염소를 돌봤다. 로마인 및 사산인과 분쟁을 겪으면서 이 지역은 초기 아랍 칼리파국에 흡수됐고, 10세기에는 주민 대부분이 수니파 이슬람교를 받아들였다. 셀주크는 아르메니아 북쪽으로 밀려났지만, 몽골 기병이 휩쓸고 지나가는 동안 주민들은 이슬람교도로 남아 있었고, 그 후 다시 페르시아의 사파비(Safavids)왕조를 통해 이슬람 통치자들의 지배를 받게 됐다. 이후 3세기에 걸쳐 러시아가 영토를 합병하려고 여러 차례 도전했고, 마침내 19세기 초에 페르시아를 몰아냈다.

이 불안정한 기간에 다게스탄인은 대부분 험난한 지형을 이용하여 자활을 추구했다.[33] 인구가 적은 산악 지역은 잉여 작물이 생산되고 통치자가 부를 축적하고 마을이 세워질 수 있는 저지대에 비해 통치하기가 매우 어렵다. 다게스탄인은 대부분 마을공동체를 형성했고 19세기까지 연맹으로 지속했다. 저명한 많은 가문이 영주, 즉 칸(khan)을 자처했고, 이론상으로는 지역의 목초지를 소유했으며, 이를 군사 지원을 받는 대가로 지역 가문에 임대했다. 가장 강력한 칸은 지역 연맹에 공물을 바치고 습격이나 방어를 위해 군대를 제공하라고 요구했지만, 대부분은 그들과 가장 가까운 마을만 통제할 수 있었다. 특히 산간 지역에서는 공동체 대다수가 독립적으로 활동했다. 1830년에 러시아군이 이 지역에 더 깊이 침투했는데, 그중 한 장군이 지역의 칸은 집회를 소집하지 않고는 아무것도 할 수 없으며, 백성들이 그에게 "자선을 베푸는 것처럼" 음식과 가축을 제공한다고 경멸적으로 선언했다.[34]

다게스탄 사람들은 자신들을 가문 간의 확장된 결합으로 연합된 씨족으로 생각했지만, 실질적인 목적을 위해 여러 씨족의 구성원을 포함하는 밭과 목초지를 중심으로 마을을 형성했다. 성년들의 모임이 마을의 일과 자원을 담당했고, 일상적인 문제를 관리할 지도자 서너 명을 뽑았다. 이 지도자들은 차례로 보조자를 임명하여 농업과 목축 활동을 감독하고, 농부가 언제 파종 또는 수확을 시작할지 결정하며, 마을 사람들이 여름 동안 공동 가축 떼로부터 농작물을 보호하는 순환 체계를 감독하는 것을 돕게 했다. 지도자들은 또한 마을 회의를 조직하고, 분쟁 중인 사람들을 마을 법정에 소환했으며, 마을의 규칙을 어기는 사람에게는 벌금을 부과했다. 임기가 끝나면 모든 사람은, 임무를 올바르게 수행했으며 정당한 벌금을 모두 징수했다고 쿠란에 맹세해야 했다. 이를 이행하지 않으면 벌금을 물어야 했다. 이 지도자들과 함께 마을에서는 한 번에 법률 전문가를 열두 명 정도 선출했는데, 법적 분쟁이 있는 사람은 누구나 그들에게 소송을 제기해야 했다. 이 전문가들은 개별 사건의 판결과 새로운 마을 법률에 대한 법적 결정을 공표하는 역할을 맡았다. 그들은 논쟁의 여지가 있는 주장을 뒷받침해줄 증인을 요청하고, 범죄로 기소된 누군가는 자신의 무죄를 증명하기 위해 가족을 불러 맹세를 하게 해야 할 수도 있었다. 사건이 심리되거나 판결이 집행된 방식에 대한 증거는 거의 없지만, 일반적으로 소의 머리나 곡식의 단위로 표시되는 벌금을 납부하게 하는 것은 소규모 공동체에서 어렵지 않았을 것이다.

다게스탄 마을 대부분은 농업과 목축 활동을 조정하기 위한 비슷한 방법과 재산 소유 및 분쟁 해결의 유사한 체계를 발전시켰다. 밭과 건물은 개인이 소유할 수 있었는데, 외부인에게 팔 수는 없었다. 일부 밭은 모스크가 임대한 것이었다. 지도자들은 마을 주민들이 모스크의 밭에서 수확한 옥수수를 갈고 라마단 잔치를 위해 빵을 굽게 했다. 공동 소유의 밭·목초지·숲도 있었는데, 지도자들은 마을 사람들이 공유지와 생산물을 어떻게 사용할지를 신중하게 통제했다. 공공 우물과 저수지를 오염시키는 사람에게 벌금을 부과함으로써 이를 보호했고, 도로·다리·성문을 유지하기 위해 마을 주민들에게 작업반을 구성하도록 요구했다. 각 마을은 자치권과 재산을 소중히 지키며 다른 마을의 가축을 목장에 풀어놓거나 낯선 사람을 너무 오랫동안 대접하는 것을 막았다.

역사적으로 다게스탄 사람들은 항상 서로의 가축을 습격하여 때로는 오랜 혈전을 일으켜왔고, 더욱 광범위한 평화를 확보하기 위해 공격과 보복을 제한하기로 자주 합의했다. 시간이 지남에 따라 많은 마을이 연맹으로 합쳐졌다. 이런 연맹은 하나의 공동체처럼 기능하는 작은 정착촌에서 광대한 영토에 걸쳐 있는 주요 마을 20개에 이르기까지 어떤 것이든 통합할 수 있었다. 지도자들은 총회를 열고 지도자를 선출하고 법적 소송을 심리함으로써 조직구조를 구축했다. 하나의 마을보다 분열된 집단을 통제하는 것이 훨씬 더 어려웠지만, 많은 연맹이 법적 문서에 따라 설립됐다. 마을들은 조약과 협정을 사용하여 마을들 사이의 관계뿐만 아니라 마을과 연맹 또는 칸과의 관계를 규제했다. 지역사회 대부분은 특히 보복과 몰수 행위를 금지하거나 제한함으로써 문서를 폭력과 반목을 제한하기 위해 사용했다. 이는 초기 게르만 왕들이 직면했던 것과 같은 문제였다. 다른 문서에서 다게스탄인들은 칸이 신민으로부터 법적 소송을 통해 벌금을 수령하거나 부역을 통해 세금을 받을 권리를 명시했다. 아일랜드와 마찬가지로 많은 다게스탄 공동체는 영주의 권리와 권력을 명시하고 제한할 권리가 있다고 느꼈다.[35]

이런 서면합의는 18세기에 나타나기 시작했다. 다게스탄에는 항상 불안이 있었다. 마을 간 습격, 환경 재앙, 칸의 마을 통제 시도, 러시아군과 페르시아군 간의 전투, 그리고 궁극적으로 이 지역을 통제하려는 러시아의 시도는 모두 분쟁과 노골적인 폭력을 야기했다. 이런 사정이 좀 더 박식한 몇몇 마을 사람들에게 서면 조약으로 동맹을 강화하는 것이 현명할 것이라고 확신시켰을지도 모른다. 나아가 이런 깨달음이 자신들의 공동체에서 질서를 유지하기 위해 서면합의를 사용해야 한다고 생각하도록 부추겼을 수도 있다. 어쨌든 18세기부터 몇몇 마을에서는 회의에서 내린 중요한 결정들을 기록하기 시작했고, 여기에는 법적 소송에서 내려진 판결도 포함됐다.

마을 사람들은 이런 결정이 미래의 사건에 선례가 되어야 한다고 생각했을 것이다. 우선 그들은 결정을 단순히 종잇조각이나 심지어 마을 쿠란의 표지에도 기록했다. 아일랜드와 아이슬란드의 법과 대조적으로, 대부분은 고대 관습의 문제보다는 마을 사람들이 최근에 맺은 합의를 반영했다. 가장 간단한 것 중 일부는 기본적인 범죄에 대해 내야 하는 벌금을 기록했다. 예를 들어 한 결정은 '아사브 마을 사람들은 소를 훔치는 사람은 ……을 주어야 한다고 동의했다'로 시작하거나, 가축이 묘지를 가로질러 가게 한 사람에게 부과한 벌금을 기록했다.[36] 다른 것들은 살인·과실치사·상해·절도·방화 등의 범죄, 그 밖의 재산에 대한 피해, 가족문제, 비방, 부채, 사기를 다뤘다. 어떤 마을은 어느 정도 체계적인 방법으로 기록을 모으기도 했다. 더욱 실질적인 기록들은 공동 자원의 사용 및 보호에 대한 규칙과 목자의 과실로 인한 결과를 포함하여 마을의 정치조직을 설명했다. 종교적 의무를 강제하려고 한 것도 있었다. 시간이 흐르면서 다게스탄 주민들은 자신들의 규칙을 관습법을 뜻하는 아랍어 용어인 '아다트(adat)'로 생각하게 됐다.

연맹국들 또한 조약과 합의를 법률서로 묶었는데, 이로써 마을과 정착지 사이에 이루어진 합의의 개요와 함께 지역의 역사와 지리에 대한 이야기를 제시할 수 있었다. 대개는 범죄 처리 또는 마을 간에 서로의 적을 돕지 않기로 협약한 기록에 관한 것이었다. 일부는 군사적 방어와 지역사회의 보호를 가능하게 했다. 그러나 몇몇 조약과 합의는 마을 구성원들의 문제에 대해 각 마을의 자치권을 인정했고, 허가 없이 연맹 법원에 상소한 개인에게는 처벌을 내렸다.

합의와 규칙을 종이에 기록하는 것은 적어도 현대인의 눈에는 지역 문제를 관리하는 합리적인 방법처럼 보이지만, 이 비교적 작은 마을에서는 대부분 사람이 서로를 알고 있었을 것이고 사회적 압력은 아마도 좋은 행동을 강제하는 효과적인 수단이었을 것이다. 많은 지역사회는 법전 없이도 완벽하게 잘 지내며, 서면 규칙은 쉽게 바뀌거나 새로운 상황에 적응시키기 어렵다. 그렇다면 왜 다게스탄 마을 사람들은 법을 적는 데 시간과 노력을 기울이는 것이 유용하다고 생각했을까? 그리고 왜 그들은 일반 대중이 더 쉽게 접근할 수 있는 지역 언어가 아니라 아랍어로 기록했을까? 아마도 그들은 종교의 문학적 실천과 샤리아의 예에서 영감을 얻었을 것이다. 마을과 연맹 간의 복잡한 관계와 안전한 동맹을 구축할 필요성 또한 서면합의를 촉발했을 것이다. 그런데도 법은 외부 세력에 맞서 마을공동체 의식과 연맹의 연대 의식을 강화했음이 틀림없다. 법은 그들의 마을을 다른 마을, 야심 찬 칸, 심지어 이슬람 성직자의 공격에 저항하기 위해 결합할 수 있는 하나의 공동체라고 표현했다.

1828년 러시아는 페르시아 지역의 카자르(Qajars)왕조 및 오스만제국과 평화조약을 체결하여 코카서스의 영유권을 확인했다.[37] 그러나 곧 산악 지역에 대한 통제권을 주장하기가 어렵다는 점을 알게 됐다. 다게스탄인들은 외부인과 싸우고 성가신 러시아의 진격에 저항할 준비가 되어 있는 독립적인 사람들이었다. 러시아의 계속되는 침략에 직면하자 카리스마 넘치는 많은 이슬람 지도자는 다게스탄인과 인접한 체첸인들을 맹렬하고 장기적인 군사적 저항으로 하나로 묶었다. 30년 동안 지속한 지하드(jihad: 이슬람교의 신앙을 전파하거나 방어하기 위하여 벌이는 이교도와의 투쟁 — 옮긴이) 운동을 시작한 이맘(Imam) 샤밀(Shamil)은 1850년대에 이 지역에 자신의 명령을 전달하고 세금을 걷고 병사를 모집할 수 있는 의회와 의원들로 구성된 이슬람 국가를 효과적으로 설립했다. 그는 카디를 임명하여 법적 소송을 심리하고 판결을 내리게 하면서 민중 사이에서 정통적인 형태의 샤리아를 시행하려고 시도했고, 지역 아다트를 '비이슬람적이고 이단적이며 사탄적'이라고 묘사했다.[38] 그러나 다게스탄 주민 대부분은 러시아의 침략에 저항하고 싶어 했음에도 이런 이맘들의 전술에 깊은 인상을 받지 못했고, 그들의 종교적 보수주의로부터 거리를 두었다. 이 시기에 만들어진 마을 규칙 중 일부는 마을이 종교 기부금을 관리하고, 이슬람 세금을 징수 및 분배하고, 결혼을 인정하거나 해소하고, 상속 분쟁을 해결하기 위해 카디가 있어야 한다고 인정하거나 심지어 이를 요구하기도 했다. 그러나 많은 마을 법률서는 샤리아에 대해 말로만 호의를 보일 뿐이었다.[39]

다게스탄의 '아다트 협약과 법률서'는 더 높은 종교적 질서나 고대 학자들의 지혜를 반영하기보다는 자기 집단적 결정을 나타냈다. 마을 및 연맹과 그들 사이의 질서를 유지하고 소송을 제기하는 사람들의 분쟁 해결을 돕기 위한 실용적인 규칙과 문서였다. 그러면서도 권력과 권위에 대한 상충하는 요구에 직면하여 자치권을 자신 있게 주장했다. 다게스탄 연맹의 지도자들은 자신들의 관습과 역사의 중요성을 주장하는 법을 만들기 위해 먼 법적 전통에서 영감을 얻었다.

중세 인도 농민, 지중해 상인과 마을 사람, 사하라사막 주민, 다게스탄 부족민은 모두 종교의 법과 그 법이 부과한 의무를 존중하면서 종교의 규칙에 따라 살기 위해 노력했다. 법은 이들에게 일상생활의

방향을 제시하고, 상거래의 형식을 명시하고, 재판관이 분쟁을 해결할 수 있게 했으며 실제 시행됐을 뿐 아니라 존중도 받았다. 법은 평범한 사람들의 삶을 매우 다른 방식으로 형성했다. 다게스탄 부족민과 인도 농민 대부분에게 종교적 규칙과 전문가는 상대적으로 멀리 떨어져 있었다. 서기관들은 대신 기본적인 법적 형식을 채택하여 실용적인 문제를 해결하고 관습과 역사를 확인하는 그들만의 법을 만들었다. 공동체적 합의라는 의식은 이런 법률에 힘을 실어줬다. 종교법 전문가와 그들의 글은 유대인 및 이슬람 상인과 마을 사람들의 삶 속에 훨씬 더 크게 자리했다. 법은 사람들에게 그들 자신과 공동체를 주변 사람들과 구별하는 수단인 정체성을 제공했다. 법은 일상생활의 실용적인 관심사를 초월한 종교적 질서, 의무의 질서를 나타냈다. 동시에 불확실하고 유동적인 일상에 안정감을 줬다.

Chapter 9

중세 중국의 법과 신의 정의

중국 황제의 규율적 법체계는 제국 시민들을 위한 매우 법률주의적인 세계를 만들었다. 중국의 통치자들은 이미 6세기에서 13세기 사이의 당나라와 송나라 시대에 제국의 가장 외진 곳에 법정을 세웠다. 법정에서 일반 백성들은 정의를 찾았고, 현령은 그들을 제국의 훌륭한 신민으로서 행동하도록 징계하고자 했다. 법은 특히 하층민에 대한 가혹한 형벌을 규정하고 일반 백성들의 일상생활에까지 영향을 미쳤으며, 많은 사람에게 꽤 성공적으로 징계 명령을 내렸다.

당대의 기록은 끔찍한 처벌, 뇌물 수수 및 부패에 대해 말해주지만 무거운 징계의 이미지는 아마도 현실보다 더 극적이었을 것이다.

실제로 중국의 소송당사자와 현령은 관료적인 형태, 당면한 사건에 맞지 않는 법, 진실 규명의 어려움, 무의미한 원한을 품은 다루기 힘든 소송당사자, 관료적 사법 제도의 지연 및 결함과 씨름했다. 일반적으로 지방 법정과 관리를 피하려고 최선을 다했던 문맹인 농민이나 목자조차도 법적 형식과 관료적 요구사항을 다루는 데 익숙해졌다.

1000년대가 시작되었을 때 중국 통치자들은 세계 어느 곳에서나 발견할 수 있는 가장 광범위하고 법률주의적인 행정 구조를 수립했다. 그리고 법률주의는 내세와의 관계를 포함하여 평범한 중국인들의 삶에 스며들었다. 기원전 4세기경의 무덤에서 발견된 문서에는 사람들이 신에게 올린 법적 탄원이 포함되어 있다.[01] 이 문서는 최고신이 이끄는 관료적인 신들이 성가신 귀신과 위세를 부리는 신, 죽은 영혼의 영역을 관리한다고 지적했다. 예컨대 사명(司命)이라는 신은 인간의 수명을 계산했는데, 누군가가 죽음에 가까워 보인다면 친척들은 유예를 받기 위해 신에게 필사적으로 탄원했다. 이 시기의 죽간에는 가족들이 그의 이력을 재검토해달라고 신에게 간청한 후에 죽은 사람이 무덤에서 어떻게 살아났는지가 자세히 기록되어 있다. 사명은 그들의 탄원을 검토한 후 부활의 증서를 발행하는 데 동의했다.[02]

이런 관습은 다음 세기에도 계속됐다. 기원후 2세기 한나라 후기의 문서에는 사람들이 지역을 여행할 때 정부가 요구하는 양식을 사용하여 신에게 새로 죽은 사람이 도착했다는 사실을 알리는 메모가 포함되어 있었다.[03] 그들은 죽은 사람을 묻을 때 묘지의 소유권을 증명하는 계약서와 함께 저승의 신들이 확인할 수 있도록 무덤에 넣는 물품의 목록도 넣었다.[04] 가족들은 영적 감옥 서기관, 사자, 경찰의 활동과 이들이 내릴 수 있는 처벌이 두려워 고인이 어떤 범죄에도 무죄임을 선언하도록 저승의 재판관에게 탄원했다. 그리고 한나라 시대에 번성했던 도교의 도사(道士)들은 저승에서 자신들을 상대로 소송을 제기했을지도 모르는 불만스러운 귀신의 법적 활동에 대응하기 위한 문서를 작성함으로써 탄원자들을 도왔다.

살아 있는 사람들의 세계에서는 진나라(기원전 221~207)와 한나라(기원전 206~기원후 220)의 아문(衙門)에 앉아 있는 지방 현령들이 매년 사건 수백 건을 심리했다. 그들은 법률 문서 수십 건을 참조하여 일련의 형벌을 내렸는데, 모두 당사자의 계급과 지위에 맞도록 신중하게 계산됐다. 관리들은 농업과 상업을 관리하고, 부하들을 통제하고, 정보의 흐름을 유지하고, 노동력을 징발하고, 종교적 관행을 통제하고, 가족구조를 감시하고, 재산을 관리하기 위해 법률 문서를 사용했다. 중국 관료의 이런 법률주의는 주변 통치자들에게 깊은 인상을 줬다. 중국 중부의 서쪽으로 멀리 떨어진 투루판(Turfan)에서는 튀르크 부족의 지도자들이 중국의 통치 기술을 모방했다. 이 지역의 묘지에서는 많은 양의 종이가 나왔는데 대부분은 죽은 사람을 위한 신발이나 종이 관을 만들기 위해 재활용됐고, 그 와중에 끈기 있는 학자들이 고문서 수천 건을 한데 모았다.[05] 이 문서들은 튀르크 서기관들이 토지·집·노예를 사들이기 위한 계약을 맺고, 곡식·옷·돈을 빌리고, 토지를 임대차하고, 당나라 군대가 서기 640년에 도착하기 훨씬 오래전에 노동력을 고용하기 위해 중국의 법률 문구를 차용하고 있었다는 것을 보여준다.

3세기 한나라의 몰락과 정치적 혼란기에 이어 수나라와 당나라는 중국 중부를 재통일하고 장안에 화려한 수도를 만들었다.[06] 수나라의 초대 황제는 초창기에 만들어진 법을 통합하고 각색한 법전을 만들었고, 당나라의 초기 황제들은 법 전문가들에게 이 법전을 확장하고 개선하도록 의뢰했다.[07] 653년에 출판된 『당률』은 다섯 가지 형벌의 위계를 설명하며 시작된다. 가장 가벼운 형벌은 가벼운 죽장으로 치는 것이고, 그다음은 무거운 죽장으로 치는 것이다. 그다음으로 1~3년 동안의 징역형이 있고, 그다음은 종신형, 가장 중한 형벌은 사형이었다. 이어진 조항 500개는 관리의 직무와 범죄, 처벌을 명시했다. 이는 주로 범죄자의 지위, 즉 범죄자가 일반인인지 관리인지에 따라 달라졌기 때문에 사회적·정치적 위계질서를 강화했다. 당나라의 법체계는 다른 환경에서는 민사소송으로 이어질 수 있는 행위의 종류를 포함해서 광범위한 범죄에 대해 신체적 처벌을 가하는, 세심하게 통제된 법체계였다.

이 시기의 이야기와 그림, 공식 기록을 통해 고문·절단·처형이 실행됐는지 어떤지를 확인할 수 있다. 현령은 증거가 압도적일지라도 범인을 처벌하기 전에 자백을 받아야 했고, 용의자를 구타하는 것부터 시작하여 어김없이 고문에 의존했다. 한 번의 타격으로도 피가 날 수 있었고, 심하게 구타를 당하면 피해자는 일시적으로 걸을 수 없게 되고 감염의 위험도 있었다. 정부의 고위 사대부들은 법의 목적과 원칙을 토론하고, 형벌의 사용을 정당화하기 위해 유교적 이념으로 눈을 돌렸다. 그들은 규율을 통해 질서를 유지하고 법이 개혁되고 교육될 필요가 있다고 느꼈다. 처벌과 그에 대한 위협은 좋은 행동을 장려하고 범죄를 저지하기 위한 것이었다. 그들은 또한 통치자가 자비를 베풀어야 하고 주기적으로 사면을 선언해야 하며, 이에 따라 범죄자는 감형되고, 죄수는 석방되고, 형사소송은 중단되어야 한다고 생각했다.[08]

당나라 황제는 처음 왕위에 올랐을 때와 자신의 생일을 포함한 상서로운 날을 기려 몇 년에 한 번씩 대규모 사면을 실시했다. 이때는 세금 감면 조치, '덕 있는 사람'에 대한 포상, 관료 승진, 죽은 자에 대한 의식, 왕자에 대한 선물, 전사자 유족에 대한 구호 등을 발표하곤 했다. 때로는 채무가 탕감될 것이라고 발표하여 가난한 농민들을 어느 정도 구제하기도 했다. 법익 피탈자로 낙인찍힌 사람들을 사면하고, 범죄자를 석방해 군대에서 복무하게 하고, 가난한 이들을 기근에서 구제하고, 반란 지역을 진정시켜 민간 소요 사태에 대응한 것과 마찬가지로 지진과 같은 자연적인 재해가 닥쳤을 때도 사면이 필요한 경우가 있었다. 대규모 사면은 엄청난 몸짓이었다. 황제가 성벽 밖의 사당에서 제사를 지낸 후에 해가 뜨면 사면이 발표됐다. 황제는 거대한 문의 꼭대기로 올라가 황금 수탉이 달린 기둥 옆에 서서 군중을 내려다봤다. 관리, 근위대원, 일반 백성, 죄수 들은 북을 1000번 치는 소리를 들었고 그 후에 죄수들이 석방됐다. 지방에서는 지방 관리들이 장안에서 보낸 사면의 글을 낭독할 때 화려하지는 않지만 비슷한 의식을 거행했다. 모든 제국 칙령을 반포할 때와 마찬가지로 관리, 일반 백성, 불교 승려 및 도교 사제 무리 앞에 자주색 천으로 덮인 단을 세웠다. 관리들은 사면이 제국에 새로운 시작을 가져다줄 것이며 사람들에게 스스로 개혁할 기회를 줄 것이라고 선언했다.

8세기 중반에 당나라 군대는 먼 서쪽의 투루판까지 이르는 광대한 지역을 장악했다.[09] 정부는 토지 등록 제도를 도입했고, 모든 가축과 노예의 판매를 기록하는 증명서를 작성하도록 요구했으며 국경 검문소에서 관리들이 이를 확인하곤 했다. 투루판의 대부업자 무덤에서 고고학자들은 그가 작성했거나 서명한 계약서 15건을 발견했다. 그중 일부는 돈이나 비단 천(대체 화폐)의 대출에 관한 것이었고, 다른 하나는 양과 낙타 떼를 먹이기 위한 건초 90묶음의 구매에 관한 것이었으며, 또 다른 하나는 열다섯 살짜리 노예의 구매에 관한 것이었다. 중세 유럽의 앵글로색슨과 게르만 왕이 글을 거의 쓸 줄 몰랐던 시기에 광대한 제국의 변방에 있는 중국인들조차 정교한 법적 합의를 사용한 것이다.

비록 이 지역에 대한 중국의 정치적·군사적 통제는 다음 세기에 걸친 티베트인과 지역 군벌의 저항으로 상대적으로 약해졌지만, 지역 주민들은 상품과 토지를 사고팔 때 중국의 행정적 양식과 법적 문구를 계속 사용했다. 타클라마칸사막을 가로질러 비단길이 뻗어 있는 동쪽의 오아시스인 둔황의 주민들도 마찬가지였다. 둔황의 석굴에서 발견된 당나라 시대의 문서들은 중국 판화의 초기 사례를 포함하고 있는데, 이 기법이 문해력의 증대에 기여한 것으로 보인다. 교과서의 파편은 아이들이 유교 윤리, 수학, 어휘, 복잡한 사회 예절 규칙을 공부했음을 보여준다. 한편 관리들은 농민과 통제된 시장에 토지를 할당하고, 기본 상품의 표준 가격제를 시행했다. 장거리 무역의 위험성이 특별한 문제를 초래하자 짐을 나르는 낙타의 소유자는 상세한 임대차계약서를 작성했다. 예컨대 낙타가 죽거나 병에 걸리거나, 도망가거나, 도둑에게 도난당하면 임차인이 손실을 부담해야 한다고 규정하는 경우가 많았다.

비록 다른 언어를 구사하고 다른 관습을 따르고 장안을 방문하는 것은 꿈도 꾸지 않았지만, 중화제국의 먼 곳에 있는 양치기들이나 상인들은 도성 상인이나 태평양 연안의 어부와 같은 과목을 배우고 같은 계약을 사용하고 같은 재산 규칙을 따랐다. 10세기에 이르러서는 아주 평범한 사람들도 유언장을 만들었으며 아이를 입양하고, 재산을 분할하고, 토지를 팔고, 노예를 풀어주고, 노동력을 고용하는 데 계약을 이용했다. 글을 거의 모르는 사람들은 이런 종류의 거래에 대한 모범을 값싼 갈색 종이 책자로 복사했다. 한편 부유한 사람들은 지방 관리들에게 토지 거래를 위한 서류를 작성하는 것을 도와달라고 설득하곤 했고, 이자를 부과하거나 보증인에게 기댈 수 있게 하는 새로운 당나라 법을 활용하기 위한 조항을 삽입했다. 이런 계약 중 다수는 미래에 황제가 사면 대상에 포함시킬 가능성을 고려하여, 채무는 이와 무관하게 지급되어야 한다고 규정했다. 그들은 문서의 힘을 확신했다.

그러나 평민을 노예로 팔지 못하게 하는 것을 비롯해 외딴 지역에서는 사면과 법의 영향에 분명히 한계가 있었다. 어떤 관리가 투루판에서 한 조사에 따르면, 731명이 홍수·가뭄·이자 지급 탓에 채무노예가 될 위협에 시달리고 있었다.[10] 채권자들은 채무자들을 법정으로 데

려갈 수 있었고 법정에서는 현령이 미지급에 대한 처벌을 명할 수 있었지만, 많은 사람은 아이들 혹은 그들 자신을 노예로 팔도록 채무자들을 설득하는 것이 더 편리하다는 것을 분명히 알게 됐다.

한편 부유한 사람들은 경제 번영의 혜택을 누렸고, 당나라 통치자들은 장안에 화려한 궁정을 만들었다. 현종은 정교한 의식을 거행하고, 도교와 불교 성직자를 초청하고, 한림원을 설립하고, 음악과 춤을 장려하는 한편 정부와 복잡한 국경의 방어를 예의주시했다. 그러나 755년, 현종이 나이가 들자 야심 찬 절도사가 현종과 젊은 궁녀의 관계를 틈타 권력을 쌓고 반란을 일으켰다. 다음 세기에 걸쳐 현종의 뒤를 이은 황제들은 군사 지도자들에게 더 많은 권력을 허용해야 했고, 중앙정부는 토지 소유권과 무역규제 같은 국가행정의 많은 부분에 대한 장악력을 잃었다. 그리고 둔황을 포함한 넓은 지역에서 퇴각했다. 정권은 907년까지 어려움을 겪으며 소금·술·차의 판매에 대한 새로운 세금을 도입했지만, 상업 대부분에 대한 통제는 완화됐다. 역설적이게도, 이것은 간접적으로 경제에 도움이 됐고 새로운 시장과 지역무역을 촉진하여 송나라의 상업이 발전하는 데 토대가 됐다.

당나라 체제는 마침내 많은 왕과 장군이 권력을 놓고 경쟁하는 정치적 혼란기에 빠져들었다. 송 태조로 알려진 군사 지휘관이 마침내 경쟁자들을 물리쳤고, 16년의 재위 기간(960~976)에도 지속된 전투에서 이전에 당나라가 지배했던 영토 대부분을 통합했다.[11] 태조는 오늘날의 허난에 있는 카이펑(開封)에 새로운 수도를 세우고 인도 촐라제국, 이집트의 파티마 칼리파국, 중앙아시아 통치자들과 외교관계를 맺었으며 비잔티움 궁정의 외교사절까지 받았다.

태조는 전임자들을 괴롭혔던 문제를 피하려고 군 지도자의 지방 권력을 제한하는 데 심혈을 기울였다. 하지만 북쪽과 서쪽으로부터 강력한 세력의 위협에 직면했다. 탕구트족(Tangut) 서하(Xi Xia)는 당나라가 몰락한 후 중국 서부로 이동했고, 몽골의 거란족은 현재의 베이징 주변인 북부 넓은 지역에 요(遼)나라를 세웠다. 송나라 황제는 그들의 침략에 대항하기 위해 상당한 규모의 군대를 유지해야 했으며, 계속되는 전쟁은 화약 사용을 포함한 군사기술의 혁신을 촉발했다. 북부 사람들은 불가피하게 이 새로운 기술을 빠르게 받아들였고 송나라는 두 집단과 화해적인 평화조약을 체결해야 했다. 이후 1115년에 퉁구스어를 사용하는 여진족이 만주에서 일어나 거란족을 제압하고 카이펑을 공격하기 시작했다. 마침내 1127년, 그들은 송나라를 중국 북부에서 몰아냈다. 그러나 이런 패배에도 불구하고 송나라는 체제를 재정비하여 항저우에 새로운 수도를 세우고 남부 영토에 대한 지배를 강화했다. 1279년까지 남송 황제는 대체로 평화롭고 안정적인 정권을 이끌었다.

송나라의 통치자들은 전임자들의 발전과 제도를 기반으로 삼았다. 논에 물을 대고 고지대를 계단식으로 만드는 혁신적인 기술과 함께 남부 아시아에서 수입된 품종을 사용하여 새롭고 더 생산적인 벼 재배 방법을 장려했다. 벼농사는 상당한 잉여를 생산했고 인구는 두 배로 증가하여 12세기에는 1억 명에 이르렀다. 정부는 자유무역을 장려했고 해상무역은 남아시아로 확대되어 정권 말기에 들어온 모로코 상인과 베네치아 탐험가 모두에게 깊은 인상을 줬다. 마르코 폴로

(Marco Polo)는 기독교도들이 다니는 모든 강, 아니 모든 바다 위에 떠 있는 선박들보다 더 많은 선박이 다니는 양쯔강이 있다고 생생하게 전했다.[12] 도시에서 중국 상인들은 도매 무역을 조직하고, 가격을 책정하고, 정부와 협상하기 위해 길드를 형성했다. 무거운 끈에 매단 철전(鐵錢)을 사용하는 데 지친 일부 사람들은 빚과 상점 주인에게 맡긴 물건을 기록할 수 있는 쪽지를 만들었다. 그들이 빚이나 물건을 회수할 수 있는 소지자의 권리를 인정하는 다른 상인들과 이 쪽지를 교환하기 시작하면서 지폐 제도가 탄생했다. 정부는 곧 이것이 제공하는 가능성을 인식하고 소수의 상점에서 지폐를 발행하도록 승인한 다음 전체 시스템을 받아들였다.

정부의 역참은 무역을 더욱 촉진해 농촌 지역으로도 퍼져나갔다. 농부들은 술·숯·종이·직물을 생산하여 중개인에게 판매하면서 상품을 다양화했으며, 일부는 사탕수수·차·귤·대나무·지방종자·대마와 같은 작물을 전문적으로 생산하기 시작했다. 어떤 농부들은 비단 생산에 필요한 뽕나무를 재배했으며 식물을 가꾸고, 잎을 따서 분류하고, 누에를 관리하고, 고치를 수확할 노동자를 고용하여 사업을 시작했다. 전문 생산자는 상품을 상인과 중개인에게 판매하고 중국 전역의 도시에 새로 생긴 시장에서 식량과 가정용품을 구매했다. 일부 지역에서는 광산과 제철소에서 수많은 노동자를 고용하고 굴착용 화약과 풀무를 구동하는 유압 장치를 비롯한 신기술을 개발했다. 이런 새로운 기술은 선박 및 도로 건설산업을 활성화하고 농부와 장인에게 유용한 도구를 제공했다.

항저우는 곧 100만 명이 넘는 인구를 끌어들였고, 마르코 폴로는 항저우를 세계에서 가장 아름답고 고귀한 도시로 묘사했다. 그는 식량이 언제나 충분히 공급되는 시스템에 감탄했다.[13] 안내인들은 그에게 가장 잘 칠해진 부채, 상아 빗, 고리버들 새장, 문학작품, 터번, 코뿔소 가죽을 어디서 살 수 있는지 열심히 보여줬다.[14] 은세공인, 비단 직공, 도자기와 칠기 제작자들은 다른 곳에서 중국으로 유입된 기술을 개발하고 채택했다. 부자들의 집에는 신하·예술가·가정교사·연예인이 모여들었고, 찻집과 식당은 공개 축제와 연회에 몰려든 엄청난 인파를 끌어들였다. 주요 도시의 유흥가에서 방문객들과 주민들은 인형 조종사, 곡예사, 배우, 칼 삼키는 사람, 뱀 마술사, 이야기꾼, 가수, 음악가의 공연과 풍부한 다과와 매춘부의 서비스를 즐길 수 있었다. 한편 학자들은 목판인쇄와 11세기부터 활자인쇄로 만들어진 고전 문헌의 새로운 판본을 기반으로 연구를 계속했다. 그들이 철학, 수학, 과학, 기술을 공부하는 동안 일반인들은 농업, 출산, 약학, 점술, 도교 의식에 관한 안내서를 읽었다.

송나라 초기에 태조는 문관을 대거 발탁했고, 그의 후계자들은 사려 깊은 통치로 칭송받았으며 가장 현명한 관료들을 존중했다. 무인보다 문인을 높이면서 문관이 되는 주요 경로로 당나라의 과거제도를 강화했는데, 새롭게 인쇄된 문헌의 유통에 힘입어 교육이 촉진됐다. 시험 응시 희망자는 3만 명에서 40만 명으로 늘어났고, 문관 자체도 2만 명으로 늘어났다. 귀족 엘리트는 많은 부와 영향력을 유지했지만, 관직은 공식적으로 중국 전역의 야심 있고 유능한 학생들에게 개방되어 있었고 성공한 상인의 아들은 종종 문관의 고위직에 오를 수 있었다. 이런 지위를 통해 그들은 행정 업무와 더불어 다양한 지적 관심사를 추구할 수 있었다. 그들은 새로운 농업기술을 장려하고 군사 방어를 지휘했으며, 역사·지리·의례·음악·시·수학에 관한 작품을 저술했다. 많은 관리가 성실하고 헌신적이었다. 그들은 '세상이 염려하기 전에 염려하고 세상이 누린 이후에 누린다[선우후락(先憂後樂)]'는 잠언을 자신들의 의무라고 생각하고, 정부와 법의 원칙에 관해 진지하게 토론했다. 많은 관리가 야심 찬 개혁을 지지했으며, 때로는 파벌로 나뉘어 쓸데없이 적대적인 논쟁을 벌이기도 했다. 그러나 그들은 모두 정치적 분열을 한탄하면서 황제와 중국, 중국 문화에 대한 충성이 필요함을 강조했다. 특히 북쪽 영토를 잃은 후 많은 학자가 유교에 새로운 관심을 두게 됐다. 그들은 인간의 본성과 선함의 가능성을 논하고 어떻게 조용히 앉아 있어야 할지, 읽은 것을 어떻게 평가해야 할지, 괴담을 어떻게 생각해야 할지, 이기적인 생각에서 어떻게 벗어나야 할지 등을 제자들과 토론했다. 그들은 중국 사회가 교육을 통해 밑바닥부터 개혁되어야 한다는 데 모두 동의했다.

제국 관료제의 상층부를 지배했던 학자들은 법을 황제가 예시한 사회질서를 유지하는 수단으로 여겼다.[15] 그들은 개인의 행동을 개혁하기 위해서는 상벌 제도가 필수적이라는 데 모두 동의했다. 태조는 당나라 때와 거의 변함이 없는 새로운 법전을 발표했지만, 이후의 황제들은 더 많은 칙령을 발표했고 관료들은 규칙을 추가로 만들었다. 그들은 상업 활동 확대의 요구에 부응하고 도량형, 감옥의 도구, 세금 할당량, 공인 학자의 수 및 그들의 봉급에 대한 기준을 설정하여 관리들을 규제하려고 노력했다. 그러나 서기들은 많은 규칙을 장식적이고 복잡한 저술로, 특히 궁정이나 황실에서의 행동을 규제하는 것으로 바꿨다. '식(式)'이라고 알려진 세칙은 삼사·국자감·이부·한림원의 업무, 과거시험, 녹봉, 가장 중요한 제사에서 거행되는 예식 등을 규정했다. 일부 식은 관리가 부하에 대한 보고서를 작성할 때 사용하는 양식, 존경의 표시로 줄 위에 써넣어야 하는 용어, 황실과 관련된 단어와 유사하므로 사용해서는 안 되는 문자 목록을 명시했다. 다른 식에는 궁술 시험에 대한 규칙, 상류 인사에게 수여되는 깃발, 관리의 계급에 따른 장의 마차와 봉분, 범법자를 처벌하는 데 사용되는 막대가 포함되어 있었다. 또 다른 식은 궁전 건축물이나 공식 창고 등의 상세한 규격과 정확한 크기, 황실 부엌에서 사용되는 재료, 관마용 사료에 대한 상세한 기준과 정확한 양을 포함했다. 황후에게 바치는 선물에서부터 병거의 세부 사항, 다도, 내궁 관리에 이르기까지 사실상 황제 및 조정과 관련된 모든 활동이 식의 대상이 됐다. 또 다른 식은 도교 의식 중에 올리는 제삿술과 도교 여관(女冠, 여자 도사)을 위한 기증품을 지정하기도 했다.

인쇄술의 장점을 활용하여 관리들은 이처럼 많은 새로운 규칙들과 규정들을 정리해 개론서를 만들었으며, 이는 곧 도서관의 긴 선반을 채울 정도로 늘어났다. 황제의 재실 중 하나를 사용하기 위해 만든 규칙들은 1200권으로 발행됐고, 고려에서 온 사신의 접대 규정을 편찬한 필사들은 1500권을 채웠다. 이런 규칙들과 규정들은 모두 과도하고 정밀하게 시행될 수 있었던 것 같지는 않지만, 식은 중국의 국가 운영에 거의 기하학적인 질서 의식을 부여했을 것이다. 모든 것과 모든 사람에게 제자리가 정해져 있었고, 가장 미세한 절차들이 세심하게 계획됐다. 그리고 황제와 가까워질수록 더 엄격히 통제받았다.

황실의 화려함·부·음모와 수도의 번잡하고 상업적인 소용돌이 밖에서, 중국의 지방은 광범위한 관료제도에 따라 통치됐다.[16] 가장 작은 공식 단위는 지현(知縣, 현의 정사를 주관하는 현령의 호칭을 송대 무렵부터 지현이라 부름—옮긴이)이 이끄는 현(縣)이었는데, 지현은 사람들에게 도덕적 모범이 되어야 했다. 하나의 현은 2500~3000가구로 구성됐고 총 1300현이 있었다. 지현은 현위(縣尉, 치안 담당 관리)·등록관·말단 행정 실무자 서리(胥吏)를 임용하여 아문에서 일하게 했으며, 거기서 그들은 세금 징수·도로망·교통·학교·사당의 관리, 직원 및 기록보관소의 조직, 칙령 시행, 치안유지, 소송의 결정 등을 도왔다. 현 10~12개는 비슷한 관료 구조를 가진 주(州)를 형성했다. 지주(知州, 주의 관료)는 황제에게 직접 책임이 있었지만, 그들을 감독하는 것은 현재의 성(省)과 대략 같은 크기인 '로(路)'로 알려진 또 다른 층위였다. 여기에는 각 지역의 재정, 군사, 농업, 사법 제도를 감독하는 관리들이 배치됐다.

관리들은 도덕, 충성, 존경, 절제라는 유교의 이상을 구현해야 했다. 임무 대부분은 실용적이었지만 관리들은 모두 유교 경전을 공부했고, 관료들은 종종 좋은 관리의 자질, 부패의 문제, 관리들이 증진해야 할 사회 및 가족관계에 대한 지침을 내렸다. 그러나 관리들 중 누구도 전문교육을 받지 못했으며, 새로 임명된 지현들은 하급 관리에게 의존하여 자신들의 직무에 영향을 미치는 법들과 규정들을 안내했다. 그들은 또한 13세기 중반에 부지런한 관리가 작성한 『청명집(清明集)』과 같이 동료들이 편찬한 법적 결정에 대한 조언과 기록을 다룬 많은 지침서를 참조할 수 있었다.[17]

이 글은 일련의 훈계, 칭찬, 경고로 시작한다. 여기에는 새로 임명된 관료가 자신의 목표와 우선순위를 발표한 성명이 기록되어 있는데, 관료는 이 성명에서 하급 관리나 서리에게 기대하는 행동을 설명한다. 즉 부하 직원을 업신여기거나 조급해하거나 게으르게 행동해서는 안 되고, 편견이나 부주의로 행동해서는 안 되며, 친절과 동정을 보이지 않거나 개인적인 이익을 위해 자신의 지위를 이용해서는 안 된다. 그는 인간의 본성은 변하지 않고, 지도력은 솔선수범을 통해 발휘되어야 하며, 적절한 행정은 개방적이고 정직한 소통에 달려 있다는 유교적 견해를 분명히 표현한다.[18] 또 다른 관료는 사법 관서 서리들이 공식적인 경로를 통하도록 요구하기보다는 소송당사자들로부터 직접 요청과 탄원을 받아 뇌물 수수에 노출되어 있다고 비판했다. 또 다른 관료는 주와 현의 관리들이 과도한 구타를 가하는 것에 대해 훈계하면서 형벌은 열 대인데 실제로는 스무 대를 때린다는 점을 상기시켰다. 그는 이런 '결점'이 규율 부족에서 비롯됐으며, 관리들은 제국의 법이 자비로운 것임을 기억해야 한다고 말했다. 다른 관료들은 부정확한 보고를 책망하고, 뇌물을 거부한 세무 감독관에게 상을 줬으며, 더 높은 지위를 얻기 위해 속임수를 쓴 서리를 처벌하고, 부패한 장교를 징계하지 않은 관리를 꾸짖었으며, 무능한 지현을 강등시켰다.

지현은 지시를 하거나 판단을 전할 때 뚜렷하게 도덕적인 언어를 사용했다. 상벌이라는 공식적인 목적에 따라 타인을 저지하거나 가해자의 교정을 독려하는 측면에서 자신의 법적 결정을 설명하는 경우가 많았다. 한 지현은 수감자들이 고통을 겪고 있다면서 자신이 방금 방문한 지역 감옥의 상태를 비난했다. 그는 "고대 왕들의 의도는 죄가 있는 자들이 심신을 단단히 하고, 힘든 육체노동을 하게 하고, 박탈을 견디게 함으로써 감정을 통제하도록 동기를 부여하는 것이었다"라고 말하며 부하들에게 문제를 바로잡으라고 명령하고, 감옥은 교화의 장소라고 선언했다.[19] 지현은 결정에 대한 이유를 설명하면서 종종 소송 당사자의 도덕성에 대해 언급하고, 비도덕적인 행동을 자유롭게 비판했으며, 유교적 수련으로 주입된 인간 본성에 대한 태도를 자주 반영했다. 토지 매각을 둘러싼 분쟁에서 한 지현은 "원래 [청구인은] 그의 재산을 부당한 방법으로 얻었다. 이제는 거의 같은 방식으로 손실됐다. 이것은 일반적으로 일어나는 일이다. (……) [청구인은] 이런 행동 방식을 모방하려고 했다. 미래에 우리가 지금 일어난 일을 돌이켜 볼 때 마치 다 지나간 일처럼 보일 것이다"라고 말했다.[20]

그러나 처벌은 여전히 고의적인 범죄행위에 대한 답이었다. 한 지현은 집세를 내지 않고 집주인의 하인을 폭행하고 '바보스럽고 무모한' 방식으로 정당하지 못한 법적 주장을 하는 영리한 임차인을 비판하며 "다른 사람들이 이 나쁜 사례를 흉내 내며 짐승처럼 행동한다면, 임대할 집과 가게를 가진 사람들은 그들의 속임수로 고통을 받을 것이다. 이런 사회적 관습이 퍼지는 걸 방지하려면 범죄를 제대로 처벌해야 한다"라고 선언했다.[21]

아문에 올라온 법적 소송 대부분은 지역 주민들이 제기했다. 경범죄에 대한 고소가 잦아 지현들은 늘 바빴고, 특히 도시 지역에서 그랬다.[22] 홍수·가뭄·지진은 때때로 대규모 이주를 일으켰고, 많은 실향민은 결국 도시 외곽으로 가서 짐꾼과 노동자로 생계를 유지했다. 친족 관계망과 지역사회 단체의 지원 없이는 경범죄로 쉽게 빠져들 수 있었다. 그러나 비교적 생활이 안정된 농민 대다수는 쟁기질하고, 잡초를 뽑고, 물을 주고, 쌀과 채소를 수확하고 동물을 돌보는 일로 일상을 보냈다. 그들은 시장에 가고, 젊은이와 노인을 돌보고, 결혼을 주선하고 축하하고, 지역 사원에서 참배했다. 그러면서 임차료와 세금을 내야 했고, 땅과 집을 도적들로부터 지켜야 했고, 관리들을 피하려고 노력해야 했다. 농민 대부분은 특히 쌀이 재배되는 중부 지역에서 소작지를 경작했으며 많은 농민이 재산 거래에 대한 분쟁에 휘말렸다. 더 부유한 사람들은 종종 가족 불화 때문에 토지분할 및 상속에 대한 소송을 제기했다.

지현들은 그들의 탄원을 들었지만, 소송을 막으려 했고 분열의 원인이라고 생각하는 사람들을 즉각 비난하고 나섰다. 의붓아들과 계모 사이의 한 재산 분쟁에서 지현은 법적 문제에 대해 판결을 내린 다음, 이제 아들은 "마음을 정화하고 나쁜 행동을 바로잡아야" 하며 홀어미를 더 돕고 인내심을 가져야 한다고 선언했다. 그런 다음에는 계모를 향해 아들을 친절하게 돌봐야 한다고 말했다.[23] 또 다른 지현은 아들이 가족 자금을 유용했다며 어머니가 고소한 사건을 두고 비난했다. 지현은 두 사람 모두 자신의 훈계를 인정하고, 계속 싸우면 처벌받을 수 있다는 점을 이해한다고 진술하도록 요구했다.[24] 지현은 부모에 대한 자녀의 의무를 진지하게 받아들였으며, 그 의무를 소홀히 할 때 처벌할 준비가 되어 있었다. 예컨대 불효막심한 한 아들에게 목에 씌우는 무거운 널빤지인 칼(cangue)을 씌우고 아버지에게 매일 인사하게 했다.[25]

법정은 비단 한 조각이나 양파 한 다발의 절도에서부터 폭행과 납치, 강간, 살인, 방화에 이르기까지 모든 종류의 범죄에 대한 고소를 접수했다. 지현은 종종 도적을 통제하는 것이 어렵다고 불평했다.[26] 누구든지 형사고소를 할 수 있고, 현행범을 잡으면 보상을 요구할 수 있었다. 지현들은 또한 사회 범죄라고 부를 수 있는 것도 심각하게 받아들였다. 여기에는 가짜 약품 판매, 도박, 금지된 의식과 주술, 인신매매 등이 포함됐다. 화가 난 사람들은 심지어 용선 경도(競渡, 작은 배를 저어 물을 빨리 건너는 것을 겨루는 놀이—옮긴이)에서 동료 관중의 나쁜 행동과 공공 뱃사공이 사용하는 욕설에 대해 고발하기도 했다. 앙심을 품은 사람은 법적인 고발로 적들을 박해할 수 있었지만, 범죄행위를 거짓으로 고발하는 사람은 누구든지 범죄 자체에 내려진 형과 동일한 형을 받았다. 수집된 사건에는 지현이 부당한 고발을 통해 악의적으로 법정 제도를 이용하려 한 사람들에게 유죄를 선고한 사례가 다수 포함되어 있다.

중국의 법체계는 매우 형식적이었고, 청원·증거 수집·자백·결정·판결에 대한 정교한 규칙이 있었다.[27] 문맹자는 면허가 있는 사무원에게 가서 서류를 적절한 형식으로 작성해야 했다. 사람들은 아문에 도착해서 법정을 보고 감명을 받았다. 지현은 붉은 천으로 덮인 높은 법정의 연단에 앉았는데, 서리가 권위의 상징으로 양단에 싸인 법정의 네모난 도장과 망치, 적색 먹과 흑색 먹을 찍을 수 있는 두 자루의 붓과 벼루를 비치해놓았다. 그의 옆에는 서기들을 비롯한 관리들이 낮은 책상에 앉아 있었다. 피고인은 재판관 아래 맨바닥에 무릎을 꿇어야 했고, 그 옆에는 법정의 사환이 수갑·족쇄·칼·태형에 사용되는 납작한 대나무 막대를 들고 서 있었다. 덜 양심적인 지현은 자백을 받아내고 사건을 빨리 마무리 짓기를 바라는 마음에서 얼른 태형을 명령하고 싶다는 유혹을 받았다. 이들에게 필요한 것은 조수와 법률 사무원의 동의뿐이었고, 유죄판결을 받은 이들 중 상당수는 항소심에서 태형의 고통을 견디지 못해 잘못을 자백했다. 더 양심적인 지현들은 증인의 태도로부터 진술의 신빙성을 평가하고, 혁신적인 수사 기법을 쓰고, 사건의 진상을 조사하기 위해 변장까지 하면서 진실을 밝히기 위해 최선을 다했다. 현대의 탐정 이야기에서 지현은 영리한 범죄자를 잡아내고 정의를 실현할 기발한 수단을 고안한 영웅으로 종종 등장한다. 사실을 확정한 후 지현은 법을 적용해야 했는데, 참조해야 하는 법적 규칙과 선례 모음이 너무 많은 탓에 매우 복잡한 과정이었다. 법률사무원은 기록보관소를 수색하여 관련 법률 조항을 수집했는데, 종종 조항들에 일관성이 없었다. 그러면 지현은 가장 최근 황제의 뜻을 적용해야 했다. 그런 다음 판결을 발표하여 문제의 재산에 대한 지시를 내리고 처벌을 결정했다.

지현들은 상급자들의 비판을 피하려면 법과 증거를 준수해야 했다. 그들은 토지 거래에 관한 서면 문서를 포함하여 적절한 증거를 고집하고 사건이 제기될 수 있는 기간의 제한에 관한 법률을 시행해야 했다. 조건부 판매의 불공정에 대한 분쟁은 20년 내에 제기되어야 했고, 재산분할 분쟁은 3년 내에 제기되어야 했다. 그런데도 지현들은 자비를 베풀어야 한다고 느낄 때 어느 한도 내에서 규칙을 포기할 수 있었다. 상속 분쟁에서 "정부는 자녀 없이 사망한 사람의 재산을 인수하는 일반적인 선례를 따르기를 원하지 않는다. 고인의 장례를 치르기 위해 한 부분은 남겨두고 나머지는 공평하게 나누어야 한다. 이것은 입법 취지에 부합하지 않지만, 정부는 친절하기를 선호한다"라고 선언한 기록도 있다.[28] 또 다른 사건에서 지현은 조카에 대해 완전히 믿을 수 없고 매우 심각한 고발을 한 사람이 더 높은 수준의 처벌을 받아야 한다고 인정했다. 그러나 그는 관대한 처분을 내리기로 했으며, 오직 구타만을 선고할 것이라고 설명했다.[29] 지현들은 종종 법의 의도를 '인간의 감정' 그리고 옳은 것에 대한 감각과 조화시키는 데 어려움을 겪었다.[30]

산더미 같은 법적 복잡성과 실수에 대한 비판을 두려워한 많은 지현은 까다로운 사건을 상관인 주(州)의 지주(知州)에게 의뢰했다.[31] 더 심각한 범죄에 대한 혐의는 어떤 경우에도 자세히 기록되고 위쪽으로 회부되어야 했다. 소송당사자는 지현이 심각한 실수를 저질렀다고 생각할 때도 항소할 수 있었다. 피고인이 자백을 거부하면 현의 관리는 해당 사건을 주에 회부해야 했다. 이 사건은 조사 기관 두 곳 중 한 곳에서 사실을 조사하고 다른 한 곳은 법을 검토하는 훨씬 더 정교한 절차를 따랐다. 피고인은 두 번 이상 자백을 반복해야 했으며, 이를 거부하면 해당 사건을 다른 조사 기관으로 보내 검토를 받도록 했다.

이 규칙은 고문을 사용하여 자백을 받아내는 시스템에서 소송당사자에게 상당한 보호를 제공하도록 설계됐다. 그러나 이런 절차조차도 분명히 악용될 소지가 있었다. 일부 관리는 피고인이 자백을 부인하는 것을 막기 위해 피고인의 입에 누더기를 욱여넣거나, 그의 진술을 너무 빨리 읽어서 알아듣지 못하게 하기도 했다. 어떤 경우든, 조사 및 법률 기관은 보고서를 주의 관료인 지주에게 보내고 지주는 판결을 내렸다. 사법 관리들은 모두 그의 결정에 동의해야 했다. 그들이 사형이나 유배형을 결정한다면, 지주는 사건을 다시 상급 로(路)로 올려야 했다. 이때 관료들은 판결을 확정할 수도 있고, 의심이 가는 경우 황제에게 회부할 수도 있었다. 죄수는 유배를 떠나기 전의 성문이나 처형 장소인 시장에서 결백을 주장하며 재심을 요구할 마지막 기회를 얻기도 했다. 송나라의 시조인 태조는 사형선고를 받은 모든 사람이 자신에게 와서 심사를 받을 수 있어야 한다고 발표했고, 정기적으로 생명을 구했다. 11세기 중반에 각 현은 연간 약 2000건의 사형선고를 내렸으나, 1년 동안 중앙정부가 검토한 264건 중 25건만이 확정됐다.

황제의 사면 제도로 많은 죄수가 면죄를 받았다. 송나라는 범법자를 교화하고 사회로 재통합하기 위해 위대한 선언을 하는 당나라 관행을 계속했다. 한 정부 관리는 지현이 폭력 조직으로 악명 높은 지역에서 사면 통지를 하면, 물론 도적들의 지도자는 여전히 '무자비하게' 억압되어야 하지만 "도적들의 감정이 움직여서 항복할 것"이라고 선언했다.[32] 그러나 빈번한 사면으로 불평하는 사람들도 있었다. 한 악명 높은 사례에서, 소작농이 지대를 징수하려던 땅임자를 살해했다. 그는 사면으로 풀려난 후 땅임자의 가족을 찾아갔다. 나중에 가족이 전한 바에 따르면, 그 소작농은 자신의 건강을 자랑하며 땅임자가 요즘 왜 자기를 찾아오지 않느냐고 물었다고 한다.[33]

모든 보호 장치와 자비라는 근본적인 이상에도 불구하고, 중국의 법체계는 특히 가장 낮은 수준에서 쉽게 남용됐다. 서리는 무방비 상태의 소송당사자로부터 정기적으로 뇌물을 뜯어냈고, 이에 대해 지현과 고위 관료들은 그들의 부패를 비난하고 소송을 억제하려고 했다.

어떤 사람의 표현대로 법정에 소송을 제기하는 것은 '서리를 살찌울 뿐'이었다.[34] 지현은 법정에 가는 것은 태형 또는 그 이상의 벌을 받을 가능성은 말할 것도 없고 뇌물 요구에 자신을 노출하는 것을 의미한다고 거듭 경고했다. 그리고 남을 대신해 소송을 조장하는 사람들, 즉 '모자에 붓을 꽂은 사람들'을 비판했다.[35] 한 지현은 법정에 가게 되면 직업을 소홀히 하고, 가족 재산에 피해를 주고, 교도관의 손에 굴욕을 당하고, 피곤한 여행을 하고, 감옥에 갇히게 될 수도 있다고 선언했다. 내부적인 소송은 또한 친족 집단에 피해를 주고 지역사회를 다치게 한다고 그는 지적했다. 소송은 오랜 불만을 품은 사람들, 부유하고 힘있는 자들에게 억압받는 가난하거나 약한 사람들, 똑똑한 사람에게 희생된 교육받지 못한 사람들만 시작해야 했다. 소송은 '불의에 맞서 외치는 것밖에 방법이 없는 궁지에 빠진 사람'을 위한 것이었다.[36]

궁극적으로 법정은 정의를 실현할 수 있었다. 지역 권력자들은 때때로 부패한 관리들처럼 법의 규율에 직면하기도 했다. 적어도 한 사건에서는 지역 주민들이 모여서 자신이 공직자라고 거짓 주장하고, 돈을 갈취하고, 세수를 빼돌리고, 돈을 요구할 목적으로 도피자들을 보호하는 지역 폭군을 고발했다.[37] 그리고 많은 지현이 가혹하게 재판하는 것으로 유명했지만, 그들 자신도 상관의 조사를 받았다. 항소 과정에서 잘못된 선고를 내린 것으로 판정된 지주와 마찬가지로, 지현 역시 자신의 오류에 대해 징계를 받을 수 있었다. 같은 맥락에서, 무고한 사람의 중대한 혐의를 벗긴 지현은 공개적으로 상을 받았다. 한 지현은 자신을 전직 관리가 소송에 개입하려 할 때 그 위압적인 행동에 맞서야 했던 '위신이 거의 없는 겸손한 지현'이라고 묘사했다.[38] 대부분은 자신을 때때로 역경에 맞서는 정의의 수호자라고 여겼다.

물론 분쟁 대부분은 법정까지 가지 못했다. 이후의 시기와 마찬가지로 사람들은 공동의 문제를 중재받기 위해 공동체 지도자, 지역 치안 단체 및 의례 단체에 의지했다.[39] 송 시대에 족보에 대한 새로운 생각이 확산했고, 이는 가족 갈등을 해결하기 위해 개입할 수 있는 혈통 조직의 설립을 촉진했다. 후대의 증거에 따르면 법정의 관리는 종종 소송당사자를 보내 중재하게 했으며, 송나라의 판례집은 분쟁을 완전히 끝내기 위해 분투하고 때로는 법 문언을 넘어서거나 소송당사자에게 가족 싸움을 끝냈다는 선언에 서명을 요구하기도 하는 지현에 대해 기록했다. 사회적 위계질서의 안정과 효행, 윗사람에 대한 충성을 중시하는 유교적 성향은 비공식적인 평화 구축을 촉진했다. 한 지현은 조카의 상속에 이의를 제기하기 위해 청원서를 제출한 사람을 질책하면서 삼촌이 유학자라는 사실에 놀라움을 표하며 이렇게 말했다. "나는 항상 사람들에게 무엇이 적절하고 합리적인지 지시했다. 천하고 열등한 사람도 자신의 잘못을 뉘우치고 반성하여 하늘이 주신 선한 본성으로 돌아간다. (……) 필요한 것은 법의 원칙을 어기거나 혈연관계를 파괴하거나 가산을 탕진하지 않고 화목한 분위기를 회복하는 것이다."[40]

법정 밖에서 농민들은 오랫동안 재산을 다루는 문서를 만드는 데 익숙했고, 모든 곳의 지현은 이를 소유권의 증거로 요구했다. 제국의 먼 곳에서는 중앙 관리의 감시가 덜해서 주민들도 통제를 덜 받았고, 토지 등록 제도도 거의 시행되지 않았다. 그러나 어떤 사람이 언급했듯이, "시골 사람들이 때때로 법에 어긋나는 방식으로 재산을 사용한 것은 사실이다. 하지만 그들은 모두 조건부 판매의 서면계약을 맺었다."[41]

중국인들은 자신을 팔기 위해 계약을 이용하기도 했다. 송나라 시대에는 자유민과 여성을 사고파는 것이 불법이었지만, 빈곤과 재난 탓에 가장 어려운 사람들은 아내와 딸을 돈과 맞바꾸기도 했다.[42] 이것은 생존 전략이었고 이들의 일화를 기록한 인기 있는 이야기가 많이 전해진다. 어떤 객상은 카이펑의 한 여관에서 한 남자가 흐느끼는 소리를 듣고 그가 훔친 돈을 갚기 위해 딸을 팔았다는 것을 알게 됐다고 이야기한다. 상인은 자신이 소녀를 사겠다고 제안하고, 구매자가 소녀를 반환하는 데 동의하지 않으면 소송을 제기하겠다고 위협하라고 조언하며 그 대가를 갚으라고 아버지에게 돈을 줬다. 구매자가 불법 계약의 결과를 두려워했기 때문에 그 전략은 효과가 있었을 것이다. 그러나 아버지와 딸이 상인을 만나 감사의 인사를 전하러 왔을 때 그는 이미 떠난 뒤였다. 또 다른 이야기는 굶주린 채 중개인에게 자신을 팔았던 한 여성에 관한 이야기다. 남편이 아내를 추적한 끝에 그녀를 돌려달라고 소송을 제기했고, 법정은 그에게 판매 대금을 배상하라고 명령했다. 하지만 남편이 그렇게 하기 전에 여자는 다시 사라졌다. 아마도 학대하는 남편을 피하려고 했을지도 모른다. 출처가 불분명한 이 이야기는 중개인에게 납치된 여성이 몇 년 후 남편에게 어떻게 발견됐는지 이야기한다. 남편은 만찬회 주최자에게 특별한 요리의 품질을 칭찬했고, 아내가 하던 요리와 비슷해서 눈물을 흘렸다. 그런데 그 재능 있는 요리사가 사실 자신의 전 아내라는 사실을 알고 감정을 추스른다.

중국인들은 저승과의 상호작용에서도 법률주의적 문서에 의존했다. 송나라 때 '성황신(city gods)', 즉 주민들을 보호해야 하는 지역 신들을 위한 새로운 교단과 사원이 중국 전역으로 퍼져나갔고, 도교 사제들은 종종 재판관과 율관의 동상으로 사당을 장식했다. 이 사당은 모든 법적 도구로 둘러싸여 있었다.[43] 신자들은 지현이 요구하는 문서를 철저히 따랐던 고발, 조사, 신문 양식을 사용하여 성가신 신을 쫓아내기 위한 법적 절차를 진행하도록 사제에게 요청했다. 후대에 중국 작가들은 저승의 재판관이 적용해야 했던 악마와 하늘의 법전을 언급했다. 저승의 재판관은 훨씬 더 정교한 관료 체제를 기반으로 구성된 법정에서 지상의 재판관보다 훨씬 더 광범위한 규칙을 따랐다. 저승에서 재판관은 고인을 심판했고 복수하지 못한 귀신과 살아 있는 청원자들의 청원을 받아들였다. 그들은 또한 이 세상의 지현들이 죄가 있는 사람들을 확인하고 부패한 관리를 처벌하는 데에도 도움이 되곤 했다. 대중 작가들은 종종 찰나의 순간에 무고한 죄수를 구하면서 유능한 지현이 역경에 맞서 정의를 행할 수 있게 해준, 법적 사건에 대한 신의 개입을 소재로 흥미진진한 이야기를 출판했다. 비록 허구이긴 하지만, 사람들은 저승에서의 처벌뿐만 아니라 법적 소송에 대한 신의 영향력을 진지하게 받아들인 것으로 보인다. 관리들은 때때로 법의 신들 앞에서 용의자를 신문했고, 때로는 도교 사원에서 재판을 열기도 했다.

송나라 체제는 13세기에 몽골인들이 대초원에서 말을 타고 쳐들어올 때까지 지속됐다. 북부 지역을 정복한 그들은 베이징을 중심으로 원나라로 알려진 왕조를 세웠다. 원나라는 1368년에 멸망했고 명나라로 대체됐다. 명나라 황제는 '자금성(紫禁城)'으로 알려진 화려한 궁궐을 건설하고 비교적 가벼운 행정 통제력을 행사했다. 그들은 법을 모든 사람에게 알려야 한다는 원칙을 세우고 법률 문서를 널리 사용할 수 있게 했다. 그러나 사람들은 계속해서 법적 소송을 돕는 신들의 힘을 믿었다. 이 시기에 이뤄진 일련의 법적 판결을 편찬한 사람은 많은 사건에서 신과 귀신의 개입을 무심코 언급한다.[44]

17세기 중반이 되자 명나라는 청나라에 자리를 내줬고, 청나라의 통치자들은 자신들만의 법전을 만들었다. 그러나 법전 대부분을 당나라 법에 기초하면서 전통적인 법적 구조와 형식을 유지했다. 다음 3세기 동안에도 많은 새로운 규칙과 규정을 도입했다. 지현은 인구 증가와 함께 새로운 마을을 책임지게 돼 최대 25만 명을 감독해야 했기에 비공식적인 사무원과 사환을 대규모로 임용했다. 한편 사람들은 분쟁을 해결하기 위해 계속해서 지역 중재자와 혈통 단체에 의지했다. 청나라의 마을들은 세금 징수를 위해 자체적인 대표를 선출했는데 연장자, 혈통의 우두머리, 지역 관리 들이 지역의 분쟁에서 중재자 역할을 했다.[45] 농민들은 아문과 지방 관리의 간섭을 피하려고 노력하면서, 극심한 빈곤 시기에 아내·자녀·자신을 판매하는 것을 포함하여 모든 종류의 지역적 거래를 공식화하기 위해 여전히 문서를 사용했다.[46] 절망적인 상황에서 가난한 가정은 미혼 남성이 아내와 밤을 보내게 하고, 그 대가로 그의 노동력을 제공받기도 했다. 부채노예화와 마찬가지로 이 일처다부제는 불법이었고 지현은 그런 합의를 처벌해야 했다. 그러나 종종 현실에 굴복하고, 생존 전략으로서 이런 관행의 중요성을 인정했다. 중국 농민들은 비록 법이 금지하는 합의라고 하더라도 그 계약이 제공한 확실성을 높이 평가하면서 계속해서 합의를 서면으로 기록했다.

일상생활에서 문서를 사용하고 저승의 신에게 청원하는 것을 포함하여 중국의 법적 관행은 20세기까지 유사한 양상을 보였다. 중국의 황제, 학자, 관리, 일반 대중이 2000년에 걸쳐 발전시킨 법과 법적 형식, 정교한 범죄 및 처벌 체계를 마침내 종식한 것은 1920년대 국민정부의 부상이었다.

원래는 야심 찬 통치자들을 위해 기원전에 창안된 중국의 범죄 및 형벌 체계는 2000년에 걸쳐 백성을 통제하고 영토를 관리하는 형벌의 힘을 믿었던 황제가 발전시켰다. 그들의 법은 규율의 질서를 약속했다. 제국의 가장 먼 구석에까지 도달한 법률주의적 관행도 마찬가지였다. 사대부는 사람들이 수많은 거래에서 올바른 법적 형식을 사용하고 법정에서의 절차에 대한 자세한 규칙을 따르도록 요구했다. 농민, 목자, 상인 들은 모두 토지, 상업 관계, 가족관계를 법률주의적인 방식으로 관리했다. 한편 궁정과 관리들은 상상할 수 없을 정도로 복잡한 법적 규칙으로 황실을 둘러쌌다. 규칙 기반의 기하학적 질서라는 개념은 저승의 관료주의적인 궁정에 모델을 제공한 것으로 보이며, 일반인들은 그 신들에게 법적 청원을 제기했다.

황제는 법과 신성을 겸비했기 때문에 중국인들이 신을 광범위한 규정과 관료적 요구사항에 따른 정교한 행정의 일부로 보는 것은 당연했다. 법률주의는 자연의 질서처럼 보이게 됐다. 이는 서구의 법체계가 확장되어 일상생활 구석구석에 법률주의적인 규칙이 드리워진 현대 세계에서도 크게 다르지 않다.

Chapter

10

중세 유럽의 법원과 관습

중세 시대에 유럽의 왕과 황제는 자신의 권위를 주장하고 사람들에게 법을 적용하려고 애썼다. 대관식 선서를 통해 평화와 정의를 약속했고, 법학자들을 후원했으며, 법정을 설립하고 관습을 성문화하고 법을 공포했다. 그러나 교회와 국가가 분리됨에 따라 왕의 법은 종교의 승인에서 벗어나게 됐다. 중세의 정부는 중국이 그랬던 것처럼 주민들에 대해 규율의 질서를 확립할 만큼 강력하지 않았다. 어떤 경우에도 법정에 가는 것은 시간과 비용이 많이 드는 일이었으며, 재판관과 법을 신뢰하는 일반인은 거의 없었다. 그럼에도 많은 이들이 법적 형식의 실용적인 가능성을 확인했다.

대다수 사람은 왕이나 주교보다 자신의 마을, 지역 영주, 도시 구역 또는 교역망과 더 밀접하게 연관되어 있었고 집단마다 자체 규칙을 만들었다. 법적 기술은 사람들의 사고와 실천에 스며들었고, 외부의 법을 실용적인 목적에 맞게 조정했다. 프랑스에서 로마법의 재발견과 왕들의 중앙집권 계획은 지역적 수준에서조차 사법을 법률주의적 관행으로 전환했다. 영국에서도 왕의 법원이 지방법원의 모든 업무를 흡수한 것은 몇 세기 후의 일이지만, 지방법원은 점차 더 법률주의적인 형태를 취했다.

유럽 대륙에서는 12세기와 13세기에 로마법이 '재발견'되면서 입법의 바람이 불었다.[01] 이미 자신들의 법을 『롬바르드법서』로 취합한 롬바르드족은 이제 봉건적 관습을 『봉건법 보감(Libri Feudorum)』에 법률로 기록했다. 『봉건법 보감』은 신성로마제국을 포함한 유럽 전역에서 영주와 봉신 사이의 관계에 관한 권위 있는 책으로 널리 받아들여졌다.[02] 1220년에 신성로마제국 황제가 된 시칠리아의 프리드리히 2세는 로마법의 언어, 범주, 추론을 사용한 법률서인 『아우구스투스 헌장』의 편찬을 의뢰했다. 신성로마제국을 구성하는 게르만 공국과 도시국가들의 느슨한 연합체에서 로마법 학자들은 새로운 법을 더 많은 모음집으로 발간했다.[03] 이 중 가장 유명한 『작센슈피겔(Sachsenspiegel)』은 롬바르드족의 『봉건법 보감』에서 유래한 봉건법 원칙인 '렌레히트(Lehnrecht)'와 관습의 기록인 '란트법(Landrecht)'을 결합했다. 이 법서는 여러 게르만 방언으로 번역됐으며 작센 국경 너머의 법적 관행에까지 영향을 미쳤다. 어떤 경우에는 법이 무엇인지 발견하고 선언하기 위해 더 큰 도시에서 시민 집단인 '심판인단(Schöffen)'을 임명하여 조례, 관습, 관련 문헌을 조사했다. 이질적인 제국의 통합을 열망했던 신성로마제국 황제는 로마법의 사용을 장려하고 모든 선임 법관은 법학자로서 훈련을 받아야 한다고 요구했다. 일부 학자는 로마법이 공통의 유럽 문화를 대표한다고 주장했지만, 그 생각이 구체화되는 데는 몇 세기가 걸렸다.

카스티야 왕들은 13세기에 일련의 법을 대대적으로 정리했다. 그들은 스페인의 독립 왕국들 사이에서 패권을 주장하기 위해 유스티니아누스의 『학설휘찬』을 본떠 『칠부전서』를 만들었다. 그러나 스페인 법관은 여전히 자국의 법률과 관습을 적용해야 한다고 생각했으며 스페인 관리는 푸에로스(fueros)라고 하는 지역 법규를 의뢰했다. 프랑스에서도 정부 관리와 지역 영주가 필경사에게 지방법을 모음집에 기록하도록 요청했다. 영주와 법관이 정의를 집행하는 데 도움을 주기 위해서였다.[04] 관습법집이 출판되자 사람들이 자신의 사건을 뒷받침하기 위해 직접 인용하기 시작했으니 어느 정도 성공한 셈이다. 그러나 법관과 변호사는 자신들이 훈련한 로마법의 우월성을 확신하게 됐다. 필경사들은 관습을 기록하려고 진정으로 시도했지만, 사람들이 들려준 많은 것을 불가피하게 기존의 로마법 범주로 번역해야 했다. 그들은 유스티니아누스 『법학제요』의 개념과 아이디어를 채택했으며, 때때로 『학설휘찬』의 구조를 모방했다. 이는 로마법이 최고의 본보기라는 생각을 더욱 강화했다.

한동안 지방 법관과 조정자들은 분쟁 당사자 간의 타협을 중재하기 위해 전통적인 방식으로 분쟁에 접근했다. 그러나 소송당사자가 자신의 이익을 추구하기 위해 객관적이고 비인격적인 규칙을 참조할 수 있다는 생각이 점차 받아들여졌다. 프랑스 남부 셉티마니아(Septimania)의 기록에 따르면, 12세기에 대다수 사람은 분쟁을 해결하기 위해 '선한 사람', 즉 중재인을 찾았다. 심각한 사건, 일반적으로 대규모 토지 보유와 관련된 사건에서 당사자들은 조정을 위해 가까운 수도원의 수도원장이나 지역 자작에게 도움을 요청할 수 있었다.[05] 수도원은 임대료와 그 밖의 부과금에 대한 복잡한 권리를 가진 실질적인 지주였고, 수도원장은 종종 자신들의 토지에 대한 권리와 자격 문제로 지역 귀족과 분쟁을 겪곤 했다. 고위 성직자들과 귀족들이 그들 사이를 조정하려고 노력하겠지만 사건이 몇 년 동안 계속될 수도 있었다. 중재인은 당사자에게 압력을 가할 수는 있지만, 그들이 결정을 받아들이도록 강요하거나 심지어 타협 조건을 따르도록 강요할 수는 없었다. 때때로 그들은 누가 법적 권리를 가지는지를 나타내는 날인증서를 참조할 수 있었지만, 정확한 로마식 토지 소유권에 대한 범주는 대체로 잊히고 말았기에 권위 있는 판결을 내리기가 어려웠다. 따라서 단순히 분쟁의 대상인 부동산을 분할하는 쪽으로 타협하는 경우가 많았다. 합의하기로 했을 때조차도 중재인들은 당사자들에게 그 조건을 준수하겠다고 맹세하도록 요구해야 했다. 그들은 명예와 수치심을 다뤘고, 특히 상류층 구성원들 사이에서는 자존심이 큰 문제가 됐다. 중재인들은 존경받는 지혜를 참조하고 대중이 비난할 것이라고 위협함으로써 타협을 유도했다.

서서히 상황이 바뀌었다. 13세기 프랑스 왕들은 명목상 지배했던 지방에 대해 더 많은 권위를 주장하기 시작했고, 지주에게 임대료를 징수하고 군역을 요구하기 위해 직원을 보냈다. 극단적인 상황에서는 반항적인 귀족을 제압하기 위해 교회의 지원으로 그들을 '이단'으로 몰아 재산을 몰수할 수도 있었다. 덜 극단적인 상황에서는 교황 사절단에게 법관의 명령을 받아들이지 않는 시민을 파문하겠다고 위협하도록 요청할 수 있었다. 프랑스 왕들은 귀족들을 자기 주변으로 끌어들였다. 또한 보다 중앙집중화된 사법 구조를 확립하기 위해 파리의 새로운 법정에 상소하는 제도를 만들었다.[06] 이제 셉티마니아의 지주는 수백 킬로미터 떨어진 법정에서 귀족의 청구를 받거나 멀리 있는 정부의 직원들에게 군역을 요구받기도 했다. 점차 친밀한 사회적 범위 내에서 타협해야 한다는 압박이 사라졌고, 중재인들은 당사자들이 복종할 것으로 기대되는 확정된 결정을 내리면서 법관처럼 행동하기 시작했다. 동시에 그들은 로마의 단어와 문구를 사용하여 새로운 법정에서 내린 결정을 좀 더 체계적으로 기록했는데, 이는 그들이 '진실에 대해 질문'하고 '증인과 법률 문서'를 사용했음을 나타낸다. 실제로 존재하든 아니든, 이 문구는 로마법의 법률주의적 관행과 유사한 정의를 실현하는 적절한 방법이 있다고 느끼게 했다.

판사와 조정자가 법정에서 일관된 규칙을 적용하고자 하고 사람들이 권위 있는 결정을 받아들이면서, 조정과 타협의 오래된 체계는 모든 층위에서 무너지기 시작했다. 새로운 법은 모든 계층의 사람들에게 비인격적인 기구를 제공하기도 했지만, 다른 사람, 심지어 더 높은 지위의 사람들에게도 도전할 수 있는 언어 역시 제공했다. 법정에서 도시 집정관은 자작의 주장에 저항할 수 있고, 자작은 대주교의 주장에 대응할 수 있으며, 대주교는 집정관들에게 도전할 수 있고, 그들 모두가 왕에게 대항할 수 있다는 것을 알게 됐다. 그들은 멀리 떨어져 있고 더 강력한 사람들에 대한 논쟁에서 법을 인용할 수 있었다. 이것은 물론 완벽한 시스템은 아니었고 법적 논쟁이 항상 효과가 있었던 것도 아니지만, 사람들에게 자신을 지배하려는 자들을 상대하는 방법을 제공했다. 법은 이제 사람들이 중재인 앞에서 항상 사용했던 도덕적·종교적 주장을 보완했으며, 그 사상과 기법들은 지역적 상황에 맞게 걸러졌다. 영주는 왕을 따라 훈련된 법률가를 고용하여 법관으로 삼았고, 마을 주민과 도시 거주자 모두 새로운 법정이 권리를 주장할 수 있는 곳이라는 것을 알게 됐다. 이제 법은 정의에 대한 강력한 가능성을 가지게 됐다.

다음 세기에 걸쳐 법은 유럽의 여러 지역에서 다양한 방식으로 발전했다. 전쟁, 십자군원정, 이단 반대 운동은 말할 것도 없고 왕과 정부, 주교와 성직자, 법률가와 법학원, 영주와 필경사는 모두 제 역할을 했다. 새롭고 개혁적인 통치자들은 종종 법을 만들거나 개정하고 로마의 법적 절차를 채택했다. 스코틀랜드인들도 남쪽의 이웃인 영국을 건너뛰고 젊은이들을 프랑스와 이탈리아로 보내 로마법을 공부하게 했다. 로마법은 결국 유럽을 휩쓸었던 법전편찬운동을 통해 만들어진 대규모의 법에 영향을 미쳤다. 그리고 마침내 19세기가 되자 유럽의 통치자들은 지구 먼 곳의 사람들에게 영감을 줄 수 있는 법을 만들었다.

영국의 변화는 훨씬 더 점진적으로 이뤄졌다. 노르만 정복 직후, 영국의 한 필경사는 헨리 1세에게 귀속된 앵글로색슨법을 편찬했다. 그는 '합의는 법보다 우선하고 사랑은 판결보다 우선한다'라는 문장으로 자신의 모음집을 소개했다.[07] 그는 사람들이 모여 갈등을 해결하고 애정을 공개적으로 표현하는 '러브데이(loveday)'를 언급했다. 사랑의 결속은 평화와 안전을 가져다주므로, 심지어 영주와 신하들조차도 서로에 대한 사랑과 애정을 느끼게 해주어야 했다.

12세기 후반 헨리 2세가 실시한 법 개혁은 법관에게 '코먼로'가 무엇인지 선언할 수 있는 권한을 부여했다. 국왕 법관들은 전국을 돌아다니며 지주들 간의 분쟁, 일반적으로 재산과 승계에 대한 다툼에서 판결을 하는 순회 법정을 개최했으며, 소송 개시 공문이 발부된 후 타협하는 것은 왕에 대한 모욕이 됐다. 그들은 복수를 허용하기보다는 심각한 범죄로 기소된 사람들을 심판하는 자리에 앉았다. 한편 로마의 예에서 영감을 받은 영국 학자들은 영국의 '불문법(unwritten law)'에 관한 전문 서적을 썼다. 그 서적은 영국과 웨일스 전역으로 확장된 법 제도의 시작을 나타내지만, 이 제도가 지역적이고 전문화된 법률과 법원을 대체하기까지는 수백 년이 걸렸다.

러브데이는 다음 세기에도 지속됐지만 중세 대부분 기간과 근대 초기에 이르기까지 농민·장인·성직자·상인은 모두 지방 법정으로 향했고, 이 법정은 종종 분쟁을 해결하도록 왕실에서 인가를 받았다. 그들은 지방 법관 앞에서 관습과 법을 인용했고 배심원단이 자신에 대한 혐의를 검토하기를 기대했다. 앵글로색슨족은 카운티의 작은 구역인 주와 군에 법정을 설치했다. 그곳에서 기사, 지주, 자유보유(freehold: 건물과 해당 건물이 자리한 토지를 모두 소유하는 형태의 건물 소유권—옮긴이) 부동산 점유자가 정기적으로 모여 지역 문제를 논의하고 관리했다. 노르만인은 이 제도를 계속 유지했고, 헨리 2세는 각각의 주와 군에 셰리프(sheriff: 영국에서 왕의 대리인으로 카운티의 사법·행정을 맡아보던 지방관—옮긴이)를 임명했다. 셰리프는 각 셰리프 법정(tourn)에 자유민 열두 명으로 구성된 배심원단을 소집하고 약 6개월마다 열리는 법정에서 강도, 살인, 절도 등의 범죄 혐의를 검토했다.[08] 때때로 왕의 순회 법정은 몇 달 동안 지방 법정의 활동을 검토하고 가장 복잡한 법적 소송, 일반적으로는 가장 심각한 범죄 혐의와 아울러 광활한 토지의 소유권과 상속에 관한 분쟁을 심리하기도 했다.

순회 법정은 13세기 동안 '순회재판'을 통해 전국을 순회하며 군 법정의 업무를 인수한 국왕 법정인 '어사이즈(assizes)'에 자리를 내줬다.[09] 결국 셰리프를 대체하게 된 치안판사들과 더불어 어사이즈는 살인·강도·방화 등 중범죄, 각종 규정 위반, 시민 개인 간 분쟁 등에 대한 주장을 심리했다. 중범죄 혐의를 제기하는 사인소추자는 중범죄를 범죄로 규정했지만, 사람들은 일반적으로 오늘날 민사법원에서 인정될 수 있는 종류의 배상을 원했다. 그리고 사람들은 공무원에 대해 호소할 수 있었다. 결국 법정은 의술을 제공하는 사람, 말에 편자를 박는 사람, 물건을 운반하는 사람, 동물이나 불을 다루는 사람의 과실을 주장할 수 있는 새로운 소송 개시 공문을 개발했다.[10] 지방 배심원들은 재산이나 난파선, 무단침입이나 농업용수, 보물 발견, 법익 피탈자·도망자·밀렵꾼의 활동, 시장이 열릴 수 있는 시기 등 주제를 불문하고 그 주장에 대해 조사해야 했다. 불안한 시기에는 조직적 폭력, 법적 절차의 남용, 음모 역시 조사해야 했다. 14세기 후반에는 도량형 사용을 감독하고 화폐의 위조 및 깎아내기(즉, 가치 있는 주화의 가장자리를 깎는 것), 초과 임금 요구, 열등품 판매 등도 조사했다.

그러나 어사이즈에서 정의를 구하는 것은 복잡하고 비용이 많이 들었기에 농민 대부분은 장원(manor)에서 분쟁을 해결하고 지역 문제를 관리하며 정의를 구해야 했다. 중세 영국 농민들은 마을(village)이나 작은 마을(hamlet) 또는 농장(farmstead)에서 살았고, 법적으로는 장원에 속했다. 그들이 경작하는 장원의 영주는 노르만 영주나 대수도원, 수도원, 정부 자체였을 수 있으며 더 큰 영지는 여러 교구와 주에 흩어져 있는 토지를 포함했다. 그래서 때로 가까운 이웃이 다른 장원에 속하기도 했다. 대다수 농민은 농노(villein)로 알려진 봉신이었다. 영주는 생산물과 서비스에 대한 대가로 그들에게 밭 몇 필지를 일구고 가축들을 공동 목초지에서 먹일 권리를 부여했다. 농노는 또한 영주의 밭에서 일하고, 수확한 옥수수를 갈고, 목재를 운반하고, 동물들을 돌봐야 했다. 일부 농민만이 이런 의무 없이 자신의 밭을 소유하고 있는 자유보유권자였는데, 이들조차도 영주의 법정에 출석해야 했다.

노르만 왕은 이 영지를 나누어주면서 새로운 소유주들에게 법정을 열 수 있는 권리를 부여했다.[11] 영주의 집행관, 지방행정관, 궁내관 등 영주의 관리들은 모든 (남성) 소작인, 즉 그 영지의 농노들과 자유민들을 3주에 한 번씩 불러 '소송인(suitor)'으로 활동하게 했다. 이 법정에서 소송인들은 공동 목초지·숲·강·연못의 사용에 대한 규칙을 검토했으며, 소와 양을 목초지로 보낼 수 있는 사람, 돼지가 땅을 파서 도토리와 너도밤나무 열매를 먹게 하는 밭으로부터 숲을 지켜야 하는 사람, 마을 연못에서 거위를 키울 수 있는 사람 등을 결정했다. 그리고 세금과 부과금을 징수하고, 농노들이 수행한 일을 기록하고, 소란과 다툼과 싸움의 소요와 소문을 조사하고, 장원을 떠난 사람들의 이름을 기록했다. 또한 규칙을 위반한 소작인에 대해 관리들이 제기한 모든 혐의를 검토해야 했다. 소송인은 소작인이 법정에 출석하지 않았거나 영주의 밭 또는 방앗간에서 임무를 수행하지 않았다는 주장을 들을 수도 있다. 어떤 여자가 영주의 옥수수밭에 가축을 들여보냈거나, 영주의 허락 없이 결혼했을 수도 있다. 또는 자유민이 영주의 종들에게 에일을 팔기를 거부했을 수도 있다. 누군가가 임차료를 다 내지 않았거나 허가 없이 밭을 임차하려 했다는 주장을 들을 수도 있고, 과일을 따거나 옥수수밭을 망가뜨리거나 밀렵을 하거나 이웃의 땅을 침범하는 것을 봤을 수도 있다. 이럴 때 소송인은 대개 범죄자에게 벌금을 부과했지만, 위반 사례가 네 번째에 이르면 칼을 씌우거나 호송마차에 태워 마을을 돌아다니며 구경거리로 만들기도 했다.

농민들은 불만을 법정에 제기하기도 했다. 거위 24마리를 죽인 개의 주인을 고소한 사례, 자기 땅을 허락 없이 가로질러 길을 낸 이웃을 고소한 사례도 있었다. 마을 사람들은 장원에서 빚은 술과 에일, 빵의 품질에 대해 불만을 제기할 수 있었다. 13세기에 왕들은 일부 영주에게 전국을 돌아다니며 '빵과 맥주의 조례(assizes of bread and beer)'를 시행할 수 있는 특별 관할권을 부여하여 품질과 가격에 대한 국가 표준을 시행했다. 소송인들은 또한, 예컨대 두 아들 중 누가 아버지의 땅을 상속받아야 하는지 또는 그 땅을 두 아들이 나누어야 하는지 등의 지역 관습을 결정해야 했다. 마을 사람들은 서로 가혹하게 굴기도 했다. 베드퍼드셔의 크랜필드에 사는 소작인의 딸인 다우스(Douce)는 땅을 상속받을 권리가 있다고 주장했는데, 이는 처음에 장원재판소(manorial court)의 소송인들을 통해 확인됐다. 그러나 나중에 다우스가 혼외자를 낳았다는 사실이 알려졌고, 소송인들은 '잘못을 저지른' 딸은 상속권이 없다고 선언한 이전의 사례를 따라야 한다고 봤다. 그들은 불행한 다우스에게 땅을 주지 않았다.[12]

대다수 영국 농민에게 장원재판소는 불만을 제기하고 토지 거래를 등록하며 공통 관심사를 토론할 수 있는 장소였다. 소작인은 또한 공동 자원 관리나 외부인의 활동에 대해 영주에게 요청할 수 있었다. 만약 다른 장원의 소작인들이 땅을 침범했다면 영주를 설득하여 조사하게 하고, 필요하다면 군 또는 주의 상급 법정에 소송을 제기하게 할 수 있었다. 한 학자의 표현처럼, 대다수 사람은 장원재판소를 '자신들의 재판소', 즉 친구들과 이웃의 말을 듣고 판단할 수 있는 곳이며 국왕 법정보다 더 호의적인 심리를 받을 수 있는 곳이라고 생각했을 것이다.[13]

만약 세금을 내지 않거나 절도 중에 잡힌 농민이 있으면 장원재판소가 마을에서 '추방'하고 불과 물을 갖지 못하게 함으로써 사실상 법의 피탈자로 만들 수 있었다.[14] 마을 사람들은 범죄를 인지하면 '소리를 높여야' 했는데, 이는 소리가 들리는 곳의 모든 사람이 용의자를 찾아야 함을 의미했다. 범죄자는 교회로 피난할 수도 있고 '영역을 포기', 즉 마을을 떠나겠다고 약속할 수도 있었는데, 이를 마을 사람들이 감시해야 했다. 시체가 발견되면 검시관은 가장 가까운 마을 네 곳의 모든 남자를 소환하여 조사했는데, 추수 때 이런 일이 일어나면 상당히 곤란하기도 했다. 이 모든 경우에 카운티 셰리프는 마을 사람들과 장원 관리들이 적절하게 행동했는지 확인했다.

앵글로색슨 시대로부터 물려받은 제도하에서 모든 비자유민은 열 명 이상의 집단인 10인조(tithing)에 속해 있었는데, 10인조는 회원들의 좋은 행동에 대한 책임을 맡았다. 누군가가 심각한 범죄를 저질렀다면 셰리프는 10인조 대표를 카운티 법원에 소환할 수 있었다. 또한 반역, 살인, 절도, 방화, 강간, 밀렵 그리고 장원에서 보고된 모든 유혈 사건과 '소리를 높인' 모든 사건을 제시하게 하기 위해 군(hundred)의 공인 대리인을 소환할 수 있었다. 셰리프는 벌금과 교수형을 선고할 수 있었고, 더 권위적인 셰리프는 마을 사람들을 위협하여 친구들과 지인들을 밀고하게 했다. 복수심에 찬 농민들이 심각한 범죄를 주장함으로써 적에게 불안과 비용을 초래할 수 있는 반면, 미해결 범죄의 책임을 알려지지 않은 '부랑자(vagrant)'에게 돌리며 내부인을 숨기기 위해 결속할 수도 있었다. 농민들은 셰리프 법정에 앉는 것이 부담스럽다고 생각했지만, 법이 무엇이고 무엇이 되어야 하는지를 결정하면서 작게나마 사법행정에 참여할 기회를 얻었다. 이 경험을 통해 그들은 토지 양도증서가 자신들에게 권리를 부여하고, 어떤 사람은 다른 사람으로부터 상속받을 권리가 있으며, 살인이나 상해 혐의를 받았을 때 정당방위나 과실을 주장할 수 있다는 생각을 하게 됐다. 그리고 이를 장원재판소에서도 적용하고자 했다.

이런 식으로 왕실의 법정 제도 내에서 발전된 규칙, 관행, 원칙은 장원에까지 흘러 들어갔다. 헨리 1세의 법으로 거슬러 올라가는 원칙에서는 누구도 당사자보다 지위가 낮은 사람이 판단해서는 안 된다고 규정했다. 이것은 자유민이 장원재판소에서 기소되면 그의 사건을 심리하기 위해 자유민 배심원을 소집해야 함을 의미했다. 그리고 귀족들은 13세기에 승인된 마그나카르타를 알았을 것이다. 그 조항은 '자유민은 그와 동등한 자의 적법한 판정에 의하거나 국법에 의하지 아니하고는 체포·구금되거나, 재산이 박탈되거나, 법적 보호가 박탈되거나, 추방되거나 다른 방법으로 침해당하지 아니한다'라고 규정하며 믿을 만한 증인이 없는 한 어떤 집행관도 법정에서 사람을 문책해서는 안 된다고 선언했다.[15]

13세기에 문해력이 높아짐에 따라 영주는 기록과 회계를 유지하기 위해 사무원을 고용했고, 장원 기록에 법적 사건을 기록했다.[16] 인구가 증가하자 그들은 모든 소작인을 소송인으로 소환하기보다는 법정에 앉을 배심원 열두 명을 선택하기 시작했다. 영주들은 지방 배심원들에게 사건을 제시하도록 요청한 셰리프의 관행을 모방하여, 이제 배심원단이 자신의 궁내관이 제기한 혐의만을 결정하는 것이 아니라 사건을 조사하고 제시하도록 요청했다. 왕은 또한 일부 영주에게 '영주재판소(court leet)'를 열 권한을 부여했는데, 영주재판소는 더 심각한 상해와 폭행 사건을 검토하고 처벌하여 사실상 셰리프 법정의 관할권을 인수했다. 영주재판소에서는 배심원들이 한꺼번에 여러 사건을 심리했다. 그 과정은 사건들을 개별적으로 심리하는 것보다 훨씬 빨랐지만, 아마도 덜 정당했을 것이다. 배심원 대부분은 이런 과정에 들여야 하는 시간과 노력에 분개했고, 당연한 일이지만 이웃을 조사하고 밀고하는 것을 싫어했다. 하지만 그들은 범죄자들이 처벌을 받기를 간절히 바라기도 했을 것이다.

장원재판소에 오게 된 사건은 일반적으로 단순한 사실문제나 적절한 처벌에 관한 질문을 포함했지만, 배심원들은 다우스의 불행한 상속 사건에서와 같이 때때로 지역 관습을 결정해야 했다. 13세기가 지나면서 장원재판소는 자유민과 농노의 권리와 의무를 좀 더 명확하게 구별하기 시작했다. 이는 장원 기록에 포함돼 있어서, 사람들이 영주가 부당하게 땅을 빼앗거나 동료 농노가 땅을 침범한다고 생각할 때 기록을 참조할 수 있었다. 국왕 법정이 토지 소유에 관한 분쟁에 대해 더 복잡한 소송 개시 공문을 개발함에 따라 새로운 일부 범주는 장원재판소로 유입됐다. 사람들은 매매와 양도, 계승적 부동산 처분 및 합유를 기록하기 위해 표준 문서를 사용하기 시작했다. 장원재판소는 비록 복잡한 형식을 항상 정확하게 사용하지는 않았지만 토지 소유권 주장의 수단인 침탈 부동산 점유 회복, 분쟁 중인 상속 소송에서 사용되는 상속 부동산 점유 회복과 같은 국왕 법정의 소송 형식을 채택했다. 재판소는 상속 문제(한정상속, 잔여권, 복귀권, 임종 때의 양도와 같은 관습)뿐만 아니라 상속세, 후견(고아에 대한 책임), 결혼 구제 문제도 결정해야 했다. 재판소는 혼인세(merchet, 결혼에 대한 부담금), 여자의 음란한 행위에 대한 벌금, 방치된 소유지와 동물의 소유권을 주장할 권리, 공유지 침해, 농노 보유 재산의 낭비에 대한 사건을 심리했다. 지역 관습은 수 세기 동안 존속했지만, 시간이 지나면서 더욱 획일적인 규칙과 범주가 생겨났다. 모호하던 법적 절차의 지도는 점차 더 명확한 윤곽을 갖게 됐다.

14세기 중반 흑사병이 영국을 휩쓸며 주민들을 압도하고 농업을 파괴했다. 1381년에 이어진 농민반란에서 반란군은 영주에 대한 저항의 표시로 많은 장원 기록을 파괴하거나 불태웠다. 이런 사건은 비록 극적이긴 했지만, 장원제도를 훼손하지는 않았다. 이후 수십 년 동안 영주들은 기록을 복구했고, 농민들은 값싸고 비교적 효과적인 정의를 위해 계속해서 재판소에 의지했다.[17] 점차 영주들은 농노들이 자기를 위해 농사를 짓게 하기보다는 임대에 치중했고, 땅을 더 자유롭게 사고팔면서 소유지를 관리하는 데 관심을 덜 갖게 됐다. 그래서 토지의 경계 확인, 소작료와 노무에 대한 책임 할당, 장원 관리 선출 및 비어 있는 보유 재산의 소작농 선정과 같은 행정적인 문제를 배심원들에게 일임했다. 재판소는 회의 빈도가 낮았지만 사람들은 16세기까지 장원제도에서 정의를 추구했고 절도 용의자, 과도한 세금을 빼내려고 한 관리, 상한 맥주 양조업자, 자신의 지역에서 추방되어야 한다고 생각하는 나병 환자를 고발했다.

장원재판소의 중요성은 여전했지만 농민들이 정의를 추구하거나 범죄로 기소될 수 있는 곳은 장원재판소만이 아니었다. 결혼, 이혼, 자녀의 정통성, 성범죄에 관한 문제는 모두 교회 법정으로 넘어가야 했다. 이 '지방참사회(rural chapter)'에서는 고위 성직자, 주임 사제, 부감독 등이 유언의 유효성이나 혼인의 적법성에 대한 분쟁, 혼인 합의에 따른 물품이나 금전 요구, 개인 재산상속에 대한 분쟁, 미혼 남녀 간의 사통, 간통, 근친상간, 중혼 혐의와 함께 이단 및 주술 혐의에 관한 분쟁을 심리했다.[18] 교구 위원(churchwarden)과 그 밖의 교회 관계자들은 일요일에 교회에 출석하지 않거나 자녀에게 세례를 주는 것을 거부한 사람들을 소환했는데, 이런 경범죄는 보통 처벌보다는 보속을 받았다. 교회 주관자(rector)와 교회 주관자 대리(vicar)는 또한 십일조 납부를 조사할 수 있었다. 농민들은 곡물, 판매 목적의 채소·양모·우유, 새로 태어난 가축의 10분의 1을 교회에 바쳐야 했다. 영적인 관심사는 실제적인 계약에도 영향을 미쳤다. 농민들은 계약을 체결하기 위해 믿음의 맹세를 할 수도 있었다. 그리고 나중에 누군가가 계약위반을 주장하면 지방참사회에 판결을 요청해야 했다. 성직자들은 문제의 범죄에 대한 논쟁이 거의 없었음에도 로마의 민사 절차에 뿌리를 둔 교회법을 적용해야 했다. 더 어려운 것은 간통이나 사통의 정황증거를 어떻게 평가할 것인가 하는 문제였다. 한 가지 해결책은 피고인들이 친구들과 이웃들을 모아서 '면책 서약'을 통해 자신의 좋은 성품을 맹세하게 하는 것이었다.[19]

교회는 적어도 이론상으로는 농업이나 사회생활의 규제보다는 남성의 영혼 상태에 관심을 두었지만, 중세 영국의 남성과 여성은 명예에 깊은 관심을 두고 명성을 지키기 위해 종종 교회 법정에 의지했다. 모욕, 특히 논쟁이 한창인 가운데 행해지는 성적인 풍자가 있는 모욕은 큰 불쾌감을 일으킬 수 있었으며, 모욕이 다시 퍼지는 위험을 무릅쓰고 많은 사람이 법정에서 공개적인 면죄를 요청했다. 15세기의 기록에 따르면 수백 명(대부분 여성)이 '창녀'나 '매춘부' 또는 그 아들딸이라고 모욕을 당했다고 불평했고, 그 외에도 다채로운 모욕이 있었다고 한다. 위스베치의 집사는 '창녀', '매춘부', '정숙하지 못한 여자'라고 불리는 사람들과 함께 '방랑자'와 '매춘부를 사는 사람'에 대한 모욕을 검토해야 했다. 그리고 모욕은 민족주의적 특색을 보이기도 했다. 노리치 법정의 한 증인은 "당신은 가짜 플랑드르 사람(false flemming)이고 거짓말하고 냄새나는 코칼드(false stynkyng cokald)야"라는 말을 들었다고 진술했으며, 미들섹스의 하인들은 서로를 '스코틀랜드풍의 창녀(Skottishe prestes whore)' 또는 '웨일스풍의 자식(Walsche prestes son)'이라고 부르며 모욕을 주고받았다.

흑사병 이전 세기에 양모 무역은 영국 사람들에게 새로운 부를 가져다줬고 영국의 인구는 현저하게 증가했다. 새로운 도시가 형성되어 왕들이 인가하자, 상인들은 중세 상업의 다섯 가지 필수품인 양모·양피·가죽·납·주석의 무역을 촉진하기 위해 길드를 설립했다. 도시는 자치구 법원을 설립하여 지역 공무원이 신용과 부채, 무역 분쟁, 경미한 폭력 혐의, 재산 피해, 도시 규정 위반에 관한 소송을 심리했다.[20] 도시의 번영은 상업 분쟁을 효율적이고 값싸게 해결할 수 있는 법원에 의존했고, 지역의 관리들은 법원을 엄격히 통제했다. 벌금은 그들의 수입 중 일부였다. 그러나 자치구 법원의 관할권과 절차는 매우 다양했고 일부 도시에는 사건을 두고 서로 경쟁할 수 있는 다양한 자치구 법원이 있었다. 한편 영주재판소는 십일조의 책임을 감시하고, 검시관은 사망 원인을 조사하며, 교역지법원(staple court)은 필수품을 감시했다.[21]

램지 수도원장 등 총애받는 엘리트들도 정기시(定期市, fair)를 열 수 있도록 허가를 받았으며, 이에 따라 장터상인법원(pie-powder court)

이 만들어졌다. 케임브리지 근처의 작은 마을인 세인트아이브스 정기시는 곧 국제 상인들을 끌어들였고, 장원 영주들은 더 많은 지역 시장을 열었다. '먼지투성이의 발(dusty feet)'이라는 뜻의 이름이 붙여진 그들의 법정에서 떠돌이 상인, 시장, 집행관, 궁내관 들이 위법행위에 대한 주장을 심리하곤 했다. 그들은 상인들이 이동하기 전에 신속하게 재판해야 했는데 순경을 보내서 물건을 압수하거나, 칼을 씌우거나 호송마차에 묶어서 범인을 욕보일 수도 있었다. 양모 무역이 확대되고 영국 경제가 다각화함에 따라 정기시도 다양해졌고, 결국 왕실은 하나의 필수품을 판매하는 시장이 있는 모든 도시에서 상인들이 불량 상인을 체포, 재판, 투옥, 처벌할 관리를 선출하도록 지시했다. 불법행위 대부분은 부채, 계약위반, 상품의 품질에 관한 것이었다. 예를 들어 1275년에 세인트아이브스의 어떤 제빵사는 한 여성이 자기 집에 침입하여 아내를 모욕하고 흰 밀가루에 누룩을 부었다고 고발했다.[22] 그는 이로 인해 비용 3펜스가 들었고, '수치심'에 대해서도 반 마르크를 원한다고 말했다. 집행관들은 모욕과 밀가루에 대한 손해 혐의에 대한 변호로서 여성이 증인을 불러 자신의 선한 성품을 맹세하도록 허용했지만, 가택 침입은 심각한 범죄였으므로 상인과 마을 사람들로 구성된 배심원단이 사건을 심리할 것을 요구했다. 그들은 상인들이 동료 배심원단의 재판을 받게 하기 위해 장원재판소와 자치구 법원의 절차를 따랐다.

분쟁을 심리하기 위해 지방 배심원을 소집하는 관행은 13세기와 14세기에 영국 전역으로 퍼져나갔다. 이 관행은 사람들이 고대의 주석 채굴 관행을 따랐던 데번과 콘월까지 확장됐다. 로마 시대에 주석 광부들은 콘월의 강과 개울에 있는 고운 모래에서 퇴적물을 추출하여, 화강암으로 지어진 작은 블로잉 하우스(blowing house: 주석 제련에 사용되는 건물—옮긴이)에서 제련했는데, 이 건물들은 농촌 마을 사이의 황무지에 점점이 흩어져 있었다.[23] 주석 광부들은 어디든 자유롭게 '경계'를 설치할 수 있었고 그 지역의 구석에 바위나 잔디를 둘 수 있었는데, 그 지역을 계속 관리하는 한 자신의 것이라고 주장할 수 있었다. 지역 셰리프는 11세기 중반 제련된 주석에 대한 세금을 징수했고, 1198년 리처드 1세(Richard I)의 제1 각료는 엑서터와 론서스턴에서 광부들의 배심원이 세금과 관련된 법과 관행을 결정하는 법원을 소집했다. 그는 또한 광산 지역으로 알려진 주석 광업지의 수석 관리인을 임명하여, '관습상의 특전과 종래의 특권'을 감독하고 시행하며, 주석상들이 상품을 공인된 시장 밖에서 파는 것을 막았다. 1201년에 존 왕은 주교, 수도원장, 영주 들의 땅을 포함하여 어디서든 '그들이 하던 대로' 땅을 파고 주석을 채굴하는 관습적인 권리를 확인했다. 주석 광부는 수익의 일부를 토지 소유자에게 '사용료'로 지급해야 했지만, 오직 교회와 그 경내에서는 면제됐다. 왕은 또한 주석 광부들에게 자유 신분을 부여했는데 이는 곧 영주들에게 세금, 도로와 다리의 사용료, 시장에서의 요금을 내지 않아도 된다는 것을 의미했다. 왕은 수석 관리인이 주석 광부들을 "정당하고 공정하게 대우해야" 한다고 선언했는데, 여기에는 그들을 주석 광업지의 감옥에 가두거나 그들이 불법화한 소유물을 압수하는 것이 포함될 수 있었다.

주석 채굴 관행은 법이 해결해야 할 독특한 문제들을 제시했다.

관리인은 다음 세기에 걸쳐 법원 8개를 설립했는데, 두 카운티의 광산 지역에 각각 하나씩 설치했다. 살인, 과실치사, 신체 상해, 그 밖의 심각한 범죄로 기소된 주석 광부들은 국왕 법정에 가야 했지만 그보다 가벼운 사건은 지방 배심원이 심리했다. 작업하는 주석 광부와 용광로 담당자, 블로잉 하우스의 소유자, 새로운 사업에 자금을 대는 사업가, 대장장이, 탄갱부, 광업 기구 제작자 들은 모두 주석광산법원(stannary court)을 이용했다. 주석광산법원은 주석 광부나 업계와 관련되지 않은 사람들 사이의 분쟁에 대해서도 심리했는데, 이 경우 배심원의 절반은 주석 광부가 아니었다. 토지 소유자는 광부들이 자신의 농작물을 파괴하면 고발할 수 있었고, 목사는 자신의 교회 경내에서 땅을 파다가 잡힌 사람들을 신고할 수도 있었다. 한 주석 광부는 지역 영주가 자신을 정당한 스트림워크(streamwork: 주석의 충적층을 가공하는 곳—옮긴이)에서 쫓아냈다고 고소했고, 또 다른 사람은 콘월주 포위 마을의 시장이 자신의 작업에서 나오는 폐기물이 항구를 더럽히는 것을 내버려뒀다는 혐의로 자신을 잘못 투옥했다고 주장했다. 만약 배심원들이 정의를 행하지 않는다면, 관리인에게 직접 상소할 수 있었다.

업계에서는 제품을 평가하고 시장에 내놓기 위한 전문 절차를 개발했다. 주석을 제련하고 나면 주석 광부들은 주석광산법원에서 규정하는 절차에 따라 소유자의 표시를 찍어 그것을 주조하기 위해 한 마을로 가져갔다. 그들이 수레와 짐마차에 주석을 싣고 도장 망치·추·저울을 들고 도착하면, 검사관은 제련된 주석 조각들의 무게를 재고 표시를 했다. 검사관이 이를 분석자에게 전달하면, 분석자는 품질을 평가하고 주조를 결정했다. 이에 대한 값을 치러야 주석 소유자는 마을을 가득 메운 런던 상인이나 백랍 세공인의 대리상 중 한 명에게 주석을 팔 수 있었다. 멀리 떨어진 이탈리아와 플랑드르에서도 상인들이 최고의 콘월 주석을 확보하기 위해 왔다. 주석광산법원은 16세기까지 이런 과정을 규제했다. 1508년 헨리 8세(Henry VIII)는 주석에 관한 모든 '법령, 법률, 조례, 포고령'을 승인하기 위해 콘월에서 각각 여섯 명씩 스물네 명으로 구성된 평의회를 설립했다. 데번은 주석 거래를 규제하기 위해 이미 사실상 독립적인 의회인 자체 평의회를 가지고 있었다. 이런 평의회들은 18세기와 19세기까지 주석광산법원과 함께 업무를 계속했다.

영국 왕실은 중세 시대에 다른 수많은 법원을 인가했다. 왕들은 나라의 많은 지역에 있는 삼림, 황야, 황무지를 사냥터로 주장했다. 색슨(Saxon) 왕은 사냥을 즐겼고, 정복왕 윌리엄(William the Conqueror)은 사냥을 위해 남겨둔 땅을 확장했다.[24] 13세기에 이르러 이 숲들은 왕의 식탁에 오를 음식, 건축 프로젝트를 위한 목재, 벌금과 임대료 수입, 왕의 수행원을 위한 오락을 제공했다. 헨리 3세(Henry III)는 남작들의 반대를 무시하고 1217년 삼림 헌장(Charter of the Forest)을 통과시켜 이 땅의 지위를 확인했다. 그러나 이 헌장은 또한 아무도 '우리 사슴고기를 위해', 즉 밀렵을 위해 생명이나 사지를 잃지 않도록 규정했으며 연못을 만들고, 새와 석청을 채취하고, 목재와 장작을 모으고(필요물 취득권), 소와 돼지를 방목하고(돼지 방목권), 일정량의 채굴을 할 수 있는 지역 주민들의 특권을 확인했다. 60년 후, 에드워드 1세(Edward I)는 삼림과 관련하여 모든 종류의 부적절한 이용을 포괄하는 '우거진 수풀 침입' 및 '사슴 고기 침입'의 범죄를 강화하는 또 다른 법안을 통과시켰다.

에드워드의 법령은 산림에 대한 공식적인 감독과 전문적인 법원이라는 복잡한 구조를 공고히 했다. 관리인과 산림관은 토지를 관리하고, 살해된 짐승을 관리하고, 불법 활동을 확인하고, 왕의 요구에 따라 사슴을 잡아 소금에 절였다. 주교·셰리프·순경은 순회 법정에 앉아 있는 판사들 앞에 범죄자들을 내보여야 했고, 백작과 남작을 소환해 그들의 영지에서의 활동에 대한 책임을 물을 수도 있었다. 한편 지역사회는 산림 규칙을 집행하는 것에 대해 국왕에게 직접 책임이 있는 왕실림법원 판사(verderer)를 선출했다. 검시관이 인간의 의심스러운 죽음을 조사하는 것처럼, 왕실림법원 판사는 살해된 짐승의 죽음에 대해 조사할 수 있었고 가벼운 범죄에 대해 약간의 벌금을 부과할 수 있었다. 그들은 필요물 취득권과 돼지 방목권의 취득, 왕을 위한 나무 벌채, 채광 및 숯 제조를 감독했다. 궁핍한 마을 사람들은 돼지가 도토리와 너도밤나무 열매를 먹으려고 숲속을 배회하게 하거나 허용된 것보다 더 오래 머물며 더 멀리 돌아다니게 하고 싶다는 유혹을 받았고, 밤이 되면 땔감이나 철광석을 채취하기 위해 몰래 들어왔다. 일부는 석청을 채취하고 매를 잡았으며, 더 야심 찬 사람들은 나무를 베어내거나 사슴을 가두거나 몰래 숲을 개간하여 밭으로 만들기도 했다. 대부분은 적발 시 벌금형을 받았지만, 너무 가난해서 면제되는 경우도 많았다. 그러나 왕실림법원 판사들이 밀렵을 의심하는 경우 그들은 배심원 열두 명을 소환하여 신문한 다음 의심되는 범죄자를 관리인에게 보내 다음 순회 법정 때까지 투옥해야 했다.

임야 순회 법정(forest eyre)은 1282년에 에드워드 1세가 왕실림의 셰리프에게 재판관 네 명을 임명하라고 명령했을 때 12년 만에 처음으로 개최됐으며, 그 후로는 대개 2~3년마다 개최됐다. 글로스터에서의 심리는 10주 동안 지속됐고 왕이 웨일스와 싸우러 갈 때도 여전히 끝나지 않았다. 그때까지 1000명이 출석했는데, 이들은 마지막 순회 법정 이후 범죄로 기소된 사람들이었고 그중 다수는 심리와 판결을 기다리는 힘든 여정을 보내야 했다. 첫째 날 재판관은 사슴을 훔치고 방해한 58건, 황야를 불태운 2건, 출두하지 않았거나 다른 사람들을 위해 보증을 서준 72건을 심리했다. 왕실림법원 판사가 이미 가벼운 범죄를 처리했지만 재판관은 참나무를 가져다가 판매하고, 숯을 태우고, 나뭇가지와 덤불을 자르고, 숲에서 동물을 방목하는 것을 포함하여 우거진 수풀에서의 범죄로 기소된 400명 이상의 사건들을 검토해야 했다. 왕실림법원 판사는 산림 농산물을 훔친 농민들에게 벌금을 부과하고 마차·배·소를 몰수했는데, 나중에 그는 모든 범죄를 기소하지 않은 것에 대해 벌금형을 받았다.

장미전쟁의 혼란 속에서 왕실은 이런 법정에 대한 감독을 완화했지만 산림 관리 제도는 계속됐다. 엘리자베스 1세(Elizabeth I)는 16세기에 해군 함대를 위해 대량의 목재가 필요해졌을 때 이 제도를 검토하고 부활시켰다. 이 제도는 다음 세기까지 계속됐고 점차 왕실의 업무에 흡수됐다.

한편 바다와 주요 강 근처에 살았던 농민들과 장인들은 어부, 선원, 잡화상, 거룻배 사공으로서의 기술을 발전시켰다. 그들의 활동은 모두 특정한 법적 쟁점이 제기되기 쉬웠고, 그들은 사건을 해사법원

(admiralty court)으로 가져갔다.[25] 난파선에서 떠내려온 귀중한 물건을 우연히 발견한 사람은 해사 판사 앞에서 자신이 물건을 보관할 권리가 있음을 변호해야 했다. 14세기 중반, 해군을 민간사업으로 전환한 에드워드 3세(Edward III)는 영주에게 법적 분쟁을 심리할 권한을 부여했다. 왕은 법원의 활동을 지도하기 위해 아키텐의 알리에노르(Aliénor d'Aquitaine)가 약 200년 전에 비잔티움 상법에 기초하여 작성한 해상무역에 관한 법률 및 판결서인 『오레온 해법(Rôles d'Oléron)』을 포함하는 문서 모음집을 정리했다. 적어도 공식적으로 제독들은 선원들의 임금 청구나 화물의 분실 또는 인도에 관한 분쟁을 심리할 때도 '바다의 옛 관습'과 함께 이 대륙법을 적용해야 했다. 그리고 장터상인법원이 그랬던 것처럼, 곧 다시 바다로 들어갈 선원과 상인을 신속하게 재판해야 했다.

코먼로 법원의 판사는 때때로 제독의 권한에 반대했지만 16세기에 헨리 8세는 모든 만, 항구, 강, 하천에 대한 제독의 관할권을 확인했다. 그는 해상 침입, 폭동, 불온 집회, 불법 집회, 갈취, 억압, 경멸, 은폐, 불고지, 음모, 그 밖에 '난폭한 행위'의 사례를 심리할 수 있다고 선언했다. 여기에는 해사법원의 법률, 관습, 해상 조례뿐만 아니라 왕국의 법률에 반하는 범죄도 포함됐다.[26] 제독과 그 대리인은 배의 판매를 규제하고 강이나 해안에서 발견된 상품을 관리하며, 상인들을 등록하여 영국 항구에 등록된 배에 상품을 적재한 외국 상인에게 자유 행동증(letters of safe conduct)을 줬다. 생선 장수, 포도주 양조업자, 맥주 양조업자, 식료품 업자와 함께 직물 직공, 가죽 판매자, 재단사, 포목 장수를 포함하는 상인은 일반적으로 상품 손실에 대해 청구를 하기 위해 법원에 왔다. 에드워드호가 그리니치와 블랙월 사이에서 침몰했을 때, 잡화점 주인은 펠트 모자를 비롯하여 귀중한 패션 아이템의 분실에 대해 선주를 상대로 소송을 제기했다. 다른 중세 법원과 마찬가지로, 제독은 주로 선원으로 구성된 배심원을 소집하고 분쟁에 외국인 당사자가 관련됐으면 외국인도 포함했다. 네덜란드와 프랑스의 상인 및 선원은 독일인과 소수의 이탈리아인, 스코틀랜드인, 스페인인, 덴마크인, 스웨덴인, 그리스인과 함께 영국 법원에 왔으며 많은 사람이 통역사를 필요로 했다. 복잡한 사건에서 제독은 유럽의 다른 지역에 있는 중요한 증인의 진술을 받기 위해 대리인을 파견해야 할 수도 있었다.

해사법원은 또한 해상 규정에 주안점을 두고 경범죄를 처벌했다. 런던에서는 한 어부가 빌링스게이트의 공식 시장 밖에서 생선을 팔아 '생선 사재기'로 유죄판결을 받았다. 그는 징역 2개월과 4파운드의 무거운 벌금을 선고받았다. 또 다른 사람은 위조 면허증을 가지고 사기 구걸을 한 죄로 두 시간 동안 갇혔다. 한 선원은 선급금을 가지고 도망쳐 바다를 헤치고 가까운 해안으로 건너갔다가 매를 맞았고, 배에서 밧줄을 끊고 템스강에 몸을 숨긴 사람도 있었다. 한 선장은 기이하게도 '폐하의 신하들'을 해외로 데려가 교육을 받게 한 죄로 징역 1년 형을 선고받았다.[27] 또한 하천의 이용도 문제를 일으켰다. 한 사람은 우선 통행권(right of way)에 근거해 여울을 사용하는 것을 방해함으로써 자신의 가축이 더 위험한 횡단로를 건너다가 물에 가라앉게 한 사람을 상대로 소송을 제기했다. 한 농부는 이웃 사람이 자신이 밭에 갈 때 사용하던 배의 밧줄을 잘라서 배가 애런델강 아래로 떠내려갔다고 주장했다.[28] 그러나 사건 대부분은 선원, 선장, 어부, 돛 꿰매는 선원, 선박의 목수, 거룻배 사공, 부두의 주인, 뱃사공 등 해양 직업을 가진 사람들에 관한 것이었다.

그들의 다툼이 항상 해양 전문 지식을 요구하는 건 아니었다. 어느 날, 스타일(Style)이라는 이름의 뱃사공은 그리니치 근처에서 노를 젓던 중 다른 뱃사공인 터커(Tucker)가 탄 배를 발견했다. 스타일의 배에 탄 누군가가 터커의 배를 향해 "볼품없는 깡패"라고 외쳤지만, 나중에 목격자들이 주장했듯이 이것은 그저 '농담에 불과'했다. 그러나 터커는 화를 내며 '무례하고 나쁜 말'을 했고, 스타일의 배를 조종하던 선장 해메즈(Hammades)에게 '악랄하고 불손한' 말을 외쳤다. 모욕은 되돌려졌고, 그 후 날아온 돌에 스타일이 머리를 맞았다. 목격자들은 터커가 "스타일이 죽든 말든 조금도 개의치 않는다"라고 하는 말을 들었다고 주장했다. 다음 날 스타일은 동네 여관인 카디널스 햇에서 머리를 '스카프로 덮은' 상태로 회복 중이었는데, 터커가 나타나 "형에게 미안하다"라며 정당한 사람들이 이 문제를 결정한다면 잘해주겠다(배상금 지급)고 말했다. 스타일은 이것이 단순히 자신의 부상과 수입 손실의 문제가 아니며, 해메즈 선장의 명예를 훼손한 것이기에 법의 정당한 절차가 필요하다고 반박했다. 사건을 해사법원으로 가져간 스타일에게 법원은 그가 '비용을 부담'하고 외과 의사를 불러야 했던 3주의 기간에 해당하는 배상금을 지급받도록 판결했다.[29]

런던 외곽에서는 부제독들이 항구를 돌며 배심원들을 불러 사건을 제시하고 심리하게 했다. 그들은 한 선장이 아이슬란드에 병든 선원을 버렸다는 주장과 안전하지 않은 도선, 어류의 인도 불능, 해상 임금, 고용계약 위반에 대한 주장 등을 검토했다. 한 교회 주관자 대리는 물고기의 십일조를 요구하기도 했다. 법원은 선박과 선원에 대한 재산 및 인구를 조사하고, 선박의 좌초 또는 손실에 대한 조사를 했으며, 해안 지역에서 판결을 담당했다. 그러나 법원은 지역 주민들의 지식과 협력에 의존했다. 줄리어스 시저(Julius Caesar) 해군 사령 관료가 잉글랜드 남서부 지역으로 와 현지 선원들에게 무엇을 하라고 말하려고 했지만, 그의 순회는 실패로 끝났다.[30] 오히려 그는 엘리자베스가 모든 스페인 선박은 합법적으로 습격될 수 있다고 선언할 정도에 이르렀던 영국과 스페인 간의 적대 관계에서 비롯된 많은 사건에서 더 성공적이었다. 프랜시스 드레이크 경(Sir Francis Drake)의 함대는 경비가 삼엄한 카디즈 항구에 정박해 있던 배를 나포했는데, 그 이유는 스페인 와인, 양모, 더커트(ducats: 옛날 유럽 대륙에서 사용된 화폐 — 옮긴이)를 싣고 있었기 때문이다. 이후 영국과 프랑스 간의 긴장이 고조되던 시기에 영국 선박들은 마주치는 프랑스 선박을 괴롭혔다. 물론 대사들이 개입하여 해군 사령 관료, 추밀원, 심지어 여왕에게 항의와 탄원을 퍼부었다.[31] 이때가 해사법원의 전성기였다.

헨리 8세가 수도원을 해산했을 때, 그는 가장 마음에 드는 지지자들에게 수도원의 땅을 분배했다. 지주들은 이제 돈이나 현물로 세금을 징수했지만, 여전히 노역을 부과할 수 있었다. 소작인들은 곡식을 갈고, 작물을 거둬들이고, 이탄을 캐서 운반하고, 심지어 영주들과 함께 군사 원정에도 나섰다. 동시에 인구는 빠르게 증가하여 1520년에서 1600년 사이에 거의 두 배로 늘어났다. 왕은 많은 새로운 법률과 법정 범죄를 도입했고, 소송이 증가하여 세기가 바뀔 무렵 엘리자베스 치하에서는 엄청난 수준에 이르렀다. 슈루즈베리의 한 악명 높은 지역 불량배는 1년 동안 이웃을 상대로 소송 16건을 제기했다.[32] 학자들은 법원에 대한 이런 전향을 어떻게 설명해야 할지 확실히 알 수 없었지만, 법적 혁신과 새로운 주장 방법이 불만을 가진 사람들에게 소송을 제기하도록 촉진했다고 볼 수 있다. 중앙법원은 자치구 법원과 마찬가지로 사건이 매우 증가했고, 장원재판소는 여전히 중요했다.

중앙 코먼로 법원은 점차 권한과 소관을 확대했다. 이후 수십 년 동안 이 법원은 왕실림법원의 업무를 이어받았지만, 왕실림법원 판사는 19세기까지 규제 업무를 계속했고 장터상인법원, 주석광산법원, 해사법원의 업무를 흡수했다. 인클로저(enclosure: 영주나 대지주가 대규모 농업 등을 하기 위하여 공유지를 사유지로 만든 일 — 옮긴이)와 그 밖의 토지 개혁은 장원재판소의 업무를 감소시켰지만, 산업화로 인해 자치구 법원이 없는 지역의 인구가 증가하자 분쟁 당사자는 모든 종류의 민사 분쟁 시 장원재판소를 이용해야 했다. 그러나 장원재판소는 1925년 토지개혁으로 폐지됐다.

중세 시대에는 각지의 법학자들이 로마법(대륙법)의 규칙, 원칙, 예외, 구별 등을 연구했고 교회 법정은 교회법을 적용했다. 프랑스 판사는 그들의 법률 양식을 빌려 일반적으로 적용되는 법을 형성했지

만, 영국 판사는 소송 개시 공문 체계하에서 토지 보유와 승계의 기술적 형태를 발전시켰다. 그러나 대다수 사람, 심지어 최고법원의 판사들도 관습이 중요하고 존중되어야 한다고 생각했다. 그리고 왕들은 지방법원의 권위를 인정하고, 관습을 기록하도록 명령하고, 관리인·왕실림법원 판사·제독이 전통을 존중하도록 지시하면서 이를 거듭 확인했다. 지방법원에서 사람들은 법이 관습에 뿌리를 두고 있다고 느낄 수 있었다.

법률 전문가의 기술과 아울러 더 중앙집권화된 정부는 사람들을 국왕 및 제국법원으로 점차 끌어들였고, 그곳에서 판사는 권위 있는 결정을 내리기 위해 법을 적용했다. 그러나 특히 영국에서는 이것이 단일한 제도처럼 형성되거나 지방법원의 권한을 대체하기까지 수 세기가 걸렸다. 로마법은 영국의 왕과 판사의 소송 개시 공문과 함께 이런 입법의 많은 부분에 영감을 줬을지 모르지만, 법의 실체는 지역 문제를 다루는 지역 주민들이 상향식으로 발전시켰다.

Chapter 11

심판의 문제 : 서약, 시죄, 증거

메소포타미아, 인도, 중국에서 발전한 법체계는 정의, 우주론적 질서, 종교적 지도를 약속했다. 분쟁은 종종 해결을 위해 법원과 판사에게 제기됐지만, 참조할 법률이 있느냐 아니냐와 관계없이 조정자에게도 제기됐다. 농민과 목축업자는 밭과 가축에 대해 논쟁했고, 마을 사람들은 파괴적인 이웃·위험한 건물·더러운 하수구에 대해 호소했으며, 상인들은 가격에 대해 논쟁했고, 토지 소유자들은 복잡한 재산 협정을 개발했고, 관리들은 돈을 갈취했고, 어디서나 사람들은 서로 모욕하고 싸움을 벌였다. 질서를 회복하기 위해 배심원은 평결을 했고, 판사는 판결을 했으며, 관리는 처벌을 내렸고, 중재자는 화해를 촉진했으며, 원로는 실질적인 조언을 했고, 사제는 도덕적인 규칙을 인용했고, 학자는 학식 있는 의견을 만들어냈다.

세계적으로 법적 절차는 사회의 모습만큼이나 다양하다. 그러나 모든 사회가 직면한 문제는 진실을 어떻게 결정하느냐 하는 것이다. 사람을 죽였다고 고소당한 피고인은 정당방위 차원에서 그랬다고 항변할 수 있다. 또 누군가를 비방했다고 고소당한 피고인은 자기 말을 상대방이 잘못 들었다고 맹세할 수 있다. 거래 상대방이 집행하려는 계약에 서명했다는 사실을 부인하는 상인도 있을 테고, 부주의로 양을 죽게 했다고 고소당한 양치기는 양을 죽인 것이 사자라고 주장할 수도 있을 것이다. 누구를 믿어야 할까? 법의 모든 차이에도 불구하고, 전근대사회에서 모든 사람은 이처럼 가장 다루기 힘든 문제에 대해 비슷한 해결책을 생각해냈다.

서약과 시죄는 지금 우리에게 이질적이고 심지어 야만적으로 보일 수도 있지만 전 세계의 전근대사회는 누군가가 범죄를 저질렀는지 아닌지를 결정하기 위해 신에게 호소했다. 때때로 사람들은 서약을 통해 자신의 결백 또는 혐의의 진상을 증명해야 했다. 티베트제국에서는 사람들이 신의 형상 앞에서 극적인 서약을 했고, 서아시아의 부족민들은 면책 서약자(compurgator) 수십 명을 모아서 결백을 확인하는 서약을 하게 할 수 있었다. 또 다른 지역의 사람들은 시죄, 즉 자신의 유죄 또는 무죄를 증명할 수 있는 신체적인 시련을 받아야 할 수도 있었다. 베다 시대 인도의 고대 문헌은 사제들이 이 절차를 준비하는 방법을 기술했고, 아프리카·코카서스·기독교 이전의 아이슬란드에서는 의식 전문가들이 경각심을 주고 고통스러운 시험을 실시했다. 식민주의와 근대화의 영향력이 유럽의 법을 전 세계에 퍼뜨리기 전에 서약과 시죄는 다른 어떤 것보다 보편적인 법적 관행에 더 가까웠다. 결국 증거법이 서약에 의한 협의와 시련이 제시하는 증거를 대체했지만, 이런 규칙이 형사재판을 오늘날 우리가 알고 있는 절차로 바꾸기까지는 오랜 시간이 걸렸다. 그동안 판사는 피고인이 어떨 때 유죄이고 처벌받아야 하는지를 결정할 방법을 찾아야 했다. 이는 피고인에게만 문제가 되는 것이 아니었다. 기독교, 힌두교, 불교, 이슬람교는 누군가를 부당하게 처벌한 판사에게 신의 징벌, 지옥의 불, 비참한 환생을 위협했다. 이보다 더 위험성이 클 수는 없었을 것이다.

서기 7~9세기에 티베트고원의 왕들은 유목 부족의 느슨한 연합을 중앙에서 통제하는 제국으로 변화시켰다. 잠재적 경쟁자를 충성스러운 신하로 만들기 위해 외곽 지역의 지도자들이 충성을 서약하는 정교한 의식을 개최했다. 이 극적인 사건은 강력한 지역 신들 앞에서 행해졌으며, 아마도 동물 희생과 관련됐을 것이다.[01] 동시에 왕들은 부족 간에 정기적으로 발생하는 유혈 분쟁을 통제하기 위해 열심히 노력했다. 그렇지만 예나 지금이나 유목민들은 목초지를 놓고 오랫동안 서로 경쟁하고 이웃의 동물을 습격했다. 이에 티베트 왕들은 이웃나라 중국의 법적 실천을 모방하여 살인이나 상해에 대한 배상금 지급을 규정하고 고의로 문제를 일으킨 사람들을 처벌하는 일련의 법을 만들었다.

갈등을 일으킬 수 있는 한 가지 사건은 왕들이 히말라야 계곡의 야생 야크를 쫓기 위해 궁정 사람들을 초대한 왕실 사냥이었다.[02] 관료들이 이제는 신분 계층을 형성했지만 그들 사이에 경쟁은 여전했고, 잠재된 적대감은 사냥터에서 폭력적인 분쟁으로 번지기 쉬웠다. 누구의 화살이 상품인 사냥감을 죽였고, 누구의 개가 말을 놀라게 해 기수를 낙마시켰는가? 그리고 만약 화살이 과녁을 빗나가 사람을 맞혔다면, 근처에 있는 사람들은 쉽게 살인을 의심할 수 있었다. 왕은 결과에 대처하기 위해 두 가지 규칙을 만들었다. 우선 가해자와 피해자의 지위에 따라 크게 달라지는 살인이나 상해에 지급되는 배상액을 명시해 사회적 위계질서를 강화했다. 그리고 고의적인 살인으로 기소된 자는 자신의 결백을 증명하는 서약을 해줄 사람 열두 명을 모아야 한다고 지시했다. 만약 그렇게 할 수 있다면, 단순히 희생자의 살인 배상금이나 상처에 대한 값을 지급할 의무만 졌다. 하지만 서약을 할 충분한 인원을 모으지 못한다면, 살인죄로 처벌받게 됐다. 그는 추방될 수 있었고, 땅과 재산 어쩌면 생명까지 잃을 수 있었으며, 가족이 노예로 끌려갈 수도 있었다.[03] 서약 과정은 죽음이 사고인지 살인인지를 판가름했다. 피고인은 또한 문헌이 말하듯이 서약 보조인(oath-helper)에게 '이것은 내 화살이 아니다'라고 맹세하도록 요청할 수 있었다. 이 경우에는 고소인이 처벌을 받게 됐다. 명예훼손은 살인만큼이나 심각한 문제였다.

이 규칙에 따르면, 서약자들은 피고인이 피해자를 죽이거나 다치게 할 의도가 없었다는 증거를 제시해야 했다. 하지만 그들이 어떻게 그의 심리 상태를 증언할 수 있을까? 사냥터에서 고위 관료는 가족,

추종자, 하인 등으로 둘러싸여 있지만 생각은 오직 그 자신의 것이다. 그리고 티베트인 누구도 서약을 가볍게 여기지 않았을 것이다. 서약을 하는 것은 자신의 이름을 헛되이 부르는 사람에게 끔찍한 응징을 가할 수 있는 맹렬한 수호신 하나를 불러내는 것을 의미했다. 이 과정은 피고인이 동포들에게 면책 서약을 하도록 요구했다는 것을 받아들여야만 이해가 된다. 그들은 그의 심리 상태에 대해 직접적인 증거를 제시하기보다는 그의 정직성(probity)을 확인시켜줬다. 그가 진실을 말할 것을 믿을 수 있다고 말하는 셈이다. 그들은 이 사람이 경쟁자를 다치게 하거나 살해하려는 불명예스러운 시도를 할 사람이 아니라고 단언했다. 단체 서약은 서약자의 충성을 나타냈다. 단체 서약은 피고인의 명예를 확인했고, 그 사건이 범죄가 아닌 사고였음이 틀림없다는 것을 증명했다.

중세 유럽에서도 정확히 같은 시기에 비슷한 관행이 있었다.[04] 영국제도의 주민들은 여전히 혈투를 벌이는 부족 집단을 형성했는데, 10세기에 에드먼드 1세(Edmund I)가 폭력을 억제하고 규제하기 위해 피해자의 가족은 살인자의 가족이 아니라 살인자에게만 복수를 할 수 있다는 법을 발표했다. 노르만 왕은 더 나아가 직접적인 보복을 전면 금지했다. 살인자는 이제 피해자의 가족뿐만 아니라 영주와 왕에게도 배상금을 지급해야 했다. 군주들은 범죄를 직접 처벌하기 시작했다. 이는 살인, 사고, 정당방위를 위한 살인을 구별하는 것을 의미했다. 그리고 티베트에서와 같이 영국 왕들은 피고인이 면책 서약자를 데려와 그 사건이 고의적인 것이 아니었음을 맹세하라고 지시했다. 자만심에 가득 찬 한 귀족은 증인 50명을 데려와 자신이 계획적인 살인이 아닌

정당방위를 위해 경쟁자를 죽였다고 맹세했다.[05]

영국 판사가 형사사건을 다루려면 고발이 필요했고, 심각한 범죄의 경우 고발인은 증인을 데려와 확인 서약을 하게 해야 했다. 고발인의 말만으로는 불충분했다. 티베트의 절차와 마찬가지로 영국의 서약도 공개적으로 이루어졌다. 서약은 세심한 준비가 필요했고 전능하신 하느님에 대한 극적인 기도로 절정에 달했다. 이 정교한 과정은 사람들이 경솔하게 고발하지 않게 하기 위한 것이었다. 12세기 초 헨리 1세 시대에 왕들은 서약에 대한 규칙을 공식화했으며, 법에 따르면 다른 증인이 없고 범인이 현장에서 잡히지 않은 상태에서 국왕 법관이 고발을 받아들인다면 피고인은 자신과 두 이웃의 서약으로 누명을 벗을 수 있었다. 이와는 대조적으로, 고발인이 법정에 확실한 증거를 제출했다면 판사는 피고인에게 면책 서약자 36인을 모을 것을 요구할 수 있었다.[06]

중세 카이로에서 유대인 법원도 혐의가 심각하면 증인이 서약에 대한 증거를 제출할 것을 기대했다. 게니자 문서에는 회당에 모인 당사자들이 묘사돼 있는데, 증인은 검은 천으로 덮인 토라를 들고 증거를 제시했다. 당사자들은 때때로 '여호와는 그의 이름을 망령되게 부르는 자를 죄 없다 하지 아니하리라'라는 엄숙한 말씀을 포함하여 십계명을 소리 내어 읽었다. 서약하는 사람은 자신이 직접 신을 불러들이고 있다는 점과 거짓 서약은 내세에서 형벌로 이어지는 죄이며 현세에서도 부정적인 결과를 초래할 수 있다고 믿었을 것이다. 게니자 문서에 따르면 모든 준비가 완료됐을 때 종종 지역 원로들이 개입하여 떨고 있는 증인에게 타협에 동의하도록 설득할 수 있었다.[07]

서아시아 부족민들도 서약 관행을 발전시켰다.[08] 만일 살인의 확실한 증거가 있다면, 예를 들어 적대적인 마을에서 시체가 발견됐거나 한 무리 사람들이 현장을 떠난 직후에 시체가 발견된 경우 또는 옷에 피가 묻은 사람이 발견된 경우에는 피해자의 친척이 50명을 모아 그들의 혐의를 확증하기 위한 서약을 할 수 있었다. 그 후 그들은 직접 복수하거나 살인자의 가족에게 살인 배상금을 요구할 수 있었다. 이것이 고발의 서약이었다. 이슬람 학자들은 면책 서약을 옹호했다. 폭력의 흔적이 있는 시체가 발견되면 피해자의 가족은 시체가 발견된 시가지나 마을의 모든 구성원을 고소할 수 있었는데, 현장에서 소리 지르면 들리는 거리에 있는 사람이면 누구나 포함됐다. 주민들이 죽음에 대한 책임을 지지 않으려면 50명이 그들의 연루를 부인하는 서약을 해야 했고, 이를 거부하는 사람은 서약하거나 자백할 때까지 감옥에 갇혔다. 설령 그들이 모두 책임을 부인한다고 해도, 설득력 있게 다른 사람의 탓으로 돌릴 수 없다면 여전히 피해자에 대한 살인 배상의 책임이 있었다. 다른 맥락에서, 살인자의 부족은 보복 공격을 방지하기 위해 공격자를 부족에서 불법화했다고 맹세하기에 충분한 수의 사람을 모아야 했다.

이슬람 법학자들은 증인이 자유롭게 신을 부르는 방식에 거부감을 표명했지만, 이런 전통적인 관행의 많은 부분을 법으로 공식화했다. 그러면서 사람들이 목격하지 않은 범죄에 대해 서약해서는 안 된다고 밝혔다. 하지만 특히 서아시아의 유목 부족들 사이에서 서약은 수 세기 동안 계속됐다. 18세기 말 예멘 단체들이 작성한 법률 문서에는 살인이 고의가 아님을 증명하기 위해 모인 면책 서약자들이 묘사

되어 있다.[09]

서약은 고발의 정당함을 입증하거나 유죄를 부인하는 보편적인 수단이었지만, 강한 도덕적 부담을 주는 심각하고 정교한 절차였다. 기독교 작가들은 하나님을 불러들이는 데 따르는 '극도의 위험'에 주목했다. 실수로라도 거짓을 선언하면 하나님의 이름을 망령되게 부르는 셈이 되고, 이는 하나님의 진노를 일으켜 사후 세계에 거의 확실한 영향을 미치게 됐다. 사제가 그 과정의 일부로 성인의 유물을 드러냈을 때 교회로 소환된 증인들은 동요하기도 했다. 그들은 자신의 영혼을 위험에 빠뜨리고 있다는 것을 알고 있었다.[10] 서아시아의 한 베두인 부족민은 너무 분해서 자신의 결백을 증명하기 위해 서약해야 했고, 고발인에게 폭력을 행사하겠다고 위협해 그의 친족이 제지해야 했다.[11] 사람들은 직접적인 복수를 하지 않겠다고 서약했지만, 부족 간의 적대감이 고조된 분위기에서는 그 과정 자체가 분노를 불러일으킬 수 있었다.

자기방어를 위해 서약을 할 수 있다는 것은 영광이자 특권이었는데, 충분한 지위를 가진 사람들만이 그 선택권을 가지고 있었다. 중세 내내 유럽의 법 제도는 무죄 또는 유죄를 증명하기 위해 서약하는 과정에 의존했으며, 많은 영국인은 '법을 고용할 권리', 즉 자신의 무죄를 증명하기 위해 서약할 권리를 주장했다.[12] 그러나 최하층계급은 증명 서약을 할 수 없었다. 부랑자와 노예는 '서약할 만한 가치가 있는' 사람이 아니었고, 위증을 저지른 전력이 있는 사람도 마찬가지였다. 티베트인들은 가난하고 궁핍한 사람들은 너무 쉽게 뇌물을 받을 수 있다는 이유로 맹세하지 못하게 했고, 여성과 아이 또한 남성에 대한 충성심과 미성숙한 마음이 그들을 거짓말로 이끌 수 있다고 여겨 맹세를 금했다. 의례를 행하는 사람들은 서약의 결과를 뒤집을 수 있었고, 불교의 라마들은 신을 불러내지 않아도 됐다.[13] 대부분의 상황에서 충분한 서약 보조인을 모을 수 있는 가족 네트워크가 없는 사람들도 면책 서약에 의존하는 과정에서 불리했다.

그렇다면 이 사람들은 어떻게 무죄를 증명하거나 자신의 고발이 사실임을 증명할 수 있었을까? 영국 법원, 티베트 관리, 전 세계의 판사 들은 시죄를 해결책으로 삼았다. 전형적인 시죄 방법으로 피고인은 뜨거운 쇠막대나 돌을 손에 들고 몇 걸음 걸어야 했다. 그 후에 손이 묶였다. 며칠 뒤 판사나 사제가 검사했을 때 이미 치유됐다면 이는 무죄의 징표였다. 서약한 증인은 자신의 증거가 거짓일 경우 영적 보복을 받으리라고 생각해 시죄를 주저했지만, 그렇지 않은 사람들은 신이나 영의 직접적인 개입을 요청하며 시죄를 받아들였다. 그 과정 자체가 진실을 나타냈다.

시죄의 초기 증거 일부는 인도에서 나온 문헌으로, 기원전 7세기로 거슬러 올라간다.[14] 베다의 하나인 『야즈나발키아(Yājñavalkya)』의 작가는 정교한 과정을 설명함으로써 잘 확립된 전통을 나타냈다. 네 명의 사제가 땅을 신성하게 하면, 시죄를 수행하는 '시죄 수행자(proband)'는 시험 전에 정확한 형태의 문장을 암송하고 신들에게 제물을 바침으로써 정화해야 했다. 문헌은 시죄 자체에 대한 세부 사항은 다루지 않았지만, 이 과정을 거치면 안 되는 사람들의 유형을 나열했다. 여기에는 병자와 같은 불리한 위치에 있는 사람이나 결과를 조작할 수 있는 영적 능력을 가진 사람이 포함됐다. 중세 티베트에서 판사와 조정자는 논쟁이 있는 혐의의 진실성을 결정해야 할 때 시죄를 사용했는데, 특히 절도 혐의의 경우에 그랬다.[15] 인도 문헌에서와 마찬가지로, 서약과 시죄에 관한 티베트 법률 서적 역시 서약을 허용해서는 안 되는 사람들의 목록으로 시작된다. 이 서적은 계속해서 조정자는 시죄 수행자가 올바른 단어를 사용하고 절차가 올바르게 수행되도록 세심한 주의를 기울여야 한다고 지시한다. 저자는 특히 시죄 수행자가 위증 없이 자신의 무죄를 '증명'할 단어를 신중하게 선택함으로써 절차를 방해하지 않게 해야 한다고 강조했다.

같은 시대의 프랑스 로맨스는 이런 전략에 탐닉하는 영리한 주인공들을 묘사한다.[16] 당시 유럽에서는 시죄가 정착돼 있었다.[17] 6세기에 제정된 최초의 프랑크 법은 절도, 거짓 증언, 법정 모독 등의 혐의를 시험하는 데 사용된 '솥'을 언급한다. 시죄 수행자는 끓는 물이 담긴 솥에서 돌이나 반지를 꺼내야 했고, 그 후 손이 묶였다. 7~8세기에 쓰인 아일랜드의 법률 서적은 '솥의 진실', 때로는 '신의 진실'을 언급하며, 다소 믿기 힘들지만 이 관행이 도입된 것은 성 패트릭(St. Patrick) 덕분이라고 한다.[18] 영국에서는 7세기 후반에 웨섹스의 이네 왕이 '솥에 의해' 절도로 유죄가 증명된 사람을 언급했으며, 3세기 후 애설스탠의 법은 시죄가 어떻게 수행되어야 하는지에 대한 지침을 제시했다.[19] 시험은 뜨거운 쇠막대를 들거나 차가운 물에 담그는 것을 포함할 수 있었다. 후자의 경우, 증인의 옷을 벗기고 태아의 자세로 결박한 다음 신성한 물에 빠뜨렸다. 물은 불순한 것을 거부할 것이고, 그래서 죄인은 떠오를 것이라는 생각이었다. 애설스탠의 법에 따르면, 시죄 수행자는 시험 전에 사흘 동안 의식을 집전하는 사제와 함께 있으면서 빵·물·소금·허브만 먹고 매일 미사에 참석해야 했다. 양측에서 시험에 열두 명 이내의 참관인이 참석할 수 있었고, 각 참관인은 사흘 동안 금식해야 했다. 즉 모든 사람은 이 의식의 진지함과 신의 징표를 불러일으키는 과정의 엄숙함을 인식해야 했다.

중세 이야기와 그 밖의 기록은 시죄에 대한 무시무시한 설명을 제시하지만, 학자들은 이런 기록이 시사하는 것보다 관행이 훨씬 덜 흔했다고 생각한다. 이 과정의 이면에 있는 생각은 증인을 협박하여 자백하게 하는 것이었다. 프랑스와 영국의 자료들은 자신의 충실함이나 순결을 증명하기 위해 자발적으로 시죄를 겪는 용감한 여성들로 가득 차 있는데, 비록 사제들이 종종 모든 준비를 했을지라도 마지막 순간에는 아마도 많은 시죄 수행자가 임박한 시험의 공포와 극적 효과에 직면하여 굴복했을 것이다.

9세기경 유럽의 관습은 시죄 수행자에게 심리적 압박을 가하기 위해 신중하게 준비된 의식을 포함했다. 시죄 수행자는 며칠 동안 격리되어 뉘우치는 자의 복장을 하고 시죄를 집행할 사제의 보살핌을 받았다. 이 기간에 사제는 시죄 수행자 자신이 거짓말을 하고 있다고 생각하면 분명히 그에게 자백을 하도록 강하게 압박했다. 시죄 자체는 교회나 그 밖의 성지에서 행해졌다. 시죄 수행자는 미사에 참석한 후 신에게 기도하며 자신의 증거를 되새겼고, 사제는 '의로운 재판관'인 신에게 '시죄 수행자의 마음을 완악하게 한' 마귀를 쫓아달라고 간구했다. 아니면 간통으로 누명을 쓴 수산나에 대한 성경 이야기를 떠올리고 만약 시죄 수행자가 결백하다면 그를 보호해달라고 신에게 간

구할 수도 있었다.[20] 그동안에 대장장이는 시죄 수행자가 들어야 할 쇠막대를 가열하고 있었을지도 모른다. 또는 시죄 수행자가 빠뜨려질 강이나 구덩이에 사람들이 널빤지와 밧줄을 놓고 있었을 수도 있다. 이 광범위한 과정은 죄의식을 무겁게 짓눌렀다. 만약 피고인이 무죄를 고수하고 재판이 계속된다면, 시죄의 결과를 선언하는 것은 사제의 몫이었다. 화상이 정말 치유됐는가? 정말 가라앉았는가? 그의 판단은 중요했고, 성직자들은 동정심을 가질 수 있었다. 실제로는 성직자들이 아무도 유죄라고 선언하지 않는다고 불평하는 사람들도 있었다.

티베트인은 중세 유럽인과 거의 똑같은 방법으로 뜨거운 쇠와 끓는 물을 사용했다.[21] 그러나 독창적인 공동체들은 시죄에서 신의 징표를 불러낼 다른 방법들을 생각해냈다. 아이슬란드에서는 시죄 수행자가 땅 위로 솟아올라 막대기 위에서 아슬아슬하게 균형을 이룬 잔디 아래를 걸어야 했다.[22] 잔디를 넘어뜨리면 실패였다. 그러나 1000년에 기독교 선교사들이 도착했을 때, 아이슬란드 사람들은 뜨거운 쇠와 끓는 물을 사용하는 기술을 채택하고 있었다. 20세기 초 인류학자들과 식민지 관리들은 사하라사막 이남 아프리카와 코카서스, 베두인 부족, 힌두쿠시 지역에 흩어져 있는 집단이 여전히 시죄를 행하고 있다고 기록했다.[23] 많은 집단이 불에 태우거나 데우는 형태를 사용했지만, 몇몇 아프리카 공동체는 독물을 사용하기도 했다. 유럽의 흔적과 마찬가지로, 그런 경우에 할 수 있는 일에 대한 설명은 실제 사건의 기록보다 훨씬 더 일반적이었다. 1920년대에 수단 남부의 아잔데 지역에서 광범위한 현지 조사를 한 인류학자 에드워드 에번스-프리처드(Edward Evans-Pritchard)는 우연히 독물 시죄의 좋은 흔적을 발견했다고 언급했다.[24] 어떤 사람이 아버지를 독살했다는 혐의로 고소되자, 아잔데 왕자들은 독물 신탁(poison oracle)에 자문하면서 피고인이 음독을 시죄로 받아들여야 한다고 선언했다. 상류층이었던 그는 하인을 대신 보내 독물을 마시게 하여 시험을 피할 수 있었지만, 그 소년이 죽자 유죄로 선언됐다.

전 세계 사람들이 진실을 판단하기 위해 정교하고 대개 고통스러운 방법에 의존해왔지만, 작고 비교적 친밀한 공동체에 속한 사람들은 누가 무엇을 하고 있는지, 누가 범죄에 책임이 있는지, 누구의 말을 믿을 수 있는지 잘 알고 있었을 것이다. 최후의 수단으로 철저한 조사 과정을 거쳤다면 남아 있는 의심도 해소할 수 있었을 것이다. 아마도 시죄는 실제로 수행하기 위한 것이 아니라 겁을 주기 위해 고안된 것일 수도 있다. 예컨대 아이슬란드 법률집은 시죄를 언급하며 절차가 비공식적으로 발전했다고 시사하지만, 이런 시죄에 대한 서술은 법조문으로부터 몇 세기 후에 쓰인 반신화적 이야기인 사가에서만 찾을 수 있다.[25]

사가는 친자확인 주장을 증명하기 위해 시죄를 겪어야 하는 몇몇 여성과 자신의 혈통 및 상속권을 증명하기 위해 그런 시험을 받겠다고 자청한 여성들을 묘사한다. 기껏해야 시죄는 다른 증거로 결론에 이르지 못할 때 당사자들이 택한 최후의 수단이었다. 아이슬란드의 한 이야기에서 당사자들은 결과에 대한 사제의 해석이 모호했기 때문에 시죄에서 물러났고, 또 다른 이야기에서는 영리한 주인공이 시죄 과정을 노골적으로 조작하려고 했다.[26] 이런 이야기에서 시죄가 어떻게 쉽게 자리를 잡았는지 알 수 있는데, 시죄가 서사를 극적인 결말로 이끌고 긴장감을 고조시키고 이야기에 극적 반전을 제공하는 데 도움이 되기 때문이다. 그러나 이는 시죄의 이야기가 서사 장치, 즉 이야기꾼의 상상력을 담고 있는 허구일 뿐이라는 것을 의미하지는 않는다. 중세 유럽에서와 같이 사람들은 시죄를 실제로 겪기보다는 대체로 시죄의 위협만을 당했음에도 시죄가 의미하는 바를 잘 알고 있었기 때문에 극적이라고 받아들였다. 작은 공동체는 시죄가 하나님이나 지역 신들의 직접적인 징표를 제공함으로써 유죄를 증명하고 그에 따른 처벌을 정당화했기 때문에 시죄를 매력적으로 여겼을 것이다. 시죄는 대다수 사람이 이미 알고 있는 것을 확인했을 뿐이지만, 궁극적으로는 적대적인 시기의 종말을 가져왔다. 이는 모든 사람에게 정의가 실현되는 것을 보여줬다.

중세 유럽에서는 더 정교한 법적 사건을 수행한 판사에게 안도감을 주기도 했다. 왕과 영주 모두 그 과정을 승인했고, 성직자들이 이를 수행할 것으로 기대했다. 9세기에 샤를마뉴는 모든 사람이 "시죄를 믿어야 한다"라고 선언했다. 이때는 게르만과 프랑크 왕들이 권력과 지위를 축적하고, 혈투를 제한하려고 노력하며, 사법절차에 대한 책임을 지던 시기였다. 성직자의 일원이 수행하고 해석한 시죄는 그들의 통제를 넘어서는 과정을 거쳤고 판사들의 권위를 약화했다. 그러나 시죄는 증거가 실제로 모순되거나 결정적이지 않은 경우, 특히 성범죄, 은밀한 절도, 은밀한 살인처럼 사적으로 일어났다고 알려진 사건과 관련이 있는 경우 해답을 제공했다. 더 중요한 것은, 시죄는 판사들이 동료 남성과 여성을 판단하면서 심각하게 문제가 되는 과정에 대한 책임을 회피할 수 있게 해줬다는 것이다.

누군가를 사형에 처한다는 판단은 특히 문제가 됐다. 중세 기독교뿐만 아니라 이슬람 세계, 베다 시대 인도, 전근대 티베트 등에서도 신학적 우려는 판사의 어깨에 무거운 도덕적 부담을 안겨줬다. 기독교 작가들은 피고인을 잘못 정죄하여 '양심에 반하는' 행동을 한 판사가 저주에 직면했음을 분명히 했다. 단테는『신곡』에서 지옥에 있는 죄 많은 판사의 고통을 생생하게 묘사했다. 처형이든 신체 절단형이든, 유혈 형벌을 부과하는 것은 위험을 각오해야 하는 일이었다.[27] 신으로부터 직접 징표를 구하는 것은 이런 위험을 피하는 한 가지 방법이었다.

중세 기독교 신학자들은 판사들이 정당하게 행동해야 한다고 선언한 성 아우구스티누스의 말을 자주 인용했는데, 이는 '법의 명령에 따라(iuris ordine servato)'를 의미한다. 만약 판사가 정당하게 행동하고 피고인이 처형된다면, 그를 죽인 것은 판사가 아니라 법이었다.[28] 중세의 판사가 취임했을 때, 그는 정당한 판결을 하겠다고 성유물(holy relics)에 대해 공들인 서약을 해야 했다. 그러나 '법'이 판사에게 어느 정도 보호를 제공하기는 했지만, 증거가 희박하거나 모순될 때는 거의 도움이 되지 않았다. 중세 법학자들은 '증명 책임(burden of proof)'과 같은 개념의 증거 법칙을 개발하지 않았다. 시죄는 판사에게 죄에 대한 신성한 표시를 보여줌으로써 이 문제를 해결할 방법을 제공했다. 판사는 하나님이 처벌의 정당성을 나타냈다는 사실을 알고 안심하며 처벌 명령을 내릴 수 있었다. 로마의 절차에 따라 판사들은 정황증거가 아무리 풍부하더라도 형사판결을 내리기 전에 직접적인 고발을 요구했다. 그러나 판사들과 마찬가지로 대다수 목격자는 그 결과로 초래될 유혈 판결에 대해 도덕적 책임을 지고 싶어 하지 않았다. 그래서 판사가 소문을 듣고 사람들이 범죄자에 대해 의심을 하고 있다는 것을 알게 됐는데, 아무도 직접 고발할 준비가 되어 있지 않을 수도 있었다. 시죄는 신이 직접적인 증거를 제시함으로써 이 문제를 해결할 수 있게 해줬다.

비록 시죄와 서약이 널리 퍼지긴 했어도 기독교와 이슬람 세계의 종교 지도자들은 이런 관행을 반대했다. 가장 문제가 된 건 시죄였지만 일부 서약 관행도 마찬가지였다. 그들은 판사와 증인이 심각한 도덕적 딜레마를 피할 수 있도록 도왔지만, 오늘날 우리가 의존하는 배심제(jury system)와 직권주의(inquisitorial system)를 발전시키기까지는 오랜 시간이 걸렸다.

중세 초기에는 기독교 성직자들이 유럽의 시죄를 대부분 수행했는데, 13세기에 이르러 교회 지도자들은 이런 과정을 매우 불편해했다.[29] 메키타르 고쉬는 12세기에 아르메니아 사람들을 위해 쓴 법전에서, 서약은 기독교인들 사이의 심각한 사건에서만 해야 하며 충분한 증인이 없을 때만 해야 한다고 규정했다.[30] 그는 법정에서 일어난 모든 '무의미한 맹세'와 일부 사람들이 서약하는 '끔찍한 방식'을 비판하면서 어린이, 노인, 환자, 출산을 앞둔 여성, 뉘우치는 자는 서약을 해서는 안 된다고 선언했다. 대신 그들은 자기를 대표할 친척을 찾아야 했다. 그는 또한 세무 공무원과 죄인의 법정 출입을 금지했고, 술 취한 사람들은 술이 깰 때까지 기다려야 한다고 규정했다. 그리고 티베트인들과 마찬가지로, 사제와 승려는 서약할 수 없다고 선언했다. 사실 그들은 법정에 들어가서도 안 됐다.

얼마 지나지 않아 제4차 라테란공의회도 비슷한 선언을 했다. 1213년 4월, 교황 인노켄티우스 3세(Innocent III)는 기독교 교회의 모든 고위 성직자를 세계 공의회에 소집했다. 이듬해 총대주교와 관구장 주교 71명, 교구장 주교 412명, 대수도원장과 소수도원장 900명이 로마로 여행을 떠났다. 이때 황제 프리드리히 2세, 앙리 1세 드 에노(Henry I de Hainaut), 프랑스·영국·아라곤·헝가리·키프로스·예루살렘의 왕들이 모두 사절을 보냈다. 대사들은 3주 동안 모여 교황이 제시한 70가지 교회법을 논의했다. 그는 이런 법령이 악과 싸우고, 이단을 근절하고, 불화를 해결하고, 평화를 확립하고, 자유를 촉진할 것이라고 설명했다. 이 법령은 또한 법적 절차에 대한 새로운 지침을 포함했다. 판사들은 이제 고발인에게 의존하지 않고 범죄를 조사하고 범죄 용의자를 법원에 소환할 권한을 갖게 됐다. 교황 인노켄티우스는 또한 성직자들이 더 이상 사법 시죄에 참여해서는 안 된다고 결정했다. 이에 대사들도 동의했다. 교회는 시죄에 두 가지 문제가 있다고 판단했다. 첫째, 시죄는 유죄 또는 무죄의 징표를 요구함으로써 '신을 시험'했다. 둘째, 만약 그 과정이 절단이나 사망의 처벌로 마무리된다면, '피의 실천'에 성직자들이 연루된다.[31]

얼핏 무해해 보이는 이 법령은 일련의 개혁을 통해 결국 대다수 현대 국가의 법체계에서 사용되는 증거 규칙으로 이어졌다. 그러나 단기적으로 이 금지령은 판사에게는 실질적인 문제를 야기했고, 증인과 배심원에게는 도덕적 딜레마를 야기했다. 유혈 형벌을 다른 형벌로 대체하는 것은 현실적인 선택이 아니었다. 구약성경도 정의가 적절한 처벌을 의미한다는 것을 분명히 했다. 하나님은 모세에게 "너는 무당을 살려두지 말라"라고 말씀하셨다. 교황 인노켄티우스 역시 1203년에 범죄자들이 공공의 이익을 위해 처벌되어야 한다고 선언한 바 있다.[32] 그래서 판사들은 범죄를 기소하고 처벌하지 못할 경우 대중의 소요를 두려워했다. 범죄와 유혈 형벌의 신학적 문제는 여전히 첨예했다.

교회의 결정은 영국에서 가장 즉각적인 영향을 미쳤는데, 존 왕의 비참한 통치 이후에 새로 왕위에 임명된 헨리 3세는 판사들에게 분쟁을 판결하는 새로운 방법을 찾아야 한다고 명령했다.[33] 그들이 생각해낸 해결책은 유죄를 선언하는 부담과 도덕적 책임을 배심원에게 돌리는 것이었다. 앵글로색슨 왕들은 심리를 돕기 위해 증인 집단을 사용했고, 노르만 왕들은 그들을 '독자 고발 배심원(juries of presentment)'으로 만들었다. 판사들은 전국을 여행할 때 각 군(hundred, 주의 한 부분)에서 열두 명을, 각 동(vill, 대체로 장원과 동등한 단위)에서 네 명을 소환하여 사건을 '독자 고발(present)'하게 했다. 그들은 강도, 살인, 절도와 같은 중대한 범죄로 유죄이거나 유죄로 의심되는 사람을 알고 있는지를 신고해야 했다. 이런 범죄는 유혈 형벌을 받았다. 그래서 영국의 농민들과 마을 사람들은 소환되어 서로를 고발하는 데 이미 익숙했다. 대부분은 이웃을 밀고하는 것을 싫어했을 테지만, 헨리 3세의 선언은 그들의 임무를 극적으로 악화시켰다. 이 선언은 사람들이 이웃을 고발할 뿐만 아니라 그들의 죄에 대한 문제를 결정하도록 강요했다. 실제로 이것은 양심에 끔찍한 결과를 초래하면서 일부 범죄자를 교수대로 보내야 한다는 것을 의미했다. 당연히 많은 사람이 거부하거나 거부하려고 했지만, 만약 사건을 제기하지 못하면 왕의 신하들이 재산형을 부과할 수 있었다. 많은 사람이 최악의 처벌을 피할 방법을 찾았다. 예를 들어, 성직자들은 유혈 형벌을 받을 수 없으므로 기소된 사제에게 '성직자 면책 특권(benefit of clergy)'을 부여할 수 있었다. 또는 피고인이 훔친 물건의 가치를 떨어뜨리는 등 가벼운 범죄로 유죄를 선고할 수도 있었다. 그렇더라도 여전히 매우 불편한 과정이었고 많은 사람에게 도덕적 고뇌를 불러일으켰다.

영국의 배심재판 제도는 곧 민사 영역으로 확산했다. 침탈 부동산 점유 회복 새로운 소송 개시 공문을 사용하여 토지 소유자는 국왕 법정에 소유권을 주장할 수 있었으며, 여기에서 '레코그니터(recognitor)' 배심원단은 그 주장에 대해 판결을 할 수 있었다.[34] 이후 몇 세기 동안 장원, 시장, 자치구, 항구, 숲의 법원은 모두 배심제를 채택했다. 이 제도는 변화를 겪었지만 기본 원칙은 그대로였다.[35] 1382년 확장하는 수도에서 주민들 사이의 부도덕성을 우려하여 런던의 시장과 시의원들은 지방법원에 '직업적 창녀(bawd)', '비직업적 창녀(common women)', 간통자, '쨍쨍거리는 여자(common scold)'를 기소할 수 있는 권한을 부여하는 일련의 조례를 발표했다.[36] 수도의 각 구(區, ward)는 범죄자에게 칼과 차꼬를 채우거나 마을에서 추방할 수 있는 그들의 우두머리와 배심원을 선출했다.

열두 명이 평결에 합의하도록 요구함으로써 법원은 배심원들의 양심에 어느 정도 위안을 줬고, 관리들은 동의할 수 있는 열두 명을 채울 때까지 배심원을 계속 찾아다녔다. 이 시스템은 또한 피고인을 위한 몇 가지 보호 장치를 제공했다. 적어도 17세기에는 판사들이 배심원들에게 유죄를 '확실히' 해야 하고, 심지어 중죄의 증거도 '반증될 수 없을 정도로 명백해야' 한다고 지시했다.[37] 그러나 튜더왕조는 범죄를 단속해야 한다는 견해를 취했고, 배심원들이 형량을 줄이는 데 사용할 수 있는 방법을 제한했다. 그리고 18세기에 영국 의회는 사형에 처하는 범죄의 수를 극적으로 늘렸다. 이것은 주로 새로운 지주계급, 그들의 거대한 사유지, 사슴 공원의 이익을 보호하기 위한 것이었다. 일련의 형법에서 의회는 사슴 사냥 및 절도, 밀렵, 모든 종류의 부동산 훼손, 방화, 총격, 심지어 협박 편지 발송에 대해 새롭게 사형을 규정했다.[38] 1723년의 악명 높은 블랙법(Black Act of 1723)은 50가지 별개의 사형에 처할 범죄를 명시했고, 그 후 수십 년 동안 새로운 법은 강·해안가·홉밭·탄광을 보호했다. 의회는 이제 사형의 공포를 사회 통제 수단으로 사용했다. 죄수들을 사형에 처할 것으로 예상됐던 배심원들은 극한의 문제에 직면했다. 18세기 후반, 많은 시민은 법이 사형을 너무 쉽게 규정한다고 확신하게 됐다. 그래서 동정심 많은 서기, 검사, 판사는 배심원들이 행동을 봐주고 처벌을 낮추고 감경 사유를 식별할 방법을 찾도록 도왔다.[39]

머지않아 상황은 반대로 전개됐다. 명백한 사건처럼 보이는 경우에도 배심원들이 유죄판결을 내리기를 꺼린다며 많은 비평가가 불평했다. 판사들은 이제 배심원이 평결을 내릴 때 사용해야 하는 시험으로 '합리적 의심(reasonable doubt)'을 언급하기 시작했다.[40] 그들은 배심원들에게 증거의 모든 '양심적 가능성(moral probabilities)'이 피고인에게 불리하고 사실에 대해 '합리적 의심'이 없다면 유죄를 선고하는 것이 그들의 의무라고 지시했다. 이것은 피고인을 보호했을 뿐만 아니라,

자신의 판단으로 증거가 적당히 강하다면 마음에 거리낌 없이 유죄를 선고할 수 있다고 배심원들을 안심시켰다. 우리가 현재 피고인 보호와 확고하게 연관시키는 이 원칙은 원래 배심원의 양심을 살리기 위해 고안된 것이었다. 마침내 이 법은 13세기부터 영국 배심원들이 씨름해온 도덕적 문제를 다루게 됐다.

같은 관행이 대서양을 건너 미국이 된 새로운 식민지에까지 이르렀다. 19세기 초, 이곳에서는 판사들이 여전히 배심원들에게 '양심적 확실성(moral certainty)'이 있다면 유죄를 선고하도록 지시했다. 한 대법원장이 설명했듯이 이는 그들의 양심을 만족시키는 확실성을 의미했다. 중요하지 않은 의심은 무시할 수 있었지만, 도덕적인 우려는 진지하게 받아들여야 했다. 강력한 기독교 전통에서 자라난 19세기 미국 배심원들은 유죄 평결의 도덕적·신학적 결과에 대해 여전히 고민했다.[41]

제4차 라테란공의회의 선언은 유럽 대륙에서 그렇게 즉각적인 효과를 거두지 못했으며, 이곳에서는 법원이 수십 년 동안 계속해서 시죄를 사용했다.[42] 그러나 판사들은 몇 가지 문제에 직면했다. 로마법에 확립된 원칙에 따르면, 고발인은 법원이 유죄판결을 내리기 전에 범죄의 직접적인 증거를 확보하고 적어도 증인 두 명에게서 지지를 받아야 했다. 이것은 정황증거가 아무리 강력하더라도 사적으로 저지른 범죄를 기소하는 것을 거의 불가능하게 만들었다. 따라서 범죄는 공익을 위해 처벌되어야 한다는 교황 인노켄티우스 3세의 선언은 학자들에게 범죄 증거의 전체적인 기초를 재고하게 했다. 12세기의 위대한 교회법 학자인 그라티아누스(Gratianus)는 이미 많은 사람이 확고하게 의심하는 '악명 높은' 범죄에 대해 판사가 고발이나 직접적인 증거 없이도 누군가에게 판결을 할 수 있다고 제안했다. 그리고 일부 판사는 증거가 결정적이지 못하다고 느꼈을 때 형량을 낮추기 시작했다. 라테란공의회가 판사들이 용의자를 법정으로 소환할 수 있다고 지시했을 때, 일부 신학자는 증인들에게 증거를 제시하도록 강요할 수도 있어야 한다고 제안했다. 이에 따라 사법 고문 관행의 토대가 마련되기 시작했다.

영국에서와 마찬가지로 목격자들은 종종 선서하에 누군가를 범죄나 위법행위로 고발하는 놀랍고 위험한 의식을 거치는 것을 꺼렸다. 따라서 학자들은 '불완전증거(half-proof)'에 관한 규칙을 개발했다. 이런 경우 판사는 자백을 받아내기 위해 피고인을 고문할 수 있었다. 이 방법의 매력은 그것이 범죄의 증거를 제공한다는 것이었다. 피고인이 자백하면 판사는 증거의 질을 걱정할 필요가 없어 안심할 수 있었다. 판사들은 곧 새로 얻은 권한을 사용하여 증인을 소환하고 중범죄로 기소된 사람들을 고문했다. 그리고 그들은 극도로 가혹한 형태의 정의를 실현하기 시작했다. 범죄를 처벌하는 것이 중요하다는 교황의 선언에 안심한 그들은 구타, 실명시키기, 낙인찍기, 코 베기, 교수형이 모두 공익을 위한 것이라고 결론지었다.[43] 신학자들과 작가들은 이런 형벌의 정당성에 대해 계속해서 논쟁을 벌였고, 일부는 사법적 고문의 사용에 의구심을 표명했다. 그러나 16세기에 이르러서는 큰 걱정 없이 이런 방법을 일상적으로 사용하는 전문 판사 계층이 발달했다. 18세기가 되어서야 판사들은 자백이 제공하는 확실성 없이도

'혐의(suspicion)'에 근거하여 (비록 형량은 작더라도) 형을 선고할 수 있다고 느꼈다. 점차 사법적 고문은 사라졌고 오늘날 우리가 알고 있는 직권주의가 구체화됐다.

형사사건에서 서약과 시죄에 대한 대안을 찾는 이들이 유럽의 법학자들만은 아니었다. 학자들은 어디에서나 증거 수집과 판단 과정에 대한 법적 규칙을 개발하는 것이 어렵다는 것을 알게 됐다. 중국에서 공자는 법가(法家) 학자들이 옹호하는 가혹한 법적 절차를 거부하고 도덕교육에 대한 새로운 생각을 장려했다. 그러나 그와 그의 추종자들조차도 사회질서를 위해 처벌의 필요성을 인식했다. 중국 정부 관리들은 시죄에 의존하기보다는 유럽 정부 관리들보다 몇 세기 먼저 사법적 고문에 대한 아이디어를 내놓았다.

고문은 진나라가 법전을 초안한 기원전 3세기에 이미 확립돼 있었다. 중국 관리들이 잘못된 유죄판결의 결과에 대해 기독교인 관리들과 비슷한 우려를 하고 있었는지는 확실하지 않지만, 타락한 지상 재판관들은 영적 재판관들이 탄원을 듣고 증거를 취하고 재판하는 저승에서 신의 응징을 예상할 수 있었다는 것은 분명하다.[44] 중국 현령(지현)들은 자백이 완벽하지 않다는 것을 잘 알고 있었다. 왜냐하면 많은 죄수가 고문 때문에 자백했다는 이유로 항소했고, 상급법원은 사람들에게 잘못 유죄를 선고한 현령을 처벌했기 때문이다. 그러나 그들은 아마도 자백이 유혈 형벌에 대해 정당성을 제공했다고 생각했을 것이다. 또한 많은 사람은 어려운 사건을 해결하기 위해 신의 개입을 기대했다. 예를 들어, 성황신의 형상 앞에서 완고한 증인을 신문하여 자백하도록 겁을 주거나 심지어 사원에서 재판을 진행할 수도 있었다. 그러나 이런 활동은 공식 사법 제도의 일부로 승인되지 않았다. 입법자들은 서약을 규정하지 않았고, 현령도 시죄에 의존하지 않았다. 그들은 알려진 범죄자조차도 처벌하는 것을 정당화하기 위해 자백을 직접 받아내야 했다.

한편 인도의 불교도들은 유혈 형벌의 문제에 대해 극단적인 견해를 보였다.[45] 붓다의 생애에 대한 고전적인 서술에 따르면, 그는 부와 가족을 버리고 방랑하는 고행자가 되어 지배계급의 활동에 의문을 제기했다. 비슷한 시기에 널리 읽힌 도덕적인 설화인 『자타카(Jataka tales)』는 전쟁을 치르고 유혈 형벌을 내리지 않고는 아버지의 뒤를 이어 왕이 될 수 없다는 것을 깨달은 왕자의 이야기를 다룬다. 그는 훌륭한 왕이자 훌륭한 불교도가 되는 것은 불가능하다고 결론지었다. 그래서 그는 붓다처럼 자기 권리를 포기한다. 불교 저술가들은 개혁과 억제에 근거하여 정당화될 수 있는 형벌의 광범위한 도덕적 목적에 대해 정교한 설명을 발전시켰지만, 그들 중 순수주의자들은 모든 유혈 형벌이 죄라고 계속해서 주장했다. 심지어 20세기 초에도 달라이라마 정부 최고위급 승려들은 반역죄로 유죄 선고를 받고 실제로 형이 집행된 관료의 신체 절단에 대한 집행장 서명을 거부했는데, 그 이유는 불교 승려로서 그렇게 하는 것이 부적절하다는 것이었다.[46]

힌두교 브라만들은 통치하고, 전쟁을 치르고, 재판하는 것이 크샤트리아 계급의 의무라고 선언함으로써 최소한 더 극단적인 형태로 이런 우려를 피할 수 있었다.[47] 업보의 법칙은 죄 많은 삶을 사는 누구에게나 비참한 환생을 약속했기 때문에 왕들과 재판관들은 유럽인들과 마찬가지로 잘못된 유죄판결에 대해 비슷한 우려를 했을 것이다. 그러나 브라만들은 왕과 재판관에게 평화와 질서를 유지하는 것이 다르마라고 확신시키면서 범죄자를 기소하고 처벌하는 방법에 대한 자세한 규칙을 제시했다. 한 중세 문헌은 '왕이 형벌을 받아야 할 자를 벌하고 사형에 해당하는 자를 사형시킨다면 이는 마치 제물 10만 번을 바친 것과 같다'라고 선언했다.[48] 저자는 이어서 올바른 처벌의 평가에 영향을 미칠 많은 요소를 언급한다. 재판이 어떻게 고소·답변·증거·결정의 단계를 거쳐야 했는지를 설명하는데, 그 과정에서 판사는 증인의 자질을 충분히 검토하고 철저히 조사하며 다른 형태의 증거와 증명을 저울질하고 평가해야 했다. 본문에서 말했듯이 '인간의 재판'은 증인·문서·추론에 의존하는 반면, '신의 재판'은 서약·시죄와 함께 우리가 우연이라고 생각하는 형태를 사용했다. 저자는 형사절차에 관한 학문을 검토하면서 힌두교 판사들이 중세 기독교의 재판관들과 같은 신학적 불안을 겪었음을 거의 시사하지 않고 판사들이 최후의 수단으로 '신성한' 증거에만 의존해야 한다고 거듭 강조한다. 시험의 적절한 형태는 왕과 브라만 앞에서 금식한 후 시험을 치러야 하는 증인의 카스트에 따라 달랐다. 아마도 재판 과정과 증거 평가 방법에 대한 자세한 지침을 통해 판사는 가장 문제가 되는 사건을 제외한 모든 사건에서 마음에 거리낌 없이 유죄를 선고할 수 있었을 것이다.

한편 이슬람 세계의 초기 법학자들도 전통적인 서약 관행을 공식화했다. 그러나 이런 관행은 아바스왕조의 술탄과 칼리프가 확립한 보다 중앙집권적이고 정교한 법체계에는 충분하지 않았다. 쿠란은 그들에게 범죄를 처벌하고 간통, 강간, 살인, 즉 유혈 형벌을 받을 만한 범죄로 유죄판결을 하는 데 필요한 증거 유형에 대해 매우 간단한 지침만을 줬다. 수 세기에 걸쳐 법학자들은 더 광범위한 절차 규칙과 원칙을 발전시켰다. 그러나 판사들이 어려운 사건에서 유죄를 선고하는 것을 돕는 대신에, 11세기에 이르러 법학자들은 의심이 가는 모든 사건에서 형사처벌을 피할 것을 판사들에게 요구했다.[49] 법학자들은 자신들을 무함마드 전통의 상속자로 여겼으며, 아주 초기부터 자신들의 역할을 칼리프 및 그 관리들의 역할과 구별했다. 정부의 판사인 카디는 관리가 집행할 형을 선고할 수 있었지만, 대다수 학자는 스스로 판사 역할을 하기를 꺼렸다. 그들은 법이 무엇인지 말할 권한이 있었지만, 판사의 업무가 도덕적으로 모호하고 부패·강압·오류로 얼룩져 있다고 생각했다.[50] 그들의 역할은 정치권력의 사용에 대해 '경건한 반대파'를 형성하는 것이었다.[51]

중앙아시아에서 페르시아로 진격하여 아바스 통치자들을 쫓아낸 셀주크는 현재의 터키에 기반을 둔 정부를 수립했다. 강력하고 독재적인 새 통치자들은 판사들에게 가혹하게 재판하고 사형, 태형, 조리돌림, 구금 명령을 스스럼없이 내리도록 촉구했다. 마드라사에 있으면서 정부 관리들의 권한에서 어느 정도 벗어난 이슬람 법학자들은 이를 우려하면서 셀주크의 과도한 집행 권한 사용에 대해 견제와 균형을 이룰 필요가 있다고 느꼈다. 그들은 형사처벌의 정당성을 제한하려는 시도에서 의심의 원칙과 관련된 선례를 찾기 위해 초기 메디나에서 현대 예멘에 이르기까지 사건의 기록을 샅샅이 뒤졌다. 아랍어 '슈바(shubha, 의심)'의 의미는 광범위했으며, 그들은 슈바가 사건의 사실에 대한 의심, 법에 대한 의심 또는 제안된 처벌의 도덕성에 대한 의심을 나타낼 수 있다고 결정했다. 이 원칙에 확고한 신학적 토대를 부여하기 위해 법학자들은 이를 무함마드의 생애에 대한 기록으로 돌렸다. 이것은 아무리 좋게 봐도 모호했지만, 학자들은 어느 정도 의심이 가는 사건에서 판사가 여러 차례 자백을 요구해야 한다고 과감하게 선언했다. 판사는 감경 사유에 대한 조사를 수행하고 피고인에게 유리하게끔 모든 텍스트의 불확실성을 해소해야 했다.[52]

이슬람 법학자들은 분명히 기독교 법학자들과 같은 도덕적 불안으로 동기가 부여됐지만 매우 다른 목적을 가진 규칙을 만들었다. '합리적 의심'이라는 유럽의 원칙과 서약·사법 고문·배심원의 사용은 판사가 언제 유혈 형벌이 정당화되는지 결정하는 데 도움이 됐지만, 이슬람 규칙은 판사에게 의심해야 할 때를 알려줬다. 이는 판사가 아닌 법학자의 관점에서 형벌의 도덕성에 대한 우려를 반영한 것이다. 이런 규칙은 도덕적 위안을 주는 대신 매우 광범위한 사건의 의심스러운 특징을 강조하면서 판사의 업무에 불확실성의 요소를 추가했다. 이 규칙의 목적은 사형을 선고하라는 공무원의 압력에 저항하도록 판사를 도와 사형선고를 저지하고 집행 권한을 억제하는 것이었다. 수세기에 걸쳐 일부 이슬람 판사는 불분명한 사건에서 사형선고를 내리기 전에 자백을 확보하기 위해 사법적 고문을 가했다.[53] 그러나 사후세계의 결과에 대한 그들의 두려움은 법학자들의 의심 원칙에 따라서만 고조될 수 있었다. 그리고 많은 판사는 증거가 달리 나타낼 수 있는 것보다 가벼운 형을 선고하는 것을 정당화하기 위해 의심 원칙을 인용했다.[54]

처벌의 문제와 판단의 위험은 어떤 사람이 다른 사람을 징계하고 처벌할 권리를 가질 때마다 발생한다. 여러 세기에 걸쳐 많은 사람은 판단의 과정에 어려움이 따른다는 사실을 알게 됐다. 신의 제재 위협을 불러일으키고 유죄 또는 무죄의 직접적인 확인을 구하는 서약과 시죄는 형벌의 정당성을 확인하기 위해 전 세계에서 사용된 가장 기본적인 기술이었다. 점차 일부 사람들은 중국의 사법 고문에서부터 영국의 배심제에 이르기까지, 유럽 법원의 직권주의적 관행에서부터 이슬람 세계의 의심 원칙에 이르기까지 대안적인 관행을 확립했다. 결국 더 관료적인 국가에서는 증거 규칙을 제정하여 합법적으로 행동한다는 것이 무엇을 의미하는지 정의함으로써 판사와 배심원의 불편함을 덜어줬다. 이런 증거 규칙은 또한 판사와 관리의 권한을 제한했다. 이것은 수 세기에 걸친 시행착오 끝에 근대법이 정의의 약속을 이행하는 새로운 방법을 제시한 가장 극적인 방법이다.

최초의 입법자들이 석판에 거창한 구절을 쓴 이후로, 사람들은 특히 판사와 관리의 권한을 통제함으로써 정의를 찾기 위해 다시금 법으로 눈을 돌렸다. 객관적인 규칙은 어떤 일을 하는 데 올바른 방법이 있다는 확신을 준다. 이런 법에 대한 노력은 상법을 통해 상업 관계를 수립하고 규제하려는 욕구와 같이 완전히 실용적인 이유에서 출발할 수도 있다. 그러나 법은 아일랜드인, 아이슬란드인, 인도 공동체, 다게스탄 부족 사이에서 그랬던 것처럼 때때로 지역 관습을 통합함으로써 정의를 약속하고 자치를 확인할 수 있다. 법은 또한 자신의 규칙을 준수함으로써 위대한 종교 체계를 지킨 사람들에게 그랬던 것처럼, 사람들이 더 넓은 우주론적 질서에 참여하거나 세상을 위한 신의 길을 따르고 있다고 느끼게 할 수 있다. 그러나 대다수 법체계에서 법은 권력 행사 방법을 정의하고 제한하여 사람들에게 통치자의 행동에 도전할 가능성을 제공했다. 이것은 함무라비 시대부터 역사를 관통해온 힘인 법치주의다. 오직 중국에서 징계 제도를 주관하는 황제들이 이 생각에 저항했을 뿐이다.

근대 세계에서 법치주의는 고대 법체계의 종교적·우주론적 비전에 필적하는 것 이상이 됐다. 3부에서는 어떻게 고대 법체계가 퇴색하고 유럽의 법이 세계를 지배하게 됐는지를 살펴본다.

The Rule of Laws

PART

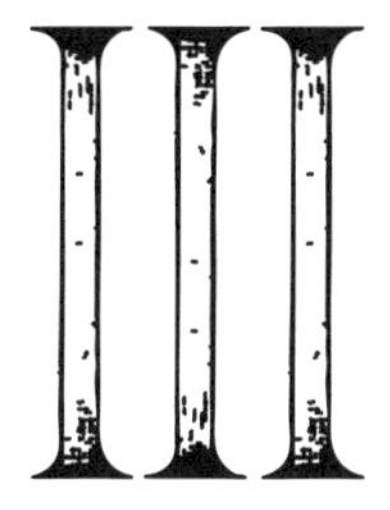

세계의 질서

Chapter

12

왕에서 제국으로
: 유럽과 미국의 발흥

현재 세계를 지배하고 있는 국가법은 주로 17세기 이후 유럽 국가들과 미국에서 발전된 법을 기반으로 한다. 이 시기에 법은 규율 측면의 잠재력과 정의와 질서에 대한 약속을 결합하는 방식으로 국가 및 정부의 절차와 확고하게 연결됐다. 유엔(United Nations) 및 세계은행(World Bank)과 같은 강력한 국제기구에 따르면 법은 분쟁을 해결하고 형사제재를 결정하는 독립적인 사법부와 함께 민주적 구조, 효율적인 규제, 사유재산 체제 및 개인의 권리를 뒷받침해야 한다. 그리고 현대 국가들은 명확하게 구분된 국경 내에서 주권적인 사법권을 행사해야 한다. 이는 놀랍도록 성공적이고 강력한 모델이다. 그런데 이것은 어떻게 나타났을까?

17세기에 유럽의 군주들은 여전히 정치적 국경을 둘러싸고 자신들을 쇠약하게 만드는 전쟁을 벌이고 있었고, 세계의 주요 정치 세력과 가장 정교한 법체계를 찾아볼 수 있는 곳은 아시아였다. 만주족의 청나라 통치자들은 중화제국에 새로운 정권을 수립하고 200여 년 동안 전 세계에서 가장 정교하고 관료적인 법체계를 관장했다. 이슬람 무굴제국은 인도 북부 대부분 지역으로 지배력을 확장했고, 도전받지 않는 정치권력과 번영을 누렸다. 이슬람 율법을 인정한 사파비왕조는 페르시아를 지배했고, 오스만제국은 콘스탄티노플에서 권력의 정점에 도달했다. 1453년에 비잔틴제국의 남은 자들을 쓰러뜨린 그들은 메소포타미아, 이집트, 그리스, 발칸반도를 지배하고 북아프리카의 많은 부분을 속국으로 만들었다. 그리고 1683년에는 빈(Vienna)의 문에 도달했다. 오스만제국은 또한 샤리아에 느슨하게 기초한 세속법 법전인 카눈(kanun)을 제정했다. 한 학자는 "이슬람법은 세계경제와 아르메니아인, 힌두교인, 그리스인이 개척한 국제 상업 문화를 보호했고 유럽의 법만큼 발전했다"라고 말했다.[01]

유럽의 군주들은 오스만제국의 힘과 무굴제국·청나라·사파비왕조의 정교한 문명을 잘 알고 있었고, 그곳의 상인들과 거래하기를 원했다. 18세기에 몽테스키외를 비롯한 다수가 중국 법의 우월성을 인정했다.[02] 그러나 유럽인들은 자신들의 법적·종교적 전통의 우수성과 이런 전통이 국민에게 주는 혜택을 확신하고 있었다. 아메리카 대륙으로 정착민들을 보낼 때, 많은 사람이 법도 전해야 한다고 선언했다. 이 법들이 얼마나 무질서한가를 생각할 때, 세계의 먼 지역을 지도할 수 있다고 믿는 이런 자신감은 의아할 정도다.

17세기에 유럽의 법률은 부분적이고 중복되며 체계적이지 않았다. 그러나 다음 200년 동안 유럽 대륙에서의 법전편찬운동은 로마법을 여러 개의 조직화한 국가법 시스템으로 바꿔놓았고, 영국의 판사는 코먼로의 범위를 합리화하고 확대했다. 그들의 작업은 대서양 너머에서도 채택됐는데, 북아메리카의 새로운 식민지들은 독립을 추구하며 법을 열렬하게 지지했다. 전쟁, 혁명, 식민지 정복 속에서 부상한 유럽 국가들은 강력하고 새로운 형태의 법을 발전시켰다.

중세 시대에 유럽 법원 대부분은 로마법과 고유한 관습 규칙을 혼합하여 적용했다. 프랑스에서는 왕들이 모든 공동체가 법전으로 된 관습법을 가져야 한다고 명령했으며, 1510년에 발행된 『파리 관습법(Coutume de Paris)』은 프랑스 전역에 적용되는 표준으로 자리 잡았다. 한편 파리 법원은 교회가 개발하고 로마의 전례에 기초한 로마교회법(Roman-canonical) 절차를 채택했으며, 이를 구현하기 위해 새로운 직업 변호사들이 등장했다. 스페인에서도 군주는 유스티니아누스의 법전을 모델로 한 『칠부전서』를 보완하기 위해 새로운 법전 편찬을 명령했다. 관습적인 규범과 절차는 특히 신성로마제국을 구성하는 땅, 지금은 유럽의 지배적인 정치 세력이 된 땅에서 중요하게 남아 있었다.[03] 여기서 황제들은 게르만 공국들과 도시국가들의 느슨한 연합체를 주재했는데, 그들 대부분이 자신들만의 법정을 가지고 있었고 12세기에 롬바르드족이 성문화한 봉건법인 렌레히트를 정기적으로 참조했다.

점차 상황이 바뀌었다. 황제들은 특히 황제의 선출과 선제후들의 역할에 관한 몇 가지 일반적인 법을 통과시켰고, 1495년 황제 막시밀리안 1세(Maximillian I)는 반목과 그 밖의 승인되지 않은 폭력을 금지함으로써 '영구적인 평화'를 확립하려고 했다.[04] 그는 또한 제국 전역에서 상소를 제기할 수 있는 새로운 최고법원인 제국법원(Reichskammergericht)을 설립했다. 몇십 년 후인 1532년 황제 카를 5세(Karl V)는 이탈리아의 선례를 바탕으로 형법(Carolina)을 반포했다. 그는 법적으로 훈련받지 않은 법관은 학자들의 조언을 구하도록 규정했다. 특히 프라하, 빈, 하이델베르크, 쾰른의 학자들은 그들 자신과 로마법의 권위를 모두 확립한 것으로 유명했다. 더욱 효과적인 정부를 수립하고자 했던 독일의 많은 군주는 이제 로마법을 더욱 강력한 봉건영주들의 독립을 저지하는 수단이자, 관료제로 뒷받침되는 국가를 수립할 유용한 도구로 봤다. 이후의 황제들은 로마법이 서로 다른 영토를 통합할 수 있다는 가능성을 인식했고, 제국법원의 법관이 법학자 교육을 받고 로마교회법 절차를 적용하도록 요구했다. 직업 변호사들이 번창하면서 이들의 권위와 사회적 가식이 일부 사람들에게 비판을 받았지만, 영향력 있는 개혁가들은 로마법이 사소한 반목을 극복하는 능력을 갖추고 있다고 칭송했다.[05] 로마법은 많은 사람에게 평화와 질서의 공평한 법을 상징했다.

30년전쟁이 발발한 1618년 신성로마제국에는 현재의 네덜란드, 이탈리아, 벨기에, 체코, 폴란드의 일부와 함께 현대 독일의 대부분이 포함되어 있었다. 군주국, 공국(duchy), 공국(principality), 주교후국, 카운티, 제국 수도원, 마을은 자신들만의 법원을 유지했을지 모르지만 어쨌든 모두 로마법을 인정했다. 변호사들은 파리, 바야돌리드, 빈의 법원에서 유스티니아누스 『로마법대전』의 구절을 인용했다. 스코틀랜드에서도 제임스 5세(James V)는 로마법을 공부한 판사가 최고 민사법원(Court of Common Pleas)의 재판관이어야 한다고 확인했다.[06] 스코틀랜드 판사들은 코먼로의 구제책 대신 대륙의 서면 절차를 받아들였고, '형평성'과 '합리성'을 들어 스코틀랜드 법을 보완하기 위해 유스티니아누스의 법전에 의지했다. 로마법은 광범위한 지방법원, 통치자, 관습 및 법적 절차에 대한 공통 원칙의 기준점과 출처를 제공하게 됐다.

스코틀랜드 국경의 남쪽은 상황이 달랐다. 16세기 중반 영국은 세계의 주요 강대국이 아니었으며, 영국의 법은 여전히 법전·법원·원칙·절차가 체계 없이 묶인 집합이었다.[07] 12세기에 헨리 2세가 중앙법원을 설립한 이후 영국의 군주들과 의회는 정부를 확장하고, 수입을 늘리고, 사회와 경제를 개선하기 위한 법령을 발표했다. 그러나 상급법원에서 적용되는 법의 내용은 주로 소송당사자들이 소송을 제기할 때 사용해야 하는 단어 형태인 소송 개시 공문으로 형성됐고, 이 코먼로는 포괄적이지 않았다. 보통 사람들은 대부분 지역 관습을 따랐고 다른 사람들도 따를 것으로 기대했다.

코먼로가 체계와 같은 것을 형성한 중앙법원들조차 구성과 관할권이 다양했고, 때로는 사건을 놓고 경쟁하기도 했다. 왕좌법원(King's Bench) 또는 여왕좌법원(Queen's Bench)의 판사들은 국왕과 관련된 사건들을 심리했고, 민사법원은 사적인 분쟁을 검토했으며, 재무법원(Court of Exchequer)은 수익 문제를 다뤘다. 1년에 두 번 열리는 재판 기간에 국왕 법관 열두 명이 전국을 돌아다니며 각 지역에서 발생한 사건을 심리했다. 왕실 관료의 최고위급인 대법관은 대법관법원(Chancery)으로 알려진 자신만의 법원을 설립했는데, 이는 작은 청구를 심리하는 재무법원이나 청원법원(Court of Requests)과 마찬가지로 청원자들에게 왕의 법원의 엄격한 소송 개시 공문보다 더 유연한 절차를 허용했다.[08] 또한 로마법 절차를 사용하여 훈장의 구별에 대한 주장을 심리하는 고등기사법원(High Court of Chivalry)이 있었고, 해사법원은 해상 관할권을 가지고 있었다.

실제로 국왕의 관료들이 사람들의 삶을 규제하는 능력은 제한적이었고 중앙법원은 모든 분쟁을 판결할 수 없었다. 비록 지금은 왕실의 권한에 속하지만, 교회법원은 혼인 허가서를 발급하고, 유언을 검인하고, 혼인 분쟁을 심리하고, 십일조를 판결하고, 성적 위법행위에 대한 혐의를 검토했다. 장원법원은 계속해서 지역 사건을 심리하고 토지 거래를 기록하고 지역 관습과 제도를 인정했지만, 사람들이 채무 청구를 한 자치구 법원에 점차 자리를 내줬다. 이런 도시의 법원에서는 치안판사들이 사소한 범죄 혐의도 검토했고 다양한 지역 심판소에서 시장, 정기시, 숲에서 발생한 분쟁을 검토했다.

그럼에도 변호사와 판사 모두 소송 개시 공문과 주장 서면의 기술적 세부 사항을 통해 자신의 사건을 제시하고 주장하고 협상하면서 '왕국의 법과 관습'에 대해 이야기했다. 나아가 대다수 판사는 법률 전문가의 학습과 그들이 상급법원에서 사용한 추론에서 코먼로가 발견된다는 데 동의했을 것이다.[09] 15세기에 민사법원의 판사인 토머스 리틀턴 경(Sir Thomas Littleton)은 「부동산 보유에 관한 논문(Treatise on Tenures)」을 발표했는데, 이 논문에서 그는 토지 소유와 임차권의 복잡한 시스템을 설명하려고 노력했다.[10] 또한 15세기에 왕좌법원의 원장 법관인 존 포티스큐 경(Sir John Fortescue)은 영국 법을 찬양하는 글을 썼는데, 사실은 새로운 법원의 도입에 대한 반론이었다. 이 책에서 그는 판사들이 법의 격언으로 표현하는 기본 원칙을 강조하면서 영국 법 추론의 자질을 예찬했다.[11] 법학자 크리스토퍼 세인트 저먼(Christopher St. German)은 1523년에 헨리 8세의 고문인 토머스 울지(Thomas Wolsey)를 상대로 또 다른 논쟁의 장을 만들었다. 그는 코먼로를 신의 뜻 및 신의 영원한 법과 연결했다. 비록 체계적이진 않았지만, 학자들과 판사들은 영국 코먼로의 특성과 옛 기원을 강조하는 데 열심이었다.

하급법원의 치안판사들조차 영국 법의 '우수함'과 그것이 지지하는 국민의 '자유'에 대해 자주 이야기했다.[12] 그들은 대부분 법원 절차의 안전장치, 특히 배심재판에 대해 생각하고 있었다. 17세기 초, 변호사이자 정치가인 프랜시스 애슐리(Francis Ashley)는 위협이나 억압을 받는 모든 영국인의 마음에 '어떤 자유인도(nullus liber homo)'라는 문구가 떠올랐다고 선언했다. '어떤 자유인도 그와 동등한 자의 적법한 판정에 의하거나 국법에 의하지 아니하고는 구금되지 아니하며 우리가 그를 공격하지 아니한다'라고 규정한 마그나카르타 제29조는 여전히 영국인의 자유에 대한 근본적인 선언으로 남아 있었다.[13]

17세기 초 엘리자베스의 통치가 끝날 무렵, 지방 치안판사들은 법과 그 역사, 형평성, 법학에 관한 저렴하게 제작된 저작물과 실용적인 안내서 및 법령의 발췌문을 참조할 수 있었다.[14] 이 글들은 치안판사들이 가장 잘 알고 있어야 할 절차에 대한 지침을 제공했고 법의 실체를 토론하게 했다. 그리고 사람들이 법원으로 몰려들어 역사상 어떤 시기보다 1인당 제기된 소송사건 수가 많아졌다.[15] 그러나 상급법원에서 적용한 코먼로조차도 규칙과 원칙의 체계를 형성하지 못했다. 포괄적인 교과서도 없었고, 법정에서의 승패는 올바른 소송 개시 공문을 사용하느냐 아니냐에 달려 있었다. 절차가 전부였다. 법학원에서 훈련하는 동안 법학도는 법령에 대한 강독(강의)을 듣고 가상의 사례를 토론하고 구두 변론집과 주장 서면집 등에 법적 논거를 적었고, 판사들은 전임자들의 추론과 판단을 따라야 한다고 느꼈다. 그러나 사례집은 개략적이었고, 후대의 판사에게 이전의 판결이 구속력을 갖게 하는 판례 체계는 확고하게 확립되지 않았다.[16]

영국의 법은 비록 불완전한 제도였지만, 법은 그 자체의 권위를 가진 것으로서 중요하다는 의식이 있었다. 이로 인해 17세기 초 군주와 법관들 사이에 정치적 긴장이 조성됐다. 헨리 8세와 그의 딸 엘리자베스는 추밀원을 통해 헌장과 선언문을 반포하여 의회를 우회할 수 있는 대권(Royal prerogative)을 강화하려 했다. 엘리자베스는 대권을 사용하여 상인들에게 특허를 줌으로써 특정 유형의 국제무역에 대한 독점권을 부여했다. 그녀는 외국의 침략 위협과 지방의 음모를 언급하며, 약식재판의 형식을 제공한 자신의 법원인 성실청(Star Chamber)의 업무를 확장하고 "엄청난 범죄는 법의 일반적인 절차에 따르지 않는다"라고 대담하게 주장했다.[17] 그러나 엘리자베스가 코먼로 제도를 완전히 등진 것은 아니다. 왕실의 패권을 확고히 지지하는 성직자 리처드 후커(Richard Hooker)도 법이 여왕(또는 왕)을 인도해야 하며, 그 반대는 아니라고 주장했다. 그러면 영국연방은 "하프 또는 멜로디 악기로, 현을 한 사람이 조율하고 다루는 것"과 같을 것이라고 그는 주장했다.[18] 이것은 사람들이 법을 사용하여 인기 없는 왕권 주도의 국가 체제에 도전할 수 있는 문을 열어줬다.

17세기 초, 전임자보다 정치적으로 덜 영리했던 제임스 1세(James I)는 왕이 모든 법의 근원이고 모든 법을 소유하고 있으며 법을 정의하고 규제하고 관리할 권리가 있다고 주장했다. 의회도 왕의 판사도 이런 주장을 받아들일 수 없었고, 제임스의 대법관인 엘즈미어 경(Lord Ellesmere)과 프랜시스 베이컨 경(Sir Francis Bacon)조차도 왕의 법적 권한이 궁극적으로 코먼로에서 나온다고 주장했다. 아일랜드 법무 총재 존 데이비스 경(Sir John Davies)은 코먼로가 고대와 태고부터 '왕국의 공통 관습'이라는 과장된 진술을 했다. 그의 선례를 따라 의회 의원 토머스 헤들리(Thomas Hedley)는 1610년에 코먼로가 영국과 영국 국민의 특정한 경험에 대응하여 진화한 태곳적 관습과 이성의 산물이라고 주장했다. 그는 의회의 법령 제정 권한을 확립한 것은 코먼로였다고도 말했다.[19]

같은 해, 민사법원의 법원장인 에드워드 쿠크 경(Sir Edward Coke)은 왕립 의과대학의 재판권에 관한 분쟁인 보넘 사건(Dr. Bonham's Case)을 검토했다.[20] 쿠크는 판결문에서 법원이 '공민권과 이성에 반하거나, 모순되거나, 실행 불가능한' 의회 법령을 집행하지 않을 것이라고 선언한 것으로 유명하다. 그는 코먼로는 법령을 '통제'하고 "코먼로에 어긋나는 법률을 무효로 판결"할 것이라고 말했다. 쿠크는 이미 제임스와 재판권에 대해 논쟁을 벌였으며, '법이 왕을 보호'했기 때문에 왕은 법을 따라야 한다고 선언했다. 최고 판사의 권위를 왕의 권위 위에 두려는 이 발언은 제임스를 분노케 했다. 쿠크는 제임스에게 사과해야 했고, 당대의 기록에 따르면 그의 용서를 구하기 위해 바닥에 '납작' 엎드렸다.[21]

하지만 두 사람 사이의 대립은 계속됐다. 대립은 1616년에 왕좌법원과 대법관법원의 재판권을 둘러싼 다툼에서 정점에 이르렀다. 성직록 지급 사건(The Case of Commendams)에서 쿠크는 다른 판사들을 설득하여 그들이 결정을 내리는 것을 막으려는 왕의 시도가 무효라고 선언했다. 분노한 제임스는 판사들을 소환하여 판결을 파기하고 코먼로가 '왕에게 가장 유리한' 것이라는 점을 알고 있다고 선언했다. 다른 판사들은 왕의 용서를 빌며 압력에 굴복했지만, 쿠크는 옳다고 생각하는 일을 해야 한다며 자신의 의무를 변호했고 법원장에서 해임됐다. 후대의 작가들이 군주와 맞서고 왕실의 절대주의에 저항하려는 쿠크의 결의를 과장했을지는 모르지만, 판사가 코먼로의 우월성을 확신했다는 데는 의심의 여지가 없다. 법이 왕의 권위에 제약을 가한다는 생각, 즉 '법치주의'는 수십 년 동안 법조계와 정치권에서 반향을 불러일으켰다. 쿠크의 주장은 훗날 대서양 반대편에서도 극적인 효과를 가져왔다.

이런 모든 토론과 논쟁 속에서, 일부 사람들은 수 세기 동안 코먼로가 혼란스러워졌으니 종합될 필요가 있다는 우려를 표명했다. 그러나 법전 편찬 요구를 거부한 에드워드 쿠크 경은 유연성과 정교함이 코먼로를 로마법(대륙법)보다 우월하게 만든다고 주장했다.[22] 그리고 판사직에서 해임된 후, 의도적으로 유스티니아누스를 연상시키는 제목의 『영국 법 제요(Institutes of the Laws of England)』를 출간해 '이 왕국의 고대 코먼로의 틀'을 설명했다.[23] 1628년에 출판된 『영국 법 제요』 제1권은 재산과 상속에 관한 것으로 주로 리틀턴의 「부동산 보유에 관한 논문」에 기초한다. 제2권은 '영국 기본법의 주요 근거를 선언'하는 법령을 제시했다. 제3권은 형법에 대해 논의했고, 제4권은 '높고, 훌륭하고, 권위 있고, 필연적인 모든 심판소 및 왕국과 영토 내의 재판소'의 '지도'를 제시했다. 쿠크는 삼림법·선박나포법·상인법과 함께 교회법과 세속법을 인정했으며, 저지·건지·맨 지역의 법과 관습, 광업지의 법, 잉글랜드와 스코틀랜드 또는 잉글랜드와 웨일스 경계 지방의 법, 관습의 권위를 인정했다.[24]

쿠크의 작업은 뒤죽박죽인 영국 법에서 체계와 질서를 찾는 데 어느 정도 도움이 됐지만, 알파벳순 목록이 좋은 결과로 나아가는 길이라고 느낀 작가들도 있었다. 그 밖의 사람들은 법원 절차의 악명 높은 지연을 우려하여 법적 절차를 종합하려고 했다.[25] 법전 편찬의 요구는 계속됐지만 세기 후반에 일반적인 사항을 작성하려고 했던 학자들은 절망에 빠져 포기했다.[26] 판사 매슈 헤일 경(Sir Matthew Hale)은 14세기에 에드워드 3세(Edward III)가 다양한 관습법과 지방법에서 '왕국 전역에서 지켜야 할 하나의 법'을 도출하여 이것이 '영국연방의 색채와 구성'이 됐다고 주장했다.[27] 그러면서 "세부 사항이 매우 많고 그 안에 있는 것들의 연관성이 매우 다양하기 때문에 정확한 논리적 방법으로 그것을 줄일 수 없다는 것을 미리 고백하고, 나는 첫 번째, 두 번째, 세 번째 글에서 절망을 선언한다"라며 개탄했다. 윌리엄 블랙스톤 경(Sir William Blackstone)이 쿠크의 책을 대체할 작품을 편찬하기까지는 100년이 넘게 걸렸다.

유럽 국가 대부분은 17세기에 이르기까지 특히 절차 면에서 대륙법의 일부 측면을 채택했다. 그러나 잉글랜드와 스코틀랜드의 왕인 제임스 1세가 로마법에 근거해 서로 다른 법 전통을 통일하려 하자 양 국가의 판사들은 격렬하게 반대했다.[28] 잉글랜드에는 모든 잉글랜드인의 자유를 보호하는 '코먼로'와 '왕국의 관습'이 있었다. 이것은 잉글랜드인의 타고난 권리였으며 스코틀랜드인에게까지 확장될 수 없었다. 앞서 헨리 8세는 웨일스에 대한 자신의 권력을 공고히 하면서 웨일스의 '다양하고 불일치한' 법과 관습을 대체한다고 선언하는 '웨일스에서의 법률에 관한 법(Laws in Wales Acts)'을 통과시켰다. 그러나 판사들은 스코틀랜드에 대해 다른 견해를 가지고 있었다. 1608년에 그들은 스코틀랜드인이 잉글랜드의 토지를 주장하기 위해 잉글랜드 법원에 소송을 제기할 수 있지만, 잉글랜드 법원은 스코틀랜드의 토지에 대한 관할권이 없다고 결정했다.[29] 이것은 잉글랜드 국왕이 대서양을 가로질러 정착민들을 보냈을 때 상당한 딜레마를 초래했다. 식민지 땅의 법과 관습은 어떻게 될 것인가? 그 땅의 새로운 거주자들이 잉글랜드 법의 보호를 계속 누릴 수 있을 것인가?

스페인과 네덜란드 탐험가들의 선구적인 활동에 이어 영국 모험가들은 16세기 후반에 북아메리카 탐험대를 조직했다. 엘리자베스 1세는 식민지를 건설할 수 있는 특허를 발급했고, 제임스 1세가 그 전례를 따랐다. 1606년, 그는 런던회사(London Company)에 버지니아에 영구적인 식민지를 건설할 수 있는 특허를 내줬다. 이 회사는 '해당 식민지의 통치에 적합하고 필요한 모든 종류의 명령, 법률, 지시, 지도, 양식, 정치 및 행정 의식을 만들고 제정하고 수립'해야 했다. 정착민들, 대개 퀘이커교도와 청교도인이었던 그들은 영국의 법에 '가깝고', '적합하고', '저촉되지 않는' 한 자신들의 법을 만들 권한을 부여한 특허 아래 곧 다양한 지역에 작은 공동체를 설립했다.[30]

잉글랜드 정부는 17세기 중반 잉글랜드 내전의 격변에 정신이 팔렸고, 한동안 식민지는 스스로 통치할 자유를 얻었다.[31] 많은 식민지가 비공식성과 합의를 강조하는 지방 사법의 형태를 발전시켰다. 그러나 인구가 증가함에 따라 법원 대부분은 영국식 모델을 따르며 지역 지도자를 치안판사로 임명했다. 이미 1618년에 런던회사는 코먼로 원칙을 따르는 재산 보유 제도를 도입했고, 버지니아 변호사는 재산 분쟁에서 리틀턴과 쿠크의 문헌을 언급하기 시작했다. 그들은 또한 잉글랜드 접경 지역의 의회 법률에서 유용한 선례를 발견했다. 실제로 새로운 미국 식민지에서 변호사로 활동한 사람들은 훈련을 받은 적이 거의 없었다. 대부분이 단지 법에 관심을 두고 영국의 실무 매뉴얼과 법률 텍스트에 대한 주석을 읽는 비전문가였으며, 치안판사는 치안판사를 위해 만들어진 안내서와 유언에 대한 서적을 교재 삼아 공부했다. 그러나 정착민들은 새로운 법원이 유용하다는 것을 알고 법원으로 몰려들었다. 17세기에 매사추세츠 법원은 상인, 채무자, 채권자, 스웨덴 정착자, 퀘이커교도, 농부, 장인, 하인, 심지어 노예가 제기한 사건을 심리했다.[32]

영국에서는 미국 식민지의 지위에 대한 상당한 논쟁이 있었는데, 주로 영국 의회가 식민지 영토에 대한 관할권을 가지는지 아니면 왕실이 영토를 직접 관리할 수 있는지에 대한 문제에 초점을 맞췄다. 이 문제는 1649년 찰스 1세(Charles I)의 처형으로 절정에 달한 왕과 의회 사이의 긴장에서 어느 정도 의미가 있었다. 일부 판사는 아무런 제약 없이 통치하겠다는 국왕과 그의 선언을 지지했고, 이는 쿠크가 그렇게 격렬하게 주장했던 코먼로의 권위와 군주제 절대주의의 견제를 약화할 수도 있을 것처럼 보였다. 1651년에 출판된 『리바이어던』에서 토머스 홉스(Thomas Hobbes)는 법을 통해 질서를 부여할 강력한 통치자를 요구한 것으로 잘 알려져 있다.[33] 그러나 코먼로와 그 판사들은 살아남았다. 올리버 크롬웰(Oliver Cromwell)은 학자들이 그가 왕위를 '찬탈'했는지 아닌지에 대해 논쟁을 벌이는 동안에도 코먼로의 합법성이 필요했기 때문에 코먼로를 수호하는 데 전념했다.[34]

1688년 명예혁명 이후 제임스 2세(James II)가 물러나고 딸 메리(Mary)와 그녀의 남편 윌리엄 3세(William of Orange)가 즉위하자, 의회는 새로운 법령을 논의하고 통과시키면서 영국 정치에서 더욱 적극적인 역할을 하기 시작했다. 그러나 왕의 법원은 성공적으로 권위를 유지했고 이제는 관할권을 확대하기 위해 신중한 노력을 기울였다.[35] 왕의 법원은 전통적으로 교회 법원이 처리하던 사건을 더 많이 넘겨받았고, 유럽 대륙에서 적용되는 법률과 어느 정도 동화하는 상업 활동에 관한 법을 발전시켰다. 이는 상인들이 따르는 법적 관행인 상인법(Lex Mercatoria, 렉스 메르카토리아)의 적용에 대한 관할권을 인수하는 것을 의미했다. 대법관법원은 해사법원과 마찬가지로 별도의 관할권을 유지했지만, 왕의 판사들이 그 권한을 성공적으로 제한하여 결국 두 법원 모두를 코먼로 체계로 끌어들였다.

왕좌법원 판사들 또한 지방정부의 변화하는 역학에 관심을 가지고 공무원의 활동에 대해 판단을 내릴 수 있는 자격을 확대했다. 튜더 시대부터 도시정부는 도로와 교량을 관리하고, 선술집을 허가하고, 노동 규정을 시행하고, 빈민과 사생아를 돌보는 등 책임을 확대하기 시작했다. 칙허는 도시정부에 시장을 열고 통행료를 인상할 수 있는 권한을 부여했고, 많은 도시정부가 긴 조례를 만들었다. 예를 들어 레스터에서 도시의 법은 공유지에 대한 권리를 확인했고 안식일을 준수하도록 요구했으며, 양초나 가난한 사람들에게 판매할 석탄 재고 또는 소방용 가죽 양동이의 공급을 보장하는 조처를 했다. 이 법은 포장도로의 보수와 판매용 양털의 무게를 규제했고, '외국인(foreigners)', 즉 다른 카운티 출신 사람이 빵과 장갑을 판매하는 것을 금지했다.[36]

이제 도시 당국은 길드를 구성하는 지역 단체와 장원재판소보다 도시 주민들의 삶을 더 많이 규제했다. 한편 늪 지역의 인클로저와 배수 문제는 사회적 불안을 야기했으며, 쫓겨난 사람들은 주로 부유한 에식스 토지 소유자에게 혜택을 주는 이런 계획을 방해하고자 했다. 그들은 시의원들 및 치안판사들과 아울러 배수위원회 위원들에 대해 소송을 제기했고 국왕 법정이 이 사건을 심리할 준비가 되어 있다는 것을 알게 됐다. 왕좌법원은 사람들이 '잘못된 행정'에 대해 호소하고 공무원이 공익을 옹호해야 한다고 주장할 수 있는 새로운 형태의 소송을 적절히 개발했으며, 공무원 자신도 종종 동료들을 상대로 소송을 제기했다. 상급법원은 이제 공무원과 행정기관에 대한 판결을 하게 됐다.

판사와 치안판사 모두 의회가 1628년 찰스 1세에게 보낸 시민 자유 선언문인 권리청원(Petition of Right), 1679년의 인신보호법(Habeas Corpus Amendment Act)과 함께 마그나카르타가 부여한 자유를 계속 강조했다.[37] 이 법들은 국민에게 자의적인 체포로부터의 자유, 법원에서의 평등한 대우, 동료 배심원들에 의한 재판을 보장했다. 한 학자가 말했듯이, 교육받은 계층은 코먼로와 법원을 중심으로 한 법체계를 정의·절차의 평등·적극적인 동의의 사상과 연관시켰고, 이로써 그들은 유럽의 다른 지역 사람들보다 억압을 덜 받게 됐다.[38] 실제로도 새 법안의 누적 효과는 빈곤층 구제 및 노동 규제 등과 같은 사항에 대한 비교적 균일한 원칙들이었다. 한편 많은 지방법원은 서약 보조인 대신 배심원을 사용하는 것을 포함하여 코먼로에서 소송 및 절차의 형식을 채택했다.[39] 이 모든 것은 왕좌법원이 지방정부에 관여하게 됨과 함께 적어도 어느 정도 공통의 사법 제도라는 개념에 기여했다. 하지만 사법 제도는 여전히 통일되지 않았다.

대다수 미국 정착민은 영국 코먼로의 혜택을 믿었지만, 17세기 후반이 되자 일부 정착민이 영국 의회의 법을 적용받아서는 안 된다고 주장했다.[40] 어쨌든 그들은 런던에서 멀리 떨어져 있으니 말이다. 그러나 왕정복고 이후의 영국 의회는 프랑스가 위협을 가하던 대서양 횡단 무역의 이익이나 외국 영토에 대한 통제를 포기하지 않으려 했다. 다양한 정부 기관은 펜실베이니아와 같은 새로운 식민지에 추밀원의 승인을 받기 위해 법안을 제출하도록 총독에게 요구하는 특허장을 부여하면서 더 직접적인 통제를 시도했다. 이에 식민지들과 그들의 상거래를 규제하기 위해 설립된 상무부가 식민지 법률이 코먼로에 부합하는지 검토했는데, 오래된 식민지들은 '영국 법에 반하지 않는 한' 새로운 법률을 통과시킬 수 있는 더 많은 자유를 가지고 있었다.

일부 총독은 영국 변호사들을 자신의 정부에 참여하도록 초대했지만, 많은 변호사가 식민지 법의 상태에 대한 놀라운 보고서를 보냈다. 1698년 뉴욕 총독으로 도착한 벨로몬트 백작(Earl of Bellomont)은 로드아일랜드 법무장관이 '가난한 문맹의 정비사, 매우 무지한 사람'이고, 그의 전임자는 '종교에 대한 원칙이 없는 매우 부패하고 잔인한' 사람이라고 썼다.[41] 그리고 한 영국 변호사는 버지니아 법원이 대법관 법원, 왕좌법원, 민사법원, 해사법원의 업무를 결합했기 때문에 "법의 식이 잘못됐고, 절차의 형식과 방법도 종종 매우 불규칙했다"라고 말했다.[42] 상무부는 총독과 그 밖의 행정가가 정착민 사이에서 적절한 법적 기준을 보장하기 위한 조처를 하도록 지시했다. 이런 압력 속에서 미국 변호사들은 영국의 법과 관습을 더 자세히 언급하기 시작했다. 로드아일랜드 의회는 영국 법령집을 입수하여 참조했다. 변호사와 판사는 재산에 관한 쿠크의 저서를 연구했는데, 이 저서는 자주 재발행되고 널리 유통됐다. 점차 식민지는 코먼로를 인정하여 법적 제도를 더 통일된 체계로 통합했고, 식민지 변호사들은 더 전문적인 훈련을 받았다. 미국 변호사들은 오히려 영국 법 제도의 역사적 복잡성에서 벗어나 대서양 건너편의 변호사보다 더 체계적이고 일관된 절차를 개발할 수 있었다.[43]

일부 영국 작가는 통치 형태인 동시에 특권으로 여겼던 영국 법을 해외에 직접 적용해서는 안 된다는 생각에 여전히 골머리를 앓았다.

판사이자 법학자인 윌리엄 블랙스톤 경은 미국 식민지가 정복당한 땅이기 때문에 코먼로가 직접 적용될 수 없다고 주장했다. 그는 미국 식민지의 법이 단지 영국 법을 베꼈기 때문에 비슷할 뿐이라고 주장했다. 이것은 부수적으로 미국 식민지가 영국에서 이미 논쟁의 대상이 된 노예제도를 유지할 수 있다는 것을 의미했다. 그런데 블랙스톤이 1765년에 기념비적인 『영국 법 주해(Commentaries on the Laws of England)』의 첫째 권을 출판했을 때, 미국 변호사들은 필사적으로 사본을 주문하고 열심히 연구했다.[44] 내용은 체계적이지 않았지만, 블랙스톤은 코먼로의 규칙에 질서를 부여하기 위해 영웅적인 노력을 기울였다. 이 책은 미국인들이 초기 법체계를 개발하는 데 긴요했다. 이 책의 영국 출판사는 미국에서 현지 판이 나오기 전에 1000부를 팔았고, 현지에서는 곧 1400부가 팔렸다. 가장 유명한 변호사들이 구독했고, 유명한 대법원장 존 마셜(John Marshall)은 스물일곱 살 때까지 이 책을 네 번이나 읽었다고 주장했다. 블랙스톤은 변호사보다 비전문가들을 위해 이 책을 썼다. 농부, 상인, 가구공, 제화공, 군인, 선술집 주인 등이 이 책을 참조했다. 처음에 독립적인 미국 정치인 중 일부는 자신들이 코먼로의 권리를 누리지 못한다는 블랙스톤의 견해에 반대했고, 법학자들은 그의 책을 새로운 미국 법에 대한 주해로 보완했다. 그러나 블랙스톤이 미국에서 법을 이해하고, 따르고, 발전시키고자 하는 모든 사람의 출발점이었음을 의심하는 사람은 아무도 없다.[45]

한편 영국에서는 정치와 사법 활동의 결합으로 코먼로가 계속 발전했다. 의회는 1688년 이후 더 많은 정기 회의를 열었고, 새로운 법안에 대해 점점 더 증가하는 청원에 대응하게 됐다. 치안판사들, 성장하는 중산층의 구성원, 새로운 자발적 결사체 모두 사회문제를 우려하면서 새로운 법률, 더 나은 치안유지 방법, 더 효과적인 처벌을 위해 로비를 벌였다. 그들은 특히 런던에서 급증하는 빈곤, 무법, 무질서의 증상이자 원인으로 봤던 진(gin) 음주와 매춘 관행을 처벌하는 법안을 제안했으며, 극도로 가혹한 처벌이 따르는 새로운 범죄에 대해 로비를 벌였다. 범죄에 대한 도덕적 공황은 현대 세계에 너무 익숙한 패턴인 과잉규제와 권력남용에 대한 불안에 필적했다. 그러나 1750년대에 의회 의원들은 국가의 일상적인 정치를 위한 입법의 필요성을 받아들였다. 사람들은 코먼로의 옛날 원칙만큼이나 의회의 결정에서 법을 보게 됐다.[46]

그러나 코먼로가 군주 및 의회와는 별개로 존재하고 권위를 갖는다는 생각은 사라지지 않았다. 급진당과 휘그당 모두 자신들이 야당이었을 때 코먼로를 자의적이고 전제적인 통치에 대비하는 보장책으로 언급했다. 그러면서 코먼로는 정부가 보호해야 하고 국민의 동의 없이 변경할 수 없는 일련의 기본권을 나타낸다고 주장했다. 그들은 자연권(Natural Rights)에 관한 철학자들과 법학자들의 이론에서 영감을 얻었다.[47] 네덜란드의 법철학자 휘호 흐로티위스(Hugo Grotius)는 17세기 초에 기독교의 원칙과 동일시했던 자연법에 대한 영향력 있는 저작에서 이런 사상의 토대를 마련했다. 그리고 영국의 철학자 존 로크(John Locke)가 17세기에 재산소유권에 관한 권위 있는 저작에서 이런 사상을 발전시켰다. 로크는 모든 개인은 자신이 투입한 노동에 근거하여 재산을 소유할 자연적 권리가 있다고 주장했다.

자연법과 자연권에 관한 이런 사상, 특히 재산에 관한 사상은 대서양을 가로질러 엄청난 영향력을 행사했다.[48] 비용이 매우 많이 들었던 프랑스와의 전쟁이 끝난 후, 영국 의회는 번성하는 미국 식민지에서 더 많은 수입을 얻으려고 했다. 이것은 필연적으로 분노와 저항으로 이어졌고, 점점 더 많은 미국인이 자치권을 얻기로 결심하게 됐으며 그중에는 많은 변호사도 있었다. 몇몇 사람은 자유와 재산권에 대한 쿠크의 생각과 보넘 사건에서의 유명한 진술에 사로잡혔는데, 이는 법의 권위를 왕의 권력보다 우선시하는 것으로 보였다. 그들 중 다수는 영국인의 '기본권'에 대해 이야기하고 영국 군주와 그의 정부가 행사한 법적 통제가 자연적 공정의 원칙에 위배된다고 선언했다. 쿠크와 그의 동시대인들이 의회의 권위에 진지하게 의문을 제기한 적은 없었지만, 미국의 활동가들은 자연법과 같은 용어로 코먼로에 관해 이야기했다. 코먼로는 개인에게 일련의 기본권을 약속하고 유지하고, 자유를 보장했다. 법은 통치자가 내리는 실질적인 규칙이 아니라 국민의 동의가 필요했다.

이런 주장은 정착민들이 원주민들로부터 토지를 구입하여 자신들의 노동력으로 토지를 개량했고, 왕실은 특허를 취소할 수 없으며, 식민지 개척자들은 프랑스와 로마 가톨릭에 대한 방어에서 영국에 귀중한 이익을 제공했다는 주장과 함께 자리를 잡았다. 이런 주장은 종교적·지역적 분열을 넘어 미국인들에게 성공적으로 받아들여져 공유된 정치적·법적 문화를 만드는 데 도움이 됐다. 자연적이고 내재적이며 양도할 수 없는 권리의 중요성에 대한 블랙스톤의 주장이 든든한 지지 기반이 됐다.[49] 1770년대 중반, 존 애덤스(John Adams)는 뉴잉글랜드의 법이 의회나 코먼로에서 나온 것이 아니라 자연법에서 나온 것이라고 선언했다. 그는 "우리 조상들은 이주 당시 영국의 코먼로를 따를 자격이 있었다"라고 주장했고, 그들은 코먼로를 원하는 만큼만 적용받았다. 1776년에 비준된 독립선언서(Declaration of Independence) 전문은 '생명권과 자유권과 행복추구권'을 포함하여 '모든 인간은 평등하게 태어났고, 창조주는 양도할 수 없는 일정한 권리를 인간에게 부여했다'라는 '자명한' 진리를 선언하며 자연법의 원칙에 호소했다.

실제로 독립 이후 미국의 주들은 영국 선조들로부터 물려받은 코먼로를 계속 사용하고 발전시켰다. 독립선언 당시 영국 코먼로는 미국 법원의 절차, 변호사의 주장, 판사가 인용한 격언에 매우 잘 정립되어 있었기 때문에 다른 제도를 시도할 이유가 없었다.[50] 사람들은 더는 런던 추밀원에 항소할 수 없었지만 계속해서 블랙스톤의 『영국 법 주해』를 읽고 법정에서 영국 사례를 인용했다. 자연법과 자연권에 대한 사상은 영국 코먼로의 관행 및 원칙과 결합하여 현대 세계의 지배적인 법체계 중 하나로 발전할 기반을 형성했다.

영국 코먼로에 비판자가 없었던 것은 아니다. 1811년, 영국의 학자이자 사회개혁가인 제러미 벤담(Jeremy Bentham)은 미국의 제4대 대통령인 제임스 매디슨(James Madison)에게 미국을 위한 새로운 법전을 만들 것을 제안하는 편지를 썼다. 그는 이것이 새 나라를 '당신의 목에 남아 있는' 말도 없고, 끝도 없고, 형체도 없는 코먼로라는 '멍에'에서 해방할 것이라고 주장했다.[51] 그는 대서양 양쪽에서 성문법이 필요하다는 사실을 열렬히 주장하던 많은 개혁가 중 한 사람이었다. 그들의 주장은 영국과 미국에서는 거의 무시됐지만 유럽 대륙에서는 달랐다. 여기에서는 법전 편찬을 위한 강력한 움직임이 이미 정점에 다다르고 있었다.

18세기 후반 프랑스가 혁명의 혼란에 빠지고 신성로마제국이 해체됐을 뿐 아니라 아메리카 대륙이 발견되고 정착되면서, 유럽 작가들과 개혁가들은 국가 의회의 주권과 법의 권위에 대한 새로운 논쟁을 벌이게 된 것으로 보인다. 일부 사람들은 의회 주권 개념과 자연법이 폭정으로부터 개인의 자유를 보호한다는 개념이 어떻게 조화를 이룰 수 있는지 의아해했다. 입법부가 최고인가? 아니면 판사가 자연법의 원칙에 반하는 법을 무시할 수 있는가? 개인이 통치자나 정부의 폭정을 피하려고 고유한 권리에 의존할 수 있는가?

이런 논쟁은 학자들이 수 세기에 걸쳐 발전시키고 이제 존 로크와 영국의 정치개혁가들이 채택한 자연법과 자연권에 관한 이론에 기초했다. 대륙의 학자들은 어느 곳에서나 모든 사람에게 적용되어야 하는 일반 원칙인 '국제법(Law of Nations)'이라는 개념을 공식화했다. 그들은 로마 시민이 누리는 법적 특권과 구별되는, 모든 민족에게 공통된 법인 로마의 유스 겐티움(ius gentium, 만민법)이라는 개념을 기반으로 했다. 16세기에 프랑스 법학자 샤를 뒤물랭(Charles du Moulin)은 관습법의 개념을 로마의 법 및 원칙과 통합함으로써 새로운 사상의 토대를 마련했다. 그 후 17세기 초 휘호 흐로티위스는 모든 문명사회 여러 인민의 법에서 공통된 규칙을 관찰함으로써 자연법을 발견할 수 있다고 주장했다. 흐로티위스와 그 동료들의 이론은 곧 유럽 전역에서 존중받았고 학자들은 로마 문헌에서 자연법의 원리를 찾기 시작했다. 독일 법학자 사무엘 폰 푸펜도르프(Samuel von Pufendorf)와 같은 일부 학자는 자연법 개념을 기독교 신학과 일치시키려고 했다. 그는 신이 인간을 위한 자연법을 창조했다고 주장했다.

그러나 모든 학자가 그렇게 신학적인 생각을 가졌던 건 아니다. 독일의 수학자이자 철학자인 고트프리트 라이프니츠(Gottfried Leibniz)는 논리에 기초한 법체계를 옹호했다. 그리고 프랑스 학자 장 도마(Jean Domat)는 1689년에 출판한 민법에 관한 저서에서 자연법의 논리적 원리에 따라 로마법을 재구성했다. 영국에서와 마찬가지로 대륙의 학자들은 고대 전통, 기독교 신학, 논리 또는 공통의 인간성에 뿌리를 두고 있느냐 아니냐와 관계없이 정치적 권위와 정치적 분열을 초월한 법률 형식에 대한 강력한 사상을 개발했다.

17세기 30년전쟁의 혼란은 학자들이 법의 목적과 법이 달성할 수 있는 것에 대해 좀 더 실용적으로 생각하도록 촉진했다. 북유럽의 삶과 생계를 너무나 황폐화한 전쟁을 거치면서 많은 사람이 통치자들의 '인간적 열정'과 적대감을 초월할 수 있는 공정한 법체계가 필요하다고 확신하게 됐다. 반면 『로마법대전』은 로마 황제의 작품이었고, 유스티니아누스는 독점적인 입법권을 주장했다. 로마의 격언은 군주가 '법에 구속되지 않고(legibus solutus)', '군주를 기쁘게 하는 것이 곧 법(quod principi placuit legis habet vigorem)'이라고 단언했다. 로마 법학자 울피아누스는 원래 다소 다른 생각을 표현했지만, 중세와 근대 초기 유럽의 학자들은 이런 격언을 황제의 권한에 대한 단순한 선언처럼 인용했다.[52] 합리주의 자연법학자들은 알려진 대로 통치자의 의지에 따라 단순하고 논리적으로 진술할 수 있는 완전한 법률의 창설을 옹호했다. 이런 식으로 그들은 통치자의 주권이라는 개념을 자연법과 공정한 법의 개념과 일치시키려고 했다. 놀랄 것도 없이, 전쟁을 종식한 웨스트팔리아조약(Peace of Westphalia)으로부터 출현한 유럽 국가의 지도자들은 국가 법전을 발전시키는 아이디어에 열광했고, 이것이 영토를 통합하고 지방 영주와 판사의 권력을 제한하는 데 도움이 될 것으로 봤다. 그렇지만 『파리 관습법』과 신성로마제국의 형법은 그 일을 거의 감당할 수 없었다.

일부 작가는 법이 하나의 법전으로 고정될 수 있다는 생각에 반대했는데, 특히 판사이자 철학자인 몽테스키외가 그러했다. 1748년에 출판한 『법의 정신』에서 그는 모든 법이 해당 사회의 특정한 기후, 경제, 전통, 습관, 종교 등과 연결되어야 한다고 주장했다. 자연법이나 신학의 원리에서 보편적인 사상을 찾는 것은 실수였다. 그러나 대다수 통치자는 포괄적인 법전에 대한 계획을 추진했다. 1756년 바바리아(Bavaria) 공국이 만든 최초의 법전에서는 독일어로 된 민법을 제시했다. 이어 프로이센의 프리드리히 빌헬름 1세(Friedrich Wilhelm I)가 의뢰하여 그의 아들이 1794년에 완성한 방대한 법전이 뒤따랐다. 오스트리아에서는 신성로마제국 황후 마리아 테레지아(Maria Theresa)가 1753년에 사법(私法) 법전 편찬을 명령했다. 『마리아 테레지아 법전(Codex Theresiana)』은 8000개가 넘는 조항으로 이루어져 있는데, 후계자들이 대대적으로 개정하여 신성로마제국이 이미 붕괴한 후인 1812년에 마침내 공포됐다.[53]

이 무렵 프랑스에서는 새로운 세계질서를 위한 급진적인 계획을 실행에 옮기려는 혁명가들의 뒷받침 속에 포괄적인 법전 편찬을 위한 추진력이 생겼다. 1799년 나폴레옹 보나파르트(Napoleon Bonaparte)는 제1 통령으로서 권력을 잡은 후, 즉시 민법전을 제정하기 위해 작은 위원회의 위원을 임명했다.[54] 나폴레옹은 이 법전이 새로운 달력, 미터법 측정 시스템, 교육개혁과 함께 국민들에게 법과 질서를 가져다줄 것이라고 선언했다. 그는 위원회의 논의를 직접 주재했다. 나폴레옹은 이 법전이 봉건제를 폐지하고 통일성, 획일성, 단순성의 새로운 정신으로 모든 로마법을 쓸모없게 만들 것이라고 주장했다. 하지만 실제로는 로마의 전례가 새 법전의 구조와 내용을 실질적으로 형성했다. 위원회는 유스티니아누스 『법학제요』의 구조를 따랐고 사유재산에 관한 중요한 조항은 로마의 사상에 기초했다. 나폴레옹은 또한 자신의 법적 구조가 기반을 둔 '이성(reason)'을 강조했는데, 이 개념은 로마법과 확고하게 연관되어 있었다.

나폴레옹은 실로 제국주의적인 야망을 갖고 있었다. 영감을 얻기 위해 로마를 바라보면서 토가와 칼을 옷장에 넣고 정부에 원로원과 호민원을 설립했다. 그는 통치자의 의지가 법을 구성해야 한다는 유스티니아누스의 견해를 적극적으로 수용했다. 한 학자가 언급한 바와 같이, 그는 유스티니아누스처럼 세상을 지배하고 재정리하고 자기 창조물을 신처럼 다스리는 자신의 사명에 대한 믿음에 사로잡혀 있었다.[55] 나폴레옹은 법 자체가 변경되어서는 안 된다고 주장했다. 법률 전문가들이 그의 법을 적용하겠지만, 사법적 해석은 금지됐다. 또한 1300년 전의 로마 황제처럼, 법이 통치자의 권위를 초월할 수 있다는 학계의 주장을 일축하고 절대적인 제국의 권력을 주장했다. 그러나 프랑스 법학자들은 전혀 감명받지 않았다. 나폴레옹이 워털루에서 패배하고 1815년 왕정이 다시 수립되자, 그들은 새 헌법에 맞게 법을 검토하고 개정했다. 세인트헬레나섬에서 망명 생활을 하던 나폴레옹은 법을 개정한다는 소식에 경악했지만, 개정된 법전은 지속됐고 오늘날에도 여전히 프랑스 법의 기초를 형성하고 있다.

다른 곳에서는 모든 법이 해당 사회의 맥락에 뿌리를 두어야 한다는 몽테스키외의 아이디어가 강력한 지지를 받았다. 유럽 전역의 대학에서 법전 편찬을 옹호하는 사람들과 법은 사회적·역사적 맥락에서 출현하고 또 그럴 수 있어야 한다고 주장하며 법전 편찬에 반대하는 프리드리히 카를 폰 사비니(Friedrich Carl von Savigny)가 이끌던 독일의 역사주의 법학파 구성원들 사이에 치열한 논쟁이 벌어졌다. 그러나 결국 승리한 것은 전자의 집단으로, 포괄적인 법전을 만들도록 새로운 독일제국의 통치자들을 설득했고 이 법전은 1900년에 발표됐다. 이것은 유럽의 또 다른 법전 편찬의 물결을 따랐으며, 이런 법전 중 다수는 명백하게 『프랑스민법(Code Civil, 나폴레옹법전)』을 기반으로 했다. 『프랑스민법』은 또한 루이지애나의 법을 형성했으며 이후 수십 년 동안 『프랑스민법』이 전해진 많은 식민지 지역에서도 마찬가지였다.

20세기가 시작될 무렵 무굴제국은 정복됐고 오스만제국은 흔들리고 있었으며 중국 청나라는 종말을 고했다. 유럽에서는 국가체제가 어느 정도 확립됐고 코먼로와 대륙법이 전 세계에 전파되고 있었으

며, 미국은 경제력과 군사력을 키우고 있었다. 유럽의 법이 규칙, 관습, 원칙, 제도로 뒤죽박죽이었던 시기로부터 겨우 200년이 지났다. 그러나 야심 찬 정부는 넓은 영토를 관리하는 데 도움이 되는 법률을 개발하여 일련의 범죄와 처벌을 만들어냄으로써 법률을 규율의 도구로 변형시켰다. 내전의 혼란은 또한 많은 사람이 법을 강력한 통치자가 저항하는 사람들에게 질서를 부과하는 데 도움이 되는 도구로 생각하도록 부추겼다. 이런 생각이 작용하면서 많은 사람이 법적 절차를 억압적이고 부당한 것으로 경험했다. 그러나 판사들과 변호사들은 법이 무엇인지, 그리고 무엇을 할 수 있는지에 대해 이상주의적인 시각을 여전히 유지했다. 법학자들은 로마법의 합리성과 지적 정교함을 열망했고, 자연법론자들은 기독교 신학과 공통의 인간성에 대한 사상에 호소했으며, 영국 판사들은 자신들이 코먼로의 옛 전통을 지키고 있다고 주장했다. 영향력 있는 이론가들은 법이 이성적이고 합리적이어야 하며, 개인을 보호하고 재산을 정의하며 상업을 촉진할 수 있다고 주장했다. 법은 통제 수단인 동시에 권리의 원천이었다. 이것이 바로 블랙스톤이 개발하고 미국에서 열성적으로 받아들여진 생각이었다. 또한 식민지 정부가 자신들의 법이 전 세계의 계몽되지 않은 주민으로 간주되는 사람들에게 질서와 문명을 가져다줄 것이라고 주장할 때 의존한 생각이었다.

Chapter 13

식민주의
: 법의 전파

유럽인은 새로운 장소에서 새로운 사람들에게 법과 정부 체계를 강요한 최초의 사람들이 아니었다. 함무라비는 제국 전역에 법을 새긴 석판을 세움으로써 군사작전을 종식했다. 중국 황제들은 광대한 영토 전역에 중앙집권화된 관료제를 확립했다. 로마 황제 카라칼라는 제국의 모든 신민이 로마법의 혜택을 누리게 될 것이라고 선언했다. 무굴제국은 페르시아의 법과 정부를 인도로 가져왔다. 그리고 초창기부터 입법자들은 먼 곳의 전통과 선례에서 새로운 양식의 법을 차용하고 베꼈다.

역사적으로, 새로운 법은 일반적으로 이미 확립된 법적 전통과 어느 정도 조화롭게 공존했다. 중세 유대인과 이슬람교도는 서로 다른 법을 지키면서 함께 살았다. 무굴제국은 인도 왕들이 계속해서 영토를 관리하고 그들만의 법을 적용하도록 허용했다. 초기 루스의 공작, 주교 및 상인은 각자의 영역에 대한 유사한 규칙을 만들었다. 그러나 유럽의 식민주의와 그 법은 세계 역사상 다른 어떤 형태의 법보다 더 넓은 영역을 더 포괄적으로 지배하게 됐다. 물론 이것은 주로 18세기와 19세기에 전개된 지정학적 사건 때문이다. 유럽 열강은 규율의 도구이자 규제의 수단으로 법에 의존하면서 효과적이고 새로운 형태의 관료제 정부를 발전시켰고, 그들이 도입한 '합리적인' 법체계는 곧 식민지 대부분의 역사적 법을 무색하게 밀어냈다.

이 모든 일은 크리스토퍼 콜럼버스(Christopher Columbus)가 1492년 아메리카로 항해한 지 불과 몇 달 후에 시작됐다. 스페인 군주의 요청에 따라 교황 알렉산데르 6세(Alexander VI)는 스페인 군주에게 서반구의 모든 영토에 대한 '소유권'을 부여하는 교황 교서를 발표했다. 페르디난트 왕과 이사벨라(Isabella) 여왕은 나스르(Nasrid)왕조 아미르(Emirs)가 지배한 스페인의 마지막 영토인 그라나다를 최근에 '재정복'했고, 연합 왕국은 탁월한 군사력을 발휘했다. 이제 그들은 지체하지 않고 대서양을 가로질러 군대를 파견했다. 스페인의 정복자들은 멕시코의 아스테카제국과 마야를 차례로 무너뜨렸고, 그 후 남쪽의 페루로 이동하면서 점진적으로 군대를 물리치고 통치자를 폐위하고 도시를 파괴했다. 유럽 군대가 정교한 문명을 없애고, 그들의 기록을 불태우고, 사람들에게 질병과 기근을 안겼기 때문에 남아메리카 왕국의 법적 관행에 대해서는 알려진 바가 거의 없다. 문서로 된 기록은 거의 남아 있지 않지만, 우리는 아스테카인들이 범죄 규칙 중 일부를 기록했으며 모든 왕국이 정부와 행정의 체계적인 구조로 되어 있었다는 것을 알고 있다.

스페인의 정복이 잔혹했다는 것은 잘 알려져 있다. 그러나 스페인 신학자들과 철학자들이 격렬히 저항하고 장기간의 논쟁을 벌였다는 것은 잘 알려지지 않았다.[01] 대부분은 원주민들에게 가해진 고통에 경악했고, 많은 이들은 교황의 선언 뒤에 숨은 로마의 임페리움(imperium, 최상의 통치권자), 즉 입법자로서 황제의 비전에 경악했다. 스페인 군주에게 소유권을 부여함으로써, 그는 세계 어느 지역에 대해서도 주권을 부여할 권한이 있는 것처럼 행동했다. 도미니크회의 신학 교수였던 프란시스코 데 비토리아(Francisco de Vitoria)는 1539년에 직설적이고 비판적인 강의를 했고, 살라망카(Salamanca)와 코임브라(Coimbra) 대학교의 학자들이 그 뒤를 따랐다. 그들은 스페인인과 원주민 사이의 관계에 적용되어야 하는, 모든 인종에게 공통된 법인 유스 겐티움(만민법)에 대한 법적 논쟁을 전개했다.[02] 비토리아의 동료인 도미니크회 수도사 바르톨로메 데 라스 카사스(Bartolomé de las Casas)는 정복이 폭압적이고 부당할 뿐만 아니라 불법적이라고 주장했다. 이에 황제 카를 5세는 1550년에 후안 히네스 데 세풀베다(Juan Ginés de Sepúlveda)와 라스 카사스 사이의 토론회를 소집했다. 세풀베다는 원주민의 관습이 자연법칙에 반한다는 이유로 정복의 정당성을 옹호했던 인문주의 학자다. 라스 카사스가 경쟁자를 크게 이겼지만, 황제는 이를 인정하지도 정복을 중단하지도 않았다. 원주민 문명을 구하기에는 너무 늦었다.

정복의 결과로 남미 전역의 스페인인들은 브라질의 포르투갈인들과 함께 원주민에게 새로운 형태의 정부를 강요했다.[03] 정복자들이 카스티야 법과 충돌하지 않는 현지 법적 전통을 유지할 것이라고 선언한 카를 5세는 아메리카 영토에 대한 법적 관할권을 행사하기 위해 왕실최고신대륙위원회(Royal and Supreme Council of the Indies)를 설립했다. 위원회의 법령은 제국 전역에서 카스티야 법을 준수하도록 명령했다. 이것은 사실상 『칠부전서』와 후속 법률, 그리고 스페인이 아메리카를 위해 특별히 제정한 새로운 법률과 명령을 의미했다.

스페인의 정복은 결과적으로 전 세계에 유럽의 법 형식을 전파한 최초의 식민 사업이었다. 그러나 이런 사업의 합법성에 대한 논쟁은 계속됐다. 유럽인들은 우월한 군사력과 경제력을 누렸을지 모르지만, 여전히 자신들의 활동을 정당화할 필요성을 느꼈다. 학자들은 문명의 모델을 촉진하기 위해 기독교·합리성·자연법에 호소했으며, 이는 국가와 법치라는 근대사상의 기초를 마련했다.

세풀베다는 정복이 이교도들에게 기독교를 전파하는 첫걸음이라고 주장했다. 프랑스인들은 북아메리카 탐험을 시작할 때도 같은 명분을 내세웠다. 초기 영국 탐험가들도 마찬가지였다. 16세기에 영향력 있는 작가인 리처드 해클루트(Richard Hakluyt)는 이교도들에 대한 복음화 의무에 관해 언급함으로써 식민지화를 장려했다. 제임스 1세가 1609년 버지니아회사(Virginia Company)에 특허를 줬을 때, 그는 "하나님에 대한 참된 지식과 예배에 대한 비참한 무지와 암흑 속에 사는" 사람들에게 기독교를 전파해야 하고, 이를 통해 "그들을 인간적인 공민으로 이끌 수 있을 것"이라고 선언했다.[04] 법정에서 에드워드 쿠크 경은 원주민의 법이 "신과 자연의 법에 어긋나기" 때문에 정복과 동시에 소멸했다고 선언했다. 그리고 작가 윌리엄 스트레이치(William Strachey)는 로마가 행한 '우리의 야만적인 섬'에 대한 정복과의 유사점을 끌어냈다. 그는 영국인에게 '이교도와 야만인'을 문명화할 의무가 있다고 말했다.[05]

그러나 스페인 사람들이 경험했듯이 완전한 정복을 변호하기는 어려웠고, 북아메리카 정착민들은 자신들의 활동을 정당화하기 위해 새로운 논거를 모색했다.[06] 그들은 '비어 있는' 땅을 '개량'하고 있다고 주장했고, 아메리카 영토는 '사람이 거의 살지 않는' 지역이었기 때문에 정착민들이 평화적으로 점령했다고 말했다. 실제로 그들은 마을에 살면서 밭을 경작하는 사람들을 만나 사냥터와 어장 일부를 사들이기 위해 협상을 벌였다. 처음에 원주민들은 기꺼이 거래를 했고 수익금을 도구, 무기, 장식품을 사는 데 썼다. 그러나 더 많은 정착민이 도착하자 많은 원주민이 그들의 점령권에 도전했다. 북아메리카는 너무 광대했고 기존 인구는 너무 적었기 때문에 과밀한 영국에서 온 사람들은 사실상 방치된 풍요로움을 이용할 수 있었다.

한편 철학자들은 재산에 대한 새로운 생각을 발전시켰고 원주민의 권리를 의심할 만한 이유를 발견했다. 토머스 홉스는 『리바이어던』에서 재산권은 효과적인 정부에 달려 있다고 주장했지만, 존 로크는 『통치론 2부(Second Treatise on Government)』에서 재산권이 경작과 연관 있음을 분명히 했다. 원주민들이 토지를 경작하지 않고 사냥만 한다면 정착민들은 합법적으로 그곳으로 이주할 수 있었다. 일단 이주자들이 밭을 일구기 시작하면, 즉 로크의 말처럼 '대지에 노동을 가하기' 시작하면, 새로운 점유자들이 소유권을 갖게 됐다. 다른 작가들은 이 생각에 사로잡혔다. 스위스의 법학자 에메르 드 바텔(Emer de Vattel)은 『국제법(Le Droit des Gens)』이라는 영향력 있는 책을 썼는데, 이 책에서 그는 자연법하에서 토지를 경작해야 하는 사람들의 의무에 대해 언급했다. 페루와 멕시코의 문명화된 제국을 정복하는 것은 '끔찍한 강탈'이었지만, 북아메리카에 식민지를 건설하는 것은 '정당한 범위 내에서 이루어진다면' 전적으로 합법적일 수도 있다는 것이다.[07]

이런 주장은 나중에 유럽인들이 대초원으로 확장하는 것을 정당화했지만, 동부 해안의 원주민 집단 대부분은 농부였기 때문에, 정착민들은 그들의 땅을 매입하기 위한 계약 협상을 계속했다. 동시에 그들은 원주민들을 '미개하고', '무법하다'고 거침없이 깎아내렸다. 당시에는 인간의 진보에 대한 관념이 자리를 잡았고, 정착민의 눈에 원주민은 아직 글쓰기를 발견하거나 정부의 기술을 발전시키지 못한 채 발전의 초기 단계에 있었기 때문이다.[08] 법이 존재하느냐 아니냐가 문명의 중요한 상징이 된 것이다. 어쨌든 『오디세이아』에서 호메로스 역시 거인족 키클롭스를 오만하고 '무법'한 존재로 묘사하지 않았던가.[09] 어떤 사람들은 원주민이 점령에 동의하지 않더라도, 정착민들이 '그들의 거친 생활 방식을 유럽의 시민답고 예의 바른 관습'으로 바꿀 것이며, 원주민들은 정착민이 가져다준 혜택에 감사할 것이라고 주장

했다.[10]

실제로 많은 정착민은 거래 상대방을 속여 그들이 이해하지 못하는 계약에 서명하게 했다. 정착민들은 전체 집단을 대변하지 않는 '대표자들'과 협상을 하거나, 단순히 무력으로 위협했다. 원주민들에게 가장 큰 문제는 불법적인 토지 강탈을 막을 수 있는 권한이 영국이 통제하는 법원에 있다는 것이었다. 그러나 적어도 그들이 의지할 수 있는, 그리고 때로는 성공적으로 의지한 제도가 있었다. 많은 정착민이 자행한 학대를 인식하고 1763년 조지 3세(George III)가 사적인 토지 거래를 금지하는 선언을 발표했다. 식민지 정부만이 이제 적절하게 협상한 조약에 따라 토지를 취득할 수 있었다. 수익성 있는 모피 무역을 유지하고자 애쓰던 대다수 총독은 원주민 영토를 존중해야 한다는 사실을 받아들였다. 그러나 이 선언은 또한 정착민들을 원주민과 그들의 토지권에 대한 의식에서 멀어지게 하는 간접적인 효과도 가져왔다.

북아메리카 원주민의 상황은 식민지 개척자들의 독립투쟁 이후 더 악화됐다. 미국독립혁명 당시 원주민 대부분이 적어도 자신들의 권리를 인정하던 영국 정부를 지지했기 때문에, 새로운 연방의 주지사들은 그들의 이익을 호의적으로 볼 생각이 없었다. 처음에 미국의 새로운 연방정부와 많은 개별 주정부는 원주민들에게 사실상 보상 없이 토지를 몰수하는 '조약'을 지시하며 공격적인 토지정책을 추진했다. 1780년대에는 '인디언들'의 재산권을 인정한다고 선언하면서 다시 매입을 시작했지만, 새로운 영토로 이주하고자 하는 정착민들이 새로운 정부에 규제를 완화하라고 끊임없이 압력을 가했다. 궁지에 몰린 관료들은 원주민들에게 신용으로 물품을 판매한 다음 부채를 해결하는 수단으로 토지 이전을 요구하는 것과 같은 비양심적인 수법을 비롯해 다양한 속임수와 노골적인 강압을 사용했다. 특히 동부 지방의 많은 사람은 진정으로 원주민을 제대로 대우하고 싶어 했지만, 국경에서 어렵게 살아가는 정착민들은 경작하고자 하는 땅을 자유롭게 돌아다니는 원주민들을 원망했다.

1823년의 법적 판결은 결국 원주민들의 토지권을 박탈했다. 유명한 '존슨 대 매킨토시(Johnson v. M'Intosh)' 사건에서 판사는 원주민에게 소유권이 아닌 점유권이 있다고 판결했다. 이것은 결정적인 차이였다. 이 판결은 연방정부와 주정부가 법적으로 훨씬 쉽게 추방, 보호, 토지 할당 정책을 추진할 수 있게 했다. 법적 논쟁은 복잡했지만, 그 이면에는 이제 정착민들이 동부 지방 원주민 집단 대부분을 쇠약하게 만들고 개척지의 변경이 유목민들이 사는 대초원까지 서쪽으로 이동했다는 사실이 깔려 있었다. 법률가들은 이제 원주민들이 '미국의 황야를 돌아다니고' 농업에 거의 관심이 없는, 주로 전쟁만을 하는 '떠돌이 야만인들'이라고 주장할 수 있었다.[11] 그리고 존 로크의 주장이 특히 유용하다는 점도 입증됐다. 제6대 미국 대통령이 될 존 퀸시 애덤스(John Quincy Adams)는 원주민의 토지권이 실제로 경작한 극히 일부분의 토지에 한정되어 있다고 주장했다. 1814년 조약 협상에서 그는 영국 대표단에게 "야만인 수백 명이 사냥할 짐승을 찾을 수 있도록 광활한 영토를 영구적인 불모지와 고독으로 몰아넣는 것"은 미국 국민에게 절대로 용납되지 않을 것이라고 말했다.

애덤스의 후임 대통령인 앤드루 잭슨(Andrew Jackson)은 훨씬 더 가혹했다. 그는 추방 정책을 추진하여 동부에 있는 원주민 8만 명 대부분이 미시시피강 서부로 이주하게 했다. 1830년 연두교서에서 그는 "도시와 마을, 번영하는 농장으로 가득 차 있고, 예술이 고안하거나 산업이 실행할 수 있는 모든 개선 사항으로 장식되어 있으며, 1200만 명이 넘는 행복한 국민이 차지하고 있고, 자유·문명·종교의 모든 축복으로 가득 찬 우리의 광대한 공화국보다 숲으로 뒤덮여 있고 야만인 몇천 명이 사는 나라를 누가 더 좋아하겠는가?"라고 말하며 '진보'를 근거로 자신의 정책을 정당화했다.

문명은 진보를 의미했고, 진보는 재산권을 의미했다. 미국은 이제 영국의 코먼로에 근거한 토지 소유권 제도를 확립하여 정부가 모든 미국 영토에 대한 궁극적인 소유권을 누리게 됐다. 그리고 이를 통해 사냥하고, 낚시하고, 옛날의 생활 방식을 따르는 원주민에 대한 강탈 정책을 추진할 수 있었다. 이 모든 것의 배후에는 개발과 진보를 위한 사유재산의 근본적인 중요성에 대한 인식이 있었다.

다음 세기에 걸쳐 유럽인들이 추진했던 많은 식민지 개척 사업의 배후에도 같은 생각이 깔려 있었다.

영국은 북아메리카의 식민지가 손아귀에서 빠져나가는 동안, 아시아와 서아시아에서의 성공적인 무역 사업을 공고히 하고 있었다.[12] 15세기에 최초의 희망봉 탐험을 통해 포르투갈과 네덜란드 선원들은 사파비와 무굴의 번성하는 제국과 접촉했다. 유럽인들은 그들의 기술적 진보에 경외심을 느꼈고 콘스탄티노플에 있는 오스만제국의 장엄한 수도와 맞먹는 이스파한과 델리에 있는 이슬람 궁정의 화려함에 매료됐다. 한편 인도양 주변에서는 중국 상인들이 인도인, 페르시아인, 오스만인, 아랍인과 거래를 하고 있었다.

17세기 중반이 되자 내부의 긴장과 갈등은 위대한 이슬람제국 세 곳을 약화시켰다. 지역 권력자들은 술탄의 지배에 도전했고, 유럽 강대국은 군사력을 사용하여 무역망을 장악했다. 뒤늦게 경쟁에 합류한 영국은 인도 해안선 주변에 무역소를 설립한 동인도회사(East India Company)에 사업을 맡겼다. 머지않아 회사는 콜카타에서의 활동을 강화했고, 이후 무굴 궁정과 어느 정도 우호적인 관계를 맺었다. 페르시아 통치자 나디르 샤(Nadir Shah)가 1739년 델리를 약탈했을 때도 동인도회사는 자유롭게 활동을 확장할 수 있었다. 1757년 벵골 나와브(Nawab: 인도 무굴왕조 때의 지방 관료 관직명—옮긴이)의 저항을 물리친 후, 회사는 곧 인도 북동부 전역으로 영향력을 확장했다. 불과 몇 년 후, 광범위한 협상 끝에 무굴 황제 샤 알람(Shah Alam)으로부터 '디와니(diwani)', 즉 벵골과 비하르 전역에서 세금을 징수할 수 있는 권리를 부여받았다. 이 일로 사실상 회사는 이 지역의 지배 세력이 됐다.

로버트 클라이브(Robert Clive) 휘하의 동인도회사 군대는 이제 인도에서 군사력 팽창 계획에 착수하여 지역 통치자들을 격퇴함으로써 실질적으로 그들의 땅을 점령했다. 많은 유럽인은 이슬람 정권을 황실의 사치를 위해 국민을 착취하는 무서운 독재정권으로 봤다. 그래서 처음에 클라이브는 영국에서 높은 평가를 받았다. 휘그당 정치인 로버트 매콜리(Robert Macaulay)는 "(클라이브가) 수 세기 동안 억압의 희생양이 되어온 인도인 수백만 명에게 평화, 안전, 번영 및 허용된 자유를 줬다"라고 선언했다. 그러나 '무어인(Moorish: 8세기경에 이베리아반도를 정복한 이슬람교도—옮긴이) 독재정권'의 땅을 통치하는 것은 전혀 다른 문제였다. 주민에게 세금을 부과하기 위해 파견된 회사 관리자는 페르시아어로 작성된, 복잡한 재산 관계를 반영한 전문적인 회계 기록을 발견했다. 당황한 그들은 인도인들에게 심하게 과도한 세금을 부과하여 1770년대 벵골에 끔찍한 기근을 초래했다. 이 기근은 사망자 수백만 명을 냈을 뿐만 아니라, 회사를 파산 위기로 몰아넣었다. 영국 정치인들은 이제 태세를 전환하여 지역 주민들을 희생시키면서 부를 축적한 것에 대해 회사 대표들을 비난했다. 격분한 호러스 월폴(Horace Walpole)은 '동인도회사와 그 괴물 무리의 죄악'을 규탄했다. 하지만 죄악은 사라지지 않았고, 인도인들은 자국의 부가 영국으로 유출되는 것을 속수무책으로 지켜볼 수밖에 없었다.

인도에서 영국의 이익을 고수하기로 한 새 총리 노스 경(Lord North)은 회사에 대한 통제력을 강화하는 조처를 했다. 1772년 워런 헤이스팅스(Warren Hastings)를 벵골 총독으로 임명하고, 콜카타에 왕실이 임명한 판사로 이루어진 대법원을 설립했다.[13] 영국의 많은 사람은 회사의 '원주민(natives)' 대우를 계속 비판하면서 부패한 관리들이 자국에 '동양적 전제주의(Oriental Despotism)' 관행을 들여올까 봐 걱정했다. 설상가상으로 몇 년 후 회사의 군대가 인도 마라타족(Hindu Marathas)에게 패배했다. 그러자 1784년에 의회는 전략적으로 중국 차에 대한 관세를 인하하여 수입을 크게 늘리고 회사의 경제적 부를 키웠다. 후임 총독인 콘월리스 경(Lord Cornwallis)은 조세 및 재산소유권에 관한 새로운 규칙을 도입했고, 이후로는 회사가 '유럽 정책의 모든 규칙과 체계'에 따라 운영되고 있다고 주장할 수 있었다.[14]

동인도회사의 군대도 이전의 패배 이후 재편성하여 델리를 포위함으로써 1803년 마라타족으로부터 황제의 지배권을 빼앗았다. 무굴의 통치는 이제 허구에 지나지 않았다. 1813년에 갱신된 이 회사의 특허는 인도의 모든 영토에 대한 왕실의 '의심의 여지가 없는 주권'을 언급했다.[15]

이런 전개 과정에서 계속된 저항, 그리고 식민주의자들이 지역 국가의 불안정이라고 여겼던 것 때문에 많은 사람이 평화가 절대적인 최고권(最高權)에 따라서만 보장될 수 있다고 주장하게 됐다.[16] 인종적 우월성과 정부의 진화에 대한 새로운 생각은 이런 태도를 강화했다. 19세기 영국의 인구 팽창, 경제발전, 정치개혁은 더 통일된 국가 엘리트의 부상으로 이어졌다. 이들은 의회를 통해 활동하면서 오래된 귀족의 권리와 특권에 의존하기보다는 통제와 강제를 위해 규제와 감사를 이용했다. 농업 개선, 토지 가치 상승, 부동산 시장의 성장으로 지배계급은 정부의 모델과 사유재산제도의 우월성을 쉽게 확신했으며, 이를 식민지로 전파해야 한다고 생각했다.

영향력 있는 정치인들과 관료들은 인도 정부를 '자의적'이며 '법에 근거하지도 않고 인류의 생각과 믿음에 근거하지도 않는다'라고 깎아내렸고, 인도인들의 '부패와 타락'에 대해 이야기했다.[17] 한 동인도회사 직원은 인도의 '법'이 이슬람 통치자들의 뜻에 지나지 않는다고 말했다. 지방법원에서는 청원자들이 정의를 호소했지만, 판사들은 규칙이나 적절한 기록에 구애받지 않고 자의적인 결정을 내렸다는 것이다.[18] 반면 영국인들은 정치권에서 끊임없이 사용되던 표현인 '도덕적 주체성' 덕분에 통치자로서 적합한 '지배 민족'이었다. 1800년에 새로부임한 총독 웰즐리 경(Lord Wellesley)은 회사의 관리들이 처음에는 인도 영주들의 독재적인 방법을 모방했지만, 이제는 '영국 헌법에서 따온 원칙'에 따라 방법을 개혁했다고 설명했다. 인도에서의 제국주의적 팽창은 이제 무굴 통치하에서 고통받았던 사람들에게 문명화된 형태의 정부와 법을 도입하기 위한 운동으로 보일 수 있었다.

영국인들은 이제 유럽에 널리 퍼져 있는 사상을 반영했다. 프랑스 상인들과 모험가들은 16세기부터 아프리카 해안을 따라 요새와 같은 도시와 무역 지역을 건설했다. 여기서 그들은, 몽테스키외의 표현을 빌리자면, '돌아다니는 도둑' 민족에 지나지 않는 '미개한 아랍인'을 만났다.[19] 후에 철학자이자 수학자인 니콜라 드 콩도르세(Nicolas de Condorcet)는 아프리카인(le Noirs, 흑인)의 이익을 존중해야 하지만, 그들은 여전히 '문명화되기를 기다리는 사람들'이라고 주장했다.[20] 유럽 전역에서 '이교도'의 정복과 개종에 대한 생각은 문명의 계획에 자리를 내줬다. 18세기 후반 독일의 철학자 이마누엘 칸트(Immanuel Kant)는 식민지 활동이 무역로와 통신을 열어 진정으로 국제적인 세계질서를 만들 것이라고 주장했다. 그는 인종, 종교, 문화적 분열을 넘어 사람들을 하나로 묶는 지구 문명에 대한 콩도르세의 주장에 동조했다. 두 사람 모두에게 이것은 유럽의 법적·정치적 원칙에 기초한 질서를 의미했다.[21]

'동양의 독재자'라는 폄하에도 불구하고, 인도에서 일하는 영국 관리들은 주의를 기울여야 한다는 사실을 알고 있었다. 미국에서의 경험을 통해 배운 영국 관리들은 대규모 정착을 추진하거나 대다수 영국 관리는 주민과 노예의 노동력을 착취하기를 꺼렸다.[22] 대부분의 영국 관리는 무굴인들이 복잡한 조세제도를 확립했다는 것을 알고 있었고, 다소 혼란스럽더라도 정교한 정부가 있는 영토에 개입하고 관리하려고 할 때 위험이 따른다는 점을 충분히 알고 있었다. 현지 법과 정부 구조를 존중하는 것이 동인도회사의 정책이 됐다. 문제는 이를 어떻게 이해하느냐였다. 토지 수입을 평가하고 징수하기 위해 파견된 회사 직원들은 서구 용어로 해석할 수 없는 많은 준봉건적 권리와 의무를 발견했다. 페르시아 부동산 관련 법의 복잡성은 그들을 당혹스럽게 했고, 재산소유권을 기술한 중세 문헌의 언어에 숙달하기 위해 애를 써야 했다. 설상가상으로 인도인들은 자신들의 서면 기록만큼이나 구전 전통, 풍습, 지역 관습을 강조하는 것처럼 보였다.[23]

무굴 황제의 디와니는 회사가 '무함마드의 규칙과 제국의 법에 따라' 새로운 영토를 통치해야 한다고 규정했다. 이에 헤이스팅스는 1772년에 총독으로 취임할 때 행정이 "제국의 옛 헌법에 따라" 수행되어야 한다고 선언했다.[24] 그는 인도의 법률 및 제도와 함께 작동하는 정부 구조를 만들기 위해 젊은 공무원들에게 인도의 학문과 행정 언어인 산스크리트어, 페르시아어, 아랍어를 배우도록 독려했다. 헤이스팅스는 무굴의 방법을 잘 알고 있었고, 정부의 기술에 관한 15세기 페르시아 문헌인 『아이니 아크바리(Ain-i-Akbari)』를 공부했다. 이 문헌은 훌륭한 통치자의 자질에 대한 상세한 논의뿐만 아니라 조세와 사법행정에 대한 규칙과 규정을 포함했다. 헤이스팅스는 인도의 제도가 존중되어야 하며, 직원들은 그 지역의 소유 토지를 식별하고 기록해야 한다고 말했다. 문제는 영국의 범주가 원주민의 사상과 제도에 잘 들어맞지 않았다는 것이다.

영국 의회위원회가 회사의 영토 전체에 영국의 법과 제도를 도입해야 한다고 주장했을 때, 헤이스팅스는 벵골의 '고대 헌법'이 매우 온전하다고 하면서 그 주장에 반대하는 로비를 벌였다. 그는 힌두교도들이 "아주 먼 옛날부터 변하지 않는 법을 가지고 있었다"라고 말했다. 헤이스팅스는 지방 현에 주재하는 공무원들에게 세금 인상, 질서 유지, 재판뿐만 아니라 '원주민'에 대해 알도록 지시했다.[25] 지방법원에서는 공무원들이 재판할 때 관련 법에 대해 조언할 수 있는 힌두교 및 이슬람 전문가들을 함께 참여시켰다. 헤이스팅스는 힌두교도와 이슬람교도가법과 정의의 정교한 체계를 가지고 있다고 올바르게 믿었지만, '신정 국가'에서는 종교학자들이 법으로 적용할 행동 규칙을 만들어냈으리라고 추측했다.

그는 이 규칙들이 법전으로 쓰이거나 적어도 규칙집으로 편찬되어야 영국 판사가 읽고 적용할 수 있다고 생각했다. 헤이스팅스는 고대 다르마샤스트라에 감명받았는데, 다르마샤스트라가 브라만의 학문·지혜·종교 원칙·의식 지침·실용적인 행정 지침의 혼합체라기보다는 법전이라고 이해했다. 그는 샤스트라가 모든 브라만에게 알려져 있고 이슬람 통치자들이 이를 존중해왔기 때문에 영국인들이 지방법원에서 적용할 수 있는 영어판이 필요하다고 주장했다. 이제 헤이스팅스에게는 영어판을 의뢰하는 일만 남았다. 콜카타에는 산스크리트어를 아는 유럽인이 없었기 때문에, 그는 가장 관련성이 높은 다르마샤스트라를 페르시아어로 번역하기 위해 판디트(Pandit, 벵골 학자)들을 고용했고, 회사의 직원 중 한 명이 이를 다시 영어로 번역했다. 헤이스팅스는 1776년에 그 결과물을 『힌두 법전 또는 판디트들의 법령(A Code of Gentoo Laws, or Ordinations of the Pundits)』으로 출판했다.

헤이스팅스의 접근방식을 1783년 콜카타 고등법원 판사로 임명된 윌리엄 존스 경(Sir William Jones)이 이어갔다. 존스는 아랍어와 페르시아어를 배웠으며, 영국 법이 인도 법보다 우월하지만, 폭정 없이는 강제될 수 없다고 주장했다. 그는 "원주민의 법은 파기되지 않고 보존되어야" 하며, 법원의 명령은 그들의 법적 전통에 부합해야 한다고 선언했다. 존스가 느끼기에 문제는 유스티니아누스의 『로마법대전』에 해당하는 인도 법에 대한 권위 있는 문헌이 없다는 것이었다. 이는 판사들이 법을 머릿속에 간직하고 있는 인도 학자들에게 의존한다는 것을 의미했다. 그는 학자들을 믿을 수 없다고 걱정했다. 존스는 코먼로가 이전 사례에서 구체화하고 실제로 변화하는 상황에 적응할 수 있는 영국의 전통에서 훈련받은 인물이었지만, 헤이스팅스가 그랬던 것처럼 힌두교의 관습이 고대부터 고정되어 있다는 견해를 가지고 있었다. 이것은 초기의 법 문헌이 가장 큰 권위를 가진다는 것을 의미한다. 존스가 이해했듯이 다르마샤스트라는 법적일 뿐만 아니라 종교적인 문헌이었다. 그래서 그는 힌두와 이슬람법에 대한 완전한 개요서를 편찬함으로써 헤이스팅스의 저서를 바탕으로 더 나아갈 것을 제안했고, 많은 판디트에게 가장 오래된 문헌에서 관련 법리를 도출할 것을 의뢰했다.

판디트는 계약, 승계, 재산소유권 등 헤이스팅스가 지정한 제목 아래에 법리들을 과학적인 순서로 배열해야 했다. 이것은 물론 고대

로마 자료로부터 새로운 문헌을 편찬하도록 학자에게 명령한 유스티니아누스와 마찬가지였다. 존스는 영국 정부가 이런 방식으로 인도 원주민들에게 "유스티니아누스가 그리스와 로마 신민들에게 제공한 것과 유사한 정당한 사법행정을 보장"할 것이라고 선언했다. 그렇게 되면 영국 통치하에서 만족스럽고 생산적인 삶을 살 수 있을 것이다. 그는 인도 법을 마치 종교적 기반에서 분리될 수 있는 것처럼 유럽의 용어로 해석하고자 했다.

존스의 후계자인 H. T. 콜브룩(H. T. Colebrook)은 1794년 존스가 사망한 후 인도 법 개요의 번역을 끝냈다.[26] 콜브룩은 산스크리트어를 공부했고 힌두법과 이슬람법의 본질을 존스보다 훨씬 더 잘 파악하고 있었다. 그는 힌두교 전통의 다양한 법 문헌과 해석의 원칙을 높이 평가했는데, 이는 고정되고 특정한 규범의 확립에 반기를 드는 것이었다. 그는 판사가 가장 권위 있는 법 문헌을 결정할 수 있는 체계를 구축해야 한다고 결론지었다. 그러나 시간, 자원, 행정 업무의 요구로 이 과제를 완료할 수 없었으며 인도 법을 발견하고 적용하려는 영국 총독의 목표는 결국 난항에 부딪혔다.

한편 1793년의 영구 정착지는 인도에 독립적인 사법 제도를 확립했고, 인도는 적어도 이론상으로는 법치주의를 확립했다.[27] 법은 모든 주체의 사적 권리를 정의하고 보호하게 되어 있었다. 이후 수십 년 동안 인도의 일부 엘리트는 새로운 재산권을 활용하여 상업 활동을 적절하게 조정할 수 있었다. 그러나 인도의 소송당사자들과 대면했을 때 판사들과 관리들은 관습적이고 종교적인 규범을 '발견'하고 인정해야 했지만, 유용한 문헌이 없을 때는 주로 인도 판디트의 조언에 의존했다. 신뢰할 수 없는 원주민이라는 이미지는 특히 영국에서 학교를 갓 마친 후 아대륙에 새로 도착한 사람들에게 계속해서 영향을 미쳤다. 역사 수업에서 그들은 1817년에 출판된 제임스 밀(James Mill)의 기념비적인 저서 『영국령 인도의 역사(History of British India)』를 읽었을 텐데, 이 책은 인도인들의 '거짓과 위증'에 대한 비판적인 내용을 담고 있었다. 인도에 한 번도 발을 들인 적이 없는 밀은 영국의 제도가 판디트를 당황하게 했고, 더구나 청원자 대부분이 종종 경멸의 대상이 되어 혼란과 위증 및 조작 의혹을 불러일으켰다는 사실을 인정하지 않았다. 더 양심적이고 공정한 관리들조차도 관습의 지역적 차이, 법적 규범의 정확성 부족, 힌두교 관습과 이슬람법 간의 차이로 간주하는 문제에 대해 고심했다.[28] 물론 영국의 코먼로 역시 다양하고 부정확한 관습과 실천으로부터 발전했지만, 영국 관리들은 코먼로가 실제보다 더 합리적이라고 믿었다.

19세기에 영국 판사와 공무원은 인도 법원에서 적용하는 민법을 코먼로 원칙에 따라 효과적으로 발전시켰다. 그들은 지위에 기초한 권리와 관계 대신 시장 지향적인 규칙을 지지하고 사유재산 관계를 확립했다.[29] 브라만 판디트는 카스트의 중요성을 계속해서 주장했는데, 이는 특히 조세에서뿐만 아니라 많은 분야에서 불평등을 강화했고, 법률 전문가로서 그들의 새로운 권력은 카스트 위계질서를 확고히 할 수 있게 하여 많은 집단에 재앙을 초래했다. 한편 인도 상인들은 친족과 카스트 네트워크를 통해 영업했으며 많은 토지가 공동으로 소유됐다. 그러나 법원은 이런 토지를 '신탁'의 한 형태로 '대대로 내려온' 것으로 인정하기로 함으로써 복잡하고 역사적인 인도의 재산 관계를 영국 법률가들에게 친숙한 범주로 변형했다. 한편 식민지 판사들은 영국에서 익숙한 판례 제도를 도입하여 이전의 사례를 지침과 권위의 원천으로 삼았다.

인도의 교육개혁을 담당한 토머스 매콜리(Thomas Macaulay)는 1837년에 인도 형법(Indian Penal Code)을 제안했다.[30] 그는 "인도와 아라비아의 모든 문헌의 가치는 괜찮은 유럽 도서관에 있는 선반 하나의 가치 정도"라는 견해를 내세우며 행정 언어를 페르시아어에서 영어로 대체할 것을 주장했다. 결국 1860년 영국 국왕의 칙령 이후 통과된 매콜리의 형법은 이론상으로는 근본 원칙에 기초하고 있었지만, 실제로는 인도의 많은 사회적·종교적 규범을 포함했다. 판사들은 자신의 판단이 실효성을 가지려면 이런 규범을 존중할 필요가 있다는 것을 깨달았다. 관리들은 곧 1867년까지 유럽인 열여섯 명이 죽거나 다친 북서쪽 국경 지역(현재 파키스탄의 일부)에서 규정이 허용하는 것보다 더 엄하고 신속하게 폭력 행위를 처벌할 수단이 필요하다고 주장했다. 이곳에서 '살인 공격'을 저지른 사람들에게는 '복종의 교훈'이 필요했고, 지역 위원들은 집단 살인의 '특별한 위험'에 대처하기 위해 법적 권한을 넘어설 수 있었다.[31] '살해 및 잔혹 행위 처벌법(Murderous Outrages Act)'이 광신자(fanatic)들의 살인 및 잔혹 행위를 진압하기 위해 통과됐다. 아이러니하게도, 동인도회사에서 일했던 철학자 존 스튜어트 밀은 인도인들이 대의 정부(Representative Government)를 가질 준비가 되어 있지 않다고 선언했다. 그는 '보다 높은 문명 수준으로 올라가도록 사람을 단련시키는 데 강력한 독재 자체가 최선의 정부 형태가 될 수 있다'라고 적었다.[32]

결국 식민 당국은 판디트를 무시하고 사실상 모든 상법·형법·절차법을 성문화했으며, 판사들은 영국의 판례 체계에 따라 사례집을 사용했다. 워런 헤이스팅스와 윌리엄 존스 경이 인도의 토착법 체계를 발견하고 보존하기 위해 최선의 노력을 기울였음에도, 그리고 판디트의 모든 의견과 조언에도 불구하고, 영국 당국은 인도 전역에 영국 코먼로의 한 형태를 확립했다. 수 세기에 걸친 난해한 문헌 및 종교적 학문에 기반을 두고 있는 인도의 전통적인 법과 실무는 분산되어 있었고, 행정관이 이를 더 잘 이해했더라도 식민 당국이 확립한 구조에는 결코 들어맞을 수 없었다. 최종적인 권위 및 집행 구조에 대한 가정과 아울러 법적 확실성과 합리성에 대한 유럽의 사상은 힌두교 다르마샤스트라와 이슬람교 샤리아의 규칙 및 실천과 몹시 동떨어져 있었다. 비록 인도의 옛 법이 법률주의적이고 학자와 재판관이 권위 있었을지 모르지만, 인도의 옛 법은 영국의 '합리성'이라는 맹공과 '동양적 전제주의'의 땅을 '개량'하고 '문명화'하려는 결의를 이겨낼 수 없었다.

1830년대에 스페인과 포르투갈이 남아메리카의 마지막 영토를 잃은 후, 영국과 프랑스는 제국주의적 야망을 키웠다.[33] 수 세기 동안 포르투갈과 네덜란드 상인은 인도·말레이시아·동인도의 무역 지역에서 아시아 상인들과 무역했고, 스페인과 프랑스는 아프리카 해안에 집중했다. 이제 영국과 프랑스는 이 무역의 대부분을 지배할 수 있었다. 그래서 그들은 중국, 메이지 일본, 시암(태국), 잔지바르, 무스카트, 약화한 오스만제국에 영사재판권을 확립했다. 새로운 협정은 무역 관세를 낮추고 유럽인들이 지방법원과 법률을 피할 수 있게 했다.

다른 곳에서 영국과 프랑스는 1826년 영국령 인도에 편입된 버마(미얀마)와 1824년 네덜란드가 영국에 양도한 후 곧 강제로 '평정'된 말레이시아의 말라카 지역을 포함하여 새로운 영토를 강제로 병합했다. 이때쯤 그들은 싱가포르도 점령했다. 영국은 18세기 후반부터 오스트레일리아의 일부 지역에 정착해왔고, 1840년 마오리족(Maori)과 와이탕기조약(Treaty of Waitangi)을 맺으면서 뉴질랜드로 영토를 확장했다. 한편 프랑스는 아프리카 영토 중 처음으로 알제리를 침략하여 정복했으며 인도차이나(지금의 베트남, 캄보디아, 라오스) 대부분을 강제로 점령했다. 네덜란드 동인도회사 역시 이전에 교역소를 유지했던 남아프리카와 인도네시아에 식민지를 세웠다.

프랑스 해군은 1830년에 알제리의 수도 알제를 점령했고, 결국 정부는 알제리 영토 전체를 프랑스의 일부로 주장하기로 했다.[34] 정착민들은 프랑스 정부가 자신들에게 땅을 주기를 원했지만, 알제리는 인구가 많았고 농지의 절반가량이 이슬람의 신탁 재산인 와크프의 형태로 소유되고 있었다. 이런 신탁 중 일부는 종교 시설을 지원했지만 나머지 일부는 본질적으로 가족 재산이었다. 프랑스 학자들은 이미 북아프리카 이슬람법에 관한 책을 쓰고 있었는데, 이제 그들은 가족 와크프가 부도덕하고 불법적이어서 '효율적인' 토지 수탈을 방해한다는 취지의 모호한 주장을 펼쳤다. 이슬람교도 대부분은 토지를 사유재산으로 취급하기를 거부했지만, 프랑스 학자들의 이런 관념은 1844년에 그와 같은 토지의 몰수를 정당화했다. 프랑스 정부는 또한 점차 자원이 부족해진 종교 시설에 자금을 지원하는 책임도 맡았다. 프랑스 정부는 결국 이슬람교도들이 완전한 정치적 권리를 주장하는 것을 허용하지 않기 위해 알제리의 이슬람 법체계인 '이슬람-알제리 법(Le Droit Musulman-algérien)'을 지지하기로 했다. 그러나 샤리아의 유동적이고 세분된 특성과 달리, 그들은 법을 중앙집중화하여 관료적 구조와 절차에 적용함으로써 이슬람-알제리 법을 다른 것으로 변화시켰다. 인도의 영국인들처럼, 그들은 유럽 모델을 기반으로 한 새로운 형태의 법을 만들었다.

19세기 후반 영국·이탈리아·독일은 프랑스를 따라 아프리카에 진출했고, 모두 넓은 영토를 차지했다. 독일 총리 오토 폰 비스마르크(Otto von Bismarck)는 1884년 유럽 열강 간의 또 다른 무력 갈등을 우려하여 아프리카 영토 획득에 대한 지침을 수립하기 위해 회의를 소집했다. 그렇게 해서 '아프리카 분할'이 시작됐고, 이후 30년 동안 아프리카 대륙의 거의 90퍼센트가 유럽의 지배하에 놓이게 됐다. 알제리 침공 이후 프랑스는 서아프리카에 대한 정복을 시작하여, 세네갈의 수도 다카르에 근거지를 둔 총독 아래에 여러 영토를 통합했다. 프랑스군은 사바나 지역 국가의 통치자들과 대결했고 결국 최근에 이슬람 성직자가 세운 막강한 투쿨로르제국(Tukulor Empire)을 점령했다.[35] 마침내 그들은 노예들이 일했던 커다란 야자기름 농장을 설립한 폰족(Fon) 다호메이(Dahomey, 베냉의 옛이름)왕국의 훈련된 군대를 물리쳤다. 20세기 초까지 프랑스는 세네갈, 코트디부아르, 기니, 부르키나파소, 말리, 니제르, 베냉뿐만 아니라 현대 모리타니의 대부분을 포함한 광대한 지역을 지배했다.

프랑스인들은 이슬람의 '광신주의'를 극복하기 위해 알제리에 학교와 병원을 설립했으며 1870년대에는 교육, 법원, 관료를 통한 문화

전환 계획을 추진했다. 프랑스인들은 서아프리카에서도 같은 정책을 시행했고, 처음에는 철도망을 구축하고 위생 계획을 시작하면서 노골적으로 '문명화' 임무를 수행했다. 1900년대 초 총독 에르네스트 룸(Ernest Roume)이 "우리는 더 높은 야망과 훨씬 더 큰 의도를 가지고 있다. 우리는 진정으로 아프리카를 문명화하기를 원한다"라고 선언했듯이, 그 목적은 질서 유지와 상업 촉진을 넘어서는 것이었다.[36] 이것은 통신 확장, 의료 지원, 위생 증진, 교육 제공, 농업 발전 그리고 마지막으로 빼놓을 수 없는 '개인의 권리와 가장 신성한 권리, 개인의 자유에 대한 보장'을 의미했다.[37]

룸의 견해에 따르면, 공정하고 인도적인 사법 체계를 확립하고 법치를 보장하기 위해서는 식민지 개척자들이 분쟁을 해결하는 데 궁극적인 힘을 행사할 필요가 있었다. 그러나 그들의 새로운 법원은 아프리카 관습을 존중해야 했다. 사법의 목적은 아프리카인을 프랑스인으로 만드는 것이 아니었다. 이슬람교도들이 샤리아 법원으로도 제기할 수 있었던 가족문제를 제외하고, 도시 지역에서는 프랑스 법이 적용됐다. 그러나 아프리카 족장과의 조약에서 관습을 존중하기로 합의했고, 이에 따라 시골 지역의 아프리카 사람들에게는 아프리카 족장들이 근무하는 지방법원이 관습법이나 이슬람법을 적용해야 했다. 그 위로는 프랑스 행정관이 주재하는 '군(circle) 법원'이 중범죄를 재판하고 상소를 심리했다.

아프리카 관습에 대한 표면적인 존중에도 불구하고, 룸은 원주민에게 프랑스 관리만이 제공할 수 있는 훌륭한 사법행정을 보장해주어야 한다고 생각했다. 그래서 행정관들에게 혼인, 계약, 혈통, 상속에 관한 지역 관습을 조사하고 기록하여 "그들에게 너무나 부족한 명확성"을 가지고 분류하도록 명령했다. 이는 '모든 법률의 근원'인 자연법의 기본 원칙에 따라 지역 관습을 수정하는 것을 의미했다. 형사사건에서는 태형을 징역형으로 대체하고 시죄를 없애야 했고, 이를 통해 그 절차가 "문명의 수준과 관계없이 모든 국가에 적용되는 형법의 원칙에 부합"하게 해야 했다.[38] 아프리카 관습을 존중한다는 목표는 단지 프랑스 법의 원칙에 부합하는 관행을 인정하는 영역에서만 확장됐다.

아프리카에 있는 영국인들은 적어도 처음에는 '문명화 임무'에 덜 노골적이었다. 조직화한 정부가 없는 것으로 간주하는 지역에 '보호국'을 설립했지만, 일반적으로 원주민 제도를 비판적으로 보고 곧 새로운 법체계를 시행해야 한다고 결정했다.[39] 행정관은 현지 관리에게 영국 법을 적용하라고 지시했다. 그들은 아프리카인 사이에 발생하는 사건에 대해서만 그리고 아프리카 법이 영국의 법적 원칙에 '모순되지 않는' 경우에만 아프리카 법을 인정해야 했다. 새 관리들은 대부분 경험이 많지 않은 행정관이었고 정교한 법원과 법적 절차를 도입할 자원이 부족했다. 하급 관리들은 아프리카 사바나에서 종종 약간의 두려움을 가진 채 고립되고 불안하다고 느끼며 직책을 수행했다. 아프리카인들의 삶과 갈등을 거의 이해하지 못한 채 그들 사이에서 평화를 유지하는 방법에 대해 확신이 없었던 이 관리들은, 일반적으로 '자연적 정의'에 따라 판단하려고 노력하면서 자신이 옳다고 생각하는 대로 재판했다. 그들은 아프리카인들이 살인을 포함하여 범죄로 간주하는 것에 대해 처벌 대신 배상을 요구하는 것에 대해 끊임없이 어리둥절해했다. 그리고 많은 아프리카인이 범죄를 저질렀다고 고발됐을 때 기꺼이 겪겠다고 나서는 독물 시죄에 충격을 받았다. 폭력을 억제해야 한다고 생각한 많은 관리는 즉결심판에 의존하여 단순히 지역 주민들에게 특정한 것들이 '금지'되어 있다고 말하고 가혹한 처벌을 가했으며, '음식을 사는 데 시간을 낭비하는 것'이나 '일하는 대신 불 주위에 앉아 있는 것'과 같은 사소한 위반을 처벌했다.[40] 범죄에 대한 아프리카인의 생각을 무시하는 것은 자신들의 권위를 높이는 데 아무 도움이 되지 않았다.

20세기 초 영국 식민 당국은 우월한 '백인의 정의'라는 이상이 실현되지 않고 있음을 인식했다. 많은 관리가 '신속하고 효율적인 사법'을 구현하려고 진심으로 노력했지만, 현실은 사뭇 달랐다. 북로디지아(지금의 잠비아)에서는 변호사들의 지속적인 불만으로 영국 정부가 왕립위원회(Royal Commission)를 설치했다. 위원회는 "문명화하고 평화와 질서를 유지하는 것은 정부의 역할"이라고 선언했는데, 이는 영국의 범죄 개념을 현지에 도입하는 것을 의미했다. 위원회는 아프리카의 전통적인 배상 체계 대신에 모든 '문명국가'가 수용하는 투옥과 벌금을 통한 제재를 권고했다. 그러나 많은 지역 행정관은 위원회의 권고가 아프리카인에게 정의에 대한 이질적인 생각을 강요하는 것이라는 점을 깨닫고 위원회의 권고에 반대했다. 대부분은 나이지리아 총독 루가드 경(Lord Lugard)이 확산시킨 '간접통치(Indirect Rule)' 사상을 선호했다. 루가드는 원주민의 기관을 '원시 이교도의 조잡한 법정'으로 규정했지만, 식민지 정부가 그들의 권위를 존중함을 보여주는 것은 이런 기관을 지지함으로써만 가능하다는 것을 인식했다.

루가드의 주장은 받아들여졌고, 1929년에 원주민 법원 조례(Native Courts Ordinance)는 지역의 아프리카 법원에 형사 문제에 대한 권한을 부여했다. 영국의 다른 식민지 정부도 그 뒤를 따랐다. 실제로 이것은 식민지 관리들이 아프리카 족장의 권위를 인정해야 한다는 것을 의미했으며, 그 과정에서 족장의 지위와 권력이 강화됐다. 아마도 세습 귀족의 이미지를 염두에 두었을 법한데, 정부는 족장들에게 청원을 받고 지혜를 베푸는 소군주로 행동하도록 격려했다. 그러나 그들의 절차는 거의 법률주의적이지 않았다. 아프리카의 청원자들은 합리적인 결론에 도달하기 위해 법적 원칙과 사실에 대한 질문을 사용하려고 하기보다는 특정 사회적 관계의 맥락에서 옳고 그름의 개념을 불러일으키면서 문제를 제시하고 사건의 결과에 대해 논쟁했다.[41] 아프리카의 절차에는 나름의 논리가 있었지만, 지역 행정관의 바람과 달리 직접 문서화하고 적용할 수 있는 규칙 체계를 거의 형성하지 못했다.

19세기 초반 수십 년 동안 많은 아프리카인은 전쟁에 나가고 침략당하고 노예무역에 참여했는데, 이 모든 것이 전통적인 권력구조와 규범, 분쟁 해결 과정을 뒤엎었다. 그러나 식민 열강은 관습적인 아프리카 법이 규칙으로 공식화되고 법정에서 적용될 수 있는 고정된 실체를 가진 것처럼 말했다. 영국 관리들은 또한 족장이 조세, 임업, 위생, 농업 생산에 관한 규정을 통해 자신들이 도입한 새로운 범죄에 대해 판결하기를 바랐다. 이제 족장들은 사건의 사실과 별개로 규정을 고려해야 했고, '법률'이라는 측면을 언급하기 시작했다. 법원은 문서를 참조하고 서면 기록을 보관했다. 또한 시죄를 금지하고 범죄와 불법행위의 구별을 주장하기 시작했으며, 결국 전통적인 배상 협상에서 중요하지 않았던 '고의(Mens Rea)', 즉 의도에 대한 개념을 언급했다. 족장들은 자신도 모르는 사이에 영국식 모델로 새로운 종류의 법을 만들고 있었다.

유럽의 군사력과 조직력에 감명받은 많은 아프리카 엘리트는 사법행정을 '합법화'하려는 식민주의자들의 계획을 지지하기로 했다. 일부 지역 관리와 전통적인 지도자들은 보다 유연한 사법행정의 이점을 깨달았고, 새로운 법적 계획의 타당성에 대한 논쟁을 계속했다. 그러나 독립운동에 투신했던 민족주의 지도자들은 일반적으로 아프리카 법이 '적절한' 법원에서 적용되어야 한다고 주장하면서 이원적 제도라는 개념에 반대했다.

옛 영국 식민지들이 독립을 쟁취한 1960년대에 이르러 신생국 대표들은 탄자니아의 수도 다르에스살람에 모여 법원의 역할과 관할권에 대해 논의했다.[42] 대표들은 '관습법'이 계속해서 법체계의 중요한 부분이 되어야 한다는 데 동의하면서도, '통일된' 법체계를 만드는 것이 중요하다는 점을 확인했다. 이 법은 아프리카 관습법을 식민지 행정부로부터 물려받은 규칙 및 절차와 통합할 수 있었다. 그들의 결론에는 아프리카 관습법이 과거에 취했던 것과 거의 같은 형태로 여전히 살아남았고, 그것들이 기록되고 새로운 정부의 구조에 원활하게 통합될 수 있다는 가정이 내포되어 있었다. 그러나 인도에서와 마찬가지로 이는 역사적·전통적 체계가 유럽의 형태에 그 어느 때보다 가깝다고 가정하는 것이었다.

식민 정부가 토착법을 이해하고 기록하고 적용하기 위해 고군분투했던 지역은 인도와 아프리카뿐만이 아니었다. 20세기에 네덜란드의 지배를 받은 인도네시아의 법학자들은 식민 정부를 설득하여 현지법인 아다트를 기록하고 인정하고 적용하도록 했다.[43] 이는 변화하는 관습과 실천, 규범을 효과적으로 공식화하고 수정했다. 그에 못지않게 중요한 것은, 아다트가 식민지 행정의 좋은 근거가 되지 못했다는 것이다. 독립한 인도네시아가 마침내 자국의 법체계를 확립할 때 네덜란드 식민주의자들이 도입한 모델을 따랐을 뿐, 원주민들의 삶을 형성했고 여전히 형성하고 있는 아다트 체계에 대한 인식은 거의 없었다.

전 세계적으로, 지방법을 기록하고 적용하기 위한 식민 사업은 새로운 정부에 대한 계획을 수용한 지역 엘리트의 지원을 받았다. 법의 존재는 이제 발전의 중요한 지표가 됐기 때문에, 비록 기록되지 않았더라도 조상들이 자신의 법을 가지고 있었다는 것을 부정하는 이들은 없었다. 이제 그들은 전통적인 정부 형태를 특징짓는 유동적인 규범과 관행으로부터 '관습법' 또는 '전통법'이라고 부르는 새로운 유형의 법을 효과적으로 만들어야 했다.

오래고 정교한 법적 전통을 가진 인도에서도 지역 엘리트들은 곧 법과 정부에 관한 유럽의 사상을 받아들였다. 동인도회사 활동의 첫 번째 피해자는 무굴 지배계급이라고 할 수 있는데, 그들은 디와니가 승인된 이후 자신들의 세계가 뒤집히는 것을 봤다. 한 이슬람 시인의 표현대로, "모든 마음은 슬픔으로 불타고 모든 눈은 눈물로 가득 차 있었다". 힌두교의 지식인들은 '건방진 백인들'에 의한 권력 장악이 새로운 악마의 시대를 예고한다고 봤다.[44] 인도의 이슬람 설교자 샤 이스마일 샤히드(Shah Ismail Shahid)는 영국인들이 식민지 지배자들의 계획을 비판하기 위해 사용하던 표현을 빌려 샤리아나 관습을 무시하고 행동하는 사람들을 '독재자'라고 불렀다. 그러나 인도인 중에서 눈치 빠른 이들은 새로운 정치 질서에 적응하는 법을 배웠고, 상류계급의 벵골 힌두교도들은 토지 재산권이라는 새로운 틀에서 이익을 얻을 수 있었으며, 상업과 무역의 세계에 진출하고 아들들을 콜카타로 보내 영어 교육을 받게 했다. 많은 인도인이 나폴레옹과의 전쟁에서 영국을 지지했으며, 1772년에 태어난 인도인 람 모한 로이(Ram Mohan Roy)는 과부를 화장(火葬)하는 것과 같은 전통적인 인도의 관행을 개혁하기 위해 야심 차고 영향력 있는 운동을 시작했다. 장기적으로 볼 때, 권리와 자유에 대한 영국의 사상에 익숙해지면서 인도 민족주의자들은 개인적인 모욕에 맞서고 영국 법의 특권이 지배계급에만 국한되어 있다고 호소할 수 있는 자신감을 갖게 됐다. 19세기 초부터 그들은 자결 운동에 법과 권리라는 언어를 일관되게 사용했다.[45]

이런 모든 방법으로 유럽의 식민지 세력은 자신들의 영토에 새로운 사회적·정치적 사상을 도입했으며, 이런 사상은 특히 신흥 국제질서에 참여하고자 하는 토착 엘리트의 관리하에 계속해서 탈식민주의 헌법을 형성했다. 새로운 민족국가는 영토, 언어, 종교 관습, 고유한 법률을 명확하게 제한했다. 그 이면에는 모두 평등한 국가들의 세계에서 법에 대한 상호 존중을 강조하는 개념인 '국제예양(comity of nations)'을 인정하는 국제질서와 보편적 진보에 대한 사상이 깔려 있었다. 이 모델을 통해 유럽의 정부와 법률, 재산권 형태가 아시아와 아프리카의 문명을 형성했던 훨씬 더 유동적이고 세분된 사회에서 자리를 잡았다.

20세기 동안 이 사상은 매우 지배적으로 되어 전 세계의 새로운 국가와 탈식민주의 체제가 유럽의 법 모델로 눈을 돌렸다. 식민지화되지 않은 국가들조차도 새로운 경제 및 상업 질서에 더 쉽게 참여할 수 있기를 희망하며 새로운 법 제도의 기초로 『프랑스민법』을 선택했다. 라틴아메리카의 탈식민 국가들은 이미 유럽 모델을 채택했다. 브라질의 법은 주로 포르투갈에서 유래했고, 이 법은 아르헨티나에 영향을 미쳤다. 1855년 칠레 민법은 나폴레옹 법전과 스페인의 『칠부전서』, 교회법의 요소에 기초했다. 19세기 일본의 메이지 헌법은 독일(프로이센) 모델을 기반으로 했고, 1932년에 수립된 태국의 입헌군주정은 힌두교 다르마샤스트라에서 파생된 법을 대륙법 원칙에 기초한 법전으로 대체했다. 20세기 초 오스만제국이 무너진 후 세워진 서아시아의 준식민 보호국에서도 비슷한 발전이 있었다. 마오쩌둥 치하에서 단호하게 자신의 길을 따랐던 중국조차도 결국 본질적으로 유럽의 형태를 따르는 법적 형식과 실천을 채택했다. 중국이 20세기 후반에 경제를 발전시키고 국제무역에 참여하면서, 중국의 지도자들도 무역 상대국이 이해할 수 있는 법이 필요하다는 것을 깨달았기 때문이다. 가장 오래 지속된 고대 법체계가 마침내 유럽 모델에 자리를 내준 것이다.

유럽 열강이 전 세계에 전파하고 도입한 법은 주로 새로운 식민지 정부를 지원하고, 상업을 규제하며, 많은 사람에게 질서를 확립하기 위해 고안된 정부의 도구였다. 관리들은 인도의 옛 법과 아프리카의 관습에 대해 입에 발린 말을 했을지 모르지만, 그들은 자신들의 새로운 관료 구조에 맞는 법들만 인식할 수 있었다. 도덕과 종교, 이와 더불어 힌두교, 유대교, 이슬람교의 정교한 종교법과 많은 아프리카인이 분쟁을 해결하기 위해 사용하는 더 유동적이고 협상적인 과정은 대부분 별도의 영역에 국한됐다.

그러나 식민 사업이 완전히 실용적인 것은 아니었다. 유럽인들은 자신들의 활동을 정당화할 필요가 있다고 느꼈고, 효율적인 행정·사유재산제도·개인의 권리·법치주의 등 자신들의 법이 가져올 변화에 관해 주장함으로써 이를 정당화했다. 이것은 문명의 약속이었다. 나중에 독립을 쟁취한 국가와 심지어 식민지였던 적이 없는 국가의 통치자들도 결국 이런 법 모델을 받아들였고, 수 세기에 걸친 정교한 법 연구와 전임자들이 질서를 유지했던 원동력으로부터 등을 돌렸다. 20세기 후반에는 대부분이 유럽 모델을 채택했고 유엔에서 자리를 잡았다. 그러나 이런 법은 형태는 강력했을지라도 그 이전의 모든 것을 완전히 가리지는 못했다.

Chapter

14

국가의 그늘에서 : 현대 세계의 이슬람법

19세기 말에 이르자 신흥 유럽 국가들은 새로운 국제질서를 추진했다. 프랑스와 영국이 이끄는 열강은 식민지와 속령에 관료조직·법·토지 소유 체계를 구축했고, 이곳에서 총독은 '문명화된' 체제를 추진해야 했다. 인도에서는 다르마샤스트라의 규칙과 브라만 판디트의 권위가 대인법(Personal Law: 주로 사람에 관하여 규정하는 법규로, 가족법 따위를 말한다—옮긴이)의 문제로 축소됐고, 이는 전문 가정법원에서 성문화되고 적용됐다. 1911년 청나라가 멸망 지경에 이르자 중국의 법 제도마저 외면됐고, 1950년대에 마오쩌둥의 공산주의 정권은 마침내 제국법의 모든 잔재를 말살했다.

그러나 이슬람법은 그렇게 쉽게 무기력해지지 않았다. 20세기 초에 이슬람 대제국은 대부분 해체됐고, 법원·판사·법학자 네트워크도 대부분 해체됐다. 오스만제국의 술탄, 이집트의 지도자, 이란의 샤는 모두 현대성과 유럽의 사례를 염두에 두고 광범위한 개혁에 착수했다. 그러나 학자들이 모든 지위와 영향력을 잃은 것은 아니었다. 실제로, 20세기에는 샤리아에 대한 호소와 이슬람법에 따른 정부로의 복귀 요구가 부활했다. 서아시아와 북아프리카 전역의 무슬림 다수 국가(Muslim-majority state)들은 여전히 이슬람법을 인정한다고 주장하지만, 이집트의 무슬림형제단(Muslim Brotherhood)과 사우디아라비아의 와하브파(Wahhabis)와 같은 서구화된 정부 형태에 적대적인 정치운동은 이슬람법의 엄격한 적용을 요구했다.

관찰자들과 학자들은 이런 정치운동이 진정으로 '이슬람법'이라고 부를 수 있는 어떤 것을 시행하려고 하는지에 대해 논쟁을 벌였으며, 대부분은 이슬람 국가가 애초에 그럴 가능성이 있는지를 의심한다.[01] 이슬람법을 시행하려는 사람들이 직면한 문제는 샤리아가 전적으로나 부분적으로나 결코 국가체제가 아니었다는 것이다. 샤리아 학자인 울라마는 정치적 통치자들의 통제로부터 거리를 두었다. 그들은 파트와를 내놓고 판사에게 조언했지만, 국가가 임명한 관리들보다 도덕적으로 우월하다고 자부했다. 실제로 사람들은 이슬람법의 규칙과 원칙인 피크흐가 현지 관습 및 실천과 섞인 일상생활의 많은 영역에서 샤리아를 준수했다. 여기서 사회적 규제는 도덕 및 의례의 규칙과 거의 구별되지 않았고, 조정자들은 사람들의 분쟁에 대한 실용적이고 효과적인 해결책을 모색하면서 도덕과 의례의 규칙을 발동했다. 이런 실천은 국가 건설과 새로운 법원 및 법률의 도입으로 중단됐으며, 현대 정부는 이를 국가구조에 통합하려고 노력하고 있다. 그러나 많은 상황에서 샤리아 법원은 가족 분쟁을 계속해서 심리하고 이슬람 학자들은 권위를 유지하고 있다. 그리고 가장 카리스마 있는 학자들은 대중운동, 심지어 혁명을 계속 부추기고 있다. 이슬람법은 여전히 무시할 수 없는 힘이다.

15~18세기에 사파비, 무굴, 오스만제국의 통치자들은 일반적으로 페르시아어로 통신하고 공인된 의례와 관습을 따르며 서로를 존중했다. 오스만제국은 14세기에 오구즈튀르크(Oghuz Turk, 투르크멘) 부족이 근거지를 마련한 아나톨리아에서 기원했다.[02] 1453년 콘스탄티노플을 점령한 메흐메트 2세(Mehmed the Conqueror)는 제국 확장기에 들어섰고, 그의 후계자들은 중앙아시아와 북아프리카로 제국을 확장했다. 고대도시인 메카·메디나·예루살렘은 모두 1517년에 오스만제국의 지배하에 놓였고, 그 지도자들은 아바스왕조 칼리프가 콘스탄티노플로 이주하도록 설득했다. 오스만제국의 술탄은 대중적 정당성을 확보하기 위해 이슬람 종교학자인 하나피파 울라마를 영입해야 한다는 것을 재빨리 깨달았다. 이에 콘스탄티노플에서 종교교육을 효과적으로 중앙집중화하면서 마드라사에 상당한 자원을 공급했다. 술탄의 고문인 수석 무프티는 부적합한 통치자는 폐위되어야 한다고 선언할 수 있는 권한을 유지했고 때로는 실제로 그런 일이 발생했지만, 술탄들

은 샤리아의 정의를 지키고 있다고 주장할 수 있었다.

그러나 이슬람 율법인 피크흐의 규칙은 아라비아사막에서 거의 1000년 전에 형성됐으며, 군사력 증가에 따라 필요해진 법적 자원을 거의 제공하지 못했다. 그래서 16세기에 서양에서 '장려한 술레이만'으로 알려진 술레이만 대제(Suleiman the Lawgiver)는 많은 새로운 법을 발표했다. 그리스어로 '규칙'이라는 뜻의 κανόνας(canon)에서 유래한 카눈(kanun)은 노상강도·절도·상해·살인·간통·고리대금·세금·토지 소유권에 대한 규칙과 처벌을 규정했고, 술레이만은 행정법원을 설립했다. 술레이만은 울라마로부터 승인을 얻기 위해 주의를 기울였으며, 그의 새로운 규칙은 이슬람 율법의 많은 측면을 확인시켜줬지만 불가피하게 샤리아와 구별되는 상태를 유지했다. 술레이만은 또한 모든 주요 지방 도시에 수석 카디를 임명하여 정부 관리에 대한 소송을 포함한 법적 사건을 판결할 권한을 부여했다. 그는 자기 카눈과 샤리아 모두를 더 표준적으로 적용하려고 했다.

1566년 술레이만의 통치가 끝날 무렵 그의 제국은 이슬람 세계에서 가장 크고 강력했다. 그러나 다음 세기 동안 정부는 분열됐고 군 기강은 약화됐다. 17세기에는 오스만 군대가 두 번째로 빈을 포위하면서 부분적인 회복세를 보였으나 19세기 초 러시아군에 패배했다. 아라비아는 분리됐고, 알바니아의 군사 지도자인 무함마드 알리(Muhammad Ali)가 이집트를 장악했다. 1838년 오스만제국의 통치자들은 유럽 세력의 위협에 직면하여 영국과 경제적 자유주의 및 행정개혁 계획에 동의하는 조약을 체결했다. 1839년 11월 콘스탄티노플의 톱카피궁전(Topkapi Palace)에서 팡파르와 함께 발표된 귈하네 칙령(Edict of Gülhane)에서 술탄 마흐무드 2세(Sultan Mahmud II)는 '오스만제국의 속주에 좋은 행정의 혜택을 가져다주기 위한' 일련의 조치를 도입했다. 그의 후임자들은 은행 제도를 개혁하고, 군대를 재편성하고, 새로운 학교를 설립하고, 관료적 정부 기관을 설립했다. 마드라사를 더 많이 통제하고, 수입을 몰수했으며, 이슬람 학자 대신 정부 직책에 보수 있는 공무원을 임명하고, 세속 대학을 설립했다. 또한 울라마와 독립적으로 카눈 규정을 만들 수 있는 권한을 가진 새로운 입법부를 설립했다.

그들은 '탄지마트(Tanzimat, 개편)'로 알려진 개혁을 통해 오스만제국에 유럽의 법과 행정 기준을 도입하여 쿠란과 샤리아에서 발견되는 원칙 대신 시민적 평등과 자유를 보장하려 했다. 이 개혁은 서구의 관습과 복식을 채택하려는 오스만제국의 시도를 조롱하던 유럽인들에게 깊은 인상을 주지는 못했지만, 서구 법의 사상과 형식을 도입했다. 마흐무드는 새로운 프랑스식 형법을 약속했고, 그의 아들은 샤리아와 새로운 민사법원 모두에 대한 권한을 가진 법무부와 함께 상업법원을 설립했다. 법 개혁가들은 샤리아 사법이 문제가 될 정도로 방대하고 접근하기 어렵고 시대에 맞지 않는, 그들이 흔히 묘사하는 것처럼 '기슭이 없는 바다'라고 생각하게 됐다. 새로운 법전인 『메젤레(Mecelle)』는 오스만 터키어로 작성됐다. 1851개 조항에 16권으로 구성된 이 책은 1876년에 마침내 완성됐다.[03] '이슬람의 내용과 유럽의 형식'으로 이루어진 이 법전의 초안 작성자는 이것이 '문명국가'의 민법에 해당하는 터키의 민법이라고 주장했다.

한편 이집트에서는 무함마드 알리가 19세기 초에 개혁을 추진했다.[04] 이집트의 제조업자들과 무역상들이 국제시장에 참여하도록 장려했고, 그의 후임자는 열정적인 근대화 계획을 추진했다. 그는 엘리트들에게 프랑스 문화를 홍보하고 유럽의 사업 관계자를 맞이했다. 그러나 이집트 경제는 새로운 세계질서에서 어려움을 겪으면서 대중의 분노를 샀고, 1881년에 울라마의 젊은 구성원과 함께 많은 중산층의 격려를 받은 군대가 반란을 일으켜 유럽의 영향력을 제거하려고 했다. 영국은 자신들의 이익을 보호하기 위해 이제 인기가 없는 통치자를 지원하려고 개입했다. 카이로 총독 대리 크로머 경(Lord Cromer)은 새로운 토지 소유권 제도와 대규모의 기반 시설 사업을 도입하면서 이집트인들에게 자비롭지만 잘난 척하는 식민지 행정관처럼 행동할 수 있었다. 아프리카에 있는 동료들처럼, 그 역시 이집트를 더 유럽화함으로써 문명화할 계획을 세웠다.

비록 덜 성공적이었지만, 더 먼 동쪽에서 이란의 샤들 역시 근대화 계획을 추진했다. 강력한 샤와 영향력 있는 이슬람 지도자 사이의 긴장은 사파비 제정 시대 이후로 체제의 특징을 이뤘다.[05] 16세기와 17세기 초에 제국을 통치했던 샤 아바스 대제(great Shah Abbas)는 자신을 역사적인 종교 지도자인 시아파 이맘의 대표자로 선언했다. 가장 영향력 있는 판사들을 법정으로 불러들였고 형사사건에서 이슬람법이 아닌 관습법의 적용을 장려했다. 쿠란과 하디스는 무엇보다 형사처벌에 대해 거의 언급하지 않았다. 그러나 지도적인 울라마는 시아파 정통파를 고집하면서 영향력을 유지했다. 18세기 초가 되자 무능한 행정관과 사소한 불화가 샤의 지배력을 약화했으며, 제국은 아프간족에게 침략당하고 코카서스 출신의 카자르 부족 지도자들이 점령했다. 새로운 카자르 샤는 종교 기관에 많은 투자를 했지만, 시아파의 울라마를 받아들이는 데는 완전히 성공하지 못했다. 법관 교육을 계속 주도했던 법학자들은 1830년대와 1870년대에 법 개혁에 저항하면서 자신의 파트와가 어떤 제국의 법령도 무효라고 선언할 수 있다고 주장했다.

19세기 후반에 이르자 이전의 이슬람제국들은 변화하기 시작했다. 인도는 영국 식민 통치하에 있었고, 오스만·이집트·페르시아의 통치자들은 근대화를 위한 계획을 추진했다. 새로운 법이 샤리아에 기초한다고 주장하긴 했지만, 이 모든 통치자는 유럽의 국가적 지위에 대해 확고한 비전을 가지고 있었다. 이런 움직임에 페르시아 울라마만이 저항한 것은 아니었다. 석유가 발견되기 전 아라비아는 무함마드의 출생지로서 모든 이슬람교도에게 중요한 곳이었지만, 여전히 경제적으로 낙후된 지역이었다. 오스만제국이 아라비아반도를 지배하던 18세기 중반, 수니파 이슬람의 한발리파 법학자 무함마드 이븐 압둘 알와하브(Muhammad ibn 'Abd al-Wahhab)는 지하드를 외치는 많은 추종자를 모았다.[06] 이 운동의 잠재력을 깨달은 지역 제후인 무함마드 빈 사우드(Muhammad bin Saud)는 샤리아에 대한 와하브의 비전을 실행하는 새로운 국가를 선포했다. 그는 부족의 관습을 억압했고 대중적인 수피 종단(Sufi orders)을 따르는 사람들을 박해했다. 와하브파와 사우드가의 협력 관계는 지속됐고, 운동이 힘을 얻으면서 그 지도자들은 거룩한 도시를 점령하고 고대 무덤을 파괴하고 이슬람에 대한 자신의 비전을 따르기를 거부하는 이슬람교도들을 학살했다. 1818년 오스만제국이 이 운동을 진압하려 했지만, 운동은 이미 확산된 상태였다. 많은 순례자가 이슬람을 정화하겠다는 와하브파의 약속에 감명받왔고 서아시아와 북아프리카 전역에서 비슷한 운동을 일으켰다. 이 운동은 다음 세기의 이슬람주의 운동으로 발전하게 됐다.

그러나 모든 이슬람 개혁가가 같은 길을 지지한 것은 아니다. 19세기 후반, 유럽의 영향을 우려한 학자이자 정치운동가인 자말 알딘 알아프가니(Jamal al-Din al-Afghani)는 이슬람 원칙을 준수하면서 현대화를 수용하고 기술 및 과학교육을 받을 것을 도처의 이슬람교도들에게 촉구했다.[07] 그는 널리 여행하면서 지지자들 사이에 정치운동을 성공적으로 장려했다. 그리고 그의 협력자 중 한 명인 무함마드 압두(Muhammad 'Abduh)가 1899년 이집트의 대무프티(Grand Mufti)로 임명됐다. 압두는 명시적으로 현대화 의제를 추진했고, 이슬람과 피크흐에 대한 유연한 접근을 주장하며 이를 시대의 사회적·경제적·정치적 상황에 맞게 조정해야 한다고 주장했다. 압두는 정통 이슬람을 비판할 용기가 있었던 다음 세대의 서아시아 학자들에게 큰 영향을 끼쳤다. 그러나 그들에게 '올바른 길에서 벗어난 타락'이라는 꼬리표를 붙이며 '새로운 헌법 체계에 이슬람법 원칙을 통합할 가능성을 모색하고 이슬람을 더 유연하게 이해하기'를 거부하는 사람들도 있었다. 이런 갈등은 이슬람 세계에 균열을 일으켰으며 오늘날까지 그 여파가 지속되고 있다.

20세기 초에 서아시아에서는 개혁운동이 서로 다른 방향으로 나아가고 있었다. 명시적으로 현대적 견해를 취한 지도자들은 유럽식 정치와 법을 받아들였고 이슬람 개혁가들은 이슬람을 변화하는 세계에 적응시키려고 노력했지만, 반동 세력은 더 전통적이고 덜 수용적인 형태의 샤리아를 고집했다. 20세기를 지나는 동안 북아프리카, 중동, 남아시아에서 상당한 이슬람 인구를 가진 여러 국가가 식민 지배로부터 독립을 이루거나 쟁취함에 따라 그 후계자들은 각기 다른 길을 걸어갔다.

제1차 세계대전 이후, 터키의 새 대통령 케말 아타튀르크(Kemal Atatürk)는 정부를 이슬람 세력과 당국으로부터 단호하게 분리했다. 명시적으로 세속적인 의제를 추구하면서, 수피 종단을 폐지하고 마드라사를 폐쇄했으며 울라마 교육을 중단했다. 또한 『메젤레』를 스위스 민법에 기초한 새로운 법전으로 대체했다. 그는 샤리아의 결함과 현대사회에서의 부적합성에 대한 비판적인 선언으로 이 법전의 서문을 열었다.[08] 이집트 지도자들은 1922년에 마침내 영국의 직접적인 영향에서 벗어나 자신들만의 민법전을 만들기로 했고, 이 민법전은 1948년에 최종적으로 공포됐다. 그 초안자인 압둘라작 알산후리(Abd el-Razzak el-Sanhuri)는 아타튀르크보다 다소 유화적인 어조로, 민법 형태를 취하면서도 샤리아에서 파생된 내용을 담은 현대화된 샤리아를 이집트에 다시 제정하는 것이 목표라고 설명했다.[09]

서아시아의 새로운 국가들은 대부분 비슷한 길을 따랐다. 시리아는 이집트의 법전을 꼼꼼히 베꼈고, 이라크와 쿠웨이트는 산후리에게 자국의 법 초안에 대한 조언을 요청했으며, 1976년 제정된 요르단의 법전은 아랍에미리트에서 만들어진 법전과 같은 패턴을 따랐다. 이집트 법은 법전과 관습이 결합하여 지침이 불충분해질 정도까지 법관이 이슬람 샤리아의 원칙을 고려하도록 요구했고, 요르단 법은 법관이 공백을 채우기 위해 피크흐에 직접 의존하도록 요구했다. 그러나 형식상으로는 이 모든 것이 유럽식 민법이었다.

이란에서는 20세기 초 대중의 불안과 종교 지도자들의 불만으로 카자르 정권이 무력해졌고, 제1차 세계대전 중 오스만·러시아·영국 군대가 이란을 점령했다.[10] 1921년에 팔라비 레자 칸(Pahlavi Reza Khan)은 영국의 지원으로 군사 쿠데타를 일으켜 마지막 카자르 샤를 폐위했다. 카자르인들은 벨기에 모델을 기반으로 헌법을 제정했는데, 이 헌법은 선출된 의회인 국회(Majlis)를 규정했다. 이슬람법에 대한 보다 유연한 접근을 주장한 학자들과 함께 국회의 지원을 받아 레자 샤는 현대적 제도를 마련하기 시작했다. 새로운 공장과 정부 기관 건물을 짓고, 베일을 금지하고, 서양의 의복을 도입하고, 유목민족을 강제로 정착시켜 독립을 훼손하고 파국적으로 생계를 위협했다. 레자 샤는 국가 법원 제도를 수립하고 민사 절차에 관한 새로운 법률을 도입했다. 샤리아의 일부 원칙이 가족법에 남아 있기는 했지만, 이후 20년 동안 샤는 이란의 법체계를 실질적으로 변화시켰다. 그는 또한 울라마 기관들의 자원을 몰수하여 정부의 통제하에 두었다. 당연히 더 보수적인 종교 집단 사이에서 불만이 높아졌고, 그중 다수는 계속해서 더 정통적인 형태의 샤리아를 고집했다. 이란은 1953년 영국과 미국 주도의 쿠데타를 겪은 후 1979년 혁명으로 극적으로 전복되면서, 현대 이슬람 세계의 모든 체제 중에서 가장 취약한 모습을 보여줬다.

바로 서쪽에서 사우드가의 왕자가 제1차 세계대전 때 점령됐던 아라비아반도를 재통합하여 1932년에 사우디아라비아왕국을 세웠다.[11] 사우디 왕들은 종교 지도자들과 계속 긴밀히 협력했는데, 이들은 일반 대중 사이에서 큰 존경을 받고 있던 와하비에서 영감을 받았다. 샤리아 법원의 패권을 유지하기로 결심한 울라마는 사우디 왕들이 1950년대와 1970년대에 도입하려고 했던 행정 구조와 규정을 제한할 수 있었다. 그들은 국적의 정의, 사회보험의 제공, 자동차와 화기의 규제와 같은 새로운 사회문제에 대한 새로운 규칙을 제한했고, 이런 규칙들조차도 하위 법령의 지위만을 획득할 수 있게 했다. 이에 울라마는 법전 편찬과 새로운 법원 설립 움직임에 저항했다. 한 가지 예외는 1955년 국왕이 정부에 대한 소송을 심리하고 외국 판결을 집행하기 위해 설립한 고충해결위원회(Board of Grievances)였다. 샤리아 전통을 노골적으로 따르던 위원회를 울라마가 용인했으며 지금도 여전히 용인되고 있다. 석유 개발은 지역 경제를 극적으로 변화시켜 새로운 상업적 규제를 요구했고, 왕들은 규제 시행에 협력하도록 울라마를 설득했다. 그리고 1980년대에 최고울라마위원회(Board of Senior Ulama)는 다양한 범죄를 어떻게 다루어야 하는지에 대한 상세한 파트와를 내놓았다. 그들은 또한 고충해결위원회가 상업적 분쟁을 심리할 수 있도록 허용했다. 그러나 종교학자들은 샤리아 법원의 우월성을 계속 주장했고 21세기까지 헌법과 법률 개혁에 대한 실질적인 통제권을 유지했다.

사우디아라비아는 이슬람 세계에서 개혁운동에 매우 광범위하게 저항하고 울라마가 전통적 권위를 상당 부분 유지하고 있는 유일한 국가다. 예멘에서는 1872년부터 오스만제국이 남부 지역을 지배하면서 『메젤레』를 도입하려고 했다.[12] 지배적인 자이드파(Zaidi) 학자들은 수니파 이슬람에 근거한 이 법에 반대했고, 1919년 이 지역이 다시 독립하자 예멘의 정치 지도자들은 더 전통적인 형태의 통치 체제로 돌아갔다. 그러나 1967년 혁명으로 공화국이 수립됐고, 새 정부는 샤리아가 '모든 법률의 원천'이라고 선언하며 행정 및 법률 개혁에 착수했다. 1975년에 정부는 포괄적인 일련의 새로운 법률을 제정하기 위해 법학자위원회를 설립했다. 그 결과로 만들어진 법전은 자신들의 법이 이슬람 샤리아 원칙에서 따온 것이며 샤리아 법학이 해석을 안내해야 한다고 선언했다. 그러나 서아시아의 대부분 지역에서와 마찬가지로 단순히 성문 법전을 도입하는 것은 전통적인 이슬람 학자의 권위와 피크흐를 해석하고 적용하는 의지를 약화했다.

제2차 세계대전 후 독립운동이 유럽을 휩쓸었고 몇몇 무슬림 다수 국가가 아프리카에 등장했다. 리비아는 짧은 기간 이탈리아 식민 통치를 당한 후 전쟁 중 연합군에 점령당했다. 1951년, 복귀한 이드리스(Idris) 왕은 이집트 법전의 저자인 산후리에게 리비아를 위한 새로운 법들을 승인해달라고 요청했다. 모로코에서 무함마드 5세(Muhammad V)는 '통일성과 명확성'이라는 이익을 언급하며 가족법을 성문화했고, 서양 교육을 받은 법률가를 장려했다. 이슬람 법학자들을 실질적으로 대체한 새로운 법률 전문가들은 피크흐를 모호하고 복잡하며 무질서하고 접근하기 어려운 것으로 간주하는 경향이 있었다.[13]

수단·튀니지·모리타니에서도 이슬람교도들이 다수를 차지했지만, 샤리아에 대한 대중의 지지에도 불구하고 지도자 중 누구도 전통적인 형태의 이슬람법과 같은 것을 받아들이지 않았다. 대개 유럽의 학교와 대학에서 교육받은 지역 엘리트들은, 조국이 식민지화되는 것에 얼마나 분개했든 간에, 일반적으로 유럽의 정부 형태와 법을 동경했다. 헌법에서 이슬람과 샤리아를 언급했음에도, 그들은 유럽의 식민지 개척자들이 남긴 정부 구조와 법체계를 인정했다. 만약 유엔에 가입하기를 원한다면, 그 방법 외에는 실질적인 대안이 거의 없기도 했다.[14]

프랑스는 1962년 알제리 독립전쟁이 끝나기 전까지 알제리를 프랑스의 일부로 통치했다.[15] 그러고는 19세기에 많은 종교 시설에 기부금을 제공한 자선 신탁 재산인 와크프를 폐지하고 부동산 소유를 재정비했다. 또한 이슬람 교육에 대해 중앙집권적인 통제를 가했고 마드라사에 대한 자금 지원을 제한했는데, 이 일로 이슬람 법학자들은 힘을 잃었고 숫자도 극적으로 줄었다. 새로 독립한 알제리의 헌법은 심지어 샤리아에 근거한다고 선언하지도 않았다.

새로운 무슬림 다수파 국가 대부분은 이슬람을 공식 종교로 인정하고 헌법에서 샤리아를 인정했다. 일부는 심지어 자신들의 법이 샤리아에 근거한다고 주장하기도 했다. 그러나 이슬람과 비이슬람을 막론하고 많은 학자가 이런 주장의 일관성을 의심해왔다. 학자들은 1948년 이집트 민법을 포함하여 이슬람법을 시행하려는 모든 시도는 대륙법 체계에 샤리아에서 파생된 규칙을 집어넣은 것일 뿐이며 이슬람법이 요구하는 근본적으로 다른 활용과 추론 형태를 무시했다고 주장한다.[16] 심지어 샤리아를 성문화하는 것조차 법을 왜곡하고 개방성을 떨어뜨리며, 법을 해석하고 설명하는 법학자들의 능력을 약화한다.[17] 샤리아는 결국 신의 법이므로 법학자의 작업은 해석적일 뿐 확정적일 수는 없다. 비록 입법자들이 이슬람의 목적을 위한 법률을 통과시킬 수는 있지만, 이런 법률은 결코 현대 국가법이 분명히 지향하는 것처럼 확정적이거나 포괄적일 수 없다. 일부에서는 이슬람법의 개량된 원칙이 현대 법체계에 통합될 수 있고 또 통합되어야 한다고 주장하는 반면, 이슬람법에 고정된 원칙이 없다면 국가구조에는 전혀 적합하지 않다고 주장하는 사람들도 있다.[18] 샤리아는 어떤 왕이나 장관보다 학자의 권위를 우선하는 의례적·도덕적·사회적·정치적 규범을 포함하며, 법이 모든 것 위에 있는 '반국가 기획'이라고 그들은 주장한다.

샤리아에는 또한 현대 국민국가에 필수적인 법률이 포함되어 있지 않다.[19] 예를 들어, 샤리아는 계약에 대한 일반 이론을 제시하지 않고 그 대신 오늘날의 상업 세계에 적용되기에는 너무나 제한적인 여러 유형의 계약에 대한 특정 규칙을 제시할 뿐이다. 또한 샤리아는 유한회사나 조합의 설립을 가능하게 하는 법은 말할 것도 없고 불법행위에 대한 일반적인 이론도 가지고 있지 않다. 산후리의 법전은 이런 격차를 메우기 위해 세속법을 들여왔으며, 사우디아라비아조차도 상업 분쟁에 대한 새로운 규칙을 도입했다.

그럼에도 미국과 영국, 그 밖에 지역의 소수민족을 포함한 이슬람 세계 전역의 이슬람교도들은 계속해서 종교 지도자들에게 조언을 구하고 가족 분쟁 해결을 위해 이슬람 법원에 의지하고 있으며, 새로운 샤리아 법원에 대한 요구는 증가하고 있다.

한편 다른 이슬람 개혁가들은 더 정통적인 종교적·법적 실천으로 돌아갈 것을 촉구했다. 그들은 정부가 샤리아를 더욱 진지하게 수호해야 한다는 주장을 받아들이도록 압력을 행사하기도 했다. 20세기 초, 와하비에서 영감을 받은 이집트의 살라피(Salafi) 운동을 비롯하여 조금 다른 이슬람 운동이 형성됐다.

이집트의 젊은 교사이자 이맘인 하산 알반나(Hasan al-Banna)는 수에즈운하에서 이슬람 노동자들이 겪었던 부당한 처사를 접하고 경악했다.[20] 그래서 1928년에 서구 제국주의에 대항하기 위한 투쟁을 시작했고, 대중의 지지를 모아 '무슬림형제단(Muslim Brotherhood)'이라고 이름 붙인 운동을 조직했다. 알반나는 변화하는 세상에 적합하게 개선된 이슬람법을 옹호했고, 카이로의 알아즈하르대학교에서 보수적 울라마의 지배를 강력하게 반대했다. 알반나는 새로운 샤리아가 어떤 형태를 취하게 될지 명시적으로 제시하지는 않았지만, 신의 영토인 하키미야(Hakimiyya)가 새로운 샤리아의 주요 목표였다. 그는 정부 규칙과 종교 규칙을 구분하지 않았으며, 추종자들에게 의무와 믿음에 집중하라고 강조했다. 이 운동은 빠르게 성장하여 10년 만에 회원 약 50만 명을 끌어들였고, 이집트 전역은 물론 국경 너머에도 지부가 세워졌다.

알반나는 주로 종교적 도덕과 이슬람법을 확립하는 데 중점을 두었지만, 그의 인기를 우려한 이집트 정부는 1948년에 무슬림형제단을 금지했다. 개혁적인 대통령 가말 압델 나세르(Gamal Abdel Nasser)는 운동의 지도자들을 박해했을 뿐만 아니라 알아즈하르대학교를 장악하고 학교 재산 대부분을 국유화했으며, 그곳 학자들을 국가 법원에서 배제했다. 그러나 무슬림형제단은 서아시아와 북아프리카 그리고 그 너머로 계속 퍼져나가 파키스탄·말레이시아·인도네시아에까지 이르렀고, 알반나의 영향력 있는 후계자이자 다작 작가인 사이드 쿠틉(Sayyid Qutb) 아래에서 번성했다.

1967년 수에즈 위기와 이집트의 이스라엘에 대한 패배 이후, 무슬림형제단은 재결집할 수 있었다. 새로운 이집트 대통령 안와르 사다트(Anwar Sadat)는 많은 회원을 감옥에서 풀어주고 이슬람법을 '입법의 주요 원천'으로 규정하기 위해 헌법을 개정했다. 그러나 의회와 법원은 모두 자유주의적 세속주의자들로 구성되어 있었기 때문에 형제단의 회원들은 몇몇 사건을 최고헌법재판소(Supreme Constitutional Court)로 가져갔고, 그곳에서 이집트의 법률 중 일부가 '비이슬람적'이라고 주장했다. 그들은 재판관들이 대체로 냉담하고 법이 샤리아를 따른다는 것이 무엇을 의미하는지 정의하기를 꺼린다는 것을 발견했다. 그러나 결국 1993년, 법원은 새로운 법률이 수 세기에 걸쳐 이슬람 법학자들의 합의에 따라 규정된 쿠란의 광범위한 법 원칙과 일치해야 한다고 선언했다. 가장 중요한 것은, 어떤 법도 이슬람교도들에게 해를 끼치지 말아야 한다고 말했다는 것이다. 하급법원 판사들도 하나피파 피크흐의 의견을 참조해야 한다는 사실을 인정했다. 그러나 실제로 대다수 판사는 법률 교육을 받았기 때문에 고전 아랍어 실력은 말할 것도 없고, 샤리아나 그 추론 방식에 대한 지식이 거의 없었다. 최고헌법재판소에서도 재판관들은 계속해서 고전적 피크흐보다 실용적인 문제를 더 많이 언급했고, 이슬람 교리가 헌법의 목적과 원칙에 부합한다고 판단할 때만 이슬람 교리를 언급했다.[21]

2011년 2월 이집트의 대중 혁명은 무슬림형제단에 새로운 기회를 제공했다. 형제단의 지도자 무함마드 무르시(Mohamed Morsi)가

2012년 6월에 대통령으로 선출된 것이다. 무르시는 이제 샤리아의 원칙과 현대 민족국가의 구조 사이에 모순이 없으며, 이슬람의 가치와 함께 법치주의·개인의 자유·평등한 기회를 증진할 수 있다고 선언했다. 이집트 살라피스트(살라피 추종자)들은 이슬람법에 대한 이런 유연한 해석을 못마땅하게 여겼고, 샤리아의 훨씬 더 엄격한 이행을 촉진하기 위해 새로운 정당인 알누르당(al-Nour)을 설립했으며, 이슬람 국가를 수립하는 것을 목표로 선언했다.[22] 이후 2013년 7월, 군부 세력이 무르시를 축출하고 형제단을 금지했다.

와하브파·살라피파·무슬림형제단이 서아시아에서 이슬람법을 두고 경쟁적인 비전을 추구하는 동안, 시아파는 동쪽으로 더 멀리 떨어진 곳에서 다소 다른 개혁 과제를 추진하고 있었다.[23] 이란에서 혁명을 일으키고 1979년 마지막 팔라비 샤(Pahlavi Shah) 정권을 전복한 시아파 이맘인 루홀라 호메이니(Ruhollah Khomeini)는 이슬람 원칙에 기초한 새로운 정치 질서를 도입했다. 그의 헌법은 원래의 시아파 이맘을 대리하는 최고지도자를 규정했으며, 처음에는 호메이니 자신이 이 직책을 맡았다. 그는 이슬람법의 가장 근본적인 하나의 원칙을 인정하면서 샤리아의 확립된 법을 불변의 것으로 취급할 것이라고 선언했다. 그의 정부는 처음에는 여성들이 베일을 사용해야 한다고 주장하고, 나이트클럽·술·음악·춤을 불법화하는 등 눈에 보이는 이슬람의 상징을 도입하는 데 집중했다. 정부는 국가의 구조를 점진적으로 개혁하려고 했을 뿐이며, 대체로 동일한 세속법을 사용하여 법체계가 계속해서 팔라비가 도입한 패턴에 따라 작동할 수 있게 했다. 마침내 호메이니는 법을 최고의 정치 권위에 도전할 수 있는 우월한 체계라기보다는 사회정의를 위한 도구라고 말하기 시작했다. 그는 이맘의 대리인으로서 자신이 법에 대해 선언할 최고의 권위를 가지고 있다고 공표했다. 나아가 이란 이슬람 국가의 이익에 필요한 경우 이슬람의 핵심이 되는 부분에 도전하는 것으로까지 확장했다. 이는 원래 입장을 극적으로 뒤집은 것으로, 사실상 자신의 권위를 샤리아의 권위보다 위에 두었다.

동시에 호메이니 정권은 계속해서 서구의 법적 형식에 의존했다. 정권은 쿠란의 형법을 제한적으로 시행했지만, 이슬람 교리에 따른 타지르(ta'zir: 명문 규정 없이 카디의 판단에 따른 형벌에 처하는 것—옮긴이)에서 전통적으로 그랬던 것처럼 판사들이 재량권을 행사하게 하기보다는 나머지 범죄에 대한 법정형을 도입했다. 호메이니는 새로운 법안을 검토하기 위해 감독자평의회(Court of Guardians)를 설립했는데, 이 평의회는 샤리아에 기반한 법률가와 서구에서 교육받은 법률가 모두로 구성됐다. 실제로도 이 정권의 많은 새로운 법이 서구의 법에서 영감을 받았고, 이란은 다른 나라들과 조약을 맺으면서 국제법 질서에 계속 참여했다. 기껏해야 이란의 법체계는 본질적으로 서구의 법체계 내에서 이슬람의 법 원칙을 일부 포함했을 뿐이다.

또 다른 곳에서는 이슬람 학자들이 덜 혁명적인 방법에 착수하여 가족법을 이슬람 원칙에 더 철저히 따르는 방향으로 개혁하고자 했다. 1970년대부터 석유 개발과 급격한 석유 가치 상승으로 이자에 관한 문제도 대두했다. 걸프 지역 국가들이 국제 경제질서에 더 광범위하게 참여하기 시작했을 때 이슬람법의 고리대금 금지가 문제가 되리라는 것이 분명해졌다.[24] 그래서 법률가들은 이슬람교도들이 샤리아를 위반하지 않고 금융 및 은행 거래에 참여할 수 있게 하는 금융상품을 개발하기 시작했다. 이슬람 은행 체계를 만들려는 이집트의 이전 노력을 바탕으로, 조합원들이 이자를 부과하지 않고 이익을 공유할 수 있는 영리 조합 형태를 고안했다. 또한 이슬람 원리와 양립할 수 있는 매매계약인 '무라바하(Murabaha)'를 이용했는데, 이는 서구의 전통적인 금융계약에 가까웠다.

이후 수십 년 동안 서아시아의 은행과 금융 센터는 크게 확장되어 투자자들이 샤리아 가치에 전념하면서 상업적 기업으로부터 이익을 얻을 수 있다고 약속하는 '선별된' 금융상품을 제공했다. 국제기구는 이슬람교도가 참여하는 거래에 대해 자문하기 위해 저명한 이슬람 학자들을 포함하는 샤리아위원회를 설립했다. 물론 더 전통적인 이슬람 학자들은 이런 새로운 금융상품들이 이윤, 사재기, 뇌물, 투기를 피하는 것을 포함하여 샤리아의 목표를 위반한다는 이유로 비판해왔다. 울라마가 가장 큰 영향력을 행사하는 사우디아라비아에서 이런 반대는 사실상 은행 부문의 특별위원회가 자문에 응하고 판결할 수 있는 사적 계약 사항으로 새로운 상품을 제한했다.[25] 그러나 이런 목소리는 이슬람 세계의 크고 강력한 부문이 현대 상업 질서에 대규모로 투자하는 것을 막지 못했다.

이슬람법을 현대사회의 변화에 적응시키려는 시도는 매우 다양한 형태를 취해왔다. 이슬람 사업가들은 이자 금지를 극복하기 위해 창의적인 방법을 사용했지만, 와하브파와 살라피파의 보다 근본주의적인 태도는 일련의 극적인 갈등을 일으켰고, 이슬람 단체들은 서방 세계에 대한 폭력적인 지하드를 요구했다. 1996년부터 2001년까지 아프가니스탄을 사실상 통치한 탈레반은 이슬람법에 대한 엄격한 해석을 장려하는 고전적 교육을 받은 학생들 사이에서 처음 등장했다.

몇몇 주에서 이슬람교도들이 다수를 차지하는 나이지리아 북부에서는 이제 보코하람(Boko Haram)이 권력을 잡았다. 2002년 설립된 이 이슬람 단체는 서구식 교육에 반대하고 나이지리아 정부와 격렬한 대립을 벌이고 있다. 또 다른 급진적 단체인 알샤바브(Al-Shabaab)는 소말리아의 오랜 정치적 혼란 와중에 2006년 소말리아에서 설립됐다. 알카에다(Al-Qaeda)는 서아시아의 살라피스트 운동으로부터 생겨났고, 2013년에 알카에다와 연계된 수니파 지하드주의자들은, 이들을 다에시(Daesh: 극단주의 단체라는 뜻으로, 테러리즘 단체가 스스로 국가로 칭하는 것을 받아들이지 않고자 시리아·미국·러시아 등이 부르는 경멸적 명칭—옮긴이)라고 부른, 시리아 대통령 바샤르 알아사드(Bashar al-Assad)에 맞서 반란을 일으켰다. 2014년 그들은 지도자 아부 바크르 알바그다디(Abu Bakr al-Baghdadi)가 이끄는 세계적인 칼리파국을 선포했다. 그러나 지하드주의자들은 울라마가 아닌 운동가였고, 적어도 좀 더 정통적인 종류의 이슬람 원칙에는 거의 영향을 받지 않은 군사행동과 국가 건설 사업에 착수했다. 이슬람에 부합하는 그들의 주된 특성은 개인 도덕성의 중요성을 주장했다는 것이다. 군사적 성공으로 지하드주의자들은 행정규제를 도입할 수 있었고, 충성과 적절한 이슬람의 행동에 대한 대가로 안전과 편의를 약속하면서 주요 도시에 헌장을 수여했다. 필연적으로 그들은 전통적인 이슬람 칼리파국보다 현대 민족국가의 구조로 나아가고 있었다.[26]

현대사회에 진정한 칼리파국이 존재할 수 있든 없든 간에, 울라마는 사우디 정권 내에서 여전히 압도적인 법적 권한을 행사하고 있다. 국가가 거의 제 기능을 하지 못하는 소말리아를 포함한 더 많은 지역적 맥락에서, 이슬람 피크흐는 여전히 상인들에게 유용한 규칙을 제공한다. 많은 상인은 상무(商務)를 조직하기 위해 이슬람법으로 눈을 돌렸고, 특히 당사자들이 같은 사회관계망의 구성원인 비교적 작은 규모의 거래에 이슬람법이 적합하다는 것을 알게 됐다.[27] 그 밖의 나라들에서는 성문화되지 않은 샤리아가 번성할 수 있는 여지를 줬다. 식민 및 탈식민 정권이 다양한 법적 전통을 인정한 수단은 모든 법 실무나 권위의 원천을 통제하려 하지 않았다.[28] 파키스탄·모리타니·예멘·리비아·수단은 샤리아에 기반을 둔 법을 자국의 법체계에 통합하려고 노력했고, 인도네시아·말레이시아·알제리를 포함한 그 밖의 나라들은 헌법에서 샤리아를 거의 언급하지 않더라도, 샤리아 법원이 가족문제에 대해 권한을 행사하도록 허용했다.

이 모든 격변과 개혁운동의 와중에도 샤리아 법원은 많은 곳에서 지배적인 이슬람법의 관행과 원칙에 따라 분쟁을 해결하기 위해 최선을 다하며 조용히 업무를 계속해왔다.[29] 말레이시아에서 모로코에 이르기까지 샤리아 법원은 결혼, 이혼, 유언, 상속, 양육권, 부양에 관한 사건들을 심리한다. 예를 들어 레바논에서는 다양한 사람들이 드루즈교, 유대교, 다양한 형태의 기독교, 이슬람의 여러 종파를 포함한 수많은 종교를 고수하며 정부는 서로 다른 가정법원 14개를 인정하고 있다. 이 법원들은 자체적인 법을 집행하고 자체 판사를 임명한다. 시아파와 수니파 법원 모두 오스만 시대에 기원을 두고 있으며, 레바논 정부는 그들의 업무에 대해 가벼운 통제권을 행사했지만 1962년에 양쪽 법원 모두 세속법적 절차를 채택해야 한다고 지시했다.[30] 이것은 시아파 항소법원의 고전 법학자인 샤이크(Shaykh)가 절차 문제에 대해 조언하는 세속법 판사와 나란히 앉는다는 것을 의미한다. 그러나 샤이크의 터번과 가운으로 된 성직자 예복은 그가 적용하는 법의 실체에 대해 누구도 의심하지 않게 한다. 실제로 레바논의 시아파 소송당사자들은 간이 사무실에서 사건을 심리하는 샤이크 중 한 명에게로 먼저 눈을 돌린다. 그들 중 한 명이 설명했듯이, 그들은 좋은 이슬람교도로서 행동함으로써 존경받아야 하며 이는 그들이 너무 많은 부를 과시해서는 안 된다는 것을 의미한다. 법정에서 샤이크는 인간성을 보여야 하고 '형제다운' 태도를 취해야 한다. 그는 진정한 샤이크가 되려면 도덕적 어려움에 직면한 사람들과 개인적으로 교류해야 한다고 말했다. 전통적인 이슬람 판사로서 샤이크는 단지 샤리아의 규칙을 적용하는 것이 아니라 샤리아의 원칙을 구현할 수 있도록 개선된 도덕적 태도를 개발해야 한다. 그러나 레바논 법에 따라 그들 또한 레바논의 관료적 절차 규칙을 준수해야 하며, 이는 샤리아와 국가법 사이의 긴장으로 묘사되는 딜레마를 일으킬 수 있다.

샤리아는 고유한 절차 규칙을 포함하고 있지만, 현대 판사들은 절차상의 실수를 범하면 세속법 변호사들에게 비난받을 수도 있다. 동시에 일반 대중은 이런 법률주의에 반대할지도 모른다. 실망한 한 소송당사자는 "그는 당신에게 소리치고, 당신을 내쫓았다. 부당한 일이다"라며 단호한 판사에 대해 불평했다.[31] 사람들은 샤이크가 친절하고 부드러워야 한다고 생각한다. 사실 샤리아 판사들은 항상 그런 면에서 비판을 받아왔는데, 이는 손꼽히는 이슬람 학자들이 카디의 법적 권위보다 무프티의 도덕적 권위를 선호하도록 부추겼다. 그러나 샤이크의 딜레마는 현대 국가에 들어와서야 첨예해졌다.

이런 모든 긴장에도 불구하고, 샤리아 법원은 이슬람 세계 전역에서 인기가 있으며 심지어 국가가 인정하지 않는 곳에서도 인기가 있다. 동아프리카에서 영국과 독일의 제국주의 열강은 1890년대에 영토를 분할하면서 카디의 법원이 업무를 계속할 수 있도록 허용했다.[32] 케냐 정부도 독립 이후 마찬가지로 카디 법원을 인정했다. 법원은 비록 헌법적 논쟁의 대상이 되고 21세기 초 이슬람교도와 기독교인 간 갈등의 초점이 됐지만, 여전히 인기 있었다. 한편 탄자니아는 독립 이후 샤리아 법원을 폐지했지만 1990년대 이후 재설립에 대한 강력한 요구에 직면해왔다. 인도에서는 19세기에 이슬람 성직자들이 식민지 체제의 대안으로 자신들의 법원을 세웠고, 이슬람 신학교에서 교육받은 판사들이 계속해서 가사사건을 심리하고 판결을 하고 있다.[33] 인도의 국가 법원은 이론적으로 이슬람법을 적용할 수 있지만 이는 성문화된 적이 없으며, 샤리아 법원은 그 대안으로 인기를 끈다. 영국에서도 이슬람협의회(Islamic councils)가 설립됐는데, 영국에서는 집행 권한이나 카디의 지위가 없이도 존경받는 이슬람 조정자들이 당사자들에게 이슬람법에 부합하는 해결책에 도달하도록 압력을 가한다. 일부 이슬람 학자는 이슬람교도들이 복잡한 혼전 계약을 맺어 가족관계에서 이슬람 규범을 준수하도록 돕는데, 이것은 국가법 체계에서 집행되지 않더라도 유효할 수 있다.[34]

국가 법체계의 일부이든 아니든 간에, 이런 모든 이슬람 법원과 협의회는 이슬람법의 원칙을 적용하고 학자들의 권위를 인정하려 한다. 역설적으로 일부 명백한 이슬람 국가에서는 판사들이 새로운 형태의 청구를 검토하기 위해 현재 성문화된 샤리아를 이용할 수 있다.[35]

1979년 이란 혁명 이후, 아야톨라 호메이니는 이슬람 여성의 가사 역할을 인정하지 않는다는 이유로 가족법을 폐지했다. 그 후 판사들은 호메이니의 의견이 추가된 샤리아를 따라야 했다. 그러나 법조계와 소송당사자 모두 그로 인한 혼란에 대해 항의했고, 이들이 보다 획일적인 가족법을 요구함에 따라 결국 정부는 유럽식의 세속법적 가족법을 복원했다. 1990년대에 설립된 새로운 법원에는 세속법 절차에 관한 교육을 받은 판사가 근무했으며, 이들은 대학 교육을 받은 법률 사무원의 도움을 받았다. 이 법원에서, 교육을 받은 이란 여성들은 성문화된 법으로 부여된 개인의 권리를 더 전통적인 샤리아 법원에서는 가능하지 않았을 방식으로 주장할 수 있다는 것을 알게 됐다.

물론 이슬람교도들은 법정에서만 샤리아를 접하는 것이 아니며, 경건한 사람들은 일상생활의 많은 영역에서 샤리아의 규칙을 따르려고 노력한다. 그들은 여전히 무프티로부터 법적 지침을 구하며, 시아파 이슬람교도는 '모방의 원천'인 마르자(Marja)의 지침을 따르기로 할 수도 있다. 전통적으로, 무프티와 마르자는 술탄과 고위 카디에게 조언하는 학식 있고 권위 있는 학자에서부터 시골 주민과 지역 판사를 지도하는 훨씬 더 평범한 사람들에 이르기까지 다양했다. 근대화의 과정이 그들의 지위를 변화시켰기에 그들은 더 이상 샤리아 법원을 제외하고는 판사에게 직접 조언하지 않는다. 그러나 이집트 정부는 오스만 술탄의 전통을 이어가면서 1895년에 대무프티를 임명했고, 관료들은 정부의 근대화 의제를 지지하는 파트와를 내놓는 그들의 역할을 재창조했다.[36] 일부는 샤리아가 어떻게 현대 생활에 수용될 수 있는지를 증명하기 위해 언론에 긴 의견을 게재하기도 했다.

다른 마르자들도 자신의 수많은 추종자를 지휘하고 외교에 영향력을 행사할 수 있다. 21세기 초에 시아파는 특히 마르자 세 명을 주목했다. 가장 뛰어난 사람은 이라크 나자프 종교학교의 고위 성직자인 사이이드 알리 알후세이니 알시스타니(Sayyid Ali al-Husseini al-Sistani)였다.[37] 수백만 명이 시스타니에게 충성을 맹세했고, 그는 전 세계의 의식을 지원하는 데 사용할 막대한 재원을 모을 수 있었다. 시스타니 자신은 특히 사담 후세인(Saddam Hussein) 정권 아래에서 시아파 성직자들이 주기적으로 박해받았을 때 은둔하고 은퇴했다. 그러나 서양에 사는 시아파 신도들을 위한 안내서를 포함하여 추종자들을 위한 책을 계속 출판했다. 2003년 미국 주도의 이라크 침공 당시, 그는 결국 미국이 임명한 기구에 대항하여 총선에서 의회를 선출할 것을 요구하며 개입했다. 이라크의 시아파 인구에 대한 그의 영향력이 명백해지자 미국은 정책을 바꿨고, 2004년에 그는 성공적으로 휴전을 중재했다. 잠시 주목받은 후 시스타니는 다시 권위 있는 자리로 초연히 돌아왔다.

레바논에서는 아야톨라 무함마드 후세인 파드랄라(Ayatollah Muhammad Husayn Fadlallah) 마르자가 시스타니보다 정치적으로 깊이 관여했다. 그는 젊은이들의 교육을 장려했고, 자선 및 교육기관의 관계망을 통해 '반제국주의적' 정치를 지지했다. 그는 자신의 라디오 방송국을 유지하고 웹사이트를 운영했으며, 정기적으로 강의를 하고 쿠란 주석서 25권과 법학 저서 15권을 포함한 많은 책을 출판했다. 고전적 문체를 채택했지만, 전문 용어와 판결의 근거를 설명함으로써 자신의 법적 저술에 일반 대중도 접근할 수 있게 했다. 그는 DNA 증거의 허용 가능성과 같은 의학 및 과학 윤리에 대한 의견을 제시하면서 현대적 쟁점에 관여했다. 또한 개별 조언 요청에 대응하여 수많은 파트와를 내놓았다. 시스타니와 마찬가지로 그는 자신의 책을 읽고, 자신의 웹사이트를 참조하고, 자신의 의견을 구하는 이슬람교도들에게 엄청난 영향력을 행사했다.

이런 유명한 학자들을 비롯하여 이슬람 세계는 덜 야심 차고 더 전통적인 역할을 하는 학자들과 지도자들로 가득 차 있다. 그들은 때때로 정치에 관여하지만, 일반적으로 개인 청원자에게 조언을 제공하는 데 중점을 두며 때로는 현대의 미디어를 활용한다. 예멘은 역사적으로 이슬람교 특유의 이런 역할에서 학문과 정치를 결합한 시아파 이맘이 통치했다. 그 밖의 예멘 학자들과 유명 법학자들은 정부와 거리를 두면서, 샤리아 해석의 권위자인 독립적 무프티로 활동했다. 1970년대 예멘의 혁명과 법전 편찬 이후, 무프티는 자신들의 일을 계속했다.[38] 예멘 법무부는 수도 사나(Sanaa)에 기반을 둔 이집트의 대무프티와 유사한 공화국 무프티를 임명했으며, 지방의 무프티들을 지원했다.

한 인류학자는 1970년대에 남부 고원지대의 지방 도시인 이브(Ibb)에 있는 한 무프티를 소개받았다. 무프티는 여전히 매일 오후 자기 집 다락방에서 청원자들을 맞아들이고 있었고, 마을 주민들은 절차를 지켜보기 위해 모여들었다. 그들은 약간 마약성이 있는 식물 잎인 카트(qat)를 씹으면서 낮은 쿠션에 기대 지역 문제에 관해 이야기를 나누었고, 청원자들이 들어와 분쟁에 대한 조언을 구하거나 무프티에게 법정 소송에 대한 서류를 인증해달라고 요청했다. 목이 파인 셔츠와 느슨하게 감긴 터번 차림의 농부들은 갈라진 손과 맨발로 무프티 앞에 무릎을 꿇고 결혼이나 이혼, 문제 되는 상속재산, 종교 기부금에 관해 묻곤 했다. 원통형 모자, 흰 가운, 조끼로 된 실내복 차림의 무프티는 학자의 터번, 단검, 겉옷을 문 옆에 두고 즉각적인 조언을 해줬다. 그는 전통적인 갈대 펜을 사용하여 그들의 청원서에 메모로 자신의 파트와를 썼는데, 교육 수준이 낮은 사람들이라면 해석하는 데 도움이 필요할 수도 있는 축약형, 심지어 암호문도 사용했다. 그는 1990년대에 은퇴할 때까지 부동산 거래, 법적 분쟁, 혼인 계약에 관해 조언했다.

한편 사나에서는 공화국의 무프티도 집에서 청원자들을 맞아들였다. 그는 또한 매주 라디오 '파트와 쇼'에 출연했는데, 여기에서 학자 네 명이 청취자가 보낸 질문을 검토했다. 수천 명에게 방송되는 이 프로그램에서는 이해하기 쉬운 파트와를 제시해야 했다. 한 사람이 설명했듯이, 전통적인 무프티는 수용자가 깊이 생각할 수 있는 짧은 메모를 새긴 것이지만, 라디오 청취자는 그들의 말을 곧바로 이해해야 했고 일부 청취자는 교육을 거의 받지 못한 이들이라고 가정해야 했다. 이처럼 현대의 미디어를 활용함으로써 무프티의 파트와는 훨씬 더 많은 사람에게 도달할 수 있었다. 텔레비전에서도 파트와 쇼는 시청자들의 질문에 대한 답변으로 조언을 줄 수 있도록 터번과 가운을 입은 수염 난 노인들을 불러 모았다.

샤리아는 계속해서 다양한 방식으로 이슬람교도의 삶을 형성하고 있다. 무프티는 파트와를 통해 직접적인 조언을 하고, 카디는 샤리아 법원에서 판결하고, 고위 무프티와 마르자는 정치적 영향력을 행사한다. 예를 들어 세네갈에서는 전통적인 수피교 지도자들인 마라부트(Marabout)가 땅콩 생산으로 부유해졌고 자신들의 종교적 지위를 이용하여 국내 정치에 상당한 영향력을 행사할 수 있었다. 사람들이 도덕적 문제를 주제로 토론하고 좋은 이슬람교도로서 행동하는 방법에 대해 비공식적인 조언을 구함에 따라 이슬람의 법 규범도 더 간접적인 방식으로 일상생활을 형성하고 있다. 샤리아의 지침은 가족·재산·상업 관계에 대한 요구사항을 설정할 뿐만 아니라 개인 도덕의 문제로까지 확장되며, 진취적인 운동가는 일반인들에게 샤리아의 규칙과 원칙을 적용할 수 있는 새로운 방법을 찾아낸다.

카이로에서는 1970년대에 이슬람 세계를 휩쓴 이슬람 부흥의 물결 속에서 여성 모스크 운동이 시작됐다.[39] 이 운동은 20세기 전반에 여성 설교자를 양성한 자이납 알가잘리(Zaynab al-Ghazali)의 작업에서 시작됐다. 그녀의 조직은 무슬림형제단과 함께 나세르에 의해 해산됐으며, 나중에 카이로에 이슬람 사원이 확산됨에 따라 여성 교사들의 단체인 다야트(Da'iyat)도 해산됐다. 다야트는 무엇보다 '경건'이라는 문제에서 여성들을 지도하기 위해 옷차림과 말투의 표준, 어른과 아이에게 적절한 오락, 가사 관리와 재정, 가난한 사람들을 위한 보살핌, 공개 토론에서의 적절한 용어에 대해 가르치고 조언했다. 그들이 이집트 세속법 대신 샤리아의 복원을 지지하지는 않았지만, 적절한 종교 행위가 세속적이고 법적인 문제에 영향을 미친다고 주장했다.

카이로 운동은 대중매체와 보편적인 문해력을 활용했고, 이를 통해 이집트에서 이슬람 고전이 널리 활용되게 할 수 있었다. 작가들이 종교적 의무, 성품 형성 문제, 도덕적 올바름 문제에 관한 규칙을 설명하는 새로운 안내서가 확산됐다. 노점상들은 피크흐에 관한 소책자와 무슬림형제단이 의뢰한 널리 읽히는 3권짜리 개론서를 제공했다. 그리고 사람들은 테이프에 녹음된 설교를 구입하고 라디오와 TV 프로그램에서 종교적 가르침을 접할 수 있었는데, 이런 프로그램은 종종 인기 있는 파트와를 전파했다. 여성운동 단체는 특히 피크흐 안내서를 활용하여 시청자를 위한 실질적인 지침을 만들었다. 중산층 지역에서 전통적인 교육을 받은 다아트는 학술적 법률 논평의 오랜 전통을 활용하여 다양한 법적 의견을 제시하며 시청자가 이 중 어떤 의견을 따를지 스스로 선택해야 한다고 강조했다. 한편 노동계급 지역에서 다아트는 암송 문구와 짧은 쿠란 구절을 사용하여 대화를 나누었다. 예멘의 무프티와 마찬가지로, 카이로의 다아트는 법·도덕·종교적 준수·개인 경건의 문제를 거의 구별하지 않았다. 그들은 갈등을 피하기 위해 주의했고, 이슬람주의자와 세속주의자 사이의 계속되는 긴장을 멀리했다. 그러나 그들의 가르침은 전통적인 이슬람 문헌과 샤리아의 권위에 깊이 뿌리를 두고 있었다.

샤리아는 항상 이슬람 세계 전역에서 사람들에게 의례적·도덕적 지침을 제공하는 법체계 이상의 것이었다. 샤리아는 국가체제가 그러는 것처럼 고정된 법률 체계나 하나의 일관된 교리를 제공하는 것을 꿈꾸지 않는다. 오히려 전문 학자들이 해석할 수 있는 지침에 대한 규칙을 제공한다. 학자들은 무엇보다 개인의 의무에 집중하며, 원래 칼리프에게 맡겨졌던 문제인 형사범죄에 거의 관여하지 않는다. 피크흐가 분쟁을 해결하는 데 사용될 수 있고 실제로 자주 사용되기도 하지만, 그 목적은 질서를 확립하거나 정의를 약속하는 것이 아니다. 세상을 위한 신의 길을 따라 사람들을 인도한다는 도덕적 계획이 바로 그 목적이다. 이는 현대 국가의 질서와 매우 다른 질서에 대한 비전을 제시한다.

많은 이슬람교도는 샤리아가 현대 정부 및 국가의 한계와 무종교주의에 대항하여 현대사회에서 더 많은 권위를 가질 수 있고 또 가져야 한다고 생각한다. 무슬림 다수파 국가들은 샤리아의 원칙을 세속법 체계에 포함하고 샤리아를 지지한다고 주장하려고 노력했지만, 일반적으로 전통적 법학자의 제도와 권위를 약화했을 뿐이다. 이슬람국가라는 개념은 매우 문제가 있으며, 다에시의 사례 역시 그렇지 않음을 거의 증명하지 못했다. 그러나 이슬람법의 권위는 신으로부터 비롯되며, 이슬람교의 종교학자들은 법적 분쟁에 대해 관료제도가 할 수 있는 것보다 더 설득력 있는 지침과 더 효과적인 해결책을 계속해서 제시하고 있다. 그리고 일부 종교학자는 국제분쟁에도 극적으로 개입할 수 있다는 사실이 증명됐다.

이슬람 학자들은 법과 원칙이 가장 강력한 통치자조차도 인도해야 한다고 주장하면서 정치적 통치자들과는 거리를 두고 있다. 이런 역학이 국가의 구조와 쉽게 일치할 수는 없겠지만, 이것은 법치주의의 한 형태다. 그리고 가장 저명한 학자들이 수백만 명의 존경을 받는 가운데, 이슬람법은 권력과 영향력을 모두 유지하고 있다.

Chapter

15

국가를 외면하다
: 부족, 마을, 네트워크, 폭력 조직

유엔총회에 참석하는 각국 정상들은 주권국가로 깔끔하게 나누어진 지구를 상징한다. 각국은 자국의 시민, 경제, 환경에 대한 책임을 지고 고유한 법률 체계를 유지한다. 이는 대체로 사람들이 물건을 사고파는 방식에서부터 집과 공공장소의 안전, 가족관계의 구성, 금융시스템의 효율성에 이르기까지 삶의 가장 사소한 측면을 규제하는 것을 목표로 한다. 평화와 질서를 유지하는 것은 국가적 과제로 되어 있다. 그러나 이런 법체계가 아무리 강력하더라도 그 범위는 정부가 일반적으로 믿게 하는 것보다 덜 광범위하고 덜 효과적이다. 이슬람의 법과 법학자들만이 현대사회에서 대안적 질서의 유일한 근원인 것은 아니다.

티베트 부족민들은 여전히 중국 정부에 대항하여 법을 만들고 따른다. 전 세계에 흩어져 있는 마을공동체는 고유한 규약을 유지한다. 그리고 현대 미국의 심장부에서도 업자 단체는 구성원들이 주 법원으로 향하는 것을 막는다. 법과 법률주의의 역학은 현대 국가에서 완벽히 수용되지는 않았다. 한편 매우 작은 공동체도 예측 가능성, 질서, 자율성의 근원을 마련하기 위해 규칙을 만들지만 모든 조직화한 집단이 법률주의로 돌아서는 것은 아니다. 규칙을 명시하는 것은 규칙을 눈에 띄게 하는 것을 의미하며, 어떤 집단은 자신들의 규칙과 구조를 숨기고 감시를 피하려고 한다. 반법률주의는 폭력 조직과 마피아 조직이 국가에 대항하는 강력한 도구이기도 하다.

현재 중국의 티베트 초원에서는 수백 년 동안 그래왔듯이 야크 유목민 사이에서 여전히 갈등이 생기고 있다. 분쟁은 아시아와 아프리카의 유목민들에게 흔한 양상으로 폭력과 대항 폭력의 악순환이라는 갈등을 일으킬 수 있으며, 부족 지도자들은 이를 끝내기 위해 열심히 노력해야 한다. 숙련된 조정자는 부족민들에게 계속해서 복수를 하는 대신 배상을 받아들이도록 설득할 수도 있다. 중앙집권 국가들은 필연적으로 부족의 관습 대신 그들 자신의 법을 적용하고 형사제재를 부과하면서 유목민들에게 정착을 강요하려고 한다. 현대 중국도 예외가 아니다. 그러나 칭하이성과 간쑤성의 초원에서 티베트 유목민들은

21세기까지 계속해서 갈등과 조정을 반복해왔다.[01]

유목민들은 수 세기 전에 광활한 티베트고원에 양과 염소를 데려왔고, 목초지를 돌아다니는 야생 야크를 길들였다. 녹아내리는 빙하와 설원으로 밭에 물을 대고 보리를 경작할 수 있게 되자 점차 마을을 형성하고 사원을 세웠다. 이 부족 중 일부가 힘을 합쳐 제국을 형성했고, 6~9세기에 이 지역을 지배했다. 그러나 고지대에서는 유목민들이 여전히 야크, 양, 염소 떼를 지켰다. 목축의 이미지는 티베트의 시, 이야기, 종교 문헌에 널리 퍼져 있다. 양가죽 코트를 입은 현대의 유목민들은 여전히 검은 천막 밖에 말을 묶어두고, 천막 안에서는 무거운 산호 보석을 착용한 여성들이 우유를 휘저어 버터를 만든다. 겨울은 바람이 먼지투성이의 평원을 휩쓸고 기온이 곤두박질치기 때문에 힘들지만, 여름에는 유목민들이 야크의 털로 짠 넓은 천막에서 휴식을 취한다. 남자들은 중앙 난로 주변의 카펫에 모여 밀크티를 마시며 보릿가루에 버터와 치즈를 풍성하게 넣어 먹거나 풀을 뜯는 가축을 지키면서 햇볕을 쬐고, 여자들은 주로 집안일을 한다.

중국의 파괴적인 문화대혁명 기간에 모든 농업과 목축 활동이 집단화됐지만, 1980년대에 정부는 티베트 유목민들이 부족으로 재집결하는 것을 허용했다. 대부분은 과거의 방식으로 되돌아갔다. 최근에 중국 당국은 유목민들이 정착하도록 설득하기 위해 큰 노력을 기울였는데, 당국은 명목상으로는 목초지의 황폐화를 호소했지만 실제로는 유목민의 '뒤떨어진' 생활 방식과 세금 및 통제를 피하는 능력에 대해 더 불편함을 느꼈다. 그럼에도 21세기 초까지 많은 티베트 부족은 여전히 전통적인 방식으로 서로 습격하고 갈등을 빚었다.

예로부터 티베트 지역이자 칭하이성 대부분을 차지하는 암도(Amdo)에서는 각 부족이 천막을 수천 채 가지고 있었으며, 이는 야영지 약 40곳으로 나누어져 있다. 암도의 유목민은 천막의 잔디 바닥에서 먹고, 사람들과 교류하고, 잠을 잔다. 이른 봄에 여성들은 젊은이들이 습격으로부터 가축을 보호하기 위해 잠을 자는 곳인 양 우리 옆에 작은 오두막을 짓는다. 침입자를 막기 위해 사나운 개를 기르는데, 많은 성인이 어린 시절 물려서 생긴 이빨 자국의 흉터를 가지고 있다. 하지만 그런 경계에도 불구하고, 습격은 일어난다. 한 남성이 밤새 양 몇 마리가 사라진 것을 발견하고 쫓아가겠다고 선언한다. 동료를 모아 도둑을 추적해 싸우겠다는 그를 가족이 간신히 제지하는 동안 아이 하나가 지역 수장에게 달려간다. 습격은 피해자에 대한 모욕이기 때문에 관습에 따르면 천막의 우두머리는 습격자에 대해 즉각적인 복수를 해야 한다. 모든 남성은 칼을 가지고 다니는데 칼은 허리에 두른 장식된 칼집에 보란 듯이 걸려 있으며, 목축 작업에서 칼이 쓰이는 일은 거의 없다. 남성은 어머니, 아내, 자매가 천막 안팎에서 아이를 키우며 집안일을 하는 동안, 필요한 경우 모든 것을 내려놓고 습격에 대한 복수를 할 수 있다. 그들은 항상 '전쟁에 대비'하고 있다.[02]

이웃들은 종종 초원을 놓고 다투고, 야영지 간에는 사소한 갈등이 일어난다. 하지만 다른 부족의 습격자들이 나타나면 한 번의 사건이 쉽게 싸움으로 이어질 수 있고, 나중에는 전쟁으로 번질 수 있다. 양측이 동료들을 모아 반격을 가하는 과정에서 지난번보다 더 센 공격을 하기 때문이다. 갈등이 심각해지면 지도자들은 흩어져 있는 부족의 모든 지역에서 사람들을 소집하여 총공세를 시작한다. 21세기 초, 암도 유목민은 1950년대 이래 지속된 목초지 분쟁으로 여전히 간헐적인 갈등을 겪고 있었다. 어머니들은 총격으로 잃은 아들들에 대해 이야기하며 눈물을 흘렸고, 한 수장은 많은 남자가 적 부족으로 장가간 국경 근처의 야영지에서 남자들을 징집할 때 어떤 어려움을 겪었는지 이야기했다. 그는 이건 변명이 되지 않는다고 말했다. 결국은 가족, 야영지, 부족에 대한 충성심의 문제라는 것이다.

갈등 대부분은 이 단계에 이르기 전에 해결된다. 누구나 자기 부족에서 발생한 사건들, 대개 칼이나 심지어 살인과 관련된 심각한 사건들을 떠올릴 수 있는데, 이런 사건들은 배상금 지급을 통해 신속하게 해결됐다. 젊은이들은 화가 날 수도 있고 화가 난 것처럼 보여야 하기도 하지만, 협상하고 복수의 악순환을 피하는 것이 훨씬 낫다는 것을 누구나 알고 있다. 물론 도난당한 재산은 반환되어야 하며, 인명 손실이나 상해에 대한 배상금이 지급되어야 한다. 심각한 사건일 때 촌장들은 먼저 지역 수도승들의 도움을 받아 휴전 협상을 한 다음 존경받는 조정자에게 역할을 요청한다. 1930년대에 유목민들과 함께 살았던 한 미국인 선교사는 초원에 세워진 캠프, 독립된 천막에 있는 다른 편, 그리고 이 둘 사이를 오가는 조정자 집단을 묘사했다. 그들은 손해와 지위에 대한 열띤 논쟁을 했고, 조정자는 화난 유목민들에게 배상을 받아들이도록 설득하기 위해 노력했다.[03] 이는 오래된 풍경이다. 이미 14세기의 법률 문서에 조정자가 맞닥뜨린 '위대함'에 대한 논쟁과 당사자들의 격정을 가라앉히고 합의에 이르게 하기 위해 펴야 했던 능숙한 주장이 기술되어 있다.[04] 지금도 예전과 마찬가지로, 억울함을 느끼거나 화가 난 부족민들은 우선 배상금을 거부한다. 명예를 회복하기 위해 직접 복수하겠다는 것이다. 그러면 숙련된 조정자들이 양측을 끈기 있게 오간다. 지역 마을에 있는 여관의 각기 다른 방에 모여 거친 발언을 듣고 숭고한 원칙을 인용하며 타협에 대한 완고한 거부감을 점차 누그러뜨린다. 가족, 동료 부족원, 조정자는 당사자가 마침내 배상을 받아들일 때까지 천천히 끈기 있게 압력을 가한다. 가장 골치 아픈 갈등일 때는 조정 기술에서 많은 이들에게 존경받는 불교의 고위 라마를 불러야 할 수도 있다. 그가 개입하면 완강하던 부족원조차 마침내 타협을 받아들이게 된다.

조정자는 개별 사실에 근거하여 각 사건에 접근하고 적절한 배상금을 협상하며, 그 액수는 손해의 심각성과 사건의 상황 및 각 당사자의 지위에 따라 결정된다. 현대사회에서는 경찰도 개입할 수 있다. 큰 분쟁일 때는 그들의 관심을 돌리기가 어렵기 때문에 심각한 손해에 책임이 있는 사람들은 체포되고, 공판에 소환되고, 징역형을 받을 수도 있다. 그렇다고 하더라도 부족민들 사이에서는 여전히 가족이 배상금을 지급해야 한다. 가족은 자기 아들이 이미 감옥에 있고 배상금을 내면 키울 가축이 남지 않을 것이라며 이중 처벌에 대해 불평할지도 모르고, 어쩌면 조정자들도 공감할 것이다. 그러나 한 조정자가 지적했듯이, 정부 제도는 '정의를 행하지' 않고, 피해자에게 아무것도 주지 않는다. 그는 '두 가지 법을 따르는 사람은 안장이 두 개인 말과 같다'라는 전통적인 격언으로 문제를 요약했다. 그렇다면, 정의는 협상이 되어야 한다. 정의는 사건의 상황, 피해자의 지위, 변호사의 능변에 달려 있다. 가장 저명한 조정자는 규칙을 단순히 적용할 수 없으며 고위급 라마도 난해한 사건을 해결하는 데 실패할 수 있다. 그리고 여기에는 1950년대부터 수많은 화해 시도가 실패한 후 21세기까지 계속된 초원 분쟁이 포함된다.

이런 관행은 결코 법률주의적이지 않다. 정의는 협상이 되어야 한다. 그러나 티베트 유목민들은 법을 가지고 있다. 가장 사납고 독립적인 티베트 유목민들의 본거지인 칭하이 남부의 거칠고 척박한 지역인 궈뤄(Golok)에서 주요 부족 중 한 부족은 옛날의 법을 자랑스럽게 언급했다. 그들은 궈뤄 부족의 지배 가문이 세 형제의 후손이라고 주장한다. 역사적으로 그들 집단은 때때로 외부인의 위협에 맞서 연합체를 형성했지만, 싸움과 갈등이 항상 그들 사이의 관계를 훼손했다. 숙련된 조정자들은 가장 다루기 힘든 분쟁을 해결하는 데 필요한 기술, 능변의 중요성, 현란한 수사학, 화해에 필요한 장기간의 협상에 관해 설명했다. 그러면서 자신이 속한 부족의 법을 언급했다. 한 조정자는 협상 과정을 서술한 직후 그와 어느 정도 유사한 복잡한 규칙들을 서술했다. 그는 그 규칙이 조정 과정에서 적용되거나 참조됐다고 주장하지 않았지만, 규칙들은 분명히 중요했으며 기록으로 남아 있었다. 지역 서점에서는 1980년대에 쓰인 2권으로 구성된 지역 역사책을 판매했는데, 여기에 이런 법률이 수록되어 있었다. 그 저자 중 한 명은 궈뤄 부족이 항상 성문법을 지켰음을 확인했다. 모든 사본이 문화대혁명의 격변으로 소실됐지만, 그를 비롯한 공저자들이 그 법률을 잘 알고 있는 부족 지도자들과의 면담을 통해 새롭게 법을 편찬했다고 한다.

인쇄된 법률은 상세하고 명시적이며, 다양한 지위를 가진 사람들에 대한 정확한 배상 금액을 밝혀두었다. 고대 티베트 문헌과 마찬가지로 현대의 법률은 배상을 통해 정의를 약속한다. 법률은 또한 정교한 절차를 요구한다. 살인자는 휴전이 선언되기 전에 공격에 사용한 말과 총을 포기해야 하는데, 이것은 여전히 궈뤄 유목민이 따르는 규칙이다. 그러나 법률이 직접 적용되지 않거나 조정 과정에서 참조되지 않는다는 점은 분명하고, 법률이 규정하는 뚜렷한 지위의 계층구조는 유목민의 상대적으로 평등한 지위와는 거의 무관하다. 그렇다면 왜 누군가는 법률을 작성하려는 수고를 감수하고, 왜 조정자들은 법률을 그렇게 경건하게 언급하는가?

티베트 중심부의 농부들은 대부분이 사실상 농노였으며 귀족이나 지역 사원이 소유하는 땅에서 살았지만, 궈뤄 부족들은 오랫동안 중앙집권적인 지배로부터 독립을 유지했다. 몽골과 이슬람의 침략자들에 저항했고, 지역 사원에 세금 대신 자발적인 공물을 계속해서 바쳤다. 20세기 초, 한 러시아인 여행자는 다른 티베트인들은 중국의 달라이 라마와 작은 수장들의 규칙들을 따르지만 "우리 궈뤄 민족은 오직 우리만의 법을 인정한다"라고 경멸적으로 그리고 약간 과장을 보태서 선언한 궈뤄 부족원의 말을 기록했다.[05] 자신들만의 법을 만드는 것은 독립의 표시였다. 그러나 궈뤄 부족은 라싸(Lhasa: 티베트 자치구의 청사 소재지—옮긴이)와 불교 기관의 권위에 완전히 등을 돌리지는 않았다. 그들은 사원들을 아낌없이 지원했고, 아들을 보내 수도승이 되게 했으며, 고위급 라마를 최대한 존경했다. 그리고 모든 티베트인이 그러듯이, 달라이 라마를 존경했고 여전히 존경한다. 이 법률은 고대 티베트 왕인 송첸캄포(Songtsen Gampo)와 그가 법의 기초로 삼았던 종교적 원칙들에 대한 언급으로 시작한다. 저자들의 주장에 따르면, 궈뤄 부족 사람들은 이런 원칙들을 고려하여 그들 자신의 법을 만들었다. 이런 식으로 그들은 종교와 법을 통해 티베트에 문명을 가져왔다고 전해지는 최초의 불교 왕에 대한 전통적이지만 대체로 잘못된 설명과 자신들의 법전을 연결하고 있었다. 사실 이런 초기 티베트 법률(또는 그 법률에 포함되어야 하는 내용)과 궈뤄 법전의 규칙 사이에는 일치하는 내용이 없다. 그러나 저자들은 자신들의 법을 티베트 중심부의 법적 전통과 연결하고 불교의 겉치레로 포장하는 데 무척 열심이었다.

그렇다면 법률은 무엇을 위한 것이었는가? 한 조정자가 설명했듯이, 이전에는 이 지역의 주요 가문들이 모여서 법을 논의하곤 했다. 이런 식으로 그들은 아마도 조정자들이 분쟁을 해결하는 원칙을 표준화했을 것이다. 규칙은 배상 협상을 어느 때보다 훨씬 더 깔끔하고 규칙적으로 보이게 한다. 그리고 어쩌면 이것이 핵심이었을 것이다. 티베트 초원에서의 삶은 항상 불안정했고 간간이 습격, 폭력, 갈등의 순환, 부족의 불확실한 충성심, 티베트 중심부(현재는 국가 관리들)의 간섭이 있었다. 비록 규칙이 직접적으로 적용되지는 않았지만, 배상을 협상하는 원칙을 제시하는 이 법률의 깔끔함과 질서는 도덕적 질서 의식을 만들어냈다. 이는 부족의 자치에 뿌리를 둔 질서였지만, 사실상 티베트 중심부의 법적·종교적 전통과 관련이 있었다. 중국 통치하에서도 조심스럽게 보존된 이 법률은 부족민들에게 삶이 어떠해야 하는지를 알려준다.

티베트 유목민 외에도 법을 만든 부족들이 있다. 북부 예멘의 고지대에서 부족들은 18세기에 화합과 협력에 대한 정교한 협정을 작성했다.[06] 티베트의 규칙과 마찬가지로, 이 협정은 복잡한 보호 및 보장 제도를 기반으로 복수를 수행하고 배상을 협상할 방법을 명시했다. 좀 더 정착된 지역사회의 농부들도 법을 만들었다. 알제리 북동부의 카빌리 산악지대에서 베르베르인들은 역사적으로 밭과 올리브 숲에 돌집이 모여 있는 독특한 마을을 형성했다.[07] 이 지역은 명목상으로 16세기에 오스만제국의 지배를 받았지만, 이 지역을 방문하는 관리들이 가장 접근하기 쉬운 지역만이 세금을 내거나 제국의 군대에 신병을 제공했다. 베르베르 주민들은 시장을 방문하고 일자리를 찾기 위해 해안가의 항구로 여행했지만, 문화적·언어적으로 저지대 이웃들과 구별되어 그들 자신의 내부 문제를 관리했다. 이것은 그들 자신의 지역사회 안에서 질서를 유지하고 외부인과의 관계를 면밀하게 규제했다는 것을 의미한다. 대다수 마을에서는 선출된 수장이 일주일에 한 번씩 모든 성인 남성이 참석하는 의회를 열었고, 그는 보좌관 및 마을 이맘과 함께 마을 협의회를 구성했다. 여기서 그들은 마을 규칙인 '카눈(Qanun)'을 논의하고 발전시켰는데, 이맘은 때로는 다른 중요한 문서들과 함께 규칙들을 글로 기록하기도 함으로써 이를 공식화하는 데 도움을 주었다. 각 마을은 또한 더 큰 부족의 일부를 형성했는데, 이는 매주 시장을 주재하는 느슨한 공동체 연합이었다.

1857년, 초기 식민지 확장의 물결 속에서 카빌리를 정복한 프랑스군은 매우 독립적인 지역사회에 대한 보고서를 본국으로 보냈다. 프랑스 대중은 이런 보고가 자급자족하고 조화로운 삶을 사는 이상적인 농민의 이미지에 부합한다고 빠르게 이해했고, 학자들은 곧 그들의 '관습법' 사례를 기록하기 위해 카빌리로 건너왔다. 그들은 지역 이맘이 명한 지역 카눈에서 많은 규칙을 수집했다. 학자들은 종종 나폴레옹 민법의 법적 범주를 활용하여 그 규칙을 프랑스어로 번역한 후, 베르베르인의 문제를 관리할 때 이를 참고해야 했던 식민지 치안판사에게 결과물을 보냈다.

프랑스인이 기록한 많은 카눈은 다양하고 분명히 서로 다른 마을의 풍습을 반영하지만, 대부분은 비교적 표준적인 형식을 따른다. 이맘들은 주로 각 부족에서 가장 큰 마을의 규정을 설명했는데, 분명히 법에 이슬람식 겉치장을 했을 것으로 보인다. 카눈이 이 시점 이전에 어느 정도까지 기록됐는지는 분명하지 않지만, 사람들이 개인 또는 집단으로 어떻게 행동해야 하는지를 정의하는 범죄와 처벌 목록과 같이 어떤 형태로든 규칙은 분명히 존재했다. 각 카눈에서 서문 단락은 종교학자, 이슬람 카디, 쿠란, 때로는 오스만 술탄에 대한 존경을 나타낸다. 그런 다음 범죄와 그에 상응하는 벌금의 긴 목록을 제시한다. 규칙은 마을 주민들이 도로 건설 및 수로 유지와 같은 집단 활동에 참여하고, 매주 열리는 마을 모임·장례식·공동 기도회 등 공동 행사에 참석할 것을 규정한다. 또한 마을 주민들이 농업 활동을 조정해야 한다고 규정하며 복장에 관한 규칙, 눈에 띄는 경쟁적 과시를 제한하기 위해 고안된 사치금지법, 가계 자원 낭비에 대한 금지를 포함한다. 카눈 대부분은 출생, 할례, 결혼, 사망 시 마을 기금에 소액을 지급해야 함을 규정한다. 또한 지참금으로 지급해야 할 금액과 결혼 축하 행사에 가족이 지출할 수 있는 금액을 정하고, 일부 카눈은 여성이 자신보다 지위가 낮은 사람과 결혼하면 안 된다고 규정하기도 한다.

규칙은 분명히 지역사회의 평화를 유지하기 위해 고안됐다. 이 규칙은 일반적으로 싸움을 하거나 어떤 형태의 폭력에라도 관여하는 사람은 벌금을 내야 한다고 명시한다. 흥미롭게도 규칙은 살인과 신체적 상해에 대해 거의 언급하지 않는다. 그러나 베르베르인들은 티베트 부족민과 다르지 않은 보복과 배상의 오랜 전통을 가지고 있었고, 이것이 관련 절차를 적절하게 규율했음이 틀림없다. 가족 내에서 살인이 일어났을 때와 같이 이런 전통이 적용될 수 없을 때는 마을공동체가 개입해야 했다. 몇몇 카눈은 그런 경우, 예를 들어 누군가가 상속을 받기 위해 친척을 살해한 경우 의회가 가족의 모든 재산을 몰수하도록 허용한다. 또 다른 규칙에서는 수장과 마을 공무원의 행동을 규제하여 직무를 제대로 수행하지 않거나 마을 기금을 남용한 사람들에게 벌금을 부과한다. 벌금으로 징수된 모든 금액은 단체 식사와 마을 개선에 쓰게 되어 있다. 규칙은 또한 마을 사람들이 관리를 존중할 것을 요구하며, 이를 위반하면 벌금을 부과한다.

이런 카눈의 범위 안에서 많은 규칙이 좋은 공공 예절을 강요하려고 시도한다. 이 규칙들은 마을 주민들이 거리에 대변을 보거나 쓰레기를 버리는 것, 빨래를 해서 마을 분수를 더럽히는 것, 물의 방향을 돌리는 것, 모스크에 소변을 보는 것, 거리에서 경주하거나 음란한 노래를 부르는 것을 금지한다. 사람들은 남의 집 문 앞에 드러눕거나 그 앞에서 귀를 기울여서는 안 된다. 여성들은 머리를 가리고 적절한 옷을 입어야 했으며, 특히 비정상적인 성행위는 제재를 받았다. 싸움도 마찬가지로 제재받았으며, 일부 카눈은 마을 사람들이 사용해서는 안 되는 다양한 무기에 대해 아주 자세히 설명했고, 무기 종류에 따라 다양한 벌금을 부과했다. 어떤 규칙들은 다른 사람들의 싸움에서 편을 드는 사람에게 특히 가혹한 처벌을 부과한다. 그런가 하면 또 다른 규칙은 개입해서 폭력을 제지하지 않는 구경꾼들을 처벌한다. 카눈은 또한 술탄에게 정의를 호소하는 것은 마을 전체에 불명예를 안겨줄 것이며, 이는 다른 마을에서 정의를 구하거나 낯선 사람들이 마을 문제에 개입하도록 허용하려는 시도와 마찬가지로 엄중한 벌금이 부과되는 잘못된 행위라고 분명히 밝혔다. 이런 방식으로 카눈은 마을 규약을 형성하여 지역사회 내의 생활을 규제하고 통제하며 외부인과 거리를 두게 했다.

베르베르인 농부들은 다른 마을 사람과 결혼하거나 일자리를 찾아 다른 지역으로 이주하는 일이 흔했다. 따라서 대부분 카눈에는 재산을 보유하고 있는 경우 여전히 지역 기금에 기부할 의무가 있음을 명시하는 규칙이 포함되어 있다. 일부 카눈에서는 외부인에게 토지를 판매하는 것을 금지한다. 이를 통해 카눈은 마을 구성원의 경계를 정의한다. 카눈은 또한 환대를 신중하게 규제한다. 마을 전체가 외부인을 보호할 수 있어야 하고, 마을 주민들은 낯선 사람에게 숙식을 제공하지 않으면 벌금을 물어야 하며, 그들과 함께 피난한 사람에게 피해를 주면 더더욱 벌금을 내야 한다. 그러나 개별 가정은, 특히 복수를 피하고 있는 가정이라면, 외부인을 초대하는 데 신중해야 한다. 마을의 명예는 일반적으로 무질서·부패·가십의 원인으로 여겨지는 외부인으로부터 지역사회를 보호하는 데 달려 있기에 접촉하는 모든 사람과의 관계를 신중하게 관리해야 했다.

프랑스군이 카빌리에 도착했을 때 베르베르인은 이슬람으로 개종한 지 오래였고, 그들은 분명히 이맘의 권위를 존중했다. 그러나 그들은 때때로 자신들의 공동체가 샤리아의 규칙에서 벗어날 필요가 있다는 것을 인식했다. 예컨대 이슬람법은 절도에 대한 처벌로 손을 잘라야 한다고 규정하지만 베르베르인의 규정은 그것이 자신들의 관습이 아니라고 선언하는데, 이런 예는 그들의 인식을 분명히 보여준다. 마찬가지로, 많은 카눈은 베르베르의 풍습에 따라 외부인에게 땅을 물려주는 어려움을 피하고자 여성에게 상속을 허용하지 않는 것이 관습을 폐기하지 않으면서 샤리아에 반하는 것이라는 점을 인식하고 있다. 즉 카눈은 마을을 이웃 마을과 모든 종류의 외부인에게 멀리 떨어지게 할 뿐 아니라 마을과 그 관습을 이슬람법과 권위의 더 넓은 세계와 구별하는 역할을 한다.

프랑스 군정 이후에 식민 통치 민정이 들어선 19세기 후반과 20세기의 정치적 변화는 마을 생활과 규칙 제정에 변화를 가져왔다. 정부가 고지대로 지배권을 확장함에 따라 마을 주민들은 식민지 행정관들로부터 차용한 새로운 용어를 자신들의 규칙에 포함하기 시작했다. 마을은 더 이상 살인과 절도를 처리하거나 범죄자를 추방하고 그의 재산을 수용해서는 안 됐고, 그에 따라 규칙을 조정했다. 그러나 지역사회는 대부분 자치적 성격을 유지했다. 제2차 세계대전 후 프랑스인이 특정 마을을 자체적인 '시장(市長)'이 있는 '도시 중심지'로 인식하자 마을 주민들은 오래된 카눈을 바탕으로 새로운 규칙을 열심히 만들었다. 1960년대에 알제리 독립 후에 연이어 일어난 현대성의 물결로 마을 주민들은 구성원을 통제하기가 더욱 어려워졌고, 그들 중 많은 사람이 수도에서 공부하거나 파리로 이주하거나 단순히 다른 곳에서 일자리를 찾기 위해 떠날 기회를 잡았다. 그럼에도 대다수 마을은 지역사회가 자금을 지원한 포장도로, 전기 공급, 수도관을 방문한 인류학자에게 자랑스럽게 보여주면서 지역 사업을 위한 기부를 계속 주장했다. 그들은 또한 이슬람 무장 세력에 맞서 젊은이들이 도시에서 돌아올 때 수염을 깎고 두건을 벗도록 사실상 요구했다. 1990년대 중반 베르베르 문화의 부흥을 위한 운동은 많은 마을이 축제와 기념행사의 비용을 제한하기 위한 단체협약을 체결하도록 촉진했다. 옛 카눈의 중요한 부분을 이루는 사치금지법과 마찬가지로, 새로운 규칙은 약혼식에서 제공할 수 있는 선물과 결혼식에 쓸 수 있는 비용에 제한을 두었다. 새로운 규칙은 세세히 시행되지는 않은 것처럼 보이지만, 마을 주민들은 어느 정도 자부심을 품고 계속해서 새로운 규칙에 관해 이야기한다. 어쨌든 새로운 규칙은 주민들에게 마을 자치권과 현재 주민들을 위협하는 국가와 무장 운동으로부터 등을 돌릴 수 있는 능력의 표지로 남아 있다.

전 세계의 소규모 공동체들은 내부 문제를 규율하고 고유성과 자율성을 유지하기 위한 법을 만들었다. 베르베르인의 규약과 유사한

법이 16세기 스페인에서도 발견되는데, 그곳에서는 마을 사람들이 자체적인 법을 만들고 유지하면서 자신들의 일에 간섭하려는 왕과 사제들로부터 거리를 두었다.[08] 중세 카이로의 유대인 공동체는 내부 문제를 규율하기 위해 자체 규칙을 이용했고, 중세 이탈리아 도시들은 자체 헌장을 작성했다.[09] 아주 평범하게라도 법을 만드는 능력은 종종 독립의 중요한 표지가 된 것처럼 보인다.[10] 형태는 물론 다양하다. 중세 독일의 도시들은 자체적인 조례를 가지고 있었지만, 14세기에 이르자 몇몇 도시는 이웃 도시의 사법 관리들에게 자신들의 법이 어떠해야 하는지에 대해 조언을 구하여 이른바 '모녀' 관계를 맺게 됐다.[11] 이곳에서 법 실무는 확고한 독립보다는 자발적인 의존 관계를 확립했다.

다른 공동체들은 법률과 법률주의를 완전히 외면하고, 법률주의의 근원을 쉽게 이용할 수 있는 경우에도 불문율과 관습에 따라 지역 문제를 관리한다. 궈뤄 부족의 초원으로부터 티베트고원의 반대편 끝에 있는 히말라야 라다크(Ladakh) 지역은, 비록 티베트의 달라이 라마에게 경의를 표하긴 했지만, 오랫동안 독립적인 왕국이었다. 현재 인도의 일부인 이 지역은 여전히 인구밀도가 낮고 겨울철이면 눈 때문에 몇 달 동안 통제되는, 산을 가로지르는 험한 도로와 선로가 있다. 라다크 주민들은 농부들이 녹은 빙하의 물을 작은 수로망으로 돌려 관개하는 토지 주변에 마을들을 형성했다. 이때 수로가 들판과 마을의 경계를 명확하게 표시한다. 21세기 초에도 여전히 많은 지역에 도로가 없었기 때문에 예컨대 관공서를 방문하거나, 의료 서비스를 이용하거나, 생활용품을 구입하거나, 정부가 제공하는 배급 식량을 수령하거나, 아이들을 지역 기숙학교로 데려다주는 등 지역 마을로 가는 것은 고산 지역을 통과하는 험난한 여정이었다. 겨울에는 빙판으로 만들어진 경로를 따라 위험한 협곡을 횡단해야 했다. 당연히 교사, 의료진, 개발 종사자 등의 방문은 드물었다.

역사적으로 라다크의 많은 마을 주민들이 지역 수도원과 지주에게 세금을 냈지만, 주민들은 항상 자기 일을 관리했으며 인도 독립 후에는 사실상 자치권을 가지게 됐다. 21세기로 접어들면서 수장들은 여전히 외딴 마을의 지방 사무를 관리했고, 수장 직책은 매년 주요 가구들이 돌아가며 맡았다.[12] 농업 문제 대부분은 잘 정립된 방식을 따랐다. 마을에서의 수많은 의무도 여러 차례 교대됐지만 고위 라마의 방문, 지역 사원의 수리, 주요 축제에 대한 결정은 전체 회의의 동의가 필요했다. 모든 라다크인이 매우 심각하게 받아들이는 큰 갈등이 일어났을 때와 마찬가지로, 이런 사건에서도 수장은 모든 성인 남성을 소집했다. 성인 남성들은 적절한 공동합의를 꾀하거나 성난 마을 사람들이 서로의 차이점을 조정하고, 악수하고, 앞으로 나아가도록 참을성 있게 설득했다.

그러나 베르베르나 스페인의 마을과 달리 라다크인은 지역 규칙을 작성하지 않았다. 그들은 전통적인 형태의 의복, 음식 준비 및 환대를 의미하는 '관습'에 대해 이야기했으며, 마을 점성가가 결정한 날짜에 종교 및 그 밖의 축제를 개최함으로써 엄격한 역법을 따랐다. 라다크인은 상속 규칙을 가지고 있었고, 직무의 순환을 규율했으며, 갈등을 해결하는 방법을 명확히 인식하고 있었다. 그러나 수장들은 거의 아무런 기록도 남기지 않았다. 한 마을에서 주로 재산 문제와 관련된 집단적 결정의 얇은 파일이 발견되긴 했지만 성문 규약은 존재하지 않았다.

그럴 의지만 있었다면, 라다크 마을 주민들은 자신들의 규약을 완벽하게 작성할 수 있었다. 거의 1000년 전에 불교 승려들이 이 지역에 사원을 설립하면서 학문의 전통을 들여왔고, 이에 따라 많은 사람이 글을 읽을 수 있게 됐다. 라다크의 왕과 귀족은 장서와 기록물을 보관했으며, 마을 주민들은 학문을 높이 평가하여 아들을 지역 사원에 보냈다. 정부가 이 지역에 학교를 설립하기 전에도 일반적으로 아버지로부터 아들에게 이어지는 문맹 퇴치의 전통이 있었는데, 그 덕에 마을 사람들은 경전을 읽을 수 있었다. 21세기 초에는 대다수가 읽고 쓸 수 있었다. 그런데도 마을 사람들이 사원, 궁궐, 관청에서 자신들을 둘러싼 법률주의에 등을 돌리고 불문율과 관습에 따라 일을 계속 관리하려면 의도적인 노력이 필요했을 것이다. 이것은 그 자체로 라다크 왕 시대에 세금을 걷었던 지주를 포함하여 외부인에 대한 반발이었을지도 모른다. 성문화된 규약은 마을 조직을 더 가시적으로 만들고 잠재적으로 외부 간섭에 취약해지게 했을 것이다. 농업과 그 밖의 개선 사항을 도입하기 위해 방문하는 개발 노동자들에게 여전히 그러하듯이, 사실 마을 사람들은 외부인들과 관리들에게 엄청난 존경심을 표할 수도 있었다. 마을 사람들은 방문객들의 모든 요구에 동의한 후 그들이 떠나고 나면 조용히 무시해버릴 수도 있다.

전 세계적으로 독립적인 마을들은 그들만의 논리로 그들만의 정부 형태를 발전시켜왔다. 내부 규칙과 선례는 항상 마을의 일을 규율하지만, 일부만이 그것을 기록한다. 서면 규칙과 법적 사건의 기록은 눈에 띄는데, 많은 마을은 감시를 피하고 싶어 한다.[13]

현대사회에서 가장 법률주의적인 사회의 중심에서도 비슷한 형태를 발견할 수 있다. 1970년대에 탈식민 국가의 아프리카 부족들 사이에서 활동하던 한 법인류학자는 뉴욕의 패션산업 종사자들이 국가와 거리를 두는 방식과 유사한 점을 발견했다.[14] 뉴욕에서는 제조업자와 상인의 네트워크가 주요 인사들 간의 개인적인 관계를 형성함으로써 국가가 승인한 노동조합 규정을 대부분 피할 수 있었다. 당시 패션산업은 지금과 마찬가지로 변동이 심했다. 변덕스러운 계절 변화는 갑자기 특정 품목에 엄청난 수요를 창출할 수 있었지만, 소매업체는 불과 몇 개월 만에 비슷한 의류로 전환하는 데 어려움을 겪곤 했다. 드레스가 당시로서는 상당한 액수였던 300달러 이상의 가격으로 판매되는 시장의 최상단에서, 의류는 패션 하우스(fashion houses, 패션 명가)에서 디자인되고 제작됐으며, 그 대표자들은 '자버(Jobber, 의류 중개업자)'라는 업종명을 즐겼다. 패션 하우스는 제조 작업의 대부분을 재봉사들을 고용해 작업장을 운영하는 하청업체에 넘겼다. 소매업체는 변동하는 수요에 대처하면서, 하청업체에 갑작스럽게 대량의 옷을 위탁할 수도 있는 자버에게 주문을 보내곤 했다. 작업장에서는 며칠에 걸쳐 노동조합 규정이 허용한 것보다 훨씬 더 많은 시간을 들여 주문 물량을 제때 만들 것을 재봉사들에게 요구해야 했다.

이론적으로, 업계의 작업 관행은 하청업체 및 자버협회와 국제여성의류노동자연맹(ILGWU) 사이의 계약에 따라 규율됐다. ILGWU는 재봉사의 적정 임금을 명시하고 근무시간을 제한했다. 연맹의 교섭위원은 정기적으로 각 작업장을 방문하여 업무를 논의하고 양측이 합의한 조건을 준수하고 있는지 확인했다. 교섭위원의 주요 접촉 창구는 하청업체의 현장관리자로, 흔히 '플로어 레이디(floor lady)'로 불렸다. 이들은 작업장에서 재봉사들을 감독하고, 자버 또는 자버 대리인들과 가격이나 물량을 흥정했으며, 노조와 좋은 관계를 유지했다. 실제로 교섭위원은 업무가 어떻게 돌아가는지 이해했고, 하청업체들이 재봉사에게 노조 협약이 허용하는 것보다 훨씬 더 긴 시간 동안 일하도록 요구해야 한다는 것을 알고 있었다. 재봉사들은 예상치 못한 수요를 충족시켜야 했고, 그럼으로써 어느 날 실업자가 될 수도 있는 상황에 대비해야 했다. 모든 사람은 교섭위원이 실제로 계약서에 명시된 근무시간을 강제하지 않을 것을 기대했다. 교섭위원의 '합리성'에 대한 보답으로 하청업체의 현장관리자는 교섭위원에게 크리스마스 위스키, 값비싼 드레스, 아이의 출생·졸업·결혼 선물 등 엄선된 선물을 보내곤 했다. 하청업체와 현장관리자는 각 교섭위원과 개인적인 관계를 발전시켰고, 심지어 자녀의 의료 문제에 대한 조언이나 취업 기회를 제공하기 위해 개입했으며, 현장관리자는 교섭위원의 아내를 위한 의복 제작을 직접 감독했다. 이들은 완성품을 위탁하고 점검하면서 하청업체로 넘어간 작업을 사실상 통제하는 자버 대리인과도 비슷한 관계를 유지했다. 한편 재봉사들은 초과근무를 할 준비가 되어 있어야 했고, 일반적으로 초과근무를 했으며, 아마도 그것이 사실상의 고용 조건이라는 점을 깨달았을 것이다.

이런 방식으로 하청업체와 노조 교섭위원 간의 관계는 노조의 요구사항을 무시할 수 있도록 명확하게 확립됐지만 기록되지는 않은 법을 따랐다. 한편 현금흐름의 어려움은 하청업체가 종종 대출해줄 여력이 있었던 근로자로부터 대출을 받아야 한다는 것을 의미하기도 했다. 그리고 자버가 하청업체에 민간사업을 추진할 자금을 요구할 수도 있었다. 모든 사람이 고용계약조건을 피하고 고용이 구성원에게 제공해야 할 보호를 막기 위해 공모했다. 또한 어느 쪽이든, 당사자들은 외상으로 팔거나 돈이 필요해질 때까지 자신이 한 작업에 대한 대출금이나 대금을 요청하지 않고 기다렸다. 대다수 사람은 자신의 법적 권리를 알고 있었지만, 누구도 이를 집행할 것으로 예상하지 않았다.

패션업계 내에서 가장 성공적인 사업체의 소유자와 대리인은 신중하게 개인적인 관계의 그물을 짰다. 이런 관계가 적절하게 관리된다면, 사람들은 서로 호의를 베풀게 되고 계약상의 권리가 주장되지 않으리라고 기대할 수 있다. 노동조합의 교섭위원은 자신의 계약을 이행할 것을 주장할 수도 있었고, 누구든지 주 법원으로 가서 계약조건에 따른 지급을 주장할 수도 있었다. 그러나 번창하기를 원하는 사람들은 선물을 주고, 호의를 베풀고, 업계의 동료들에게도 같은 것을 기대하는, 일련의 대안적 규칙을 따라야 했다.

한편 도시의 또 다른 지역에서는 많은 유대인 출신 상인들의 네트워크가 다이아몬드 시장을 장악하고 있었다.[15] 뉴욕다이아몬드딜러클럽(New York Diamond Dealers Club)은 미국에서 가장 크고 중요한 다이

아몬드 거래 네트워크, 즉 '거래소(bourse)'였고 지금도 그렇다. 클럽은 수입업자·도매업자·제조업자·중개업자 등을 불러 모았다. 1980년대에 한 연구원이 네트워크를 분석한 바에 따르면, 미국으로 들어오는 다이아몬드 원석의 약 80퍼센트와 상당한 비율의 연마된 보석이 클럽을 거쳐 갔다. 회원은 한정되어 있었으며 심지어 비회원들도 맨해튼 중심부에 있는 클럽 빌딩에서 거래하고자 했지만, 그러려면 회원으로부터 적절한 소개를 받고 후원을 확보해야 했다.

클럽의 회원 자격은 중요한 인맥에 대한 접근성과 신뢰할 수 있다는 평판을 제공했다. 이는 또한 회원 자격요건을 규정한 일련의 내규를 준수하는 것을 의미했다. 딜러들은 최소 2년 동안 업계에 있어야 했으며 클럽 이사의 정보 요청에 따라야 했다. 회원이라면 누구나 가입 희망자에 대해 이의를 제기할 수 있었고, 가입자는 2년간의 수습기간을 거쳐야 했다. 입회비는 5000달러였고, 연회비는 1000달러였다. 회원 자격은 딜러를 신뢰할 수 있다는 신호였기 때문에 높은 평가를 받았다. 그러나 공간의 한계와 배타 의식으로, 이사들은 회원의 수를 약 2000명으로 제한했다. 회원 가입 규정이 특별히 까다롭지는 않았지만, 항상 대기자 명단이 있었다.

아들이나 딸, 사위, 며느리 그리고 사망한 회원의 아내가 입회할 때는 더 유리한 규칙이 적용됐다. 이는 클럽이 여전히 국제 다이아몬드 거래의 대부분을 지배하고 있는 유대인 가족망에서 기원한다는 점을 반영했다. 유대인 상인들은 15세기 후반 그들의 가족과 함께 암스테르담과 안트베르펜의 무역 중심지에 정착하면서부터 무역의 일부를 지배해왔다. 거래가 어떻게 이루어질 수 있고 이루어져야 하는지를 명시한 클럽의 많은 내규는 궁극적으로 유대법과 수 세기에 걸쳐 발전된 상업 관습에서 파생됐다. 예를 들어, 규칙은 딜러가 문자 그대로 '행운과 축복'을 의미하는 이디시어 문구인 '마젤 운트 브로슈(Mazel und Broche)' 또는 이와 유사한 형태의 단어를 사용하여 구두 제안을 받아들일 수 있다고 규정했다. 딜러들은 또한 거래하기 전에 시장 상황과 적절한 가격을 설정할 수 있는 절차를 포함하여 불문율과 관습을 존중해야 했다. 예를 들어, 구매자는 보석에 대해 제안을 하더라도 판매자가 이를 받아들일 기간을 허락했다. 그러는 동안 판매자는 보석을 봉투에 넣어 특정한 방법으로 접어 봉인하고 제안 조건에 서명했다. 판매자는 제한된 기간에 걸쳐 구매자에게 선택권을 제공하기 위해 유사한 과정을 이용했다. 각각의 경우에 당사자들은 계약이 문서로 작성되지는 않았더라도 구속력이 있음을 알았다.

내규에 따라 각 회원은 화해를 위해 주 법원이 아닌 클럽에 분쟁을 제기할 것을 약속하는 중재합의서에 서명해야 했다. 클럽의 이사들은 분쟁 대부분을 검토하는 '시장위원회(Floor Committee)'에 다수의 중재인을 임명했다. 그들 중 한 명이 설명한 바와 같이, 중재인들은 클럽의 규칙을 고려했지만 거래 관습이나 상식, 더러는 유대법 그리고 적절하다고 생각할 때는 주 법원에서 적용되는 관습법 원칙도 고려했다. 그들은 타협을 중개하려고 했지만, 사실확정은 할 수 없었다. 따라서 딜러가 국가기관에 항소하기는 어려웠다. 대신 클럽의 중재인으로 구성된 항소위원회가 내부적으로 항소를 심리했다. 어쨌든, 주 법원은 클럽 회원들이 서명한 중재합의의 배타성을 인정하고 대개 항소를 받아들이지 않았다. 일부 딜러는 위원회의 결정이 자의적이라고 불평했지만, 대부분은 주 법원의 긴 절차에 비해 저렴하고 빠르다는 점에서 이점이 있다고 봤다. 일부 비회원조차도 이 절차의 은밀성을 높이 평가하면서 중재를 위해 클럽에 분쟁을 가져왔는데, 이는 그들의 평판을 보호하는 데 도움이 됐다.

클럽은 또한 재정적 어려움에 부닥쳐 빚을 갚지 못하는 사람들을 관리하는 절차를 마련해 사건이 파산법원으로 가지 않도록 했다. 그러나 주정부의 파산절차는 일반적으로 채무자들이 미상환 채무의 일정 비율을 갚고 그 후 청산할 수 있게 한 반면, 클럽은 그렇게 관대하지 않았다. 회원들이 국내외 업계에서 유지해야 하는 명성을 의식하여, 불응하면 클럽에서 영구 제명된다는 조건으로 사실상 모든 부채를 100퍼센트를 상환하도록 요구했다. 클럽은 규칙과 결정을 집행할 직접적인 수단은 없었지만 회원 자격정지, 제명, 평판 손상이라는 매우 강력한 제재를 가했다. 클럽 내규에 따르면, 시장위원회는 의무를 이행하지 않거나 위원들이 보기에 '부적절한' 행동을 하는 사람에게 벌금을 부과하거나 일시적으로 회원 자격을 정지시킬 수 있었다. 또한 중재판정을 준수하지 않는 딜러의 사진을 게시할 수도 있었다. 최후의 수단으로, 클럽은 유대 랍비 법원에 개입하여 유대교 정통파 공동체에서 추방하겠다고 위협해달라고 요청할 수 있었다. 신뢰와 평판이 전부였던 업계에서 이는 대단히 효과적인 제재였다.

1980년대 중반, 클럽은 새로운 기술을 실험하고 있었고 일부 젊은 회원은 연장자들이 의존하는 구두계약 대신 서면계약을 이용했다. 클럽은 이후 수십 년 동안 현저하게 변화해왔다. 그러나 여전히 공제조합과 같은 역할을 했고 유대인 회원들이 주도했다. 빌딩에는 코셔 음식점(kosher restaurant: 유대교에서 허용된 음식만을 제공하는 음식점—옮긴이)과 유대인 회당이 입주해 있고, 의료시설과 동호회도 있었으며, 한 달간의 연간 휴업 기간에는 할인된 가격으로 단체 여행객도 받았다. 이런 활동을 통해 조성된 개인적 인맥은 회원들 간의 신뢰 관계를 강화하고 많은 상업 활동을 지배하는 불문율을 준수하도록 이끌었다. 인맥은 또한 중재판정을 포함하여 클럽 운영의 많은 부분을 은폐한 비밀주의를 강화했다. 이 모든 것이 대외 경쟁을 줄이고 정부의 규제를 피하는 데 도움이 됐다.

다이아몬드딜러클럽은 모든 회원과 호기심 많은 연구자가 이용할 수 있게 규칙을 내규로 공표했다. 신중하게 입안된 명시적 규칙은 심지어 클럽의 이사들과 위원회들도 존중해야 했다. 이런 방식으로 클럽의 임원들은 일종의 법치주의를 인정했다. 그러나 중재판정 및 파산절차를 포함한 클럽의 일부 활동은 외부 세계로부터 숨겨져 있었다. 이런 전략은 회원의 명성과 클럽 및 회원들의 평판을 둘러싼 신비로운 분위기를 더할 뿐만 아니라 국가의 접근도 효과적으로 저지했다. 더 사악한 활동을 숨기기 위해 비슷한 은폐 방법을 사용한 뉴욕의 또 다른 가문 집단도 있다. 바로 마피아다.

마피아는 주로 이탈리아 출신 가문을 기반으로 형성됐다. 수년에 걸쳐 마피아는 '보호'라는, 정교하고 수익성 높고 불법적인 사업에 종사하는 복잡한 네트워크를 개발했다. 그렇게 함으로써 그들은 법 집행기관의 관심으로부터 조직 자체와 조직원뿐만 아니라 활동 대부분을 성공적으로 보호하는 비밀 법규를 시행할 수 있었다. 뉴욕 마피아는 대서양 건너편의 시칠리아 코사 노스트라(Sicilian Cosa Nostra)와 관련이 있다. 이 범죄 조직은 지역 주민들에게 '보호' 서비스를 제공한 더 오랜 역사를 가지고 있다. 그들은 사업체를 통제하고 실제 위협 또는 자체적으로 만든 위협으로부터 보호한다는 명목으로 보호료를 받아냈다. 또한 법 외적인(extralegal) 계약을 시행하고, 분쟁을 조정하고, 질서를 확립하겠다고 나섰다. 학자들은 시칠리아를 비롯한 여러 곳의 마피아들이 국가를 모방하고 정부의 대안적 형태를 이용하는지 그리고 만약 그렇다면 어느 정도인지, 단순히 기업이나 '동업조합(brotherhoods)'으로 운영되는지에 대해 오랫동안 논쟁해왔다.[16] 어떤 학자들은 마피아의 구조와 조직 원칙이 법과 같으며, 조직에 등을 돌리고 검찰에 증거를 제공하는 사람들인 '펜티토(pentito)'가 설명한 바와 같이 조직원은 엄격한 행동 규범을 따라야 한다고 주장하기도 한다. 그러나 이런 규범은 결코 법률이나 법규로 작성되지 않으며 조직의 내부 구조와 계층구조도 마찬가지로 작성되지 않는다. 침묵의 규범인 오메르타(omertà: 마피아 조직원은 어떤 일이 있어도 조직의 비밀을 지켜야 한다는 맹세 — 옮긴이)는 이런 규칙과 구조를 불분명하고 모호하게 하고 때로는 마피아 조직원에게도 그렇게 한다. 사실, 이는 마피아의 규칙과 구조가 법처럼 되지 않게 한다.

시칠리아 마피아의 기원은 19세기 초로 거슬러 올라간다. 때때로 국가가 습격과 도적으로부터 사업자를 보호할 수 없는 틈을 절묘하게 파고든 지역의 강자들은 점차 조직적인 보호 형태를 발전시켰다. 그들은 합법적인 사업자에게 금전을 요구하고 불법 활동에 연루된 사람들을 보호했다. 20세기 초, 판사들은 마피아에 대해 법과 같은 체제(ordinamento giuridico)를 가지고 있다고 언급했다. '코사 노스트라(Cosa Nostra)'는 말 그대로 '우리들의 것'이라는 의미로, 조직은 각기 다른 지역에 기반을 둔 서로 다른 '패밀리'로 구성되어 각자의 지도자를 뽑았다. 일부 패밀리는 대가족이 주도했지만, 모든 패밀리에서 혈연관계가 아닌 사람들을 받아들였다. 1970년대까지 당국에 체포된 조직원들은 동네 단위든 지역 단위든 조직에 속해 있다는 사실을 단호하게 부인하면서, 단지 자신이 올바른 행동의 일반적인 규칙에 구속되는 '영광스러운 사내(men of honour)'라고 주장했다. 그러나 반마피아 운동과 기소를 통해 상위 조직이 발견됐다. 일부 펜티토는 마침내 각 시칠리아 '패밀리'의 지도자들이 그들 사이의 폭력을 규제하고 제한된 범위에서 그들의 활동을 조정하기 위해 위원회를 구성했다는 사실을 인정했다. 각 패밀리에는 회원 자격에 관한 규칙 및 의식과 함께 자체 위원회, 지도자, 대리인도 있었다. 그리고 각 패밀리는 절대적인 충성과 엄격한 비밀 유지를 요구했다.

정보원들은 서로를 존중하고 외부인이 조직에 침투하지 않도록 주의해야 한다고 마피아 조직원들의 의무를 설명했다. 일부는 코사 노스트라의 '십계명'에 대해 말하기까지 했고, 연구자들은 공통으로 받아들여지는 일련의 규범을 단계적으로 정리했다.[17] 여기에는 침입자의 위험을 피할 수 있도록 조직원들이 누구라도 동료에게 자신을 직접 소개해서는 안 된다는 원칙, 성매매에 관여해서는 안 된다는 원칙, 서로의 아내를 존중해야 한다는 원칙, 항상 진실을 말해야 한다는 원칙이 포함되어 있었다. 또한 그들은 결코 소속 '패밀리'를 바꿀 수 없었다. 무엇보다 그들에게는 오메르타, 즉 침묵의 의무가 있었다. 이것은 그들이 조직의 다른 부분에 대해 너무 많이 알거나 알아내려고 해서는 안 되며, 민감한 정보에 대한 명시적인 언급을 피하고 의사소통을 위해 기호·상징·은유를 사용해야 한다는 것을 의미했다. 이런 비밀과 의사소통의 규칙은 사실상 조직의 구조와 관행에 대한 세부 사항을 외부 세계로부터 숨기기 위해 고안된 것이다. 코사 노스트라의 조직은 위원회와 계층구조로 복잡했지만, 그 구조·규칙·절차 중 어느 것도 문서화된 적이 없었다. 실제로 조직과 관련된 어떤 것도 기록해서는 안 된다는 것이 절대적인 규칙이었다.[18] 이런 모든 방법으로, 마피아는 국가 당국의 관심으로부터 자신들의 존재와 절차를 철저히 숨겼다. 법 외적인 그 밖의 조직에서도 조직원들이 더욱 명확한 의사소통 수단을 이용하지 않고 부호를 이용해 서로 신호를 보낸다는 유사점이 발견된다.[19]

마피아의 패밀리는 법이 없이도 권력을 행사할 수 있다. 그들은 합법적인 사업과 불법적인 사업에서 재원을 얻고 주로 폭력을 사용하거나 명령하는 능력뿐만 아니라 주로 평판에 의존하여 많은 활동을 효과적으로 관리한다. 그들은 '보호'를 제공하고, 계약을 집행하고, 분쟁을 조정하기 위해 권한을 행사한다. 그러나 마피아 패밀리는 관료제를 도입하지 않으며, 조직원들은 현대 행정부의 관료들이 하는 것처럼 고정된 역할을 하거나 명시적인 의무를 수행하는 경우가 거의 없다. 이에 따라 가장 강력한 조직원들은 자신에게 적합할 때 규칙을 변경할 수 있다. 1980년대 초, 코를레오네파(Corleone group)의 수장인 살바토레 (토토) 리이나[Salvatore (Totò) Riina]가 이끄는 패밀리 연합이 시칠리아 마피아의 대부분을 장악했다. 리이나는 1993년 투옥되기 전까지 이를 준독재 체제로 전환할 수 있었다. 이 기간에 그의 가장 강력한 동맹 중 일부는 이전에 신성불가침으로 여겨졌던 규칙들, 예를 들어 부부간의 정조와 여성들을 마피아의 문제에 관여하지 못하게 하는 것에 관한 규칙을 노골적으로 위반했고, 경쟁자 몇 명과 그들의 아내·자매·어머니를 살해했다.[20] 규칙이 작성되지 않으면 내부 절차의 남용을 억제할 수 없다. 마피아는 법치를 인정하지 않는다.

현대사회에서는 마피아 조직과 함께 많은 부족, 마을, 클럽이 국가와 행정통제를 어느 정도 성공적으로 외면하고 있다. 어떤 집단은 연대와 배제의 방식을 강화하기 위해 성문법을 사용하는 반면, 또 어떤 집단은 불문율과 기대에 의존하여 법률주의를 거부한다. 어떤 집단은 분쟁이 국가 법원으로 가는 것을 막기 위해 완전한 법적 수단을 사용하는 반면, 또 어떤 집단은 보호와 강탈 계획을 추진하면서 비밀과 폭력에 의존한다. 이 모든 집단은 각기 다른 방식으로 국가의 권력 그리고 시민의 삶을 규제하고 질서를 확립해야 할 국가의 임무를 제한한다.

이런 역학 관계 중 일부는 철저히 법률주의적이며 이를 단순한 규칙으로 치부하는 것은 비논리적이다. 이런 역학 관계에는 현대 국가에서 사용되는 징계권과 집행수단이 없을지 모르지만, 법률주의는 그 자체의 힘을 가지고 있다. 티베트 부족민, 베르베르인, 다이아몬드 상인들은 모두 구성원의 삶과 활동을 효과적으로 규제하고 통제하는 법과 같은 규칙을 만들었다. 규칙을 명시적으로 만드는 것은 규칙에 생명을 불어넣고 질서, 정의, 예측 가능성을 약속하는 능력을 제공한다. 규칙은 마을 수장을 구속하거나, 규칙에 따라 부과할 수 있는 벌금을 명시하거나, 다이아몬드 거래자 클럽이 가할 수 있는 제재에 제한을 둔다. 만약 젊은 베르베르인 대졸자들이 전통적인 카눈이 마을 기금에 대한 기부를 규정한다는 것을 알지 못했다면 마을 기금에 기부하는 데 그렇게 열심이었겠는가.

그러나 사회질서는 결코 법에 의존한 적이 없다. 라다크 마을 주민들의 불문율, 뉴욕 의류 상인들의 기대, 마피아 보스들의 명령 또한 매우 다른 역학 관계를 만들어내기는 했지만 생활과 활동을 규제하는 효과적인 수단이었다. 기록되지 않은 규범은 변경되고 잘못 기억되고 무시될 수 있지만, 명시적인 서면 규칙은 이를 무시하는 사람들에게 인용될 수 있으므로 정당화가 요구되고 비난의 대상이 될 수도 있다. 독재적인 형태의 통제와 억압을 행사하고자 하는 사람들은 규칙을 명시적으로 만드는 것을 피할 필요가 있다. 마피아의 보스들이 자신들의 조직과 그 구조를 그렇게까지 부정했다는 사실은 문서화된 규칙의 힘과 잠재력에 대한 증거였다. 우리가 이를 '법'이라고 부르든 그렇지 않든, 법률주의적 관행은 세상을 질서 있게 만드는 효과적인 수단일 뿐만 아니라 권력을 제한하는 데에도 활용될 수 있다. 이런 법률주의적 관행을 피하는 것은 독재정치로 가는 하나의 길이다.

Chapter 16

국가를 넘어 : 국제법

뉴욕다이아몬드딜러클럽은 분쟁이 주 법원으로 넘어가지 않게 하고 자체적인 규칙과 규정을 유지하기 위해 큰 노력을 기울였다. 그러나 클럽은 또한 내규를 발표함으로써 공정하고 투명한 자치 과정을 갖춘 훌륭한 조직임을 내세우기도 했다. 국제다이아몬드제조협회를 비롯한 수많은 국제기구도 국가의 구조와 권력을 넘어 동일한 작업을 수행한다. 동업자 단체, 금융기관, 국제기업, 인터넷과 국제 스포츠를 규제하는 기관들은 모두 국경을 초월하는 법을 만들어 회원들과 네트워크에 대한 조정 수단, 공통 표준 그리고 심지어 징계 절차까지 제시한다. 놀랍게도, 그들의 야망은 국가들이 현재의 형태를 갖추기 수 세기 전에 국제무역을 위한 실용적인 규칙을 제정했던 상인들의 야망과 비슷하다.

이런 법들은 국가법과 달리 직접적인 집행수단의 뒷받침을 받지 못한다. 또한 국제협약과 결의안 준수를 보장하는 세계정부도 존재하지 않는다. 유엔이 회원국들에 압력을 가할 수는 있지만 이에 도전하는 지도자들은 규약을 무시하고, 결의안을 교묘히 피하고, 비난을 아랑곳하지 않고 침략 행위를 저지른다. 그렇다면 왜 유엔 대표부는 지속되고, 왜 압력단체들은 새로운 국제법을 위해 로비를 계속할까? 억압을 제거하고, 인권을 유지하고, 빈곤을 완화하고, 지역의 문화유산을 보호하기 위한 운동은 종종 새로운 법으로 완결된다. 이런 기획은 세세하게 적용되진 않았더라도 일련의 법을 작성하여 백성에게 정의를 약속했던 메소포타미아 왕들의 기획과 크게 다르지 않다. 법과 법률주의는 국가의 징계권을 넘어 그 나름의 힘을 가지고 있다.

국제 상거래를 촉진하기 위해 만들어진 규칙은 고대의 선례를 가지고 있다. 2000여 년 전 실크로드를 따라 물건을 실어 나르던 상인들은 기장하고 기록하기 위해 문자 체계를 발달시켰다. 상인들은 먼 나라에서 온 무역상들과 복잡한 거래를 할 때 이전에 동의한 방식으로 상품이 배달되고, 돈이 계산되고, 손실이 배분될 것이라는 확신이 필요했다. 그들이 개발한 규칙과 도구는 초기 성문법 일부의 토대를 마련했다. 중세에 아랍 상인들은 인도에서 알렉산드리아로 향신료를 가져왔고, 아프리카 캐러밴들은 사하라사막을 가로질러 튀니지로 금을 운반했고, 몽골의 낙타를 모는 사람들은 크림반도의 항구에서 중국의 비단과 도자기를 하역했고, 그곳에서 선박들은 비단과 도자기를 북아프리카와 남부 유럽으로 가져갔다.

한동안 유대인 상인들은 지중해 양쪽에 있는 도시에 거류지를 형성하고 먼 곳으로 상품을 보낼 때 표준 기관(standard agency)과 조합계약을 이용하면서 이런 무역을 장악했다.[01] 파트너들은 이 이국적인 상품들을 프랑스 북부 샹파뉴에서 열린 대규모 무역 박람회에 가져왔고, 지역 상품을 희귀한 사치품과 교환하기 위해 많은 상인이 모였다. 여기서 그들은 또한 표준 대출 계약·담보·대리 약정에 익숙하고, 상인들이 길을 떠나기 전에 신속하게 결정을 내릴 수 있는 판사들이 있는 전문 법원에 분쟁을 제기할 수 있다. 이탈리아 상인들은 유대인 상인을 대체하고 장거리 무역을 통제하게 됨에 따라 유대인의 조합계약을 모방했고, 점점 더 정교한 계약과 환어음을 개발하여 다른 통화로 대금을 지급받을 수 있게 됐다. 전문 공증인들은 거래 시의 어려움과 쌍방의 견해 차이를 대비하는 합의서 초안을 작성하여 당사자들이 법원을 피할 수 있도록 돕는 한편, 구속력 있는 의무를 생성하는 법적 문구를 도입했다.[02]

동아시아에서는 대만 상인들이 섬의 쌀, 설탕, 장뇌를 사들여 중국 본토로 운송했다. 19세기까지 그들은 무역 관행에 의존하여 손해와 하자에 대한 책임을 결정했고, 특히 그들이 만난 적이 없는 무역 파트너들과 계약할 때는 권리와 의무를 명시하기 위해 복잡한 법적 문서를 작성했다. 대만해협 양안의 상인들은 법률 문서를 명확하면서도 지방법원의 지연과 편협함을 피할 수 있을 만큼 상세하게 작성하기 위해 큰 노력을 기울였다. 중국의 현령들은 이런 거래의 상업적 맥락을 항상 이해하지는 못했고, 법은 거래의 조건을 시행하는 데 큰 도움이 되지 않았다.[03] 국제다이아몬드제조협회는 단지 하나의 현대적 버전일 뿐이다. 그 밖의 수많은 상업 및 금융 네트워크는 자체 규칙·협약·조약을 만들며, 그중 일부는 오랫동안 확립된 협력 형태에 뿌리를 두고 있다.

19세기에는 공식화된 국제법 제정이 시작됐다. 유럽 국가들이 국경을 정의함에 따라 국제 상인, 금융가, 경제학자 들은 새로운 국경이 자유무역에 장벽이 될 것이라고 우려하게 됐다. 그래서 1847년, 벨기에의 한 협회는 국제회의에 여러 나라의 정치경제학자들을 초청했다. 대표단은 정부가 상업 조약을 제정하고 관세에 관한 협정을 협상하도록 독려하기로 합의했다.[04] 한편 기술 개발은 과학자와 기술자가 국제적 사용을 위해 도구, 기술, 도량법을 표준화하도록 장려했다.[05] 1865년, 기술자들이 영국과 프랑스 사이에 해저 전신선을 깔고 최초의 대서양 횡단 케이블을 설치한 후, 20개국 대표들이 파리에 모여 국제전신연합을 결성했다. 그들은 이 연합이 장비를 표준화하고, 통일된 운영 지침을 정하며, 공통의 관세와 회계 규칙을 정해야 한다는 데 동의했다. 전화의 발명은 베를린에서 열린 또 다른 회의를 촉발했고, 대표단은 전화 사용에 대한 국제 규칙을 만들었다. 5분 단위로 요금을 부과하고, 전화선 사용에 대한 다른 요청이 있는 경우 통화 시간을 10분으로 제한했다.[06] 전기공학도 표준화가 필요했고, 국립물리학연구소의 과학자들이 모여 정밀한 전기장치 개발이라는 어려운 과제에 매달렸다. 영국과 미국의 연구소는 공업규격을 관리하기 위해 1906년에 국제전기기술위원회(IEC)를 설립했다. 항공의 탄생은 보편적인 무선호출부호에 대한 합의를 포함하여 국제 협력의 필요성을 더욱 높였다. 제1차 세계대전이 시작될 무렵인 1914년, 조직 수십 개가 전신·우편 시스템·철도·도로 등에 대한 국제 인프라 개발과 이용을 조정했다. 유럽의 정부와 국제기구는 도량형 표준을 수립하고, 지식재산권을 보호하고, 과학 연구를 조정하기 위해 잇따라 회의를 소집했다.

인도주의적 우려도 국제법 제정으로 이어졌다. 19세기 초, 영국 영토 내에서의 성공적인 노예제폐지운동에 이어, 운동가들은 전 세계적으로 노예제를 없애기 위해 영국및외국반노예협회를 설립했다. 이 협회는 1840년에 세계 노예제 반대 대회를 소집하기도 했다. 현재 국제반노예연대라는 이름으로 활동하고 있는 이 단체는 현존하는 가장 오래된 인도주의 단체다.[07] 또 다른 협약들은 감옥 개혁을 권고했고, 국제 노동운동가들은 노동자들을 위한 세계 기준을 논의하기 위해 만났다.[08] 그러나 가장 일치된 인도주의 활동을 일으킨 것은 전쟁이었다. 1859년 솔페리노전투의 여파를 목격한 스위스 사업가 앙리 뒤낭(Henry Dunant)은 적절한 의료 조치 없이 견뎌내야 하는 군인들과 다친 민간인들의 고통을 접하고 충격을 받았다. 스위스로 돌아온 그는 전쟁 부상자를 구호할 중립적인 기구를 설립할 것을 촉구하며 작은 위원회를 구성했다. 1863년에 그는 제네바에서 국제회의를 소집했고, 이듬해에는 스위스 정부가 미국·브라질·멕시코와 함께 모든 유럽 국가의 대표들을 회의에 초청했다. 여기서 그들은 '육전에서 부상자의 상태 개선'에 관한 제네바 제1 협약을 채택했다. 이것이 국제적십자위원회의 시작이었고, 오늘날까지 이어지는 전쟁을 규율하는 최초의 협약이다.

제네바의 성공에 고무되어 유럽이 군비경쟁에 돌입하자 이를 두려워한 러시아의 차르 니콜라이 2세(Nicholas II)가 1899년 헤이그에서 만국평화회의를 소집했다. 제1차 만국평화회의의 결과로 도출된 다자간 조약인 헤이그협약은 부상당한 전투원과 포로의 치료를 규정하고 약탈, 항복한 자들의 살해, 방어되지 않은 장소의 공격, 점령지 민간인의 복무 강제, 공동 처벌(즉, 전체 계층 또는 집단에 대한 처벌)을 금지하는 조항을 제정했다. 대표단은 또한 국제분쟁은 상설중재재판소에서 해결해야 한다고 결정했다.

한편 중국에 있는 미국인 선교사들은 아편 사용의 해로운 영향에 충격을 받고 국제 마약 거래에 반대하는 활동을 시작했다. 그들은 1909년 상하이에서 만국금연회를 소집한 미국 의회와 시어도어 루스벨트 대통령의 지지를 얻었다. 이어 1912년 헤이그에서 열린 국제회의에서 유럽 9개국과 일본, 페르시아, 러시아, 시암(현재 태국)은 '모르핀, 코카인 및 각각의 염을 제조, 수입, 판매, 유통, 수출하는 모든 사람을 통제하거나 통제하기 위해 최대의 노력을 하여야 한다'라는 협약에 서명했다.

이런 모든 국제적 움직임이 새로운 형태의 법을 만들어내고 있음을 깨닫고, 일단의 학자와 법조인이 모여 국제법 연구 기관을 설립했다. 1873년에 국제법학회를 설립하고, 학자들이 새로운 법의 본질과 이 법이 이전 철학자들이 발전시킨 법적 모델에서 어떻게 달라지는지를 논하는 저널을 창간했다. 더욱 실용적인 차원에서, 그리고 최근 프로이센·오스트리아·프랑스 간에 발발한 전쟁에 대해 우려하면서 그들은 국가들의 폭력 행사 능력을 제한하는 법을 만들기를 희망했다.[09] 이 단체의 일원인 토비아스 아서르(Tobias Asser)는 주로 혼인 및 상업 계약 사건에서 한 국가가 다른 국가의 법을 승인하는 규칙을 조화시키기 위해 새로운 국제사법(국제결혼, 다른 국가의 회사 간 계약과 같이 외국과 관련된 요소가 있는 법률관계에 관하여 국제재판관할과 준거법을 정하는 법규—옮긴이) 체계를 추진했다. 1893년 그는 최초의 헤이그국제사법회의를 소집했으며, 이 회의에서 여러 국가의 대표들은 혼인, 이혼, 후견에 관한 법률을 조화시키는 데 합의했다.

국제적 움직임이 전쟁을 억제할 수 있다는 앙리 뒤낭과 국제법학자들의 희망은 제1차 세계대전의 참혹함으로 좌절됐다. 그러나 전쟁은 세계평화를 보장할 수 있는 기구를 만들려는 새로운 시도들로 이어졌다. 32개국 외교관들이 참석한 파리강화회의는 새로운 국제연맹(League of Nations) 설립에 합의했다. 국제연맹의 상임이사국은 프랑스, 영국, 이탈리아, 일본이었다.[10] 연맹규약은 협상과 중재를 통한 국제분쟁의 해결을 장려하고 집단 안보와 군축을 촉진함으로써 세계평화를 유지하고 전쟁을 예방하는 것이 연맹의 임무라고 선언했다. 또한 초기에는 인기가 있고 잘 활용됐던 헤이그 상설국제사법재판소를 설립하여 국가 간의 분쟁을 해결했으며, 헤이그 회담은 협약을 해석할 관할권이 있음을 확인했다.

연맹의 목표는 단지 전쟁과 평화에 관한 것만이 아니었다. 연맹은 다른 국제적인 문제들을 다루기 위해 기관을 설립했고 새로운 자유무역협정을 추진했다. 전쟁은 항공기 이용을 극적으로 증가시켰고, 연맹은 1919년 누가 하늘을 소유하느냐에 대한 어렵지만 중요한 법적 문제를 논의하게 될 국제항공회의를 주관했다. 또한 항공교통, 항공기 식별 및 비행안전에 관한 규칙을 제정하기 위해 국제항공운항위원회(ICAN)를 설립했다.[11] 1926년 연맹 회원국들은 사법통일국제연구소[지금의 국제사법위원회(UNIDROIT)]를 설립하여 헤이그 회담의 노력을 보완하면서 국내법을 조화시키기 위해 더 노력해야 한다고 결정했다.[12] 이 연구소는 국제항공운항위원회와 같은 다른 조직을 위한 협약을 만들고 상품, 상업 계약 및 금융상품 판매에 대한 모델 법, 원칙 및 계약 지침을 제정했다. 연구소는 최근 신흥 시장의 유가증권, 우주 자산, 위성시스템, 광업 및 건설 장비, 문화재에 대한 규칙을 공포하면서 오늘날까지 계속되고 있다.[13]

파리강화회의는 국제 노동운동의 성과를 받아들여 국제노동기구(ILO)를 설립했다. 이 기구는 노동시간을 제한하고, 아동노동을 철폐하고, 선주가 선원에게 영향을 미치는 사고에 대해 책임을 지게 하는 활동을 수행했다. 국제연맹은 유네스코의 전신인 국제지적협력위원회, 난민위원회, 노예제위원회, 상설중앙아편국을 설립했다. 국제연맹 산하 보건기구는 콜레라, 황열병, 선페스트 퇴치를 위한 조치 등 이미 개발한 많은 위생 관련 회의에서 시작된 작업을 이어갔다. 이런 국제 협력의 물결 속에서 각국의 주요 표준화 단체들은 기술 표준을 고안하기 위해 1926년에 만국규격통일협회를 결성했다. 이것이 국제표준화기구(ISO)의 전신이다.

국제연맹뿐만 아니라 국제적십자위원회는 인도주의적 활동을 계속했고 몇 년마다 회의를 소집했다. 이 회의에는 국가기관의 구성원, 정부 대표 및 기술전문가가 참석했다. 1929년 위원회는 포로의 대우에 관한 새로운 제네바협약을 만들었다.[14] 인권과 관련된 조직 20개국은 1922년에 국제인권연맹을 설립했지만, 이 작업은 적십자사와 국제노동기구의 인도주의적 노력으로 크게 가려졌다. 국제법에서 강제력으로서의 인권 개념은 아직 성숙하지 않았다.

제2차 세계대전은 제네바협약의 견고성에 대한 심각한 도전이었다. 1941년 6월, 독일은 소련이 협약에 서명하지 않았기 때문에 동부전선에서의 활동에는 이 협약이 적용되지 않는다고 선언했다.[15] 독일 지도자들은 대량 학살 전쟁을 노골적으로 수행하는 동안에도, 전쟁법(전쟁의 개시·수행·종료를 취급하는 국제법으로, 예를 들어 전쟁 때 금지되는 행위, 사용할 수 있는 무기의 종류, 전시 상황에 보장되어야 하는 시민의 권리 등이 포함된다—옮긴이)에 대해 계속해서 입에 발린 소리를 했다. 독일은 또한 적들이 저지른 것으로 추정되는 전쟁범죄를 논의하는 법무부서를 유지했다. 분쟁은 국제법에 대한 믿음을 약화하기보다는, 많은 사람이 새로운 조치에 찬성하는 주장에 나서는 계기가 됐다.

독일군의 폭탄이 여전히 영국 남부에 떨어지고 있을 때 폴란드를 탈출한 국제법학자 허시 라우터파흐트(Hersch Lauterpacht)는 현대 세계의 '필수적이고 다양한 연대'에 대해 이야기했다. 그는 각국이 사적 폭력과 전쟁을 모두 없애는 데 공통의 이익을 가지고 있다고 말하면서, '인도에 대한 죄(crimes against humanity)'의 인정과 법치주의 강화 방안을 끊임없이 주장했다. 다른 법률가들 역시 폭력을 통제하고 잔혹 행위

를 막기 위한 더 강력한 규칙을 주장했다.[16]

연합국이 나치 독일의 저명한 지도자들을 재판하기 위해 뉘른베르크재판을 시작했을 때, '인도에 대한 죄'를 인정하자는 라우터파흐트의 주장이 주목받았다. 재판부는 정의의 일반 원칙에 따라 피고인들을 재판할 수 있으며, 이런 원칙은 그들의 활동을 승인했던 어떤 국내법이나 내부 명령보다도 우선한다고 결정했다. 이것은 국제법, 특히 국제형사재판소의 새로운 발전으로 이어지는 것처럼 보였다. 그러나 한편 연합국은 평화와 세계 안보를 보장하기 위해 '국제연합'이라는 새로운 세계 기구의 발상으로 방향을 틀었다. 전쟁 기간에 현재의 재앙을 막지 못한 국제연맹을 대체하는 방법에 대한 논의가 시작됐다. 미국과 영국은 1945년 4월 첫 번째 국제회의를 소집하기 위해 소련과 중국 대표들을 초청했고, 여기에서 50개국 정부 대표가 설립 헌장을 승인했다. 헌장은 새로운 유엔의 목표가 국제 평화와 안전, 국가 간의 우호 관계 발전, 국제적 협력 및 각국 활동의 조화라고 선언했다. 유엔의 5대 주요 기관 중에는 평화와 안보를 담당하는 안전보장이사회가 있는데, 이사국 대표들이 참석한 안보리의 외교 회의는 핵무기·군축·화학무기·지뢰에 관한 조약을 제정하기 위해 계속됐다.

1948년 제3차 유엔총회는 세계인권선언을 채택했다. 또한 헤이그의 상설국제사법재판소를 대체하기 위해 국제사법재판소를 설립했다. 뉘른베르크재판의 영국 수석 검사인 데이비드 맥스웰-파이프 경(Sir David Maxwell-Fife)에 의해 고무된 유럽 국가들은 유럽평의회를 설립하여 1953년 자체 인권 협약을 채택하고 1959년 인권재판소를 설립했다. 그러나 초기의 열정에도 불구하고, 국제적인 형사재판소는 설립되지 않았다. 유엔은 개별 국가의 법률과 활동을 초월하는 일련의 국제 법적 원칙을 장려하기보다는 국가 주권과 국가 간 협약을 확인했다.[17]

한편 유엔의 일부 회원국은 새로운 경제질서를 위한 공동의 노력을 지속했다. 미국은 1944년 7월 뉴햄프셔 브레턴우즈에서 열린 회의에 44개 연합국 대표를 초청했다. 대표단은 전후 국제통화 및 금융 질서를 규율하는 방안을 논의하고 국제통화기금(IMF)과 세계은행을 설립할 것을 합의했다. 두 기관 모두 다음 해에 설립되면서 유엔 기구가 됐다. 이후 유엔은 무역과 고용에 관한 회의를 소집하여 관세및무역에관한일반협정(GATT)을 체결했다. GATT는 국경 간 무역에 대한 관세를 인하하고 몇 년마다 새로운 회담을 열었으며, 1995년에 마침내 세계무역기구(WTO)를 독립기구로 설립했다.

유엔총회는 또한 상업 협정을 조화시키고 통일하기 위해 유엔국제무역법위원회(UNCITRAL)를 설립했다. 유엔국제무역법위원회는 국제사법위원회와 마찬가지로 협약을 주관하고 모델 법과 입법 지침을 작성했다. 헤이그 회의는 1955년에 상설 기구인 헤이그국제사법회의(HCCH)로 자리 잡았으며, 국제사법위원회와 함께 활동을 계속하고 있다.[18] 유엔도 전문 분야의 활동을 조정하고 규율하기 위해 1957년 자치 기구로 설립된 국제원자력기구(IAEA)와 1947년 유엔 기구로 설립된 국제민간항공기구(ICAO) 등 산하 기구 및 기관을 설립하고 이들과 협력했다.

유엔은 이런 상업 및 기술 프로젝트뿐만 아니라 1945년과 1948년에 각각 설립된 식량농업기구(FAO)와 세계보건기구(WHO) 등의 전문 기관을 통해 사회적·인도주의적 이익을 증진했다. 이 두 기구는 로마에 본부를 두고 있으며 국제적인 식품 규격을 만들고 소비자 안전과 보호에 관한 분쟁을 해결하는 국제식품규격위원회(CAC)를 합동으로 설립했다. 1946년 유엔총회는 어린이들에게 긴급 식량과 보건 서비스를 제공하기 위해 아동기금(UNICEF, 유니세프)을 설립했고, 같은 해에 교육과학문화기구(UNESCO, 유네스코)를 설립했다. 2년 후, 유네스코 사무총장은 정부 대표들과 보호 단체들에 세계자연보전연맹 결성을 장려했으며, 연맹은 유네스코 및 유럽평의회와 협의하여 멸종위기종 목록을 발표했다. 연맹은 1968년에 아프리카 자연 및 천연자원 보호 협약을 주관했고, 1974년에는 멸종위기에 처한 야생동식물의 국제 거래에 관한 협약(CITES)을 채택했다.[19]

유엔과 유엔 산하기관이 주관하는 국제회의, 협약, 조직의 범위는 계속 확대되고 있다. 유엔은 광범위한 분야에서 활동하고 국가 및 국제기구의 대표들을 한데 모을 수 있을 만큼 타의 추종을 불허하는 능력이 있지만, 국제협약과 입법에 대한 독점권을 가진 것은 아니다. 유엔 못지않게 그 밖의 단체들과 기구들도 국제 협력과 조정을 위한 규칙·표준·절차를 계속해서 촉진해왔고, 전부는 아니지만 그중 많은 부분이 금융 분야에서 이루어졌다.[20]

스위스 바젤에 본부를 둔 국제결제은행(BIS)은 1930년대에 이뤄진 헤이그 회의에서 유래했다. 10개국 대표들은 독일에 부과된 배상금 지급을 감독하기 위해 은행을 설립했다. 제2차 세계대전 이후 BIS는 IMF와 협력하여 국가통화를 안정화하는 임무를 맡았다. 그러다가 1970년대에 국제금융시장이 급성장하고 독일과 미국의 주요 은행들이 파산하면서 원래 IMF를 창설하기 위해 연합했던 G10 국가 중앙은행 총재들이 바젤은행감독위원회를 구성했다. 이 위원회는 BIS와 연계하여 전 세계의 은행 감독 당국을 모아 공통된 규칙과 표준에 합의했다. 이후 수십 년 동안 BIS는 금융 및 은행 표준을 촉진하기 위한 추가적인 국제위원회의 구성을 주관했으며 국제보험감독기관협회와 협력하여 보험산업을 위한 표준을 만들었다. 2008년, 글로벌 신용위기로 19개국과 유럽연합은 금융 안정을 도모하기 위해 G10을 대체하는 G20을 구성했다.

바젤은 이제 세계 금융 감독의 중심지가 됐지만 국제금융과 관련된 움직임은 계속 확산해왔다. 마드리드에 본부를 둔 국제증권감독기구(IOSCO)는 세계 증권 및 선물시장을 규율하며, 1989년 세계 최대 경제국인 G7 국가들은 자금세탁방지를 위해 국제자금세탁방지기구(FATF)를 설립했다. 또한 여러 국가의 경쟁법 당국 간의 협력을 촉진하기 위해 2001년에 국제경쟁네트워크(ICN)가 설립됐다.

안보에 대한 우려는 1990년 구소련의 여러 국가를 한데 모은 '재래식 무기 및 이중 용도 품목 및 기술의 수출 통제에 관한 바세나르 체제'와 같은 국제적인 움직임으로 이어졌다. 2003년에는 조지 부시 미국 대통령의 주도로, 여러 국가가 대량살상무기에 대한 정보 공유를 위해 대량살상무기확산방지구상과 원칙에 합의했다. 유엔은 국제무역의 윤리적 우려에 대응하여 계속해서 협정을 주관하고 있다. 예를 들어 '블러드 다이아몬드(blood diamond)' 거래에 대한 우려는 2003년 킴벌리 프로세스 인증 체계(Kimberley Process Certification Scheme)로 이어졌다. 1969년에 조직된 남아메리카의 안데스공동체, 1989년에 설립된 아시아태평양경제협력체, 1993년에 설립된 아프리카상법조정위원회를 포함하여 경쟁 네트워크를 감독하는 지역 기구도 존재한다.[21]

때때로 서로 다른 기구가 글로벌 문제에 대응하여 유사한 프로젝트에 착수하기도 한다. 예를 들어 1990년대에는 세계 경제불황과 많은 유명 기업의 도산 등으로 파산의 초국가적인 영향이 두드러지게 나타났다. 1999년에는 아시아개발은행(ADB), 유럽부흥개발은행(EBRD), IMF, 세계은행, 유엔국제무역법위원회가 다양한 초국가적 도산 규칙을 개발해둔 상태였다.[22] 그러다가 2012년에 유엔국제무역법위원회가 하나의 규범을 정했고 이는 현재 다른 모든 기구에서도 인정하고 있다. 때로는 국제기구들이 의도적으로 힘을 합치기도 한다. 예를 들어 2015년에 유엔국제무역법위원회, 국제사법위원회, 헤이그국제사법회의는 국제 물품 매매법에 대한 규칙을 조정하기 위한 야심찬 프로젝트에 착수했다.[23] 한편 몇몇 기구는 문화재를 보호하고 도난당한 유물을 원래의 장소로 반환해야 할 필요성에 대응했다. 유네스코는 문화재 거래상을 위한 국제 윤리강령을 개발했으며, 국제박물관협의회는 분실 및 불법 양도된 물건 목록을 작성했다.[24]

현재 이들 기구는 대부분 국가의 대표와 국가 감독청의 구성원이 주도하거나 최소한 영향을 행사하지만, 민간단체들도 국제협약과 규칙을 제정한다. 예를 들어 파생상품 딜러들은 1985년에 국제스왑파생상품협회(ISDA)를 설립하여 거래에 대한 표준 계약과 언어 형식을 만들었으며, 2008년에는 국제적인 국부펀드 매니저들이 국부펀드 국제포럼(IFSWF)을 결성했다. 국제다이아몬드제조협회와 마찬가지로 이들은 모범 실무 표준을 만든다. 국제항공운송협회(IATA)와 같은 수많은 동업자 단체도 설립됐는데, 이들은 다양한 산업을 규율하는 데 중요한 역할을 할 수 있다. 예를 들어, 의약품국제조화회의(ICH)는 제약 산업과 국제 규제 기관의 구성원들을 한자리에 모은다. 이들 조직은 모두 국제 거래를 원활하게 하고 신뢰를 구축하고 분쟁 해결 수단을 제공하고자 하는데, 이는 500년 전 국제무역을 위한 표준 계약 형태와 규칙을 만든 중세 상인의 목표와 크게 다르지 않다.

일부 연구자와 법조인은 이런 국제 규칙 및 협정의 확산과 그들 간의 위계질서 확립의 어려움에 대해 우려를 표명했다.[25] 일각에서는 동업자 단체가 만든 비공식적인 법을 검토하면서 어떻게 하면 더 민주적이고 타당하게 만들 수 있는지 질문하기도 했다. 그러나 이는 국내법의 이상에서 촉발된 우려들이다. 기구·협약·절차가 임시방편으로 계속 등장하는 것은 불가피하고, 실제로 이들의 활동은 세계의 발전에 필요하다.

이제 의심할 여지 없이 전 세계적으로 중요해진 인터넷이 그 사례다. 인터넷은 처음에는 인터넷을 만든 기술자들과 연구자들이 관리했다. 그들은 1986년 미국 정부의 지원으로 국제인터넷표준화기구(IETF)를 설립하여 인터넷의 개발을 위한 기술 표준을 정했다. 그러나 더 광범위한 문제를 우려한 일부 인터넷 개척자들은 월드와이드웹의 자유롭고 공평하고 보편적이고 안정적인 개발을 촉진하고, 모든 사람의 유익한 사용을 보장하려는 목적으로 1992년에 인터넷 소사이어티(Internet Society)라는 새로운 조직을 설립했다. IETF는 현재 인터넷 소사이어티의 후원하에 운영되고 있고, 새로운 표준을 정립하기 위해 실무단을 지속해서 소집하고 있으며, 주로 합의를 통해 활동하고 있다. 인터넷 소사이어티는 전 세계에서 회원을 받아들이고 있으며, 단체와 개인을 포함하여 회원 수가 10만이 넘을 정도로 성장했다. 인터넷의 창시자 중 한 명인 팀 버너스리(Tim Berners-Lee)는 기술 표준에 대한 논의를 위한 또 다른 포럼을 제공하는 월드와이드웹컨소시엄(W3C)을 설립했다. W3C는 IETF 및 인터넷 소사이어티와 정기적으로 협의하며, 세 곳 모두 ISO 및 IEC와 협력한다.

인터넷 사용자들 사이의 가장 큰 분쟁 원인 중 하나이자 인터넷 기구들의 주요 논쟁점은 사용자들이 웹사이트를 만들고 관리할 수 있도록 이름에 숫자 주소를 할당하는 도메인 네임 시스템, 즉 DNS였다.[26] 처음에는 캘리포니아에 거주하는 한 개인이 이 작업을 수행했다. 1998년에 이르러서야 미국 상무부의 미국통신정보관리청(NTIA)이 국제인터넷주소관리기구(ICANN)를 설립하여 시스템을 개선하겠다고 발표했다. 이 기구는 엄밀히 말하면 국제 비정부기구로, 미국 상무부 및 IETF와의 계약에 따라 DNS 기능을 수행하며, 국제 이사회가 관리한다. ICANN은 설립 1년 후, 무엇보다 '사이버스쿼팅(cybersquatting)'이라고 불리는 남용적이고 악의적인 도메인 네임의 등록 여부를 결정하는 기준을 확정했다. 일부 학자는 이 정책 분야와 그 적용을 '인터넷법'이라고 부른다. 실제로 ICANN은 사용자들이 기존의 중재기관을 이용하도록 권장한다.[27]

2016년까지 ICANN은 미국 정부가 NTIA를 통해 어느 정도 통제권을 행사하는 독특한 민관 파트너십으로 유지됐다. 그러다가 2013년 ICANN·IETF·인터넷 소사이어티의 회의가 ICANN의 '세계화'를 요구했고, 수장들은 '모든 정부를 비롯한 모든 이해당사자가 동등한 자격으로 참여할 수 있는 환경'을 조성하기로 결의했다.[28] 그 과정은 길고 복잡하다는 것이 증명됐지만, 결국 NTIA는 이미 ICANN 내에 있는 지원 조직과 최종 사용자를 대표하는 조직으로 구성된 캘리포니아에 기반을 둔 비법인사단에 ICANN의 관리권을 양도했다.[29] 그 후 더 많은 국가의 정부가 인터넷 거버넌스 문제에 관여하게 됐다. 기나긴 협상 끝에 2003년과 2005년 정보사회세계정상회의와 2012년 국제전기통신세계회의 결의안이 도출됐고 자체 지침, 모델 법, 일반 원칙을 추진하기로 했다.[30] 투명성, 책임성, 공정한 대표성이라는 이상이 이런 국제적 규율 체계에 점진적으로나마 작용하고 있다.

국제 스포츠 영역에도 자체적인 국제기구와 중재 절차가 존재한다.[31] 유럽 7개국의 국가 협회는 국제 축구 대회를 총괄하기 위해 1904년 국제축구연맹(FIFA)을 결성했다. FIFA는 이후 10년 안에 남아프리카공화국과 아메리카 대륙 국가들이 가입하며 곧 유럽을 넘어 확장됐다. 현재는 1930년에 처음 개최된 월드컵과 같은 주요 대회를 운영하는 책임을 맡고 있다. FIFA는 또한 '축구 경기 규칙(Laws of the Game)'을 시행한다. 이 규칙은 1886년 잉글랜드·스코틀랜드·웨일스·아일랜드의 협회가 설립한 국제축구평의회의 책임으로 남아 있는데, 이 평의회 회원의 절반은 계속해서 잉글랜드·스코틀랜드·웨일스·아일랜드 협회에서 채우고 있다.

FIFA가 설립된 같은 시기에 프랑스의 교육자이자 역사가인 피에르 드 쿠베르탱(Pierre de Coubertin) 남작은 근대 올림픽을 개최하기 위해 소규모 위원회를 조직했다. 이것이 1896년 아테네 올림픽의 성공적인 개최 후에도 계속된 국제올림픽위원회(IOC)의 시작이었다. IOC는 자체적으로 위원을 선출하는데, 현재는 다양한 국가 출신인 위원 약 100명으로 이루어져 있다. IOC는 국가올림픽위원회를 승인하고, 그들의 구조와 활동에 대한 규칙을 만들고, 각 대회에 대한 조직위원회를 구성한다. 각 종목의 국제연맹과 함께 이 조직들은 '올림픽 운동(Olympic Movement)'을 형성한다.

IOC는 올림픽과 관련된 분쟁을 심리하기 위해 1984년 스포츠중재재판소를 설립했다. 그러나 도핑 문제가 곧 전 세계 스포츠에 문제를 일으켰다. 1989년에 유럽평의회는 금지 약물 및 방법 목록을 유지하고 모든 스포츠에서 약물 사용을 방지하기 위한 규정을 만드는 반도핑협정을 수립했다. 10년 후 IOC는 국제회의를 소집했고, 이 회의에서 '스포츠에서 도핑과의 전쟁'의 중요성을 인식하고 세계반도핑기구(WADA)를 설립했다.[32] 이 기구는 2004년 세계반도핑규약을 제정해 전 세계의 모든 스포츠와 국가의 도핑 방지 규정을 조화시켰다.

한편 IOC는 스포츠중재재판소를 국제 이사회가 운영하는 독립기구로 전환하여 올림픽에서 모든 국제 스포츠로 관할권을 확대했다.[33] 특히 WADA가 설립된 이후로는 재판소의 많은 업무가 도핑 혐의와 관련되어 있다. 재판소는 대회마다 바쁘게 움직이는데, 2016년 하계 올림픽을 불과 며칠 앞두고 임시 법정을 열어 이제 막 밝혀진 도핑 사건을 심리해야 했다. 동시에 재판소는 성별 검사, 지브롤터의 유럽축구연맹(UEFA) 회원 자격, 북아일랜드 축구협회와 아일랜드 축구협회 간 선수 자격에 대한 분쟁 등도 검토했다.

이런 국제기구는 모두 자국 정부가 국제협정을 체결하기를 기다리는 대신 실질적인 필요를 충족시키기 위해 법적 규칙과 원칙을 정하고, 때로는 법원을 설립하기도 한다. 국제기구들은 종종 국가조직과 연결되어 있기에 만약 정부가 국제기구의 규칙과 결정을 인정하지 않는다면 많은 조직이 운영되기 어려울 것이다. 예를 들어 반도핑 규약의 경우, 2005년 유네스코에서 해당 규약의 규칙을 준수하기로 합의하는 내용의 협약을 조직하여 국가 대부분에서 이를 신속하게 비준했다. IOC는 유엔에서 옵서버 자격을 가지고 있다. 그 밖에도 실질적이고 영향력 있는 일련의 규칙, 협회, 절차가 대부분 정부의 공식적인 대표 없이 계속해서 만들어지고 있다. 가장 중요한 글로벌 자원 중 하나에 대한 접근을 사실상 통제할 수 있는 ICANN과 같이, 일부 기구는 매우 강력할 수 있다.

국제법을 제정하려면 시간과 노력이 필요하며, 유엔 협약이나 다자간 조약도 항상 전 세계적인 영향력을 행사하는 것은 아니다. 중국이 환율 관행을 통제하는 IMF의 권위에 사실상 도전한 것을 예로 들 수 있다.[34] 많은 협정과 규칙이 집행수단의 뒷받침을 받지 않지만 효과적으로 작용하고 있다. 도메인 네임 등록에 관한 규칙처럼, 국제기구들은 규칙을 정하고 기술자와 그 밖의 사용자가 인식해야 하는 규격을 설정한다. 그리고 IOC·다이아몬드제조협회·ICANN과 같이 많은 기구가 분쟁을 처리하고, 중재 기구를 설치하며, 필연적으로 발생하는 정의와 공정성의 문제를 해결하기 위한 절차적 규칙을 정한다.

학자들은 이런 새로운 법체계의 목적과 영향에 대해 계속 우려를 표명하고 있다. 많은 국제기구가 새로운 글로벌 엘리트의 이익을 위해 전 지구적 자본주의를 지지한다는 주장이다. 그들은 자유무역, 국제금융 체제, 경제적 자유주의를 촉진하는 법적 구조와 다른 국가의 문제에 대한 무력 개입을 정당화하는 법적 구조가 새로운 제국 질서를 만들어내고 있다고 말한다.[35] 또한 명백하게 이상주의적인 목표를 가진 법, 즉 인권과 정의를 촉진하는 법조차도 서구의 가치와 이상을 대표하는 경향이 있다고 지적한다. 냉전 종식 이후 폭발적으로 증가한 권리에 대한 논의는 어울리지 않는 곳에 이질적인 가치를 강요할 위험이 있다. 그리고 그들의 우려는 일리가 있다.

제2차 세계대전이 끝날 무렵 세계인권선언과 유럽인권협약을 둘러싼 최초의 행복감 이후, 국제법질서의 기초로서 권리의 힘에 대한 믿음은 거의 사라졌다. 유엔은 시민적·정치적 권리를 보호하는 법 제정을 위해 계속 노력했으며, 경제적·사회적·문화적 권리에 관한 유사한 협약과 더불어 이를 1966년 협약의 주제로 삼았다. 그러나 미국과 소련 간의 냉전은 이런 구상을 무색하게 했고, 1968년 세계인권선언 20주년을 기념하기 위해 테헤란에서 열린 국제회의는 많은 사람에게 실패로 여겨졌다. 설상가상으로 이 회의에서는 이스라엘과 무슬림 다수 국가들이 논쟁의 수렁에 빠졌다.

1970년대 후반에는 인권에 대한 관심이 다시 높아졌다. 유엔은 성차별(1979)과 고문(1984)에 반대하며 종교의 자유(1981), 아동(1989), 난민(1990)의 권리를 창설하기 위해 협약과 선언을 제정했다. 지미 카터 미국 대통령이 제시한 외교정책에 대한 윤리적 비전은 공산주의, 사회주의, 그 밖의 세계적 이상에 환멸을 느낀 사회운동이 국제적 권리 증진을 위한 노력을 새롭게 하도록 독려했고, 이는 결과적으로 국제법학자들의 관심을 되살렸다.[36] 냉전 종식과 1989년 소련의 붕괴, 공산주의의 이데올로기적 힘은 인권 사상에 대한 열광을 더욱 강화했다. 다수의 사회운동은 소수자(1992), 인종차별 대상자(2001), 장애인(2006), 원주민(2006), 농민(2018)의 권리를 보호하기 위한 국제협약과 결의안을 성공적으로 추진했으며 발전권(2006)과 성소수자 권리(2014)에 대한 선언도 있었다.[37] 유엔은 1993년 인권위원회를 설립했고, 지금은 국제인권위원회가 됐다. 전 세계의 옹호 단체들은 소수민족, 난민, 죄수, 전쟁의 희생자, 인신매매라는 주제에 대해 새로운 보호를 촉진하기 위한 논쟁과 캠페인에서 인권을 발동했다.

실제로 많은 인권 협약과 선언의 원칙은 사실상 집행될 수 없다. 일반적이고 모호할 뿐 아니라 법원과 효과적인 국제기구의 지원 메커니즘이 부족하기 때문이다. 예를 들어 유엔 고문방지협약은 서명국이 모든 고문 행위를 범죄화하고 기소하도록 규정한다. 1988년 이 협약을 비준한 영국은 같은 해의 형사사법법(Criminal Justice Act)에 따라 정식으로 고문죄를 만들었다.[38] 그러나 그 후 30년 동안 영국에서 고문죄로 기소된 사람은 한 명도 없다. 유죄판결을 받은 유일한 사람은 아프가니스탄에서 저지른 범죄로 기소된 아프간의 '군벌 지도자'였다. 2003~2004년 이라크전쟁 중 영국 군인들이 바스라에서 이라크 억류자를 구타하여 사망에 이르게 한 사건에서도 영국 검찰은 그들을 다른 범죄로 기소했다. 살인, 비인도적 대우, 폭행, 상해는 고문이라는 모호한 범죄보다 더 구체적이고 증명하기 쉽기 때문이다.

모든 사람이 '인권(les droits de l'homme)'이라는 말에 확신이 있었던 것은 아니다. 프랑스어권 세계에서는 이 개념이 깊이 뿌리박혀 있었지만, 1940년대 유엔 회의에서 사용됐을 때 많은 영어 사용자에게 이 단어는 새롭고 생소하게 들렸다.[39] 세계인권선언 기초위원회에 파견된 사우디아라비아 대표단은 "회원국들이 서구 문명이 인정하는 기준만을 대부분 고려했다"라고 항의했다. '한 문명이 다른 문명보다 우월하다고 선언하거나, 세계 모든 나라에 대해 획일적인 기준을 세우는 것'은 위원회의 임무가 아니다. 사우디는 특히 종교의 자유와 결혼 상대를 선택할 수 있는 여성의 권리 보장에 대해 우려했다.[40] 인류학자들도 보편적 권리 개념에 대해 매우 비판적이었다. 1947년에 미국 인류학회 회장은 '보편적 가치(Universal values)'의 증진은 사람들에게 문화적 차이를 간과하게 하고 인권 측면에서 생각하지 않는 사람들의 대안적 생각과 이상에 대한 존중의 부족으로 이어질 것이라고 경고했다.[41] 그 이후로 많은 사람은 인권법과 그 옹호자들이 어울리지 않는 사람들과 장소에 서구의 문화적 가치를 강요한다고 비판했다. 1993년 빈에서 열린 세계인권회의에서 몇몇 아시아 국가의 대표들은 독특한 '아시아적 가치(Asian values)'를 인정해야 한다고 주장하면서 논쟁을 재개했다.[42]

'보편적 가치'에 대한 비판에는 어느 정도 정당성이 있다. 많은 선구적인 인권 법률가가 서구 문명의 우월성과 가치를 믿었다. 그중 한 명은《뉴욕타임스》에 보낸 편지에서 1966년 협약을 '서구 가치와 우리[미국] 이데올로기에 대한 헌사'라고 묘사하기까지 했다.[43] 역사적으로 자신의 이익과 생계를 지키려는 사람들은 심지어 서유럽에서도 권리라는 개념에 눈을 돌리지 않았다. 예를 들어, 근대 초기 영국에서 구제를 청원한 빈곤층은 구빈법에 따라 어느 정도 권리를 가지고 있었음에도 권리라는 언어를 사용하지 않았으며 대부분은 권리의식조차 거의 표현하지 않았다.[44] 오늘날에도 라다크 마을 사람들은 권리 개념에 호소하지 않고 지역사회 내에서 그리고 국가의 대표자들과 관계를 협상한다.[45] 불교신자들은 권리를 가진 개인의 개념에 만족하지 않는 복잡한 철학적 방법으로 자아의 실체와 감정을 부정하는 법을 배운다. 그럼에도 인권의 언어는 확산됐다. 1994년 힌두교가 아닌 세속주의 국가를 지향하는 운동을 하던 네팔의 불교도들은 '세속주의는 인권이다'라는 현수막을 내걸고 행진했다.[46] 그들은 세속적인 것에 대한 집착을 거부하도록 가르치는 종교를 고수하면서도 자신들을 권리가 있는 사람으로 표현했다.

이것은 인권운동의 역설 중 하나다. 네팔 불교도들은 국가의 관심을 끌기 위해 인권 개념을 사용했는데, 붓다의 길을 따라가는 사람으로서 자신에 대해 이야기하기 위해 사용하는 개념과 정치적 주장의 도구로서 언어를 구별하는 데 어려움이 없었던 것 같다. 아마도 언어의 국제적 통용성도 의식하고 있었을 것이다. 아마존 열대우림에서 아프리카 사바나에 이르기까지 전 세계 원주민 집단은 원주민 권리 선언의 문구를 인용하여 '자기결정권(rights to self-determination)'을 주장했다.[47] 하와이의 주권 운동에서는 이미 1980년대에 권리라는 언어를 사용했다. 18세기에 하와이섬에 온 폴리네시아인의 후손인 카나카 마오리족은 땅에 대한 갈등과 새로운 문화적 인식을 경험하면서 미국 제국주의에 반대하는 운동을 하게 됐고, 곧 그들은 유엔 문서와 인권 선언의 문구를 인용했다. 운동 참여자들은 1993년에 주권국가 장악을 이유로 미국을 '재판'하기 위한 법정을 조직했다. 여기에서 검사들은 국제조약, 미국 헌법, 유엔 선언을 인용하면서 카나카 마오리 국가의 법에 따라 미국을 기소했다. 그들은 자신들의 투쟁에 관심을 끌기 위해 다른 나라의 권력자들이 이해할 수 있는 언어를 사용하고 서구 법의 형태를 차용했다.

이런 운동 대부분은 국제법의 언어에 편안함을 느끼는 교육받은 엘리트가 주도한다. 물론 특히 이슬람 세계에는 서구 제국주의로 보이는 것에 계속 저항하는 무리도 있다. 그들은 종종 여성의 권리와 평등 증진에 대해 특히 걱정하는데, 종교적 가치와 모순된다고 생각하기 때문이다. 그러나 모든 곳의 원주민, 소외된 사람들, 빈곤한 사람들은 인권 언어의 힘을 높이 평가하고 그 용어를 채택하게 됐다. 그들도 처음에는 인권 언어를 자신의 관심사와 문제를 논의하는 방식으로 생각하지 않았을지 모르지만, 이것은 권력을 가진 사람들이 들을 수 있는 언어다.

국제 무대에서 인권법은 강력한 논쟁의 도구를 계속해서 제공했다. 이것이 바로 법이 작동하는 방식이다. 소송당사자들은 때때로 변호사들이 자신의 이야기를 왜곡하고, 가장 관심 있는 사항을 생략하고, 거의 이해하지 못하는 문구를 사용하는 것처럼 보이더라도 자신의 주장을 판사가 심리할 수 있는 주장으로 바꾸기 위해 변호사들에게 의지한다. 그리고 이런 상황은 국제적인 맥락에서만이 아니라 국내 법원에서도 일어난다. 지방법원의 소송당사자는 소송을 진행해야 하는 실용적인 이유가 있겠지만, 인권법에 호소하는 소송당사자는 종종 사회개혁을 위한 장기적인 운동에서 자신의 주장에 관심을 불러일으키기 위해 도덕적 주장을 하려고 한다. 실제로 1948년 세계인권선언 기초위원회의 레바논 철학자는 고문을 금지하는 조항이 주로 도덕적 진술이라는 근거로 그 조항의 모호성을 정당화했다. 그는 이 조항이 국제 문서를 통해 "인류의 양심이 나치 독일의 비인간적인 행위에 충격을 받았다는 점을 설명할 것"이라고 말했다.[48]

인터넷 개척자들은 법을 만들 때 주로 국제적 조정이라는 실질적인 목표를 염두에 두지만, 인권운동가들은 세상을 더 나은 곳으로 만들기 위한 장기적인 운동 과정에서 도덕적 진술을 하는 새로운 법을 강조한다. 그러나 두 집단 모두 명시적 규칙을 만드는 간단한 기술이 강력한 자원을 제공한다는 것을 알게 됐다.

냉전의 종식과 인권에 대한 새로운 관심은 운동가들이 국제형사재판소에 관한 생각을 되살리게 했다. 그들은 1991년에 발발한 발칸전쟁 당시 자행된 잔혹 행위에 대응하여 유엔에 구유고슬라비아 국제형사재판소(ICTY)를 설립하도록 설득했다.[49] 24년 동안 ICTY에는 일반 군인부터 장군, 경찰 지휘관, 슬로보단 밀로셰비치(Slobodan Milošević) 대통령에 이르기까지 분쟁에 연루된 161명이 기소됐다. 재판 111건 중 유죄판결 90건이 나왔다. 그 뒤를 이어 1994년에 르완다 국제형사재판소가 설립됐고, 마침내 2003년에는 전쟁범죄, 집단살해, 인도에 대한 죄, 침략에 대한 재판권을 가지고 있는 상설 국제형사재판소(ICC)가 설립됐다.

국제법과 국제재판소에 대한 새로운 열정의 일부는 '전환기 정의(Transitional justice)'라는 개념을 중심으로 구체화됐고, 운동가들은 2001년 뉴욕에 국제전환기정의센터(ICTJ)를 설립했다. ICTJ는 분쟁이나 국가 억압으로부터 '전환'하는 국가들에서 '대규모 인권 유린의 유산'을 바로잡기 위한 조치를 지지한다. 피해자의 권리를 다루고 '가해자가 처벌받는 것을 보고, 진실을 알고, 배상받기 위해' 형사소추, 피해자에 대한 배상, 제도 개혁, 진상규명을 독려한다.[50] 그러나 전쟁범죄로 누군가를 기소하는 것은 어렵기로 악명이 높다. 2007년 케냐 대선을 둘러싼 폭력 사태로 1000명이 넘는 사람들이 사망하자 국내외 운동가들은 책임자들이 법의 심판을 받아야 한다고 강력히 주장했다. ICC의 검사는 케냐의 사법 제도가 조처하지 않는 한 주요 가해자를 기소하겠다고 약속하면서 인도에 대한 죄에서는 '면책'이 없어야 한다고 정식으로 발표했다. 케냐 사법 당국이 조처하지 않자, 검찰은 몇몇 전직 정치인을 기소했다. 케냐 정부는 표면적으로는 ICC에 협조했지만, 피고인 중 두 명이 대통령과 부통령으로 선출된 이후 검사는 증거 수집이 더 어려워졌고 절차는 결국 무산됐다.[51]

이와 유사한 좌절에도 불구하고, 열성적인 운동가들은 전쟁과 분쟁의 여파 속에서 가해자에게 책임을 묻고 피해자에 대한 배상금을 확보하고자 노력하면서 정의를 계속 증진해왔다. 콜롬비아·르완다·시에라리온에서 옹호 단체들은 전범재판소의 구성원에게 조언하고, 피해자들을 위한 프로그램을 마련하고, 범죄자의 갱생을 돕는다. 그러나 그들의 낙관적인 운동은 부분적인 성공을 거두는 데 그쳤다. 시에라리온에서는 2002년에 끝난 11년간 이어진 내전의 전투원들이 형사 기소를 두려워하여 진실화해위원회에 참여하는 것을 꺼리는 경우가 많았다.[52] 평화협정은 일반 사면을 선언했지만 유엔은 대량 학살, 인도에 대한 죄, 그 밖의 심각한 인권침해를 범한 사람에게까지 사면

이 확대될 수는 없다고 선언했고, 어떤 전투원도 이런 위험을 무릅쓰려 하지 않았다. 유엔 대표는 나중에 이 위원회가 성공적이었다고 선언했지만, 실제로 지역사회는 종종 전환기의 정의 규범에서 요구하는 절차와 실질적으로 상충하게 전직 전투원들을 재통합하기 위한 전략을 개발했다. 시에라리온 사람들은 과거에 대한 책임을 묻는 것보다 전직 전투원들이 좋은 공동체 구성원으로서 행동할지를 더 걱정했다. 전환기 정의의 이상은 지역사회의 실제적 우려와 잘 어울리지 않았다.

평화를 추구하는 것이 정의의 요구와 어느 정도로 충돌하는지에 대해 국제적 절차 자체 내에서 지속적으로 긴장이 발생했다. 이런 긴장은 남아프리카공화국 진실화해위원회에서도 오랫동안 되풀이됐고, 평화주의자들은 사면과 형사소송 중 어느 것을 추진해야 하는가의 딜레마에 직면했다. 1999년 이래 유엔은 ICC로부터 체포영장을 받은 사람의 처우를 포함하여 분쟁 해결 과정과 관련된 사람들을 위한 많은 지침을 발표해왔다.[53] 이런 어려움을 헤쳐나가기 위해, 국제기구들은 한 학자가 '평화법(the law of peace)'이라고 묘사한 것을 발전시켰다. 그리고 인권법, 인도법(humanitarian laws), 국제형사법을 바탕으로 평화 프로세스의 규범과 지침을 수립하고 있다.[54] 이것이 올바른 용어인지 아닌지는 몰라도, 분쟁의 여파 속에서 정의라는 목표를 추구하는 국제 네트워크는 적어도 일반적으로 적용될 수 있는 규칙과 기준을 만들기 위해 노력하고 있다. 이런 움직임이 직면하는 실제적인 어려움이 무엇이든 간에, 법과 법적 절차의 힘에 대한 믿음은 여전히 강하다.

적발, 재판, 처벌의 효과적인 수단으로 뒷받침되는 제재적 형사법은 현대 국가의 성과다. 사회생활의 다양한 측면을 규율하려는 정교한 법률과 함께 제재적 형사법은 새로운 사회적 계획의 기반을 마련하고 경제발전을 촉진한다. 모든 국가는 평화, 질서, 번영의 근원이라고 주장된다. 그러나 세계가 각각의 정치적·법적 관할권이 있는 민족국가로 깔끔하게 분할된 것은 세계사에서 비교적 최근의 일이다. 상인들이 장거리 무역을 위한 실용적인 규칙과 도구를 개발하고 선교사들이 세상을 위한 신의 길을 따라 추종자들을 인도하고자 함에 따라 법은 오랫동안 국경을 넘나들었다. 현대 세계에서 국제기구는 대규모 관계망 사이에서 조정과 규율을 촉진하기 위해 실용적인 목적을 가진 규칙을 만든다. 이에 더해, 운동가들이 세상을 더 나은 곳으로 만들기 위해 노력함에 따라 이상적인 목표를 가진 계획들도 존재한다.

독재적 지도자들은 법을 이용하여 통제하고 억압하고 배제한다. 그에 비하면 국제협약은 최악의 행위를 억제하려는 헛된 시도로 보일 수 있다. 그러나 유엔에서 결의안이 통과되면, 가장 악랄한 독재자라도 국제적 비난에 직면할 위험 때문에 완전히 무시하지는 못한다. 국제 무대에서 많은 법은 정부 권력을 실제로 어떻게 억제하는지에 대한 것보다 그 법이 무엇을 표상하는지가 더 중요하다. 인권과 관련 국제법은 갈등, 차별, 손해, 억압의 지저분한 현실을 좀 더 직접적인 언어로 옮기기 때문에 많은 사람이 호소력 있고 강력하다고 생각하는 도덕적 진술로서의 위치를 차지하고 있다. 인권과 국제법은 자신의 주장을 관철하려 할 때 누구나 호소할 수 있는 관념을 제공한다. 인도에 대한 죄로 기소하고 유죄판결을 내리는 것은 어렵지만, 상징적 중요성을 지닌 국제형사재판을 둘러싸고도 비슷한 열광이 존재한다. 이 모든 것 뒤에는 더 질서 있고 문명화된 세계를 끌어낼 수 있는 법의 능력에 대한 꾸준한 믿음이 있다. 법의 가능성은 현대 국가의 규율 권력과 집행 구조를 훨씬 능가한다.

결론

법의 지배

법은 세상을 질서 있게 만드는, 믿을 수 없을 정도로 단순한 수단이다. 법은 우리 사회가 어떻게 되어야 하는지를 설명하는 데 이용되는 일반적인 규칙과 판사의 결정 뒤에 숨겨진 일반적인 규칙을 명시한다. 이것이 고대 메소포타미아 왕들과 초기 중국 입법자들이 점토판에 규칙을 새기고 긴 대나무 조각에 형벌 목록을 작성했을 때 했던 것의 전부다. 그들의 법은 아주 평범한 진술이었다. 그러나 일단 작성되고, 모든 사람이 볼 수 있도록 제시되면서 사회를 질서 있게 만드는 새로운 길을 모색하게 했다. 보상·처벌·의무에 관한 실용적인 진술은 더 공정한 사회질서를 약속했고, 판사들이 사건을 결정해야 하는 방법을 설명했으며, 왕의 규칙 제정 권한을 설명했고, 관리들에게는 어떻게 처벌해야 하는지를 지시했다. 규칙을 명시함으로써 제정자들은 자기 말을 법으로 바꿨고, 법 자체가 사회적 영향력이 됐다.

메소포타미아 초기 입법자들의 사회적 야망은 고대 중국 통치자들의 사회적 야망과 상당히 달랐고, 중국 통치자들의 사회적 야망은 힌두 브라만의 야망과 또 달랐다. 부채가 쌓여 사회가 불안정해졌을 때, 우르남무는 범죄와 보상에 대한 사안법적 진술['남자가 첫 아내와 이혼하면 은 1미나(약 430그램)를 지급해야 한다']을 작성하여 백성들에게 정의를 가져다주겠다는 약속을 강조하고자 했다. 전쟁으로 피폐해진 중국에서 진나라 통치자들은 여전히 분열되어 대립하는 사람들에게 규율과 제국 통합을 강요하는 수단으로 범죄와 형벌 목록을 작성했다. 갠지스 평원에서 브라만들은 추종자들을 위한 기본 규칙과 다르마의 원칙에 대한 서술을 결합한 정교한 문헌을 만들었고, 이는 또한 왕들보다 의례적으로 우월한 사회적 계층의 최상단 엘리트로서 브라만의 지위를 확인시켜줬다. 이 세 가지의 기획은 메소포타미아에서는 정의, 중국에서는 규율, 인도에서는 의무라는 서로 다른 기본 원칙에 기반을 두었다. 그리고 이 기획들은 모두 그 이후에 만들어진 사실상 모든 법의 기반이 됐다.

서아시아의 전통은 가장 오래되고 광범위한 유산을 품고 있다. 메소포타미아에서 만들어진 법은 이스라엘의 성직자, 그리스와 로마의 시민 그리고 마침내는 이슬람의 학자들에게 영감을 줬다. 나중에 로마법은 유럽 전역의 법 제정에 영감을 줬다. 그 무렵 유대와 이슬람의 법적 전통은 상당히 다른 경로를 따라 발전했지만, 여전히 백성에 대한 우르남무의 약속에 공통의 뿌리를 두고 있었다. 한편 힌두법은 브라만들이 전했고 심지어 불교학자들이 베낌으로써 동남아시아 전역에 퍼졌다. 이들은 힌두법을 자신들의 왕을 위한 법체계를 확립하는 데 사용했다. 중국의 역대 황제들은 법을 이용하여 확장된 제국을 하나로 묶었고, 관리들에게 멀리 떨어진 곳의 매우 다양한 사람들을 대상으로 같은 법을 시행하도록 지시했다. 이런 모든 전통은 2000년이 넘는 시간 동안 다양한 경로를 따라 계속됐다. 서유럽에서 제정된 법이 사실상 전 세계를 지배하게 된 것은 지난 몇 세기 동안뿐이다.

이 과정에서 매우 다양한 장소와 시대의 사람들이 법과 법적 형식을 전파하고, 빌리고, 베꼈다. 작은 공동체와 부족민들도 이 기술의 가능성을 파악하고 여러 목적으로 이용했다. 중세 유대인 상인들은 무역 관계를 규칙화하기 위해 법을 이용했다. 아일랜드 서기관들은 꿀벌에 관한 난해한 글을 쓰는 것을 즐겼다. 베르베르 마을 사람들은 결혼 축하 행사와 우물 사용을 규율하는 규약을 작성했다. 이슬람 법학자들은 지적으로 복잡한 작은 걸작을 만들었다. 아르메니아 성직자는 우세한 셀주크 판사로부터 백성을 보호하기 위해 법전을 발표했다. 일반적인 규칙을 작성하는 단순한 행위가 여러 가지 방식으로 인간 사회에 질서를 부여했다.

가장 기본적으로 법은 사회생활을 질서 있게 하는 수단을 제공한다. 모든 곳에서 법체계는 살인을 처벌하고, 손해를 전보(塡補)하며, 혼인과 상속을 규율하고, 채무자를 구제하며, 자녀 부양을 가능하게 한다. 이런 문제들은 사람들이 함께 사는 곳에서는 언제나 발생하기 마련이다. 법 대부분은 또한 부동산 거래와 무역 관계에 대한 규칙을 제공한다. 법은 정부와 상인들이 조정하고 정규화하는 데 도움이 되며, 교통사고를 피하려면 길에서 어떻게 운전해야 하는지와 국제적 기술에 대한 획일적인 표준을 어떻게 만들지를 지시한다. 그러나 모든 법이 실효성을 가지기 위해 직접적인 집행이 뒷받침되어야 하는 것은 아니다. 경찰이나 감옥이 없었던 다게스탄의 마을 사람들은 공유재산의 사용을 규율하는 규칙을 만들었다. 중세 상인 대부분은 쉽게 도망갈 수 있을 때조차 상사법원의 결정을 존중했다. 현대사회에서는 직접적인 집행 권한이 없는 국제적인 동업자 단체가 구성원들이 준수하기를 기대하며 기준을 공표한다.

통치자가 법에 의존하는 이유는 법이 사람과 물건 그리고 그들의 활동을 범주와 계층으로 분류하고 이들 간의 관계를 명시함으로써 더 광범위하고 효과적인 정부가 되게 하기 때문이다. 그들은 범죄와 적절한 처벌로 간주하는 것을 정의하기 위해, 재산의 매도·임대·상속 방법을 지정하기 위해, 구속력 있는 계약이나 유효한 혼인의 조건을 규정하기 위해, 사회적 위계를 확인하고 누가 각 위계에 속하는지를 명시하고 다양한 계층에 속한 사람들의 불균등한 권리와 의무를 명시하기 위해 법을 사용한다. 법은 이런 방식으로 규율, 위계, 중앙집권적 통제 체제를 뒷받침한다.

그러나 규칙이 단지 사회질서와 통치에 실용적인 수단이 되는 것만은 아니다. 어떤 구체적인 것을 성취하는 것 못지않게 정의와 공정성, 문명의 비전(보통 통치자나 성직자의 비전)을 약속하며 입법자들이 실현하고자 하는 사회를 상징하기도 한다. 중세 초기 유럽의 왕들과 고문들은 로마법의 고전 라틴어를 베껴 귀중한 양피지에 비논리적인 결과물을 조심스럽게 새겼다. 버마 법학자들은 불교 사회에선 카스트 구분이 거의 의미가 없음에도 힌두교 브라만의 다르마샤스트라 문헌을 베꼈다. 이런 법은 실용성에선 충분치 않았을지 모르지만, 중요성을 가지고 있었다. 이 법은 실용적인 문서라기보다는 열망을 담은 문서였다. 법은 위대한 문명을 모방하거나 권위 있는 역사적 체제의 질서를 재현하려는 시도였다. 우주론적 이상을 반영했고 문명 세계의 비전을 창조했다.

일반인들도 다양한 이유에서 법으로 눈을 돌렸다. 사람들은 대개 정의를 추구해왔다. 아틀라스산맥의 베르베르 마을 사람들은 물에 대한 더 나은 권리를 가지고 있음을 증명하기 위해 이웃 마을과의 분쟁을 지역 판사에게 반복적으로 제기했다. 부모를 잃은 소녀들은 언니의 부당한 행동을 중세 카이로의 회당으로 가져가야 한다고 주장했다. 법은 무엇인가를 하는 올바른 방법을 나타낸다. 영국 농민들은 장원재판소에서 이웃을 재판할 때 왕의 법원의 법적 절차를 모방했고, 인도 장인 길드는 자신들의 기교를 표준화하기 위한 규칙을 만들었다. 먼 땅에 무역 공동체를 세운 아르메니아인들에게 법은 정체성의 문제였다. 일부 법이 더 높은 질서와 문명화된 세계의 의식을 나타낸다는 사실은 투아트의 작은 오아시스에 사는 농부들이 당나귀를 분할 판매해야 하는데도 재산에 관한 복잡한 이슬람법을 채택한 이유를 설명해준다. 법은 적절성의 언어를 제공했고 여전히 제공하고 있다. 법은 또한 사람들에게 불의와 억압에 반대하고 강자에게 맞서는 길을 제공하는 언어이기도 하다. 로마 시민들은 기원전 5세기에 부채와 처벌에 관한 법을 요구하면서 이를 깨달았다. 그들은 여느 시대의 사람들과 마찬가지로, 법의 지배를 추구했다. 추상적인 범주를 이용해 일반적인 규칙을 작성하는 간단한 기술은 개념적 질서를 만들어내며, 이 질서는 정의의 강력한 상징이 될 수 있다.

가장 강력한 사람들의 법체계 뒤에는 일반적으로 신수 왕권, 우주론적 질서, 자연법에 대한 의식이 있다. 그리고 통치자들은 필연적으로 무질서와 불의를 예방하거나 시정할 것을 약속한다. 중국 황제는 자신이 하늘의 대리자로서 구현한 평화와 안정을 위해 백성들이 훈육될 필요가 있다고 주장했다. 인도의 왕들은 힌두교도들이 비참한 환생을 피하려면 다르마의 요구사항에 따라 행동해야 한다고 주장하는 브라만들을 후원했다. 그리고 현대 국가들은 '범죄자들'이 처벌되지 않으면 혼란과 무질서가 뒤따를 것이라고 주장함으로써 징벌적 체제를 정당화한다. 우리는 국가가 없는 삶을 '불결하고, 잔인하고, 짧은' 것으로 보는 홉스의 견해를 여전히 계승하고 있다.[01]

통치자들은 모든 곳에서 사람들이 자신의 지시를 따르고 자신에게 충분한 힘을 부여한다면 평화, 질서, 번영을 촉진할 것이라고 선언하면서 자신이 이런 목표를 추구하기에 가장 좋은 위치에 있다고 주장해왔다. 법을 공포하는 것은 이런 목표를 명확히 하고, 자원을 관리하고 범죄를 억제하고 부를 재분배하는 방법을 설명하는, 즉 현재 대중이 상상하는 모든 것을 성취하는 수단이다.

300년이 조금 넘는 세월 동안 법은 민족국가와 확고하게 연관되어 있었다. 서유럽에서 발달한 방식과 체계가 현재 세계를 지배하고 있다. 물론 국가 체계는 정부가 공언하는 것만큼 포괄적이거나 효과적이거나 일관적이지 않다. 소규모 공동체는 자체적인 규칙에 따라 계속해서 생활하고, 이슬람교도들은 무프티의 법적 지침을 따르며, 국제기구는 국경을 넘어 사람들을 하나로 묶는 일련의 규칙을 만든다. 그러나 유럽의 통치자들은 강력한 법 모델을 만들기 위해 메소포타미아, 중국, 인도의 최초 입법자들의 혁신인 규율적 관행, 실용적 기술, 이상주의적 비전을 결합했다. 그 뒤에는 자연법과 공통의 인간성에 대한 생각이 있었다. 놀라운 경제적·기술적·군사적 확장은 그들이 원주민들에게 '문명'을 가져오고 '전제적' 또는 '원시적' 질서의 구시대적인 모델을 쓸어버릴 것이라고 주장하면서 자신들의 법을 전 세계로 전파할 수 있게 해줬다. 20세기에 이것은 정당하게 선출된 정부가 평화와 번영을 촉진하고 민주주의를 수호하며 인권을 존중하는 국제질서의 비전이 됐다. 이는 식민 세력이 그토록 대체하고자 했던, 중국 황제들이 호소한 우주론적 질서와 힌두교 브라만들이 정교하게 다듬은 다르마의 질서와 동등한 것이다.

이런 약속을 통해 역사를 통틀어 통치자들은 또한 시민들이 의지할 수 있는 법을 만들었다. 그리고 가장 독재적인 통치자들의 규율적인 기법에도 불구하고, 많은 평범한 사람들은 정의로운 사회질서를 만드는 법의 힘에 대한 믿음을 계속 유지해왔다. 새로운 법을 통과시키기 위해 거대한 민회에 모인 로마 시민들만 부패한 관리들의 권력을 억제하기를 바랐던 것이 아니다. 중세 프랑스 농민들은 지방법원에서야말로 영주, 심지어 자작과 주교들에게 맞설 수 있음을 재빨리 파악했다. 다게스탄 부족민은 지역 칸과 샤이크에게 대항하여 자신들의 법을 만들었다. 러시아 여행자는 자기 부족의 법이 중국, 달라이 라마, '어떤 하찮은 왕들'의 법보다 훨씬 우월하다고 주장하는 티베트 유목민에게 깊은 인상을 받았다. 그리고 하와이 민족주의자들은 식민지 침략 범죄로 미국을 '재판'하기 위해 자신들만의 법정을 세웠다.

법은 선이나 악에 대한 힘을 가지고 있지 않다. 역사를 통틀어 많은 법적 기획은 철저하게 냉소적이고 조작적이었다. 게르만 왕들은 로마 황제의 권력과 지위를 얻으려고 애썼고, 함무라비는 자비로운 이미지를 후세에 남기고 싶어 했던 무자비한 군벌 지도자였으며, 법을 만드는 사제와 그들의 기관은 종종 자신의 이익을 위해 권력과 자원을 축적했고, 권위주의적 지도자들은 자기 행동을 정당화하기 위해 주기적으로 법을 인용했으며, 현대 정부는 자신들이 실제보다 위기를 더 잘 통제하고 있음을 우리에게 보여주려고 노력한다. 문명, 역량, 인권에 대한 비전은 야망과 탐욕 또는 단순히 권력의 가림막일 수 있다. 그러나 비전과 가림막은 사람들이 그로부터 투영되는 가치를 믿을 때만 작동한다. 일단 법이 사람들이 믿는 비전을 제시하면, 법을 무시하려는 권력자들에 대해서도 사용될 수 있다. 이것이 법에 권력을 정당화하면서도 제한할 수 있는 능력을 부여하는 것이다.

법은 일단 명시적으로 만들어지면 사람들이 부패와 학대에 반대하기 위해 인용하고, 의존하며, 사용할 수 있는 규칙이다. 함무라비는 누구든지 자기 화강암에 새겨진 법을 읽고 정의를 구할 수 있어야 한다고 선언했다. 또한 이런 규칙을 무시하는 후계자에게 내려질 끔찍한 저주를 묘사했다. 그는 법의 지배를 생생하게 묘사했다. 그리고 법률 전문가들은 거의 항상 정치권력에 맞설 수 있었다. 인도의 브라만들은 왕이 정당성이 없다고 선언하기 위해 법을 언급할 정도로 강력한 다르마의 비전을 지지했다. 중세 교황은 유럽 왕의 관할권을 규정할 권한을 주장했다. 이슬람 세계에서는 카디가 강력한 칼리프의 후원을 받았지만, 무프티는 우월한 권위를 주장하며 자신들을 분리했다. 칼리프와 카디 모두 대중의 지지를 얻으려면 그들의 법적 의견을 존중해야 했다. 은둔하던 이슬람 성직자인 알리 알시스타니는 2003년 이라크 분쟁에 결정적으로 개입하여 선출된 정부를 주장했고, 이는 단순히 정부를 임명하기를 원했던 미국 당국을 당혹스럽게 했다. 유럽 식민지 개척자들은 점령한 영토를 관리하기 위한 기획에 착수하면서 고대의 법과 관습, 공정성, 정의를 거의 고려하지 않은 채 자신들만의 규칙을 적용했다. 실제로 그들은 종종 원주민들이 법의 보호 범위 밖에 있다고 규정했다. 그러나 결국 지역 엘리트들은 독립을 위한 강력한 주장에서 새로운 법과 법적 원칙을 통해 식민지 개척자들에게 대항할 수 있었다. 법이 세상에 대한 통치자의 비전을 제시하고 그의 권력을 정당화한다면, 이를 억누르거나 전복하는 데에도 활용할 수 있다.

그 때문에 인류의 역사에 걸쳐 정치권력을 행사하는 사람들과 법이 무엇인가를 선언할 권한을 주장하는 학자들과 법관들 사이에 긴장이 거듭되고 있다. 영국에서 에드워드 쿠크 경은 왕이 법을 해석할 수 없다고 선언함으로써 제임스 1세에게 도전장을 내밀었다. 그럼으로써 그는 4세기 후 대법원에 앉아 보리스 존슨 정부에 영국 의회를 정회한 것은 위법이라고 맞선 레이디 헤일(Lady Hale: 상급법원 여성 재판장에 대한 존칭 ―옮긴이)을 위한 선례를 세웠다.[02] 권력자들은 판사들이 행정 활동을 불법이라고 선언하면 안달하면서 사법부가 '권한을 넘었다'거나 '정치에 개입했다'고 암담하게 중얼거렸다. 어떤 통치자도 권력을 제약받는 것을 좋아하지 않지만, 이것은 역사가 진행되는 동안 법이 반복적으로 이용돼온 방식이다.

법은 사회적 비전을 구체적이고 명시적으로 만들어 모든 사람이 볼 수 있게 한다. 왕·종교 엘리트·공동체·국가의 약속일 수도 있고, 그들이 정당한 권력을 추구하는 수단일 수도 있다. 그러나 일단 명시적으로 표현되면, 그 비전은 고유한 생명력을 갖는다. 규칙과 판례를 공표하는 것은 규칙과 판례 자체에 고정성, 따라서 권위를 부여한다. 이것이 법이 권력의 도구이자 이에 저항하는 수단이 될 수 있는 이유다. 강압적인 통치자는 법을 자신의 뜻에 따르게 하고, 사람들을 통제하고 억압하며, 자신이 하는 일을 정당화하는 데 사용한다. 그러나 대다수 사람은 법적 구조와 절차에 접근하고 말할 수 있는 한 규칙을 인용하고, 그 규칙이 위반됐다는 것을 증명할 수 있는 사람이라면 누구든지 결국 통치자들로부터 자신의 법을 되돌릴 수 있다는 사실을 발견한다. 우리는 규칙을 무시하는 사람들의 행동에 대해 규칙을 인용할 수 있다. 독재자들은 규칙서를 찢을 수 있지만 눈에 띄지 않게 그런 행동을 할 수는 없다. 모호함, 부정확함, 비밀주의는 독재자, 마피아 두목, 폭군의 도구다.

예외는 늘 그렇듯이 중국이었다. 수 세기 동안 중국의 강력한 황제들은 자신이 정교한 법체계의 근원이자 법의 궁극적인 보호 대상이라고 주장함으로써 법의 지배를 피할 수 있었다. 그들의 성취는 사회질서가 징벌적 법을 통해 부과할 수 있는 규율에 달려 있을 뿐만 아니라 그들 자신이 하늘의 대리자라는 인식을 확립한 것이었다. 그들은 왕의 역할과 사제의 역할, 힘의 세력과 정의의 세력을 연이은 왕조를 거쳐 존속하는 형태로 결합했는데, 다른 어떤 통치자도 그렇게 성공적이거나 오랫동안 이를 모방할 수 없었다. 유럽의 왕권신수설은 수명이 매우 짧았다. 부도덕한 통치자들은 법을 폐지하거나, 판사를 해임하거나, 마드라사를 폐쇄하거나, 아야톨라 호메이니가 그랬던 것처럼 자신이 법 위에 있다고 선언했지만, 아무도 중국 통치자만큼의 성공을 거두지 못했다. 지금도 중국에서 '법치'라는 개념은 당 지도부에 대한 명시적 제약으로 작용하기보다는 정부 관료들이 국가의 규칙을 준수해야 할 의무를 함축한다.[03] 이것은 '법에 의한' 지배이지 '법의' 지배가 아니다.

법의 지배가 아무리 널리 퍼져 있고, 아무리 반복적으로 인류 역사에 걸쳐 나타났다고 하더라도 변하지 않는 것은 아무것도 없다. 문제는 법이 선을 위한 힘인지 악을 위한 힘인지, 심지어 법치의 역학이 권력의 남용을 어느 정도 성공적으로 억제할 수 있는지가 아니다. 법이 권력을 견제하는 역할을 할 수 있지만, 권력자들은 종종 그 영향을 피할 수 있기 때문이다. 오히려 문제는 법이 어떻게 작동하는지, 그리고 우리 중 누군가가 세상을 더 나은 곳으로 만들기 위해 법의 약속과 잠재력을 어떻게 이용할 수 있는지 하는 것이다. 사람들은 불공정과 불의에 대한 경험을 심리할 수 있는 주장으로 바꿔놓는 법의 능력을 인식하면서 법에 대해 거듭 믿음을 표한다. 그러나 법 자체로 세상을 바꿀 수는 없다. 정의를 보장하려면 법을 집행해야 한다. 함무라비의 법이 새겨진 석판 앞에 서 있던 메소포타미아 시민은 그가 법을 인용할 때 이를 들을 판사가 필요했다. 로마 시민들은 법이 약속한 정의를 보장하는 정치제도를 수립하기 위해 수십 년 동안 투쟁해야 했으며, 유스티니아누스가 법전을 편찬할 때까지 그런 정치적 권리는 오랫동안 상실되어 있었다. 현대 세계의 통치자들은 자신이 법의 지배를 지지한다고 확신 있게 주장하려면 판사를 존중해야 한다. 법원은 접근할 수 있어야 하고, 법은 공정해야 한다. 이것이 어떻게 달성될 수 있고 또 달성되어야 하는지는 이 책의 범위를 훨씬 넘어서는 실제적인 질문들이다. 하지만 우리 일반 시민들은 법의 지배를 요구할 필요가 있고, 이를 위해 우리는 법이 무엇인지 그리고 법이 어떻게 작동하는지 이해해야 한다.

법의 지배는 오랜 역사를 가지고 있다. 이는 지난 4000년 동안의 성과다. 그러나 이 기간은 인류의 역사에서 짧은 시간이다. 권력을 휘두르는 자들에게 맞서고 도전하는 일이 몇 번이고 나타났지만, 이는 피할 수 없는 것도, 무찌를 수 없는 것도 아니다. 승리는 우리에게 있다.

감사의 글

이 책의 지적 기원은 '옥스퍼드 리걸리즘(Oxford Legalism)' 프로젝트다. 2009년에서 2018년 사이에 다양한 전공과 기관의 동료들이 법의 본질과 역사에 대해 토론 의지를 일깨우는 논문과 사례 연구를 발표했고 4권의 책으로 펴냈다(Legalism, OUP). 이 책에서 전개한 논의의 토대가 바로 그 책들이다. 나는 그 프로젝트 중에서 폴 드레시와 주디스 셸레의 구상과 통찰에 특별한 빚을 지고 있으며 이를 지원해준 옥스퍼드의 여러 기관에 감사드린다. 그분들의 도움으로 경험적인 근거에 바탕을 둔, 가장 생산적이고 탐구적인 학문의 성과가 탄생할 수 있었다.

옥스퍼드대학교는 너그럽게도 연구년을 제공해 내가 1년 동안 원고를 쓸 수 있게 해줬고, 법사회학연구센터의 동료들은 그 기간에 내 강의와 행정 업무를 도와줬다. 내게 베풀어준 배려와 친절에 감사드린다.

새로운 방향으로 나아가고 새로운 독자들에게 다가가고자 집필을 시작했지만 상당히 벅찬 일이었고, 여러 친구의 격려에 크게 의존했다. 특히 사변에 불과하던 내 생각이 그럴듯한 출판 기획안으로 만들어지는 데 도움을 준 닐 암스트롱, 닉 스타가트, 앤드루 포스트, 로

즈메리 캐머런, 마크 로즈만에게 감사를 표한다.

중요한 사실은 나의 에이전트이자 그의 이름만큼 훌륭한 크리스 웰비러브가 나의 출판 기획안에 선뜻 고개를 끄덕였다는 것이다. 그는 이 책의 잠재력을 대번에 알아봤고, 강단의 학자가 전업 작가가 되는 어려운 과정을 기꺼이 도와줬다. 특히 그는 두 명의 훌륭한 편집자인 에드 레이크와 브라이언 디스텔버그를 설득해서 이 책을 맡게 해줬다. 볼품없던 초고가 세 사람의 전문적인 안내로 놀랍도록 개선됐다. 제목을 정하는 건 정말 까다로운 문제였는데, 제목에 관해 우리는 아마도 다른 모든 것을 합친 것보다 더 많은 이메일을 주고받았을 것이다. 이 세 사람의 수고를 두고두고 잊지 못할 것이다.

많은 친구와 동료가 시간을 내어 초안을 읽고 상세하고도 전문적인 조언을 해줬으며, 종종 심각한 오류와 누락으로부터 나를 구해줬다. 여전히 남아 있는 오류가 있다면 전적으로 내 책임이다. 앤드루 포스트, 길리어드 쿠퍼, 데이비드 겔너, 마이클 로번은 서로 다른 시기에 서문과 결론에 대해 통찰력 있는 평가와 제안을 해줬다. 울리히 보르헤스는 초기 유대법에 대해, 데이비드 겔너는 힌두교 사회에 대해, 어니스트 콜드웰은 초기 중국에 대해, 크리스천 사너는 이슬람 사회에 대해, 톰 램버트는 앵글로색슨법에 대해, 앨리스 리오는 중세 유럽에 대해, 마리나 쿠르크치얀은 초기 루스에 대해, 제임스 매코미시는 중세 영국에 대해, 주디스 셸레는 현대 이슬람에 대해 조언을 해줬다. 특히 내가 로마법의 역사를 26페이지로 압축하려고 시도한 것을 수정하고 개선해준 조지 캔터와 근대 초기 유럽에 관한 장에서 영웅적인 작업을 해준 마이크 맥네어를 언급해야 한다. 이들이 나의 동료이자 친구라는 점에서 무한한 행복을 느낀다.

이 원고는 카일 깁슨이 세심하게 편집한 덕을 크게 봤는데, 깁슨은 원고를 개선할 통찰력 있는 제안과 함께 '멋집니다'와 '와우!'를 아낌없이 적어주어서 큰 격려가 됐다. 샌드라 아세르손은 많은 이미지의 출처를 효율적으로 명시하기 위해 즉각적으로 관여해줬다. 이들과 함께 일하게 된 것은 큰 기쁨이었다.

닉 스타가트는 처음부터 끝까지 함께해줬다. 그는 이 원고를 처음부터 끝까지 읽은 몇 안 되는 사람 중 하나이며, 여전히 매우 귀중한 조언을 해주고 있다.

마지막으로, 이 책을 쓰면서 감히 어깨를 나란히 한 학자들의 수고를 빼놓을 수 없다. 이전 시대를 살다 간 사람이나 사회, 법에 대해 지금 내가 가지고 있는 지식을 만들어낸 수십 년의 학문적 성과 덕분에 동양과 서양, 과거와 현재를 누비며 사고의 지평을 넓힐 수 있었다. 그저 신비롭게만 보이는, 단편적이고 불명확한 고대 문헌을 고고학적 맥락에서 풀어준 이들을 가장 먼저 언급하고 싶다. 별다른 보상도 없는 이 힘겨운 작업을 해준 이들이 있었기에 내가 한 걸음을 더 내디딜 수 있었다. 또 다른 학자들은 전 세계의 사건에 대한 통찰력 있는 분석을 제공하면서 최근의 법적 발전에 대해 우리에게 말해주기 위해 산더미 같은 증거를 파고들었다. 이 책에 언급된 많은 문헌은 고고학, 고전학, 역사학, 고대 언어학 분야의 전공 및 내가 속한 인류학 분야에서 생산됐다. 인문학에 대한 자금 지원은 끊임없이 압박받고 있고(인류학도 큰 차이 없다), 이 중요한 학문은 암묵적으로 평가절하되고 있다. 전공학부가 폐지될 때마다 우리는 살아남은 위태로운 자원들로부터 과거에 대해 배울 기회를 잃을 위험이 있다. 이 책은 옥스퍼드의 동양연구소를 비롯해 여전히 가장 어려운 역사적 자료들과 씨름할 준비가 되어 있는 학자들에게 바치는 찬사다. 참고 문헌에서 그들을 언급하는 것만으로는 부족하고, 무한한 감사와 존경의 마음을 전한다.

옮긴이의 글

이 책은 최근 4000년의 인류 역사 속에서 법의 지배가 문명과 어떻게 연관을 맺어왔는지 보여준다. 그런 만큼 시간적, 공간적으로 넓은 범위를 다루고 있다. 특히 우리에게 비교적 친숙한 서유럽이나 미국, 중국에 관한 내용뿐 아니라 동유럽, 서아시아, 중앙아시아에 이르기까지 전 세계 각지의 법을 검토한다. 이를 통해 저자는 구체적 형태와 지향점은 다를지라도 인류가 역사를 거쳐오면서 시간과 공간을 초월해서 법의 지배를 확립해왔음을 보여준다.

법은 우리 사회에서도 항상 관심이 집중되는 주제다. 뉴스를 보면 우리 사회에서 일어나는 많은 일이 법과 연관돼 있음을 알 수 있다. 특히 간접적 연관성까지 생각한다면 법과 무관한 일을 찾기가 오히려 어려울 것이다. 비단 사회문제로 넓히지 않더라도 우리가 매일 매 순간 살아가는 일상 역시 알게 모르게 법의 영향을 받는다. 오늘날에는 죄를 지은 사람을 제재하는 형사법이나 사인 간 분쟁을 해결하는 민사법에 국한되지 않고 각종 행정 법률이 우리 일상을 둘러싼 크고 작은 사항들을 세세하게 규정한다. 이런 사실을 고려하면 '법 없이도 살 사람'이라는 관용어구가 무색하게 법 없이 살 수 있는 사람은 아무도 없다는 점을 실감하게 된다.

이 책은 폭넓은 시간과 공간의 법을 다룬다는 점이 큰 강점이지만, 내가 생각하기에 더욱 두드러지는 강점은 현대사회를 살아가는 우리가 기존에 '법'이라고 잘 인식하지 않았던 영역을 '법'의 틀로 풀어낸다는 데 있다. 예컨대 11장에서 저자는 우리에게는 전근대적이고 엉뚱하다고도 여겨지는 서약과 시죄를 오늘날의 배심제, 증거법 등과 마찬가지로 진실을 판단하기 위한 대안적 방법으로 서술함으로써 법적 절차의 하나로 제시했다. 즉, 수단 남부 아잔데 지역의 독물 시죄나 아이슬란드의 잔디 시죄를 그냥 우스꽝스러운 타 문화로 바라보는 데 그치는 것이 아니라, 인류가 사실관계가 불분명한 법적 분쟁에서 사실을 어떻게 확정하고 법의 지배를 어떻게 확립할지에 대한 고민 끝에 내놓은 문화적 산물로 바라볼 수 있도록 새로운 시선을 제공한 것이다.

그뿐 아니라 저자는 현대사회에서도 국가법뿐 아니라 이를 넘어선 영역의 법에도 초점을 맞췄다. 그 초점은 크게 하위 공동체 단위의 법과 국제적 단위의 법 두 가지로 나누어 볼 수 있다. 예를 들어, 15장에서 저자는 오늘날 세계질서를 주도하는 미국 사회에서도 뉴욕의 다이아몬드 상인들과 같이 국가법만이 아닌 자체적 법으로 분쟁을 해결하고 법치를 확립하는 하위 공동체들이 존재한다는 점을 보여준다. 또한 16장에서는 각종 분야의 국제법을 다룬다. 흔히 전통적 의미의 '국제법'이라고 인식하는 국제사법, 국제형사법 등의 분야뿐 아니라 국제축구연맹(FIFA)의 국제 축구 규칙과 같은 스포츠 규범도 법의 틀 안에서 묘사한다. 이와 같은 조직 내규나 국제적 규범을 '법'이라고 부를 수 있을까 하는 의문이 들 수도 있겠지만, 저자의 서술을 찬찬히 따라가다 보면 이들과 국가법이 크게 다르지 않다는 걸 알 수 있다. 즉, 세계 각지의 사람들은 어떤 층위에서건 사회질서를 확립하고 사회적 비전을 제시하는 법의 지배를 발전시켜온 것이다.

우리가 이 책을 읽는 지금도, 우리 각자가 속한 시공간에서 여러 층위의 법이 문명의 지도를 계속 그려가고 있다. 지난 4000년의 역사를 통틀어 법이 문명의 지도를 어떻게 그려왔는지를 돌아봄으로써 오늘날 우리를 둘러싸고 있는 법적 환경을 더욱 깊고 다양한 관점으로 새롭게 바라볼 수 있게 될 것으로 생각하며, 이 책이 그런 즐거움을 제공했기를 바란다.

주석

서문

01. 읽기 쉬운 동시대의 기록으로 Glen Ames, *Em nome de deus: the journal of the first voyage of Vasco da Gama to India, 1497-1499*, Leiden: Brill, 2009를 보라. 캘리컷은 오늘날의 인도 코지코드(Kozhikode)다.
02. 모세오경의 저술에 대해 상당한 논쟁이 있지만, 필자들은 분명히 이전 자료를 참고했을 것이다. John Barton, *A history of the Bible: the book and its faiths*, London: Allen Lane, 2019, 1장을 보라.
03. 규칙들은 레위기 9장과 신명기 14장에 기술되어 있다.
04. 질문은 Mary Douglas, *Purity and danger: an analysis of the concepts of pollution and taboo*, London: Routledge and Kegan Paul, 1966(메리 더글러스, 유제분 옮김, 『순수와 위험』, 현대미학사, 1997) 중 'The abominations of Leviticus(레위기에 있어서 기피)'에 등장한다.
05. 아우렐 스타인은 자신의 탐험과 발견에 관해 *Ruins of desert Cathay: personal narrative of explorations in Central Asia and westernmost China*, London: Macmillan, 1912에서 서술한다. 둔황의 석굴이 봉인된 이유는 아직 명확하지 않다.
06. 이 텍스트는 Brandon Dotson, 'Divination and law in the Tibetan Empire', in M. Kapstein and B. Dotson(eds), *Contributions to the cultural history of early Tibet*, Leiden: Brill, 2007; Fernanda Pirie, 'Oaths and ordeals in Tibetan law', in D. Schuh (ed.) *Secular law and order in the Tibetan Highland*, Andiast, Switzerland: International Institute for Tibetan and Buddhist Studies, 2015에서 논의된다.
07. 이는 인류학자 클리퍼드 기어츠에게 빌려온 것이다. 기어츠는 종교를 '사회에 관한' 모델이 아닌 '사회를 위한' 모델을 제공하는 '문화 체계'로 묘사한다. Cliford Geertz, *The interpretation of cultures*, New York: Basic Books, 1973(클리퍼드 기어츠, 문옥표 옮김,

『문화의 해석』, 까치, 2009)을 보라.

08. Pauline Maier, *American scripture: making the Declaration of Independence*, New York: Knopf, 1997.

09. 예를 들어 Kay Goodall, 'Incitement to racial hatred: all talk and no substance?', *Modern Law Review* 70: 89-113, 2007; Secret Barrister, *Fake law: the truth about justice in an age of lies*, London: Pan Macmillan, 2020을 보라.

10. Sandra Lippert, 'Law (definitions and codification)', in E. Frood and W. Wendrich (eds), *UCLA Encyclopedia of Egyptology*, Los Angeles, 2012, https://escholarship.org/uc/item/0mr4h4fv; Christopher Eyre, *The use of documents in Pharaonic Egypt*, Oxford University Press, 2013을 보라.

11. Eyre, *The use of documents*, 9, 15.

1장

01. Martha T. Roth, *Law collections from Mesopotamia and Asia Minor*, Atlanta: Scholars Press, 1995, 16-17.

02. 배경을 참고하려면, Amanda H. Podamy, *The ancient Near East: a very short introduction*, Oxford University Press, 2014를 보라.

03. Podamy, *Ancient Near East*, 33.

04. Jerrold S. Cooper, *Sumerian and Akkadian royal inscriptions*, vol. 1, New Haven, CT: American Oriental Society, 1986.

05. 신들의 예언자가 후에 짐리-림에게 지시한 기록에 관하여는, Roth, *Law collections*, 5.

06. 함무라비의 법은 Roth, *Law collections*, 71-142; Jean Bottéro, *Mesopotamia: writing, reasoning, and the gods*에 제시, 분석되어 있다. 영문 번역본은 Z. Bahrani and M. Van De Mieroop, Chicago: University of Chicago Press, 1992; M. E. J. Richardson, *Hammurabi's laws: text, translation, glossary*, Sheffield, UK: Sheffield Academic Press, 2000에서 찾아볼 수 있다(이 책 본문의 한국어 번역은 채홍식, 『고대 근동 법전과 구약성경의 법』, 한님성서연구소, 2008을 참고했다 — 옮긴이).

07. David Graeber, *Debt: the first 5000 years*, New York: Melville House, 2011, 214-17(데이비드 그레이버, 정명진 옮김, 『부채, 첫 5000년의 역사』, 부글북스, 2021)을 보라.

08. Roth, *Law collections*, 133-42.

09. 『함무라비법전』 제59, 60조.

10. 『함무라비법전』 제48조.

11. 『함무라비법전』 제135조.

12. 『함무라비법전』 제170조.

13. Sophie Démare-Lafont, 'Law I', in *Encyclopedia of the Bible and its reception*, vol. 15,

Berlin: de Gruyter, 2017; Bernard S. Jackson, *Wisdom laws: a study of the Mishpatim of Exodus* 21:1-22:16, Oxford University Press, 2006, 12n50.

14. 『함무라비법전』 제1, 6, 14, 129조. 예를 들어, '사람이 타인의 미성년 자녀를 훔쳤으면, 그를 죽인다'(법 제14조), '만약 (도난당한 물품의) 원소유주가 해당 물품의 소유에 대한 증인을 데려오지 아니한 경우, 그는 거짓 증언을 한 것이므로 그를 죽인다'(법 제11조).
15. 『함무라비법전』 제195-201조.
16. 『함무라비법전』 제215-217조.
17. 『함무라비법전』 제218-220조.
18. 『함무라비법전』 제278조.
19. 『함무라비법전』 제206조.
20. 『함무라비법전』 제266-267조.
21. Sophie Démare-Lafont, 'Judicial decision-making: judges and arbitrators', in K. Radner and E. Robson (eds), *The Oxford handbook of cuneiform culture*, Oxford University Press, 2011, 335-57.
22. Roth, *Law collections*, 213ff.
23. Roth, *Law collections*, 153ff.
24. Hannah Harrington, 'Persian law', in B. A. Strawn (ed.) *The Oxford encyclopedia of the Bible and law*, Oxford University Press, 2015.
25. 초기 아테네와 그 법에 대해서는 A. Andrews, 'The growth of the Athenian state', in J. Boardman and N. G. L. Hammond (eds), *The Cambridge ancient history*, 2nd ed. vol. 3, pt. 3, Cambridge University Press, 1982를 참고하라.
26. Raymond Westbrook, 'Barbarians at the gates: Near Eastern law in ancient Greece', in Westbrook, *Ex Oriente Lex: Near Eastern influences on Ancient Greek and Roman law*, ed. D. Lyons and K. Raaflaub, Baltimore: Johns Hopkins University Press, 2015.
27. 일반적인 배경에 관하여는 John Barton, *A history of the Bible: the book and its faiths*, London: Allen Lane, 2019; Michael Coogan, *The Old Testament: a very short introduction*, Oxford University Press, 2008(마이클 쿠건, 박영희 옮김, 『구약: 문헌과 비평』, 비아, 2017)을 보라.
28. 학자들은 모세오경의 기원과 다른 판본들 사이의 관계에 대해 광범위한 논쟁을 벌여왔다. Barton, *History of the Bible*, ch. 1을 보라.
29. 출애굽기 19~23장. 신명기 12~26장은 유사한 법들을 포함하고 있는 새로운 버전인 것으로 보이며, 아마도 기원전 7세기에 요시야(Josiah)가 쓴 것으로 보인다.
30. 출애굽기 21:1~2, 4(번역은 새번역 성경을 기반으로 함—옮긴이).
31. 출애굽기 21:1~22:16. 본문은 별도의 조항을 구분하지 않는다. 신명기에 있는 더 장황한 법들조차도 『함무라비법전』보다 훨씬 짧다.
32. Barton, *History of the Bible*, 84.
33. 이 분석은 주로 Jackson, *Wisdom laws*에 기반을 두고 있다. 잭슨이 논한 바와 같이, 다른

학자들은 법의 기원, 용도, 중요성에 대해 다른 견해를 가지고 있다.

34. 출애굽기 21:23~25.
35. 레위기 25:39~46.
36. 『함무라비법전』 제196~200조.
37. David P. Wright, *Inventing God's law: how the covenant code of the Bible used and revised the laws of Hammurabi*, New York: Oxford University Press, 2009.
38. 이 토론에서 저자는 주로 Jackson, *Wisdom laws*를 따르고 이로부터 논의를 발전시킨다.
39. 일부 학자는 충성의 맹세에 관한 신명기의 일부 구절이 아시리아의 조약에 근거했다고 생각한다. Jeremy M. Hutton and C. L. Crouch, 'Deuteronomy as a translation of Assyrian treaties', *Hebrew Bible and Ancient Israel* 7: 201-52, 2018을 보라.

2장

01. 이 장 전체에 걸친 역사적 세부 사항은 drawn from Romila Thapar, *From lineage to state: social formations of the mid-first millennium BC in the Ganga Valley, Bombay*: Oxford University Press, 1984; Hermann Kulke and Dietmar Rothermund, *A history of India*, London: Routledge, 1986; Richard Gombrich, *Theravada Buddhism: a social history from ancient Benares to modern Colombo*, London: Routledge and Kegan Paul, 1988; *Wendy Doniger, The Hindus: an alternative history*, Oxford University Press, 2009에서 가져온 것이다.
02. Thapar, *From lineage to state*, 24.
03. Thapar, *From lineage to state*, 104.
04. Kulke and Rothermund, *History of India*, 44.
05. Kulke and Rothermund, *History of India*, 40.
06. Patrick Olivelle, 'Dharma´sāstra: a textual history', in Timothy Lubin, Donald R. Davis, and Jayanth K. Krishnan (eds), *Hinduism and law: an introduction*, Cambridge University Press, 2010.
07. 이 절의 세부 사항은 주로 Kulke and Rothermund, *History of India*, 53, and Thapar, *From lineage to state*, ch. 5에 기초한다.
08. Olivelle, 'Dharmaśāstra'; Albrecht Wezler, 'Dharma in the Veda and the Dharmaśāstras', *Journal of Indian Philosophy* 32: 629-54, 2004.
09. 아르타샤스트라에 관하여는 Timothy Lubin, 'Punishment and expiation: overlapping domains in Brahmanical law', *Indologica Taurinensia* 33: 93-122, 2007, at pp. 99-102; Kulke and Rothermund, *History of India*, 63-64를 참조하라.
10. Patrick Olivelle, 'Manu and the Arthaśāstra: a study in Śāstric intertextuality', *Journal of Indian Philosophy* 32: 281-91, 2004.

11. Olivelle, 'Dharmaśāstra'.
12. D. R. Davis, Jr, 'A historical overview of Hindu law', in Lubin et al., *Hinduism and law*.
13. Doniger, *The Hindus*, ch. 12.
14. 다르마수트라와 다르마샤스트라에 관해서는 Patrick Olivelle, with the editorial assistance of Suman Olivelle, *Manu's code of law: a critical edition and translation of the Mānava-Dharmaśāstra*, South Asia Research, Oxford University Press, 2004; Olivelle, 'Dharmaśāstra'; Robert Lingat, *The classical law of India, trans*. D. Derrett, Berkeley: University of California Press, 1973을 참조하라.
15. On brahminical ideology, see Gombrich, *Theravada Buddhism*, ch. 2.
16. The code is presented and analysed by Olivelle in Manu's code. Another translation can be found in Oxford University Press's World Classics series, *The law code of Manu*, 2004(법전의 한국어 번역은 '이재숙, 이광수, 『마누법전』, 한길사, 1999'에서 찾을 수 있다—옮긴이).
17. 다르마샤스트라에 대한 분석은 Olivelle, *Manu's code and 'Dharmśastra'*와 Donald R. Davis, Jr, *The spirit of Hindu law*, Cambridge University Press, 2010에 기초한다.
18. Olivelle, *Manu's code* (8.47-343).
19. Olivelle, *Manu's code* (8:143-44).
20. 중세 인도의 법적 관행은 Donald R. Davis Jr, 'Centres of law: duties, rights, and jurisdictional pluralism in medieval India', in P. Dresch and H. Skoda (eds), *Legalism: anthropology and history*, Oxford University Press, 2012; Donald R. Davis Jr, 'Intermediate realms of law: corporate groups and rulers in medieval India', *Journal of the Economic and Social History of the Orient* 48: 92-117, 2005; Bajadulal Chattopadhyaya, '"Autonomous spaces" and the authority of the state: the contradiction and its resolution in theory and practice in early India', in B. Kölver (ed.) *Recht, Staat und Verwaltung im klassischen Indien*, Munich: R. Oldenbourg Verlag, 1997을 참조하라.
21. Olivelle, 'Dharmaśāstra', 44-45.
22. Lubin, 'Punishment and expiation', 107-8.
23. Davis, *Spirit of Hindu law*, 117.
24. Olivelle, *Manu's code*, 41.
25. Sheldon Pollock, *The language of the gods in the world of men: Sanskrit, culture, and power in premodern India*, Berkeley: University of California Press, 2006, 67-68.
26. Pollock, *Language of the gods*, 255-56.
27. Gombrich, *Theravada Buddhism*, 37
28. Olivelle, *Manu's code*, 169-74.
29. Donald R. Davis, Jr, 'Recovering the indigenous legal traditions of India: classical Hindu law in practice in late medieval Kerala', *Journal of Indian Philosophy* 27: 184-

91, 1999.

30. Lubin, 'Punishment and expiation', 111-14; Ananya Vajpey, 'Excavating identity through tradition: Who was Shivaji?', in S. Saberwal and S. Varma (eds), *Traditions in Motion*, Oxford University Press, 2005.
31. Richard W. Lariviere, 'A Sanskrit jayapattra from 18th century Mithilā', in R. W. Lariviere (ed.) *Studies in dharmaśāstra*, Calcutta: Firma KLM, 1984, 49-65.
32. Bajadulal Chattopadhyaya, 'Autonomous spaces'.
33. 반제리에 대해서는 Davis, 'Recovering the indigenous legal traditions'를 참조하라.
34. Davis, 'Recovering the indigenous legal traditions', 167.
35. 금욕에 대해서는 Whitney M. Cox, 'Law, literature, and the problem of politics in medieval India', in Lubin et al., *Hinduism and law*를 참조하라.
36. 시바지는 Vajpey, 'Excavating identity'에서 논의된다.
37. Olivelle, *Manu's code* (10.74-80, 11.55-124).
38. 이 단락과 다음 단락은 주로 Davis, 'Recovering the indigenous legal traditions'에 기초한다.
39. Lubin et al., *Hinduism and law*, 3.
40. Doniger, *The Hindus*, 325.
41. Ananya Vajpey, 'Śudradharma and legal treatments of caste', in Lubin et al., *Hinduism and law*.
42. J. D. M. Derrett, 'Two inscriptions concerning the status of Kammalas and the application of Dharmaśāstra', in J. Duncan Derrett (ed.) *Essays in classical and modern Hindu law*, vol. 1, Leiden: Brill, 1976.
43. Davis, 'Recovering the indigenous legal traditions', 197-98.
44. 이 부분은 Lingat, *The classical law of India*, 267-70에 기초한다.
45. Clifford Geertz, 'Local knowledge: fact and law in comparative perspective', in *Local knowledge*, New York: Basic Books, 1983, 200, 인용문이 소폭 수정됐다.

3장

01. 일반적인 역사적 세부 사항은 Morris Rossabi, *A history of China*, Chichester, UK: Wiley Blackwell, 2014를 기반으로 한다.
02. 상나라의 사회 및 정치구조에 관해서는 Yongping Liu, *Origins of Chinese law: penal and administrative law in its early development*, Hong Kong: Oxford University Press, 1998, 22-29를 참조하라.
03. 강고는 이 시기의 자료를 기반으로 한다고 주장되는 문서 모음에서 살아남았다. 학자들은 강고가 당시 중국 귀족의 견해를 대표한다고 생각한다. Li Liu, *Origins of Chinese law*, 43, 122-24; Geoffrey MacCormack, 'Law and punishment in the earliest Chinese

thought', *Irish Jurist* 20: 335-51, 1985. 원문은 James Legge, *The Chinese classics*, vol. 3, Hong Kong: Hong Kong University Press, 1960, 48을 참조하라.

04. 청동 비문에 관해서는 Laura Skosey, 'The legal system and legal traditions of the Western Zhou (ca. 1045-71 B.C.E.)', PhD diss., University of Chicago, 1996을 참조하라.
05. Liu, *Origins of Chinese law*, 50-52.
06. 주나라 시대와 그 법에 관해서는 Ernest Caldwell, 'Social change and written law in early Chinese legal thought', *Law and History Review* 32: 1-30, 2014; Ernest Caldwell, *Writing Chinese laws: the form and function of legal statutes found in the Qin Shuihudi corpus*, London: Routledge, 2018; Liu, *Origins of Chinese law*, ch. 5를 참조하라.
07. 이 시기에 대해 우리가 아는 것의 대부분은 위대한 학자 공자가 쓴 것이라고 여겨지는 다소 간결한 실록에 대한 주석서에서 발견된다. 전국시대 중후반(기원전 403~221)에 그의 제자 중 한 명이 쓴 주석서 『춘추좌씨전』은 후기의 태도와 사상을 반영하지만, 그것으로부터 우리는 주나라의 사상에 대한 많은 세부 사항을 수집할 수 있다. Caldwell, 'Social change', 5-6; Liu, *Origins of Chinese law*, 128-38을 참조하라(좌구명, 장세후 옮김, 『춘추좌전』 상·중·하, 을유문화사, 2013·2017·2018; 좌구명, 임동석 옮김, 『춘추좌전』 1·2, 올재클래식스, 2020; 정태현, 『역주 춘추좌씨전』 1~8, 전통문화연구회, 2002~2009; 문선규 옮김, 『춘추좌씨전』 상·중·하, 명문당, 2009; 신동준 옮김, 『춘추좌전』 1~3, 한길사, 2006; 남기현 옮김, 『춘추좌전』 상·중·하, 자유문고, 2003 등을 참조하라—옮긴이).
08. 공자에 관해서는 Caldwell, *Writing Chinese laws*, ch. 2를 참조하라.
09. Caldwell, 'Social change', 20.
10. Caldwell, 'Social change', 14-18.
11. 진나라와 상앙의 작품으로 알려진 『상군서』에 관해서는 Caldwell, *Writing Chinese laws*, ch. 3; Liu, *Origins of Chinese law*, ch. 6, esp. 175-77을 참조하라.
12. Ulrich Lau and Thies Staack, *Legal practice in the formative stages of the Chinese Empire: an annotated translation of the exemplary Qin criminal cases from the Yuelu Academy collection*, Leiden: Brill, 2016.
13. Lau and Staack, Legal practice, 특히 27-45의 사례와 주석을 참조하라.
14. 관리들이 왜 문자와 함께 묻혔는지에 대한 논쟁이 계속되고 있다. Anthony J. Barbieri-Low and Robin D.S. Yates, *Law, state, and society in early imperial China: a study with critical edition and translation of the legal texts from Zhangjiashan tomb numbers 247*, Leiden: Brill, 2015, 107-9를 참조하라.
15. Lau and Staack, *Legal practice*, 174-87.
16. 이것들은 방패나 갑옷으로 표현됐지만 실제로는 리예(里耶)에서 발견된 문서에서 알 수 있듯이 다른 상품이나 돈으로 대체됐다. 이 사실에 대해 어니스트 콜드웰(Ernest Caldwell)에게 감사드린다.
17. Lau and Staack, *Legal practice*, 188-210.

18. 이 시기와 그 법에 관해서는 Barbieri-Low and Yates, *Law, state, and society*를 참조하라.
19. Barbieri-Low and Yates, *Law, state, and society* 참조.
20. Barbieri-Low and Yates, *Law, state, and society*, 99-100.
21. Barbieri-Low and Yates, *Law, state, and society*, 100-101.
22. 한나라와 수나라의 법에 관해서는 Geoffrey MacCormack, 'The transmission of penal law from the Han to the Tang', *Revue des droits de l'antiquité* 51: 47-83, 2004를 참조하라.
23. MacCormack, 'Transmission', 54-55.
24. MacCormack, 'Transmission', 73-74.
25. For a translation of, and commentary on, the code, see Wallace Johnson, *The T'ang Code*, 2 vols., Princeton, NJ: Princeton University Press, 1979-1997(법전의 번역과 주석에 관해서는 김택민, 『당률총론: 총론·명례편』, 경인문화사, 2021; 김택민, 『당률각론 1: 황제·국가법익편』, 경인문화사, 2021; 김택민, 『당률각론 2: 사회·개인법익편』, 경인문화사, 2021 참조—옮긴이).
26. 학자들은 이를 30~40퍼센트로 추정했다. Derk Bodde and Clarence Morris, *Law in Imperial China: exemplified by 190 Ch'ing Dynasty cases (translated from the Hsing-an hui-lan)*, Cambridge, MA: Harvard University Press, 1967.
27. Philip Huang, 'The past and present of the Chinese civil and criminal justice systems: the Sinitic legal tradition from a global perspective', *Modern China* 42: 227-72, 2016.
28. 법적 관행에 관해서는 Philip Huang, *Civil justice in China: representation and practice in the Qing*, Stanford, CA: Stanford University Press, 1996을 참조하라.
29. 이것은 특히 후진타오 정권의 경우였고, 시진핑은 법의 사용을 확대하도록 장려했다. Taisu Zhang and Tom Ginsburg, 'China's turn toward law', *Virginia Journal of International Law* 59: 277-361, 2019 참조.
30. Jérôme Bourgon, 'Chinese law, history of, Qing dynasty', *The Oxford international encyclopedia of legal history*, Oxford University Press, 2009, 176.

4장

01. 초기 로마에 관해서는 Tim Cornell, *The beginnings of Rome: Italy and Rome from the Bronze Age to the Punic Wars (c. 1000-264 BC)*, London: Routledge, 1995; Kathryn Lomas, *The rise of Rome: from the Iron Age to the Punic Wars (1000-264 BC)*, London: Profile Books, 2017을 참조하라. Readable general histories are offered by Mary Beard, *SPQR: a history of ancient Rome*, London: Profile Books, 2015; *Robin Lane Fox, The classical world: an epic history of Greece and Rome*, London: Folio Society, 2013(메리 비어드, 김지혜 옮김, 『로마는 왜 위대해졌는가』, 다른, 2020).

02. 초기 로마 신전에 관해서는 Charlotte R. Potts, 'The development and architectural significance of early Etrusco-Italic podia', *BABESCH* 86: 41-52, 2011을 참조하라.
03. 귀족과 평민이라는 두 계급으로의 결정화는 점진적으로 이루어지긴 했지만, 그 기원은 이 시기의 부유한 정치 엘리트와 새로 형성된 평민 집단 사이의 대립에 있었다.
04. R. Westbrook, 'The nature and origins of the twelve tables', *Zeitschrift der Savigny-Stiftung für Rechtsgeschichte* 105: 74-121, 1988은 이탈리아로 건너온 페니키아인들의 무역 및 외교사절을 통해 그리스 법전이 아닌 메소포타미아 법전의 영향을 크게 받았음을 주장한다. 사안법적 형태는 확실히 비슷하다.
05. 본문은 M. H. Crawford, *Roman statutes*, vol. 2, London: Institute of Classical Studies, School of Advanced Study, University of London, 1996을 참조하라(최병조, <십이표법(대역)>, 《서울대학교 법학》 32호, 1991, pp. 157~176도 참조—옮긴이).
06. 십이표법에 관해서는 Elizabeth A. Meyer, *Legitimacy and law in the Roman world*, Cambridge University Press, 2004, 26도 참조하라.
07. 특히 Richard E. Mitchell, *Patricians and plebeians: the origin of the Roman state*, Ithaca, NY: Cornell University Press, 1990을 참조하라.
08. 초기 법률 제정에 관해서는 David Ibbetson, 'Sources of law from the Republic to the Dominate', in D. Johnston (ed.) *The Cambridge companion to Roman law*, New York: Cambridge University Press, 2015를 참조하라.
09. Seth Bernard, 'Debt, land, and labor in the early Republican economy', *Phoenix* 70: 317-38, 2016.
10. Lomas, *Rise of Rome*, ch. 9.
11. Bernard, 'Debt, land, and labor'.
12. 이 사실은 단일 출처에 근거하여 많은 논란이 있지만, 몇몇 학자는 그럴 가능성이 있다고 생각한다. Cornell, *Beginnings of Rome*, 247-28; Seth Bernard, *Building mid-republican Rome: labor, architecture, and the urban economy*, Oxford University Press, 2014, 123-24를 참조하라.
13. Alan Watson, *Law making in the later Roman Republic*, Oxford: Clarendon Press, 1974, ch. 2.
14. Philip Kay, *Rome's economic revolution*, Oxford University Press, 2014, 10, 327.
15. 이것은 호르텐시우스법(Lex Hortensia)이었다. Lomas, *Rise of Rome*, ch. 14를 참조하라.
16. 로마의 법적 관행에 관해서는, 비록 초기 로마에 관한 것과 마찬가지로 아래 문헌들의 결론 중 일부는 논쟁의 대상이 되지만, Richard A. Bauman, *Crime and punishment in ancient Rome*, London: Routledge, 1996; Alan Watson, *The spirit of Roman law*, Athens: University of Georgia Press, 1995, 3을 참조하라.
17. 교황에 관해서는 Alan Watson, *The evolution of Western private law*, Baltimore: Johns Hopkins University Press, 1985, 22를 참조하라.
18. Watson, *Evolution*, 5-6, ch. 1.

19. 일반적으로 Andrew Lintott, *The constitution of the Roman Republic*, Oxford University Press, 1999를 참조하라.
20. Callie Williamson, *The laws of the Roman people: public law in the expansion and decline of the Roman Republic*, Ann Arbor: University of Michigan Press, 2005, ch. 3.
21. Williamson, *Laws of the Roman people*, xii-xiii.
22. Cornell, *The beginnings of Rome*, 342에서 말하듯이, 로마 초기에 로마는 독점적인 귀족제에서 경쟁적인 과두정치로 발전했다.
23. 폴리비오스는 로마 헌법에 그리스 정치 이론을 적용했고 그의 설명은 도식적이었지만, 그는 '민중'이 부패한 정권을 타도하고 보다 민주적인 헌법이 발흥케 하는 데 중요한 역할을 한다고 확신했다. F. W. Walbank, 'A Greek looks at Rome: Polybius VI revisited', in his *Polybius, Rome and the Hellenistic world: essays and reflections*, Cambridge University Press, 2002; Lintott, Constitution, chs. 3 and 12를 참조하라.
24. 폴리비오스의 설명에 따르면 그들은 매년 35톤을 생산했다. Kay, *Rome's economic revolution*, ch. 3.
25. Beard, *SPQR*, 199(비어드, 『로마는 왜 위대해졌는가』, p. 245).
26. 법은 Williamson, *Laws of the Roman people*, Appendix C에 나와 있다.
27. 이 사건은 Watson, *Law making*, 7-8에 기술되어 있다.
28. 법무관과 그들의 활동에 관해서는 Lomas, *Rise of Rome*, 296-97; Bruce W. Frier, *The rise of the Roman jurists: studies in Cicero's 'pro Caecina'*, Princeton, NJ: Princeton University Press, 1985, ch. 2; T. Corey Brennan, *The praetorship in the Roman Republic*, Oxford University Press, 2000; Watson, *Law making*, chs. 3-5를 참조하라.
29. 가장 오래된 것으로 알려진 칙령은 기원전 213년으로 거슬러 올라간다. Watson, *Law making*, 1.
30. 이것은 아에부타우스법(Lex Aebutia)으로 확인됐다. Anna Tarwacka, 'Lex Aebutia', in the *Oxford classical dictionary*, 5th ed. Oxford University Press, 2019.
31. 법적 절차에 관해서는 Frier, *Rise of the Roman jurists*, 64-65, ch. 5; A. H. J. Greenridge, *The legal procedure of Cicero's time*, Oxford: Clarendon Press, 1901을 참조하라.
32. Frier, *Rise of the Roman jurists*, 59-62.
33. Lintott, *Constitution of the Roman Republic*, ch. 9; A. N. Sherwin-White, 'The *Lex Repetundarum* and the political ideas of Gaius Gracchus', *Journal of Roman Studies* 72: 18-31, 1982.
34. Derek Roebuck and Bruno de Loynes de Fumichon, *Roman arbitration*, Oxford: Holo Books, 2004, ch. 5.
35. Frier, *Rise of the Roman jurists*, 157.
36. Cicero, *Topica* 65; Watson, *Law making*, 103(키케로, 양태종 옮김, 『화술과 논증』, 유로서적, 2006).

37. Watson, *Law making*, 103.
38. Frier, *Rise of the Roman jurists*, 158-60, ch. 4.
39. Watson, *Law making*, 117-22.
40. 키케로가 베레스를 기소한 것과 그 배경에 관해서는 Frier, *Rise of the Roman jurists*, 48-50, ch. 2; Brennan, Praetorship, 446-50을 참조하라.
41. Williamson, *Laws of the Roman people*, ch. 2.
42. Brennan, *Praetorship*, 450-51.
43. Frier, *Rise of the Roman jurists*, 149. 영국에서 키케로에 해당하는 사람은 사실문제를 주로 다루는 사건에서 법정 변호를 전문으로 하는 형사 변호인이다. 법정에서 종종 덜 똑똑하고 형평법을 다루는 그의 동료는 법학자와 비슷하다.
44. 이 사건은 Frier, *Rise of the Roman jurists*, ch. 1에 자세히 설명되어 있다.
45. Alan Watson, Rome of the *XII Tables: persons and property*, Princeton, NJ: Princeton University Press, 1975, 175.
46. Jill Harries, *Cicero and the jurists: from citizens' law to the lawful state*, London: Duckworth, 2006.
47. Brennan, *Praetorship*, 608.
48. 법학자에 관해서는 Frier, *Rise of the Roman jurists*, esp. ch. 4; Watson, *Law making*, 108-9를 참조하라.
49. 실제로 키케로는 법학자가 되지 않았고 동료 학생들은 대부분 다른 공직에 갈 예정이었지만, 그들의 훈련은 비슷한 패턴을 따랐을 것이다.
50. 우리는 스카이볼라의 재산에 대해 알지 못하지만, 세부 사항은 부유한 로마 저택의 전형적인 모습이다. Fox, *Classical world*, ch. 34; Beard, SPQR, 318-28(비어드, 『로마는 왜 위대해졌는가』, pp. 392~402).
51. Watson, *Law making*, 104-6.
52. 의제에 관해서는 Yan Thomas, 'Fictio Legis: L'empire de la fiction Romaine et ses limites Médiévales', *Droits* 21: 17-63, 1995를 참조하라.
53. Clifford Ando, *Law, language, and empire in the Roman tradition*, Philadelphia: University of Pennsylvania Press, 2011, 6-18.
54. Ari Z. Bryen, 'Responsa', in S. Stern, M. del Mar, and B. Meyler (eds), *The Oxford handbook of law and humanities*, Oxford University Press, 2019, 675-77.
55. Watson, *Law making*, ch. 15.
56. Frier, *Rise of the Roman jurists*, 120-23.
57. 라틴어는 'Dolus mal(us) abesto et iuris consult(i)'이다. See Bryen, 'Responsa', 675.
58. 인구와 시민권 수치에 대해 상당한 논쟁이 있다. Walter Scheidel, 'Italian manpower', *Journal of Roman Archaeology* 26: 678-87, 2013; Myles Lavan, 'The spread of Roman citizenship, 14-212 ce: quantification in the face of high uncertainty', *Past and Present* 230: 3-46, 2016, at p. 30.

59. Bryen, 'Responsa', 679.
60. 그러나 그의 '황제의 권위에 기한 회답권(ius respondendi)'으로 그가 실제로 선언하고 의도한 바는 명확하지 않다. Bryen, 'Responsa'.
61. 제국 의례(imperial cult)의 전개에 관해서는 Clifford Ando, *Imperial ideology and provincial loyalty in the Roman empire*, Berkeley: University of California Press, 2000, esp. ch. 9를 참조하라.
62. Cicero, *De Re Publica*, 1.39.1; Ando, *Imperial ideology*, 9-11, 47-48(키케로, 『국가론』, 1.39.1).
63. See Ando, *Imperial ideology*, 383; Clifford Ando, 'Pluralism and empire: from Rome to Robert Cover', *Critical Analysis of Law* 1: 1-22, 2014, at pp. 9-11.
64. 이 칙령과 그 의미에 대한 상당한 문헌이 있다. 예를 들어 Ando, *Imperial ideology*, 395, and the introduction to his *Citizenship and empire in Europe*, 200-1900: *the Antonine constitution after 1800 years*, Stuttgart: Franz Steiner Verlag, 2016, 9를 참조하라.
65. Ando, *Citizenship*; Tony Honoré, 'Roman law ad 200-400: from cosmopolis to Rechtstaat?', in S. Swain and M. Edwards (eds), *Approaching late antiquity: the transformation from early to late empire*, Oxford University Press, 2006.
66. Bruce W. Frier, 'Finding a place for law in the high empire', in F. de Angelis (ed.) *Spaces of justice in the Roman world*, Leiden: Brill, 2010.
67. 이 시기의 법적 개혁에 관해서는 Honoré, 'Roman law ad 200-400', and his *Emperors and lawyers*, 2nd ed. Oxford: Clarendon Press, 1994를 참조하라.
68. Ando, *Imperial ideology*, 362-83.
69. Myles Lavan, 'Slavishness in Britain and Rome in Tacitus' Agricola', *Classical Quarterly* 61: 294-305, 2011, at p. 296.
70. Ando, *Imperial ideology*, 339-43.
71. 이 시기의 법에 관해서는 Tony Honoré, *Law in the crisis of empire, 379-455 AD: the Theodosian dynasty and its quaestors*, Oxford: Clarendon Press, 1998을 참조하라.
72. Peter Stein, *Roman law in European history*, Cambridge University Press, 1999, 46, 60(피터 스타인, 김기창 옮김, 『유럽 역사에서 본 로마법』, 읻다, 2021, p. 102).

5장

01. 일반적인 배경에 관해서는 David N. Myers, *Jewish history: a very short introduction*, Oxford University Press, 2017을 참조하라. 또 유대법의 역사적 발전에 관해서는 N. S. Hecht, B. S. Jackson, S. M. Passamaneck, D. Piattelli, and A. M. Rabello (eds), *An introduction to the history and sources of Jewish law*, Oxford: Clarendon Press, 1996을 참조하라.

02. Peretz Segal, 'Jewish law during the Tannaitic period', in Hecht et al., Introduction, 101.

03. Gaon(지혜와 탈무드에 관한 지식으로 저명한 유대인 학자)의 복수형.

04. 게오님에 관해서는 Gideon Libson, 'Halakhah and law in the period of the Geonim', in Hecht et al., *Introduction*을 참조하라.

05. 배경의 세부 사항은 주로 Joseph Schacht, *An introduction to Islamic law*, Oxford: Clarendon Press, 1964,; Marshall G.S. Hodgson, *The venture of Islam: conscience and history in a world civilization*, vol. 1, Chicago: University of Chicago Press, 1961,; Adam J. Silverstein, *Islamic history: a very short introduction*, Oxford University Press, 2010을 인용했다.

06. Hodgson, *Venture of Islam*, 161ff., ch. 2.

07. Schacht, *Introduction*, ch. 3.

08. 이 부분은 Hodgson, *Venture of Islam*, bk. 1, ch. 3, and Schacht, Introduction, chs. 4-6을 참고했다.

09. 이것은 학술적 논쟁의 주요 쟁점이다. 저자는 대체로 할라크(Hallaq)보다는 샤흐트(Schacht)의 견해를 따라 무함마드 시대의 쿠란 전통과 관습이 이후 법적 행위의 토대를 마련했을 것이고, 이 기간에 카디는 비이슬람 자료와 그들 자신의 판단에 크게 의존했다는 견해를 취한다. Schacht, *Introduction*; Wael B. Hallaq, *The origins and evolution of Islamic law*, Cambridge University Press, 2005; Wael B. Hallaq, *Sharī'a: theory, practice, transformations*, Cambridge University Press, 2009.

10. 이하에서는 수니파와 그들의 법에 집중한다. 시아파의 전통은 자신을 무함마드의 후계자라고 여기는 이맘의 저작에 의존하면서 동시에 발전했다. 이에 관해서는 Robert Gleave의 글을 참조하라.

11. Hodgson, *Venture of Islam*, bk. 2.

12. Marina Rustow, *The lost archive: traces of a caliphate in a Cairo synagogue*, Princeton, NJ: Princeton University Press, 2020. 이전 자료들은 그들이 중국인 인질들로부터 기술을 배웠다고 주장했다.

13. 이것은 수니파와 시아파의 전통이 다른 한 영역이었고, 각각은 다른 하디스를 인식했지만 결과는 그렇게 다르지 않았다. Hodgson, *Venture of Islam*, 326-32.

14. Hodgson, *Venture of Islam*, 337.

15. 법에 관해서는 Schacht, *Introduction*, ch. 7을 참조하라.

16. 책략에 관해서는 Schacht, *Introduction*, ch. 11을 참조하라.

17. 이 단락의 세부 사항은 주로 Hodgson, *Venture of Islam*, bk. 2, ch. 3과 Schacht, *Introduction*, 80-82 and chs. 6 and 7을 인용했다.

18. Schacht, *Introduction*, 80.

19. On Shafi'i, see Schacht, *Introduction*, chs. 7 and 10.

20. Hodgson, *Venture of Islam*, 326-36.

21. Schacht, *Introduction*, ch. 9.
22. 일부 학자는 12세기에 이르러 중요한 법적 문제들이 모두 해결됐고 이즈티하드(ijtihad: 이슬람법을 만들기 위해 이슬람 법원을 해석하는 과정—옮긴이)의 문이 폐쇄됐다고 주장했다. Wael B. Hallaq, 'Was the gate of ijtihad closed?', *International Journal of Middle East Studies* 16: 3-41, 1984; Wael B. Hallaq, 'On the origins of the controversy about the existence of mujtahids and the gate of ijtihad', *Studia Islamica* 63: 129-41, 1986 참조. 이 논문들에서 할라크는 샤흐트와 모순되며, 샤흐트는 *Introduction*, ch. 10에서 더 이른 날짜를 제안했다. 이 문제를 개관하려면 David S. Powers, 'Wael B. Hallaq on the origins of Islamic law: a review essay', *Islamic Law and Society* 17: 126-57, 2010을 참조하라.
23. Schacht, *Introduction*, ch. 11.
24. Schacht, *Introduction*, 84.
25. Hodgson, *Venture of Islam*, 347.
26. Hodgson, *Venture of Islam*, 349.
27. 이 부분의 일반적 역사에 관해서는 Silverstein, *Islamic history*, ch. 1을 참조하라.
28. Schacht, *Introduction*, 84.
29. 법학자에 관해서는 Norman Calder, *Islamic jurisprudence in the classical era*, Colin Imber (ed.) Cambridge University Press, 2010, 161을 참조하라.
30. 나와위에 관해서는 Calder, *Islamic jurisprudence*, ch. 2를 참조하라.
31. Calder, *Islamic jurisprudence*, 101-2.
32. Calder, *Islamic jurisprudence*, 94.
33. Calder, *Islamic jurisprudence*, 92-95, 112-15.
34. Calder, *Islamic jurisprudence*, 92.
35. 수브키에 관해서는 Calder, *Islamic jurisprudence*, ch. 3을 참조하라.
36. Calder, *Islamic jurisprudence*, 119.
37. Calder, *Islamic jurisprudence*, 124-25.
38. Calder, *Islamic jurisprudence*, 127.

6장

01. 이 장의 첫 번째 부분의 배경은 주로 Peter Heather, *The fall of the Roman Empire: a new history of Rome and the barbarians*, Oxford University Press, 2005에서 가져왔다. 법적 세부 사항은 Peter Stein, *Roman law in European history*, Cambridge University Press, 1999(스타인, 『유럽 역사에서 본 로마법』)를 기반으로 한다.
02. Étienne Renard, '*Le pactus legis Salicae*, règlement militaire Romain ou code de lois compilé sous Clovis?', *Bibliotèque de l'École des chartes* 167: 321-52, 2009.

03. Patrick Wormald, 'Lex scripta and verbum regis: legislation and Germanic kingship from Euric to Cnut', in P. H. Sawyer and I. N. Wood (eds), *Early medieval kingship*, Leeds: University of Leeds, School of History, 1977, 28; Patrick Wormald, *The making of English law: King Alfred to the twelfth century*, Oxford: Blackwell, 1999.
04. Wormald, 'Lex scripta', 25-27.
05. 『살리카법전』에 관해서는 Katherine Fischer Drew, *The laws of the Salian Franks*, Philadelphia: University of Pennsylvania Press, 1991을 참조하라. 비록 왕이 법에 대한 책임을 졌지만, 많은 내용은 왕의 공의회의 관습과 결정에서 비롯됐을 것이다. T. M. Charles-Edwards, 'Law in the western kingdoms between the fifth and seventh century', in A. Cameron, R. Ward-Perkins, and M. Whitby (eds), *The Cambridge ancient history*, vol. 14, *Late antiquity: empire and successors*, a.d. 425-600, Cambridge University Press, 2001, 274-78 참조.
06. '학설휘찬'은 그리스어로 'Pandects'로도 알려져 있다(이 단어는 한국, 독일, 일본 등의 민법이 따르는 체계인 '판덱텐체계'를 지칭하기도 한다—옮긴이).
07. 스타인, 『유럽 역사에서 본 로마법』, 85-91.
08. 아리우스파(Arianism)는 256년부터 336년까지 살았던 아리우스(Arius)의 가르침에 기초했다. 아리우스의 교리는 삼위일체의 본질에 관한 점에서 주류 기독교와 달랐다.
09. Matthew Innes, 'Charlemagne's government', in J. Storey (ed.) *Charlemagne: empire and society*, Manchester University Press, 2005.
10. Alice Rio, *Legal practice and the written word in the early Middle Ages: Frankish formulae, c. 500-1000*, Cambridge University Press, 2009.
11. Drew, *Laws of the Salian Franks*, 132-39.
12. Wormald, *Making of English law*, 46-47.
13. Wormald, 'Lex scripta', 23. Wormald의 견해는 Charles-Edwards, 'Law in the western kingdoms'에서 확인되지만, Thomas Faulkner, *Law and authority in the early Middle Ages*, Cambridge University Press, 2016과 Rosamond McKitterick, *The Carolingians and the written word*, Cambridge University Press, 1989는 이 견해에 대해 의구심을 표하고 있다.
14. 앵글로색슨법의 영어 번역본은 F. L. Attenborough, *The laws of the earliest English kings*, Cambridge University Press, 1922에 수록되어 있다. 이 법에 대한 자세한 분석은 Tom Lambert, *Law and order in Anglo-Saxon England*, Oxford University Press, 2017을 참조하라.
15. Charles-Edwards, 'Law in the western kingdoms', 265-66.
16. Lambert, *Law and order*, ch. 5.
17. Wormald, 'Lex scripta', 14-15.
18. George Molyneaux, *The formation of the English kingdom in the tenth century*, Oxford University Press, 2015.

19. On Wulfstan's laws, see Lambert, *Law and order*, ch. 5.
20. 이 부분은 대체로 Charles M. Radding, *The origins of medieval jurisprudence: Pavia and Bologna, 850-1150*, New Haven, CT: Yale University Press, 1988에 기반을 두고 있다. 롬바르드법에 관해서는 Katherine Fischer Drew, *The Lombard laws*, London: Variorum Reprints, 1988; Charles-Edwards, 'Law in the western kingdoms'를 참조하라.
21. 자세한 내용에 관해서는 Chris Wickham, 'Land disputes and their social framework in Lombard-Carolingian Italy, 700-900', in W. Davies and P. Fouracre (eds), *The settlement of disputes in early medieval Europe*, Cambridge University Press, 1986을 참조하라.
22. 볼로냐와 그 중요성에 관해서는 Stein, *Roman law in European history*, ch. 2(스타인, 『유럽 역사에서 본 로마법』, 제3장)를 참조하라.
23. Stein, *Roman law in European history*, 54(스타인, 『유럽 역사에서 본 로마법』, pp. 115~116).
24. 로마법이 유럽에 미친 영향에 관해서는 앞의 책과 더불어 Alan Watson, *Legal transplants: an approach to comparative law*, Charlottesville: University Press of Virginia, 1974를 참조하라.
25. Stein, *Roman law in European history*, 54~57(스타인, 『유럽 역사에서 본 로마법』, pp. 117~122).
26. 앙주 왕조의 법의 발전에 관해서는 Wormald, *Making of English law*; John Hudson, *The formation of the English common law: law and society in England from the Norman Conquest to Magna Carta*, London: Longman, 1996을 참조하라.
27. 국왕 법정(royal court)의 발전에 관해서는 Paul Brand, *The origins of the English legal profession*, Oxford: Blackwell, 1992를 참조하라.
28. Anne J. Duggan, 'Roman, canon, and common law in twelfth century England: the council of Northampton (1164) re-examined', *Historical Research* 83: 379-408, 2009, at p. 402.
29. Paul Brand, 'Legal education in England before the Inns of Court', in A. Bush and Alain Wijffels (eds), *Learning the law: teaching and the transmission of law in England, 1150-1900*, London: Hambledon Press, 1999, 54-55.
30. 법학 교육에 관해서는 Brand, 'Legal education'; J. H. Baker, 'The Inns of Court in 1388', *Law Quarterly Review* 92: 184-87, 1976을 참조하라.

7장

01. 아일랜드에 대한 배경에 관해서는 Clare Downham, *Medieval Ireland*, Cambridge

University Press, 2018; Robin Chapman Stacey, *The road to judgment: from custom to court in medieval Ireland and Wales*, Philadelphia: University of Pennsylvania Press, 1994를 참조하라.

02. 아일랜드 왕에 관해서는 Francis Byrne, *Irish kings and high kings*, London: B. Y. Batsford, 1973을 참조하라.
03. Marilyn Gerreits, 'Economy and society: clientship in the Irish laws', *Cambridge Medieval Celtic Studies* 6: 43-61, 1983.
04. 초기 법률가에 관해서는 T. M. Charles-Edwards, Review of the 'Corpus Iuris Hibernici', *Studia Hibernica* 20: 141-62, 1980; Jane Stevenson, 'The beginnings of literacy in Ireland', *Proceedings of the Royal Irish Academy: Archaeology, Culture, History, and Literature* 89C: 127-65, 1989를 참조하라.
05. 8세기 초에 한 저자는 박식한 성직자, 전통적인 아일랜드 학자, 재능 있지만 배우지 못한 시인을 구별했다. Stevenson, 'Beginnings of literacy', 161-62.
06. D. A. Binchy (ed.) *Corpus iuris hibernici: ad fidem codicum manuscriptorum recognovit*, Dublin: Institute for Advanced Studies, 1978. 법에 관해, Fergus Kelly, *A guide to early Irish law*, Dublin: Institute for Advanced Studies, 1988; Charles-Edwards, Review of the 'Corpus Iuris Hibernici'; Thomas Charles-Edwards and Fergus Kelly, *Bechbretha*, Dublin: Institute for Advanced Study, 1983; Marilyn Gerreits, 'Money in early Christian Ireland', *Comparative Studies in Society and History* 27: 323-39, 1985 참조.
07. Fergus Kelly, *Early Irish farming: a study based mainly on the law-texts of the 7th and 8th centuries AD*, Dublin: Institute for Advanced Studies, 1997.
08. Charles-Edwards and Kelly, *Bechbretha*.
09. Gerreits, 'Money', 329-30.
10. Downham, *Medieval Ireland*, 66.
11. Gerreits, 'Money'.
12. 법적 실천에 관해서는 Richard Sharpe, 'Dispute settlement in medieval Ireland', in Wendy Davies and Paul Fouracre (eds), *Settlement of disputes in early medieval Europe*, Cambridge University Press, 1986을 참조하라.
13. 이 어려운 법은 Stacey, *Road to judgment*, ch. 5에서 다뤘다.
14. Charles-Edwards, Review of the 'Corpus Iuris Hibernici'; Charles-Edwards and Kelly, *Bechbretha*, 25ff.
15. Fergus Kelly, *Marriage disputes: a fragmentary Old Irish law-text*, Dublin: Institute for Advanced Studies, 2014.
16. Kelly, *Guide to early Irish law*, 7.
17. Stacey, *Road to judgment*, 22.
18. 왕을 위한 법에 관해서는 Kelly, *Guide to early Irish law*, 18-26을 참조하라.

19. T. M. Charles-Edwards, 'A contract between king and people in early medieval Ireland? *Críth Gablach* on kingship', *Peritia* 8: 107-19, 1994.
20. Stacey, *Road to judgment*, 16ff.
21. 이 부분의 배경과 세부 사항 대부분은 William Ian Miller, *Bloodtaking and peacemaking: feud, law, and society in saga Iceland*, University of Chicago Press, 1990, with further detail from Jón Jóhannesson, *A history of the old Icelandic commonwealth: Islendinga saga*, trans. H. Bessason, Winnipeg: University of Manitoba Press, 1974에서 더 자세히 다뤘다.
22. Miller, *Bloodtaking*, 223.
23. Miller, *Bloodtaking*, 222-23.
24. Miller, *Bloodtaking*, 227, 257.
25. Jóhannesson, *History*, 40.
26. 후기 사본에 나오는 이 조항들이 모두 원작인지 의심하는 학자들도 있다. 하지만 블라디미르와 그의 아들은 확실히 이런 성격의 법령을 발포했다. Simon Franklin, *Writing, society and culture in early Rus, c. 950-1300*, Cambridge University Press, 2002, 152-56. 법의 분석에 관해서는 also Daniel H. Kaiser, *The laws of Rus': tenth to fifteenth centuries*, Salt Lake City: C. Schlacks, 1992; Simon Franklin, 'On meanings, functions and paradigms of law in early Rus', *Russian History* 34: 63-81, 2007을 참조하라.
27. Franklin, *Writing*.
28. 법에 관해서는 Kaiser, *Laws of Rus'*, 14-19를 참조하라. 루스카야 프라브다 두 버전의 연대와 저자는 매우 불확실하다.
29. Simon Franklin and Jonathan Shepard, *The emergence of Rus*, 750-1200, London: Longman, 1996, 224.
30. 글쓰기의 출현에 관해서는 Franklin, *Writing*, ch. 1을 참조하라.
31. Franklin, *Writing*, 38-39.
32. Franklin, *Writing*, 184. 이 편지는 12세기 전반의 것이다.
33. Kaiser, *Laws of Rus'*, 20-34. 확장판은 아마도 이 시기에 등장했겠지만, 그 저자는 알려지지 않았다.
34. Franklin, *Writing*, 140.
35. Franklin, *Writing*, 149.
36. Franklin, *Writing*, 151-52.
37. Franklin *Writing*, 137.
38. 이것은 11세기 중반에 동굴 수도원을 위해 비잔티움에서 가져온 규칙에 명시되어 있다. Franklin, *Writing*, 143-44.
39. Kaiser, *Laws of Rus'*, 20-34.
40. 이 문서 요약에 대해 마리나 쿠르크치얀(Marina Kurkchiyan)에게 감사드린다.
41. Elena Bratishenko, 'On the authorship of the 1229 Smolensk-Riga trade treaty',

Russian Linguistics 26: 345-61, 2002.

42. 여기에는 원래 불가리아 학자들이 번역했지만 비잔티움법에 기초한 '인민을 위한 법정법(Zakon Sudnyi Liudem)'이 포함됐다. 다른 이들은 직접 그리스 문헌으로 갔고, 에클로가(Ecloga)와 프로케이론(Prochiron)으로 알려진 비잔티움제국법의 요약본을 번역했다. Franklin, Writing, 137-39.
43. 이 글은 Robert Thomson이 *The Lawcode (Datastanagirk') of Mxit'ar Goš*, Amsterdam: Rodopi, 2000에서 번역하고 분석했다. 더 많은 배경은 Peter Cowe, 'Medieval Armenian Literary and Cultural Trends', in R. Hovannisian (ed.) *The Armenian people from ancient to modern times*, vol. 1, Los Angeles: University of California Press, 1997, 297-301에서 다룬다.
44. Thomson, *Lawcode*, 22.
45. Cowe, 'Medieval Armenian', 299.
46. Cowe, 'Medieval Armenian', 300.
47. Cowe, 'Medieval Armenian', 301; Krikor Mahsoudian, 'Armenian communities in eastern Europe', in Hovannisian, *Armenian people*, 1:62-64.

8장

01. 인도 남부의 배경에 관해서는 Rajan Gurukhal, 'From clan to lineage to hereditary occupations and caste in early south India', *Indian Historical Review* 20: 22-33, 1993-1994를 참조하라.
02. Donald R. Davis, Jr, 'Responsa in Hindu law: consultation and lawmaking in medieval India', *Oxford Journal of Law and Religion* 3: 57-75, 2014, at p. 61.
03. Bajadulal Chattopadhyaya, '"Autonomous spaces" and the authority of the state: the contradiction and its resolution in theory and practice in early India', in B. Kölver (ed.) *Recht, Staat und Verwaltung im klassischen Indien*, Munich: R. Oldenbourg Verlag, 1997, 8-9. 이 구절은 마누의 다르마샤스트라에서도 반복됐다. Patrick Olivelle, with the editorial assistance of Suman Olivelle, *Manu's code of law: a critical edition and translation of the Mānava-Dharmaśāstra*, South Asia Research, Oxford University Press, 2004, 169 참조.
04. 이런 현지 합의 및 계약에 관해서는 Donald R. Davis, Jr, 'Intermediate realms of law: corporate groups and rulers in medieval India', *Journal of the Economic and Social History of the Orient* 48: 92-117, 2005와 Donald R. Davis, Jr, 'Centres of law: duties, rights, and jurisdictional pluralism in medieval India', in P. Dresch and H. Skoda (eds), *Legalism: anthropology and history*, Oxford University Press, 2012를 참조하라.
05. D. R. Davis, 'A historical overview of Hindu law', in Timothy Lubin, Donald R. Davis,

and Jayanth K. Krishnan (eds), *Hinduism and law: an introduction*, Cambridge University Press, 2010, 20.

06. Davis, 'Responsa', 65.
07. 이집트의 사회경제적 맥락에 관해서는 S. D. Goitein, *A Mediterranean society: an abridgment in one volume*, Jacob Lassner (ed.) Berkeley: University of California Press, 1999를 참조하라.
08. Mark R. Cohen, *Jewish self-government in medieval Egypt: the origins of the office of Head of the Jews, ca*. 1065-1126, Princeton, NJ: Princeton University Press, 1980.
09. Shelomo Dov Goitein, *A Mediterranean society: the Jewish communities of the Arab world as portrayed by the documents of the Cairo geniza*, vol. 1, Berkeley: University of California Press, 1967, 329-30.
10. 게니자 문서는 Goitein, *Mediterranean society*, 6 vols., Berkeley: University of California Press, 1967-1993에서 포괄적으로 다뤘다.
11. 서기관에 관해서는 Eve Krakowski and Marina Rustow, 'Formula as content: medieval Jewish institutions, the Cairo geniza, and the new diplomatics', *Jewish Social Studies: History, Culture, Society* 20: 111-46, 2014를 참조하라.
12. Goitein, *Mediterranean society*, 2:332.
13. Goitein, *Mediterranean society*, 2:324.
14. 유대인의 법정과 법적 절차에 관해서는 Goitein, *Mediterranean society*, 2:1971을 참조하라 .
15. Goitein, *Mediterranean society*, 2:323.
16. 법정 절차에 관해서는 Goitein, *Mediterranean society*, 2:334-44를 참조하라.
17. Goitein, *Mediterranean society*, 2:336.
18. Goitein, *Mediterranean society*, 2:331-32.
19. Goitein, *Mediterranean society*, 2:331.
20. Goitein, *Mediterranean society*, 2:328; 3:210-11.
21. Goitein, *Mediterranean society*, 2:328.
22. Phillip I. Ackerman-Lieberman, *The business of identity: Jews, Muslims and economic life in medieval Egypt*, Stanford, CA: Stanford University Press, 2014, ch. 2.
23. Marina Rustow, *Heresy and the politics of community: the Jews of the Fatimid caliphate*, Ithaca, NY: Cornell University Press, 2008, ch. 10, 278-80.
24. Goitein, *Mediterranean society*, 2:327-28.
25. Krakowski and Rustow, 'Formula as content'.
26. David N. Myers, *Jewish history: a very short introduction*, Oxford University Press, 2017, 17.
27. 이 논의의 대부분은 David S. *Powers, Law, society, and culture in the Maghrib, 1300-1500*, Cambridge University Press, 2002를 참고했다.

28. 1897~1898년에 페스에서 법학자위원회 여덟 명이 석판화 12권을 제작했다. 인쇄본은 라바트(Rabat)에서 출판됐다. Rabat: Ahmad al-Wansharisi, *Al-mi'yar al-mu'rib wa-l-jami' al-mughrib 'an fatawi 'ulama' Ifriqiya wa-l-Andalus wa-l-Maghrib*, M. Hajji (ed.) Rabat, Morocco: Wizarat al-Awqaf wa-l-Shu'un al-Islamiyah lil-Mamlakah al-Maghribiyah, 1981-1983. See Powers, *Law, society, and culture*, 4-6.
29. 살림의 사건에 관해서는 Powers, *Law, society, and culture*, ch. 1을 참조하라.
30. 이 분쟁에 관해서는 Powers, *Law, society, and culture*, ch. 3을 참조하라.
31. Powers, *Law, society, and culture*, 140.
32. Judith Scheele, 'Rightful measures: irrigation, land, and the shari'ah in the Algerian Touat', in P. Dresch and H. Skoda (eds), *Legalism: anthropology and history*, Oxford University Press, 2012.
33. 일반적으로 Michael Kemper, 'Communal agreements (*ittifāqāt*) and '*ādāt*-books from Daghestani villages and confederacies (18th-19th centuries)', *Der Islam: Zeitschrift für Geschichte und Kultur des islamischen Orients* 81: 115-49, 2004를 참조하라. 자세한 배경에 관해서는 Moshe Gammer, *Muslim resistance to the tsar: Shamil and the conquest of Chechnia and Daghestan*, London: Cass, 1994를 참조하라.
34. Kemper, 'Communal agreements', 121.
35. Kemper, 'Communal agreements', 127-28.
36. Kemper, 'Communal agreements', 132.
37. 이런 사건에 관해서는 Gammer, *Muslim resistance*를 참조하라.
38. Kemper, '*Adat* against *shari'a*: Russian approaches toward Daghestani "customary law" in the 19th century', *Ab Imperio* 3: 147-72, 2005.
39. Kemper, 'Communal agreements', 144-45.

9장

01. Paul R. Katz, *Divine justice: religion and the development of Chinese legal culture*, London: Routledge, 2009, ch. 1.
02. Donald Harper, 'Resurrection in Warring States popular religion', *Taoist Resources* 5, no. 2: 13-28, 1994.
03. Anna Seidel, 'Traces of Han religion in funerary texts found in tombs', in Akizuki Kanei (ed.) *Dōkyō to shūkyō bunka*, Tokyo: Hirakawa, 1987.
04. 지역의 법적 실천에 관하여, Valerie Hansen, *Negotiating daily life in traditional China: how ordinary people used contracts, 600-1400*, New Haven, CT: Yale University Press, 1995 참조.
05. Hansen, *Negotiating daily life*, ch. 2.

06. 수나라와 당나라에 관하여는 Patricia Buckley Ebrey, *Cambridge illustrated history of China*, 2nd ed. Cambridge University Press, 2010, ch. 5(퍼트리샤 버클리 에브리, 이동진·윤미경 옮김, 『사진과 그림으로 보는 케임브리지 중국사』, 시공사, 2020)를 참조하라.
07. 『당률』에 관하여는 Wallace Johnson, *The T'ang Code*, 2 vols., Princeton, NJ: Princeton University Press, 1979, 1997을 참조하라.
08. 사면에 관하여는 Brian E. McKnight, *The quality of mercy: amnesties and traditional Chinese justice*, Honolulu: University of Hawaii Press, 1981을 참조하라.
09. 서쪽 지역의 법적 실천에 관하여는 Hansen, *Negotiating daily life*를 참조하라.
10. Hansen, *Negotiating daily life*, 42.
11. 송나라의 배경에 관하여는 Rossabi, *History of China*, ch. 6; Brian E. McKnight and James T.C. Liu, *The enlightened judgments: Ch'ing-ming Chi. The Sung dynasty collection*, Albany: State University of New York Press, 1999; Ebrey, *Cambridge illustrated history*, ch. 6(에브리, 『사진과 그림으로 보는 케임브리지 중국사』)을 참조하라.
12. Marco Polo, *The description of the world*, trans. A. C. Moule, compiler Paul Pelliot, vol. 1, London: Routledge, 1938, 320(마르코 폴로, 김호동 옮김 『동방견문록』, 사계절, 2000, p. 366).
13. Marco Polo, *Description of the world*, 1:329(마르코 폴로, 『동방견문록』, p. 377).
14. 이 시기에 대한 추가적 세부 사항은 Jacques Gernet, *Daily life in China on the eve of the Mongol invasion, 1250-1276*, London: Allen and Unwin, 1962(자크 제르네, 김영제 옮김, 『전통중국인의 일상생활』, 신서원, 1995)를 참조하라.
15. 송나라 시대의 법과 재판에 관하여는 Brian E. McKnight, *Law and order in Sung China*, Cambridge University Press, 1992; Ebrey, *Cambridge illustrated history*, 150-54(에브리, 『사진과 그림으로 보는 케임브리지 중국사』, pp. 165~169); Ichisada Miyazaki, 'The administration of justice during the Sung dynasty', in J. R. Cohen, R. R. Edwards, and F-M. C. Chen (eds), *Essays on China's legal tradition*, Princeton, NJ: Princeton University Press, 1980.
16. 송나라 시대의 지방행정에 관하여는 Rossabi, *History of China*, ch. 6; McKnight and Liu, *Enlightened judgments*, 'Introduction'을 참조하라.
17. 『청명집』의 번역은 Valerie Hansen의 것에 따른다. McKnight and Liu는 이를 'The enlightened judgments'라고 지칭한다.
18. McKnight and Liu, *Enlightened judgments*, 63-68.
19. McKnight and Liu, *Enlightened judgments*, 417-18.
20. McKnight and Liu, *Enlightened judgments*, 146-47. 인용문은 양식상 약간의 수정이 있다.
21. McKnight and Liu, *Enlightened judgments*, 208-10.
22. See the cases in McKnight and Liu, *Enlightened judgments*.

23. McKnight and Liu, *Enlightened judgments*, 170-72.
24. McKnight and Liu, *Enlightened judgments*, 355-56.
25. McKnight and Liu, *Enlightened judgments*, 354.
26. See also the cases in R. H. Van Gulik, *T'ang-yin-pi-shih: 'parallel cases from under the pear tree'*, Leiden: Brill, 1956.
27. Miyazaki, 'Administration of justice'.
28. McKnight and Liu, *Enlightened judgments*, 152-53.
29. McKnight and Liu, *Enlightened judgments*, 453-54.
30. Hansen, *Negotiating daily life*, 103.
31. 상급 회부 제도에 관하여는 Brian E. McKnight, 'From statute to precedent', in his *Law and the state in traditional East Asia: six studies on the sources of East Asian law*, Honolulu: University of Hawaii Press, 1987을 참조하라.
32. McKnight, *Law and order*, 17.
33. Miyazaki, 'Administration of justice', 69.
34. McKnight and Liu, *Enlightened judgments*, 213-15, 226-27.
35. Hansen, *Negotiating daily life*, 97; McKnight and Liu, *Enlightened judgments*, 154-55, 440-41.
36. McKnight and Liu, *Enlightened judgments*, 154-55.
37. McKnight and Liu, *Enlightened judgments*, 432-35.
38. McKnight and Liu, *Enlightened judgments*, 180-83.
39. Katz, *Divine justice*, 47-50. 청나라에서의 실천에 관하여는 Philip Huang, *Civil justice in China: representation and practice in the Qing*, Stanford, CA: Stanford University Press, 1996을 참조하라.
40. McKnight and Liu, *Enlightened judgments*, 226-27.
41. McKnight and Liu, *Enlightened judgments*, 150.
42. 이런 실천에 관하여는 Matthew H. Sommer, *Polyandry and wife-selling in Qing dynasty China: survival strategies and judicial interventions*, Berkeley: University of California Press, 2015를 참조하라.
43. Hansen, *Negotiating daily life*, ch. 7.
44. Katz, *Divine justice*, ch. 2.
45. 이 시기의 사법적 실천에 관하여는 Huang, *Civil justice*를 참조하라.
46. Sommer, *Polyandry*.

10장

01. 대륙의 발전에 관해서는 Peter Stein, *Roman law in European history*, Cambridge

University Press, 1999, ch. 4(스타인, 『유럽 역사에서 본 로마법』, 제4장)를 참조하라.

02. 신성로마제국에 관해서는 G. Dahm, 'On the reception of Roman and Italian law in Germany', in G. Strauss (ed.) *Pre-Reformation Germany*, New York: Harper and Row, 1972를 참조하라.

03. 이 단락에 관해서는 Alan Watson, *Sources of law, legal change, and ambiguity*, Edinburgh: T&T Clark, 1985를 참조하라.

04. Esther Cohen, *The crossroads of justice: law and culture in late medieval France*, Leiden: Brill, 1993; Paul Hyams, 'Due process versus the maintenance of order in European law: the contribution of the ius commune', in P. Coss (ed.) *The moral world of the law*, Cambridge University Press, 2000, 64-65.

05. 셉티마니아의 법적 관행에 관해서는 Fredric L. Cheyette, 'Suum cuique tribuere', *French Historical Studies* 6: 287-99, 1970을 참조하라.

06. Howard Bloch, *Medieval French literature and law*, Berkeley: University of California Press, 1977, 8-9.

07. Michael Clanchy, 'Law and love in the Middle Ages', in J. Bossy (ed.) *Disputes and settlements: law and human relations in the West*, Cambridge University Press, 1983.

08. F. W. Maitland, Select pleas in manorial and other seignorial courts, vol. 1, *Reigns of Henry III and Edward I*, Selden Society, London: B. Quaritch, 1889, xxxi. 이것은 1166년의 클래런던 조례(Assize of Clarendon)였다.

09. 어사이즈에 관해서는 Anthony Musson, *Medieval law in context: the growth of legal consciousness from Magna Carta to the peasants' revolt*, Manchester University Press, 2001; Anthony Musson and Edward Powell, *Crime, law, and society in the later Middle Ages*, Manchester University Press, 2013을 참조하라.

10. Musson, *Medieval law*, ch. 4.

11. 장원재판소에 관한 문헌은 광범위하다. 특히 Zvi Razi and Richard M. Smith, 'The origins of the English manorial court rolls as a written record: a puzzle', in Z. Razi and R. M. Smith (eds), *Medieval society and the manor court*, Oxford: Clarendon Press, 1996; Lloyd Bonfield, 'What did English villagers mean by "customary law"', in Razi and Smith, *Medieval society*; John S. Beckerman, 'Procedural innovation and institutional change in medieval English manorial courts', *Law and History Review* 10: 197-253, 1992에 의존했다.

12. Beckerman, 'Procedural innovation', 221.

13. Paul Hyams, 'What did Edwardian villagers understand by "law"?', in Razi and Smith, *Medieval society*, 98ff.

14. 형사절차에 관해서는 H. R. T. Summerson, 'The structure of law enforcement in thirteenth century England', *American Journal of Legal History* 23: 313-27, 1979; Hyams, 'What did Edwardian villagers understand?'를 참조하라.

15. 이것은 제39조다. Beckerman, 'Procedural innovation', 227을 참조하라.
16. 이런 변화에 관해서는 Beckerman, 'Procedural innovation'을 참조하라.
17. 이후의 시기에 관해서는 Christopher Harrison, 'Manor courts and the governance of Tudor England', in Christopher Brooks and Michael Lobban (eds), *Communities and courts in Britain*, 1150-1900, London: Hambledon Press, 1997을 참조하라.
18. 교회 법정에 관해서는 Charles Sherman, 'A brief history of medieval Roman canon law in England', *University of Pennsylvania Law Review* 68: 223-58, 1920; David Millon, 'Ecclesiastical jurisdiction in medieval England', *University of Illinois Law Review* 1984, 621-38; Hyams, 'What did Edwardian villagers understand?'를 참조하라. 교회 법정은 또한 교회 재산에 대한 손상, 여자 소수도원장에 대한 폭행 또는 수녀 납치와 같은 심각한 형사사건과 교회 재산의 소유권에 관한 많은 분쟁을 심리할 수 있다.
19. L. R. Poos, 'Sex, lies and the church courts of pre-Reformation England', *Journal of Interdisciplinary History* 25: 585-607, 1995.
20. 자치구 법원에 관해서는 Richard Goddard and Teresa Phipps, *Town courts and urban society in late medieval England*, Woodbridge, UK: Boydell and Brewer, 2019를 참조하라 .
21. Sir Edward Coke는 1644년에 출판된 *The fourth part of the institutes of the laws of England: concerning the jurisdiction of courts*에서 영국 내 76개의 법원에 관해 설명했다. 이런 많은 법원은 지역적이지만, 다른 종류로는 후견법원(court of wards and liveries), 치수위원회(court of the commission of sewers), 교역지법원(staple court) 등 전문 관할권을 가진 법원도 있었다.
22. 이 사례는 Beckerman, 'Procedural innovation', 207-8에서 설명한다.
23. Robert R. Pennington, *Stannary law: a history of the mining law of Cornwall and Devon*, Newton Abbot, UK: David and Charles, 1973.
24. 왕실림법원에 관해서는 *The verderers and the forest laws of Dean*, Newton Abbot, UK: David and Charles, 1971; Coke, *Fourth part of the institutes*, 229-37을 참조하라.
25. 해사법원에 관해서는 M. J. Prichard and D. E. C. Yale, *Hale and Fleetwood on admiralty jurisdiction*, London: Selden Society, 1993; Elizabeth Wells, 'Civil litigation in the High Court of Admiralty, 1585-1595', in Brooks and Lobban, *Communities and courts*를 참조하라.
26. 그는 또한 켄트의 5개 항구도시인 오항(Cinque Ports)의 관리인을 임명했는데, 관리인은 지역 사건을 심리하기 위해 자신의 법원을 열 수 있었다. Prichard and Yale, *Hale and Fleetwood*, cxlvi 참조.
27. Prichard and Yale, *Hale and Fleetwood*, ccxxxvii ff.
28. Wells, 'Civil litigation', 90-94.
29. Wells, 'Civil litigation', 92.
30. Prichard and Yale, *Hale and Fleetwood*, ccxliii-ccxlvii.

31. Wells, 'Civil litigation', 95.
32. W. A. Champion, 'Recourse to the law and the meaning of the great litigation decline, 1650-1750: some clues from the Shrewsbury local courts', in Brooks and Lobban, *Communities and courts*, 180.

11장

01. Nathan Hill, 'The sku-bla rite in imperial Tibetan religion', *Cahiers d'Extrême-Asie* 24: 49-58, 2015.
02. Brandon Dotson, 'The princess and the yak: the hunt as narrative trope and historical reality in early Tibet', in B. Dotson, K. Iwao, and T. Takeuchi (eds), *Scribes, texts, and rituals in early Tibet and Dunhuang*, Wiesbaden: Dr. Ludwig Reichert Verlag, 2013.
03. 이런 처벌의 의미는 'Oaths and ordeals in Tibetan law', in D. Schuh (ed.) *Secular law and order in the Tibetan highland*, Andiast, Switzerland: International Institute for Tibetan and Buddhist Studies, 2015에서 논의한 바와 같이 불명확하다.
04. 이와 관련해서는 풍부한 문헌이 있다. 그중에서도 among others, Frederick Pollock and Frederic Maitland, *The history of English law before the time of Edward I*, 2nd ed. Cambridge University Press, 1898; James Thayer, *A preliminary treatise on evidence at the common law*, Boston: Little, Brown, 1898; Thomas A. Green, 'Societal concepts of criminal liability for homicide in mediaeval England', *Speculum* 4: 669-95, 1972; Harold J. Berman, 'The background of the Western legal tradition in the folklaw of the peoples of Europe', *University of Chicago Law Review* 45: 553-97, 1978; R. H. Helmholz, 'Crime, compurgation and the courts of the medieval church', *Law and History Review* 1: 1-26, 1983; R. C. van Caenegem, *Legal history: a European perspective*, London: Hambledon Press, 1991을 참조하라.
05. J. M. Kaye, 'The early history of murder and manslaughter, part 1', *Law Quarterly Review* 83: 365-95, 1967.
06. Helmholz, 'Crime, compurgation and the courts'; James Q. Whitman, *The origins of reasonable doubt: theological roots of the criminal trial*, New Haven, CT: Yale University Press, 2008.
07. Shelomo Dov Goitein, *A Mediterranean society: the Jewish communities of the Arab world as portrayed by the documents of the Cairo geniza*, vol. 2, Berkeley: University of California Press, 1971, 340.
08. Rudolph Peters, 'Murder in Khaybar: some thoughts on the origins of the *qasāma* procedure in Islamic law', *Islamic Law and Society* 9: 132-67, 2002.
09. Paul Dresch, 'Outlawry, exile, and banishment: reflections on community and justice',

in F. Pirie and J. Scheele (eds), *Legalism: community and justice*, Oxford University Press, 2014, 115-16.

10. Whitman, *Origins*, 75-76. 재산 분쟁에 휘말린 지주계급의 구성원조차도 때로는 자신의 주장을 확인하기 위해 서약하기를 꺼렸고, 전투에서 자신을 대신하여 싸울 용사를 고용하는 것을 선호했다.
11. John M. Roberts, 'Oaths, autonomic ordeals, and power', *American Anthropologist* 67, no. 6, pt. 2: 186-212, 1965.
12. John S. Beckerman, 'Procedural innovation and institutional change in medieval English manorial courts', *Law and History Review* 10: 197-253, 1992; John W. Baldwin, 'The crisis of the ordeal: literature, law, and religion around 1200', *Journal of Medieval and Renaissance Studies* 24: 327-53, 1994.
13. Pirie, 'Oaths and ordeals in Tibetan law', 186.
14. Richard W. Larivière, *The Divyatattva of Raghunandana Bhattācārya: ordeals in classical Hindu law*, New Delhi: Manohar, 1981.
15. 나의 다른 글 'Oaths and ordeals in Tibetan Law' 참조. 본문은 14세기의 것이지만 그것이 반영하는 과정은 아마도 더 오래됐을 것이다.
16. Baldwin, 'Crisis of the ordeal', 336.
17. 이와 관련해서는 풍부한 문헌이 있다. Robert Bartlett, *Trial by fire and water: the medieval judicial ordeal*, Oxford: Clarendon Press, 1986, ch. 2; Paul Hyams, 'Trial by ordeal: the key to proof in the early common law', in Morris S. Arnold, Thomas A. Green, Sally A. Scully, and Stephen D. White (eds), *On the laws and customs of England: essays in honor of Samuel E. Thorne*, Chapel Hill: University of North Carolina Press, 1981; Peter Brown, 'Society and the supernatural: a medieval change', Dedalus 104: 133-51, 1975; Baldwin, 'Crisis of the ordeal'; Dominique Barthélmy, 'Diversité dans des ordalies médiévales', *Revue historique* (T. 280), Fasc. 1 (567): 3-25, 1988; Whitman, Origins.
18. Bartlett, *Trial by fire and water*.
19. Aethelstan's Ordinances II, cap. 23은 F. L. Attenborough, *The laws of the earliest English kings*, Cambridge University Press, 1922의 내용을 번역, 편집했다.
20. 수산나의 이야기는 다니엘서의 제2 정경에 나온다.
21. Pirie, 'Oaths and ordeals'.
22. William Ian Miller, 'Ordeal in Iceland', *Scandinavian Studies* 60: 189-218, 1988.
23. Roberts, 'Oaths, autonomic ordeals, and power'.
24. E. E. Evans-Pritchard, *Witchcraft, oracles, and magic among the Azande*, Oxford: Clarendon Press, 1937, 309-12.
25. Miller, 'Ordeal in Iceland'.
26. Miller, 'Ordeal in Iceland', 194-98, 200-3.

27. Whitman, *Origins*, 'Introduction' (p. 3), ch. 1.
28. Whitman, *Origins*, ch. 2.
29. Whitman, *Origins*, ch. 3.
30. Robert Thomson, *The Lawcode (Datastanagirk') of Mxit'ar Goš*, Amsterdam: Rodopi, 2000, 92-99.
31. 여기에는 수술이 포함됐다. 이 반대는 궁극적으로 기독교 신학에 침투한 유대교의 오염 문제에서 비롯됐다. 같은 이유로 교회는 마상 시합, 토너먼트, 결투재판을 승인하지 않았다.
32. Whitman, *Origins*, 93.
33. Whitman, *Origins*, ch. 5.
34. Whitman, *Origins*, 139-44.
35. Whitman, *Origins*, ch. 6.
36. Martin Ingram, '"Popular" and "official" justice: punishing sexual offenders in Tudor London', in Pirie and Scheele, *Legalism: community and justice*.
37. Sir Edward Coke's *Third institutes of the laws of England, Pleas of the Crown*, 137 참조 (1640년대에 출판됨). 이런 참고 자료에 대해 마이크 맥네어(Mike MacNair)에게 감사드린다.
38. E. P. Thomson, *Whigs and hunters: the origin of the Black Act*, London: Allen Lane, 1975.
39. John H. Langbein, *The origins of adversary criminal trial*, Oxford University Press, 2005, 334-35.
40. Whitman, *Origins*, ch. 7.
41. Whitman, *Origins*, 'Conclusion'.
42. Whitman, *Origins*, ch. 4; Richard M. Fraher, 'The theoretical justification for the new criminal law of the High Middle Ages: "rei publicae interest, ne crimina remaneant impunita"', *University of Illinois Law Review*, 577-95, 1984.
43. Fraher, 'Theoretical justification', 588.
44. Paul R. Katz, *Divine justice: religion and the development of Chinese legal culture*, London: Routledge, 2009, ch. 2.
45. Michael Zimmerman, 'Only a fool becomes a king: Buddhist stances on punishment', in his *Buddhism and Violence*, Lumbini, Nepal: Lumbini International Research Institute, 2006.
46. Melvyn Goldstein, *A History of modern Tibet, 1913-1951: the demise of the lamaist state*, Berkeley: University of California Press, 1989, 199-212.
47. Donald R. Davis, Jr, *The spirit of Hindu law*, Cambridge University Press, 2010, chs. 5 and 6.
48. 이것은 Vacaspatimiśra의 *Vyavaharacintamani: a digest on Hindu legal procedure*다. Ludo Rocher, Gent, 1956의 내용을 번역, 편집했다.

49. Intisar A. Rabb, '"Reasonable doubt" in Islamic law', *Yale Journal of International Law* 40: 41-94, 2015.
50. 카디와 무프티에 관해서는 Brinkley Messick, 'The mufti, the text and the world: legal interpretation in Yemen', *Man* 21: 102-19, 1986; Brinkley Messick, *The calligraphic state: textual domination and history in a Muslim society*, Berkeley: University of California Press, 1993을 참조하라.
51. Rabb, '"Reasonable doubt" in Islamic law', 79-80.
52. Rabb, '"Reasonable doubt" in Islamic law', 84-85.
53. Baber Johansen, 'Vom Wort-zum Indizienbeweis: die Anermerkung der richterlichen Folter in islamischen Rechtsdoktrinen des 13. und 14. Jahrhunderts', *Ius commune* 28: 1-46, 2001.
54. David Powers, *Law, society and culture in the Maghrib, 1300-1500*, Cambridge University Press, 2002.

12장

01. C. A. Bayly, *Imperial meridian: the British Empire and the world, 1780-1830*, London: Longman, 1989, 21.
02. James Q. Whitman, 'The world historical significance of European legal history: an interim report', in H. Pihlajamäki, M. D. Dubber, and M. Godfrey (eds), *The Oxford handbook of European legal history*, Oxford University Press, 2018.
03. 신성로마제국에 관하여는 G. Dahm, 'On the reception of Roman and Italian law in Germany', in G. Strauss (ed.) *Pre-Reformation Germany*, New York: Harper and Row, 1972를 참조하라.
04. 막시밀리안은 1507년에야 신성로마제국의 황제로 선포됐지만 이미 아버지를 '로마인의 왕'으로 승계했다.
05. 특히, 루터교인 필립 멜랑크톤(Philip Melanchthon). Peter Stein, *Roman law in European history*, Cambridge University Press, 1999, 92(스타인 『유럽 역사에서 본 로마법』, p. 190).
06. Mark Godfrey, *Civil justice in renaissance Scotland: the origins of a central court*, Leiden: Brill, 2009 참조.
07. 이 시기의 영국 법에 관하여는 J. H. Baker, *An introduction to English legal history*, London: Butterworths, 1971; Christopher W. Brooks, *Law, politics and society in early modern England*, Cambridge University Press, 2009를 참조하라.
08. 옥스퍼드 백작 사건(1615, 1 Rep Ch 1, at 6)에서, 엘즈미어 경은 자신의 의무가 '사기, 신뢰 위반, 잘못된 행위, 자연의 억압에 대해 인간의 양심을 바로잡고 법의 극단을 부드럽게 하

고 완화하는 것'이라고 선언했다.

09. 이 시기 영국의 법률 지식에 대한 대조적인 견해는 J. G. A. Pocock, *The ancient constitution and the feudal law: a study of English historical thought in the seventeenth century*, Cambridge University Press, 1987; J. W. Tubbs, *The common law mind: medieval and early modern conceptions*, Baltimore: Johns Hopkins University Press, 2000을 참조하라.
10. 리틀턴의 *Expliciunt tenores nouelli*는 1482년경 런던에서 출판됐다.
11. 이것은 『영국 법 예찬(De Laudibus Legum Angliae)』이었다.
12. Brooks, *Law, politics and society*, 426.
13. Brooks, *Law, politics and society*, 432.
14. David Lemmings (ed.) *The British and their laws in the eighteenth century*, Woodbridge, UK: Boydell Press, 2005, 7-8; Richard J. Ross, 'The commoning of the common law: the Renaissance debate over printing English law, 1520-1640', *University of Pennsylvania Law Review* 146: 323-461, 1998.
15. 이런 다양한 법원과 소송에 관해서는 특히 the papers in Christopher Brooks and Michael Lobban (eds), *Communities and courts in Britain*, 1150-1900, London: Hambledon Press, 1997; Brooks, *Law, politics and society*, 428을 참조하라. 학자들은 여전히 소송의 증가와 그 뒤에 이어진 감소의 이유를 놓고 토론하고 있다.
16. Baker, *Introduction*, 207-12.
17. James S. Hart Jr, *The rule of law, 1603-1660*, Harlow, UK: Pearson Longman, 2003, 9.
18. Richard Hooker, *Laws of Ecclesiastic Polity*, bk. VIII, ii, 12 참조. 후커와 헌정 위기에 관해서는 Alan Cromartie, *The constitutionalist revolution: an essay on the history of England*, 1450-1642, Cambridge University Press, 2006을 참조하라.
19. 이 토론에 관하여는 Tubbs, *Common law mind*, ch. 6을 참조하라.
20. 쿠크와 제임스 사이의 대립에 관하여는 David Chan Smith, *Sir Edward Coke and the reformation of the laws: religion, politics and jurisprudence, 1578-1616*, Cambridge University Press, 2014; Tubbs, *Common law mind*, ch. 7을 참조하라.
21. 이것은 *Case of Prohibitions*로, 법적 사건이라기보다 재판권에 대한 논쟁이었다. 쿠크는 연설에 대한 자신의 설명을 미화하면서 왕이 필수적인 '인공적 이성(artificial reason)', 즉 법적 추론을 수행할 능력이 없기 때문에 법적 판단을 내릴 수 없다고 주장했다. 그러나 그가 이 유명한 발언을 하지 않았더라도 이 사건은 아마 당시 그의 생각을 나타냈을 것이다. Roland G. Usher, 'James I and Sir Edward Coke', *English Historical Review* 18: 664-75, 1903 참조.
22. Smith, *Sir Edward Coke*, 11-16.
23. 이 문구는 나중에 출판된 그의 보고서의 서문에서 나온 것이지만, 당시에는 틀에 박힌 은유가 일반적이었다. Daniel J. Hulsebosch, 'The ancient constitution and the expanding empire: Sir Edward Coke's British jurisprudence', *Law and History Review* 21: 439-

82, 2003, 445 참조.

24. 선박나포법은 중세 해양법의 원칙이었다. 이 법에서는 해적행위나 미지급 채무의 피해자가 왕으로부터 가해자 동포에 대해 보복할 권한을 부여하는 서한을 받을 수 있다고 규정했다. Kathryn L. Reyerson, 'Commercial law and merchant disputes: Jacques Coeur and the law of marque', *Medieval Encounters* 9: 244-55, 2003 참조.
25. Mike Macnair, 'Institutional taxonomy, Roman forms and English lawyers in the 17th and 18th centuries', in Pierre Bonin, Nader Hakim, Fara Nasti, and Aldo Schiavone (eds), *Pensiero giuridico occidentale e giuristi Romani: eredita e genealogie*, Turin, Italy: G. Giappichelli Editore, 2019.
26. 예를 들어 Thomas Wood, *An institute of the laws of England, or, the laws of England in their natural order, according to common use*, published in 1720, discussed by S. F. C. Milsom in 'The Nature of Blackstone's Achievement', *Oxford Journal of Legal Studies 1*: 1-12, 1981을 참조하라.
27. Sir Matthew Hale, *Analysis of the civil part of the law*. 이 책은 1713년까지는 출판되지 않았지만 17세기 중반에 작성됐고 아마도 헤일의 강의를 바탕으로 했을 것이다.
28. 이 토론에 관하여는 Hulsebosch, 'Ancient constitution', 447-49를 참조하라.
29. 이것은 캘빈 사건(Calvin's Case)으로 알려졌고 재판관에는 에드워드 쿠크 경이 포함됐다.
30. 식민지 미국의 법에 관하여는 William M. Offutt, 'The Atlantic rules: the legalistic turn in colonial British America', in E. Mancke and C. Shammas (eds), *The creation of the British Atlantic world*, Baltimore: Johns Hopkins University Press, 2005; William E. Nelson, *The common law in colonial America*, 4 vols., New York: Oxford University Press, 2008-2018을 참조하라.
31. 초기 법원과 그 절차에 관하여는 Warren Billings, 'The transfer of English law to Virginia, 1606-50', in K. R. Andrews, N. P. Canny, and P. E. H. Hair (eds), *The westward enterprise: English activities in Ireland, the Atlantic, and America, 1480-1650*, Liverpool University Press, 1978, 215-44; David Konig, '"Dale's Laws" and the non-common law origins of criminal justice in Virginia', *American Journal of Legal History* 26: 354-75, 1982; John M. Murrin, 'The legal transformation: the bench and bar of eighteenth-century Massachusetts', in S. N. Katz (ed.) *Colonial America: essays in politics and social development*, New York: Knopf, 1983; Mary Sarah Bilder, 'The lost lawyers: early American legal literates and transatlantic legal culture', *Yale Journal of Law and the Humanities* 11: 47- 177, 1999; James A. Henretta, 'Magistrates, common law lawyers, legislators: the three legal systems of British America', in M. Grossberg and C. Tomlins (eds), *The Cambridge history of law in America*, vol. 1, *Early America (1580- 1815)*, Cambridge University Press, 2008을 참조하라.
32. David Konig, *Law and society in Puritan Massachusetts: Essex County, 1629-1692*, Chapel Hill: University of North Carolina Press, 1979, 57-88.

33. Thomas Hobbes, *Leviathan or the matter, forme and power of a common-wealth ecclesiasticall and civil*, published in 1651.
34. Alan Cromartie, *Sir Matthew Hale, 1609-1676: law, religion and natural philosophy*, Cambridge University Press, 1995, ch. 5. 그는 심지어 공화국의 실패를 코먼로의 존속 탓으로 돌린다(p. 58).
35. J. H. Baker, 'The law merchant and the common law before 1700', *Cambridge Law Journal* 38: 295-322, 1979; J. H. Baker, 'The common lawyers and the Chancery', *The Irish Jurist* 4: 368-92, 1969; J. H. Baker, *The legal profession and the common law: historical essays*, London: Hambledon Press, 1986; Baker, Introduction, 108.
36. Edith G. Henderson, *Foundations of English administrative law: certiorari and mandamus in the seventeenth century*, Cambridge, MA: Harvard University Press, 1963, 39.
37. Lemmings, *The British and their laws*, 1-2.
38. David Lemmings, *Law and government in England during the long eighteenth century: from consent to command*, Basingstoke, UK: Palgrave Macmillan, 2011, 15-16.
39. 이 때문에 소송비용이 훨씬 더 많이 들었고 이것이 17세기와 18세기의 소송 감소로 이어졌을 수도 있다. W. A. Champion, 'Recourse to the law and the meaning of the great litigation decline, 1650-1750: some clues from the Shrewsbury local courts', in Brooks and Lobban, *Communities and courts*, 186 참조.
40. 이런 발전에 관하여는 Hulsebosch, 'Ancient constitution'; Offutt, 'Atlantic rules'; Nelson, *The common law in colonial America*, vols. 2 and 3; and Mary Sarah Bilder, *The transatlantic constitution: colonial legal culture and the empire*, Cambridge, MA: Harvard University Press, 2004, 'Introduction' and ch. 2를 참조하라.
41. Bilder, *Transatlantic constitution*, 15.
42. Offutt, 'Atlantic rules', 171.
43. Offutt, 'Atlantic rules', 168-69.
44. 미국의 블랙스톤에 관하여는 Albert W. Alschuler, 'Rediscovering Blackstone', *University of Pennsylvania Law Review* 145: 1-55, 1996, at pp. 4-19를 참조하라.
45. Alschuler, 'Rediscovering Blackstone', 6-7. 19세기 초, 젊은 에이브러햄 링컨은 여행자로부터 구입한 상품 통에서 우연히 복사본을 발견했다. 그는 나중에 이것이 자신의 정치 경력에 영감을 줬다고 주장했다.
46. 이 시기에 관하여는 Lemmings, 'Introduction', in *The British and their laws; his Law and government in England*; and the papers in Lee Davison, T. Hitchcock, T. Keim, and R. Shoemaker (eds), *Stilling the grumbling hive: the response to social and economic problems in England*, 1689-1750, London: St. Martin's Press, 1992를 참조하라.
47. Michael Lobban, 'Custom, nature, and judges: high law and low law in England and the empire', in Lemmings, *The British and their laws*, 52-57.

48. 이런 전개에 관하여는 Nelson, *The common law in colonial America*, vol. 4를 참조하라.

49. Alschuler, 'Rediscovering Blackstone', 15-16.

50. Bilder, *Transatlantic constitution*, ch. 9.

51. Andrew P. Morriss, 'Codification and right answers', *Chicago-Kent Law Review* 74: 355-92, 1999, at p. 355.

52. Stein, *Roman law in European history*, 290(스타인, 『유럽 역사에서 본 로마법』, p. 126).

53. Henry E. Strakosch, *State absolutism and the rule of law: the struggle for the codification of civil law in Austria, 1753-1811*, Sydney University Press, 1967.

54. 나폴레옹과 그의 법전에 관하여는 Jean-Louis Halpérin, *L'impossible Code Civil*, Paris: Presses universitaires de France, 1992; Donald R. Kelley, 'What pleases the prince: Justinian, Napoleon, and the lawyers', *History of Political Thought* 23: 288-302, 2002를 참조하라.

55. Kelley, 'What pleases the prince', 289.

13장

01. Anthony Pagden, *Lords of all the world: ideologies of empire in Spain, Britain, and France, 1500-1800*, New Haven, CT: Yale University Press, 2005, 46ff.

02. Peter Stein, *Roman law in European history*, Cambridge University Press, 1999, 94-95(스타인, 『유럽 역사에서 본 로마법』, pp. 194~195). 비토리아는 또한 스페인 영토가 점령되지 않은 무주물(res nullius)이라는 주장을 거부했다. 그는 주민들이 이교도라고 해도 그들은 자연법에 따른 권리를 가지고 있다고 주장했다.

03. 남아메리카의 스페인 법에 관해서는 Sonya Lipsett-Rivera, 'Law', in D. Carrasco (ed.) *The Oxford encyclopedia of Mesoamerican cultures*, Oxford University Press, 2001; C. H. Haring, *The Spanish Empire in America*, New York: Oxford University Press, 1947; Ana Belem Fernández Castro, 'A transnational empire built on law: the case of the commercial jurisprudence of the House of Trade of Seville (1583-1598)', in T. Duve (ed.) *Entanglements in legal history: conceptual approaches*, Frankfurt: Max Planck Institute for European Legal History, 2014를 참조하라.

04. 이런 논쟁에 관해서는 Pagden, *Lords of all the world*, 64, and his 'Law, colonization, legitimation, and the European background', in M. Grossberg and C. Tomlins (eds), *The Cambridge history of law in America*, vol. 1, *Early America (1580-1815)*, Cambridge University Press, 2008을 참조하라.

05. Daniel J. Hulsebosch, 'The ancient constitution and the expanding empire: Sir Edward Coke's British jurisprudence', *Law and History Review* 21: 439-82, 2003, at pp. 461-62.

06. 북아메리카에 관해서는 Stuart Banner, *How the Indians lost their land*, Cambridge, MA: Harvard University Press, 2005, ch. 1을 참조하라.
07. Emer de Vattel, *Le droit des gens, ou, principe de la loi naturelle, appliqués à la conduite et aux affaires des nations et des souverains*, London [Neuchâtel], 1758, bk. 1, ch. 3, §81. See Pagden, *Lords of all the world*, 78-79.
08. Pagden, *Lords of all the world*, 5.
09. Bk. IX. See Peter Fitzpatrick, *The mythology of modern law*, London: Routledge, 1992, 72.
10. Jeremiah Dummer, *A defence of New England charters*, 1721, 20-21, cited in Pagden, Lords of all the world, 87.
11. Banner, *How the Indians lost their land*, 150-51.
12. 인도의 영국인에 관해서는 C. A. Bayly, *Imperial meridian: the British Empire and the world, 1780-1830*, London: Longman, 1989; H. V. Bowen, 'British India, 1765-1813: the metropolitan context', in P. J. Marshall and A. Low (eds), *The Oxford history of the British Empire*, vol. 2, Oxford University Press, 1998; Rajat Kanta Ray, 'Indian society and the establishment of British supremacy, 1765-1818', in Marshall and Low, *Oxford history of the British Empire*, 512-15를 참조하라.
13. 1773년 동인도회사법이다. Bowen, 'British India', 439-40 참조.
14. Ray, 'Indian society', 521.
15. Bowen, 'British India', 547.
16. 이런 전개에 관해서는 Bayly, *Imperial meridian*, chs. 3 and 4를 참조하라.
17. Ray, 'Indian society', 525. 자세한 내용은 Bernard S. Cohn, 'Law and the colonial state in India', in J. Starr and J. F. Collier (eds), *History and power in the study of law: new directions in legal anthropology*, Ithaca, NY: Cornell University Press, 1989, 137-39를 참조하라.
18. Bayly, *Imperial meridian*, 109.
19. Bayly, *Imperial meridian*, 154.
20. Pagden, *Lords of all the world*, 4.
21. Pagden, *Lords of all the world*, 61, 189.
22. Pagden, *Lords of all the world*, 6.
23. Ranajit Guha, *A rule of property for India*, Paris: Mouton, 1963, 13.
24. 헤이스팅스와 그의 후계자들의 활동에 관해서는, Cohn, 'Law and the colonial state'; J. Duncan M. Derrett, *Religion, law and the state in India*, London: Faber and Faber, 1968 참조.
25. Cohn, 'Law and the colonial state', 135.
26. 이 책은 *The digest of Hindu law on contracts and succession* (Calcutta, 1798)이라고 명명됐다.

27. D. A. Washbrook, 'Law, state and agrarian society in colonial India', *Modern Asian Studies* 15: 649-721, 1981.
28. 이런 긴장에 관해서는 Ray, 'Indian society', 525; Radhika Singha, *A despotism of law: crime and justice in early colonial India*, Delhi: Oxford University Press, 1998을 참조하라.
29. 이후 인도 법의 발전에 관해서는 Washbrook, 'Law, state and agrarian society'; Marc Galanter, 'The displacement of traditional law in modern India', in his *Law and society in modern India*, Delhi: Oxford University Press, 1989를 참조하라.
30. 1860년 인도 형법과 1861년 형사소송법이 있다. 매콜리의 법률 및 교육개혁에 관해서는 Singha, *Despotism of law*를 참조하라.
31. Elizabeth Kolsky, 'The colonial rule of law and the legal regime of exception: frontier "fanaticism" and state violence in British India', *American Historical Review* 120: 1218-46, 2015.
32. John Stuart Mill, *Considerations on representative government*, London: Parker, Son, and Bourne, 1861(존 스튜어트 밀, 서병훈 옮김, 『대의정부론』, 아카넷, 2012).
33. 이런 전개에 관해서는 C. A. Bayly, *The birth of the modern world, 1780-1914: global connections and comparisons*, Oxford: Blackwell, 2004; Matthew Craven, 'Colonialism and domination', in B. Fassbender and A. Peters (eds), *The Oxford handbook of the history of international law*, Oxford University Press, 2012를 참조하라.
34. 알제리의 프랑스인에 관해서는 Wael B. Hallaq, *Sharī'a: theory, practice, transformations*, Cambridge University Press, 2009, ch. 15, 432-38을 참조하라.
35. 프랑스 식민주의에 관해서는 Alice Conklin, *A mission to civilize: the republican idea of empire in France and West Africa*, 1895-1930, Stanford, CA: Stanford University Press, 1997을 참조하라.
36. Conklin, *Mission to civilize*, 51.
37. Conklin, *Mission to civilize*, 73.
38. Conklin, *Mission to civilize*, 90-93.
39. 아프리카의 영국 법과 식민주의에 관해서는 Martin Chanock, *Law, custom and social order: the colonial experience in Malawi and Zambia*, Cambridge University Press, 1985, ch. 4를 참조하라. 이 책은 주로 말라위와 잠비아의 자료에 기반을 두고 있지만, 영국 식민지인 아프리카 다른 지역들의 기록을 바탕으로 하고 있다.
40. Chanock, *Law, custom and social order*, 72-78, 106-8.
41. O. Adewoye, *The judicial system in Southern Nigeria, 1854-1954: law and justice in a dependency*, London: Longman, 1977; Chanock, *Law, custom and social order*, 58.
42. Eugene Cotran, 'African conference on local courts and customary law', *Journal of Local Administration Overseas* 4: 128-33, 1965.
43. 인도네시아에 관해서는 M. B. Hooker, *Adat law in modern Indonesia*, Kuala Lumpur:

Oxford University Press, 1978; Daniel S. Lev, 'Colonial law and the genesis of the Indonesian state', *Indonesia* 40: 57-74, 1985를 참조하라.

44. Ray, 'Indian society', 508.
45. Ray, 'Indian society', 526-28.

14장

01. Abdullahi Ahmed An-Na'im, *Islam and the secular state: negotiating the future of shari'a*, Cambridge, MA: Harvard University Press, 2008; Wael B. Hallaq, *The impossible state: Islam, politics, and modernity's moral predicament*, New York: Columbia University Press, 2013.
02. 오스만제국에 관하여는 Marshall G.S. Hodgson, *The venture of Islam: conscience and history in a world civilization*, vol. 3, Chicago: University of Chicago Press, 1974, bk. 5, ch. 3; Wael B. Hallaq, *An introduction to Islamic law*, Cambridge University Press, 2009, ch. 6을 참조하라.
03. 『메젤레』에 관하여는 Brinkley Messick, *The calligraphic state: textual domination and history in a Muslim society*, Berkeley: University of California Press, 1993, ch. 3, 54-56을 참조하라.
04. 이집트에 관하여는 Hodgson, *Venture of Islam*, bk. 6, ch. 1을 참조하라.
05. 이란에 관하여는 Hodgson, *Venture of Islam*, bk. 5, ch. 1, and bk. 6, ch. 5; Hallaq, *Introduction*, 106-9, 152를 참조하라.
06. 와하브파에 관하여는 Hodgson, *Venture of Islam*, vol. 3, bk. 5, ch. 4; Hallaq, *Introduction*, ch. 9를 참조하라.
07. 개혁자에 관하여는 Wael B. Hallaq, *Sharī'a: theory, practice, transformations*, Cambridge University Press, 2009; Nathan J. Brown and Mara Revkin, 'Islamic law and constitutions', in A. M. Emon and R. Ahmed (eds), *The Oxford handbook of Islamic law*, Oxford University Press, 2018, 790을 참조하라.
08. Messick, *Calligraphic state*, 63-64.
09. 산후리와 그의 영향에 관하여는 Nabil Saleh, 'Civil codes of Arab countries: the Sanhuri codes', *Arab Law Quarterly* 8: 161-67, 1993을 참조하라.
10. 이란에 관하여는 Hodgson, *Venture of Islam*, bk. 5, ch. 1, and bk. 6, ch. 5; Hallaq, *Introduction*, 106-9, 152를 참조하라.
11. 사우디아라비아에 관하여는 Frank E. Vogel, *Islamic law and legal system: studies of Saudi Arabia*, Leiden: Brill, 2000을 참조하라.
12. 예멘에 관하여는 Messick, *Calligraphic state*, ch. 3을 참조하라.
13. Hallaq, *Sharī'a*, ch. 15.

14. Mark Fathi Massoud, 'How an Islamic state rejected Islamic law', *American Journal of Comparative Law* 68: 579-602, 2018; Brown and Revkin, 'Islamic law and constitutions', 781-83.
15. On Algeria, see Hallaq, *Sharīʿa*, ch. 15.
16. Messick, *Calligraphic state*, ch. 3.
17. Joseph Schacht, 'Problems of modern Islamic legislation', *Studia Islamica* 12: 99-129, 1960; Joseph Schacht, *An introduction to Islamic law*, Oxford: Clarendon Press, 1964, ch. 15(조셉 샤흐트, 명순구 옮김, 『이슬람법입문』, 홍진기법률연구재단, 2021, 제15장).
18. An-Na'im, *Islam and the secular state*; Hallaq, *Impossible state*.
19. Haider Ala Hamoudi, 'The death of Islamic law', *Georgia Journal of International and Comparative Law* 38: 293-338, 2010.
20. 무슬림형제단에 관하여는 Hallaq, *Introduction*, 143-47; Saba Mahmood, *Politics of piety: the Islamic revival and the feminist subject*, Princeton, NJ: Princeton University Press, 2005, 62-64를 참조하라.
21. Baber Johansen, 'The constitution and the principles of Islamic normativity against the rules of fiqh: a judgment of the Supreme Constitutional Court of Egypt', in M. K. Masud, R. Peters, and D. S. Powers (eds), *Dispensing justice in Islam: qadis and their judgements*, Leiden: Brill, 2006.
22. Hallaq, *Impossible state*, 172.
23. 이란에 관하여는 Hallaq, *Introduction*, ch. 9를 참조하라.
24. 이슬람의 법과 금융에 관하여는 Anver M. Emon, 'Islamic law and finance', in Emon and Ahmed, *Oxford handbook of Islamic law*를 참조하라.
25. Vogel, *Islamic law and legal system*, 306ff.
26. Mara Revkin, 'Does the Islamic state have a "social contract"? Evidence from Iraq and Syria', Working paper no. 9, Program on Governance and Local Development, University of Gothenburg, 2016.
27. Hamoudi, 'Death of Islamic law', 318.
28. Jeffrey Adam Sachs, 'Seeing like an Islamic state: shariʿa and political power in Sudan', *Law and Society Review* 52: 630-51, 2018.
29. 샤리아 법원과 관련해서는 방대한 문헌이 있다. John R. Bowen, 'Anthropology and Islamic law', in Emon and Ahmed, *Oxford handbook of Islamic law*; Morgan Clarke, 'The judge as tragic hero: judicial ethics in Lebanon's shariʿa courts', *American Ethnologist* 39: 106-21, n. 6, 2012의 참고 문헌을 참조하라.
30. 레바논 샤리아 법원에 관하여는 Clarke, 'Judge as tragic hero'를 참조하라.
31. Clarke, 'Judge as tragic hero', 112.
32. John A. Chesworth and Franz Kogelmann (eds), *Shariʿa in Africa today: reactions and responses*, Leiden: Brill, 2013. On Kenya, see Susan F. Hirsch, *Pronouncing and*

persevering: gender and the discourses of disputing in an African Islamic court, Chicago: University of Chicago Press, 1998. On Zanzibar, see Erin E. Stiles, *An Islamic court in context: an ethnographic study of judicial reasoning*, London: Palgrave Macmillan, 2009.

33. Katherine Lemons, *Divorcing traditions: Islamic marriage law and the making of Indian secularism*, Ithaca, NY: Cornell University Press, 2019.
34. John R. Bowen, *On British Islam: religion, law, and everyday practice in shari'a councils*, Princeton, NJ: Princeton University Press, 2018.
35. Arzoo Osanloo, *The politics of women's rights in Iran*, Princeton, NJ: Princeton University Press, 2009, ch. 4.
36. Jakob Skovgaard-Petersen, *Defining Islam for the Egyptian state: muftis and fatwas of the Dār al-Iftā*, Leiden: Brill, 1997.
37. 마르자에 관하여는 Morgan Clarke, 'Neo-calligraphy: religious authority and media technology in contemporary Shiite Islam', *Comparative Studies in Society and History* 52: 351-83, 2010을 참조하라.
38. 예멘의 무프티에 관하여는 Messick, *Calligraphic state*, ch. 7; 'The mufti, the text, and the world: legal interpretation in Yemen', Man 21: 102-19, 1986; and 'Media muftis: radio fatwas in Yemen', in M. K. Masud, B. Messick, and D. S. Powers (eds), *Islamic legal interpretation: muftis and their fatwas*, Cambridge, MA: Harvard University Press, 1996을 참조하라.
39. 카이로 운동에 관하여는 Mahmood, *Politics of piety*를 참조하라.

15장

01. 이런 세부 사항은 2003~2007년에 해당 지역에서 내가 직접 수행한 민족지학적 현지 조사를 기반으로 한다. Fernanda Pirie, 'Legal dramas on the Amdo grasslands: abolition, transformation or survival?', in K. Buffetrille (ed.) *Revisiting rituals in a changing Tibetan world*, Leiden: Brill, 2012; 'Rules, proverbs, and persuasion: legalism and rhetoric in Tibet', in P. Dresch and J. Scheele (eds), *Legalism: rules and categories*, Oxford University Press, 2015; 'The limits of the state: coercion and consent in Chinese Tibet', *Journal of Asian Studies* 72: 69-89, 2013 참조. '부족(tribe)'은 다소 논쟁의 여지가 있지만 유목민 사회집단을 가리키는 유용한 용어다.
02. Robert B. Ekvall, 'The nomadic pattern of living among the Tibetans as preparation for war', *American Anthropologist* 63: 1250-63, 1961.
03. Robert Ekvall, 'Peace and war among the Tibetan nomads', *American Anthropologist* 66: 1119-48, 1964; Robert Ekvall, *Fields on the hoof*, Prospect Heights, IL: Waveland,

1968.

04. Fernanda Pirie, 'The making of Tibetan law: the *Khrims gnyis lta ba'i me long*', in J. Bischoff, P. Maurer, and C. Ramble (eds), *On a day of a month of the fire bird year*, Lumbini, Nepal: Lumbini International Research Institute, 2020.
05. P. K. Kozloff, 'Through eastern Tibet and Kam', *Geographical Journal* 31: 522-34, 1908.
06. Paul Dresch, *The rules of Barat: tribal documents from Yemen*, Sanaa, Yemen: Centre Français de d'Archéologie et de Sciences Sociales, 2006.
07. 베르베르인에 관해서는 Judith Scheele, 'A taste for law: rule-making in Kabylia (Algeria)', *Comparative Studies in Society and History* 50: 895-919, 2008; Judith Scheele, 'Community as an achievement: Kabyle customary law and beyond', in F. Pirie and J. Scheele (eds), *Legalism: community and justice*, Oxford University Press, 2014를 참조하라.
08. Ruth Behar, *The presence of the past in a Spanish village: Santa María del Monte*, Princeton, NJ: Princeton University Press, 1986.
09. Patrick Lantschner, 'Justice contested and affirmed: jurisdiction and conflict in late medieval Italian cities', in Pirie and Scheele, *Legalism: community and justice*.
10. John Sabapathy, 'Regulating community and society at the Sorbonne in the late thirteenth century', in Pirie and Scheele, *Legalism: community and justice*.
11. Alan Watson, *Sources of law, legal change, and ambiguity*, Edinburgh: T&T Clark, 1985, 31-39.
12. 나는 1999년부터 18개월에 걸쳐 라다크에서 민족지학적 현지 조사를 수행했다. 마을에는 2012년까지 도로가 연결되지 않았다. Fernanda Pirie, *Peace and conflict in Ladakh: the construction of a fragile web of order*, Leiden: Brill, 2007 참조.
13. 다른 사례에 관해서는 James C. Scott, *The art of not being governed: an anarchist history of upland Southeast Asia*, New Haven, CT: Yale University Press, 2009(제임스 C. 스콧, 이상국 옮김, 『조미아, 지배받지 않는 사람들 : 동남아시아 산악지대 아나키즘의 역사』, 삼천리, 2015)를 참조하라.
14. Sally Falk Moore, 'Law and social change: the semi-autonomous social field as an appropriate subject of study', *Law and Society Review* 7: 719-46, 1973.
15. Lisa Bernstein, 'Opting out of the legal system: extralegal contractual relations in the diamond industry', *Journal of Legal Studies* 21: 115-57, 1992. 저자는 다소 기이하게도 이 출처를 설명하지 않고 대신 1989년에 행해진 인터뷰를 언급한다.
16. 마피아에 관해서는 Diego Gambetta, *The Sicilian mafia: the business of private protection*, Cambridge, MA: Harvard University Press, 1993; Letizia Paoli, *Mafia brotherhoods: organized crime, Italian style*, New York: Oxford University Press, 2003을 참조하라.

17. Gambetta, *Sicilian mafia*, 118-26; Paoli, *Mafia brotherhoods*, ch. 3.
18. Paoli, *Mafia brotherhoods*, 112.
19. Diego Gambetta, *Codes of the underworld: how criminals communicate*, Princeton, NJ: Princeton University Press, 2009.
20. Paoli, *Mafia brotherhoods*, 136-40.

16장

01. Avner Greif, 'Reputation and coalitions in medieval trade: evidence on the Maghribi traders', *Journal of Economic History* 49: 857-82, 1989.
02. M. M. Postan, *Medieval trade and finance*, Cambridge University Press, 1973; Robert S. Lopez and Irving W. Raymond, *Medieval trade in the Mediterranean world: illustrative documents*, London: Geoffrey Cumberlege, 1955.
03. Rosser H. Brockman, 'Commercial contract law in late nineteenth-century Taiwan', in Jeremy Alan Cohen, R. Randle Edwards, and Fu-Mei Chang Chen (eds), *Essays on China's legal tradition*, Princeton, NJ: Princeton University Press, 1980.
04. Gordon Bannerman and Anthony Howe (eds), *Battles over free trade*, vol. 2, *The consolidation of free trade*, 1847-1878, London: Routledge, 2008, 73ff.
05. 이런 다양한 협정에 관해서는 Craig N. Murphy, *International organization and industrial change: global governance since 1850*, Cambridge: Polity, 1994를 참조하라.
06. 국제전기통신연합(International Telecommunications Union) 웹페이지(www.itu.int)를 참조하라.
07. 웹사이트 www.antislavery.org를 참조하라.
08. Markku Ruotuola, 'Of the working man: labour liberals and the creation of the ILO', *Labour History Review* 67: 29-47, 2002.
09. Martii Koskenniemi, *The gentle civilizer of nations: the rise and fall of international law, 1870-1960*, Cambridge University Press, 2001.
10. 1913년부터 1921년까지 미국 대통령인 우드로 윌슨(Woodrow Wilson)이 국제연맹을 설립하는 데 주도적인 역할을 했음에도, 미국은 중요한 회의에 대표단을 파견했을 뿐 절대 가입하지 않았다.
11. Albert Roper, 'The organization and program of the international commission for air navigation (C.I.N.A.)', *Journal of Air Law and Commerce* 3: 167-78, 1932.
12. Lena Peters, 'UNIDROIT', in the *Max Planck Encyclopedia of International Law*, 2017, https://opil.ouplaw.com/view/10.1093/law:epil/9780199231690/law-9780199231690-e536.
13. See its website, www.unidroit.org.

14. Jean S. Pictet, 'The new Geneva Conventions for the Protection of War Victims', *American Journal of International Law* 45: 462-75, 1951.
15. 침략전쟁을 정당화하려는 독일의 시도에 관해서는 Jacques Schuhmacher, 'The war criminals investigate,' DPhil. diss., University of Oxford, 2017을 참조하라.
16. Martii Koskenniemi, 'What is international law for?' in Malcom Evans (ed.) *International law*, Oxford University Press, 2003.
17. Samuel Moyn, *The last utopia: human rights in history*, Cambridge, MA: Harvard University Press, 2001, ch. 5(새뮤얼 모인, 공민히 옮김, 『인권이란 무엇인가』, 21세기북스, 2011, 제5장).
18. 'Hague Conference'(영어)와 'Conférence de La Haye'(프랑스어)의 약어다. 웹사이트 www.hcch.net을 참조하라.
19. 웹사이트 www.cites.org를 참조하라.
20. 개요는 David Zaring, 'Finding legal principle in global financial regulation', *Virginia Journal of International Law* 52: 683-722, 2012를 참조하라.
21. Joost Pauwelyn, Ramses A. Wessel, and Jan Wouters, 'An introduction to informal international lawmaking', in *Informal international lawmaking*, Oxford University Press, 2012.
22. Terence C. Halliday and Gregory Shaffer, *Transnational legal orders*, Cambridge University Press, 2015; Susan Block-Lieb and Terence C. Halliday, *Global lawmakers: international organizations in the crafting of world markets*, Cambridge University Press, 2017.
23. Peters, 'UNIDROIT'. 헤이그국제사법회의 웹사이트는 헤이그국제사법회의, 헤이그국제사법회의, 유엔국제무역법위원회가 작성한 모든 협약과 관련 법률 문서를 나열한 2016년 문서를 게시하여 이들이 비슷한 목표를 추구한다는 것을 효과적으로 알렸다.
24. 1995 UNIDROIT 협약(UNESCO, www.unesco.org/new/en/culture/themes/illicit-trafficking-of-cultural-property/1995-unidroit-convention), 국제박물관협회 웹사이트(https://icom.museum) 참조.
25. Martii Koskenniemi, 'Fragmentation of international law: difficulties arising from the diversification and expansion of international law, a report of the study group of the UN's International law commission', 2006. 이것이 과연 법인지 의심하는 사람들도 있다. Zaring, 'Finding legal principle', 684: '법적 전통주의자와 그들의 비판자들 모두 조약과 법원이 수반되지 않는 국제협정을 무시하는 경향이 있다'라는 내용을 참조하라.
26. DNS에 관해서는 Gianpaolo Maria Ruotolo, 'Fragments of fragments: the domain name system regulation. Global law or informalisation of the international legal order?', *Computer Law and Security Review* 33: 159-70, 2017을 참조하라.
27. David Lindsay, *ICANN and international domain law*, Oxford: Hart, 2007.
28. Ruotolo, 'Fragments of fragments', 161.

29. Roxana Radu, *Negotiating Internet governance*, Oxford University Press, 2019, ch. 6.
30. Radu, *Negotiating Internet governance*, ch. 7.
31. Franck Latty, *La lex sportiva: recherche sur le droit transnational*, Leiden: Brill, 2007.
32. The Lausanne Declaration on Doping in Sport, issued on February 4, 1999.
33. 웹사이트 www.tas-cas.org 참조.
34. Halliday and Shaffer, *Transnational legal orders*, 30.
35. Michael Hardt and Antonio Negri, *Empire*, Cambridge, MA: Harvard University Press, 2000(마이클 하트·안토니오 네그리, 윤수종 옮김, 『제국』, 이학사, 2001).
36. Moyn, *Last utopia*(모인, 『인권이란 무엇인가』).
37. Moyn, *Last utopia*(모인, 『인권이란 무엇인가』); Martii Koskenniemi, 'Expanding histories of international law', *American Journal of Legal History* 56: 104-12, at p. 106. 유엔인권고등판무관실 웹페이지 www.ohchr.org/EN/pages/home.aspx를 참조하라.
38. Tobias Kelly, 'Prosecuting human rights violations: universal jurisdiction and the crime of torture', in M. Goodale (ed.) *Human rights at the crossroads*, Oxford University Press, 2013. 법률 제134조 제1항은 '공적 지위로 행동하는 공무원 또는 공인이, 그의 국적을 불문하고 영국 또는 어디에서든지 자신의 공무수행 과정에서 또는 외관상 공무를 수행하는 과정에서 타인에게 의도적으로 심각한 고통이나 괴로움을 가한 경우 고문죄를 범한 것이다'라고 규정하고 있다.
39. Moyn, *Last utopia*, 215-16(모인, 『인권이란 무엇인가』, pp. 260~262).
40. Anthony Pagden, 'Human rights, natural rights, and Europe's imperial legacy', *Political Theory* 31: 171-99, 2003.
41. R. A. Wilson, *Human rights, culture and context: anthropological perspectives*, London: Pluto Press, 1997.
42. '아시아적 가치'와 서구적 인권의 차이에 대한 싱가포르와 중국의 개입은 학자, 활동가, 정치인 사이에 엄청난 논쟁을 불러일으켰다. 예를 들어 Yash Ghai, 'Human rights and governance: the Asia debate', *Australian Year Book of International Law* 15: 1-34, 1994; Amartya Sen, 'Human rights and Asian values: what Kee Kuan Yew and Li Peng don't understand about Asia', *New Republic* 217, nos. 2-3: 33-40, 1997을 참조하라.
43. 1977년 루이스 헨킨(Louis Henkin)에 관한 설명이다. Moyn, *Last utopia*, 205-6(모인, 『인권이란 무엇인가』, pp. 248~250).
44. Steven King, *Writing the lives of the English poor, 1750s-1830s*, Montreal: McGill-Queen's University Press, 2019.
45. Fernanda Pirie, 'Community, justice, and legalism: elusive concepts in Tibet', in F. Pirie and J. Scheele (eds), *Legalism: community and justice*, Oxford University Press, 2014.
46. Lauren Leve, '"Secularism is a human right": double binds of Buddhism, democracy and identity in Nepal', in M. Goodale and Sally E. Merry (eds), *The practice of human*

rights: *tracking law between the global and the local*, Cambridge University Press, 2007.

47. Sally Engle Merry, 'Legal pluralism and transnational culture: the Ka Ho'okolokolonui Manaka Maoli tribunal, Hawai'i, 1993', in Wilson, *Human rights, culture and context*.
48. 찰스 말릭(Charles Malik)에 대한 설명이다. Kelly, 'Prosecuting human rights violations', 95-96 참조.
49. Richard Ashby Wilson, 'Judging history: the historical record of the International Criminal Tribunal for the Former Yugoslavia', *Human Rights Quarterly* 27: 908-42, 2005.
50. 웹사이트 www.ictj.org를 참조하라.
51. Lionel Nichols, *The international criminal court and the end of impunity in Kenya*, New York: Springer, 2015.
52. Rosalind Shaw, 'Linking justice with reintegration? Ex-combatants and the Sierra Leone experiment', in R. Shaw and L. Waldorf (eds), *Localizing transitional justice: interventions and priority after mass violence*, Stanford, CA: Stanford University Press, 2010.
53. 이런 내용은 Martin Wählisch, 'Normative limits of peace negotiations: questions, guidance and prospects', *Global Policy* 7: 261-66, 2016에서 검토했다.
54. Christine Bell, *On the law of peace: peace agreements and the lex pacificatoria*, Oxford University Press, 2008.

결론

01. 토머스 홉스의 『리바이어던』은 1651년 런던에서 출판됐다.
02. 영국 정부는 2019년 8월 여왕에게 의회의 정회를 요청했는데, 이는 나중에 대법원에서 위법하다고 판단됐다. R (on the application of Miller) (Appellant) v. The Prime Minister (Respondent); Cherry and others (Respondents) v. Advocate General for Scotland (Appellant) (Scotland), [2019] UKSC 41.
03. Taisu Zhang and Tom Ginsburg, 'China's turn toward law', *Virginia Journal of International Law* 59: 306-389, 2019, p. 317은 중국의 법을 향한 움직임이 법치를 향한 움직임은 아니라고 설명한다.

참고 문헌

Ackerman-Lieberman, Phillip I. *The business of identity: Jews, Muslims and economic life in medieval Egypt*, Stanford, CA: Stanford University Press, 2014.

Adewoye, O. *The judicial system in Southern Nigeria, 1854-1954: law and justice in a dependency*, London: Longman, 1977.

Alschuler, Albert W. 'Rediscovering Blackstone', *University of Pennsylvania Law Review* 145: 1-55, 1996.

Ames, Glen. *Em nome de deus: the journal of the first voyage of Vasco da Gama to India, 1497-1499*, Leiden: Brill, 2009.

Ando, Clifford. *Imperial ideology and provincial loyalty in the Roman Empire*, Berkeley: University of California Press, 2000.

____________. *Law, language, and empire in the Roman tradition*, Philadelphia: University of Pennsylvania Press, 2011.

____________. 'Pluralism and empire: from Rome to Robert Cover', *Critical Analysis of Law* 1: 1-22, 2014.

____________. *Citizenship and empire in Europe, 200-1900: the Antonine constitution after 1800 years*, Stuttgart: Franz Steiner Verlag, 2016.

Andrews, A. 'The growth of the Athenian state', in J. Boardman and N. G. L. Hammond (eds), *The Cambridge ancient history*, 2nd ed. vol. 3, pt. 3, Cambridge University Press, 1982.

An-Na'im, Abdullahi Ahmed. *Islam and the secular state: negotiating the future of Shari'a*, Cambridge, MA: Harvard University Press, 2008.

Attenborough, F. L. *The laws of the earliest English kings*, Cambridge University Press, 1922.

Baker, J. H. 'The common lawyers and the Chancery', *Irish Jurist* 4: 368-92, 1969.

__________. *An introduction to English legal history*, London: Butterworths, 1971.

__________. 'The Inns of Court in 1388', *Law Quarterly Review* 92: 184-87, 1976.
__________. 'The law merchant and the common law before 1700', *Cambridge Law Journal* 38: 295-322, 1979.
__________. *The legal profession and the common law: historical essays*, London: Hambledon Press, 1986.
Baldwin, John W. 'The crisis of the ordeal: literature, law, and religion around 1200', *Journal of Medieval and Renaissance Studies* 24: 327-53, 1994.
Banner, Stuart. *How the Indians lost their land*, Cambridge, MA: Harvard University Press, 2005.
Bannerman, Gordon, and Anthony Howe (eds). *Battles over free trade*, vol. 2, *The consolidation of free trade, 1847-1878*, London: Routledge, 2017.
Barbieri-Low, Anthony J., and Robin D.S. Yates. *Law, state, and society in early imperial China: a study with critical edition and translation of the legal texts from Zhangjiashan tomb numbers 247*, Leiden: Brill, 2015.
Barthelmy, Dominique. 'Diversite dans des ordalies medievales', *Revue historique* (T. 280), Fasc. 1 (567): 3-25, 1988.
Bartlett, Robert. *Trial by fire and water: the medieval judicial ordeal*, Oxford: Clarendon Press, 1986.
Barton, John. *A history of the Bible: the book and its faiths*, London: Allen Lane, 2019.
Bauman, Richard A. *Crime and punishment in ancient Rome*, London: Routledge, 1996.
Bayly, C. A. *Imperial meridian: the British Empire and the world, 1780-1830*, London: Longman, 1989.
__________. *The birth of the modern world, 1780-1914: global connections and comparisons*, Oxford: Blackwell, 2004.
Beard, Mary. *SPQR: a history of ancient Rome*, London: Profile Books, 2015. (메리 비어드, 김지혜 옮김, 『로마는 왜 위대해졌는가』, 다른, 2020.)
Beckerman, John S. 'Procedural innovation and institutional change in medieval English manorial courts', *Law and History Review* 10: 197-253, 1992.
Behar, Ruth. *The presence of the past in a Spanish village: Santa Maria del Monte*, Princeton, NJ: Princeton University Press, 1986.
Bell, Christine. *On the law of peace: peace agreements and the lex pacificatoria*, Oxford University Press, 2008.
Berman, Harold J. 'The background of the Western legal tradition in the folklaw of the peoples of Europe', *University of Chicago Law Review* 45: 553-97, 1978.
Bernard, Seth. *Building mid-republican Rome: labor, architecture, and the urban economy*, Oxford University Press, 2014.
__________. 'Debt, land, and labor in the early Republican economy', *Phoenix* 70:

317–38, 2016.
Bernstein, Lisa. 'Opting out of the legal system: extralegal contractual relations in the diamond industry', *Journal of Legal Studies* 21: 115–57, 1992.
Bilder, Mary Sarah. 'The lost lawyers: early American legal literates and transatlantic legal culture', *Yale Journal of Law and the Humanities* 11: 47–177, 1999.
________________. *The transatlantic constitution: colonial legal culture and the empire*, Cambridge, MA: Harvard University Press, 2004.
Billings, Warren. 'The transfer of English law to Virginia, 1606–50', in K. R. Andrews, N. P. Canny, and P. E. H. Hair (eds), *The westward enterprise: English activities in Ireland, the Atlantic, and America, 1480–1650*, Liverpool University Press, 1978.
Binchy, D. A. (ed.) *Corpus iuris hibernici: ad fidem codicum manuscriptorum recognovit*, Dublin: Institute for Advanced Studies, 1978.
Bloch, Howard. *Medieval French literature and law*, Berkeley: University of California Press, 1977.
Block-Lieb, Susan, and Terence C. Halliday. *Global lawmakers: international organizations in the crafting of world markets*, Cambridge University Press, 2017.
Bodde, Derk, and Clarence Morris. *Law in Imperial China: exemplified by 190 Ch'ing dynasty cases (translated from the Hsing-an hui-lan)*, Cambridge, MA: Harvard University Press, 1967.
Bonfield, Lloyd. 'What did English villagers mean by "customary law"', in Z. Razi and R. M. Smith (eds), *Medieval society and the manor court*, Oxford: Clarendon Press, 1996.
Bottero, Jean. *Mesopotamia: writing, reasoning, and the gods*, trans. Z. Bahrani and M. Van De Mieroop, Chicago: University of Chicago Press, 1992.
Bourgon, Jerome. 'Chinese law, history of, Qing dynasty', *The Oxford international encyclopedia of legal history*, Oxford University Press, 2009.
Bowen, H. V. 'British India, 1765–813: the metropolitan context', in P. J. Marshall and A. Low (eds), *The Oxford history of the British Empire*, vol. 2, Oxford University Press, 1998.
Bowen, John R. 'Anthropology and Islamic law', in A. M. Emon and R. Ahmed (eds), *The Oxford handbook of Islamic law*, Oxford University Press, 2018.
_____________. *On British Islam: religion, law, and everyday practice in shari'a councils*, Princeton, NJ: Princeton University Press, 2018.
Brand, Paul. 'Legal education in England before the Inns of Court', in A. Bush and Alain Wijffels (eds), *Learning the law: teaching and the transmission of law in England, 1150–1900*, London: Hambledon Press, 1999.
___________. *The origins of the English legal profession*, Oxford: Blackwell, 1992.
Bratishenko, Elena. 'On the authorship of the 1229 Smolensk-Riga trade treaty', *Russian*

Linguistics 26: 345–61, 2002.
Brennan, T. Corey. *The praetorship in the Roman Republic*, Oxford University Press, 2000.
Brockman, Rosser H. 'Commercial contract law in late nineteenth-century Taiwan', in Jeremy Alan Cohen, R. Randle Edwards, and Fu-Mei Chang Chen (eds), *Essays on China's legal tradition*, Princeton, NJ: Princeton University Press, 1980.
Brooks, Christopher. *Law, politics and society in early modern England*, Cambridge University Press, 2009.
Brooks, Christopher, and Michael Lobban (eds). *Communities and courts in Britain, 1150–1900*, London: Hambledon Press, 1997.
Brown, Nathan J., and Mara Revkin. 'Islamic law and constitutions', in A. M. Emon and R. Ahmed (eds), *The Oxford handbook of Islamic law*, Oxford University Press, 2018.
Brown, Peter. 'Society and the supernatural: a medieval change', *Dedalus* 104: 133–51, 1975.
Bryen, Ari Z. 'Responsa', in S. Stern, M. del Mar, and B. Meyler (eds), *The Oxford handbook of law and humanities*, Oxford University Press, 2019.
Byrne, Francis. *Irish kings and high kings*, London: B. Y. Batsford, 1973.
Caenegem, R. C. van. *Legal history: a European perspective*, London: Hambledon Press, 1991.
Calder, Norman. *Islamic jurisprudence in the classical era*, Colin Imber (ed.) Cambridge University Press, 2010.
Caldwell, Ernest. 'Social change and written law in early Chinese legal thought', *Law and History Review* 32: 1–30, 2014.
______________. *Writing Chinese laws: the form and function of legal statutes found in the Qin Shuihudi corpus*, London: Routledge, 2018.
Champion, W. A. 'Recourse to the law and the meaning of the great litigation decline, 1650–1750: some clues from the Shrewsbury local courts', in Christopher Brooks and Michael Lobban (eds), *Communities and courts in Britain, 1150–1900*, London: Hambledon Press, 1997.
Chanock, Martin. *Law, custom and social order: the colonial experience in Malawi and Zambia*, Cambridge University Press, 1985.
Charles-Edwards, T. M. Review of the 'Corpus Iuris Hibernici', *Studia Hibernica* 20: 141–62, 1980.
____________________. 'A contract between king and people in early medieval Ireland? *Crith Gablach* on kingship', *Peritia* 8: 107–19, 1994.
____________________. 'Law in the western kingdoms between the fifth and seventh century', in A. Cameron, R. Ward-Perkins, and M. Whitby (eds), *The Cambridge ancient history, vol. 14, Late antiquity: empire and successors, a.d. 425–600*, Cambridge

University Press, 2001.
Charles-Edwards, T. M., and Fergus Kelly. *Bechbretha*, Dublin: Institute for Advanced Study, 1983.
Chattopadhyaya, Bajadulal. '"Autonomous spaces" and the authority of the state: the contradiction and its resolution in theory and practice in early India', in B. Kolver (ed.) *Recht, Staat und Verwaltung im klassischen Indien*, Munich: R. Oldenbourg Verlag, 1997.
Chesworth, John A., and Franz Kogelmann (eds), *Shari'a in Africa today: reactions and responses*, Leiden: Brill, 2013.
Cheyette, Fredric L. 'Suum cuique tribuere', *French Historical Studies* 6: 287-99, 1970.
Clanchy, Michael. 'Law and love in the Middle Ages', in J. Bossy (ed.) *Disputes and settlements: law and human relations in the West*, Cambridge University Press, 1983.
Clarke, Morgan. 'Neo-calligraphy: religious authority and media technology in contemporary Shiite Islam', *Comparative Studies in Society and History* 52: 351-83, 2010.
______________. 'The judge as tragic hero: judicial ethics in Lebanon's shari'a courts', *American Ethnologist* 39: 106-21, 2012.
Cohen, Esther. *The crossroads of justice: law and culture in late medieval France*, Leiden: Brill, 1993.
Cohen, Mark R. *Jewish self-government in medieval Egypt: the origins of the office of Head of the Jews, ca. 1065-1126*, Princeton, NJ: Princeton University Press, 1980.
Cohn, Bernard S. 'Law and the colonial state in India', in J. Starr and J. F. Collier (eds), *History and power in the study of law: new directions in legal anthropology*, Ithaca, NY: Cornell University Press, 1989.
Conklin, Alice. *A mission to civilize: the republican idea of empire in France and West Africa, 1895-1930*, Stanford, CA: Stanford University Press, 1997.
Coogan, Michael. *The Old Testament: a very short introduction*, Oxford University Press, 2008. (마이클 쿠건, 박영희 옮김, 『구약: 문헌과 비평』, 비아, 2017.)
Cooper, Jerrold S. *Sumerian and Akkadian royal inscriptions*, vol. 1, New Haven, CT: American Oriental Society, 1986.
Cornell, Tim. *The beginnings of Rome: Italy and Rome from the Bronze Age to the Punic Wars (c. 1000-264 bc)*, London: Routledge, 1995.
Cotran, Eugene. 'African conference on local courts and customary law', *Journal of Local Administration Overseas* 4: 128-33, 1965.
Cowe, Peter. 'Medieval Armenian Literary and Cultural Trends', in R. Hovannisian (ed.) *The Armenian people from ancient to modern times*, vol. 1, Los Angeles: University of California Press, 1997.

Craven, Matthew. 'Colonialism and domination', in B. Fassbender and A. Peters (eds), *The Oxford handbook of the history of international law*, Oxford University Press, 2012.

Crawford, M. H. *Roman statutes*, vol. 2, London: Institute of Classical Studies, School of Advanced Study, University of London, 1996.

Cromartie, Alan. *Sir Matthew Hale, 1609-1676: law, religion and natural philosophy*, Cambridge University Press, 1995.

______________. *The constitutionalist revolution: an essay on the history of England, 1450-1642*, Cambridge University Press, 2006.

Dahm, G. 'On the reception of Roman and Italian law in Germany', in G. Strauss (ed.) *Pre-Reformation Germany*, New York: Harper and Row, 1972.

Davis, Donald R., Jr. 'Recovering the indigenous legal traditions of India: classical Hindu law in practice in late medieval Kerala', *Journal of Indian Philosophy* 27: 159-213, 1999.

______________. 'Intermediate realms of law: corporate groups and rulers in medieval India', *Journal of the Economic and Social History of the Orient* 48: 92-117, 2005.

______________. 'A historical overview of Hindu law', in Timothy Lubin, Donald R. Davis, and Jayanth K. Krishnan (eds), *Hinduism and law: an introduction*, Cambridge University Press, 2010.

______________. *The spirit of Hindu law*, Cambridge University Press, 2010.

______________. 'Centres of law: duties, rights, and jurisdictional pluralism in medieval India', in P. Dresch and H. Skoda (eds), *Legalism: anthropology and history*, Oxford University Press, 2012.

______________. 'Responsa in Hindu law: consultation and lawmaking in medieval India', *Oxford Journal of Law and Religion* 3: 57-75, 2014.

Davison, Lee, T. Hitchcock, T. Keim, and R. Shoemaker (eds), *Stilling the grumbling hive: the response to social and economic problems in England*, 1689-1750, London: St. Martin's Press, 1992.

Demare-Lafont, Sophie. 'Judicial decision-making: judges and arbitrators', in K. Radner and E. Robson (eds), *The Oxford handbook of cuneiform culture*, Oxford University Press, 2011.

__________________. 'Law I', in *Encyclopedia of the Bible and its reception*, vol. 15, Berlin: de Gruyter, 2017.

Derrett, J. Duncan. *Religion, law and the state in India*, London: Faber and Faber, 1968.

________. 'Two inscriptions concerning the status of Kammalas and the application of Dharma´sāstra', in J. Duncan Derrett (ed.) *Essays in classical and modern Hindu law*, vol. 1, Leiden: E. J. Brill, 1976.

de Vattel, Emer. *Le droit des gens, ou, principe de la loi naturelle, appliques a la conduite et aux affaires des nations et des souverains*, London [Neuchatel], 1758.

Doniger, Wendy. *The Hindus: an alternative history*, Oxford University Press, 2009.
Dotson, Brandon. 'Divination and law in the Tibetan Empire', in M. Kapstein and B. Dotson (eds), *Contributions to the cultural history of early Tibet*, Leiden: Brill, 2007.
______________. 'The princess and the yak: the hunt as narrative trope and historical reality in early Tibet', in B. Dotson, K. Iwao, and T. Takeuchi (eds), *Scribes, texts, and rituals in early Tibet and Dunhuang*, Wiesbaden: Dr. Ludwig Reichert Verlag, 2013.
Douglas, Mary. 'The abominations of Leviticus', in *Purity and danger: an analysis of the concepts of pollution and taboo*, London: Routledge and Kegan Paul, 1966. (메리 더글라스, 유제분·이훈상 옮김, 『순수와 위험』, 현대미학사, 1997.)
Downham, Clare. *Medieval Ireland*, Cambridge University Press, 2018.
Dresch, Paul. *The rules of Barat: tribal documents from Yemen*, Sanaa, Yemen: Centre Francais de d'Archeologie et de Sciences Sociales, 2006.
__________. 'Outlawry, exile, and banishment: reflections on community and justice', in F. Pirie and J. Scheele (eds), *Legalism: community and justice*, Oxford University Press, 2014.
Drew, Katherine Fischer. *The Lombard laws*, London: Variorum Reprints, 1988.
____________________. *The laws of the Salian Franks*, Philadelphia: University of Pennsylvania Press, 1991.
Duggan, Anne J. 'Roman, canon, and common law in twelfth century England: the council of Northampton (1164) re-examined', *Institute of Historical Research* 83: 379-408, 2009.
Ebrey, Patricia Buckley. *Cambridge illustrated history of China*, 2nd ed. Cambridge University Press, 2010. (패트리샤 버클리 에브리, 이동진·윤미경 옮김, 『사진과 그림으로 보는 케임브리지 중국사』, 시공사, 2010.)
Ekvall, Robert B. 'The nomadic pattern of living among the Tibetans as preparation for war', *American Anthropologist* 63: 1250-63, 1961.
_____________. 'Peace and war among the Tibetan nomads', *American Anthropologist* 66: 1119-48, 1964.
_____________. *Fields on the hoof*, Prospect Heights, IL: Waveland, 1968.
Emon, Anver M. 'Islamic law and finance', in A. M. Emon and R. Ahmed (eds), *The Oxford handbook of Islamic law*, Oxford University Press, 2018.
Evans-Pritchard, E. E. *Witchcraft, oracles, and magic among the Azande*, Oxford: Clarendon Press, 1937.
Eyre, Christopher. *The use of documents in Pharaonic Egypt*, Oxford University Press, 2013.
Faulkner, Thomas. *Law and authority in the early Middle Ages*, Cambridge University Press, 2016.

Fernández Castro, Ana Belem. 'A transnational empire built on law: the case of the commercial jurisprudence of the House of Trade of Seville (1583-1598)', in T. Duve (ed.) *Entanglements in legal history: conceptual approaches*, Frankfurt: Max Planck Institute for European Legal History, 2014.

Fitzpatrick, Peter. *The mythology of modern law*, London: Routledge, 1992.

Fraher, Richard M. 'The theoretical justification for the new criminal law of the High Middle Ages: "rei publicae interest, ne crimina remaneant impunita"', *University of Illinois Law Review*, 577-95, 1984.

Franklin, Simon. *Writing, society and culture in early Rus, c. 950-1300*, Cambridge University Press, 2002.

______________. 'On meanings, functions and paradigms of law in early Rus', *Russian History* 34: 63-81, 2007.

Franklin, Simon, and Jonathan Shepard. *The emergence of Rus, 750-1200*. London: Longman, 1996.

Frier, Bruce W. *The rise of the Roman jurists: studies in Cicero's* 'pro Caecina', Princeton, NJ: Princeton University Press, 1985.

____________. 'Finding a place for law in the high empire', in F. de Angelis (ed.) *Spaces of justice in the Roman world*, Leiden: Brill, 2010.

Galanter, Marc. 'The displacement of traditional law in modern India', in *Law and society in modern India, Delhi*: Oxford University Press, 1989.

Gambetta, Diego. *The Sicilian mafia: the business of private protection*, Cambridge, MA: Harvard University Press, 1993.

______________. *Codes of the underworld: how criminals communicate*, Princeton, NJ: Princeton University Press, 2009.

Gammer, Moshe. *Muslim resistance to the tsar: Shamil and the conquest of Chechnia and Daghestan*, London: Cass, 1994.

Geertz, Clifford. *The interpretation of cultures*, New York: Basic Books, 1973. (클리퍼드 기어츠, 문옥표 옮김, 『문화의 해석』, 까치, 2009.)

____________. 'Local knowledge: fact and law in comparative perspective', in *Local knowledge*, New York: Basic Books, 1983.

Gernet, Jacques. *Daily life in China on the eve of the Mongol invasion, 1250-1276*, London: Allen and Unwin, 1962. (자크 제르네, 김영제 옮김, 『전통중국인의 일상생활』, 신서원, 1995.)

Gerreits, Marilyn. 'Economy and society: clientship in the Irish laws', *Cambridge Medieval Celtic Studies* 6: 43-61, 1983.

______________. 'Money in early Christian Ireland', *Comparative Studies in Society and History* 27: 323-39, 1985.

Ghai, Yash. 'Human rights and governance: the Asia debate', *Australian Year Book of International Law* 15: 1-34, 1994.

Goddard, Richard, and Teresa Phipps. *Town courts and urban society in late medieval England*, 1250-1500, Woodbridge, UK: Boydell and Brewer, 2019.

Godfrey, Mark. *Civil justice in renaissance Scotland: the origins of a central court*, Leiden: Brill, 2009.

Goitein, Shelomo Dov. *A Mediterranean society: the Jewish communities of the Arab world as portrayed by the documents of the Cairo Geniza*, 6 vols., Berkeley: University of California Press, 1967-1993.

__________. *A Mediterranean society: an abridgment in one volume*, Jacob Lassner (ed.) Berkeley: University of California Press, 1999.

Goldstein, Melvyn. *A History of modern Tibet, 1913-1951: the demise of the lamaist state*, Berkeley: University of California Press, 1989.

Gombrich, Richard. *Theravada Buddhism: a social history from ancient Benares to modern Colombo*, London: Routledge and Kegan Paul, 1988.

Goodall, Kay. 'Incitement to racial hatred: all talk and no substance?', *Modern Law Review* 70: 89-113, 2007.

Graeber, David. *Debt: the first 5,000 years*, New York: Melville House, 2011. (데이비드 그레이버, 정명진 옮김, 『부채, 첫 5,000년의 역사』, 부글북스, 2021.)

Green, Thomas A. 'Societal concepts of criminal liability for homicide in mediaeval England', *Speculum* 4: 669-95, 1972.

Greenridge, A. H. J. *The legal procedure of Cicero's time*, Oxford: Clarendon Press, 1901.

Greif, Avner. 'Reputation and coalitions in medieval trade: evidence on the Maghribi traders', *Journal of Economic History* 49: 857-82, 1989.

Guha, Ranajit. *A rule of property for India*, Paris: Mouton, 1963.

Gurukhal, Rajan. 'From clan to lineage to hereditary occupations and caste in early south India', *Indian Historical Review* 20: 22-33, 1993-1994.

Hallaq, Wael B. 'Was the gate of ijtihad closed?', *International Journal of Middle East Studies* 16: 3-41, 1984.

__________. 'On the origins of the controversy about the existence of mujtahids and the gate of ijtihad', *Studia Islamica* 63: 129-41, 1986.

__________. *The origins and evolution of Islamic law*, Cambridge University Press, 2005.

__________. *An introduction to Islamic law*, Cambridge University Press, 2009.

__________. *Sharīʿa: theory, practice, transformations*, Cambridge University Press, 2009.

__________. *The impossible state: Islam, politics, and modernity's moral predicament*, New York: Columbia University Press, 2013.

Halliday, Terence C., and Gregory Shaffer. *Transnational legal orders*, Cambridge University Press, 2015.
Halperin, Jean-Louis. *L'impossible Code Civil*, Paris: Presses universitaires de France, 1992.
Hamoudi, Haider Ala. 'The death of Islamic law', *Georgia Journal of International and Comparative Law* 38: 293-338, 2010.
Hansen, Valerie. *Negotiating daily life in traditional China: how ordinary people used contracts, 600-1400*, New Haven, CT: Yale University Press, 1995.
Hardt, Michael, and Antonio Negri. *Empire*, Cambridge, MA: Harvard University Press, 2000. (마이클 하트·안토니오 네그리, 윤수종 옮김, 『제국』, 이학사, 2001.)
Haring, C. H. *The Spanish Empire in America*, New York: Oxford University Press, 1947.
Harper, Donald. 'Resurrection in Warring States popular religion', *Taoist Resources* 5, no. 2: 13-28, 1994.
Harries, Jill. *Cicero and the jurists: from citizens' law to the lawful state*, London: Duckworth, 2006.
Harrington, Hannah. 'Persian law', in B. A. Strawn (ed.) *The Oxford encyclopedia of the Bible and law*, Oxford University Press, 2015.
Harrison, Christopher. 'Manor courts and the governance of Tudor England', in Christopher Brooks and Michael Lobban (eds), *Communities and courts in Britain, 1150-1900*, London: Hambledon Press, 1997.
Hart, Cyril. *The verderers and the forest laws of Dean*, Newton Abbot, UK: David and Charles, 1971.
Hart, James S. *The rule of law, 1603-1660*, Harlow, UK: Pearson Longman, 2003.
Heather, Peter. *The fall of the Roman Empire: a new history of Rome and the barbarians*, Oxford University Press, 2005.
Hecht, N. S., B. S. Jackson, S. M. Passamaneck, D. Piattelli, and A. M. Rabello (eds), *An introduction to the history and sources of Jewish law*, Oxford: Clarendon Press, 1996.
Helmholz, R. H. 'Crime, compurgation and the courts of the medieval church', *Law and History Review* 1: 1-26, 1983.
Henderson, Edith G. *Foundations of English administrative law: certiorari and mandamus in the seventeenth century*, Cambridge, MA: Harvard University Press, 1963.
Henretta, James A. 'Magistrates, common law lawyers, legislators: the three legal systems of British America', in M. Grossberg and C. Tomlins (eds), *The Cambridge history of law in America, vol. 1, Early America (1580-1815)*, Cambridge University Press, 2008.
Hill, Nathan. 'The sku-bla rite in imperial Tibetan religion', *Cahiers d'Extreme-Asie* 24: 49-58, 2015.
Hirsch, Susan F. *Pronouncing and persevering: gender and the discourses of disputing in*

an African Islamic court, Chicago: University of Chicago Press, 1998.
Hodgson, Marshall G.S. *The venture of Islam: conscience and history in a world civilization*, 3 vols., Chicago: University of Chicago Press, 1974.
Honore, Tony. *Emperors and lawyers*, 2nd ed. Oxford: Clarendon Press, 1994.
__________. *Law in the crisis of empire, 379–455 AD: the Theodosian dynasty and its quaestors*, Oxford: Clarendon Press, 1998.
__________. 'Roman law AD 200–400: from cosmopolis to Rechtstaat?', in S. Swain and M. Edwards (eds), *Approaching late antiquity: the transformation from early to late empire*, Oxford University Press, 2006.
Hooker, M. B. *Adat law in modern Indonesia*, Kuala Lumpur: Oxford University Press, 1978.
Huang, Philip. *Civil justice in China: representation and practice in the Qing*, Stanford, CA: Stanford University Press, 1996.
__________. 'The past and present of the Chinese civil and criminal justice systems: the Sinitic legal tradition from a global perspective', *Modern China* 42: 227–72, 2016.
Hudson, John. *The formation of the English common law: law and society in England from the Norman conquest to Magna Carta*, London: Longman, 1996.
Hulsebosch, Daniel J. 'The ancient constitution and the expanding empire: Sir Edward Coke's British jurisprudence', *Law and History Review* 21: 439–82, 2003.
Hutton, Jeremy M., and C. L. Crouch. 'Deuteronomy as a translation of Assyrian treaties', *Hebrew Bible and Ancient Israel* 7: 201–52, 2018.
Hyams, Paul. 'Trial by ordeal: the key to proof in the early common law', in Morris S. Arnold, Thomas A. Green, Sally A. Scully, and Stephen D. White (eds), *On the laws and customs of England: essays in honor of Samuel E. Thorne*, Chapel Hill: University of North Carolina Press, 1981.
__________. 'What did Edwardian villagers understand by "law"?', in Z. Razi and R. M. Smith, *Medieval society and the manor court*, Oxford: Clarendon Press, 1996.
__________. 'Due process versus the maintenance of order in European law: the contribution of the ius commune', in P. Coss (ed.) *The moral world of the law*, Cambridge University Press, 2000.
Ibbetson, David. 'Sources of law from the Republic to the Dominate', in D. Johnston (ed.) *The Cambridge companion to Roman law*, Cambridge University Press, 2015.
Ingram, Martin. '"Popular" and "official" justice: punishing sexual offenders in Tudor London', in F. Pirie and J. Scheele (eds), *Legalism: community and justice*, Oxford University Press, 2014.
Innes, Matthew. 'Charlemagne's government', in J. Storey (ed.) *Charlemagne: empire and society*, Manchester University Press, 2005.
Jackson, Bernard S. *Wisdom laws: a study of the Mishpatim of Exodus 21:1–22:16*, Oxford

University Press, 2006.

Johannesson, Jon. *A history of the old Icelandic commonwealth: Islendinga saga*, trans. H. Bessason, Winnipeg: University of Manitoba Press, 1974.

Johansen, Baber. 'Vom Wort-zum Indizienbeweis: die Anermerkung der richterlichen Folter in islamischen Rechtsdoktrinen des 13. und 14. Jahrhunderts', *Ius commune* 28: 1-46, 2001.

______________. 'The constitution and the principles of Islamic normativity against the rules of fiqh: a judgment of the Supreme Constitutional Court of Egypt', in M. K. Masud, R. Peters, and D. S. Powers (eds), *Dispensing justice in Islam: qadis and their judgements*, Leiden: Brill, 2006.

Johnson, Wallace. *The T'ang code*, 2 vols., Princeton, NJ: Princeton University Press, 1979-1997.

Kaiser, Daniel H. *The laws of Rus': tenth to fifteenth centuries*, Salt Lake City: C. Schlacks, 1992.

Katz, Paul R. *Divine justice: religion and the development of Chinese legal culture*, London: Routledge, 2009.

Kay, Philip. *Rome's economic revolution*, Oxford University Press, 2014.

Kaye, J. M. 'The early history of murder and manslaughter, part 1', *Law Quarterly Review* 83: 365-95, 1967.

Kelley, Donald R. 'What pleases the prince: Justinian, Napoleon, and the lawyers', *History of Political Thought* 23: 288-302, 2002.

Kelly, Fergus. *A guide to early Irish law*, Dublin: Institute for Advanced Studies, 1988.

___________. *Early Irish farming: a study based mainly on the lawtexts of the 7th and 8th centuries AD*, Dublin: Institute for Advanced Studies, 1997.

___________. *Marriage disputes: a fragmentary Old Irish law-text*, Dublin: Institute for Advanced Studies, 2014.

Kelly, Tobias. 'Prosecuting human rights violations: universal jurisdiction and the crime of torture', in M. Goodale (ed.) *Human rights at the crossroads*, Oxford University Press, 2013.

Kemper, Michael. 'Communal agreements (ittifāqāt) and 'ādātbooks from Daghestani villages and confederacies (18th-19th centuries)', *Der Islam: Zeitschrift fur Geschichte und Kultur des islamischen Orients* 81: 115-49, 2004.

______________. '*Adat against shari'a*: Russian approaches toward Daghestani "customary law" in the 19th century', *Ab Imperio* 3: 147-72, 2005.

King, Steven. *Writing the lives of the English poor, 1750s-1830s*, Montreal: McGill-Queen's University Press, 2019.

Kolsky, Elizabeth. 'The colonial rule of law and the legal regime of exception: frontier "fanaticism" and state violence in British India', *American Historical Review* 120: 1218–46, 2015.

Konig, David. *Law and society in Puritan Massachusetts: Essex County, 1629–1692*, Chapel Hill: University of North Carolina Press, 1979.

__________. '"Dale's Laws" and the non-common law origins of criminal justice in Virginia', *American Journal of Legal History* 26: 354–75, 1982.

Koskenniemi, Martii. *The gentle civilizer of nations: the rise and fall of international law, 1870–1960*, Cambridge University Press, 2001.

__________. 'What is international law for?', in Malcom Evans (ed.) *International law*, Oxford University Press, 2003.

__________. 'Fragmentation of international law: difficulties arising from the diversification and expansion of international law, a report of the study group of the UN's International law commission', 2006.

__________. 'Expanding histories of international law', *American Journal of Legal History* 56: 104–12, 2016.

Kozloff, P. K. 'Through eastern Tibet and Kam', *Geographical Journal* 31: 522–34, 1908.

Krakowski, Eve, and Marina Rustow, 'Formula as content: medieval Jewish institutions, the Cairo geniza, and the new diplomatics', *Jewish Social Studies: History, Culture,* Society 20: 111–46, 2014.

Kulke, Hermann, and Dietmar Rothermund. *A history of India*, London: Routledge, 1986.

Lambert, Tom. *Law and order in Anglo-Saxon England*, Oxford University Press, 2017.

Lane Fox, Robin. *The classical world: an epic history of Greece and Rome*, London: Folio Society, 2013.

Langbein, John H. *The origins of adversary criminal trial*, Oxford University Press, 2005.

Lantschner, Patrick. 'Justice contested and affirmed: jurisdiction and conflict in late medieval Italian cities', in F. Pirie and J. Scheele (eds), *Legalism: community and justice*, Oxford University Press, 2014.

Lariviere, Richard W. *The Divyatattva of Raghunandana Bhattācārya: ordeals in classical Hindu law*, New Delhi: Manohar, 1981.

__________. 'A Sanskrit jayapattra from 18th century Mithilā', in R. W. Lariviere (ed.) *Studies in dharmaśāstra*, Calcutta: Firma KLM, 1984.

Latty, Franck. *La lex sportiva: recherche sur le droit transnational*, Leiden: Brill, 2007.

Lau, Ulrich, and Thies Staack. *Legal practice in the formative stages of the Chinese Empire: an annotated translation of the exemplary Qin criminal cases from the Yuelu Academy collection*, Leiden: Brill, 2016.

Lavan, Myles. 'Slavishness in Britain and Rome in Tacitus' Agricola', *Classical Quarterly* 61: 294–305, 2011.

__________________. 'The spread of Roman citizenship, 14–12 ce: quantification in the face of high uncertainty', *Past and Present* 230: 3–46, 2016.

Legge, James. *The Chinese classics*, vol. 3, Hong Kong: Hong Kong University Press, 1960.

Lemmings, David (ed.) *The British and their laws in the eighteenth century*, Woodbridge, UK: Boydell Press, 2005.

__________________. *Law and government in England during the long eighteenth century: from consent to command*, Basingstoke, UK: Palgrave Macmillan, 2011.

Lemons, Katherine. *Divorcing traditions: Islamic marriage law and the making of Indian secularism*, Ithaca, NY: Cornell University Press, 2019.

Lev, Daniel S. 'Colonial law and the genesis of the Indonesian state', *Indonesia* 40: 57–74, 1985.

Leve, Lauren. '"Secularism is a human right": double binds of Buddhism, democracy and identity in Nepal', in M. Goodale and S. E. Merry (eds), *The practice of human rights: tracking law between the global and the local*, Cambridge University Press, 2007.

Libson, Gideon. 'Halakhah and law in the period of the Geonim', in N. S. Hecht, B. S. Jackson, S. M. Passamaneck, D. Piattelli, and A. M. Rabello (eds), *An introduction to the history and sources of Jewish law*, Oxford: Clarendon Press, 1996.

Lindsay, David. *ICANN and international domain law*, Oxford: Hart, 2007.

Lingat, Robert. *The classical law of India*, trans. D. Derrett, Berkeley: University of California Press, 1973.

Lintott, Andrew. *The constitution of the Roman Republic*, Oxford: Clarendon Press, 1999.

Lippert, Sandra. 'Law (definitions and codification)', in E. Frood and W. Wendrich (eds), *UCLA Encyclopedia of Egyptology*, Los Angeles, 2012, https://escholarship.org/uc/item/0mr4h4fv.

Lipsett-Rivera, Sonya. 'Law', in D. Carrasco (ed.) *The Oxford encyclopedia of Mesoamerican cultures*, Oxford University Press, 2001.

Liu, Yongping. *Origins of Chinese law: penal and administrative law in its early development*, Hong Kong: Oxford University Press, 1998.

Lobban, Michael. 'Custom, nature, and judges: high law and low law in England and the empire', in D. Lemmings (ed.) *The British and their laws in the eighteenth century*, Woodbridge, UK: Boydell Press, 2005.

Lomas, Kathryn. *The rise of Rome: from the Iron Age to the Punic Wars (1000–264 BC)*, London: Profile Books, 2017.

Lopez, Robert S., and Irving W. Raymond. *Medieval trade in the Mediterranean world: illustrative documents*, London: Geoffrey Cumberlege, 1955.

Lubin, Timothy. 'Punishment and expiation: overlapping domains in Brahmanical law', *Indologica Taurinensia* 33: 93–122, 2007.

Lubin, Timothy, Donald R. Davis, and Jayanth K. Krishnan (eds), *Hinduism and law: an introduction*, Cambridge University Press, 2010.
MacCormack, Geoffrey. 'Law and punishment in the earliest Chinese thought', *Irish Jurist* 20: 335-51, 1985.
__________. 'The transmission of penal law from the Han to the Tang', *Revue des droits de l'antiquite* 51: 47-83, 2004.
Macnair, Mike. 'Institutional taxonomy, Roman forms and English lawyers in the 17th and 18th centuries', in Pierre Bonin, Nader Hakim, Fara Nasti, and Aldo Schiavone (eds), *Pensiero giuridico occidentale e giuristi Romani: eredita egenealogie*, Turin, Italy: Giappichelli, 2019.
Mahmood, Saba. *Politics of piety: the Islamic revival and the feminist subject*, Princeton, NJ: Princeton University Press, 2005.
Mahsoudian, Krikor. 'Armenian communities in eastern Europe', in R. Hovannisian (ed.) *The Armenian people from ancient to modern times*, vol. 1, Los Angeles: University of California Press, 1997.
Maier, Pauline. *American scripture: making the Declaration of Independence*, New York: Knopf, 1997.
Maitland, F. W. *Select pleas in manorial and other seignorial courts*, vol. 1, Reigns of Henry III and Edward I, Selden Society, London: B. Quaritch, 1889.
Massoud, Mark Fathi. 'How an Islamic state rejected Islamic law', *American Journal of Comparative Law* 68: 579-602, 2018.
McKitterick, Rosamond. *The Carolingians and the written word*, Cambridge University Press, 1989.
McKnight, Brian E. *The quality of mercy: amnesties and traditional Chinese justice*, Honolulu: University of Hawaii Press, 1981.
__________. 'From statute to precedent', in *Law and the state in traditional East Asia: six studies on the sources of East Asian law*, Honolulu: University of Hawaii Press, 1987.
__________. *Law and order in Sung China*, Cambridge University Press, 1992.
McKnight, Brian E., and James T.C. Liu, *The enlightened judgments: Ch'ing-ming Chi. The Sung dynasty collection*, Albany: State University of New York Press, 1999.
Merry, Sally Engle. 'Legal pluralism and transnational culture: the Ka Ho'okolokolonui Manaka Maoli tribunal, Hawai'i, 1993', in R. A. Wilson (ed.) *Human rights, culture and context: anthropological perspectives*, London: Pluto Press, 1997.
Messick, Brinkley. 'The mufti, the text and the world: legal interpretation in Yemen', Man 21: 102-19, 1986.
__________. *The calligraphic state: textual domination and history in a Muslim*

society, Berkeley: University of California Press, 1993.

________________. 'Media muftis: radio fatwas in Yemen', in M. K. Masud, B. Messick, and D. S. Powers (eds), *Islamic legal interpre-tation: muftis and their fatwas*, Cambridge, MA: Harvard University Press, 1996.

Meyer, Elizabeth A. *Legitimacy and law in the Roman world*, Cambridge University Press, 2004.

Miller, William Ian. 'Ordeal in Iceland', *Scandinavian Studies* 60: 189-218, 1988.

________________. *Bloodtaking and peacemaking: feud, law, and society in saga Iceland*, University of Chicago Press, 1990.

Millon, David. 'Ecclesiastical jurisdiction in medieval England', *University of Illinois Law Review* 1984: 621-38.

Milsom, S. F. C. 'The Nature of Blackstone's Achievement', *Oxford Journal of Legal Studies* 1: 1-12, 1981.

Mitchell, Richard E. *Patricians and plebeians: the origin of the Roman state, Ithaca*, NY: Cornell University Press, 1990.

Miyazaki, Ichisada. 'The administration of justice during the Sung dynasty', in J. R. Cohen, R. R. Edwards, and F-M. C. Chen (eds), *Essays on China's legal tradition*, Princeton, NJ: Princeton University Press, 1980.

Molyneaux, George. *The formation of the English kingdom in the tenth century*, Oxford University Press, 2015.

Moore, Sally Falk. 'Law and social change: the semi-autonomous social field as an appropriate subject of study', *Law and Society Review* 7: 719-46, 1973.

Morriss, Andrew P. 'Codification and right answers', *Chicago-Kent Law Review* 74: 355-92, 1999.

Moyn, Samuel. *The last utopia: human rights in history*, Cambridge, MA: Harvard University Press, 2001. (새뮤얼 모인, 공민희 옮김, 『인권이란 무엇인가』, 21세기북스, 2011.)

Murphy, Craig N. *International organization and industrial change: global governance since 1850*, Cambridge: Polity, 1994.

Murrin, John M. 'The legal transformation: the bench and bar of eighteenth-century Massachusetts', in S. N. Katz (ed.) *Colonial America: essays in politics and social development*, New York: Knopf, 1983.

Musson, Anthony. *Medieval law in context: the growth of legal consciousness from Magna Carta to the peasants' revolt*, Manchester University Press, 2001.

Musson, Anthony, and Edward Powell, *Crime, law, and society in the later Middle Ages*, Manchester University Press, 2013.

Myers, David N. *Jewish history: a very short introduction*, Oxford University Press, 2017.

Nelson, William E. *The common law in colonial America*, 4 vols., New York: Oxford University Press, 2008–2018.

Nichols, Lionel. *The international criminal court and the end of impunity in Kenya*, New York: Springer, 2015.

Offutt, William M. 'The Atlantic rules: the legalistic turn in colonial British America', in E. Mancke and C. Shammas (eds), *The creation of the British Atlantic world*, Baltimore: Johns Hopkins University Press, 2005.

Olivelle, Patrick. 'Manu and the Arthaśāstra: a study in Śāstric intertextuality', *Journal of Indian Philosophy* 32: 281–91, 2004.

______________. 'Dharma´sāstra: a textual history', in Timothy Lubin, Donald R. Davis, and Jayanth K. (eds), *Hinduism and law: an introduction*, Cambridge University Press, 2010.

Olivelle, Patrick, with the editorial assistance of Suman Olivelle. *Manu's code of law: a critical edition and translation of the Mānava-Dharma´sāstra*, South Asia Research, Oxford University Press, 2004.

Osanloo, Arzoo. *The politics of women's rights in Iran*, Princeton, NJ: Princeton University Press, 2009.

Pagden, Anthony. 'Human rights, natural rights, and Europe's imperial legacy', *Political Theory* 31: 171–99, 2003.

______________. *Lords of all the world: ideologies of empire in Spain, Britain, and France, 1500–1800*, New Haven, CT: Yale University Press, 2005.

______________. 'Law, colonization, legitimation, and the European background', in M. Grossberg and C. Tomlins (eds), *The Cambridge history of law in America*, vol. 1, Cambridge University Press, 2008.

Paoli, Letizia. *Mafia brotherhoods: organized crime, Italian style*, New York: Oxford University Press, 2003.

Pauwelyn, Joost, Ramses A. Wessel, and Jan Wouters. 'An introduction to informal international lawmaking', in *Informal international lawmaking*, Oxford University Press, 2012.

Pennington, Robert R. *Stannary law: a history of the mining law of Cornwall and Devon*, Newton Abbot, UK: David and Charles, 1973.

Peters, Lena. 'UNIDROIT', in the *Max Planck Encyclopedia of International Law*, 2017, https://opil.ouplaw.com/view/10.1093/law:epil/9780199231690/law-9780199231690-e536.

Peters, Rudolph. 'Murder in Khaybar: some thoughts on the origins of the qasāma procedure in Islamic law', *Islamic Law and Society* 9: 132–67, 2002.

Pictet, Jean S. 'The new Geneva Conventions for the Protection of War Victims', *American*

Journal of International Law 45: 462-75, 1951.

Pirie, Fernanda. *Peace and conflict in Ladakh: the construction of a fragile web of order*, Leiden: Brill, 2007.

______________. 'Legal dramas on the Amdo grasslands: abolition, transformation or survival?', in K. Buffetrille (ed.) *Revisiting rituals in a Changing Tibetan World*, Leiden: Brill, 2012.

______________. 'The limits of the state: coercion and consent in Chinese Tibet', *Journal of Asian Studies* 72: 69-89, 2013.

______________. 'Community, justice, and legalism: elusive concepts in Tibet', in F. Pirie and J. Scheele (eds), *Legalism: community and justice*, Oxford University Press, 2014.

______________. 'Oaths and ordeals in Tibetan law', in D. Schuh (ed.) *Secular law and order in the Tibetan Highland*, Andiast, Switzerland: International Institute for Tibetan and Buddhist Studies, 2015.

______________. 'Rules, proverbs, and persuasion: legalism and rhetoric in Tibet', in P. Dresch and J. Scheele (eds), *Legalism: rules and categories*, Oxford University Press, 2015.

______________. 'The making of Tibetan law: *the Khrims gnyis lta ba'i me long*', in J. Bischoff, P. Maurer, and C. Ramble (eds), *On a day of a month of the fire bird year*, Lumbini, Nepal: Lumbini International Research Institute, 2020.

Pocock, J. G. A. *The ancient constitution and the feudal law: a study of English historical thought in the seventeenth century*, Cambridge University Press, 1987.

Podamy, Amanda H. *The ancient Near East: a very short introduction*, Oxford University Press, 2014.

Pollock, Frederick, and Frederic Maitland. *The history of English law before the time of Edward I*, 2nd ed. Cambridge University Press, 1898.

Pollock, Sheldon. *The language of the gods in the world of men: Sanskrit, culture, and power in premodern India*, Berkeley: University of California Press, 2006.

Polo, Marco. *The description of the world*, vol. 1, trans. A. C. Moule, compiler Paul Pelliot, London: Routledge, 1938. (마르코 폴로, 김호동 옮김, 『마르코 폴로의 동방견문록』, 사계절, 2000.)

Poos, L. R. 'Sex, lies and the church courts of pre-Reformation England', *Journal of Interdisciplinary History* 25: 585-607, 1995.

Postan, M. M. *Medieval trade and finance*, Cambridge University Press, 1973.

Potts, Charlotte R. 'The development and architectural significance of early Etrusco-Italic podia', *BABESCH* 86: 41-52, 2011.

Powers, David S. *Law, society, and culture in the Maghrib, 1300-1500*, Cambridge University Press, 2002.

______________. 'Wael B. Hallaq on the origins of Islamic law: a review essay', *Islamic Law and Society* 17: 126–57, 2010.

Prichard, M. J., and D. E. C. Yale. *Hale and Fleetwood on admiralty jurisdiction*, London: Selden Society, 1993.

Rabb, Intisar A. '"Reasonable doubt" in Islamic law', *Yale Journal of International Law* 40: 41–94, 2015.

Radding, Charles M. *The origins of medieval jurisprudence: Pavia and Bologna*, 850–1150, New Haven, CT: Yale University Press, 1988.

Radu, Roxana. *Negotiating Internet governance*, Oxford University Press, 2019.

Ray, Rajat Kanta. 'Indian society and the establishment of British supremacy, 1765–1818', in P. J. Marshall and A. Low(eds), *The Oxford history of the British Empire*, vol. 2, Oxford University Press, 1998.

Razi, Zvi, and Richard M. Smith. 'The origins of the English manorial court rolls as a written record: a puzzle', in Z. Razi and R. M. Smith, *Medieval society and the manor court*, Oxford: Clarendon Press, 1996.

Renard, Etienne. '*Le pactus legis Salicae*, reglement militaire Romain ou code de lois compile sous Clovis?', *Biblioteque de l'Ecole des chartes* 167: 321–52, 2009.

Revkin, Mara. 'Does the Islamic state have a "social contract"? Evidence from Iraq and Syria', Working paper no. 9, Program on Governance and Local Development, University of Gothenburg, 2016.

Reyerson, Kathryn L. 'Commercial law and merchant disputes: Jacques Coeur and the law of marque', *Medieval Encounters* 9: 244–55, 2003.

Richardson, M. E. J. *Hammurabi's laws: text, translation, glossary*, Sheffield, UK: Sheffield Academic Press, 2000.

Rio, Alice. *Legal practice and the written word in the early Middle Ages*: Frankish formulae, c. 500–1000, Cambridge University Press, 2009.

Roberts, John M. 'Oaths, autonomic ordeals, and power', *American Anthropologist* 67, no. 6, pt. 2: 186–212, 1965.

Roebuck, Derek, and Bruno de Loynes de Fumichon. *Roman arbitration*, Oxford: Holo Books, 2004.

Roper, Albert. 'The organization and program of the international commission for air navigation (C.I.N.A.)', *Journal of Air Law and Commerce* 3: 167–78, 1932.

Ross, Richard J. 'The commoning of the common law: the Renaissance debate over printing English law, 1520–1640', *University of Pennsylvania Law Review* 146: 323–461, 1998.

Rossabi, Morris. *A history of China*, Chichester, UK: Wiley Blackwell, 2014.

Roth, Martha (ed.) *Law collections from Mesopotamia and Asia Minor*, Atlanta, GA: Scholars Press, 1995.

Ruotolo, Gianpaolo Maria. 'Fragments of fragments: The domain name system regulation. Global law or informalisation of the international legal order?', *Computer Law and Security Review* 33: 159-70, 2017.

Ruotuola, Markku. 'Of the working man: labour liberals and the creation of the ILO', *Labour History Review* 67: 29-47, 2002.

Rustow, Marina. *Heresy and the politics of community: the Jews of the Fatimid caliphate*, Ithaca, NY: Cornell University Press, 2008.

______________. *The lost archive: traces of a caliphate in a Cairo synagogue*, Princeton, NJ: Princeton University Press, 2020.

Sabapathy, John. 'Regulating community and society at the Sorbonne in the late thirteenth century', in F. Pirie and J. Scheele (eds), *Legalism: community and justice*, Oxford University Press, 2014.

Sachs, Jeffrey Adam. 'Seeing like an Islamic state: shari'a and political power in Sudan', *Law and Society Review* 52: 630-51, 2018.

Saleh, Nabil. 'Civil codes of Arab countries: the Sanhuri codes', *Arab Law Quarterly* 8: 161-67, 1993.

Schacht, Joseph. *An introduction to Islamic law*, Oxford: Clarendon Press, 1964. (조셉 샤흐트, 명순구 옮김, 『이슬람법입문』, 경인문화사, 2021.)

______________. 'Problems of modern Islamic legislation', *Studia Islamica* 12: 99-129, 1960.

Scheele, Judith. 'A taste for law: rule-making in Kabylia (Algeria)', *Comparative Studies in Society and History* 50: 895-919, 2008.

______________. 'Rightful measures: irrigation, land, and the shari'ah in the Algerian Touat', in P. Dresch and H. Skoda (eds), *Legalism: anthropology and history*, Oxford University Press, 2012.

______________. 'Community as an achievement: Kabyle customary law and beyond', in F. Pirie and J. Scheele (eds), *Legalism: community and justice*, Oxford University Press, 2014.

Scheidel, Walter. 'Italian manpower', *Journal of Roman Archaeology* 26: 678-87, 2013.

Schuhmacher, Jacques. 'The war criminals investigate', DPhil. diss., University of Oxford, 2017.

Scott, James C. *The art of not being governed: an anarchist history of upland Southeast Asia*, New Haven, CT: Yale University Press, 2009. (제임스 C. 스콧, 이상국 옮김, 『조미아, 지배받지 않는 사람들』, 삼천리, 2015.)

Secret Barrister. *Fake law: the truth about justice in an age of lies*, London: Pan Macmillan, 2020.

Segal, Peretz. 'Jewish law during the Tannaitic period', in N. S. Hecht, B. S. Jackson, S. M.

Passamaneck, D. Piattelli, and A. M. Rabello (eds), *An introduction to the history and sources of Jewish law*, Oxford: Clarendon Press, 1996.

Seidel, Anna. 'Traces of Han religion in funerary texts found in tombs', in Akizuki Kanei (ed.) *Dōkyō to shūkyō bunka*, Tokyo: Hirakawa, 1987.

Sen, Amartya. 'Human rights and Asian values: what Kee Kuan Yew and Li Peng don't understand about Asia', *New Republic* 217, nos. 2-3: 33-40, 1997.

Sharpe, Richard. 'Dispute settlement in medieval Ireland', in Wendy Davies and Paul Fouracre (eds), *Settlement of disputes in early medieval Europe*, Cambridge University Press, 1986.

Shaw, Rosalind. 'Linking justice with reintegration? Ex-combatants and the Sierra Leone experiment', in R. Shaw and L. Waldorf (eds), *Localizing transitional justice: interventions and priority after mass violence*, Stanford, CA: Stanford University Press, 2010.

Sherman, Charles. 'A brief history of medieval Roman canon law in England', *University of Pennsylvania Law Review* 68: 223-58, 1920.

Sherwin-White, A. N. 'The Lex Repetundarum and the political ideas of Gaius Gracchus', *Journal of Roman Studies* 72: 18-31, 1982.

Silverstein, Adam J. *Islamic history: a very short introduction*, Oxford University Press, 2010.

Singha, Radhika. *A despotism of law: crime and justice in early colonial India*, Delhi: Oxford University Press, 1998.

Skosey, Laura. 'The legal system and legal traditions of the Western Zhou (ca. 1045-71 B.C.E.)', PhD diss., University of Chicago, 1996.

Skovgaard-Petersen, Jakob. *Defining Islam for the Egyptian state: muftis and fatwas of the Dār al-Iftā*, Leiden: Brill, 1997.

Smith, David Chan. *Sir Edward Coke and the reformation of the laws: religion, politics and jurisprudence, 1578-1616*, Cambridge University Press, 2014.

Sommer, Matthew H. *Polyandry and wife-selling in Qing dynasty China: survival strategies and judicial interventions*, Berkeley: University of California Press, 2015.

Stacey, Robin Chapman. *The road to judgment: from custom to court in medieval Ireland and Wales*, Philadelphia: University of Pennsylvania Press, 1994.

Stein, Aurel. *Ruins of desert Cathay: personal narrative of explorations in Central Asia and westernmost China*, London: Macmillan, 1912.

Stein, Peter. *Roman law in European history*, Cambridge University Press, 1999. (피터 스타인, 김기창 옮김, 『유럽 역사에서 본 로마법』, 읻다, 2021.)

Stevenson, Jane. 'The beginnings of literacy in Ireland', *Proceedings of the Royal Irish Academy of Archaeology, Culture, History, and Literature* 89C: 127-65, 1989.

Stiles, Erin E. *An Islamic court in context: an ethnographic study of judicial reasoning*, London: Palgrave Macmillan, 2009.

Strakosch, Henry E. *State absolutism and the rule of law: the struggle for the codification of civil law in Austria, 1753-1811*, Sydney University Press, 1967.

Summerson, H. R. T. 'The structure of law enforcement in thirteenth century England', *American Journal of Legal History* 23: 313-27, 1979.

Tarwacka, Anna J.W. 'Lex Aebutia', in the *Oxford classical dictionary*, 5th ed. Oxford University Press, 2019.

Thapar, Romila. *From lineage to state: social formations of the mid-first millennium bc in the Ganga Valley*, Bombay: Oxford University Press, 1984.

Thayer, James. *A preliminary treatise on evidence at the common law*, Boston: Little, Brown, 1898.

Thomas, Yan. 'Fictio Legis: L'empire de la fiction Romaine et ses limites Medievales', *Droits* 21: 17-63, 1995.

Thomson, E. P. *Whigs and hunters: the origin of the Black Act*, London: Allen Lane, 1975.

Thomson, Robert. *The Lawcode (Datastanagirk') of Mxit'ar Goš*, Amsterdam: Rodopi, 2000.

Tubbs, J. W. *The common law mind: medieval and early modern conceptions*, Baltimore: Johns Hopkins University Press, 2000.

Usher, Roland G. 'James I and Sir Edward Coke', *English Historical Review* 18: 664-75, 1903.

Vajpey, Ananya. 'Excavating identity through tradition: Who was Shivaji?', in S. Saberwal and S. Varma (eds), *Traditions in Motion*, Oxford University Press, 2005.

____________. 'Śudradharma and legal treatments of caste', in Timothy Lubin, Donald R. Davis, and Jayanth K. Krishnan (eds), *Hinduism and law: an introduction*, Cambridge University Press, 2010.

Van Gulik, R. H. *T'ang-yin-pi-shih: 'parallel cases from under the pear tree'*, Leiden: Brill, 1956.

Vogel, Frank E. *Islamic law and legal system: studies of Saudi Arabia*, Leiden: Brill, 2000.

Wahlisch, Martin. 'Normative limits of peace negotiations: questions, guidance and prospects', *Global Policy* 7: 261-66, 2016.

Walbank, F. W. 'A Greek looks at Rome: Polybius VI revisited', in *Polybius, Rome and the Hellenistic world: essays and reflections*, Cambridge University Press, 2002.

Wansharisi, Ahmad al-. *Al-mi'yar al-mu'rib wa-l-jami' al-mughrib 'an fatawi 'ulama' Ifriqiya wa-l-Andalus wa-l-Maghrib*, M. Hajji (ed.) Rabat, Morocco: Wizarat al-Awqafwa-l-Shu'un al-Islamiyah lil-Mamlakah al-Maghribiyah, 1981-1983.

Washbrook, D. A. 'Law, state and agrarian society in colonial India', *Modern Asian Studies*

15: 649-721, 1981.
Watson, Alan. *Law making in the later Roman Republic*, Oxford: Clarendon Press, 1974.
__________. *Legal transplants: an approach to comparative law*, Charlottesville: University Press of Virginia, 1974.
__________. *The evolution of Western private law*, Baltimore: Johns Hopkins University Press, 1985.
__________. *Sources of law, legal change, and ambiguity*, Edinburgh: T&T Clark, 1985.
__________. *The spirit of Roman law*, Athens: University of Georgia Press, 1995.
Wells, Elizabeth. 'Civil litigation in the High Court of Admiralty, 1585-1595', in Christopher Brooks and Michael Lobban (eds), *Communities and courts in Britain, 1150-1900*, London: Hambledon Press, 1997.
Westbrook, Raymond. *Rome of the XII Tables: persons and property*, Princeton, NJ: Princeton University Press, 1975.
__________. *Sources of law, legal change, and ambiguity*, Edinburgh: T&T Clark, 1985.
__________. 'The nature and origins of the Twelve Tables', *Zeitschrift der Savigny-Stiftung fur Rechtsgeschichte* 105: 74-121, 1988.
__________. 'Barbarians at the gates: Near Eastern law in ancient Greece', in Westbrook, *Ex Oriente lex: Near Eastern influences on ancient Greek and Roman law*, ed. D. Lyons and K. Raaflaub, Baltimore: Johns Hopkins University Press, 2015.
Wezler, Albrecht. 'Dharma in the Veda and the Dharma'sāstras', *Journal of Indian Philosophy* 32: 629-54, 2004.
Whitman, James Q. *The origins of reasonable doubt: theological roots of the criminal trial*, New Haven, CT: Yale University Press, 2008.
__________. 'The world historical significance of European legal history: an interim report', in H. Pihlajamaki, M. D. Dubber, and M. Godfrey (eds), *The Oxford handbook of European legal history*, Oxford University Press, 2018.
Wickham, Chris. 'Land disputes and their social framework in Lombard-Carolingian Italy, 700-900', in W. Davies and P. Fouracre (eds), *The settlement of disputes in early medieval Europe*, Cambridge University Press, 1986.
Williamson, Callie. *The laws of the Roman people: public law in the expansion and decline of the Roman Republic*, Ann Arbor: University of Michigan Press, 2005.
Wilson, Richard A. *Human rights, culture and context: anthropological perspectives*, London: Pluto Press, 1997.
__________. 'Judging history: the historical record of the International Criminal Tribunal for the Former Yugoslavia', *Human Rights Quarterly* 27: 908-42, 2005.
Wormald, Patrick. 'Lex scripta and verbum regis: legislation and Germanic kingship from

Euric to Cnut', in P. H. Sawyer and I. N. Wood (eds), *Early medieval kingship*, Leeds: University of Leeds, School of History, 1977.

______________. *The making of English law: King Alfred to the twelfth century*, Oxford: Blackwell, 1999.

Zaring, David. 'Finding legal principle in global financial regulation', *Virginia Journal of International Law* 52: 683–722, 2012.

Zhang, Taisu, and Tom Ginsburg. 'China's turn toward law', *Virginia Journal of International Law* 59: 306–389, 2019.

Zimmerman, Michael. 'Only a fool becomes a king: Buddhist stances on punishment', in *Buddhism and violence*, Lumbini, Nepal: Lumbini International Research Institute, 2006.

도판 출처

16세기의 캘리컷, from the 1572 volume of the Civitates Orbis Terrarum, edited by Georg Braun and engraved by Franz Hogenberg.
폴 펠리오, Magite Historic / Alamy Stock Photo.
와족 전기, British Library Or.8210/S.9498A.
법을 새긴 화강암 석판, now housed in the Louvre.
아슈르바니팔, Lanmas / Alamy Stock Photo.
다르마샤스트라 문헌, Sarah Welch: CC BY-SA 4.0.
시바지, Historic Images / Alamy Stock Photo.
태종, painting by Yen Liben.
당나라 과거 시험지, courtesy of the East Asian Library and the Gest Collection, Princeton University Library.
폼페이의 프레스코화, The Yorck Project (2002) 10.000 Meisterwerke der Malerei.
키케로, Bertel Thorvaldsen, 1799 copy of a Roman original, Thorvaldsens Museum, Copenhagan.
파피루스, courtesy of The Leon Levy Dead Sea Scrolls Digital Library; Israel Antiquities Authority. Photo by Shai Halevi.
바그다드도서관 학자들을 그린 그림, Bibliothèque nationale de France.
고위 유대인 학자들, David Solomon Sassoon, ‘A History of the Jews in Baghdad’.
알폰소 10세, Album / Alamy Stock Photo.
샤를마뉴 데나리온, World Imaging.
앨프리드 왕의 지시봉, The Ashmolean Museum/ Heritage Image Partnership Ltd / Alamy Stock Photo.
애설스탠의 법, © The University of Manchester. Creative Commons Licence CC BY-NC 40.
싱벨리어, courtesy of Nina Thorkelsdottir.
『그라가스』, The Arni Magnusson Institute for Icelandic Studies.
타테브 수도원, Mirzoyan’s Ads and Marketing.
『루스 원초 연대기』, Sputnik/TopFoto.
게니자의 법률 소책자, © The University of Manchester. Creative Commons Licence CC BY-NC 40.
알제리 관개수로, Sergey Strelkov / Alamy Stock Photo.
틴디 마을, Moriz von Déchy.
송나라 연회, Taipei, National Palace Museum.
북송 시대 수력 방앗간, Palace Museum, Beijing.

영국 법학도들의 비망록, © The University of Manchester. Creative Commons Licence CC BY-NC 40.

장원 기록, reproduced with permission from Lancashire Archives, Lancashire County Council, ref. DDHCL/7/56.

로스트위시얼 궁전, Antiqua Print Gallery / Alamy Stock Photo.

룩셈부르크의 쿠니군데, INTERFOTO / Alamy Stock Photo.

한스 헤겐하임, Diebold Schilling, from the Lucerne chronicle, Zentralbibliothek Lucerne.

철을 활용한 시죄, Stiftsbibliothek Lambach Cml LXXIII f64v.

레나페족 조가비 구슬 벨트, FLHC A29 / Alamy Stock Photo.

영국 왕의 대리인의 조약 기록물, Swem Special Collections Research Center, William and Mary Libraries.

윌리엄 블랙스톤 경, Everett Collection Inc / Alamy Stock Photo.

《펀치》, by Tenniel. British satirical journal, Punch, 22nd October 1881.

워런 헤이스팅스, Album / Alamy Stock Photo.

레오폴드 2세(삽화), by François Maréchal. Belgian satirical journal, Le Frondeur, 20th December 1884.

나이지리아인 관리, Pitt Rivers Museum: 1998.336.16.

아부 알사우드(삽화), by Mahmud ‘Abd al-Baqi. Metropolitan Museum of Art. Gift of George D. Pratt, 1925: 25.83.9.

아프가니스탄의 카디와 무프티, Pitt Rivers Museum: 2013.3.1280 1960.

세이흐 술레이만 카슬리오글루, Rivers Museum: 2013.3.16322.

아야톨라 알리 알시스타니와 프란치스코 교황, UPI / Alamy Stock Photo.

라다크, courtesy of the author.

티베트의 중재자들, courtesy of the author.

색인

ㄴ

ㄷ

ㄹ

ㅁ

ㅂ

ㅇ

ㅈ

ㅊ

ㅋ

ㅎ

기타

Philos 013

법, 문명의 지도

1판 1쇄 발행 2022년 12월 27일
1판 3쇄 발행 2024년 10월 29일

지은이 퍼난다 피리
옮긴이 이영호
펴낸이 김영곤
펴낸곳 (주)북이십일 아르테

책임편집 김지영
기획편집 장미희 최윤지
디자인 박대성
마케팅 한충희 남정한 최명열 나은경 한경화
영업 변유경 김영남 강경남 황성진 김도연 권채영 전연우 최유성
해외기획 최연순 소은선 홍희정
제작 이영민 권경민

출판등록 2000년 5월 6일 제406-2003-061호
주소 (10881) 경기도 파주시 회동길 201(문발동)
대표전화 031-955-2100 팩스 031-955-2151

(주)북이십일 경계를 허무는 콘텐츠 리더

아르테 채널에서 도서 정보와 다양한 영상자료, 이벤트를 만나세요!
인스타그램 instagram.com/21_arte
instagram.com/jiinpill21
페이스북 facebook.com/21arte
facebook.com/jiinpill21
포스트 post.naver.com/staubin
post.naver.com/21c_editors
홈페이지 arte.book21.com
book21.com

ISBN 978-89-509-4245-8 03900

"법의 본질과 역사에 대한 풍성한 사례 연구.
법체계를 이토록 흥미롭게 전달하는 책은 없을 것이다."

— 월스트리트저널

"고대부터 현대에 이르기까지 파노라마처럼 펼쳐지는
장구한 역사 속 법의 흥망성쇠를, '문명'과 '제국', '사회'의 맥락에서
다면적으로 분석해냈다."

— 포린어페어스

"퍼난다 피리의 법체계에 대한 연구는 문명화된 세계가
어떻게 형성되고 작동되는지에 대한 매우 포괄적인 접근을 제공한다.
이는 법에 대한 소중함과 감사를 더욱 강화한다는 점에서,
그의 통찰이 흡인력을 얻는 근거가 된다."

— 로어노크타임스

"법의 역사와 법체계를 연구하는 학자들, 학도들에게
무척 귀중한 자료가 될 것."

— 커커스리뷰

"전 세계 법전의 역사와 그 기원에 대한 흥미로운 연구."

— 라이브러리저널

"법이 무엇인가, 왜 중요한가에 대해 재고하게 하는 매혹적인 연구.
그는 법체계가 단순한 규칙, 규율의 집합이 아니라
사회질서와 문명을 창조하는 방법임을 세심한 연구로 증명한다.
우리가 아는 이 세계가 어떻게 형성되었는지를 알고 싶은 사람이라면
반드시 읽어야 할 책!"

— 라나 미터 Rana Mitter

역사가, 옥스퍼드대학교 정치국제관계학부 교수

"『법, 문명의 지도』는 법체계를 세우기 위한 세속적·신성적·학술적
전통 등에 기반한 다양한 지역과 시대를 아울러 분석하며,
어떻게 각각의 사회가 법률을 토대로 한 질서를 유지하며 번영해왔는가를
선구적으로 연구한 결과물이다. 퍼난다 피리는 4000년 세계 질서를
만든 유럽, 아프리카, 아시아, 아메리카 전역에서 개발된 다양하고 정교한
법체계를 탐구하며, 어떻게 고대 법체계가 퇴색하고 유럽의 법이
전 세계적 지배력을 얻게 되었는지를 설명한다. 이 장대한 서사는
'법의 역사'와 '법의 미래'에 대한 우리의 인식과 관점을 한층 더 깊
이 있게 만든다."

— 에드워드 J. 와츠 Edward J. Watts

캘리포니아대학교 샌디에이고캠퍼스 역사학부 교수, 전 그리스연구센터 소장,
『영원하지 않은 공화국(Mortal Republic)』 저자